装备厂有限责任公司

举行加氢发运仪式

奋斗团结的集体

二重集团（镇江）重型装备厂有限责任公司

丹徒 年鉴 DANTU YEARBOOK

丹徒

资政 教化 存史

长江和运河相约
沪宁高速与扬溧高速相会
沪宁铁路并312国道同行

丹徒荣誉

全国科普示范区
全国生态示范区
全国白内障无障碍县
江苏省社会治安安全区
江苏省知识产权工作示范区
江苏省普及高中阶段教育先进区
江苏省科技进步先进区
江苏省农村劳动力转移工作示范区
江苏省双拥模范区（六连冠）
江苏省平安县（市、区）

丹徒数字(2011)

总面积 617.08平方公里
总人口 286686人
地区生产总值 223.04亿元
财政收入 46.42亿元
固定资产投资总额 141.44亿元
社会消费品零售总额 38.49亿元
合同利用外资 2.21亿美元
实际利用外资 1.36亿美元
进出口总额 6.08亿美元
城镇居民可支配收入 26291元
农民人均纯收入 11704元

丹徒年鉴

2012

（总第20期）

主　审

陈　琳　张映桥

丹 徒 区 人 民 政 府　主办
《丹徒年鉴》编辑部　　编

方志出版社

图书在版编目（CIP）数据

丹徒年鉴. 2012/《丹徒年鉴》编辑部编. —北京：方志出版社，2012.10
ISBN 978－7－5144－0563－7

Ⅰ. ①丹... Ⅱ. ①丹... Ⅲ. ①区（城市）—镇江市—2012—年鉴 Ⅳ. ①Z525.33

中国版本图书馆 CIP 数据核字（2012）第 205665 号

丹徒年鉴（2012）

编　　者：《丹徒年鉴》编辑部

责任编辑：李　静

出 版 者：方志出版社
（北京市东城区夕照寺 14 号院富瑞苑公寓 6 层）
邮编　100061
网址　http://www.fzph.org

发　　行：方志出版社发行部
(010)67120966－6008

经　　销：新华书店总店北京发行所

法律顾问：北京市大禹律师事务所

印　　刷：镇江市票证印刷厂

开　　本：889×1194　　1/16

印　　张：16.75

字　　数：644 千

版　　次：2012 年 9 月第 1 版　2012 年 9 月第 1 次印刷

印　　数：0001－1060 册

ISBN 978－7－5144－0563－7/K・458　　定价：160.00 元

《丹徒年鉴》编辑部

《丹徒年鉴(2012)》各单位审稿人(排名不分先后)

编辑说明

一、《丹徒年鉴》是丹徒区委、区政府主办，丹徒地区各有关部门（包括解放军驻丹徒有关单位）共同参与编纂的大型综合年刊，是全面实用、信息密集、准确权威的地情资料工具书。1993年创刊，每年一期，本期是连续编辑出版第20期。编辑部借本期年鉴出版之际，向所有关心、支持、参与年鉴编辑出版工作的单位、各界人士致以诚挚的谢意。

二、《丹徒年鉴》采用分类编辑法，以篇目、分目、条目组成框架结构的主体部分。全书条目标题统一用黑体加【】表示。全书前有目录，后有索引，具有比较完善的检索系统。为方便阅读和保存《丹徒年鉴(2012)》，制作配备了部分VCD光盘。

三、《丹徒年鉴(2012)》系统记述丹徒区2011年政治、经济、社会、自然等方面的基本面貌、发展状况以及发生的大事、要事、新事（收录2011年度工作受表彰的先进集体、个人和组织人事变动的时限延至2012年3月）。全书设有31个篇目：(1)特载；(2)大事记；(3)丹徒概貌；(4)组织机构及领导人名录；(5)中共丹徒区委员会；(6)丹徒区人民代表大会；(7)丹徒区人民政府；(8)政协丹徒区委员会；(9)民主党派·工商联；(10)社会团体；(11)国防建设；(12)政法；(13)人力资源和社会保障(14)人口·国土资源·环境；(15)农林·水利；(16)工业·民营经济；(17)重点项目建设；(18)开发区和产业园区；(19)综合管理；(20)交通·通信；(21)城乡建设与住房管理；(22)对外经贸·商品流通；(23)财政·税收；(24)金融·保险；(25)科技·教育；(26)文化·广电·体育·卫生；(27)社会生活；(28)镇·街道·园区；(29)人物；(30)统计资料；(31)工作生活指南。

四、《丹徒年鉴(2012)》收录部分区领导的重要报告。年鉴所用稿件由全区各镇（园区）、区级机关各部门和各单位专人撰写，并经过领导审阅。所有数据均以区统计局统计数据为准。统计资料由区统计局提供。

五、《丹徒年鉴(2012)》虽经过反复认真的审核、校对，但由于编辑水平和条件限制，难免存在一些差错和疏漏，恳请广大读者批评指正。

2012年8月

镇江市丹徒区地图

镇江市丹徒区地图
图例
城区
镇
行政村、自然村
地级市界
县（市）界
镇界
山峰
铁路及车站
高速公路及出入口
国道
省道
县乡道
城区道路
河流、湖泊
比例：1:145000 图内界线不作划界依据
丹徒新城
区政府
区广播电视局
区公安局
区交通局
区中医院
区行政服务中心
新城管委会
省大港中学
人才市场
区医院
实验学校
规划展示馆
江苏镇安电力设备有限公司安装工程有限公司
润扬大桥接线
沪宁国道
沪宁高速公路
镇江市
丹阳市
区政府
丹徒新城
谷阳镇
上党镇
宝堰镇
辛丰镇
世业镇
高资镇
高桥镇
江心洲生态农业园区
荣炳盐资源区
蒋乔镇
象山镇
谏壁镇
丁岗镇
大港
埤城镇
边城镇
白兔镇
司徒镇
云阳镇
开发区
直溪镇
瓜洲镇
施桥镇
沙头镇
李典镇
头桥镇
八里镇
朴席镇
新城镇
新集镇
汊河
仪征市
邗江区
扬中市
润州区
京口区
句容市
丹阳市
金坛市
栖霞区
镇江站
镇江南站
丹徒站
丹阳站
长江
京杭运河
宁通公路
扬溧高速公路
沪宁铁路
京沪高速铁路
镇荣公路

2012 年 5 月 18 日，省委常委、常务副省长李云峰（左二）到丹徒区视察工作。（吴呈昱 摄）

2012年5月4日，副省长何权（左二）到丹徒区视察工作。（吴呈昱 摄）

区委书记、区人大主任　陈　琳

区长　张映桥

区政协主席　毕增立

2011年6月26~29日，中国共产党镇江市丹徒区第十二次代表大会在丹徒区会议中心召开。（吴呈昱　摄）

2012年3月25~28日，镇江市丹徒区第十五届人民代表大会第一次会议在丹徒区会议中心召开。（张孝才 摄）

2012年3月24~27日，中国人民政治协商会议镇江市丹徒区第九届委员会第一次会议在丹徒区会议中心召开。（吴呈昱 摄）

2011 年 11 月 6 日，江苏晋工机械有限公司项目举行开工奠基仪式。（张孝才 摄）

2011 年 9 月 16 日，丹徒区社会福利中心举行捐赠暨启动仪式。（吴呈昱 摄）

2011 年 12 月 5 日，镇江宝龙城市广场项目举行奠基仪式。（张孝才 摄）

丹徒区十里长山生态农业示范园

鱼水情深铸丰碑

——丹徒区做好新时期双拥工作掠影

区委书记、区人大常委会主任陈琳带领区有关部门负责人走访慰问 73860 部队官兵

区委副书记、区长张映桥带领区有关部门负责人走访慰问镇江预备役二团官兵

2011 年，丹徒区双拥工作以党的十七届五中、六中全会精神、邓小平理论和“三个代表”重要思想为指导，深入贯彻落实科学发展观，按照“标准更高、特色更优、品牌更响”新思路，扎实做好新时期双拥工作，取得较好的成绩。2012 年 3 月 29 日，丹徒区被镇江市委、市政府、军分区评为“六创”全国双拥模范城标兵单位、二等功单位，区民政局被评为三等功单位，区财政局、区人社局、区人民医院、石马中心小学被评为先进单位；任金华、张芳进荣记二等功，王新、朱春龙、张宾荣记三等功，欧璧、冯德贤、唐丹青、张建荣、凌建明受到嘉奖。

区委常委、区委政法委书记韩宏亮(左一)同镇江船艇学院官兵在上党镇开展爱民助民“三下乡”活动

区委常委、区人武部政委赵志功(左一)在征兵宣传日接受应征青年的咨询

区委、区政府召开春节军政座谈会

区委、区政府召开八一军政座谈会

区委、区政府领导带领区有关部门负责人在 73860 部队举行第 21 次军地议事园活动

区司法局、区法律援助中心在 73057 部队举行法律维权工作站挂牌仪式

中共丹徒区纪律检查委员会

丹徒区纪检监察系统"服务发展、执纪为民"
主题学习教育活动动员大会

2011年，全区纪检监察组织认真贯彻落实中央、省、市反腐倡廉的各项部署要求，认真组织开展"满意服务在丹徒"和公安等十个行政执法部门民主评议活动，在镇（街道、园区）推进党务公开、三资信息化管理、村级监督委员会以及勤廉指数测评全推广工作，在全区纪检监察系统开展"服务发展，执纪为民"学教活动，区纪委监察局被省委、省政府评为"江苏省纪检监察先进集体"。

会同有关部门召开村级"勤廉指数"测评工作部署会

牵头组织召开民主评议10个执法职能部门工作座谈会

丹徒区纪检监察学会会员大会

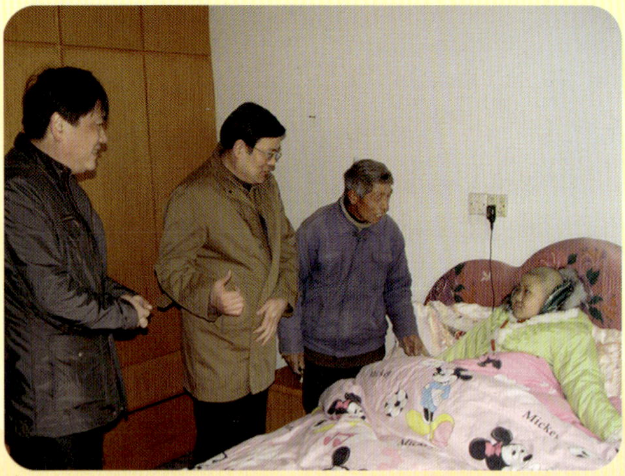

区委常委、纪委书记李幸福（左二）上门慰问
身患白血病的小学生魏梦婷

区纪委副书记、监察局局长姚遇平（左二）
在区行政服务中心检查便民网络建设

中共丹徒区委政法委员会

2011年，丹徒区深入开展“平安丹徒”和“法治丹徒”建设，扎实推进社会管理创新、社会矛盾化解、公正廉洁执法三项重点工作，切实保障经济社会发展，圆满完成建党90周年等各项维护稳定工作。“五五普法”顺利通过省、市考核验收，丹徒区被省委、省政府评为社会治安安全区，被市委、市政府评为社会治安综合治理先进辖市区。“法治丹徒”建设被市委、市政府评为法治镇江建设工作先进单位。丹徒区人民群众对社会治安公众安全感列全市第二，社会治安综合治理考核列全市第三并被评为先进集体，世业镇、上党镇被评为市社会治安综合治理先进镇，全区所有镇、街道和园区被市评为“平安镇（街道、园区）”。谷阳镇、上党镇、世业镇、宝堰镇被评为市“法治建设创建工作先进单位”。

2011年8月3日，市委常委、政法委书记李雪峰（左三）视察丹徒综治平安建设

2011年12月1日，谷阳镇跃进河法治文化长廊揭牌

2011年8月11日，召开丹徒区深化“双零工程”现场推进会

2011年9月22日，召开丹徒区委政法委委员（扩大）会议

2011年2月23日，召开丹徒区政法工作会议

2011年9月9日，召开丹徒区综治委和平安建设领导小组全体成员会议

丹徒区委组织部

区委换届动员会

公开选拔领导干部笔试现场

2011年，丹徒区委组织部紧扣“加速融入主城区、率先实现现代化”大局，勇于创新，奋力作为。干部工作得到新提高。圆满完成党委换届工作，开展乡科级副职干部公开选拔工作，大力培养选拔大学生村官，干部队伍进一步优化。人才工作实现新突破。全年共引进高层次创新创业人才28名(团队12个)，资助各类人才项目资金1200余万元，发挥科技镇长团纽带作用，与多所高校签署产学研合作协议。党建工作得到新加强。深入开展创先争优活动，统筹推进村级“四有一责”建设，加强“两新”组织党建和党员发展工作，深化“春晖行动2011”、“平安先锋工程”等活动，走访慰问老党员、困难党员375人次，发放慰问金约22万元。自身建设得到新提升。围绕“三服务、两满意”目标，把“讲党性、重品行、作表率”活动融入组织系统创先争优活动，弘扬先进组工文化，提升自身建设水平。2011年全区综合考评中区委组织部被评为“十佳”单位。

科技镇长团欢迎对接会

签订产学研合作协议

深化创先争优工作会议

村级“四有一责”现场推进会

调研党员示范岗建设

组织部学习李林森先进事迹座谈会

丹徒区委宣传部

区委常委、宣传部长叶向东(右二)督查文明创建活动

新华书店丹徒新城店正式开业

丹徒区庆祝中国共产党成立 90 周年歌咏大会

长江草莓音乐节

2011 年，丹徒区委宣传部紧扣中心，真抓实干、奋力争先，跻身全市宣传思想战线先进行列。全年举办区委中心组集中学习 12 场，组织开展“读党史、感党恩、跟党走”主题教育活动，召开专题调研会 30 多场，收到各类调研文章 180 多篇，其中 15 篇在市级以上刊物刊登。全区各基层党校办班 100 多期，轮训党员干部 2.5 万余人次。围绕大项目建设、民生建设、生态建设等方面开展宣传战役，全年在市级以上媒体用稿 605 篇，其中《镇江日报》发稿总数与头版头条数都位列全市第一，同时在中央“三报两台”用稿实现了历史性突破。特别是组织策划的“镇江网友江心洲品尝莴苣”活动，成为全国各大媒体关注的热点，既及时帮助菜农解决了莴苣销售难问题，也取得了良好的社会影响。在全市率先实施省市级文明行业(单位)年度量化考核，建立了“重过程、重实绩”的创建机制，共创成省级以上文明行业(单位、村镇)35 家，其中世业镇被中央文明委授予“全国文明镇”荣誉称号；成功推选出两名江苏省首届美德少年，“微型妈妈—宋正凤”和“巾帼创业之星—许前”荣获镇江市第四届大爱之星；《小溪流》等两首新童谣作品被中央文明办选播。扫黄打非工作获得全省“扫黄打非工作模范区”称号，小品《情系蝴蝶兰》荣获全市科普文艺汇演创作一等奖，美术作品《长山初雪》获全省“庆祝建党 90 周年”美术书法摄影作品展银奖，摄影作品《超越自我》荣获中国第十四届国际摄影艺术展银奖，是目前镇江市摄影界获得的国家级最高奖项。开展“党的温暖到我心”文化惠民系列活动，组织覆盖全区的各类文化活动 1200 余场，中国米芾书法公园等三个项目获得 2011 年度省级文化产业引导补助资金，项目申报数和补助总金额均为全市第一，全年文化产业增加值达 4.33 亿元，比上年增长 89.3%。

丹徒区 2011 年度“三下乡”活动

网友助农活动

丹徒区人武部

省军区副司令员戴陆伟到部检查指导工作

省军区后勤部部长常高潮（右二）到区人武部检查指导工作

镇江军分区司令员曹寅（右二）到区江心洲走访慰问军烈属

镇江市副市长曹当凌（前左三）到丹徒区检查征兵体检工作

丹徒区人民武装工作会议

丹徒区人武部党委班子成员考评个人述职和民主测评大会

丹徒区民兵应急分队“三精”比武表彰大会

对新兵进行国防教育

丹徒区人民检察院

省人民检察院检察长徐安视察丹徒检察工作

市人大常委会副主任陈苏一行调研丹徒检察院反渎工作

组织参观“责任重于泰山——反渎职侵权展”

2011 年，丹徒区人民检察院受理审查批捕案件 120 件 168 人，经审查批准逮捕 87 件 116 人，不予批捕 24 件 40 人。受理移送审查起诉案件 177 件 245 人，经审查提起公诉 175 件 239 人。开展涉检信访积案化解专项办理活动，继续实现“赴省进京零上访”目标。建立和落实执法办案风险评估机制，综合评估案件 93 件，有效预防和减少涉检纠纷的发生。

区检察院被市委、市政府评为社会治安综合治理先进集体。卢柏林荣立社会治安综合治理三等功，并被评为 2010 年度镇江市跨越发展突出贡献者。

召开丹徒区预防职务犯罪工作领导小组会议

“网络法治在线”开通仪式

参加全市检察机关“颂歌献给党”演唱比赛

丹徒新城

2011 年丹徒新城牢牢把握“加速城市化、先行现代化”发展主旋律，主要指标平稳增长，转型升级步伐加快，现代服务业快速发展，民生工程扎实推进，发展环境日趋优化。全年完成规模以上投资 45 亿元，其中规模以上工业企业投资 33 亿元，服务业投资 14.5 亿元，增幅 32%，高新技术产值 57.5 亿元，占全区的 40%，定报工业销售 126 亿元，增幅 43%，财政总收入 4.74 亿元，增幅 30%，一般预算收入 2.52 亿元，增幅 35%，被镇江市委、市政府授予“2011 年度跨越发展有功单位”称号。

管委会领导视察科创孵化中心项目

管委会领导视察铭基安置房项目

江苏省老年人体育节丹徒新城分会场闭幕式

丹徒新城奋战 2012 年誓师大会

管委会领导慰问困难家庭

签奠会

中福马人造板加工设备制造项目开工典礼

镇江宝龙城市广场奠基典礼

冠城商业中心盛大奠基

智谷商业中心盛大开工典礼

中国镇江醋文化博物馆、恒顺万吨黄酒工程竣工
暨香醋扩产续建工程开工仪式

丹徒区宜城街道办事处揭牌仪式隆重举行

丹徒区发展改革和

区发改经信委党委书记、主任　杨俊

2011 年，丹徒区发改经信委抓好全区经济运行调节，保证工业生产平稳运行。培育发展新兴产业，实现新兴产业销售 170 亿元。推进重大项目建设，强化项目包装，做好项目报批，加强项目督查。抓好重点企业节能，推进企业清洁生产，抓好循环经济项目实施。及时抢抓机遇政策，争取政策扶持，年内共落实到位资金 5000 余万元。为全区经济建设健康发展作出了积极贡献。

召开区发改经信委 2012 年工作研讨会

区发改经信委党代表选举大会

廉政文化学习

丹徒区项目信息交流会

经济信息化委员会

开展企业安全生产宣传

开展"春晖行动"，帮扶困难家庭

举办"庆七一 · 唱红歌"比赛

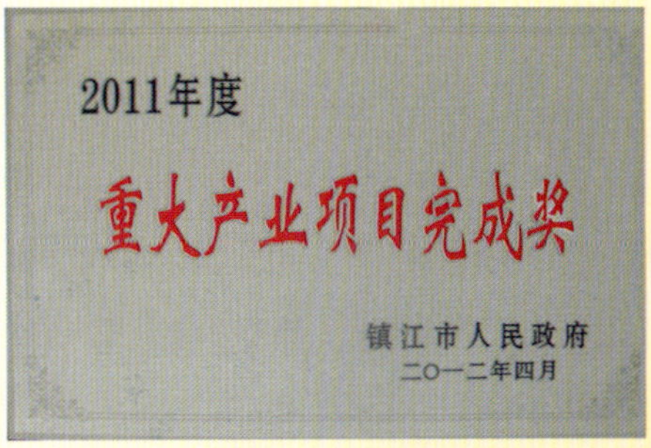

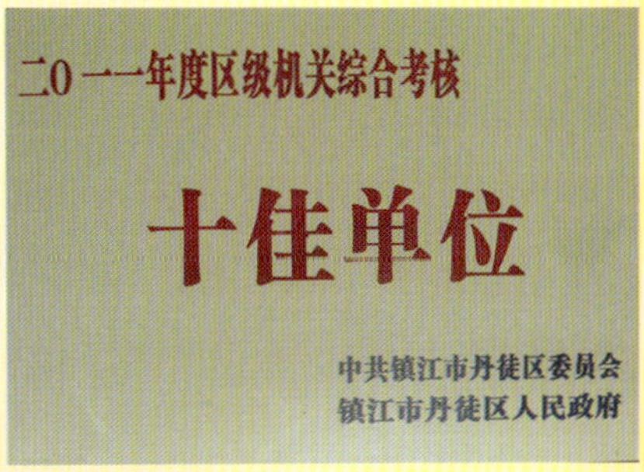

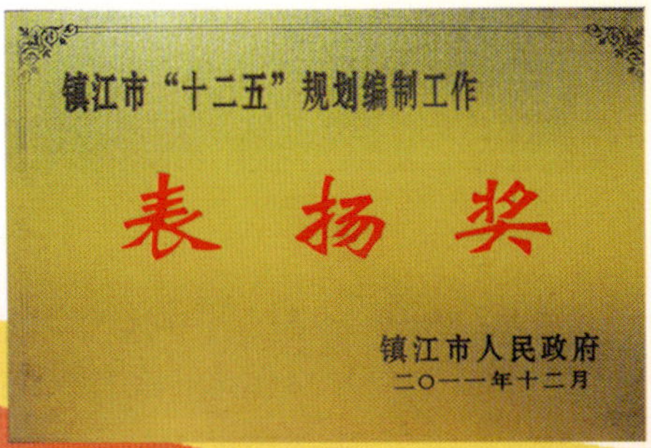

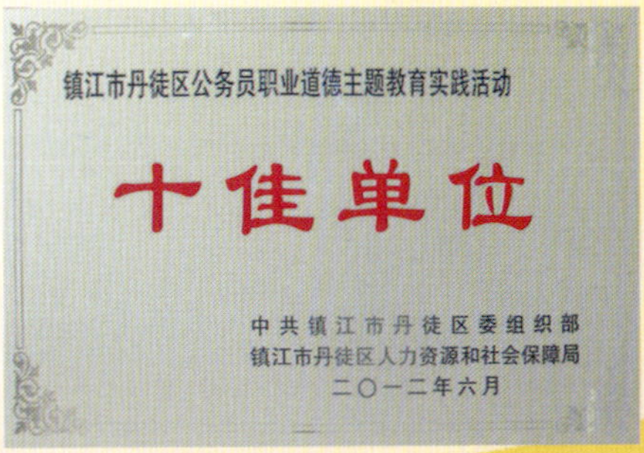

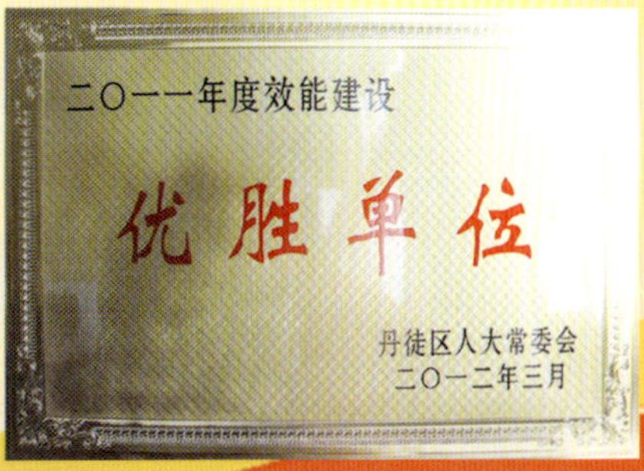

丹徒区人社局

省委常委、副省长黄莉新(中)视察丹徒区创业工作

举办《社会保险法》专题讲座

省外专局领导为丹徒区引智基地授牌

2011 年，区人社局把握“稳增长、惠民生、保稳定”的工作主线，从群众关心的热点、难点、焦点工作入手，主动融入并服务经济社会发展大局，开拓进取，奋发有为，顽强拼搏，争创一流，努力推进各项事业。社会保障普惠民生，保覆盖进一步扩大，企业养老、医疗、失业、新农保覆盖率达 98%。就业创业富民强区，城镇登记失业率控制在 2.29% 以内，全区建成创业孵化基地 18.4 万平方米，创业意识教育 18069 人，创业培训 1325 人，为 96 人提供创业贷款。维权维稳能力显著提升，全年劳动监察时效内结案率 100%，各类劳动争议时效内结案率为 99%。完成工伤认定 470 起。人才工作助推发展，申报市“331 计划”项目 7 个，建成“江苏省引进国外智力成果示范推广基地”1 个，引进本科以上人才 793 人、硕士以上人才 108 人。

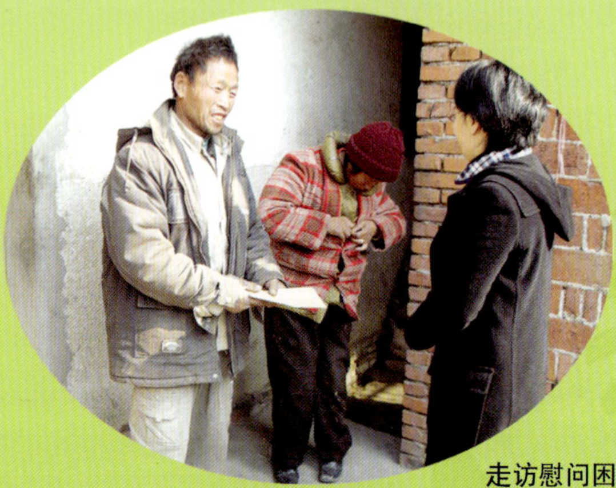

走访慰问困难户

参加区第六届运动会

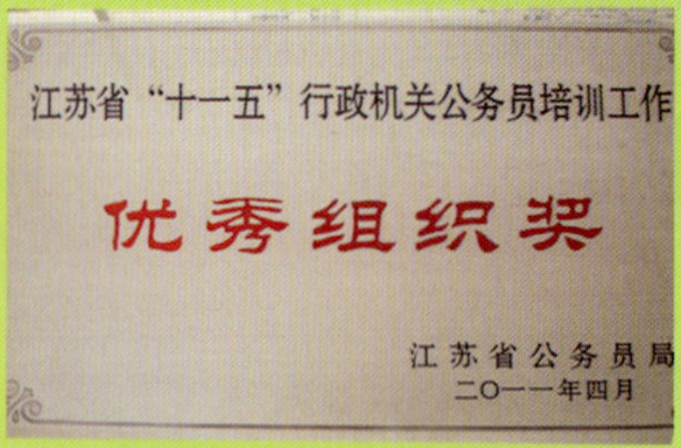

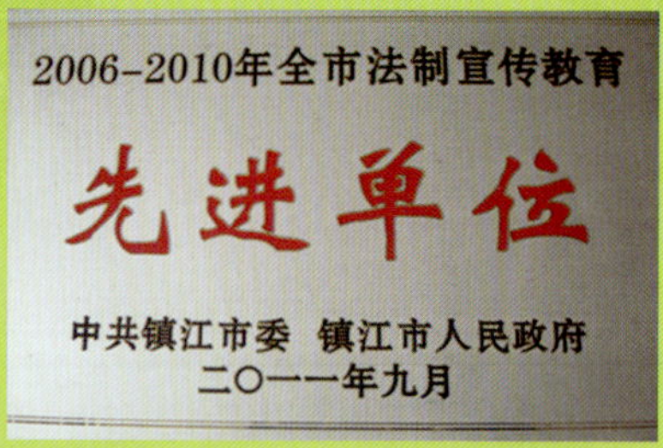

区委书记陈琳（中）视察交通建设

冷通路暨铁路下穿工程竣工通车典礼

丹徒区交通运输局

召开全区交通运输工作会议

近年来，丹徒区交通运输局围绕全区经济、社会文化事业建设，发挥职能部门作用。顺利完成两铁丹徒段的后续“三改”工作，338 省道建成通车。完成世业内环北路、上世线、辛黄公路、黄高线黄墟集镇段等县道的建设。在大力建设重点工程的同时，加大农村公路建设步伐。2011 年，投入 300 万元完成农村公路会车点建设 72 公里，超年初计划 32 公里。投入 670 万元改造危桥 6 座。全区国省干线优良率 100%，县道好路率 84.85%，乡道好路率 88.02%，村道好路率 82.95%。

镇荣公路（丹徒段）拓宽改造工程开工现场

投入使用的 338 省道

世业镇通过“全省乡村公路管养及安保工程示范乡镇”验收，图为建成使用的内环北路

冷通路暨铁路下穿工程顺利通车

宽敞平整的经十二路

京杭大运河“四改三”工程稳步推进，图为运河丹徒段风貌

乡村公路风貌

丹徒区

2011 年住建局工作会议

参加 12 · 4 法制宣传活动，市、区领导参观住建局宣传点

2011 年，住建局紧紧围绕“加速融入主城区、率先实现现代化”的目标，以服务全区项目建设为己任，正确履行部门职能，城乡建设统筹发展，污水处理等民生工程序时推进，村庄整治完成 12 个点的整治任务。行业监管力度加大，安全生产连续四年无重大事故，农民工工资得到有力保障，工程质量检测工作实现跨越。拆迁安置步伐加快，完成拆迁量 25 万平方米，安置房开工总面积达50万平方米，竣工 18 万平方米。机关管理成效显著，党建工作丰富多彩，全局多个部门和个人获省市以上荣誉表彰，卢玉金被镇江市委、市政府授予“2011 年度镇江市跨越发展突出贡献者”荣誉称号，魏丽被列入江苏省第四期“333 高层次人才培养工程”。

丹徒区禁止施工现场搅拌砂浆动员大会

局预防职务犯罪专题讲座

住建局

局系统受表彰先进个人

全局党员重温入党誓词

局领导赴上党开展“春晖行动”

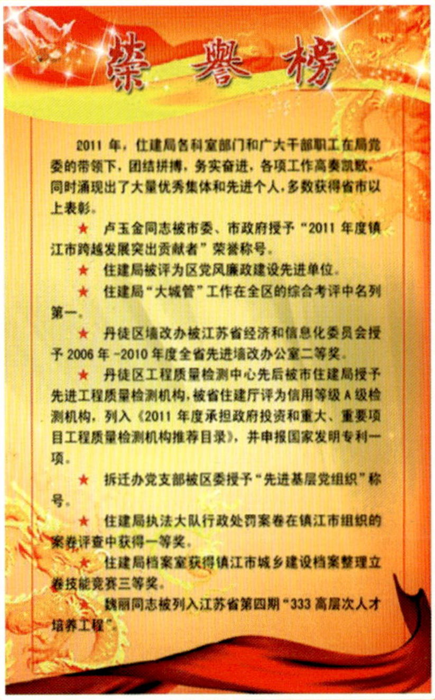

荣誉榜

2011 年，住建局各科室部门和广大干部职工在局党委的带领下，团结拼搏，务实奋进，各项工作高奏凯歌，同时涌现出了大量优秀集体和先进个人，多数获得省市以上表彰。

★ 卢玉金同志被市委、市政府授予“2011 年度镇江市跨越发展突出贡献者”荣誉称号。

★ 住建局被评为区党风廉政建设先进单位。

★ 住建局“大城管”工作在全区的综合考评中名列第一。

★ 丹徒区墙改办被江苏省经济和信息化委员会授予 2006 年 -2010 年度全省先进墙改办公室二等奖。

★ 丹徒区工程质量检测中心先后被市住建局授予先进工程质量检测机构，被省住建厅评为信用等级 A 级检测机构，列入《2011 年度承担政府投资和重大、重要项目工程质量检测机构推荐目录》，并申报国家发明专利一项。

★ 拆迁办党支部被区委授予“先进基层党组织”称号。

★ 住建局执法大队行政处罚案卷在镇江市组织的案卷评查中获得一等奖。

★ 住建局档案室获得镇江市城乡建设档案整理立卷技能竞赛三等奖。

★ 魏丽同志被列入江苏省第四期“333 高层次人才培养工程”。

荣誉榜

庆祝建党 90 周年红歌会

局共青团新春联谊会

丹徒区

省财政厅副厅长宋义武（右二）到丹徒区调研财政工作

2011 年，省财政厅农桥验收组查看 2010 年丹徒区农桥建设档案资料

省财政厅在丹徒召开现场工作会，将丹徒区财政局设为典型，进行工作交流

2011 年，区财政局围绕“加速融入主城区，率先实现现代化”的目标，创新思路、务实重效，圆满完成各项目标任务。全年实现财政总收入 46.42 亿元，比上年增长 54.5%，高于市平均增幅 15.19 个百分点。其中，一般预算收入累计完成 14.8 亿元，比上年增长 34.3%。全区财政总支出 34.68 亿元，比上年增长 57%，其中，一般预算支出 14.8 亿元，比上年增长 19.6%，有力支持了全区经济和社会事业的发展。全省县区级财政系统第一个通过五星级档案室的验收。基层财政管理经验在全省推广，在区级机关评比中获“十佳单位”称号。

召开丹徒区 2011 年财政绩效评价暨 2012 年预算编制布置会

丹徒区财政局顺利通过江苏省档案局档案工作省五星级标准验收

财政局

丹徒区财政系统认真开展党风廉政建设暨作风建设工作

定期召开财政收支分析会

通过视频教育培训系统，加强对乡镇财政所工作的监督与交流

加强业务培训，促进财政工作“科学化、精细化”管理

丹徒区农

省委副书记石泰峰（右三）到丹徒区调研三农工作

2011 年，区农委紧紧围绕现代农业推进、省级茶产业园区创建、万亩高产创建示范、农产品质量安全、生态建设达标工程、“菜篮子”建设、农业科技创新，素质提升培训等为农服务“八大工程”建设，积极开展“丹徒高效农业在推进、丹徒农业科技下乡行、丹徒满意服务在农林”的“三大”系列活动，实现全区农业总产值 20.1 亿元，粮食生产“八连增”，总产 19.48 万吨，林木覆盖率达 25.96%，22 个千万元以上重点农业项目完成投资 5.7 亿元；新增高效农业面积 4300 多公顷、设施农业面积 2600 多公顷、农业适度规模经营面积 3480 多公顷，丹徒区茶产业园区顺利创成省级现代农业示范园。全年有 19 项工作受到省级表彰，有 20 项工作受到市级表彰。

镇江市市长刘捍东（右六）、副市长曹当凌（右四）视察丹徒区春耕备耕工作

区委书记陈琳（左二）调研设施农业建设

省农委主任吴沛良（左二）调研丹徒区五有乡镇建设

西藏代表团考察丹徒区现代高效农业建设

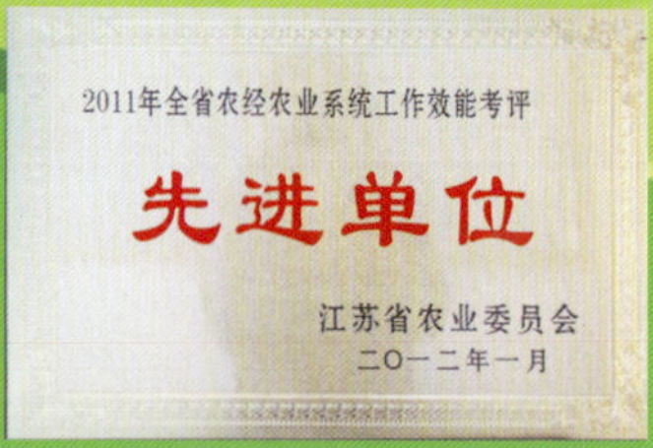

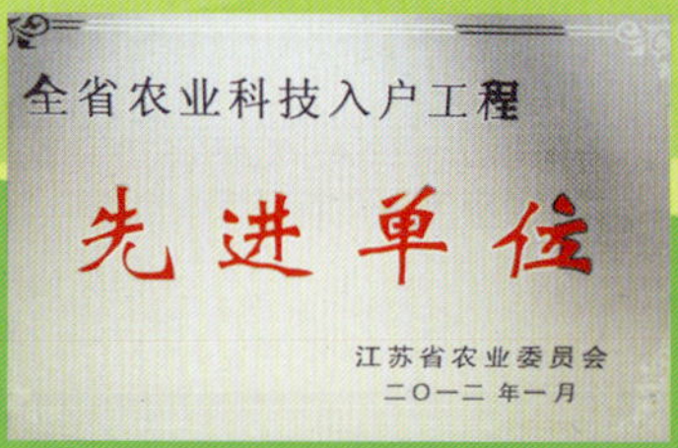

业委员会

组织召开民主生活会

丹徒区农委领导干部研讨会

“学党史、感党恩、跟党走”党课暨庆祝建党 90 周年大会

“中国 · 镇江首届长山采摘节”启动仪式
在丹徒区十里长山农业生态示范园举行

区农委蔬菜站被评为全国巾帼文明岗

区农委获全区恒顺杯拔河比赛第一名

科技下乡行上党活动现场

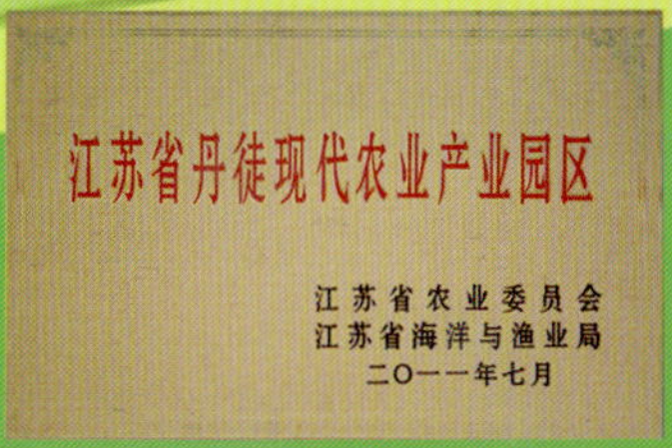

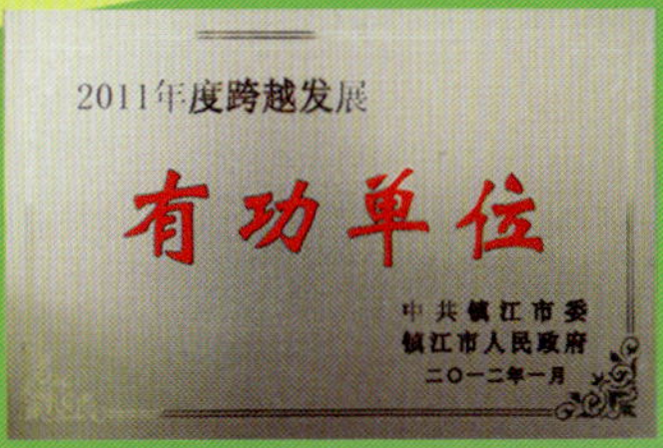

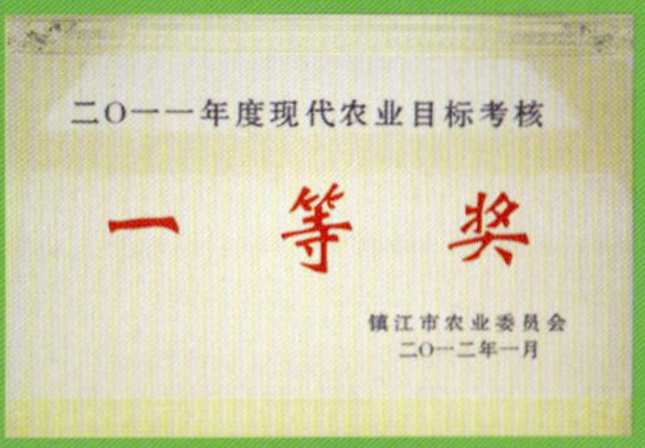

丹徒国税局

2011年，丹徒国税局坚决贯彻落实上级部署，持续深入探索管理思路，不断推进创新工作进程，在丹徒经济加速转型升级、努力后发争先的关键年中迈出重要一步，为地方政府“加速同城化、同步现代化”的发展大计作出积极贡献。全年累计组织税收收入13.49亿元。提出并解决问题76个，整合发布126项任务。局党总支被省国税局评为先进基层党组织，丹徒国税局被省国税局确定为“五好和谐基层建设”县（市、区）局示范点，在丹徒区民主评议政风行风工作测评中取得第一名，在“满意服务在丹徒”测评中名列榜首，获区级机关综合考核“十佳单位”称号，被区政府评为有功单位。

党组书记、局长丁东生向李长荣综合石化工业有限公司授A级纳税信用等级荣誉牌

召开国税工作会议

参加“寻访身边老党员，青年永远跟党走”主题教育活动

税收宣传月走进铭基商贸城普及发票知识

“红歌嘹亮，闪耀税徽”红歌会

开展“春晖行动”

丹徒区民政局

冠城社会福利院捐赠暨启动仪式

丹徒区民政局“七一”廉政党课

丹徒区民政局在区委、区政府的领导下，认真履行“保障民生、发展民主、服务社会”的基本职能，区民政系统被市文明办评为市“文明行业”；被市民政局评为“全市民政工作先进集体”；被区委、区政府评为“六创有功单位”、“法治丹徒建设先进单位”、“社会治安综合治理和平安建设先进单位”、“依法行政示范单位”； 区婚姻登记处先后被评为“全省婚姻登记机关规范化建设窗口单位”、“全省民政系统行风建设先进基层单位”、“全国婚姻登记规范化建设单位”。

召开丹徒区佛教协会第六次代表会议

开展“春晖行动”，向困难户捐款

举办丹徒区民政系统社会管理创新培训班

冠城社会福利院大厅

召开“抓项目 促提升”动员会

创新工作方式

丹徒区审计局

2011 年，丹徒区审计局以科学发展观为统领，紧紧围绕区委、区政府中心工作，以“抓项目促提升”为主题，认真履行审计职能，发挥审计“免疫系统”功能，服务全区发展大局。全年完成审计项目 59 个，查出管理不规范金额 3.5 亿元，工程审计送审金额 2.8 亿元，核减金额 2700 万元，提出审计建议 165 条。完成区纪委委托“三重审计”项目 5 个，其中重点工程审计项目 4 个、重点领域审计项目 1 个。提交审计信息和文章 72 篇，被各级采用 97 篇（次）。有 13 篇文章信息在《中国审计报》、审计署网站、《江苏审计》、省厅网站等国家、省级媒体上发表。积极服务全区社会经济建设，开展全区安置房工程、长香路工程、米芾书法公园、城际高铁广场等重点建设项目的审计服务，在维护丹徒财经秩序、促进区域经济健康快速发展等方面发挥了重要作用。

审计法制培训

加速信息化进程

审计人员深入工程现场

加强廉政教育

共创生态丹徒

春季审计论坛 · 财税知识篇

夏季审计论坛 · 廉政纪律篇

秋季审计论坛 · 宏观视野篇

冬季审计论坛 · 超越自我篇

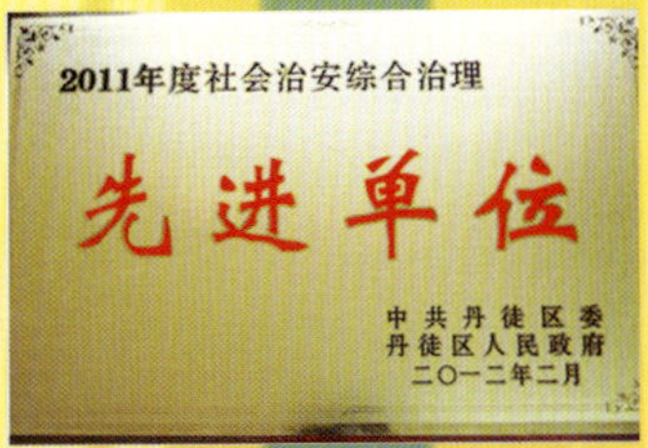

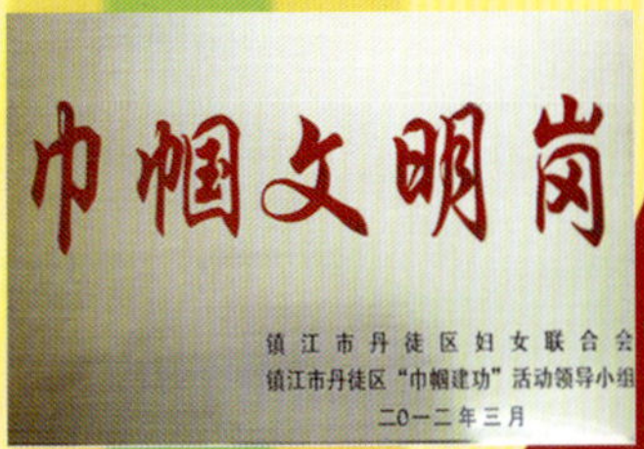

丹徒区教育局

党委书记、局长 曾明泉

2011年，镇江市丹徒区教育局认真学习贯彻国家和省、市长期教育改革和发展纲要，围绕加快实现全面教育现代化目标，以改革创新为动力，以优化管理为手段，以提升质量为重点，进一步优化办学条件，深入推进教育教学改革，全面实施素质教育，精心打造办学特色，不断推动丹徒教育优质、均衡、持续发展。

党建和党风廉政建设工作大会

“双争”、“三名”主题实践活动动员大会

丹徒区教育系统创先争优活动表彰大会

开展“春晖行动”慰问困难群众

驸马山庄幼儿园捐赠暨开园仪式隆重举行

幼儿园教师培训

省第十六届珠算式心算能力比赛丹徒区辛丰中心小学获团体第二名，并被评为“一等伯乐奖”

江苏省大港中学参加江苏综艺频道《震撼一条龙——校看风云》的直播节目获“魅力学校”殊荣

江苏省大港中学田径队取得市高中运动会团体总分、男子总分、女子总分三项第一的优异成绩

《丹徒田歌》参加全国第二届少儿艺术展演

丹徒区水利农机局

上级领导到丹徒水利局视察工作

2011 年，丹徒区水利农机局（以下简称区水利农机局）围绕农村防洪除涝、水资源供给和水环境改善等问题，创新机制，增加投入，加大建设力度，提高管理服务水平，完善和提高农村水利基础设施建设，不断增强抗御自然灾害能力。全年完成水利投资 5686 万元，完成土方任务 190 万立方米，清淤、整治河道 12 条 41 公里，圩堤加固 19.2 公里，完成小沟以上建筑物 391 座，改造中低产田 933 公顷，恢复治理水土流失面积 12.71 平方公里，修建防渗渠道、管道 20.1 公里，新建灌溉站 6 座 436 千瓦，改造排涝站 30 座 4453 千瓦。完成长山提水站更新改造及凌塘水库除险加固工程。开展“百湖执法大检查”活动，对全区范围内河道、水库、湖泊全面检查，建立详细台账资料。

全年推广各类机械 1180 台套，其中新增大中拖拉机 27 台、大秸杆还田机 49 台、小秸杆还田机 60 台、插秧机 189 台。全年农机化投入 650 万元，机械化秸秆还田面积 2.16 万公顷，秸秆机械还田率达 67.01%，全年水稻机插秧面积 5467 公顷，受到省农机局的通报表彰。全年征收水利规费 400 余万元。组织开展“创优争先”主题实践活动，先后制定出台《丹徒区水利农机局效能建设实施意见》《丹徒区水利农机局工作责任追究制度》等 30 多项制度规定，明确 16 项责任追究范围，规范责任追究程序。被镇江市水利局评为先进集体、获镇江市农委考核优秀奖。

省小型水库规范化管理单位考核验收

机械秸秆还田现场

机插秧现场

省水利厅到丹徒水利局进行水库除险加固水下工程阶段验收

区领导调研水利工作

镇江市丹徒区委党校

常务副校长 聂荣祥

2011 年，丹徒区委党校坚持以邓小平理论、“三个代表”重要思想和科学发展观为指导，求实创新，争创一流，突出服务经济社会发展大局，注重培训实效和师资建设，出色完成各项工作，全年举办各类培训14 期，培训 1500 人次；完成市级新课题 3 项，公开发表论文 3 篇，完成非公有制企业党建工作等调研报告4 篇，完成 1 项省级课题，有力提升党校社会形象；积极开展“春晖行动”，充分发挥支部堡垒作用和党员模范作用，受到上级党校领导和社会各界广泛好评。

团结奋进的领导班子

丹徒区新任乡科级领导干部培训班

丹徒区第十一期调解工作业务培训班

丹徒区行政服务中心

区长张映桥（右一）在中心窗口调研

2011年，丹徒区行政服务中心以"创先争优"活动为契机，以机关效能建设为抓手，以电子政务建设为载体，以优质服务为主线，进一步加强中心的制度建设、队伍建设和窗口文化建设，强化绩效管理和责任追究，各项工作迈上新台阶。全年各窗口累计办件42588件，日均受理171件。其中即办件37158件，承诺件5430件。群众对窗口的满意度达到99%以上。区行政服务中心在区级机关综合考核中名列第六被评为"十佳单位"，被区委、区政府评为"机关作风建设通报表扬单位"和"满意服务在丹徒"评议先进单位，被市行政服务中心评为"便民服务建设先进单位"和"服务经济先进单位"。

区行政服务中心被评为丹徒区"十佳单位"，主任赵中田上台领奖

召开全区便民服务工作经验交流会

窗口工作人员热情接待办事群众

丹徒区安全生产监督管理局

区委书记陈琳（右二）检查安全生产工作

市安委会督查丹徒区安全生产

全区安全生产大检查动员部署会

安全生产工作例会

举办安全知识培训班

"安全生产月"活动

开展应急救援演练

丹徒区农业资源开发局

省委副书记石泰峰（右三）等省、市、区领导在省级丘陵山区农发项目——镇江市十里长山生态农业园调研

区委书记、区人大常委会主任陈琳（左二）和副区长田志虹现场指导农发项目建设工作

2011 年，丹徒区农业资源开发局（以下简称区农发局）以创新项目管理和工作载体为突破口，落实推进和实施全省农业资源综合开发项目计划分配权、执行权、监督权的“三权分离”，加快建立完善有效的权力内控监督制约机制。农业综合开发、扶贫和茅山老区经济开发、农业区划等各项工作成效显著。全年向上争取农业综合开发项目 11 个，总投资 5026.98 万元，其中财政资金 2982 万元，比 2010 年增加 32 %。合理安排省扶贫办、财政局下达的丹徒区 70 万元茅山老区财政支农项目总资金，并通过省、市验收。年末，区农发局被区委、区政府评为“2011 年区级机关综合考评特别贡献单位”“三农工作先进单位”，在镇江市农业资源开发系统年终省级考核中获一等奖，连续“十连冠”。扶贫工作被市扶贫办评为 2011 年度全市扶贫工作系统内目标考核特等奖。

区委副书记、区长张映桥（左一）视察农发项目

省农发局副局长黄非（左二）陪同安徽省代表团考察丹徒农发项目

区农发局召开项目建设推进会

省、市农发局领导验收丹徒区农业综合开发土地治理项目工程

丹徒区 2011 年度农业综合开发项目建设动员大会

区农发局局长王正平与项目建设单位签定目标责任状

丹徒区商务局（旅游局）

局长　孙铁

丹徒区商务局（旅游局）是区政府机构改革新组建的政府工作部门，负责组织管理全区内外贸易、对外经济、利用外资、对外招商、服务外包和旅游工作。

2011年，丹徒区商务局紧紧围绕区委、区政府打造“办事效率最高、收费标准最低、服务态度最好”发展环境的总体目标，紧扣“抓项目、抓落实”的主旋律，在把握全局中突出重点，在推进工作中突出实效，加大招商引资力度、提高服务质量和工作效率，各项工作均保持良好发展态势。全区新批外资项目30个，其中增资项目13个，完成实际利用外资1.5亿美元，比上年增长14.5%。全区累计实现外贸进出口4.26亿美元，比上年增长40.06%，完成计划数和增幅均列全市第二。完成外派劳务1800人，实现营业额1600万美元，合同额1200万美元。新批家电下乡销售网点11家，申报备案物回企业2家。实现社会消费品零售额32.59亿元，比上年增长17.5%。全年接待游客240万人，旅游综合收入14.5亿美元，比上年增长35.4%。区商务局（旅游局）被评为镇江市2010年度旅游统计工作先进单位。

创业培训

局领导班子工作会议

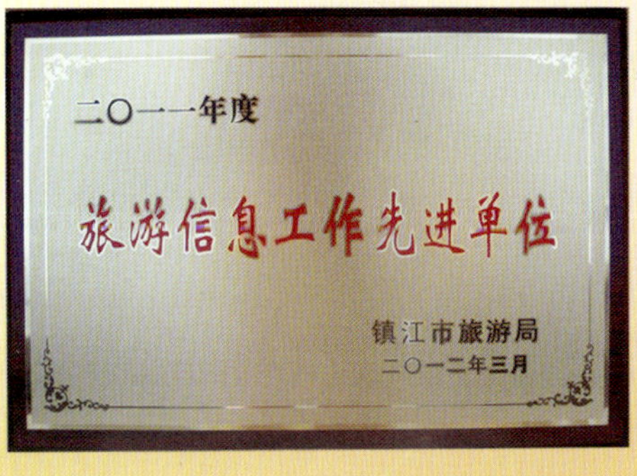

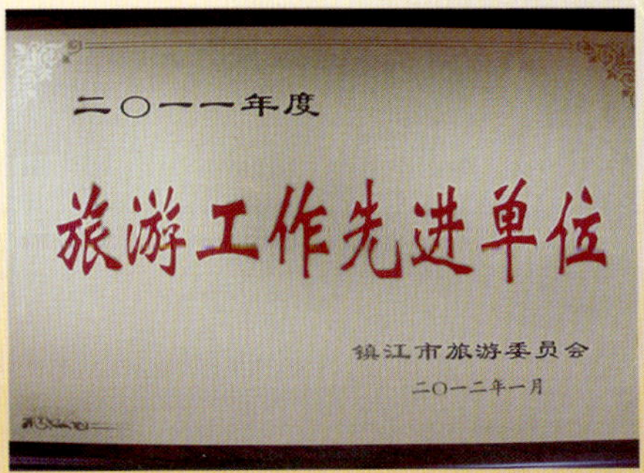

丹徒区

2011 年，镇江市丹徒区烟草专卖局围绕“卷烟上水平”中心任务，全力打造“严格规范、富有效率、充满活力”的丹徒烟草，促进各项工作顺利开展。全年查处 10 万元以上案件 1 起，网上订货客户数达 2452 户，约占总数的 98.28%，新办烟草专卖许可证 105 个。在年度行政执法案卷评查中，行政许可案卷分别获市法制办评比一等奖、区法制办评比二等奖。开展第二届企业文化知识竞赛、演讲比赛活动。开展“春晖行动”，帮助 11 户贫困户落实扶贫资金 1.65 万元。开展“爱在镇江慈善一日捐”活动，捐款 2.6 万元。向大港中学白血病患者捐款 5000 元。通过红十字会向日本和云南地震灾区分别捐款 5000 元，并向红十字会“博爱一日捐”活动捐赠 3400 元，缴纳会费 1140 元。

3·15假烟焚烧现场

送货车队

烟草局

法制宣传进社区

市场走访

开展“3·15”消费者权益日活动

市场稽查

授予镇江市丹徒区烟草专卖系统

2007—2009年度江苏省文明行业

荣誉称号。

江苏省精神文明建设指导委员会

二〇一〇年十二月

二〇一〇年度区级机关

先进基层党组织

中共镇江市丹徒区委区级机关工作委员会

二〇一一年六月

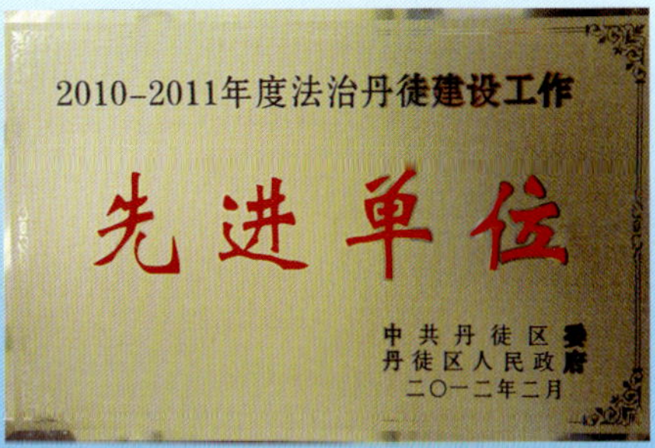

2010-2011年度法治丹徒建设工作

先进单位

中共丹徒区委

丹徒区人民政府

二〇一二年二月

丹徒区城管局

区委书记陈琳（右二）慰问城管执法队员

全区城乡环境管理工作会议召开

丹徒城管“守护生态”志愿者在金谷东路捡拾绿化带垃圾

新招募的城管执法协勤人员上岗前培训

一期广场东侧新建的无障碍公共厕所

新城最大的LED高清户外显示屏在交通局大楼建成

丹徒区人民防空办公室

2011 年，丹徒区人民防空办公室以党的十七届五中、六中全会精神为指导，紧紧围绕区委、区政府提出的“加速同城化、同步现代化”这一中心工作，积极贯彻落实科学发展观，团结拼搏，克难奋进，扎实工作，全面完成了年度工作目标。

开展爱岗敬业教育活动

开展中学生人防知识教育

检查指导人防工程建设

开展“春晖行动”活动

参加文化科技卫生“三下乡”活动

参加文明城市创建活动

维护升级防空警报器

丹徒区政府法制办公室

召开全区依法行政暨法治政府建设工作会议

2011 年，丹徒区政府法制办公室围绕法治政府建设目标，落实国务院和省、市关于加快法治政府建设的意见，完善依法行政各项制度，推进政府工作规范化，加快推进行政管理方式转变及依法科学民主决策，强化行政执法监督，促进社会矛盾化解。审核行政权力 4635 项，建立完善依法行政配套制度 31 项，重新确认行政执法主体 109 个，受理行政复议案件 8 件，行政负责人出庭应诉率 100%，规范性文件报备率、及时率、规范率均达 100%。

举办全区行政执法人员培训班

帮助困难群体

宣读入党誓词

丹徒区史志办公室

主任　付久成

省委党史办副主任赵一心（右二）到丹徒检查工作

2011 年，镇江市丹徒区史志办公室围绕区委、区政府的中心工作，顺利出版发行《丹徒年鉴（2011）》，并组织开展年鉴优秀条目评比活动；全力推进《镇江市丹徒区志（1986 ~ 2005）》编修工作；继续加强专业志、乡镇志的指导和服务。《丹徒年鉴（2010）》获第五届全国年鉴编校质量评比三等奖。《丹徒年鉴（2011）》获第六届全国年鉴编校质量检查评比二等奖。

修志工作会议

年鉴工作会议

丹徒区

党委书记　孙栋文

镇长　张宾

谷阳镇位于镇江市区南郊、丹徒区中部，东与辛丰镇交界，南与上党镇、丹阳市司徒镇毗邻，西至十里长山与高资镇接壤，北与丹徒新城相连。京杭大运河从东流过，沪宁高速、扬溧高速、312 国道均经此镇。全镇总面积 46.75 平方公里，耕地 1912.7 公顷，集镇面积 4.5 平方公里，辖 11 个行政村。年末总人口 29842 人，总户数 8483 户。

湖滨村社区办公楼落成庆典

领导干部研讨会

创业结对座谈会

谷阳镇

纪念建党90周年庆祝大会

丹徒区德润农村小额贷款有限公司成立

第六届文化艺术节

文艺汇报演出

达豪电气

环保科技创业园

银海铝业

北极铝业

丹徒区上党镇

党委书记 程道云

镇长 陈 静

上党镇位于镇江南郊，南连宝堰镇，东临丹阳市，西接句容市，北倚谷阳镇。总面积 112.6 平方公里，耕地 4065 公顷，集镇面积 7.72 平方公里，辖 15 个行政村、2 个居委会，总户数 14609 户，年末总人口 46679 人。全镇有工业企业 725 个，职工总数 12126 人。完成工业总产值 73 亿元，销售收入 68.8 亿元，实现利税 7.04 亿元。有年销售 2000 万元以上企业 28 个，拥有固定资产 4.25 亿元，职工 3225 人，实现利税 4.83 亿元。私营企业 194 个，年产值 51.4 亿元，实现利税 5.29 亿元。农民人均年收入 11796 元。农民人均住房 49 平方米，集镇居民人均住房 45 平方米。人均储蓄 1.27 万元。

上党镇“三下乡”活动现场

召开上党镇第十四届人民代表大会第一次会议

召开2011年三个文明表彰暨目标责任状签订大会

举办2010-2011年度党员干部冬训班

上通食品机械有限公司

丹徒高级中学

江苏苏源振光电力有限公司

民间艺术挑花

精功汽车有限公司

上党农民健身活动

丹徒区辛丰镇

辛丰镇党委书记　朱 毅

辛丰镇镇长　陈束伟

区委书记陈琳(前左二)到镇视察工作

工作情况汇报会

希西维轴承重大项目施工中

凯力德矿用救生舱重大项目开工典礼

新市政建设

丹徒区宝堰镇

区委书记陈琳（左）在山水湾听取建设进展汇报

2011年，宝堰镇紧紧围绕区委、区政府“加速同城化、同步现代化”总要求，全力抓经济、重点抓项目、着力抓投入，各项指标保持高位增长，财税增幅全区第一，利用外资继续保持强劲势头，金属制品等重要项目顺利开工，科技孵化器（一期）竣工，河冶高科等大项目顺利签约；高效农业进一步壮大，“一园五基地”带动农民增收效应更加明显；新市镇建设全面启动，项目包装、规划等工作完成，融资工作取得突破，安置房建设基本完成，通济河美化等一批民生工程顺利实施；被评为市跨越发展有功单位，全区主要经济指标考核第二名，有效提升了区域综合竞争力，跨越发展的态势更加明显。

区长张映桥（右）指导民营经济建设

胜利河清淤现场

拆除镇域内砖瓦窑厂

建成污水处理厂

整治后的村庄环境

建设中的镇宇金属制品项目

江心洲生态农业园区

区委领导调研重点项目

区委书记陈琳(前左)调研重点工作

江心洲生态农业园区位于镇江东，长江之中，为长江沉积沙洲。南与京口区谏壁镇相望，东对大港外贸码头，西望焦山，北对新民洲农场。总面积13.46平方公里，耕地411公顷，集镇面积0.78平方公里，辖3个行政村、1个居委会。2011年末总户数2880户，总人口6321人，无少数民族。人口出生率5.37‰，死亡率6.83‰，自然增长率-1.46‰，计划生育率100%。

全市农村工作会议

举办第四届野菜节

蔬菜推介会

精品蔬菜推介会

开展庆祝建党九十周年活动

开展创业培训

江心腰鼓队表演

滞销莴苣认购仪式

丹徒区荣炳盐资源区

副省长何群（前右二）到园区视察工作

荣炳盐资源区位于镇江市丹徒区最南端，南连金坛市直溪镇，东临丹阳市延陵镇，西接句容市茅山镇，北倚宝堰镇。总面积 45 平方公里，耕地 1532 公顷(22985 亩)，辖 5 个行政村，总户数 6288 户，总人口 20299 人。2011 年一般预算收入 2393 万元，农民人均收入 10819 万元。

2011 年，园区充分利用山水资源，大力发展多种经营，加快推进万亩优质稻米和硕德科技农业生态园的建设，形成了特种水产品、优质大米、高档花卉苗木等支柱农业产业。尤其是万亩无公害大米，已形成了自己的品牌——荣炳珍荣大米。同时利用独特的资源优势，加快发展盐业和酒业等主导行业。

市、区领导到园区调研

荣炳园区人力资源调查业务培训班

举办2012年入党积极分子培训班

丹徒区公路管理处

区交通运输局副局长、公路管理处书记　王建锁

2011 年，丹徒区公路管理处围绕“弘扬三创当先锋、科学发展争跨越、为镇江率先实现基本现代化提供公路交通支撑”总体发展目标，以保护路产、维护路权、保障畅通为中心，推动全区道路运输行业发展。全年完成沥青路面维修 30 立方米、沥青下封 580 平方米、水泥稳定碎石 192 立方米，更换百米桩 124 根、警示桩 2 根，路面开挖 340 立方米，维修路缘石 80 米，二灰碎石 112 立方米，灌缝 1530 米。全区国省干线公路优良率 100%；县道优良路率 84.85%，县道路况综合指标达 86.62%；乡道优良路率 88.02%；村道优良路率 82.95%。立案查处各类涉路违法行为 447 起，结案 442 件，查处率 100%，结案率 98.9%，无一起行政复议撤销、行政诉讼败诉和公路三乱违纪行为，接待处理来信来访 56 件次。区公路处行政许可文书获市执法文书二等奖、区执法文书一等奖。

开展集中整治活动

拆除非公路标志加强对公路非标整治

法制宣传日活动

5 月法制宣传月活动

全区农村公路管理养护工作现场会

丹徒畅通有序的公路

军民鱼水一家亲

江苏省双拥考核组到 73860 部队检查指导

丹徒区法院法律拥军工作站揭牌仪式在 73860 部队举行

丹徒区在 73860 部队法律维权工作站进行揭牌

2011 年，73860 部队充分发挥自身优势，开展了一系列行之有效的双拥共建工作，积极参加镇江市开展的“五百行动”活动，组织了近 200 人次参加丹徒区结对村卫生打扫和美化绿化活动，深入烈士军属和特困户进行慰问，走访慰问高资镇 5 户贫困户、为石头岗村 1 户长期生病的退伍老兵送去慰问金和慰问品。在新市政府新行政中心搬迁之际，主动与市双拥办联系，利用车辆和人员优势，为市政府多个部门完成了搬迁任务。每逢学校开学之际，组织官兵为新华书店送书到学校，累计出车 200 余台次，教材 300 万余册。出动车辆 50 余台次帮助江苏科技大学进行宿舍搬迁。积极为丹徒实验学校和驻地部分学校企业进行军训，累计参训人员达 2200 余人。加强军地互通互助，积极邀请驻地军民到部队开展“军营一日”活动，

走访慰问特困户

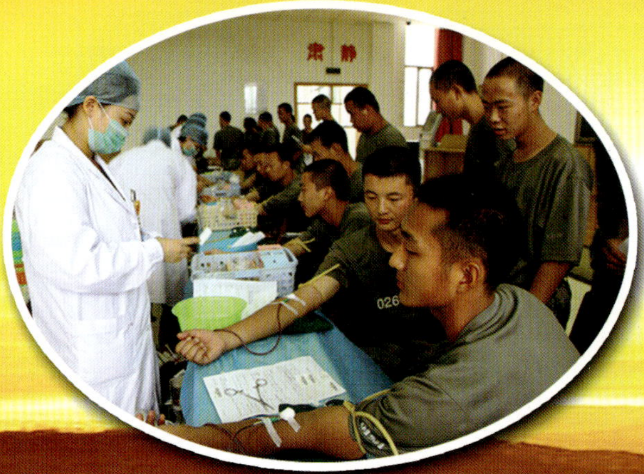

73860 部队组织官兵义务献血

共建双拥模范城

——73860 部队

组织"青春献祖国、铁心跟党走"歌咏比赛

战备演练

组织参观茅山革命纪念碑

组织迎国庆升旗仪式

参加"我为南山洗把脸"环境整治活动

组织旗语训练

开展世界读书日活动

丹徒高新

DANTU GAOXIN

高创中心大楼

孵化厂房

千里安置房

丹徒轻轨站

省商务厅考察丹徒高新技术产业园

江苏省副省长史和平(左一)视察
江苏中靖新能源科技有限公司

市委书记许津荣(右三)视察江苏中靖新能源科技有限公司

中科院北京国家技术转移中心丹徒分中心签约揭牌仪式

技术产业园

JISHU CHANYEYUAN

丹徒高新技术产业园成立于2008年5月，是丹徒区委、区政府致力打造产业高地、引领产业升级的重点板块，也是全区实践转变经济发展方式、实现新兴产业爆发式增长的重要基地。

高新园选址丹徒新城东侧，范围东至辛丰镇，南至南环路，西至312国道，北至丁卯南纬七路，总面积约22平方公里，首批开发面积12平方公里。园区地处长江三角洲，位于长江与运河交汇处，312国道、338省道、沪宁高速、扬溧高速，京沪高铁穿境而过，沪宁城际轻轨和正在建设中的淮镇扬铁路在园区内设有站点，交通优势十分明显。

高新园确立“整园开发、拉大框架”的总体性规划理念和“以点带面、分步实施”的阶段性规划思路。专门聘请知名的高科技园区设计与工程咨询公司进行规划设计，并根据当前国际国内产业发展特点，将新能源、新材料、中成药制剂及复配药、精密机械、软件研发、电子、现代服务业等产业定位为园区发展的主导产业。

2009年以来，贯穿园区南北的主交通干道经十二路丹徒段(冷遹路)全线贯通，瑞山路东延工程以及总长2.5公里的“一横两纵”路网工程全面完工，总长7.12公里的338省道以南“两横两纵”路网工程，以及总长5.2公里的谷阳大道东延工程等也基本完工。园区以高创中心、孵化厂房为主体的一批基础配套也陆续到位，中靖氢能产业园、中科院北京国家科学技术转移中心丹徒分中心、江苏益海芯、江苏蓝箭电子、镇江巨博电子等一批重大项目和外资项目相继落户。

高新园坚持将自身发展置于丹徒经济跨越发展全局中通盘考虑，坚持高起点规划、高标准建设、高层次配套、高速度发展，将凝心聚力打造全区第一产业高地、全力以赴争当丹徒新兴产业爆发式增长的排头兵。

丹徒高新园联盛科技产业园项目签约

江苏中靖氢能产业园项目开工庆典

赴无锡、宁波等地考察2.5产业园建设问题

丹徒区老促会

省老促会常委副会长陆乃勇（右一）、市老促会副会长魏芳琴（中）考察高桥镇扬村水产养殖基地

市老促会会长戚中立（右二）等到五塘村调研

区两会会长卜顺华在区“两会”三届二次理事大会上作工作报告

2011 年，丹徒区老区开发促进会、扶贫开发协会（简称两会），以科学发展观为指导，坚持全心全意为老区人民服务的宗旨，尽心尽力为老区人民办实事。

引进外援贷款项目支持老区经济社会发展，全年向省扶贫协会申报 4 个项目，向省老促会申报 3 个项目，争取到扶贫贷款项目资金 70 万元。各镇分会也做了大量工作，引进开发资金 800 多万元，开发高效农业基地，建设标准化蔬菜基地，优质稻米基地，水产养殖基地等，有力地促进了老区经济发展，增加了农民收入。

抓好联系点，以点带面，促进老区全面发展。“两会”在全区确定了 5 个村为联系点，即五塘村、墅农茶叶合作社、镇扬村、莱村、水台村。通过加强对联系点的建设，帮助他们调整产业结构，引进新品种，增加了农民的收入，村容村貌发生了很大的变化，而且带动了周边村的经济。特别是五塘村，原是茅山老区的一个典型贫困村，通过对该村帮助订规划，引进项目，争取扶贫资金，培训农民，发展现代化高效农业，取得了显著成效。2011 年该村工农业总产值已达到 8800 多万元，农民人均收入达到 10800 元，集体经济收入 40 万元，成为镇江市的文明村。

加强扶贫帮困力度，帮助老区群众解决实际困难。选送了 15 名贫困学生到扬州职校就学，各镇（园区）分会与困难户结对帮扶，帮助困难户引进种植、养殖项目，帮助困难学生提供助学金，帮助经济薄弱村的农民流转土地，引进投资商发展高效农业，帮助举办各类培训班 6 期 350 人次。

加强调查研究，当好区委、区政府的参谋和助手。围绕重大问题搞调研，突出重点搞调研，针对难点搞调研。在充分调研的基础上分析原因，为指导分会的工作积累经验。全年先后到高桥、辛丰、谷阳和高资等镇相关村进行调研，了解现有高效农业项目，水产养殖项目等发展情况，为老区的产业结构调整，规划和措施提供依据。为领导的科学决策提供参考。

区领导、老促会领导慰问困难群众

省老促会在丹徒区举办河蟹生态健康养殖技术培训班

区老促会邀请扬州市老促会有关专家到五塘村举办“养鹅专业知识培训班”

目 录

特 载

报告 …… 1
转型提升 跨越提速 奋力开创丹徒现代化建设新局面 …… 1
政府工作报告(摘要) …… 6
专记 …… 12
丹徒区政府为民办实事 …… 12
丹徒区开展“文明城市创建”活动 …… 12
丹徒区开展中国共产党成立 90 周年系列庆祝活动 …… 13

大 事 记

1 月 …… 14
2 月、3 月 …… 15
4 月 …… 16
5 月、6 月 …… 17
7 月、8 月 …… 18
9 月、10 月 …… 19
11 月 …… 20
12 月 …… 21

丹徒概貌

地情概要 …… 22
区位、面积 …… 22
地貌特征 …… 22
建置沿革 …… 22
行政区划 人口 …… 22
民族 …… 22
自然资源 …… 22
气候 …… 23
国民经济和社会发展 …… 23
综合实力 …… 23
农业 …… 23
工业 …… 23
服务业 …… 23
园区建设 …… 24
外资 外经 外贸 …… 24
民营经济 …… 24
交通 · 城乡建设 …… 24
生态建设 …… 24
科技教育 …… 24
文化 广电 体育 …… 24
医疗卫生 …… 25
民生工程 …… 25
人民生活 社会保障 …… 25
民主法制建设 …… 25
政法 …… 25
公安 …… 25
检察 …… 25
审判 …… 25
司法行政 …… 26
督办代表建议 60 件 …… 26
办理委员提案 123 件 …… 26
精神文明建设 …… 26
推进群众性精神文明建设工作 …… 26
文明城市创建成效凸显 …… 26
未成年人思想道德建设成果突出 …… 26

组织机构及领导人名录

区四套班子 …… 27
区委工作部门及直属单位 …… 27
区人大常委会工作机构 …… 28
区政府工作部门及有关单位 …… 28
区政协工作机构 …… 30
丹徒新城(宜城街道) …… 31
丹徒经济开发区 …… 31
世业洲旅游发展总公司 …… 31
丹徒高新技术产业园管委会 …… 31
区人民武装部 …… 31
政法系统 …… 32
民主党派 · 工商联 …… 32
社会团体 …… 32
垂直机构 …… 33
镇 · 街道 · 园区 …… 33

中共丹徒区委员会

综述 …… 36
概况 …… 36
部分中央、部委、省领导视察丹徒 …… 36

部分友好城市到丹徒参观考察 …………………………… 36
重要决策和会议 ………………………………………… 37
关于加快水利改革发展推进水利现代化建设的意见 ………………………………………… 37
中共镇江市丹徒区委关于制定丹徒区国民经济和社会发展第十二个五年规划的建议 ……… 37
“春晖行动”实施意见 …………………………………… 37
关于创建江苏省科普示范区的实施意见 ………… 37
中共丹徒区委关于实施党建创新工程的意见 …… 38
中共丹徒区第十二次代表大会 ……………………… 38
中共丹徒区十二届二次会委(扩大)会议 ………… 38
纪检·监察 ……………………………………………… 38
概况 ……………………………………………………… 38
区纪委召开十一届六次全会 ………………………… 38
构建惩防体系基本框架 ……………………………… 39
建立拟提拔干部廉政报告制度 ……………………… 39
推进党务公开工作 …………………………………… 39
深化党风廉政巡查制度 ……………………………… 39
推进“村监委”工作 …………………………………… 39
开展“勤廉指数”测评工作 …………………………… 39
廉政文化宣传教育 …………………………………… 39
廉政文化示范点创建工作 …………………………… 40
落实党风廉政建设责任制 …………………………… 40
优化经济发展环境 …………………………………… 40
推动电子政务平台建设 ……………………………… 40
查办违法违纪案件 32 件……………………………… 40
信访举报工作 ………………………………………… 40
开展行政执法部门政风行风评议工作 …………… 40
便民服务网络建设 …………………………………… 40
开展“满意服务在丹徒”评议活动 ………………… 40
纠风和专项治理工作 ………………………………… 40
围绕中心开展执法监察 ……………………………… 41
工程建设领域突出问题专项治理 ………………… 41
开展“服务发展、执纪为民”主题教育活动………… 41
组织工作 ………………………………………………… 41
概况 ……………………………………………………… 41
完成党委换届工作 …………………………………… 41
发挥大学生村官作用 ………………………………… 41
加强人才服务工作 …………………………………… 42
推进村级“四有一责”建设 …………………………… 42
指导非公党建工作 …………………………………… 42
深化拓展“春晖行动” ………………………………… 42
开展学习李林森同志先进事迹活动 ……………… 42
表 1 2011 年丹徒区中共党员基本情况 ………… 42
机构编制管理 …………………………………………… 43
概况 ……………………………………………………… 43
服务经济建设 ………………………………………… 43
服务社会事业 ………………………………………… 43
加强机构编制监督检查 ……………………………… 43
推进政务和公益中文域名注册管理工作 ………… 43
推进事业单位清理规范工作 ………………………… 43
规范事业单位登记管理 ……………………………… 43
做好规范事业单位开办资金工作 ………………… 43
宣传工作 ………………………………………………… 44
概况 ……………………………………………………… 44
理论教育成果丰硕 …………………………………… 44
舆论宣传引导有力 …………………………………… 44
文明创建成效显著 …………………………………… 44
网络舆情监管有效 …………………………………… 45
开展群众性文化活动 ………………………………… 45
区委中心组学习 ……………………………………… 45
世业洲长江草莓音乐节 ……………………………… 45
党员干部冬训工作 …………………………………… 45
创业型城区宣传 ……………………………………… 45
文艺创作精品迭出 …………………………………… 45
统战工作 ………………………………………………… 46
概况 ……………………………………………………… 46
举行各界人士迎春联欢会 …………………………… 46
召开统战工作研讨会 ………………………………… 46
贯彻落实全市统战部长会议精神 ………………… 46
召开全区统战委员会议 ……………………………… 46
举办党外人士培训班 ………………………………… 46
组织学习十七届六中全会精神 …………………… 46
农村工作 ………………………………………………… 46
概况 ……………………………………………………… 46
推进“三新”建设 ……………………………………… 47
机关党建工作 …………………………………………… 47
概况 ……………………………………………………… 47
基层党组织建设 ……………………………………… 47
加强机关党建工作 …………………………………… 47
文明机关三项工作考核 ……………………………… 47
加强机关作风建设 …………………………………… 47
群团组织建设 ………………………………………… 47
文体活动 ……………………………………………… 48
党校工作 ………………………………………………… 48
概况 ……………………………………………………… 48
支部建设廉政建设有成效 …………………………… 48
举办各类党员干部培训 14 期………………………… 48
理论调研成果喜人 …………………………………… 48
开展扶贫救灾工作 …………………………………… 48
扩大影响做宣传 ……………………………………… 48
党史·地方志 …………………………………………… 48
概况 ……………………………………………………… 48
顺利出版《丹徒年鉴(2011)》 ………………………… 48
继续推进《镇江市丹徒区志(1986～2005)》修编工作 ……………………………………………… 48
开展优秀条目评比活动 ……………………………… 49
老干部活动 ……………………………………………… 49

概况 …………………………………………………… 49
开展争做"四好"离退休干部党员网上签名承诺活动 …………………………………………………… 49
组织离退休党员干部牵手大学生村官 ………… 49
落实破产企事业单位离休干部医疗待遇 ……… 49
举办老干部党史教育讲座 ……………………… 49
认真落实离休干部生活待遇 …………………… 49
兑付离休干部住房补贴 ………………………… 49
区领导为百岁离休干部庆祝生日 ……………… 49
保密工作 …………………………………………… 50
概况 …………………………………………………… 50
规范领导干部保密工作程序 …………………… 50
加强涉密计算机规范管理 ……………………… 50
规范保密行为 ………………………………………… 50
落实保密重点单位责任制 ……………………… 50
做好区电子政务信息系统的涉密管理工作 ……… 50
做好涉密计算机安全防范工作 ………………… 50
做好涉密文件和资料的保密工作 ……………… 50

丹徒区人民代表大会

综述 …………………………………………………… 51
概况 …………………………………………………… 51
丹徒区区人大常委会重要决议、决定……………… 51
授予9家单位"2010年度效能建设优胜单位" …… 51
督办代表建议60件……………………………………… 51
依法任免地方国家机关工作人员62人次………… 51
出台丹徒区人大常委会会议票决暂行办法 ……… 51
修订年度工作效能测评暂行办法 ……………… 51
设立丹徒区人大常委会高资街道工作委员会 …… 52
重要会议 …………………………………………… 52
丹徒区十四届人大四次会议召开 ……………… 52
丹徒区十四届人大常委会举行会议7次 ………… 52
丹徒区十四届人大常委会主任会议举行会议6次 …………………………………………………… 53

丹徒区人民政府

综述 …………………………………………………… 54
概况 …………………………………………………… 54
丹徒区通过国家生态区省级考核 ……………… 54
丹徒区成立高资街道、宜城街道…………………… 54
丹徒区被确定为政务公开和政务服务省级试点县 …………………………………………………… 55
丹徒高新技术创业服务中心创成省级科技创业园 …………………………………………………… 55
江苏晋工机械项目开工建设 …………………… 55
镇江宝龙城市广场开工建设 …………………… 55
重要会议 …………………………………………… 55
丹徒区政府常务会议 …………………………… 55
丹徒区区长办公会议 …………………………… 55
丹徒区政府全体(扩大)会议 …………………… 56
重要活动 …………………………………………… 56
华通重工搬迁扩建工程举行开工典礼 ………… 56
李岚清视察中国米芾书法公园 ………………… 56
许津荣到丹徒调研产业投资情况 ……………… 56
刘捍东视察338省道丹徒段建设情况 ………… 57
江苏苏亚迪碳材有限公司50万吨特种碳材项目签约 …………………………………………………… 57
政府法制 …………………………………………… 57
概况 …………………………………………………… 57
深化行政权力网上运行和监督机制 …………… 57
规范政府决策行为 ……………………………… 57
集中评查行政执法案卷 ………………………… 57
推进重大行政处罚决定备案审查工作 ………… 57
履行行政复议职能 ……………………………… 58
落实行政负责人出庭应诉制度 ………………… 58
加强领导干部和行政执法人员学法培训 ……… 58
行政服务工作 ……………………………………… 58
概况 …………………………………………………… 58
推行四项举措服务重大项目 …………………… 58
开展文明礼仪主题宣教活动 …………………… 58
增推便民举措 ………………………………………… 58
表2 2011年丹徒区行政服务中心各窗口办件情况 …………………………………………………… 58
信访工作 …………………………………………… 59
概况 …………………………………………………… 59
开展创建"零上访村(社区)"活动 ……………… 60
侨务工作 …………………………………………… 60
概况 …………………………………………………… 60
支显宗基金会主席支朱和媛访问丹徒 ………… 60
举行"侨乡欢歌谢党恩"红歌演唱活动 ………… 60
上党社区侨务活动中心成立 …………………… 60
开展"侨帮侨"捐资助学活动 …………………… 60
高资街道西斛村侨务活动室建成 ……………… 61
外事工作 …………………………………………… 61
概况 …………………………………………………… 61
接待外国驻沪总领馆官员 ……………………… 61
接待日本著名音乐家吉冈茂美一行27人 …… 61
接待芬兰驻沪副总领事海沛彦 ………………… 61
开展"三帮三送"专题活动 ……………………… 61
表3 2011年丹徒区因公出国(境)人员统计情况 …………………………………………………… 61
表4 2011年丹徒区邀请外国人访华统计情况 62
对台工作 …………………………………………… 63
概况 …………………………………………………… 63
丹徒区台湾同胞投资企业协会成立 …………… 63

赴台开展现代农业考察 ………………………… 63
服务台资企业 ………………………………… 64
处理涉台纠纷 ………………………………… 64
扩大对台宣传 ………………………………… 64
旅游工作 ……………………………………… 64
概况 …………………………………………… 64
推进旅游项目建设 …………………………… 64
创建乡村旅游品牌 …………………………… 64
中国镇江醋文化博物馆被评为国家 AAAA 级旅游景区 ………………………………………… 64
推进智慧旅游工程 …………………………… 65
档案工作 ……………………………………… 65
概况 …………………………………………… 65
健全档案安全保管长效管理机制 …………… 65
加强档案资源建设 …………………………… 65
整合民生档案信息资源 ……………………… 65
推进档案行政权力公开透明运行 …………… 65
行政事务管理 ………………………………… 65
概况 …………………………………………… 65
会议中心实施品牌工程 ……………………… 65
做好机关安保工作 …………………………… 65
落实夏季有序用电节约工作 ………………… 65

政协丹徒区委员会

综述 ………………………………………… 66
概况 ………………………………………… 66
建立区政协各镇(街道、园区)联络委员会………… 66
助推文化建设 ……………………………… 66
认真办理委员提案 ………………………… 66
提升履职效能 ……………………………… 66
积极开展调研视察工作 …………………… 66
积极开展文史工作 ………………………… 66
广泛团结港澳台胞和侨胞 ………………… 67
举办政协委员讲堂 ………………………… 67
重要会议 …………………………………… 67
丹徒区政协召开八届四次全委会议 ……… 67
丹徒区政府、区政协召开领导联席会议………… 67
丹徒区政协召开常委会议 4 次 …………… 67

民主党派 · 工商联

民革丹徒总支 ……………………………… 68
概况 ………………………………………… 68
开展纪念辛亥革命 100 周年活动 ………… 68
支部活动 …………………………………… 68
民建丹徒区总支 …………………………… 68
概况 ………………………………………… 68
参政议政 …………………………………… 68
组织建设 …………………………………… 68
农工党丹徒区基层委员会 ………………… 68
概况 ………………………………………… 68
积极履职建言献策 ………………………… 69
支部活动 …………………………………… 69
致公党丹徒支部 …………………………… 69
概况 ………………………………………… 69
支部活动 …………………………………… 70
参政议政 …………………………………… 70
在省市报刊发表文章 8 篇 ………………… 70
九三学社丹徒支社 ………………………… 70
概况 ………………………………………… 70
积极履行职能 ……………………………… 70
工商联 ……………………………………… 70
概况 ………………………………………… 70
工商联换届筹备工作 ……………………… 71
首家社区商会成立 ………………………… 71
加强融资服务 ……………………………… 71
加强信息和其他服务 ……………………… 71
光彩事业活动 ……………………………… 71

社会团体

丹徒区总工会 ……………………………… 72
概况 ………………………………………… 72
加强基层工会建设 ………………………… 72
工资集体协商“百日行动” ………………… 72
工资协商代理制 …………………………… 72
开展职工技能竞赛 ………………………… 72
风险抵押责任机制 ………………………… 73
普法示范工程 ……………………………… 73
困难职工帮扶工作 ………………………… 73
劳动关系和谐企业创建 …………………… 73
提升劳模管理服务水平 …………………… 73
职工文化建设 ……………………………… 73
丹徒区妇女联合会 ………………………… 74
概况 ………………………………………… 74
妇女儿童之家建设 ………………………… 74
五好文明家庭创建活动 …………………… 74
妇女儿童活动 ……………………………… 74
巾帼志愿者队伍建设 ……………………… 74
推行妇女议事制度 ………………………… 74
服务女性创业就业 ………………………… 74
巾帼建功 20 周年系列活动………………… 74
筹建“好苏嫂”家政服务中心 ……………… 74
完成“十一五”两个规划的终期评估与“十二五”两个规划的编制 …………………………… 75
举办婚姻家庭调解案例讲析会 …………… 75
成立区婚姻家庭纠纷人民调解委员会 …… 75

招募“社会妈妈” …… 75
“受人口流动影响的儿童”项目启动仪式 …… 75
建立健全基层妇联组织 …… 75
共青团镇江市丹徒区委员会 …… 75
概况 …… 75
强化基层团建 …… 75
队伍建设 …… 75
举办青年红色文化节 …… 76
青少年维权工作 …… 76
少先队活动 …… 76
丹徒区志愿者协会成立 …… 76
青年创业就业工作 …… 76
希望工程圆梦行动 …… 76
丹徒区科学技术协会 …… 76
概况 …… 76
推进青少年科学素质行动 …… 76
青少年科技节 …… 77
珠心算教学成果 …… 77
科普宣传 …… 77
第二十三届科普宣传周 …… 77
开展科普惠农工程 …… 77
厂会协作取得好成绩 …… 77
创建江苏省科普示范区 …… 77
丹徒区文学艺术界联合会 …… 77
概况 …… 77
区文联第四次代表大会 …… 77
举办庆祝建党 90 周年书画摄影展 …… 78
余佳虎摄影作品《超越自我》获中国第十四届国际摄影艺术展览银牌奖 …… 78
协会活动成果 …… 78
丹徒区归国华侨联合会 …… 78
概况 …… 78
开展结对帮扶 …… 79
开展免费义诊活动 …… 79
开展捐资助学活动 …… 79
接受海外捐赠 …… 79
举办“侨乡欢歌谢党恩”红歌演唱活动 …… 79
丹徒区残疾人联合会 …… 79
概况 …… 78
发放残疾人机动轮椅车燃油补贴 61620 元 …… 79
扶残助残工作 …… 79
残疾人康复工作 …… 79
残疾人教育就业 …… 80
区残疾人康复中心开业 …… 80
宋卫凤获镇江市第四届“大爱之星” …… 80
镇江市丹徒区兴教助学协会 …… 80
概述 …… 80
基金筹集 591.5 万元 …… 80
多元化助学 …… 80
丹徒区见义勇为基金会 …… 80
概况 …… 80
王寿亭在上党镇见义勇为协会调研 …… 80
丹徒区慈善会 …… 80
概况 …… 80
丹徒区老区开发促进会扶贫开发协会 …… 80
概况 …… 81
老区宣传 …… 81
调查研究 …… 81
扶贫贷款项目 …… 81
扶贫济困 …… 81
丹徒区商业联合会 …… 81
概况 …… 81

国防建设

人民武装 …… 82
概况 …… 82
开展培育当代革命军人核心价值观活动 …… 82
圆满完成征兵任务 …… 82
开展廉洁征兵宣传 …… 83
开展国防教育活动 …… 83
73860 部队 …… 83
概况 …… 83
营区改造 …… 83
多措并举抓安全 …… 83
关注官兵需求 …… 83
以人为本提升能力 …… 83
开展拥政爱民活动 …… 84
73057 部队 …… 84
概况 …… 84
庆祝中国共产党建党 90 周年活动 …… 84
开展法律进军营活动 …… 84
参与双拥共建活动 …… 84
南京军区联勤部镇江副食品生产基地 …… 84
概况 …… 84
树立安全发展理念 …… 85
保障质量效益稳步提高 …… 85
公安消防大队 …… 85
概况 …… 85
开展消防监督检查 …… 85
开展专项整治活动 …… 85
推进消防站建设 …… 85
加强基层基础建设 …… 85
人防工作 …… 85
概况 …… 85
人防工程建设取得进展 …… 85
应急避难场所人防工程标识标志安装结束 …… 85

完成防空警报系统升级改造 …… 86
普及宣传防灾救灾知识 …… 86
双拥工作 …… 86
概况 …… 86
召开丹徒区春节军政座谈会 …… 86
优抚安置政策落实到位 …… 86
召开丹徒区“八一”军政座谈会 …… 87
开展第 21 次军地议事园活动 …… 87
举行老兵复退欢送会 …… 87
驻军部队开展拥政爱民活动 …… 87

政 法

政法委 …… 88
概况 …… 88
维护社会稳定 …… 88
强化社会管理 …… 88
推进法治建设 …… 89
公安 …… 89
概况 …… 89
服务经济社会发展 …… 89
推进文明城市创建工作 …… 89
完成建党 90 周年安保任务 …… 90
开展社会治安“春季攻势”行动 …… 90
开展涉车犯罪专项治理工作 …… 90
开展“夏季侦防攻势”活动 …… 91
开展“春雷”集中统一清查行动 …… 91
农村社区警务工作得到省公安厅肯定 …… 91
《镇江日报》专版报道“民生警务工程” …… 91
开展“打四黑除四害”专项行动 …… 91
侦破谷阳“4·8”故意杀人案 …… 91
破获利用电子干扰锁车盗窃车内财物系列案件 …… 91
查获盗抢工地建材犯罪团伙 …… 92
侦破系列涉车盗窃案件 …… 92
开展网上追逃专项督察“清网行动” …… 92
科技强警建设 …… 92
推进涉案财物规范管理 …… 92
全面推进公安网上服务工作 …… 92
提升农村交通警务室执法效能 …… 93
接送学生车安全管理 …… 93
检察 …… 93
概况 …… 93
深化检调对接工作机制 …… 93
推行刑事和解不捕机制 …… 93
查办渎职侵权犯罪 …… 93
建立网络法治在线栏目 …… 93
审判 …… 94
概况 …… 94
构建司法服务机制 …… 94
加强巡回审判力度 …… 94
提高法官司法能力 …… 94
创新人才引进机制 …… 94
加强法院文化建设 …… 95
参与社会管理创新 …… 95
全面接受社会监督 …… 95
司法行政 …… 95
概况 …… 95
建立完善诉调对接机制 …… 96
丹徒区交通事故人民调解工作室成效凸显 …… 96
举行涉军法律援助工作站挂牌仪式 …… 96
高资镇被评为镇江市社区矫正示范镇 …… 96

人力资源和社会保障

综述 …… 97
概况 …… 97
建立“阳光政务”工作平台 …… 97
系列活动有声有色 …… 97
人力资源管理 …… 97
为企业引智招才 …… 97
推广引智基地结果 …… 97
领军人才俱乐部成立 …… 97
推进岗位设置 …… 98
加强企业专业技术资格评价工作 …… 98
启动专业技术人员继续教育培训 …… 98
8 个项目进入“331 计划”引进人才面试 …… 98
做好人才与项目对接工作 …… 98
做好机关事业单位人员流动调配工作 …… 98
完成公务员能力建设培训工作 …… 98
规范完善人事代理工作 …… 98
征缴企业养老保险基金 2.45 亿元 …… 98
劳动和社会保障 …… 98
举办招聘活动 16 场 …… 98
援助就业困难人员 …… 98
配备专职协理员 89 人 …… 99
加强技能培训工作 …… 99
发放社保补贴 252 万元 …… 99
加强创业型城区建设 …… 99
提高失地农民保障待遇 …… 99
全区社会保险实现市级统筹 …… 99
完成全年医保各项目标 …… 99
新增医疗参保 3543 人 …… 99
调整统帐结合基本医保社会统筹基金门诊支付政策 …… 99
加强定点医疗(药)机构监管力度 …… 99
参保退休人员免费体检 …… 99
加强监察执法力度 …… 99
制定工资协商制度 …… 100

规范工伤认定…………………………………… 100
加强诉调对接工作………………………………… 100
创新调解仲裁管理举措…………………………… 100
加强劳动保障监察工作…………………………… 100
提高调解仲裁工作效率…………………………… 100

人口·国土资源·环境

人口和计划生育…………………………………… 101
概况………………………………………………… 101
加大统筹推进力度………………………………… 101
坚持宣传先行……………………………………… 101
开展生育关怀行动………………………………… 101
开展RTI工程、“两癌”筛查和免费孕前优先健康检查……………………………………………… 101
推进信息化建设…………………………………… 101
分批兑现持证退休职工一次性奖励……………… 102
落实人口和计划生育奖励制度…………………… 102
国土资源管理……………………………………… 102
概况………………………………………………… 102
全面提高耕地保护水平…………………………… 102
积极保障区域经济发展…………………………… 102
严格用地审批与监管……………………………… 102
扎实推进卫片执法自查…………………………… 102
创新土地执法监察模式…………………………… 102
切实巩固执法创建成果…………………………… 102
推进地籍管理规范化……………………………… 102
强化作风效能建设………………………………… 103
环境保护…………………………………………… 103
概况………………………………………………… 103
依法行政提升形象………………………………… 103
加强环境监管力度………………………………… 103
完成太湖流域水环境污染治理任务……………… 103
有序推进“蓝天行动”……………………………… 104
开展建设项目工程领域专项整治………………… 104
开展环保宣传工作………………………………… 104
提升环境信访调处能力…………………………… 104
强化危险废物规范化管理………………………… 104
加强辐射环境的管理……………………………… 104
扎实做好环境监测基础性工作…………………… 104

农林·水利

农林………………………………………………… 105
概况………………………………………………… 105
为农服务“八大工程”建设………………………… 105
省级现代农业示范园区建设……………………… 106
9个集中连片水产养殖基地初步形成 …………… 106
蔬菜技术指导站被评为全国“巾帼示范岗”……… 106
农业部首批人才培养实训基地…………………… 106
完成农村土地承包经营权登记试点工作………… 107
规范实施财政奖补工作…………………………… 107
推进农村“三资”清理……………………………… 107
成立镇江市苏合销售专业合作联社……………… 107
农业资源开发……………………………………… 107
概况………………………………………………… 107
表5 2011年丹徒区农业综合开发项目情况…… 107
改造中低产田1633.32公顷……………………… 108
实施国家立项农业产业化经营项目1个………… 108
实施丘陵山区农业开发基地项目3个…………… 108
农业资源监测……………………………………… 109
定点三镇农业资源与经济信息动态监测………… 109
定点农村百户家庭经营监测分析………………… 109
扶贫与老区开发…………………………………… 110
概况………………………………………………… 110
完成贫困人口调查统计工作……………………… 110
开展行政村经济状况普查工作…………………… 110
春晖行动成效显著………………………………… 110
水利·农机………………………………………… 110
概况………………………………………………… 110
加强水资源管理…………………………………… 110
农机安全监理……………………………………… 111
农田水利建设……………………………………… 111
农业气象…………………………………………… 111
概况………………………………………………… 111
水稻种植与气象…………………………………… 111
表6 2011年丹徒区温、光、水与历年平均值比较情况………………………………………… 112
农村能源…………………………………………… 112
概况………………………………………………… 112
建设规模养殖场沼气工程2处…………………… 112
开展农村清洁能源工程安全生产大检查………… 112

工业·民营经济

工业………………………………………………… 113
概况………………………………………………… 113
表7 2011年丹徒区应税销售前40家企业情况………………………………………………… 113
区属工业…………………………………………… 114
概况………………………………………………… 114
丹徒化肥厂增加综合效益300万元……………… 114
丹徒化肥厂优化2·3酸工艺……………………… 114
丹徒化肥厂环保项目通过省级验收……………… 114
丹徒化肥厂公开招标处置化肥系统闲置设备…… 114
加大国有资产监管力度…………………………… 114

表 8 2011 年丹徒区部分区属工业企业情况…… 114
镇(街道、园区)工业 …… 115
概况…… 115
表 9 2011 年丹徒区镇(街道、园区)工业情况 … 115
民营经济…… 115
概况…… 115
4 个项目参加“2011 · 中国镇江(厦门)新兴产业项目合作恳谈会” …… 115
加强创业载体建设…… 115
表 10 2011 年丹徒区民营经济主要指标完成情况…… 115

重点项目建设

项目督查…… 116
概况…… 116
完善项目管理机制…… 116
8 个市重点项目超额完成预定目标 …… 116
重点单位项目成效显著…… 116
重点项目选介…… 116
晋工机械…… 116
中靖水制氧…… 116
希西维精密滑动轴承…… 116
中福马机械人造板加工设备制造…… 117
钱潮轴承…… 117
智谷商业中心…… 117
船舶公共物流码头及皮带廊…… 117
长山开发…… 117
概况…… 117
保护资源吸引投资…… 117
充分宣传利用米芾书法公园品牌…… 117
加快建设米芾书法公园…… 117
精功汽车…… 118
概况…… 118
加快产品研发…… 118
加强企业文化建设…… 118

开发区和产业集中区

丹徒经济开发区…… 119
概况…… 119
高起点规划产业布局…… 119
加快科技创新…… 119
丹徒——赣榆工业园实现年业务收入 45.6 亿元…… 119
重点企业选介…… 119
丹徒星火技术密集区…… 120
概况…… 120
万向钱潮汽车底盘控制算法及软件研究开发中心项目注册成立…… 120
希西维轴承一期工程强势推进…… 120
丹徒高新技术产业园…… 120
概况…… 120
逐步完善基层配套…… 120
有序推进重点项目…… 121
扎实开展招商引资…… 121
融资平台初具规模…… 121
加快园区升级步伐…… 121
世业洲旅游度假区…… 121
概况…… 121
加快推进污水处理二厂建设…… 121
成功举办长江草莓音乐节…… 121
K216 公交车开通 …… 121

综合管理

发展改革与经济信息化…… 122
概况…… 122
固定资产投资增长 22% …… 122
规模工业企业发展平稳…… 122
淘汰落后产能…… 123
毛伟明视察二重镇江基地…… 123
工商行政管理…… 123
概况…… 123
出台 10 条意见促进丹徒现代服务业发展 …… 124
促进私个经济发展…… 124
加大商标品牌战略…… 124
强化流通领域商品质量监管…… 125
开展专项整治维护市场秩序…… 125
推进放心消费活动…… 125
推进企业信用建设…… 125
支持农村经济发展…… 125
表 11 2011 年丹徒区驰名、著名、知名商标统计情况…… 125
表 12 2011 年丹徒区农贸市场统计情况 …… 128
安全生产监督管理…… 128
概况…… 128
落实安全生产责任制…… 128
开展安全生产宣传教育与培训…… 128
完善安全生产事故应急预案…… 128
开展安全隐患排查治理…… 128
开展重点领域和关键环节专项整治工作…… 129
价格管理…… 129
概况…… 129
加强市场价格监测…… 129
开展涉企收费监测…… 129

加强农贸、城市集贸市场收费监管 …… 129
疏导校车价费矛盾…… 130
建立丹徒区首个超市平价农产品专营区…… 130
增设蔬菜成本调查点…… 130
开展反价格欺诈专项行动…… 130
成立价格争议调解工作室…… 130
开展商品房明码标价专项整治活动…… 130
启动涉农价费政策服务万户行活动…… 130
审计…… 130
概况…… 130
区镇财政审计…… 131
固定资产投资审计…… 131
经济责任审计…… 131
专项资金(绩效)审计(调查)…… 131
行政事业、企业审计 …… 131
审计信息化建设…… 131
审计公告…… 131
审计队伍建设…… 131
加强依法行政、综合治理和精神文明建设 …… 131
统计…… 131
概况…… 131
做好农村新一轮调查网点启用工作…… 132
加强业务培训学习…… 132
加强基层统计站建设…… 132
提升统计服务发展能力…… 132
三产管理…… 132
概况…… 132
质量技术监督管理…… 132
概况…… 132
举办"'质监杯'历史的丰碑"知识竞赛…… 132
加强食品质量安全监管…… 133
强化特种设备监管…… 133
推进标准化工作…… 133
表 13　2011 年丹徒区获"江苏、镇江名牌"产品称号情况…… 133
表 14　2011 年丹徒区采用国际标准情况 …… 134
推进计量基础工作…… 135
食品药品监管…… 135
概况…… 135
服务企业发展…… 136
餐饮、保化监管 …… 136
开展药械市场检查…… 136
诚信体系建设…… 136
能源管理…… 136
概况…… 136
12 家企业被列为国家重点用能单位 …… 137
12 家公司保持煤炭经营资格 …… 137
10 家资源综合利用企业得到省级认定 …… 137
4 家企业实施清洁生产审核 …… 137
争取节能与循环经济专项资金 365 万元…… 137
散装水泥管理…… 137
概况…… 137
环保和节能效益显著…… 137
预拌砂浆推广…… 137
创建农村发展散装水泥示范乡(镇)…… 137
继续宣传《江苏省散装水泥促进条例》…… 137

交通·通信

交通…… 138
概况…… 138
完成交通十二五规划编制工作…… 138
冷遹路暨铁路下穿工程竣工通车…… 139
开通 4 条城乡公交…… 139
开通丹徒新城内循环公交线路 131 路…… 139
表 15　2011 年丹徒区农村公路建设情况 …… 139
公路管理…… 139
概况…… 139
开展全国干线公路迎检活动…… 140
公路桥梁安全监管…… 140
农村公路养护管理…… 140
世业镇通过省级农村公路管养及安保工程示范乡镇验收…… 140
治理超限超载运输车辆…… 140
宣传《公路安全条例》…… 140
新综合办公大楼建成使用…… 140
开展路政中队长岗位竞聘活动…… 141
电信…… 141
概况…… 141
农村信息化建设…… 141
通信网络持续提升…… 141
移动…… 141
概况…… 141
加强用户服务…… 141
推进企业和家庭信息化建设…… 141

城乡建设与住房管理

丹徒新城(宜城街道)…… 142
概况…… 142
综合实力…… 142
招商引资…… 142
项目建设…… 142
市民生活持续改善…… 142
完善基础设施…… 142
举办创业培训班 4 期…… 142

长山农业生态园被评为镇江市科技示范园 …… 143
宜城街道中心社区成立 …… 143
臻岳光伏700兆瓦多晶硅片项目开工 …… 143
智谷商业中心开工 …… 143
完善公共交通体系 …… 143
宝龙城市广场奠基 …… 143
冠城社会福利院移交 …… 143
丹徒驸马山庄国际幼儿园开园 …… 143
华通重工搬迁扩建 …… 143
开展全国文明城市创建活动 …… 143
春晖行动 …… 144
加强非公企业党组织建设 …… 144
宣传、人武工作 …… 144
城乡建设 …… 144
概况 …… 144
村庄整治 …… 144
排水系统管理 …… 144
规范市场秩序 …… 144
安全生产 …… 144
表16 2011年丹徒区获“金山杯”工程 …… 145
工程质量监管 …… 145
节能减排工作 …… 145
丹徒区建筑施工图审查工作通过江苏省住房和城乡建设厅考核 …… 145
丹徒区住建局获镇江市执法案卷评查一等奖 …… 145
禁止施工现场搅拌砂浆工作 …… 145
城镇规划 …… 145
概况 …… 145
规划管理 …… 145
服务项目建设 …… 146
城建投资 …… 146
概况 …… 146
宜东新邨安置小区建设 …… 146
完成环境绿化节点11个 …… 146
实施道路绿化工程 …… 46
城市管理 …… 146
概况 …… 146
提升城乡环卫保洁水平 …… 146
开展建设缺项补齐工作 …… 147
提升绿化养护效果 …… 147
规范出新建筑工地 …… 147
丹徒新城广场管理 …… 147
新城管理工作 …… 147
行政服务中心城管窗口工作 …… 147
住房管理 …… 147
概况 …… 147
住房保障工作 …… 148
房地产市场管理 …… 148
表17 2011年丹徒新城商品房销售情况 …… 148
产权产籍管理 …… 148
物业管理 …… 148

对外贸易·商品流通

对外经济贸易 …… 149
概况 …… 149
表18 丹徒区2011年进出口海关统计数据 …… 149
考察项目60批次 …… 149
提升项目服务效率 …… 149
申报高桥毛皮产品出口基地 …… 149
升级改造菜市场 …… 150
加强成品没市场监管 …… 150
监测市场运行 …… 150
服务外包企业增幅列全市第一 …… 150
商业 …… 150
概况 …… 150
资产经营收入比上年增长15% …… 150
生猪进点屠宰5.11万头 …… 150
食品安全管理 …… 150
内部监督管理 …… 150
基层组织建设 …… 150
和谐稳定建设 …… 151
粮食 …… 151
概况 …… 151
落实应急保供机制 …… 151
做好军粮供应工作 …… 151
开展节粮宣传活动 …… 151
完善基础管理工作 …… 151
强化粮食市场监管 …… 151
烟草 …… 152
概况 …… 152
加强市场监管 …… 152
烟草专卖许可证管理 …… 152
切实抓好网建提升 …… 152
稳步推进基础管理 …… 152
茧丝绸 …… 152
概况 …… 152
发展蚕桑生产 …… 152
做好桑病虫测报与防治 …… 152
加强蚕业科研创新 …… 152
做好蚕茧收购、销售工作 …… 153
供销合作商业 …… 153
概况 …… 153
成立统防统治植保专业合作社 …… 153
镇江市康宁烟花爆竹成功申报国家级项目 …… 153
回购供销社办公大楼资产 …… 153

启动筹建供销现代流通服务中心 …… 153
表 19　丹徒区供销合作总社基层单位及负责人情况 …… 153

财政・税收

财政 …… 154
概况 …… 154
收入管理 …… 154
民生投入 …… 154
财政管理 …… 155
财政监管 …… 155
队伍建设 …… 155
国税 …… 155
概况 …… 155
落实税收优惠政策 …… 156
小型企业“三控”管理 …… 156
依法治税 …… 156
强化征管基础管理 …… 156
表 20　2011 年丹徒国税局完成收入情况 …… 156
信息管税 …… 157
纳税评估 …… 157
推广网上免费申报软件 …… 157
地税 …… 157
概况 …… 157
机构设置改革 …… 157
税源专业化管理 …… 157
发票管理 …… 158
税收宣传辅导 …… 158
严格税务稽查 …… 158
强化队伍建设 …… 158

金融・保险

中国农业银行镇江京江支行 …… 159
概况 …… 159
业务发展 …… 159
基础建设工作 …… 159
风险防范 …… 159
农业发展银行 …… 159
概况 …… 159
提高管理水平 …… 160
加大非贷款客户营销工作 …… 160
开展“三查一落实”活动 …… 160
开展廉洁从业专题教育 …… 160
开展“制度执行年”专题活动 …… 160
财产保险 …… 160
概况 …… 160

科技・教育

科学技术 …… 161
概况 …… 161
表21　2011 年丹徒区新立国家、省、市级各类科技指令性计划项目情况 …… 161
表 22　2011 年全区新增省级高新技术产品情况 …… 163
表 23　2011 年全区新增科技基础设施建设情况 …… 164
镇江市丹徒环保科技创业服务中心通过国家级认定 …… 164
3 家企业通过国家新标准高新技术企业认定 …… 164
4 个项目被列入国家科技型中小企业创新基金计划 …… 164
1 个项目被列入省科技成果转化专项资金计划 …… 164
1 个项目被列入省科技支撑计划 …… 164
3 家企业通过省创新型企业认定 …… 164
首家省级技术服务中心开工建设 …… 164
1 家企业被列入省工程技术研究中心建设计划 …… 164
1 家企业获 3 项省自然科学基金资助 …… 165
丹徒区获市科技与人才目标管理考核二等奖 …… 165
1 家企业成果获省科技进步三等奖 …… 165
6 家企业成果获市科技进步二等奖 …… 165
申报各级各类农业科技项目 39 项 …… 165
农业科技载体建设 …… 165
2 个项目被列入市工业科技支撑项目计划 …… 165
6 个项目被列入市新兴产业科技专项计划 …… 165
3 个项目被列入市国际科技合作计划 …… 165
王国俊获自主创新杰出人才奖 …… 165
产学研合作活动 …… 166
知识产权 …… 166
申请专利突破 1500 件 …… 166
实施“知识产权工程师”3 年培育计划 …… 166
5 家企业加入市新兴产业知识产权战略联盟 …… 166
召开全区“知识产权工程师”奖励兑现会议 …… 166
5 家企业通过省知识产权“贯标”考核验收 …… 166
开展知识产权宣传周活动 …… 166
开展打击侵犯知识产权和制售假冒伪劣商品专项行动 …… 166
1 家企业被列为市知识产权战略推进计划实施单位 …… 166
1 家企业被列为市知识产权重点突破计划实施单位 …… 167
5 家企业被认定为省“正版正货”承诺试点单位 …… 167

区知识产权局获省、市表彰 …………………… 167
表 24 2011 年度丹徒区发明专利申请情况 …… 167
防震减灾…………………………………… 174
概况………………………………………… 174
增上临震电磁波观测项目………………… 174
加强地震监测预报工作…………………… 174
新增 1 个地震宏观观测点………………… 174
规范抗震设防管理………………………… 174
深化防震减灾应急工作…………………… 174
加强防震减灾宣传教育…………………… 175
石马中心小学获“江苏省防震减灾科普示范
学校”称号 ………………………………… 175
加强网络建设工作………………………… 175
教育………………………………………… 175
概况………………………………………… 175
学前教育…………………………………… 175
义务教育…………………………………… 176
普通高中教育……………………………… 176
职业教育…………………………………… 176
社会教育…………………………………… 176
辛丰中心幼儿园新园建成使用…………… 176
推进校舍安全工程………………………… 176
开展高效课堂教学观摩活动……………… 176
举办“镇江市三岛教育发展论坛”………… 176
珠心算教育再创佳绩……………………… 176
体育工作成绩突出………………………… 177
开展各类艺术教育………………………… 177
做好师资培训工作………………………… 177
启动岗位管理改革………………………… 177
区教育局关工委获全国五好小公民主题教育
先进集体奖………………………………… 178
加强学校安全教育………………………… 178
举办校长论坛……………………………… 178
表 25 2011 年丹徒区各中小学校长及直属单位
负责人名录………………………………… 178
表 26 2011 年丹徒区中小学基本情况 ………… 179

文化·广电·体育·卫生

文化·广电………………………………… 180
概况………………………………………… 180
群众文化活动形式多样…………………… 180
一批作品获奖……………………………… 180
稳步推进非遗保护工作…………………… 181
文博事业呈现良好发展势头……………… 181
3 个项目获省级文化产业引导资金补助 …… 181
市场监管规范有序………………………… 181
提高区图书馆服务功能…………………… 181
开展读书征文评奖活动…………………… 181
放映电影 1272 余场次 …………………… 181
宣传报道有声有色………………………… 181
新闻外宣取得重大突破…………………… 181
为民办实事工程进展顺利………………… 181
安播体系健全到位………………………… 181
加强基层党组织建设……………………… 182
体育………………………………………… 182
概况………………………………………… 182
体彩销售 5350 万元 ……………………… 182
表 27 2011 年度文化作品获奖情况 ………… 182
表 28 2011 年度丹徒区广播电视作品获奖情况
…………………………………………… 183
卫生………………………………………… 184
概况………………………………………… 184
完善新型农村合作医疗制度……………… 184
健全公共卫生服务体系…………………… 184
加快公立医院公益化改革………………… 185
落实国家基本药物制度…………………… 185
加大重大疾病预防控制力度……………… 185
加强卫生监督执法能力建设……………… 185
全面提升医疗服务水平…………………… 185
党建和精神文明创建活动成绩显著……… 185

社会生活

民政………………………………………… 186
概况………………………………………… 196
困难群众生活保障水平持续提升………… 186
防灾减灾应急管理能力提升……………… 186
全省率先实现基层灾害信息员全部持证上岗…… 186
“五保”供养标准实行自然增长机制……… 186
城乡社区建设初见见效…………………… 186
启动丹徒地名规划及地名普查完善工作… 187
社会事务专项管理日趋规范……………… 187
新增社团、民非企业 8 家 ………………… 187
婚姻登记…………………………………… 187
社会福利中心完成交接并正式启用……… 187
福彩销售 1683 万元 ……………………… 187
退役士兵安置取得新成效………………… 187
“慰烈工程”彰显丹徒特色………………… 187
老龄工作…………………………………… 187
老年人社会优待和保障工作……………… 187
再建居家养老服务中心 21 家 …………… 187
表 29 2011 年丹徒区百岁老人名单 ………… 188
民族·宗教………………………………… 188
概况………………………………………… 188
做好国庆期间维稳工作…………………… 188

举办消防知识培训班…………………………………… 188
整治宗教"二乱"现象…………………………………… 188
做好"民族团结和谐小康村"创建工作……………… 189
做好宗教活动场所消防安全工作…………………… 189
办理民宗领域提案议案 4 件………………………… 190
区领导视察基督教宣德堂…………………………… 189
莫宗通在卫星民族村调研…………………………… 189
王在郑视察卫星民族村……………………………… 189
关心下一代工作………………………………………… 189
概况………………………………………………………… 189
开展"学党史、颂党恩、跟党走"主题教育活动…… 189
举办"颂歌献给党、当好接班人"读书征文活动 … 190
新创建关工委"五有五好"标兵村 9 个……………… 190
提升校外辅导站办站质量…………………………… 190
开展帮助青年农民"学科技奔小康"活动…………… 190
为青少年办好事做实事……………………………… 190

镇·街道·园区

高桥镇……………………………………………………… 191
概况………………………………………………………… 191
项目建设取得显著成绩……………………………… 191
完成科技创业孵化基地二期工程…………………… 191
创成市级万亩规模高效农业园……………………… 191
实施卫生院易地新建工程…………………………… 192
财政一般性预算收入首次突破 3000 万元 ……… 192
表 30　2011 年高桥镇村(居)民委员会情况 …… 192
表 31　2011 年高桥镇骨干企业情况 …………… 192
辛丰镇……………………………………………………… 193
概况………………………………………………………… 193
项目建设成果丰硕…………………………………… 194
高科技型企业矿用救生舱落户辛丰………………… 194
辛丰实现城乡公交对接……………………………… 194
大运河"四改三"辛丰集镇段工程全面启动……… 194
辛丰荣获镇江市跨越发展有功单位称号…………… 194
"三新"建设取得明显成效…………………………… 194
加快科技创业步伐…………………………………… 194
辛丰建成全市乡镇一流幼儿园……………………… 194
丹徒区民治沟小流域治理工程全面完工…………… 194
辛丰马迹水库除险加固工程通过市级验收……… 194
"辛黄路"全线实现沥青化改造……………………… 194
表 32　2011 年辛丰镇村民委员会情况 ………… 195
表 33　2011 年辛丰镇骨干企业情况 …………… 195
谷阳镇……………………………………………………… 197
概况………………………………………………………… 197
加大转型升级力度…………………………………… 198
要素集聚成效显著…………………………………… 198
社会事业繁荣进步…………………………………… 198
谷阳镇金河村被命名为"江苏省民主法治示
　范村" ………………………………………………… 198
谷阳镇建成法治文化长廊…………………………… 198
表 34　2011 年谷阳镇村民委员会情况 ………… 198
表 35　2011 年谷阳镇骨干企业情况 …………… 199
上党镇……………………………………………………… 200
概况………………………………………………………… 200
新增农村三大合作组织 11 个 …………………… 200
新增高效农业基地 6 个……………………………… 200
绿化造林 127 公顷…………………………………… 200
中心镇建设全面启动………………………………… 201
生态建设成效显著…………………………………… 201
加快科技创新步伐…………………………………… 201
推进重点项目 11 个 ……………………………… 201
农产品获奖情况……………………………………… 201
表 36　2011 年上党镇村(居)民委员会情况 …… 201
表 37　2011 年上党镇骨干企业情况 …………… 202
世业镇……………………………………………………… 203
概况………………………………………………………… 203
三个文明建设创建活动硕果累累…………………… 203
高速公路收费站扩建………………………………… 203
重新修建中学桥……………………………………… 203
举办第二届江洲放歌艺术节………………………… 203
世业镇连续六年开展"三百"献爱心活动………… 204
"四季春"农业示范园开工建设……………………… 204
表 38　2011 年世业镇村(居)民委员会情况 …… 204
表 39　2011 年世业镇骨干企业情况 …………… 204
宝堰镇……………………………………………………… 204
概况………………………………………………………… 204
新市镇建设启动……………………………………… 205
实施通济河美化靓化工程…………………………… 205
宝堰镇实现"无窑镇"………………………………… 205
开展安全生产大检查………………………………… 205
挖掘土地潜力………………………………………… 205
利用外资工作成效显著……………………………… 205
创新社会管理………………………………………… 205
表 40　2011 年宝堰镇村(居)民委员会情况 …… 205
表 41　2011 年宝堰镇骨干企业情况 …………… 206
高资街道(镇)……………………………………………… 206
概况………………………………………………………… 206
高资镇改为高资街道………………………………… 207
通过国家级生态镇省级验收………………………… 207
高资成为丹徒大项目建设主战场…………………… 207
高资卫生院病房大楼落成…………………………… 207
凤凰山庄建成………………………………………… 207
表 42　2011 年高资镇村民委员会情况 ………… 207
表 43　2011 年高资镇骨干企业情况 …………… 208
江心洲生态农业园区……………………………………… 208

概况…… 208
成功举办"滩八样"精品蔬菜推介会…… 208
成功举办第四届野菜节…… 208
加快项目建设步伐…… 209
成功申报市级现代农业产业园…… 209
民生建设成效显著…… 209
表44 2011年江心洲生态农业园区村(居)民委员会情况…… 209
表45 2011年江心洲生态农业园区骨干企业情况…… 209
荣炳盐资源区…… 210
概况…… 210
推进重点项目10个…… 210
成立农村合作组织7个…… 210
万亩稻米基地创优质稻米品牌…… 210
举办各类培训班20期…… 210
园区新卫生院大楼投入使用…… 211
"打麦号子"获丹徒田歌大赛一等奖…… 211
表46 2011年荣炳盐资源区村(居)民委员会情况…… 211
表47 2011年荣炳盐资源区骨干企业情况…… 211

人　物

区级党政领导…… 212
先进人物…… 217
荣誉栏…… 218
表48 2011年丹徒区获国家和江苏省表彰先进集体…… 218
表49 2011年丹徒区获镇江市委、市政府表彰先进集体…… 221
表50 2011年丹徒区获江苏省表彰先进个人…… 222
表51 2011年丹徒区获镇江市委、市政府表彰先进个人…… 224
表52 2011年丹徒区获镇江市劳动模范人物…… 225

统计资料

表53 2011年丹徒区基本情况…… 226
表54 2011年丹徒区国民经济主要经济指标完成情况…… 227
表55 2011年丹徒区人均国民经济主要指标…… 227
表56 2011年丹徒区地区生产总值完成情况(现价)…… 228
表57 2011年丹徒区地方财政预算收入、支出情况…… 228
表58 2011年丹徒区各镇(街道、园区)地区生产总值…… 229
表59 2011年丹徒区各镇(街道、园区)工农业生产总值(现价)、人均收入…… 229
表60 2011年丹徒区各镇(街道、园区)粮食作物面积与产量…… 230
表61 2011年丹徒区各镇(街道、园区)水稻、棉花、油料、水产品产量…… 230
表62 2011年丹徒区农村劳动力情况…… 231
表63 2011年丹徒区各镇(街道、园区)农村组织户数及人口情况…… 231
表64 2011年丹徒区农业机械拥有量…… 232
表65 2011年丹徒区交通运输情况…… 233
表66 2011年丹徒区文化广电体育事业情况…… 233

工作生活指南

表67 2011年丹徒区委、区政府重要文件…… 234
关于对持《独生子女父母光荣证》的企业退休职工实行一次性奖励的实施意见…… 235
丹徒区征地补偿和被征地农民基本生活保障实施办法…… 236
表68 地上附着物补偿标准…… 239
表69 青苗补偿标准…… 240
表70 树木、花木补偿标准…… 240
表71 被征地农民基本生活保障标准…… 240

索　引

A、B、C…… 241
D、E、F…… 242
G、H…… 243
J、K、L…… 244
M、N、P…… 245
Q、R、S…… 246
T、W…… 247
X、Y…… 248
Z…… 249

特　　　载

责任编校：刘　芳

报　告

转型提升　跨越提速
奋力开创丹徒现代化建设新局面

2012年1月5日在中共丹徒区十二届二次全委(扩大)会议上的报告(摘要)

区委　陈琳书记

一、强势开局,书写精彩

2011年,是"十二五"开局之年,也是丹徒率先基本实现现代化建设起始之年。一年来,我们在市委、市政府的坚强领导下,沉着应对复杂环境和诸多挑战,全力以赴谋发展,创新克难求突破,全区经济社会发展迈上新的台阶。

综合实力显著提升。预计全年实现地区生产总值223.04亿元,可比增长12%;完成一般预算收入14.81亿元,同比增长34.4%,税收占比达90.41%,列全市第二位;规模以上固定资产投资141.44亿元、工业性投资95.01亿元,分别增长22%和18.7%;社会消费品零售总额38.14亿元,增长17%。

转型升级步伐加快。预计全年实现高新技术产业产值184亿元,占规模工业比重达到28.5%;新兴产业销售170亿元,增长36%;服务业增加值、研发投入占GDP比重分别提高至37.7%和1.66%,完成新兴产业投资50.02亿元、服务业规模投资45.78亿元,同比增长105.4%和36.7%。全年引进高层次创新创业人才28名,创建国家级技术创新战略联盟1家,建设科技孵化器4.5万平方米。

城乡一体加速推进。完成拆迁总面积25万平方米,开工新建安置房50万平方米,竣工18万平方米。新城循环公交131路投入运营,开通市区至世业、辛丰、三山城乡公交,338省道丹徒段全线贯通。新增高效农业面积5.7万亩,顺利创成省级现代茶业产业园。全国生态区建设通过省级评估和验收,高桥、上党、谷阳获得环保部国家级生态镇命名。

民计民生持续改善。区财政用于民生事业的支出达到9.9亿元,占一般预算支出的66.7%。城镇居民可支配收入、农民人均纯收入达到26291元和11704元,城镇登记失业率控制在2.28%以下。社保扩面新增6474人,社会保险覆盖率达到98%。新型农村合作医疗保险参保率达到99.8%,5344户城乡低收入户纳入最低生活保障。"平安丹徒"、"法治丹徒"建设深入推进,公众安全感满意度位居全市前列。

党建工作得到加强。深入开展"创先争优"主题活动,实施新一轮"强基工程",非公经济党组织覆盖面持续扩大。区镇两级党委换届顺利完成,"公推直选"、差额选拔等竞争性选拔干部机制逐步形成。党风廉政建设全面融入发展大局,惩治和预防腐败体系建设形成特色。以建党九十周年为契机,对外宣传工作成效斐然。

成绩来自辛勤的积累,发展源自执著的追求。一年的实践,带给我们最直观的变化是实力的增长、社会的进步和群众生活的改善。我们深深感到,丹徒取得的每一点进步、每一份成绩,都离不开上级党委政府的坚强领导,离不开广大干部群众的团结拼搏,离不开离退休老同志的关心支持,凝聚了社会各界的智慧和力量,倾注着全区人民的心血和汗水。在此,我谨代表中共丹徒区委,向所有为丹徒发展作出贡献的同志们、朋友们,表示衷心的感谢和崇高的敬意!

良好的开局固然可喜,奋斗历

程中收获的启发和凝聚的共识则弥足珍贵。

1. 志存高远，才能谋求跨越。一年来，我们坚持高点定位、奋发作为，始终用“跨越赶超、后发争先”的目标谋划全年，各地、各部门之间比作为、争贡献的氛围日渐浓厚，“争第一、创唯一”蔚然成风。新城、开发区、谷阳等地全年主要经济指标增幅均创下历史新高；高新技术产业园后发优势逐步显现；世业镇创成全市唯一的“全国文明镇”，“草莓音乐节”在世业洲长江音乐村成功举办，接待游客超过 14 万人次，创历年之最；高桥在引导本地传统企业做强实力、做大产业上成效明显；辛丰镇“三新”建设扎实开展、推进有力；上党、宝堰分别以小金河、通济河为轴线的集镇开发和环境美化工程进展顺利；高资港区诞生了我区首座万吨级公用码头；全市首家跨地区专业合作社在江心洲挂牌成立；荣炳发展“道口经济”的思路更清晰、措施更有效；创业型城区建设综合考核名列全市前茅；全市唯一的国家级茶产业实训基地和全国农业产业化龙头企业等“金字招牌”纷纷落户我区。实践证明，只要我们坚定信念、坚守目标、坚持到底，就一定能够抓住发展的主动权，构筑发展的新优势，赢得发展的加速度。

2. 创新克难，才能有所作为。一年来，我们坚持解放思想、与时俱进，针对有限的空间和资源，进一步提升发展理念，拓宽发展思路。辛丰、谷阳、上党、宝堰、荣炳等地以铁的手腕，关闭 14 家砖瓦窑厂，腾出发展空间 1009 亩；区国土充分发挥部门优势，精心组织项目包装，争取点供、挂钩以及独立选址指标 1511 亩；土地管理工作得到加强，再次跨入全省土地执法模范区行列；区建投在持续趋紧的宏观环境中创新方法和路径，融资总额达到 5 亿元；区发改、财政、交通、水利、农资等部门，充分整合利用各项政策资源，向上争取资金 3.32 亿元，为全区重点项目和重大工程的顺利实施创造了必要条件，在环保治理上，痛下决心关停一批落后产能，困扰丹徒多年的化肥厂污水治理项目顺利通过省级验收，得到省、市环保部门的高度认可。实践证明，只要我们始终保持敢想敢干、敢闯敢试的胆识和锐气，就一定能够增创科学发展的强劲动力，推动丹徒现代化建设事业持续前进。

3. 上下同心，才能抓好落实。一年来，我们始终把项目建设作为推动发展的着力点，以项目凝聚人心，以项目激发斗志。从年初的“开门红”誓师大会，到年中的“双过半”督查推进，再到四季度的“满堂红”加压奋进，不断强化责任意识，完善考核机制，提升发展水平。年初确定的 60 个重点项目推进有力，8 个市级重点项目考核位居全市第一，备受全区瞩目的二重一期基本竣工；开工新建了晋工机械、智谷商业中心、宝龙城市广场等一批具有重大带动作用的新兴产业和现代服务业项目；引导扶持金海宏业、鹤林水泥、焦化集团、沃得重工等骨干企业进行“二次创业”，全区“亿元俱乐部”企业达到 110 家，其中 10 亿元以上企业 10 家。在发展过程中，我们充分调动发挥各方力量，人大、政协积极履职，创造性地开展工作，政法、人武、统战、双拥、工青妇、台侨等部门主动作为、全力配合，为推进发展、构建和谐出谋划策、献计献力。实践证明，只要我们齐心协力，真抓实干，就一定能把发展的蓝图落到实处，谱写出现代化建设的崭新篇章。

二、乘势而上，抬升标杆

2012 年，是“十二五”时期承上启下的关键之年，也是全面执行现代化考核体系的第一年。做好今年的工作，意义十分重大，任务非常艰巨，迫切需要我们审时度势，理清思路，乘势而上，全面加快现代化建设步伐。

加快现代化建设步伐，面临困难，更充满希望。受国际金融危机和欧洲债务危机的“双重冲击”，世界经济下行风险压力加大，国内部分中小企业经营出现困难，经济增速明显放缓。但总体上，我国仍处于发展的重要战略机遇期这一特征没有改变。今年，国内经济将以“稳中求进”为总基调，财政和货币政策在继续维持“积极加稳健”组合的同时，深入完善结构性减税政策，大力扶持新兴产业发展，加快转变经济发展方式。将丹徒的发展理念、思路和措施放入这一宏观环境中去定位，可以发现，我们现在所选择的发展道路是符合政策走向的，是具有广阔前景的。

加快现代化建设步伐，富有挑战，更充满机遇。率先基本实现现代化，既是建设美好丹徒的必然要求，也是赢得区域竞争的现实需要。省委、省政府明确提出建设“苏南国家自主创新示范区”的定位构想，把镇江与苏锡常一道作为产业创新基地提升为国家战略，苏南地区将作为一个整体从产业层面进行共同规划、共同布局，这给我们的产业升级带来了重大机遇。同时，围绕省委提出落实“六个注重”、实施“八项工程”的意见，市委结合镇江实际，制定出台了八份极具含金量的配套实施文件，明确了全市“十二五”时期阶段性目标和重点任务，转型升级、跨越发展的导向更鲜明、措施更扎实，为引领丹徒的科学发展、全面发展、和谐发展提供了政策保障。

加快现代化建设步伐，肩负压力，更充满动力。对照省、市四大类 38 项现代化指标考核体系，我区仍有 5 项平行指标和 5 项难点指标存在较大差距，这是对我们工作提出的新的要求和考验。但辩证地看，这也是我区提高现代化建设水平的空间所在，能够最直接地体现我们组织领导现代化建设的智慧和能力。丹徒经过多年的跨越和积累，总结探索出了符合自身实际的发展路径，构建了较为科学的产业体系，形成了积极向上的干事氛围，“同城化”带动效应加速显现，“现代化”基础条件日趋成熟。所有这些，必将成为我们在率先基本实现现代化征程中，攻坚克难、加速前行的致胜法宝和不竭动力。

因此，我们要善于在宏观形势中把握发展的大势，勇于从格局调整中捕捉发展的机遇，敢于从竞争态势中抬升发展的标杆。2012年，我区工作的总体要求是：坚持以科学发展观为统领，准确把握“稳中求进”总基调，继续围绕“加速融入主城区、率先实现现代化”总目标，突出“转型提升、跨越提速”两大主题，抢抓发展机遇，创新发展方式，加速城市化进程，加快城乡统筹步伐，全面提升经济社会发展水平，奋力开创丹徒现代化建设新局面。

同志们，宏伟的目标不可能一蹴而就，只有坚韧不拔的奋斗和持之以恒的努力才能转化为现实。我们在落实上述要求的具体实践中，必须牢牢把握以下几个原则：

在发展目标上，更加突出跨越赶超。综合考虑“十二五”规划和省、市现代化指标体系要求，今年我区工作的主要预期目标是：经济指标体现更快——地区生产总值增长12.5%以上，一般预算收入增长25%、总量超过18个亿，规模以上固定资产投资、工业性投资均增长25%。转型指标体现更高——新兴产业投资增长70%，服务业规模投资增长35%以上，高新技术产业产值占比提高4个百分点，服务业增加值、研发投入占GDP比重分别提高2个百分点和0.34个百分点，全面完成市下达的单位GDP能耗和主要污染物排放总量目标任务。民生指标体现更强——“两个收入”分别增长15%以上，新增就业岗位8500个，社会保险覆盖率继续保持在98%以上。

在发展举措上，更加突出创新驱动。加大人才引进和培养力度，重点抓好领军型创新创业人才和紧缺型高层次人才队伍建设，制定完善人才政策体系，发挥以才引才、产业聚才的链式效应。依靠科技进步加快我区传统产业高新化、特色产业规模化、新兴产业高端化步伐，把提升自主创新能力作为科学发展的着力点，坚定不移地推进理念、思路、体制和管理创新，努力实现由资源驱动向人才、科技驱动转变。在发展格局上，更加突出城乡统筹。进一步健全“以城带乡、以工促农”长效机制，强化对农村的政策和财力倾斜。按照协调发展、一体发展的要求，不断放大丹徒新城的集聚吸纳和辐射带动效应。加快卫星镇、中心镇建设，统筹考虑城乡产业、基础设施、公共服务、社会事业项目的布局，逐步缩小城乡差别，促进城乡互惠互动、共同繁荣。

在发展追求上，更加突出民生优先。增强民生工作的系统性考虑、制度性保障和总体性把握，制定全区民生工作的短期目标和长期规划，建立起一整套民生事业支撑体系和“民生幸福”量化标准。高度重视社会建设，促进公平正义，让全区人民更加充分、更加普遍地分享发展成果。

三、勇于创新，加速转型

转型提升、跨越提速，是大势所趋、民心所向。区委号召，全区上下要以实施“五个年”为主抓手，创新理念、创新实践，为“十二五”总体任务和现代化建设目标的顺利实现打下坚实基础。

1. 实施“重大项目突破年”，强化转型的支撑。围绕丹徒的区域条件、资源禀赋和产业结构，正确处理好产业、项目、企业之间的关系，明确三个主攻方向。一是主攻能够快速形成集聚功能的优质产业。以打造千亿级产业集群为目标，加快装备制造业发展步伐。抓紧制定产业发展政策，有针对性地开展主题招商活动，引导投资主体围绕产业，有重点、有选择地投放各类生产要素，以投资结构优化促进产业结构优化。修订完善装备制造业专项发展规划，从空间布局、产业链条、功能定位等方面进行科学安排和统筹考虑，全力推动二重二期、晋工机械等在建项目加快投速、尽早达效；促使中福马林业机械、新科动力、沃得液压件等在手项目早日开工、早出形象，以“投产一批、建设一批、储备一批”的良好态势，形成推进装备制造业加速集聚的梯次力量，迅速做大产业规模。二是主攻能够快速抢占高端市场的优质项目。高新园要敢于先行先试，创新方法思路，争当引进“高、精、专”项目的表率，加快推进中靖氢能源、益海芯集成电路、海川生物、蓝箭电子等在手在建项目，超前谋划好“创新经济”、“智慧经济”的发展方向。开发区和新城管委会要放大央企以及行业领军型企业的品牌效应，以二重、CAD模具为平台，吸引落户更多的战略性关联项目；按照“创新驱动、内生增长”的思路，引导具备基础条件的企业和高校院所联合开展技术攻关、标准制定、人才培养、成果转化等工作，扩大政产学研合作范围与合作成果，实现科研机构和企业“优势叠加”，技术创新链和产业链“双向融合”。辛丰、谷阳、上党等地要抢抓338省道贯通、运河“四改三”以及镇荣公路拓宽等交通格局调整带来的机遇，围绕优质项目谋篇布局、寻求突破，从产业和空间上加快与新城的无缝对接。三是主攻能够快速产生规模效应的优质企业。坚持把依托骨干企业抓项目作为优化增量投入、推动产业升级的一条捷径。实施规模企业和亿元企业培植计划，加强对振光电力、希西维轴承、大力液压马达等优质企业的分类指导，实行重点扶持，确保今年全区规模以上企业达到330家，金海宏业成为我区首个“百亿级”企业，苏润高碳材成功上市。在全力培育大企业的同时，坚持“抓大不放小”，充分发挥科技镇长团、中科院国家技术转移中心丹徒分中心的资源优势，以科技和人才助推凯立德科技、微鹏信息等极具成长性的中小企业、微小企业加速腾飞。强化品牌战略，扶持企业争创名优品牌，推进市场开拓，加快向价值链上游攀升。

2. 实施“服务经济跨越年”，拉长转型的短腿。以城市商贸业、生产服务业和文化旅游业为支撑，全力推动产业结构从“二三一”向“三二一”转变。一是提升城市商贸业。注重把城市建设与产业发展有机结合起来，一手抓在谈在建项目的推进，一手抓楼宇经济、总部经济等重点领域的突破，促使金街口商业街、四星级城市酒店尽早正式营业，冠城商业中心、宝龙城市广场、智谷商业中心等开工项目抢抓进度、早日竣工，全年新建城市商贸面积40万平方米以上，不断增强新城的城市集聚功能。要高度重视城市社区服务业整体水平的提升，在科学规划的前提下，引导功能合理分布，着力建设好便利店、菜市场、文化娱乐中心等一批与群众生活息息相关的生活性服务业项目，在"小服务"上做出"大文章"。二是拓展生产服务业。推动技术服务与先进制造融合发展，构建服务外包、软件科技、电子信息、商务咨询等生产服务体系。鼓励工业企业主辅分离，做大做强研发设计、市场营销、售后服务等高附加值环节，培育第三方专业服务企业。将经济开发区作为我区现代物流业发展的龙头，以创建市级现代物流产业集聚区为动力，加快推进二重物流、国华煤炭储运基地、船港物流、宝龙物流等一批重点项目，确保今年新增万吨级码头3个以上。辛丰、高桥要加强对现有长江、运河岸线资源的规划和保护，切实将这种优势融入经济社会发展大局统筹考虑，从而转化为发展的胜势，真正让"黄金岸线"产生"黄金效益"。高桥今年要全面启动"港城联建"，辛丰的运河物流产业带建设要取得实质性进展。三是做大文化旅游业。以"两点、两线、两岛"为重点，打响我区文化旅游牌。"两点"，即十里长山和谷阳湖，要加快米芾书法公园、道宣律院、奇石园、交通技师学院等项目的推进，及早描绘出长山文化产业园的唯美画卷；按照保护和开发并重的原则，将谷阳湖综合开发同新城城市扩张紧密结合，积极引进战略投资者。"两线"，即向南，以新四军纪念馆提升改造和宝堰古镇开发建设为契机，大力发展红色旅游和文化旅游；向东，以冷遹纪念馆、毓龙湾项目为依托，大力发展都市休闲文化游。"两岛"：即世业洲，要借草莓音乐节、迷笛音乐节等品牌之力，打造全国知名的音乐之岛；江心洲，要继续通过野菜节、柑橘节等有效载体，大力发展"农家乐"、乡村游，不断提高知名度。同时，营以恒顺醋文化旅游区AAAA级景区授牌为契机，探索工业旅游新模式。

3. 实施"园区开发升档年"，做强转型的"引擎"。继续将优质资源和要素向"三大园区"集中，全力打造转型发展的战略高地。新城生态工业园：要坚持"提升园区层次、增强配套功能、优化产业布局"并举，实现从开发向经营、从建设向服务转变，在拉长产业链条、壮大新兴产业、培育优势企业上下工夫，确保恒华传媒、恒顺二期、臻岳光伏等项目在上半年竣工投产。推动产业化和城市化互动、园区与城市共建，以创建国家级科技孵化基地为契机，持续提升园区科技生产力。经济开发区：要加快安置房、污水处理厂提标改造等工程进度，增强园区承载功能。建设南北快速通道、城中干道一期等基础设施项目，进一步拉开框架、拓展空间，推进腹地开发。继续实施"腾笼换凤"策略，通过做大做优增量"稀释"存量，加大技改力度淘汰落后产能等途径，深挖发展的资源和潜力，确保二重二期、真空制盐、苏润特种碳材等项目加快推进，争取跨入省级生态工业园区行列。高新技术产业园：要树立精品园区、科技园区的发展理念，加快省级高新技术产业园创建步伐，主动、全面接受丁卯科技城的辐射。充分发挥中科广场、南京工业大学软件园等科技平台作用，全方位地招才引智。坚持打基础与引项目"齐头并进"，全力推进沿江公路以南路网、标准厂房等配套设施建设，加快形成以先进制造、集成电路测试、2.5产业和科技孵化为代表的特色发展格局，努力打造科技含量最高、高新企业最密集的优势板块。各地工业集中区要顺应产业发展规律和宏观形势变化，及时调整发展思路及固有模式，在产业定位、配套建设、项目引进等方面与"三大园区"同步合拍、联动发展。

4. 实施"城乡一体加速年"，拓展转型的空间。今年，要以123个、总投资160亿元城建项目的推进落实，拉开构建全区城乡发展新格局的大幕。城市建设要提升内涵。继续实施丹徒新城城市扩张战略，积极呼应南徐新城、高铁南站片区、官塘新城建设，认真做好丹徒新城以北、312国道以南片区的整体开发，布点谋划各类商务配套设施。结合镇荣公路改造和恒大、润城等项目的建设，全面改善新城东入口形象。加快长山片区、谷阳湖周边地区和"城中村"的拆迁扫尾，拓展城市空间。以现有商业综合体为依托，重点加大对国际国内知名商业品牌企业的引进力度，提升城市整体形象和品位层次。镇村建设要形成声势。坚持把激发内生动力、培育经济增长点作为统筹城乡发展的突破口。辛丰、宝堰、上党、高桥等地要加快推进新市镇、中心镇建设，在集镇投入上要有大手笔，形成大声势。宜城、高资街道和谷阳镇要积极融入镇江主城和丹徒新城，紧跟城市建设步伐，在规划、功能和基础设施等方面注重与城区的配套衔接。世业要继续做精、做靓整岛环境。江心、荣炳要立足自身，实现特色发展。将城市环境管理中的成功经验引进、延伸到农村，大力实施村庄环境整治，创成7个以上三星级"康居示范新村"。现代农业要彰显特色。继续深入开展"10333"兴农富民工程，推进为农服务"八大行动"。按照"一镇一特"总体定位，加快推进镇安光伏农业园、山水湾观光农业园、奇胜生态农业园等高效型、生态型、观光型农业项目建设。大力支持长山生态园二期、金螳螂苗艺、华实林牧、横塘湖生态农业园等现代园区加快发展步伐，全年确保创成4个市级以上农业产业园区，其中省级以上1个。重点扶持正东、森茂、恒顺等农业龙头企业发展壮大，增强带动农民增收能力。通过整合资源，放大宝堰、荣炳特种水产养殖的规模优势，实现联动发展，积极创建省级特色渔业园区。生态建设要扩大影响。坚持绿色增长、环保优先理念，发展清洁生产、环保产业和低碳经济。今年，要确保通过生态区创建国家级验收，抓紧编制生态文明建设规划，在更高层次上巩固和放大生态建设成果。大力发展循环经济，努力形成"企业内部小循环、专 园区中循环、区域经济大循环"的良好局面。加快环保基础设施建设,着力提升城镇污水处理运行负荷率,全年新建污水管网30公里。继续加大绿化造林力度,确保今年全区林木覆盖率达到29%以上,城镇绿化覆盖率达到42.5%,让"生态丹徒"的品牌更具影响力。

5. 实施"民生建设提效年",汇聚转型的合力。始终把改善民生放在更加突出的位置,坚持用发展的办法致富群众、改善民生、构建和谐。一是提高群众收入水平。继续实施城乡居民收入"五年倍增"计划,多渠道增加群众工资性、财产性收入,提高增收的稳定性、持续性。把促进就业放在优先发展位置,重点加强对被征地农民、下岗失业人员、"4050"人员等就业困难群体的就业援助,进一步巩固"双清零"工作成果。扎实推进创业型城区建设,鼓励全民创业、自主就业,形成创业带动就业的倍增效应。深入开展"春晖行动"和村级"四有一责"建设行动,以村级经济的持续壮大带给群众更多的实惠和收益。二是完善社会保障体系。加快推进城乡社保并轨工程,全面实施社保扩面和医保提标,促进保障体系从"制度全覆盖"向"人员全覆盖"转变。适应社会老龄化趋势,坚持政府主导和社会参与相结合,积极探索养老服务新模式。大力开展社会慈善公益活动,支持残疾人事业发展,健全社会福利和救助体系,构建社会保险、社会福利、社会救助相衔接的保障网。三是协调发展社会事业。完善公共文体设施建设,建立健全城乡一体的公共文体服务体系。高度关注网络动态和网上舆情的正面引导,着力打造积极向上、文明和谐的网络文化。加大文化产业招商力度,广泛吸引各类资本进入文化市场,推出一批具有丹徒特色的文化艺术精品。坚持教育优先投入,优化教育资源配置,同步实现全面教育和经济社会发展"两个现代化"。继续深化医药卫生体制改革,健全基层医疗卫生服务体系,推进丹徒医疗集团和社区卫生服务机构资源共享、技术合作,促进公共卫生服务均等化。进一步完善交通客运体系,实现城乡公交和镇村公交全覆盖。四是加强社会管理创新。将城乡一体化社区建设摆上突出位置,抓紧编制城乡社区布局规划,以创建和谐社区为抓手,推行网格化管理,建立社区服务管理责任区制度。宜城、高资街道要积极创新街道与社区工作机制,强化社区服务平台建设,完善社区服务功能。要加快民主法治进程,继续开展"民主法治村"创建活动,着力提高基层法治化管理水平。注重源头管理,进一步畅通群众诉求表达渠道,全面推行社会稳定风险评估机制,加快"技防城"建设步伐,深入推进"平安先锋工程"、"双零工程"和社会管理"强基工程"有效开展,筑牢"社会安全网"。

四、凝心聚力,和谐共进

率先基本实现现代化,关键在人,核心在党。要以加强党的建设为抓手,切实增强各级党组织和党员干部的创造力、凝聚力和战斗力,为现代化建设提供强大动力和坚强保障。

1. 要致力于培养与时俱进的好风尚。现代化的实现是从物质现代化、制度现代化到人的现代化的渐进过程,而人的现代化则是现代化建设的根本。我们要把提升党员干部和人民群众的素养作为首要任务,以提高群众对现代化建设成果满意度为目标,加大宣传力度,不断增强群众对现代化建设的认同感。进一步加强社会主义核心价值体系建设,以创新载体、树立品牌为依托,深入开展群众性精神文明创建活动,引导人们追求丰富多彩的精神文化生活,最大限度地激发广大干部群众攻坚克难的勇气、争先进位的志气、敢于探索的锐气。以增强诚信意识为重点,加强社会公德、职业道德、家庭美德建设,发挥道德模范榜样作用,让"好人、好事"成为社会主流,形成现代化建设新的精神动力。

2. 要致力于建设奋发有为的好队伍。基层组织强,人心就能凝聚,大局就会稳定。要深化"创先争优"活动成果,进一步丰富活动内容和形式,提高干部队伍建设水平。坚持德才兼备、以德为先的标准,深入推行竞争性选拔领导干部制度,拓宽选人用人视野。高度重视村级党组织带头人的选任,加快建设一支职业化、管理型的"村书记"队伍。积极做好大学生"村官"工作,为农村的现代化建设培养骨干力量,形成强大梯队。要加大年轻干部的使用力度,选派年轻干部到农村、企业、信访维稳等一线摔打磨练,形成人才到基层锻炼、干部从一线选拔的培养选拔链。切实加强对党员的教育、管理和服务,注重在"两新"组织、大学生、年轻人中发展党员,培育和树立一批先进党员典型,真正做到一个党员一面旗帜。

3. 要致力于形成干事创业的好氛围。现代化建设是全区人民的共同事业,必须牢固树立全局"一盘棋"思想,紧紧围绕发展大计,做到团结同心、目标同向、干事同步。各级党组织要切实提高统揽全局、协调各方的能力,更好地支持人大依法履行职能,进一步加强政治协商制度建设,最大限度地发挥民主党派、工商联、无党派人士、群团组织的独特作用,激发全民活力,共谋发展之策。全体党员干部要想在先、干在前、作表率,以更大的力度解放思想,不断创新理念、创新方法、创新路径;以更高的标准确立定位,不断自我鞭策、自我激励、自我加压,形成比学赶超、务实进取的浓厚氛围和强大合力。

4. 要致力于营造风清气正的好环境。今年,是人大、政府、政协集中换届之年,要严肃换届纪律,清正换届风气,切实提高选人用人的公信度,确保换届成功。继续深化党务公开工作,充分发挥全市示范点的引领作用,坚持围绕跨越发展和现代化建设大局抓公开。加快政务公开和政务服务省级试点区的建设,推进行政权力公开透明运行。大力加强作风建设,促使各级党员干部真正做到把心思放在谋发展上,把精力花在干事业上,把功夫下到抓落实上。着力完善标本兼治的惩防体系，严格落实党风廉政建设责任制，认真解决群众反映强烈的突出问题，做到体系更完善、监督更有力、惩处更坚决，以反腐倡廉的实际成果取信于民。

政府工作报告(摘要)

2012年3月25日在丹徒区第十五届人民代表大会第一次会议上

区长 陈 琳

一、全面达小康，开启现代化

2011年，是“十二五”开局之年。在镇江市委、市政府和区委的正确领导下，在区人大及其常委会、区政协的监督支持下，我们团结和依靠全区人民，以科学发展观为统领，振奋精神，开拓进取，圆满完成区十四届人大四次会议确定的各项目标任务，开启了丹徒现代化建设的新征程。全区实现地区生产总值223.04亿元，比上年增长12%；财政总收入46.42亿元，增长54.4%，其中一般预算收入14.81亿元，增长34.4%；全社会固定资产投资141.44亿元，增长22%；社会消费品零售总额38.14亿元，增长17%；城镇居民人均可支配收入26291元，农民人均纯收入11704元，分别增长15.5%和17%；完成进出口总额6.08亿美元，增长34.1%；实到外资1.36亿美元。对照省、市确定的基本现代化指标体系，我区有13项指标基本达标。经过一年来的努力：

经济质态实现新提升。优势产业提速增效。规模以上工业实现销售628.04亿元、利税71.07亿元、增加值156亿元，分别增长32.2%、41.7%和14.2%。完成新兴产业投资50.02亿元，增长105.4%，实现销售170亿元，增长36%。装备制造业增势强劲，呈现集群化、规模化、高端化发展趋势，销售突破200亿元，占规模以上工业比重32.5%，成为丹徒发展最快、潜力最大的产业。服务经济提档升级。实现服务业增加值81.4亿元，增长12.3%，占GDP比重上升至37.5%。城市服务业加快兴起，冠城、宝龙等一批高端商贸业项目相继涌入。完成服务业投资45.78亿元，增长36.7%，增速全市第一。成功举办“长江草莓音乐节”、“欢乐农家”等活动，全年实现旅游业总收入20.4亿元，增长40%。现代农业提质扩量。吸引“三资”投入农业11.3亿元，实施优质农业项目15个，新认定省级现代农业产业园1个，市级现代农业产业园4个。新增高效农业面积6.5万亩，亩产效益超万元的设施农业面积扩大到2.7万亩。全年推广新品种、新技术面积27.3万亩，粮食生产实现“八连增”。

创新发展迈出新步伐。项目推进成效显著。全年新开工亿元以上项目40个、10亿元以上项目5个，实际完成投资92亿元。振光智能电网等17个重点项目竣工投产，二重、中靖氢能源等7个投资超10亿元项目加快推进。项目储备资源充足，晋工机械、华通重工、香港联盛等一批优质项目成功落户。科技创新能力增强。实现高新技术产业产值184亿元，增长78.6%，占规模工业产值比重28.5%，同比增加7.9个百分点。完成全社会研发投入3.7亿元，占GDP比重1.68%。引进博士创业团队4个、高层次创新创业人才28名。新立市以上科技项目36项，获助资金3128万元，省重点科技成果转化项目顺利实施。新认定国家级企业技术中心1家，谷阳环保科创中心创成国家级科技孵化器。园区功能加速完善。开发区生态工业园规划通过评审，重装产业园被认定为省级特色产业基地，国华、宝龙等六大物流项目加快建设，临港物流产业园基本成形。新城生态工业园10万平方米科技孵化器建成交付。高新技术产业园高创中心建成投用，并正式获批为省级科技创业园，高端产业加速集聚。要素保障更加有力。银政企合作成效明显，国投创投公司及三大基金挂牌成立，新组建小额贷款公司和信用担保公司5家，江苏银行等分支机构成功落户，蒙银村镇银行开业运营。国土管理对区域发展的支撑力、影响力进一步增强，通过挖潜、点供和城乡建设用地增减挂钩等多种渠道，全年新增建设用地1924亩，再次获得“江苏省土地执法模范区”殊荣。

城乡建设展示新面貌。城市建设快速推进。338省道丹徒段高水平改造完成，谷阳大道东延工程主体完工，谷阳、上党公交枢纽站和铭基首末站基本建成，新城公交131路投入运营，市区连接世业、辛丰、三山等地的城乡公交正式开通。丹徒青少年活动中心开工在建，110千伏城西变电站完成基础施工，驸马农贸市场改造工程主体封顶，长山综合开发和文化主题公园建设全面推进，中国米芾书法公园长廊等工程即将完工。积极推进社区建设和管理创新，城区住宅小区基本实现物管全覆盖。村镇建设不断加强。“三新”建设加快推进，村庄环境整治工作全面启动，首批6个村庄提前完成整治任务，世业先锋村、高桥四方桥村率先跨入“三星康居示范村”行列。水利事业加快发展，被确定为全国小型农田水利建设重点县。中心河“两桥一闸”配套工程、辛丰民治沟小流域治理工程和西湾、马迹等水库除险加固工程如期完成，改造水利泵站18座，新建农村二级公路18公里，改建农村危桥37座。生态建设力度加大。生态区创建顺利通过省级考核，正式进入国家级考评程序。新增成片造林1.2万亩，被授予“绿色江苏”建设先进单位。新建污水收集管网52公里，乡镇污水处理工程全部投入运营。节能减排深入开展，全年淘汰高能耗设备107台（套），关闭化工、砖瓦窑企业36家，万元GDP能耗下降3.9%，减排化学需氧量294吨、二氧化硫3680吨、氨氮70.8吨。丹徒化肥厂环境污染问题得到有效解决。

人民生活达到新水平。保障体系日益完善。创业型城市建设效果显著，新发展私营企业794家、个体工商户1940户，新增私个注册资本58亿元。新增城乡就业8713人，城镇登记失业率控制在2.29%。城镇职工养老保险与镇江市全面接轨，新农保实现全覆盖，被征地农民进“城保”工作稳步开展。新农合筹资标准进一步提高，全区54万多人次享受合作医疗基金补偿。开工建设各类保障性住房52.2万平方米，其中安置房50万平方米，竣工交付18万平方米。社会救助制度不断完善，共发放各类保障金2100万元，12000多名低保和困难群众从中受益。脱贫攻坚两消除行动措施有力，结对帮扶贫困户2020户。各项事业全面发展。教育优先发展战略深入实施，教育质量稳步提升。持续改善办学条件，加固改造校舍1.8万平方米。加强基层医疗卫生体系建设，建成标准化社区卫生服务站56家，高资、江心卫生院新建工程竣工交付。文体惠民工程扎实推进，顺利跨入全省体育强区行列。成功举办区第六届运动会和首届《丹徒田歌》大奖赛。冷遹纪念馆建成开馆。作品《超越自我》荣获国际摄影艺术展银奖，童谣《小溪流》入选中央文明办优秀童谣网上展播。新增数字电视2万户，全区有线电视“户户通”目标基本实现。区社会福利中心和残疾人康复中心建成启用。

社会建设取得新进步。社会环境和谐安宁。文明城市创建和创先争优活动成效显著，世业镇顺利跨入全国文明镇行列，创成省级文明行业、文明村镇、文明单位34个。“六五”普法工作全面启动，“平安丹徒”、“法治丹徒”建设深入推进，社会治安技防网络体系逐步健全。全面畅通“区长信箱”、“12345”服务热线等公众诉求渠道，妥善解决民生难题，信访秩序总体平稳。强化责任落实，安全生产、食药品监管工作措施有力，人民群众生命财产安全得到有效保障。国防教育和后备力量建设进一步加强，“七创”双拥模范区工作扎实开展。政务环境规范有序。自觉接受区人大及其常委会法律监督、工作监督，主动接受区政协民主监督，认真听取社会各阶层意见。全年办复人大代表建议、意见56件，政协委员提案107件，满意率和基本满意率100%。深入开展法治政府建设，行政权力网上公开透明运行58266件，门户网站和电子政务平台建设全市领先，政府机关无纸化办公全面推开。加大审计监管力度，强化行政效能监察，党风廉政责任制得到有效落实。重视和发挥各群团组织作用，机关事务、外事侨台、民族宗教、统计、档案、地方志等工作不断取得新的进步。

各位代表，本届政府自2007年12月选举产生以来，经历了全球金融危机、国内宏观调控和自身发展问题的严峻考验，推进了以发展方式更优、发展质态更好、发展速度更快为标志的重大转变，实现了从全面小康到现代化建设的历史性跨越。回顾四年来的施政历程，全体政府工作人员励精图治、奋发进取，与全区人民一道用激情成就梦想，用创新实现跨越，用智慧和汗水，在丹徒科学发展、率先发展、和谐发展的征程中，留下了坚实的足迹，谱写了崭新的篇章。

这四年，最令人振奋的是：跨越态势一年更比一年强。我们始终把加快发展作为第一要务，时刻保持卓越的追求意识，以自加压力的目标引领发展，以奋勇争先的姿态推动跨越，主要经济指标快速攀升：到去年年底，地区生产总值实现翻番，年均增长13%以上；财政总收入、一般预算收入分别是2007年的2.5倍和1.8倍，税收占比提高到90.4%，位列全市前列；销售收入超亿元企业增至107家，比2007年净增66家；累计实施亿元以上项目145个，其中超10亿元的项目16个，成功引进了中国二重、中靖氢能源等一大批重大项目，四年累计完成固定资产投资445亿元，年均增长26.2%，为丹徒发展积蓄了强大后劲。随着项目建设的强势推进，今日丹徒，综合实力持续增强，开发开放步子更实，区域经济迸发活力，后发争先的势头日益显现。

这四年，最催人奋进的是：转型步伐一年更比一年快。我们始终把转型提升作为第一追求，主动顺应区域竞争格局的新变化，高起点规划建设新城生态工业园、经济开发区、高新技术产业园等“三大园区”，下工夫改善园区环境，完善基础设施，拓展发展空间，全方位吸纳科技、人才等创新要素，带动区域产业质态的优化升级。四年来，全区新型装备、新能源、新材料、电子信息等“四大新兴产业”投入、产出连续保持高位增长，现代物流、高端商贸、特色旅游、文化产业等项目加快集聚，服务业增加值占GDP比重年均增长1个以上百分点，高效农业面积扩大到29.7万亩，全社会研发投入是2007年的3.5倍，“三大园区”成为全区产业集聚集约发展的核心区和主平台。随着创新型经济的快步发展，今日丹徒，产业结构更趋合理，转型优势愈加明显，园区建设展露生机，经济发展进入了一个崭新的提升期。

这四年，最引人注目的是：城

乡面貌一年更比一年靓。我们始终把城乡统筹作为第一先导，累计投入160多亿元，建成了一批城建、交通、水利、电力等重大基础设施工程。新城范围内“城中村”、“断头路”基本消除，与居民生产生活密切相关的医院、学校、幼儿园、公交等公共设施日益完善，高端商贸、星级酒店等现代服务业项目相继涌入，城市环境、功能不断提升，人口、产业加速集聚，建成区面积由4.5平方公里扩展到12平方公里，城市化水平提高到49.6%，城市公共绿地人均面积全省领先，现代城市形态加快显现。新建、改建农村等级道路180公里，改造农村危桥162座，新增各类绿地12.8万亩，在全市率先启动乡镇污水处理工程建设，相继建成7座污水处理厂、11座提升泵站和296公里污水收集管网，城镇污水处置和农村垃圾处置基本实现全覆盖。随着城乡建设的步伐加快，今日丹徒，山清水秀、生机勃勃，生态新城的知名度、美誉度不断提高，成为沪宁线上一个崭新亮点，成为我们每一个丹徒人的自豪和骄傲。

这四年，最让人欣慰的是：人民生活一年更比一年好。我们始终把改善民生作为第一责任，从创业、就业、帮扶、环境建设、社会保障和各项事业发展等多个层面入手，不断满足人民群众的利益需求，推动了丹徒民生建设的“四年四大步”：2008年，我们举全区之力，众志成城，团结奋战，如期建成全面小康社会；2009年，我们合力攻坚，全面改善办学条件，顺利通过区域教育现代化省级达标验收；2010年，我们强势推进国家生态区建设，扎实开展城乡环境综合整治，以铁的手腕关闭了一大批污染企业、采石企业和采石宕口，创成一批国家和省级生态镇、生态村，进一步叫响了“生态丹徒”这个品牌；2011年，我们继续加大财政投入，主动接轨全市社保体系，全面提高各类保障标准，丹徒城乡群众与镇江市区居民基本享受“同城同待遇”。四年来，公共财政用于改善和保障民生的投入达28.4亿元，城乡居民收入增幅连续保持15%以上，科教、文化、卫生、体育、人口等社会事业蓬勃发展。随着人民生活的持续改善，今日丹徒，历史文化与现代文明交相辉映，社会建设与公共服务日益健全，百姓生活质量与幸福指数不断提升，全区上下人心思上、和谐稳定！

各位代表，奋进的历程令人难忘，积累的经验尤为珍贵。四年的辛劳与收获，让我们深深体会到：发展为先，任何时候都不能动摇。我们准确把握丹徒区情，把加快发展作为最硬的道理，把转型提升作为最紧迫的任务，引领全区上下全力以赴抓项目，持之以恒聚产业，热火朝天干事业，新建了一个个激活力、攒后劲的重大项目，办成了一件件打基础、利长远的重点工程，把区域经济推上了一个更高、更宽的发展平台。实践证明，只有始终坚持第一要务不放松、科学发展不偏离，才能不断积小胜为大胜、积跬步至千里，开创丹徒现代化建设的新局面。创新实干，任何时候都不能懈怠。四年来，面对紧迫而繁重的发展任务，面对各种困难和考验，我们始终保持奋发有为的精神状况，勇于打开思想解放的“总阀门”，不断寻求开启成功的“金钥匙”，积极以个性的手段突破资金、用地、拆迁、企业改制等方面共性的制约，以务实的作风打赢攻坚克难的一场场硬仗。实践证明，创新产生动力，实干催生希望，只有不断解放思想，务实进取，才能破解各种各样的难题，扫清前进道路上的障碍，实现丹徒发展的一次次跨越。民生至上，任何时候都不能忘记。民生连着民心，民心凝聚民力。四年来，我们坚持把执政为民的理念贯穿于政府工作的全过程，紧紧围绕百姓所盼、民生所需，先后在城乡环境、道路交通、区域供水、文化教育、医药卫生、社会保障等诸多领域，为民兴办了41件实事，使发展的成果让人民共享，树立了人民政府为人民的良好形象。实践证明，只要心里装着群众，处处想着群众，紧紧依靠群众，一切为了群众，就一定能赢得人民群众的信任与支持，迸发出无往而不胜的磅礴力量！

各位代表，四年的跨越与提升，更让我们深深感到：政府工作所取得的成绩和进步，是市委、市政府和区委正确领导的结果，是区人大、区政协监督支持的结果，是在历届领导班子打下坚实的基础上，全体政府工作人员奋发努力的结果，凝聚着全区上下的心血与汗水，展示了丹徒人民跨越争先、担当实干的时代风采。在此，我谨代表区人民政府，向全区人民群众，向所有关心、支持、参与丹徒建设的社会各界人士和海内外朋友，表示衷心的感谢并致以崇高的敬意！

在肯定成绩的同时，我们也清醒地看到，我区经济社会发展中还存在一些困难和问题：产业结构性矛盾仍较突出，在转型中促跨越的压力较大；城市化水平还不高，统筹城乡发展的任务还很重；社会建设中一些基础性工作还需进一步加强，等等。对此，我们一定高度重视，采取有效措施，努力把工作做得更好。

二、再创黄金期，建设新丹徒

未来五年，将是丹徒向着率先实现基本现代化目标迈进的决胜时期，也是加快转变发展方式、推动经济转型升级的关键阶段。我们既面临宏观形势复杂变化、资源要素制约加剧、区域竞争压力加大的严峻挑战，也面临区位优势不断凸显、产业转型步伐加快、载体平台加速提升的重大机遇。立足崭新起点，展望美好未来，我们将始终保持强烈的责任意识、进取意识，与全区人民一道奋力拼搏，高质量、快速度推进现代化建设，加快构建“五大体系”，把丹徒的明天建设得更加美好。

——构建现代化的产业体系。坚定不移推进结构调整，加快转变经济发展方式，大力发展以新兴产业和高新技术产业为主导的新型工业，高端商贸和现代物流为重点的现代服务业，高效和生态为特征的现代农业，全面提升区域经济实力。到2016年，地区生产总值和财政一般预算收入实现倍增；先进制造业、新兴产业销售规模分别达到600亿元和500亿元，服务业增加值占GDP比重提高到50%以上，高效农业面积占比80%以上，文化产业、旅游业更具特色。

——构建现代化的创新体系。坚持科技与人才优先发展，全面提升创新支撑力。到2016年，全社会研发投入占GDP比重达2.5%，科技进步贡献率60%以上，高新技术产业产值占规模以上工业产值的比重45%；建成各类孵化基地50万平方米，扶持创业1500人以上，创业带动就业3万人以上。

——构建现代化的城乡体系。突出城市化带动战略，统筹城乡发展，强化产业布局、基础设施、公共服务等方面的互动衔接，加速一体化进程。到2016年，城市建成区面积扩大到30平方公里，城市化水平提高到56.5%，建成“三星康居示范村”20个，基本形成主城区、中心镇、一般镇和中心村四级梯次分明的城镇发展格局。

——构建现代化的生态体系。持之以恒加强环境保护和生态建设，加快推动绿色增长，创成国家生态区。到2016年，全区森林覆盖率达36%，水环境功能区水质达标率100%，单位GDP能耗下降20%，完成村庄环境综合整治，全面展示环境优美、交通便捷、欣欣向荣的农村新貌。——构建现代化的民生体系。把改善民生作为一切工作的出发点和落脚点，大力发展社会事业，推进公共服务均等化，不断提高百姓生活质量。到2016年，城乡居民收入实现倍增，年均增长15%以上；社会建设全面加强，文明程度显著提升，民生“五有”达到更高水平，城乡一体的社会保障体系日益完善。我们坚信，在市委、市政府和区委的坚强领导下，经过全区上下的五年奋斗，一个经济充满活力、社会文明和谐、生态环境优美、民生幸福安康的现代化新丹徒，必将崛起在苏南板块！

三、加快现代化，迈好关键步

2012年，是继续推进现代化建设的关键一年，政府工作的总体要求是：深入贯彻落实中央和省、市、区委一系列会议精神，坚持以科学发展观为指导，以“转型提升、跨越提速”为主题，以区委确定的“五个年”建设为抓手，突出结构调整，推动科技创新，促进城乡一体，持续改善民生，全面加快现代化建设进程，以优异成绩迎接党的十八大胜利召开。

根据省、市基本现代化指标体系，今年全区经济社会发展的主要预期目标为：地区生产总值可比增长12%；财政一般预算收入增长18.3%；全社会固定资产投资增长22%；实际到位外资增长48%；进出口总额增长12%；社会消费品零售总额增长18%；服务业增加值占比提升1.7个百分点；高新技术产业占比提升3个百分点；全社会研发投入占GDP比重提高到1.9%；城镇居民人均可支配收入、农民人均纯收入分别增长16%和17%；城镇登记失业率控制在3.5%以内；单位GDP能耗下降4%，主要污染物排放削减率完成市下达的任务；人口自然增长率低于3‰。

在全面完成上述目标的基础上，年内我们将继续办好与人民群众生产生活密切相关的9件实事：

1. 开工建设区人民医院外科大楼，年内主体工程封顶。完成高桥卫生院易地新建和世业卫生院门诊病房综合楼改扩建工程，年底前交付使用。

2. 全面实施镇荣公路一期拓宽改造。加快推进城乡公交一体化，建成覆盖全区的镇村公交网络。

3. 完成500个自然村庄的环境整治任务。

4. 完成胜利河丹徒段整治和石马等5座小（二）型水库除险加固工程，完成39.5公里农村河道和51座村庄河塘疏浚、清淤工程。

5. 改造危桥18座，其中交通桥梁6座，农桥12座。

6. 在新城规划建设中学1所，建成幼儿园1所。改扩建校舍3万平方米，全面完成校舍安全工程。

7. 全面完善新城范围雨、污水收集系统。

8. 加快“技防三进”步伐，全区沿街商铺、城镇居民和农村居民的技防入户率分别达到100%、80%和70%。

9. 完成2.6万户农村网数字电视整转工程，基本实现全区有线电视数字化全覆盖。

今年工作，我们将重点抓好以下五个方面：

（一）更大力度发展现代经济，加速产业升级

坚持速度与效益并重、规模与质量并举，不断加大有效投入，加快科技创新，着力提升产业现代化水平。

加快发展优势产业。紧盯国内外产业发展趋势，集中力量、集中资源，推动装备制造、新能源、新材料、电子信息等新兴产业爆发式增长、跨越式发展。以项目建设为抓手，以规模骨干企业为重点，全力打造省级特色装备制造业基地、国内有影响的数字化制造中心，力争高端装备等优势产业发展走在全市前列。全年“四大新兴产业”完成投资80亿元，增长65%，实现销售230亿元，占规模以上工业比重提升到31%。继续实施梯度培育工程，强化分类指导，促进龙头企业率先领跑、重点企业持续壮大、中小企业快步成长。全年新增销售超亿元企业10家，力争金海宏业销售突破100亿元。

提速发展现代服务业。深入实施“服务经济跨越年”活动，完成服务业投资60亿元，服务业增加值占GDP比重提升到39.2%。呼应产业联动发展新要求，重点拓展生产性服务业，着力构建现代物流、服务外包、软件科技等生产服务体系。切实加强对长江、运河岸线资源的规划和保护，加快推进二重重装物流中心、国华煤炭储运基地、船港物流等一批重点项目，启

动高桥临港产业园和辛丰运河物流产业带建设，全年新增万吨级码头3个以上。坚持城市和产业融合发展，着重抓好冠城、宝龙、慧中等城市综合体项目，新建城市商贸面积40万平方米，着力打造业态高端、繁荣有序的现代商业圈。进一步强化世业、江心“两个洲岛”和长山文化等旅游资源的整合和开发，做优做特丹徒旅游产业，实现旅游业总收入25亿元，增长23%。

大力发展现代农业。坚持农业发展项目化，高标准建设长山生态农业园，加快推进宝堰山水湾、荣炳横塘湖、镇安光伏农业园等一批高效型、生态型、观光型农业项目，建成现代农业园区2.6万亩，新增高效农业4万亩，其中设施农业3万亩，培植农业龙头企业5家。进一步优化结构，打造精品农业，提高亩均效益，重点发展优质稻米、高档茶叶、生态畜禽、果蔬园艺等特色产业，全年推广新技术33个、新品种35个。大兴农田水利建设，全年完成水利投资9100万元，确保2013年实现水利基本现代化。

优先发展科技产业。加强政产学研紧密合作，有效发挥博士团队和科技镇长团桥梁纽带作用，加快“创新联盟”和服务体系建设，加大科研成果转化力度，新增产学研合作项目40项，新增省级以上高新产品25个，建成市级以上工程技术中心10个，高新技术产业产值达到258亿元，比上年增长40%。鼓励企业实施技术革新，运用新技术、新装备改造工艺，推动传统产业向价值链高端攀升，向研发设计和销售服务两头延伸，不断提升产品附加值和市场竞争力。认真落实人才引进和激励政策，强化智力支持，力争万人专利拥有量达到3.7件。加强科技载体建设，新建孵化器5万平方米，新入孵科技项目20个以上。

(二)更大力度推动项目建设，做强转型支撑

坚持以大项目推动结构调整，以好项目促进转型升级，精心组织“重大项目突破年”活动，聚合发展要素，激发经济活力。

整合力量主攻重大项目。以现有产业为基础，以构建现代化产业体系为方向，加强招商队伍建设，加大招商选资力度，着力引进一批关联度高、带动力强的龙头型、基地型项目，全年新引进超亿元项目40个以上，实到外资2亿美元。进一步强化项目挂钩服务，全力推动二重二期、希西维轴承等项目加快建设，确保早竣工、早投产。加强项目督办会办，扎实做好项目推进中的各项前期工作，重点抓好晋工机械、华通动力等一批单体投资超10亿元的重大项目，力争规模投资和工业性投资的增幅高于全市平均水平。

打造平台承载重大项目。积极开展“园区开发升档年”活动，全力打造转型优势明显、辐射带动有力、发展后劲充足的产业集聚区。经济开发区以发展临港经济为方向，以重装产业园、现代物流园、循环经济示范园建设为重点，加快完善配套功能，争取尽快跨入省级生态工业园区行列。生态工业园依托区位优势，加快功能开发向优势产业集聚转变，着重吸引科技创新要素，高起点推进数字化制造中心等载体建设。高新园以金润大道、谷阳大道和冷遹路为主线，北连南拓，进一步拉开框架，完善功能，提升开发层次，重点培育先进制造、科技孵化、2.5产业和半导体集成电路测试基地，加快推进中科广场、联盛科技产业园等项目，积极启动城际丹徒站商务配套区建设，着力打造科技含量最高、人才集聚最快、高新企业最密集的优势板块。

整合要素保障重大项目。继续开展“省土地执法模范区”创建活动，不断夯实“大家用、大家管”的共同责任体平台。严格依法依规管地，推行节约集约用地，积极追求“亩均投入”与“亩均效益”的双向提升。通过城乡挂钩、独立选址和争取点供等多种手段，年内新增建设用地2000亩以上。进一步深化银政企合作，加强现代金融业态培育，年内新增银行机构和创业风投机构5家以上。健全融资担保体系，加快建投公司实体化运作，提高城投、开发区等融资平台运作能力，力争全年融资规模10亿元以上。加快110千伏城西变电站等3个电力工程建设，进一步完善电力基础设施布局。

(三)更大力度提升城市品位，打造现代新城

坚持同城共建的城市发展战略，加大城建项目投入，加快重点工程建设，全面提升丹徒城市新形象。

加快完善城市功能。主动对接南徐新城、官塘板块建设，加快新城北出入口、312国道沿线、缪家甸路段城市化改造。认真做好城市总体规划及各专项规划修编，推动公共设施、人文景观和空间发展的协调一致。积极鼓励金融资本和民间资本多渠道、全方位参与城市发展，全面提升城市建设的市场化、资本化运作水平。加强城市公交、供电、供水、供气、排污、文体等公用事业的建设与管理，全力推进瑞山路中段等4条城市干道和青少年活动中心、农贸市场等8个公建项目，加快崛起冠城商业中心、宝龙城市广场等一批标志性建筑，着力打造现代化城市形态。积极启动高铁南部商业圈建设，扎实推进长山片区和谷阳湖综合开发整治，全面完成“城中村”拆迁扫尾，不断拓展城市空间。

推进城市精致管理。进一步完善城市管理体制和工作机制，充分发挥街道、社区的基层基础作用。以精细化管理为目标，全面推进城市管理的数字化、网络化、标准化和常态化，实行实时监控、动态监管，有效解决违法建设、违章占道、渣土扬尘等突出问题，切实做到责任全覆盖、整治全方位、保洁全天候，努力营造整洁、有序、优美的城市环境。加强城市社区管理，积极推行文化、警务、卫生、物管、保洁等网格式管理模式，不断拓展服务功能。

（四）更大力度落实城乡一体，加速互融共进

以“城乡一体加速年”活动为重点，加快构建互促互进的城镇格局，全面提升农村现代化发展水平。

全面展示镇村新貌。按照“融入城市化、就地城镇化、农村社区化”的思路，加快完善城乡发展规划，进一步优化城乡形态、人口、功能与生产力布局，统筹推进各类基础设施和公共服务设施向农村延伸。加快建设辛丰、上党、宝堰等中心镇，统筹发展一般镇，积极创建新社区示范点，全面完成“三新”建设三年行动目标任务。扎实推进村庄环境整治，坚持做到“村村有规划、村村有特色”，年内村庄环境整治达标率60%以上，建成7个“三星康居示范村”。依法做好拆迁安置工作，全年开工建设安置房50万平方米，竣工交付20万平方米。全面启动农村道路升级改造工程，加快形成覆盖全区、快速便捷的交通枢纽，努力为广大群众出行创造更好更优的交通条件。

加强生态文明建设。坚定不移地推进国家生态区创建工作，确保通过环保部考评验收。继续采取有力措施，强化工业、农业和生活污染治理，扎实抓好开发区化工企业环境安全专项整治，坚决控制新污染源产生。大力实施“蓝天工程”，空气质量优良率保持在90%以上。加快建设“绿色丹徒”，加强生态修复工程建设，完成成片造林1.5万亩。建成区森林防火指挥中心。加大农村水环境整治力度，争取用三年时间，全面疏浚区内河网水系，努力让丹徒的天更蓝、山更青、水更秀、环境更优美。

（五）更大力度改善人民生活，促进社会和谐

以实现民生现代化为目标，扎实开展“民生建设提效年”活动，使发展的成果更多地体现在提高人民生活水平上，体现在满足人民物质文化需求上，体现在促进人的全面发展上。

拓宽增收渠道，让百姓生活更加富裕。大力实施城乡居民收入倍增计划，全面加快富民进程。切实巩固创业城区建设成果，进一步激发全民创业热情，优化创业环境，鼓励和引导民间资本向多领域、多产业延伸发展，不断提高经营性、资产性收入在居民收入中的比重。全年新增私营企业600家、个体工商户1000户、注册资本60亿元。认真落实更加积极的就业政策，通过开发就业岗位、强化技能培训、开展就业援助等措施，进一步稳定和扩大就业，新增城镇就业7500人、转移农村劳动力4000人以上。全面推进工资集体协商制度，不断完善劳动争议处理机制，切实保障劳动者的合法权益。

健全保障体系，让百姓生活更感幸福。进一步加大投入，推进社会保障两个“全覆盖”和“五险合一”，确保城镇职工基本养老保险覆盖率、新型农村养老保险覆盖率、城乡各类社会医疗保险覆盖率均达98%以上。深化医药卫生体制改革，进一步完善以社区卫生为基础的医疗卫生服务网络。强化疾病预防控制，扎实做好各类传染病防治工作。加强人口计生服务，不断提高人口出生素质。深入开展医疗救助、教育资助、慈善捐助和法律援助，加大对低收入和弱势群体帮扶力度，切实保障困难群众的基本生活。

发展各项事业，让百姓生活更具品质。突出优质均衡、公平发展，推进更高水平的教育现代化。高度重视学生安全。积极整合资源，启动新城初级中学规划建设。深入推进“双拥七创”，进一步做好人武、统计、档案、外事、侨务、民族宗教等工作，促进各项社会事业全面协调发展。扎实推进文体惠民工程，加强镇村文化阵地建设，着力打造农村“十里文化圈”。制定文化产业发展规划，积极发展创意设计、现代传媒和“智慧型”文化等新型业态，高标准建设长山文化产业园，争取中国米芾书法公园一期工程建成开放，交通技师学院、道宣律院、奇石馆等项目全面开工。

加强社会管理，让百姓生活更为安宁。广泛开展“六五”普法教育，提高全社会法律意识。深入推进“平安丹徒”、“法治丹徒”建设，强化社会治安综合治理，加强科技防范网络建设，积极预防和依法打击各类违法犯罪。加强和创新社会管理，着力形成方式多样、规范有序、畅通高效的群众利益诉求渠道，有效解决影响社会和谐稳定的源头性、根本性、基础性问题。严格落实安全生产责任，进一步健全应急管理机制，提高公共突发事件的预防预警、应急处置和保障能力。加大价格监测和监管力度，积极营造和谐消费环境。健全食品药品安全监管体系，切实保障人民群众的生命健康安全。

四、立足新起点，展示新形象

各位代表，率先基本实现现代化，是全区人民的共同期待，更是我们肩负的神圣使命！站在新的起点上，我们将时刻保持奋勇争先的进取意识、敢打必胜的拼搏精神、求真务实的工作作风，努力建设负责有为、人民满意的现代政府。

开拓进取，科学理政。进一步解放思想、更新观念，以更加开阔的视野和理性的思维，不断提高对新情况、新事物的认识水平，增强谋全局、抓机遇、解难题的能力。坚持高起点定位、高目标追求、高强度推进，将工作重心聚焦到经济转型、产业升级、城乡发展、生态建设和社会管理上来，把主要精力投放到创新克难上来，找准着力点，增强前瞻性，做到工作谋划重长远、工作推动重细节、工作落实重成效，真正把学识能力用在转型提升、跨越提速上，体现在服务发展、干事创业上。

善谋实干，为民施政。坚持把率先的追求与务实的态度结合起来，更加注重政府工作的系统性，全面推行政府工作项目化管理，强化政府的主导责任，量化部门的目标责任，细化机关人员的工作责任，抓好每个层面，把握好每个细节，跟踪问效，一抓到底。坚持把

对上负责与对下服务有机地结合起来，更加注重政府工作的民本性，以亲民、为民、爱民之风，在群众最盼望的地方安民心，在群众最急需的地方见真情，在群众最关心的地方下工夫，不断为群众提供最优质的公共服务。今后，政府每项工作的开展，都将以服务民生为根本，对社会公开的大事，定一项做一项，项项落实；向百姓承诺的实事，干一件成一件，件件兑现。

完善机制，依法行政。创新行政理念，规范行政行为，加快建立权责更加明确的工作机制。自觉接受人大的法律监督、工作监督和政协的民主监督，虚心接受群众和舆论监督，认真听取社会各方面的意见。继续推进政务公开，加快电子政务建设，提高政府工作的透明度和公信力。深入开展“效能革命”，加快工作节奏，促进行政提速。以强有力的措施，坚决治理行政上的“越位”、“缺位”等行为，根治落实不力、推诿扯皮的现象，以一流的服务和清新的政风，确保政令畅通、步调一致。

清正廉洁，从严治政。人民把权力交给了我们，我们就要为人民当好家、用好权，就要按照人民的意愿，努力建设一个让人民放心的廉洁政府。新一届政府班子全体成员，一定要严格执行廉政准则的各项规定，时刻认清界线，自觉保住底线，坚决不越红线；一定要认真遵循中央和省、市关于廉洁从政的一贯要求，带好班子、管好队伍，凡是违规违纪的事，坚决不沾边，凡是为政不廉的事，坚决不伸手，凡是与民争利的事，坚决不实施，全面塑造良好形象，真正把一个廉洁自律、风清气正的人民政府，展示给人民群众。

专　记

丹徒区政府为民办实事

2011年，丹徒区政府切实以保障和改善民生、发展民利、凝聚民心为己任，按照群众急需解决、财力能够承受、年内基本完成的原则，为民办实事11件。

一、开工建设安置房，开工建设31.4万平方米，竣工13万平方米。

二、基本完成“校安工程”，兴建、加固、改造校舍1.7万平方米。

三、开工建设丹徒青少年宫。

四、有线电视基本实现户户通，完成丹徒新城及有条件的集镇区域有线电视数字化整转任务。

五、开工建设驸马农贸市场，年底完成主体封顶。

六、建成并启用丹徒区社会福利中心和残疾人康复中心。

七、完成中心河“两桥一闸”配套建筑物工程，年底两桥完工，涵闸施工中。完成高桥、上党、世业、江心水利泵站改造工程和西湾、马迹两座水库除险加固工程。

八、改造危桥16座(其中交通桥梁6座，农桥10座)。

九、新建污水收集管网，各镇完成17.3公里，新城完成23公里。

十、实施镇荣公路10公里拓宽改造工程，完成前期调查、道路设计、项目预审等工作；完成谷阳大道东延等23公里城市道路建设工程，谷阳大道东延建成通车，其余道路建成；完成338省道丹徒段拓宽改造工程，年底全线通车。

十一、建设新城110千伏城西变电站，主体工程封顶，进入设备安装阶段。　　　（区政府办）

丹徒区开展“文明城市创建”活动

2011年，丹徒区突出文明城市创建这一重点，创新举措，扎实推进，取得明显成效。经过全区上下共同努力，在文明城市创建国家级和省级测评中所有被测点均未扣分，得到市创建办和区委、区政府肯定，受到广大群众认可。

公共环境得到较大改善，集中开展“环境整治”、“亮化美化”和“设施完好”为主要内容的三大整治工程，对城区的道路、路灯、窨井盖等市政设施进行修复和完善，对城区的主次干道、广场、经营门店、建筑工地、背街小巷等面上的环境卫生进行集中清理和规范，同时实行全天候巡查保洁和店面门前三包制度；对各镇(园区)的集镇街道、农贸市场、学校、文化站、少年宫、科普场所等重点部位的环境进行美化，为群众营造干净、整洁、宜居的生活环境。开展“我的家园我清洁”活动。联合小区物业组织近1000人次进行共同清洁小区、维护小区绿化和公共设施的活动，并帮助小区恢复绿化1.2万平方米，修复垃圾池(房)、窨沟盖、花坛等小型设施410个。

交通环境得到较大改善，新城主次干道共新划、出新交通标线4400米，维修设置信号灯、标志牌等交通标识25处；开展交通秩序专项整治，使新城交通秩序有了明显提升。

社会文化环境得到较大改善，校园周边环境得到有效治理，坚决取缔学校周边的经营性娱乐场所，以及从事非法经营活动的游商和无证照摊点；加大对文化市场清理整顿力度，严格实行网吧实名登记制度，严查各类不健康的书籍和音像制品，规范网吧管理秩序；图书馆、文化馆免费向未成年人开放；25所乡村学校少年宫全面建成，各类台账资料完善；进一步改善学校网络教室、心理咨询室等硬件，并定期向学生免费开放。

舆论环境得到较大改善全区各地利用大型广告牌、悬挂横幅、张贴文明城市创建宣传画等形式加强宣传，城区树立大型公益广告牌16幅；更新小区宣传栏30块；各结对部门走进小区、上门宣传，共走访小区居民2500余户，发放调查问卷、倡议书6000份，召开居民座谈会36余场次；区广播电视台增设“文明城市创建”专栏，编发稿件120余篇，区创建办编印《文明城市创建简报》39期，采用信息360余篇，及时反映创建动态。印制宣传折页5000份、宣传画2000套，分发到社区、单位，广为张贴宣传。

（区委组织部）

丹徒区开展中国共产党成立90周年系列庆祝活动

2011年，是中国共产党成立90周年。按照上级要求，把开展系列庆祝活动作为社会宣传工作的一项重点内容，提前着手，提前谋划，主动了解，先后到区文广体局、机关工委、总工会、工商、人社等相关部门了解情况，结合区情实际，制定《全区庆祝建党90周年系列活动方案》。及时督促指导全区各地、各部门面上庆祝活动的开展，掌握进度，协调密度，形成有重点时段、重点活动、全民共享的格局。

一、“党的温暖到我心”文化惠民活动

在10个镇（园区）开展“文化惠民乡村行”巡回演出活动，宣传党的历史、党的知识，宣传区委、区政府近年来经济社会建设取得成就，和全区干群高扬“加速同城化、同步现代化”主旋律，奋力实现跨越发展的精神状态，采用专业队伍与农村业余团体相结合的方式，达到送文化下乡惠及百姓和培养选拔人才、锻炼队伍的目的，把党的温暖带给群众，取得良好社会效果。在开展文艺巡演的基础上，精选优秀节目组成“欢乐镇江”文艺巡演丹徒专场，在大市口广场演出，向全市人民展示丹徒蓬勃发展的群众文化。举办首届田歌大赛，12支代表队参加比赛，其中队员年龄最大的70多岁，最小的4岁，比赛从预赛到决赛，全区有37支群众文艺队、338名群众演员义务演出56场，展示丹徒田歌的独特魅力，“江苏省文明网”和市、区两级媒体进行宣传报道。

2011年7月1日，丹徒区举办“颂歌献给党”歌咏大会。

二、“红心向党放歌镇江”万人演唱会

组织12个部门、单位600人的丹徒区方阵参加镇江市万人红歌会，人员、练习、服装、道具、车辆等各项组织工作井然有序，制作LED宣传牌8块，丹徒方阵在红歌会现场打出“生态丹徒幸福丹徒”、“融入主城崛起苏南”口号，成为活动现场一大亮点。

三、“颂歌献给党”歌咏大会、唱红歌活动、书画摄影展及党史知识竞赛等庆祝活动

主动做好组织牵头工作，在区委办、组织部、文广体局、机关工委、教育局等部门配合下，活动形式新颖，覆盖面大，影响面广，社会成效明显。组织“唱支歌儿给党听”全区小学生歌咏比赛，选出2个合唱队参加市级复赛，并获得奖项。按照省、市要求，组织乡镇、机关部门人员到南京参观《今日江苏——庆祝中国共产党成立90周年大型摄影展》。

（区委宣传部）

大事记

责任编校：刘　芳

1月

4～5日　省级技术评估组对丹徒区创建国家生态区进行技术评估。区领导丁憬、陈琳等参加评估活动。省级技术评估组通过听取汇报、观看资料片、察看台账资料、实地走访等形式，全面了解区创建国家生态区方面的工作和成效。专家组认为，丹徒区高度重视生态区建设，牢固树立“环境立区、生态兴区”和环保优先的理念，将创建国家生态区作为转变经济发展方式、增强综合竞争力、改善民生、促进经济社会环境全面协调可持续发展的重要载体，有力促进生态文明建设，在探索科学发展的道路上取得显著成效，在创建国家生态区方面取得很大进展。

10日上午　丹徒区因公殉职民警吴正斌、吕帮亮、詹苏丹、孙兴君、吴江5人遗体告别仪式在市殡仪馆举行，受国务委员、公安部部长孟建柱委托，公安部经济犯罪侦查局上海直属总队副总队长李毅、夏卫宁，江苏省政府党组成员、省公安厅党组书记、厅长孙文德以及许津荣、刘捍东、丁憬、陈琳等市、区领导参加告别仪式并深切慰问殉职民警家属。全市公安系统代表以及社会各界群众前往殡仪馆参加遗体告别仪式。

2011年1月6日下午三时许，区公安民警吴正斌、吕帮亮、詹苏丹、孙兴君、吴江5人在赴高桥镇办案途中，遭遇交通事故，经抢救无效，不幸因公殉职。吴正斌，男，1966年3月生，1985年8月参加公安工作，丹徒公安分局经侦大队副大队长；吕帮亮，男，1953年2月生，1977年4月参加公安工作，丹徒公安分局经侦大队民警；詹苏丹，男，1979年11月生，2001年8月参加公安工作，丹徒公安分局辛丰派出所民警；孙兴君，男，1981年5月生，2004年9月参加公安工作，丹徒公安分局辛丰派出所民警；吴江，男1988年7月生，2010年8月参加公安工作，丹徒公安分局辛丰派出所民警。

10日上午　丹徒区举行冷遹路暨铁路下穿工程竣工通车典礼。区领导丁憬、陈琳、陈可可、张锦荣、毕增立参加通车典礼。冷遹路工程，北起城区丁卯桥路，南接区勤政南路，道路总长7.068公里，按照城市主干道Ⅰ级技术标准设计，工程总投资2.8亿元，是丹徒区自建公路史上单体投资量最大的道路，工程于2008年1月动工，2009年12月完工。冷遹路下穿工程，宽50米，高5米，于2009年12月开工建设，2010年12月中旬顺利完工，2011年通过交工验收。

11日上午　中国人民政治协商会议镇江市丹徒区第八届委员会第四次会议在丹徒新城会议中心召开。区政协第八届委员会主席毕增立，副主席黄河图、殷红林、郭祥明、江灿、冷顺康，区领导丁憬、陈琳、陈可可、张锦荣、许志涛、张国金、尹卫民出席会议。郭祥明主持会议。应到委员143名，实到委员142名，因事、因病请假1名，符合法定人数。区委书记丁憬发表题为“共建现代化，同写新篇章”的讲话。区政协主席毕增立代表区政协第八届委员会常务委员会作工作报告。会议听取区政协八届四次会议关于提案审查情况的报告，通过《中国人民政治协商会议镇江市丹徒区第八届委员会第四次会议决议》、《中国人民政治协商会议镇江市丹徒区第八届委员会第四次会议关于常务委员会工作报告的决议》和《中国人民政治协商会议镇江市丹徒区第八届委员会第四次会议关于提案工作情况报告的决议》。会议选举，增选张国金为区政协第八届委员会副主席，补选蔡怀根为区政协第八届委员会常务委员。

11日晚　丹徒新城市民公园音乐喷泉正式启用。丁憬、陈琳、陈可可、张锦荣、毕增立等区四套班子领导、两会代表委员和市民群众共同参加启用仪式。丹徒新城市民广场音乐喷泉，由镇江精功集团出资捐建，丹徒新城管委会和城投公司组织实施，由专业从事喷泉水景建设的北京建通兴业环境科技有限公司具体施工，总投资600多万元，喷泉共有喷头661个，组成水景变化达100多种，主喷高度可达60米，是一座集音乐喷泉、灯光、音响于一体的综合性大型水景表演体系。

12日上午　丹徒区十四届人民代表大会第四次会议在丹徒新城会议中心召开。会议主席团常务主席丁憬、张锦荣、冷安康、丁国方、戴登庆、王卫方和区领导陈琳、陈可可、毕增立、许志涛、张国金出席会议。区人大常委会主任张锦荣主持会议。应到代表180名，实到代表170名，因事、因病请假10名，符合法定人数。区长陈琳代表区人民政府作工作报告。大会听取区政府关于“十二五”规划纲要起草情况的说明，通过《关于区政府工作报告的决议》《关于丹徒区国民经济和社会发展第十二个五年规划纲要的决议》《关于2010年国民经济、社会发展计划执行情况和2010年计划的决议》《关于2010年财政预算执行情况和2011年财政预算的决议》《关于区人大常委会工作报告的决议》《关于区人民法院工作报告的决议》《关于区人民检察院工作报告的决议》，以举手表决的方式通过《选举办法》。与会代表采用无记名投票的形式进行选举，依法选举许志涛为区十四届人大常委会副主任，选举王珏、吴国良、费海新为区十四届人大常委会委员，选举贺文为区人民政府副区长。

26日上午 丹徒区举行驸马山地热温泉成井出水竣工典礼。省国土厅地环处处长刘震平和区领导丁憬、陈琳、毕增立等参加活动。区委常委、丹徒新城党工委书记、管委会主任凌荣春主持活动。驸马山地热井于2010年5月8日开钻，工程投资600万元，成型深度1881米。通过测试确认井口出水温度42度，每天出水量603立方米，多项有益于人体健康的矿物质元素达到国家医疗热矿泉水质标准，其中锶含量每升12.8毫克，达到国家医疗热矿水的命名矿水浓度，是江苏省温泉水中锶含量最高的地热水。

2月

14日 西藏自治区农村考察团到丹徒区考察学习生态农业生产开发建设情况。区委副书记陈可可陪同考察团先后参观十里长山生态农业示范园、正东生态农业发展中心。

16日 市长刘捍东到丹徒区视察蔬菜基地和水利工程建设情况，市、区领导张庆生、曹当凌、丁憬、陈琳等参加活动，先后到世业镇小麦万亩示范片产区、世业蔬菜科技示范园、宝堰镇蔬菜基地、长山提水站、凌塘水库等实地了解建设情况。

20日 江苏华通动力重工搬迁扩建项目举行奠基仪式，新加坡驻上海总领事馆总领事叶伟杰，市、区领导陈照煌、冯士超、丁憬、陈琳以及新加坡科技工程有限公司总裁佘文民参加仪式。副市长冯士超、区长陈琳在仪式上分别发表讲话。

22日上午 丹徒区驸马山庄国际幼儿园举行捐赠暨开园揭牌仪式。区领导丁憬、陈琳、张锦荣、毕增立、张映桥、叶向东、凌荣春、田志虹以及镇江豪斯嘉房地产开发有限公司总经理潘书法参加活动，区委书记丁憬、区长陈琳为驸马山庄国际幼儿园揭牌。驸马山庄国际幼儿园由镇江豪斯嘉房地产开发有限公司捐建，占地1.1公顷，建筑面积6700多平方米，于2010年初开工建设，2011年建成使用，招收适龄儿童200多名，教职工24名。

22日下午 新兴际华集团董事长刘明忠率队到丹徒区考察。区领导丁憬、张映桥、杨伟民、赵志强陪同，到高桥镇实地了解岸线、交通、区位等方面情况。

26日上午 江苏省镇江农村商业银行股份有限公司举行开业庆典仪式，市、区领导陈照煌、王守和、许能斌、陈琳、张映桥等参加活动。镇江农村商业银行是全市首家农村商业银行，服务区域覆盖京口、润州、丹徒和镇江新区，下辖1个营业部和25个支行，为民营经济、“三农”经济、区域经济和中小企业提供多种服务。

3月

1日下午 市委书记许津荣到丹徒区现场督查推进交通重点工程建设工作，市、区领导陈建设、丁憬、陈琳等参加活动。许津荣先后到338省道拓宽改造工程跨京杭运河特大桥和高铁站，实地查看工程建设工作，听取情况汇报。

3日 由中共中央文献研究室、重庆电视台联合制作的大型文献纪录片《红星照耀中国》摄制组，专程到宝堰镇新四军四县抗敌总会纪念馆拍摄，记录陈毅、王必成等新四军指战员在宝堰的革命足迹。《红星照耀中国》将在中央电视台、重庆电视台等卫视播出，纪念中国共产党成立90周年。

8日下午 江苏省高级人民法院党组成员、审判委员会专职委员刘亚平，镇江市中级人民法院院长茅仲华到丹徒区察看基层法庭建设工作。区领导陈琳、张国金、冷安康、曹扬文参加活动。刘亚平、茅仲华先后到辛丰法庭、宝堰法庭，察看基层法庭基础设施、科技化、法庭文化建设工作，听取区法院关于基层法庭建设工作的汇报。

15日 设在丹徒区行政服务中心的镇江公交总公司IC卡丹徒办理点正式为用户服务。

17日下午 省委常委、副省长黄莉新率队到丹徒区谷阳镇现场参观农民创业培训中心。市、区领导刘捍东、曹当凌、丁憬、陈琳等陪同，黄莉新一行到谷阳镇人力资源和社会保障服务中心，实地了解农业创业培训情况。

17日下午 财政部农业公司、农业部财务司以及省财政厅、省农委有关领导到丹徒区十里长山生态农业示范园调研现代农业建设情况，区委副书记陈可可及项目负责人向调研组介绍该生态农业示范园近几年的建设情况。十里长山生态农业示范园2008年9月开工建设，建有茶园、葡萄园、瓜果蔬菜种植园、社会福利中心等项目。核心区面积333.33公顷，计划总投资3.08亿元，是集高效农业、绿色农业、观光农业、爱心养老和旅游休闲为一体的丘陵山区综合开发示范基地。调研组对生态农业示范园取得实效给予肯定。

18日上午　丹徒区召开党建工作暨“春晖行动2011”动员大会。区领导丁憬、陈琳、陈可可、张锦荣、毕增立等参加会议。区领导许志涛、尹卫民、叶向东、黄河图分别就纪检、组织、宣传和统战工作作专题性发言。会议以责任状的形式，对各镇(园区)明确党风廉政建设责任。

23日下午　市委书记许津荣在到丹徒区视察中国米芾书法公园建设情况。市、区领导李国忠、丁憬、陈琳等陪同。许津荣先后察看米芾书法公园绿化、周边环境整治、公园主体工程建设等方面推进情况。

4月

1日下午　区长陈琳在会议中心会见中国侨商联合会副会长朱立人，就相关投资合作事宜进行交流，副区长杨伟民参加会谈。陈琳介绍丹徒区近年来经济社会以及各项事业发展情况，朱立人表示将进一步细化项目投资的各项事宜，做好规划编制和可行性研究，加强与丹徒的对接工作，力争项目成功。

2日上午　丹徒区举行2011年“慈善一日捐”启动仪式，区领导丁憬、陈可可、张锦荣、毕增立等参加仪式。启动仪式现场共募集慈善资金3.33万余元。

12日上午　水利部农水司副司长顾斌杰在副市长曹当凌陪同下到丹徒区调研农田水利建设工作，区领导陈琳、徐新祥参加活动。区长陈琳介绍全区水利建设情况，顾斌杰听取汇报后给予充分肯定。

13日上午　台塑集团美国JMEagle公司事业部总经理安宝宇、台塑集团美国JMEagle公司中国代表张学礼、泛太(香港)技术有限公司董事长陈辉等客商到丹徒区考察。区委书记丁憬、区长陈琳在会议中心会见台塑集团美国JMEagle公司事业部总经理安宝宇，双方就相关合作事宜进行进一步交流。在区委常委、丹徒新城党工委书记、管委会主任凌荣春，副区长杨伟民陪同下，先后参观新城生态工业园、中国镇江醋文化博物馆、丹徒规划展示馆和丹徒新城城市建设。

13日下午　省农委副主任徐惠中到丹徒区视察现代茶叶产业园区建设情况。市、区领导曹当凌、陈可可等参加活动。徐惠中在十里长山生态农业园听取关于现代茶叶产业园区建设情况的汇报，还参观茶叶制作车间，观看制茶流程和了解茶叶制作工艺及销售情况。

14日下午　丹徒区台湾同胞投资企业协会召开成立大会，区委副书记陈可可，副区长杨伟民出席会议。会上通过协会章程，选举产生协会理事、会长、副会长，并聘请陈可可、杨伟民为名誉会长。

14日下午　市委书记许津荣到丹徒区调研，区委书记丁憬、区长陈琳等陪同，先后视察凌塘水库和龙山村。许津荣听取水库除险加固工程建设情况介绍，对龙山村发展乡村旅游提出希望。

15日　省农业资源开发局副局长张学平率队到丹徒区检查农业综合开发项目进展情况。副区长徐新祥参加活动。张学平先后到世业镇、高资镇、谷阳镇检查农业综合开发项目，听取情况介绍，充分肯定区农业综合开发项目建设情况。

15日下午　丹徒新城与健力宝饮料有限公司签订合作协议，标志该企业健力宝项目落户丹徒新城食品工业园。该项目将在丹徒新城食品工业园新建一个年产24万吨的饮料生产企业，主要生产健力宝运动饮料、第五季碳酸饮料以及食用纯净水等产品。区长陈琳在签约仪式前会见健力宝集团公司副总裁郁苏军一行，双方就相关投资合作事业进行交流，区领导凌荣春、杨伟民参加会见。

18日上午　臻岳光伏700兆瓦高纯度多晶硅片项目举行开工奠基仪式。区领导丁憬、陈琳、陈可可、张映桥、凌荣春、赵志强参加开工仪式。区委常委、丹徒新城党工委书记、管委会主任凌荣春主持仪式，区委常委、常务副区长张映桥致辞。该项目总投资20亿元，引进日本线切割机100台，年生产700兆瓦、8寸高纯度多晶硅片2亿片，预计可实现年销售收入60亿元。项目分三期实施，首期于2011年4月18日开工建设，建设期8个月，力争年底安装调试结束并出产品。

20日　市委副书记张庆生率队到丹徒区调研农村工作，区领导陈琳、陈可可、徐新祥陪同，先后到十里长山生态农业示范园和江心洲，实地了解省级现代农业园区、都市特色农业园等建设推进情况，听取相关情况汇报。

21日　原中共中央政治局常委、国务院副总理李岚清到丹徒区视察中国米芾书法公园。省、市、区领导史和平、许津荣、李国忠、丁憬等陪同。区委书记丁憬简要汇报中国米芾书法公园功能布局以及建筑规划的总体思路，李岚清就公园今后的建设给出指导性意见。

21日、22日　省考核组对丹徒区国家生态区创建进行省级考核。区领导陈琳、陈可可等参加相关考核活动。21日上午，镇江市举行扬中、丹阳、句容、丹徒国家生态市(区)建设省级考核汇报会，市委常委、常务副市长陈照煌出席会议。区长陈琳，区委常委、常务副区长张映桥参加汇报会，陈琳向省考核组全面汇报丹徒区国家生态区创建工作。22日上午，省级考核组对全区国家生态区创建工作进行现场检查验收。

23日 江苏省委副秘书长胥爱贵到丹徒区视察现代茶叶产业园建设情况，区领导陈可可、徐新祥参加活动。胥爱贵在十里长山生态农业示范园实地查看园区建设工作，听取相关情况介绍，对全区现代茶叶产业园建设工作给予充分肯定。

26日上午 市委书记许津荣到丹徒经济开发区调研沿江企业发展情况。市、区领导陈照煌、丁憬、陈琳、陈可可、李幸福等参加调研。许津荣先后到江苏船港物流、中国二重镇江基地、中盐60万吨真空制盐、金海宏业等沿江项目现场，实地察看项目建设，听取相关情况汇报，并对项目建设过程中出现的问题进行现场办公。

27日上午 市慈善总会会长周大平察看丹徒区申华社会福利中心建设情况，区领导陈琳、徐新祥参加活动。周大平在区长陈琳以及申华置业有限公司董事长仇明芳的陪同下，在申华社会福利中心建设现场察看各个功能区域的建设情况，并听取项目情况介绍。

27日上午 江苏钱潮轴承举行二期工程开工奠基仪式。区领导丁憬、陈琳等参加仪式。区委常委、纪委书记许志涛在仪式上致辞。

28日上午 市委书记许津荣率队到丹徒区视察文化产业项目建设推进工作，市、区领导张洪水、丁憬、陈琳等参加活动。许津荣在中国米芾书法公园听取建设情况汇报，实地查看公园绿化、周边环境整治、石刻碑廊和基础工程建设工作，并给予充分肯定。

29日上午 丹徒区召开庆祝五一暨劳动模范表彰大会。区领导丁憬、陈琳、张锦荣、毕增立等参加会议。区委书记丁憬发表讲话。区长陈琳主持会议。会议表彰省、市劳动模范，区先进集体和个人。省劳模戴网成、"区工人先锋号"二重集团重装有限责任公司行起班代表、"区十佳文明班组"江苏钱潮轴承有限公司磨加工连线组代表先后发言。

5月

6日 经镇江军分区和丹徒区政府批准，丹徒新城人民武装部正式成立。区委常委、新城党工委书记、管委会主任凌荣春出席成立仪式并揭牌。

7～29日上午 丹徒区举办第六届运动会。区委书记丁憬、区长陈琳、镇江市体育局局长徐萍以及陈可可、张锦荣、毕增立等区四套班子领导参加开幕式。该届运动会按职工部、农村部、老年人部及学生部，分别设置了拔河、篮球、乒乓球、羽毛球、象棋、围棋、田径等6个项目，其中大项15个、小项30个，参赛代表队35支，运动员近2000人。区教育局、区文广体局、区地税局分别获职工部团体总分前三名，高资镇、辛丰镇、谷阳镇分别获农村部团体总分前三名。

24日下午 市政协主席郭礼荣、副主席宋敬伟率领市文明办、市档案局、民政局等部门，到丹徒区督查指导全国文明城市创建工作。区委书记丁憬在汇报会上介绍全区创建全国文明城市工作情况。郭礼荣对丹徒区创建工作给予充分肯定，并提出明确要求。会后，在丁憬、陈琳等区领导陪同下，郭礼荣到区档案馆、图书馆、文化馆和丹徒新城万潮小区实地督查。

25日上午 丹徒区0～3岁早期教育中心在驸马国际幼儿园成立，并举行揭牌仪式上，集中为全区14所幼儿园早期教育指导站授牌。

26日上午 智谷商业中心项目举行开工典礼，区领导丁憬、陈琳、陈可可、张锦荣、毕增立等出席典礼。区长陈琳在开工典礼上致辞。智谷商业中心项目地处丹徒新城与南徐新城的交汇处，建成后将是集温泉度假、商业街区、高档酒店、商务公寓为一体的现代化商业综合体。

26日下午 市委书记许津荣率队到丹徒区调研党代会相关筹备工作。市、区领导李国忠、丁憬、陈琳、陈可可、张锦荣、毕增立等参加活动。许津荣先后听取区委书记丁憬、区长陈琳相关情况汇报后，对丹徒区党代会筹备工作以及近年来在经济社会发展中所做的工作给予充分肯定。

28日 镇江市总工会举办的庆祝建党90周年"红歌嘹亮颂党恩"职工演唱比赛在丹徒新城举行，市、区领导陈苏、丁憬、叶向东出席活动。丹徒、京口、润州、镇江新区13支代表队参加比赛，其中丹徒新城管委会、谷阳镇、恒顺集团、丹徒豪斯嘉地产的代表队分别演唱《爱我中华》、《歌唱祖国》、《我和我的祖国》等经典红歌曲目。

6月

2日上午 丹徒区志愿者协会成立。

7日下午 支显宗基金会主席支朱和媛女士到丹徒区参观，区政协主席毕增立等陪同。支朱和媛参观上党支显宗中学，询问学校教育教学和教师专业化发展培训等工作，并慰问贫困学生。

8日上午　市长刘捍东率队到丹徒区督查指导文明城市创建工作，市、区领导陈杰、陈琳、陈可可等参加活动。刘捍东到上党镇文化站察看图书、舞蹈、培训等多个活动室，听取文化站文化共享工程建设情况介绍。到上党镇支显宗中学内的乡村学校少年宫，听取少年宫活动开展情况介绍，实地察看相关功能室建设情况以及学生们的剪纸、小发明等作品。

13日下午　省农委主任吴沛良到丹徒区视察农业技术推广工作。吴沛良先后到上党农业技术推广综合服务中心、十里长山生态农业示范园，实地了解全区农业技术推广以及农业园区建设情况，对丹徒区农业技术推广工作表示肯定。

25日上午　区长陈琳会见到丹徒参观考察的浙江三农集团董事长孙光明，双方就农产品物流市场相关投资合作事宜进行交流。区领导陈可可、徐新祥参加活动。陈琳介绍近年来全区经济社会及各项事业的发展情况。孙光明表示尽快做好投资落户前的各项准备工作，加快项目落户步伐。

26日上午　国土资源部部长、党组书记、国家土地总督察徐绍史到丹徒区视察基层国土所建设工作。在副省长徐鸣，市、区领导许津荣、刘捍东、陈杰、丁憬、陈琳等陪同下，徐绍史到谷阳国土所实地察看土地登记、执法监察、建设用地监管等流程办理情况，听取基础设施建设、制度建设、执法监察以及土地综合整治项目等方面的情况汇报，对谷阳国土所各项工作给予肯定。

26日　中国共产党镇江市丹徒区第十二次代表大会在丹徒新城会议中心召开。丁憬、陈琳、陈可可、张锦荣、毕增立、许志涛、张国俞、李幸福、张映桥、韩宏亮、叶向东、凌荣春、赵志功、胡锡忠等区委领导出席会议。陈琳主持会议。丁憬代表中国共产党镇江市丹徒区第十一届委员会作题为《加速融入主城区　率先实现现代化》工作报告。许志涛代表中共丹徒区第十一届纪律检查委员会作题为《坚持惩防并举　更加注重预防努力开创全区党风廉政建设和反腐败工作新局面》的工作报告。28日下午，中国共产党丹徒区第十二次代表大会举行第二次会议，通过《中国共产党丹徒区第十二次代表大会选举办法》，选举产生中共丹徒区第十二届委员会委员25名和中共丹徒区第十二届纪律检查委员会委员15名。29日上午，中共镇江市丹徒区第十二届委员会召开第一次全体会议，选举产生区第十二届委员会常委、书记、副书记。丁憬当选为书记，陈琳、陈可可当选为副书记。29日上午，中国共产党丹徒区第十二次代表大会举行第三次全体会议，选举产生中国共产党丹徒区第十二届委员会候补委员5名和出席镇江市第六次党代会代表40名，通过《中国共产党镇江市丹徒区第十二次代表大会关于区第十一届委员会工作报告的决议》《中国共产党镇江市丹徒区第十二次代表大会关于区第十一届纪律检查委员会工作报告的决议》选举李幸福为区纪委书记，姚遇平、马成龙为副书记。29日上午，会议在丹徒新城会议中心闭幕。

28日　新华书店丹徒店正式营业。

7月

1日下午　丹徒区举行庆祝中国共产党成立90周年表彰暨歌咏大会。丁憬、陈琳、张锦荣、毕增立等区四套班子领导参加会议。区委书记丁憬发表重要讲话，区长陈琳主持大会。会议表彰全区近年来涌现出的先进基层党组织、优秀党员和优秀党务工作者。

4日上午　以浙江省海盐县常务副县长盛勇军为团长的海盐县党政考察团一行16人到丹徒区考察小城镇建设。考察团认为丹徒区城乡一体化、小城镇建设、农村集中居住区的规划建设方面值得交流和借鉴。

6日下午　区长陈琳在丹徒新城管委会会见到丹徒投资考察的联盛集团执行董事吴跃辉，双方就相关投资合作事宜进行交流，区委常委、丹徒新城党工委书记、管委会主任凌荣春参加活动。

9日上午　中组部人才局局长徐家新到丹徒区江苏申模数字化制造技术有限公司考核科技创新、人才培养使用情况。市委常委、组织部部长魏红军，区委书记丁憬、区长陈琳、区委副书记陈可可等陪同考察。徐家新对该公司自主研制开发科技含量高的产品以及积极引进、培养和使用科技人才给予肯定。

28日上午　中国·镇江首届采摘节在十里长山生态农业示范园举行启动仪式。区领导陈可可、徐新祥以及市农委有关负责人参加活动。十里长山生态农业示范园经过两年多建设，总投资1亿元的高效农业和设施农业建设任务全面结束，园区内13.3多公顷、10多个品种的葡萄正式对市民开放采摘。

8月

1日上午　谷阳村社区商会成立，这是丹徒区第一家社区商会。区政协副主席、工商联主席郭祥明为商会授牌。

4日上午　区委书记丁憬、区长陈琳会见上海农工商房地产有限公司总裁张智刚一行，双方就相关投资合作事宜进行交谈。区领导凌荣春、殷利民、赵志强参加活动。张智刚介绍公司在丹徒区的项目建设推进情况。

12 日下午 区长陈琳会见中国福马集团董事长、总经理刘群，双方就中国福马集团人造板机械产品升级及产业化项目的相关推进工作进行交流。市国资委主任尤廉，区委常委、丹徒新城党工委书记、管委会主任凌荣春参加活动。

24 日下午 丹徒区召开高资街道、宜城街道成立大会。区领导丁憬、陈琳、陈可可、毕增立等参加会议。区长陈琳为高资街道办事处、宜城街道办事处揭牌。区委副书记陈可可主持会议。新成立的宜城街道和高资街道作表态发言。

30 日上午 丹徒高新技术产业园半导体集成电路产学研基地项目正式签约。区领导丁憬、陈琳等参加活动，区长陈琳发表讲话。半导体集成电路产学研基地项目预计总投资 4 亿元，主要从事低功耗无线鼠标、键盘、遥控器、音响控制以及传输芯片的研发、设计、测试和销售工作。

9 月

8 日上午 淮安、连云港、镇江三市全国人大代表到丹徒区视察。市、区领导王守和、徐申峰、冷安康、徐新祥陪同代表们视察正东生态农业发展中心自动化生产线、生产车间以及先进的检测室、实验室等，并给予好评。

8 日下午 市委常委、常务副市长秦景安到丹徒区调研重点项目建设和生态建设工作，先后到二重项目重装码头、宝堰污水处理厂、UMD 模具加工中心、丹徒规划展示馆等地，现场听取丹徒区重点项目建设情况汇报，实地察看生态建设工作开展情况。区委书记丁憬介绍全区重点项目建设和生态建设工作情况。秦景安对丹徒区在重点项目建设和生态建设工作方面作出的努力给予充分肯定。

15 日下午 市委副书记李国忠率队到丹徒区谷阳镇察看农民创业就业培训中心。市、区领导曹当凌、丁憬、陈琳等参加活动。李国忠一行到谷阳镇人力资源和社会保障服务中心，实地了解农民创业就业培训情况，现场听取相关情况汇报，对谷阳镇在农民创业就业方面所做的工作予以肯定。

16 日上午 丹徒区社会福利中心——冠城社会福利院举行捐赠暨启动仪式。省民政厅副厅长凌航，市、区领导曹当凌、丁憬、陈琳、张锦荣、毕增立以及上海冠城集团董事长仇明芳参加活动。区委书记丁憬发表讲话。区长陈琳代表区政府接受上海冠城集团的捐赠。仪式结束后，省民政厅领导及市、区领导参观丹徒社会福利中心。

20 日上午 市长刘捍东到丹徒区森茂生物科技食用菌有限公司调研农业产业发展情况，实地查看食用菌生产工艺流程，在生产车间与企业负责人交流，了解食用菌的生产工艺和市场销售情况，对企业建设和发展给予肯定。

20 日 冷遹研究会在丹徒区成立，第一届理事会成员 30 名。

20 日下午 市委书记许津荣率队到丹徒区调研产业投资情况。先后到二重镇江基地、冠城商业中心、中靖氢能源、冠城社会福利院、新城科技孵化基地、沃得机械等项目建设现场，实地了解丹徒区工业、服务业以及社会事业等方面投资情况，听取区委书记丁憬对丹徒区产业投资情况的汇报。

22 日下午 以省供销合作总社党组书记黄宝荣为组长的省供销合作总社调研组到丹徒区调研。副市长曹当凌、区委书记丁憬陪同。黄宝荣先后到高桥镇和润水产养殖有限公司、世业镇李忠草莓专业合作社，实地察看罗氏沼虾孵化育苗、蟹苗、成蟹养殖情况和草莓、太空蔬菜种植情况，了解种植、养殖发展规模、市场销售、市场前景、经济收益以及带动农户共同种植、养殖等相关情况。

28 日 公交循环线路 131 路在丹徒新城开通。

28 日上午 市长刘捍东率队视察 338 省道丹徒段工程建设推进情况，现场听取工程建设进展情况汇报，实地察看沿线绿化、道路收尾工程的建设情况。

28 日下午 江苏省司法厅副厅长许同禄到丹徒区视察法律援助工作。许同禄到区法律援助中心，实地查看中心建设工作，现场听取援助中心相关情况汇报，对全区近年来法律援助工作取得成绩表示肯定。

29 日上午 镇江市"受人口流动影响的儿童保护"项目在丹徒区启动。区委副书记陈可可参加启动仪式。国务院妇女儿童工作委员会和联合国儿基会确定丹徒区为项目试点，试点工作确定在流动儿童较为集中的谷阳镇和高桥镇进行。

30 日上午 宜城街道办事处举行挂牌仪式。区委常委、副区长张映桥出席仪式并发表讲话，区委常委、宜城街道党工委书记凌荣春为宜城街道办事处的成立致辞。

10 月

2～5 日 长江草莓音乐节在丹徒[illegible]举行，吸引来自全国各地超过 15 万名观众，101 组海内外演出艺人及 16 位草莓生活馆讲座嘉宾参加音乐节。

9日 市人大常委会党组书记、常务副主任张甫雄到丹徒区视察国家模具CAD工程研究中心丹徒中心、国家数字化技术制造中心丹徒中心建设情况。区领导丁憬、张锦荣、凌荣春参加活动。张甫雄在国家模具CAD工程研究中心丹徒中心听取发展建设情况介绍,详细了解中心投资以及产品研发、科研团队等方面情况,并实地查看整个生产流程,对国家模具CAD工程研究中心丹徒中心建设和发展给予肯定。

9日上午 区委、区政府在辛丰黄墟老街举行“纪念辛亥百年缅怀冷遹先生”暨冷遹纪念馆开馆仪式。中国民主建国会中央委员会秘书长张皎,省人大常委会副主任、省民建主委赵龙,中石化集团资产管理公司总经理、冷遹嫡孙冷泰民,市、区领导张甫雄、王萍、宋余庆、宦祥宝、丁憬、陈琳以及老领导黄选能等参加活动,区政协主席毕增立主持仪式。

13日上午 市委书记许津荣率队到丹徒区视察省级茶业产业园区建设工作。市、区领导李国忠、魏红军、曹当凌、丁憬、陈琳等参加活动。许津荣先后到十里长山生态农业示范园、上党镇万亩茶园建设现场,实地了解丹徒在推进省级茶业产园区建设方面的工作,并听取相关情况汇报。

14日上午 丹徒区举行纪念第31个世界粮食日暨2011年“爱惜粮食、节约粮食”主题宣传系列活动启动仪式。省粮食局副局长朱新华,市、区领导曹当凌、丁憬、陈琳以及市粮食局局长韩迎农等参加仪式。仪式现场,省、市、区领导为全区种粮大户代表赠送“丰产储粮仓”,并在活动宣传横幅上签名留念。

18日下午 江苏省发改委主任毛伟明一行到丹徒经济开发区视察二重镇江基地项目建设工作,在二重镇江基地重装码头听取二重镇江基地工程建设总体汇报,详细了解二重镇江基地的总体规划、建设进展及产品定位等情况,还到生产厂房详细察看企业生产和运行情况,对二重镇江基地项目的建设工作给予肯定。

21日上午 丹徒区与南京邮电大学举行产学研合作对接会,区领导陈可可、杨伟民、周国富与南京邮电大学副校长叶美兰出席活动。会上,区委副书记陈可可发表讲话,丹徒高新技术产业园与南京邮电大学签订战略合作框架协议书。会前,南京邮电大学专家团在副区长杨伟民陪同下参观考察江苏申模公司、恒顺醋文化博物馆、江苏捷诚车载公司等地。

11月

1日上午 上党镇行政复议案件受案点正式揭牌成立,是全市第一个行政复议案件受案点。上党镇行政复议受案点将有效开展普法宣传教育,化解行政争议,为人民群众反映自身诉求提供便捷通道。

2日上午 原财政部副部长张佑才到丹徒区参观考察中国米芾书法公园建设工作。区长陈琳介绍公园规划设计、建设理念等方面情况。参观考察中,张佑才对中国米芾书法公园建设工作提出建议和希望。

2日下午 市委常委、常务副市长秦景安率队参观丹徒区十里长山生态农业示范园项目建设,听取园区规划、建设等情况介绍。

4日上午 中国镇江丹徒·芬兰VTT国家技术研究院合作暨智谷地产·VTT“低碳节能”实验楼落户丹徒签约仪式在丹徒区举行。芬兰驻沪总领事馆副总领事海沛彦以及市、区领导陈建设、陈琳等出席仪式。区长陈琳在签约仪式上致辞,智谷地产董事长赵慧中作项目介绍,芬兰VTT技术研究院客户总监基瑞·涅米宁发表讲话。

6日上午 由福建晋工集团投资的镇江丹徒装载机和挖掘机制造基地项目举行开工奠基仪式。全国工商联副主席庄聪生,全国工程机械协会秘书长苏子孟、省工商联副主席何昌林,市、区领导冯士超、孙治安、陈琳、陈可可、毕增立以及晋工集团董事长柯子江、总经理柯金鼎等参加活动。区长陈琳在仪式上致辞,全国工商联副主席庄聪生、全国工程机械协会秘书长苏子孟以及晋工集团总经理柯金鼎分别发表讲话。

6日下午 丹徒区举行中国·丹徒投资环境推介会,全国工程机械协会秘书长苏子孟,200多名福建客商参加会议。区长陈琳发表讲话,区委常委、常务副区长张映桥主持推介会,副区长赵志强推介产业和项目,晋工集团总经理柯金鼎作为客商代表发言。

6日下午 江西省吉安市党政代表团到丹徒区参观考察二重项目建设情况,听取二重镇江基地工程建设总体介绍,详细了解二重镇江基地的总体规划、建设进展及产品定位等情况。还到二重镇江基地的生产厂房,了解企业的生产和运行情况。

11日上午 江苏沙钢集团董事长沈文荣参观考察丹徒经济开发区。沈文荣到丹徒经济开发区,实地察看长江岸线和码头,了解丹徒经济开发区发展以及基本情况。区委书记丁憬、区长陈琳分别介绍丹徒经济开发区的区位优势、产业概况等基本情况。

14日上午 省妇联副主席缪志红、省妇儿工委办主任陈秀云到丹徒区调研妇女儿童工作。缪志红带头地察看荣炳盐资源区妇女儿童活动中心,并为“苏嫂”家庭服务中心揭牌。

17日下午 市委书记许津荣到丹徒经济开发区视察二重镇江基地项目建设工作，区委书记丁憬、区长陈琳陪同。许津荣在二重镇江基地重装码头察看项目建设推进情况，了解项目建设的困难和需要解决的问题，对二重镇江基地建设工作有序推进给予肯定。

29日上午 区长陈琳会见到访的日本三菱商事株式会社中国副总代表山口力先生，双方就相关投资合作事宜进行交流，区委副书记陈可可参加会见。会谈中，陈琳对日本三菱商事株式会社追加在丹徒经济开发区投资项目表示肯定，山口力对丹徒区长期以来给予企业的关心和支持表示感谢，并表示加快新项目投资落户的前期准备工作，力争项目早日落户丹徒。

29日上午 区长陈琳会见江苏中联绿能镁业科技有限公司董事长高国侦，双方就相关投资合作事宜进行交流。陈琳对项目成功落户表示祝贺，并介绍丹徒的区位优势、良好的投资环境以及广阔的发展空间。

12月

1日上午 镇江龙山五星级区域养老中心项目正式落户丹徒区辛丰龙山。项目由镇江龙翔投资发展有限公司投资，是集养老、商业、旅游酒店、培训、门诊护理等为一体的综合社区，总投资18.8亿元，用地面积45公顷，分三期完成，其中，一期项目投资3亿元，用地7.27公顷，计划于2012年开工。

2日上午 区长陈琳会见到丹徒区投资考察的联盛集团董事长吴水缠，双方就相关投资合作事宜进行交流，会见中，陈琳介绍丹徒区基本情况。吴水缠表示联盛集团把丹徒作为投资合作的重点地区，将加快市场调查研究，加强项目落户前的洽谈和沟通，促使项目早日落户丹徒。

5日上午 镇江宝龙城市广场项目举行奠基仪式。市、区领导秦景安、丁憬、陈琳、陈可可、张锦荣、毕增立以及宝龙集团董事局主席、总裁许健康等参加活动。副市长、丹徒区委书记丁憬发表讲话。

6日上午 丹徒区体育活动中心各场馆正式对外开放。区体育活动中心拥有室内篮球场、羽毛球场、乒乓球场、游泳馆、跆拳道馆、健身馆、国民体质检测室等多个活动场馆，具备开展全民健身、体育培训、承接文艺汇演、市民日常锻炼活动等功能。

9日上午 丹徒区召开区、镇人大换届选举工作会议。区委副书记、区长陈琳对进一步做好区、镇人大换届选举工作提出要求。区委副书记、组织部部长陈可可，区人大常委会主任张锦荣，区委常委、宣传部部长叶向东分别就做好换届选举的全面工作、组织工作及宣传工作作部署。

11日 故宫博物院院长郑欣淼到丹徒区考察，市、区领导李国忠、陈琳、陈可可、毕增立等参加活动。郑欣淼先后到恒顺醋文化博物馆、中国米芾书法公园等地参观考察。在考察交流会上，市委副书记、市委秘书长李国忠发表讲话，郑欣淼听取中国米芾书法公园建设工作情况介绍，对中国米芾书法公园建设工作给予肯定。

12日上午 丹徒区宜城街道中心社区暨驸马山居委会正式挂牌成立。

13日上午 省旅游局局长朱民阳率队视察世业洲旅游度假区。朱民阳先后到大桥公园、茅以升纪念馆、开心农场、长江迷笛音乐广场等地察看，对世业洲旅游度假区在旅游资源开发上取得成绩给予肯定。

15日上午 世业镇至镇江公交线路K216路正式开通。

25日上午 镇江市区至辛丰集镇K203路、镇江市区至黄墟集镇K206路城乡公交车正式开通。

28日下午 由新疆生产建设兵团农四师党委副书记、师长李立平率队的农四师党政代表团到丹徒区参观考察。镇江市副市长、农四师党委常委、副师长丁憬，区领导陈琳、陈可可等陪同考察。代表团先后到米芾书法公园、恒顺50万吨香醋、沃得重工、中靖新能源项目等地，实地察看全区文化产业建设、大项目建设以及产业结构调整等方面所作工作，听取全区经济社会发展情况介绍。

郭振邦篆刻

丹徒概貌

责任编校：刘　芳

地情概要

【区位、面积】 丹徒区位于江苏省西南部镇江市境内。沪宁高速公路横贯区境东西，扬溧高速公路纵穿区境南北。东邻镇江市大港新区，西接句容，南连丹阳、金坛，境北长江中有3座洲岛，分别与扬州市仪征区和邗江区隔江相望。整个区域呈火炬状，环绕镇江市京口区、润州区。西距省会南京60公里，东距上海200余公里。地理坐标为北纬31°49′～32°16′、东经119°15′～119°45′。2011年，全境总面积617.08平方公里，其中耕地面积2.43万公顷，水面75.5平方公里。

【地貌特征】 丹徒区处宁镇山脉东段，全境西南高、东北低，南有茅山余脉、中属宁镇丘陵，北部为沿江圩区，长江中有洲地，地貌大致可分为低山、丘岗、丘间谷地和冲积圩区四大类型。境内地面高程最低为黄海2.5米，最高为长山主峰，海拔349.7米。

【建置沿革】 丹徒历史悠久，最早称“宜”，是3000多年前周康王封给虞侯的领地。春秋时属吴国，吴亡属越，越亡属楚，更名谷阳。秦始皇三十七年(前210年)置县，改名为丹徒。三国吴嘉禾三年(234年)改名武进。西晋太康三年(282年)复名丹徒。隋开皇九年(589年)废丹徒入延陵。唐高祖武德三年(620年)复置丹徒县。后历朝均置丹徒县。民国17年(1928年)7月，改名镇江县。1949年解放时，复置丹徒县。1958年3月，丹徒撤县并入镇江市。1962年3月市县分置，恢复置丹徒县。新中国成立后，丹徒隶属镇江地区(专区)。1983年实行市管县后，丹徒县属镇江市。中共丹徒县委、丹徒县人民政府均驻镇江市城区。1995年丹徒规划建设新城。2002年4月，丹徒撤县建区。2002年9月，中共丹徒区委、区政府迁入位于谷阳镇的丹徒新城行政中心。

【行政区划　人口】 至2011年底，丹徒区辖6个镇、2个园区和1个街道，计88个村民委员会、5个社区居委会和13个集镇居民委员会，共1884个村民小组。另设有江苏省丹徒经济开发区、农林场圃7个。全区总户数102980户，总人口286686人，其中男140980人、女145706人。年末，全区出生人口2189人，出生率7.67‰，死亡人口1780人，死亡率6.24‰。人口自然增长率1.43‰。

【民族】 丹徒境内民族以汉族为主，少数民族有回族、蒙古族、满族、高山族、布依族、彝族、苗族、羌族、朝鲜族等21个民族，253户、394人。世业镇卫星村为回族聚居地，建有民族村民小组1个。

【自然资源】 土地资源。丹徒区土地总面积430.35平方公里，其中耕地面积占45.2%，林地、园地面积占30.8%，水域面积占24%。丹徒属宁镇丘陵和沿江平原地带低山区，丘陵区以马肝土、黄土为主，平原地带大多为黄泥土和马肝土，沿江圩区则分布为黄沙土、漏沙土和夹沙土。全区土地土层厚，土质肥沃，适宜多种农作物栽植生长。

水资源：丹徒境内河流纵横，水源丰富。长江沿北境流过，境内长68.8公里，流域内有大小河道26条，总长84公里；京杭大运河穿境而过，境内长11.8公里，流域内有支流10条，总长33.8公里。另有通济河、中心河、高资河等主骨干河道3条，总长44.5公里。建有中小型水库34座、集水面积91.1平方公里，总库容4727.14万立方米，灌溉农田4200公顷；建有塘坝2.88万个，蓄水量5129.2万立方米，正常年景可灌溉农田9733.3公顷；境内有大、小湖泊10余座，水面约418.3公顷。全区水源总量约为6.9亿立方米。

生物资源：丹徒境内树木有松、柏、桑、樟、楸、柳、榆、栎、橹、冬青、香椿、椈栎、棕榈、杨骨、乌桕、枫杨等110余个品种。20世纪90年代初被林业部评定为全国宜林荒山和平原绿化双达标县。野生药材有丹桂、桂梗、夏枯草、丹参、益草等700余种。野生动物陆地主要有野兔、水獭、野鸡等，江河湖塘盛产青、草、鲢、鳙、鳊、鲫、鲤等鱼类和虾、蟹、鳖等水产品近百种。特别是境内长江还产刀鱼、鲥鱼、河豚等珍贵鱼类和中华鲟、白鳍豚等珍稀物种。

矿产资源：丹徒境内矿产以非金属和建材矿产占优势，已发现的有石灰石、大理石、花岗石、方解石、沸石、钾长石、珍珠岩、膨润土、耐火粘土，金、铜、铁、磷宕盐等矿产20多种，探明储量3.716亿吨，其中石灰石2.116亿吨、白云石1.032亿吨、煤2543万吨、铁1710万吨、膨润土220万吨，盐矿11亿多吨。主要分布在谷山、巢凰山、十里长山、马迹山及上党、高资、荣炳等地区。全区现有矿山企业60多个，年产各类矿石700余万吨。

【气候】 2011年，丹徒区气温偏高，降水正常略偏少，日照正常略偏少。

气温。全年（1～12月，下同）平均气温为15.9℃，比常年平均气温偏高0.3℃，属偏高年份。冬季（2010年12月～2011年2月，下同）平均气温3.8℃，比常年同期偏低0.2℃。其中，2010年12月平均气温比常年同期高1.2℃，1月平均气温比常年同期低2.7℃，2月平均气温比常年同期高0.8℃。春季（3～5月，下同）平均气温15.8℃，比常年同期偏高1.2℃。其中，3、4月平均气温分别比常年同期高0.7℃、1.4℃，5月平均气温比常年同期高1.5℃。夏季（6～8月，下同）平均气温26.2℃，比常年同期偏低0.2℃。其中，6月平均气温比常年同期高0.1℃，7月、8月平均气温分别比常年同期低0.1℃、0.8℃，秋季（9～11月，下同）平均气温18.5℃，比常年同期高1.2℃。其中，9月平均气温与常年同期持平，10月平均气温比常年同期高0.1℃，11月平均气温比常年高3.6℃。

降水。全年总降水量1043.1毫米，比常年同期偏少45.2毫米，属正常年份。冬季降水量63.0毫米，比常年同期少55.8毫米。其中，2010年12月比常年同期偏多11.0毫米，2011年1月比常年同期偏少31.5毫米，2月比常年同期偏少35.3毫米。春季降水量115.4毫米，比常年同期偏少128.9毫米。其中，3、4、5月分别比常年同期偏少31.6毫米、49.7毫米、47.6毫米。夏季降水量791.6毫米，比常年同期偏多275.1毫米。其中，6、7、8月分别比常年同期偏多35.1毫米、0.6毫米、330.1毫米。秋季降水量89.6毫米，比常年同期偏少119.1毫米。其中，9、10、11月分别比常年同期偏少70.6毫米、17.9毫米、30.6毫米。

日照。全年日照1994.1小时，比常年同期偏少6.9小时。冬季日照为489.8小时，比常年同期多74.5小时。其中，2010年12月比常年同期偏多46.9小时，2010年1月比常年偏多36.7小时，2月比常年同期偏少9.1小时。春季日照为700.5小时，比常年同期偏多197.1小时。其中，3、4、5月分别比常年同期偏多79.3小时、70.9小时、46.9小时。夏季日照为399.7小时，比常年同期偏少181.6小时。其中，6、7、8月分别比常年同期偏少57.1小时、41.0小时、83.5小时。秋季日照为439.1时，比常年同期少61.9小时。其中，9、10、11月分别比常年同期偏少24.3小时、5.2小时、32.4小时。

梅期。全区6月14日入梅，7月21日出梅，共历时37天。梅雨量338.0毫米，比历年平均值偏多88.0毫米。

国民经济和社会发展

【综合实力】 2011年，完成地区生产总值223.04亿元，比上年增长12%。财政总收入46.42亿元，地方一般预算收入14.81亿元，分别比上年增长54.4%和34.4%；社会消费品零售总额38.14亿元，增长17%。完成工业性投入95.01亿元，比上年增长18.7%，其中新兴产业投资50.02亿元，比上年增长105.4%。

【农业】 2011年，丹徒区实现农业总产值21.73亿元，纯收益9.48亿元，分别增长20.2%和28.8%。完成农业增加值13.64亿元，比上年增长4.5%。2011年，全区连续第八年粮食增收，全年粮食总产19.34万吨，比上年增长3.1%。其中水稻11.88万吨，小麦5.64万吨，油料7240吨。生猪饲养量12.82万头，出栏生猪8.34万头；以青虾、螃蟹以及特种淡水鱼为主的现代渔业养殖基地正在形成。实施优质农业项目15个，新认定省级现代农业产业园1个，市级现代农业产业园4个。有22个千万元以上重点农业项目在建；组织实施农技推广应用类项目14类59个，总投资2.29亿元。新增高效农业面积4333.3公顷，其中新增设施农业面积2666.7公顷；新增农业适度规模经营面积3466.7公顷；新增流转土地面积1980公顷。完成“三资”投入农业11.35亿元，实际利用外资1400万美元。林木覆盖率25.96%。秸秆综合利用率95%以上；配方肥面积70%以上，农作物病虫综合防治率98%以上。清淤整治河道12条、土方85万立方米。

【工业】 2011年，全区实现工业总产值746.25亿元，其中定报工业完成产值644.68亿元，比上年增长30.5%。规模以上企业309家，实现销售收入628.04亿元、增加值156亿元、利税71.07亿元，分别比上年增长32.2%、14.2%、41.7%。完成新兴产业投资50.02亿元，增长105.4%，实现销售170亿元，增长36%。全区新增销售超亿元企业21家，销售超亿元企业和定报企业分别达到107家和309家。装备制造业增势强劲，呈现集群化、规模化、高端化发展趋势，销售突破200亿元，占规模以上工业比重32.5%。全年新开工亿元以上项目40个、10亿元以上项目5个，完成投资92亿元。振光智能电网等17个重点项目竣工投产，二重、中靖氢能源等7个投资超10亿元项目加快推进。项目储备资源充足，晋工机械、华通重工、香港联盛等一批优质项目成功落户丹徒。

【服务业】 2011年，全年实现服务业增加值81.4亿元，比上年增长12.3%，占地区生产总值比重上升至37.5%。冠城、宝龙等一批高端商贸业项目相继入驻丹徒新城。完成现代服务业投资45.78亿元，比上年增长36.7%，增速全市第[illegible]。成功举办“长江草莓音乐节”“欢乐农家”等活动，全年实现旅游总收入

20.4亿元，增长40%。江苏银行等分支机构成功落户丹徒，蒙银村镇银行开业运营，国投创投公司及三大基金挂牌成立，新组建小额贷款公司和信用担保公司5家。城市服务业加快兴起，冠城、宝龙等一批高端商贸业项目相继涌入。

【园区建设】 2011年，丹徒开发区生态工业园规划通过评审，重装产业园被认定为省级特色产业基地，国华、宝龙等六大物流项目加快建设，临港物流产业园基本成形。新城生态工业园10万平方米科技孵化器建成交付。高新技术产业园高创中心建成投用，并正式获批为省级科技创业园。

【外资 外经 外贸】 2011年，丹徒区新批外资项目29个，其中增资项目8个，合同利用外资2.21亿美元，比上年下降21.1%；实际利用外资上报数1.36亿美元，比上年下降9%。完成社会消费品零售总额38.14亿元，增长17%。累计完成进出口总额6.08亿美元，其中出口4.87亿美元。全区新增服务外包企业5家，完成服务外包执行额2700万美元，增长473.5%，增幅位列全市第一。

【民营经济】 2011年，丹徒区新增私营企业794家，新发展个体工商户1940户，新发展私营个体注册资本58.05亿元，吸纳民资58.73亿元。新增私营企业794家，完成市年计划113.4%；新增个体工商户1940户，完成市年计划161.70%；新增私营个体注册资本58.05亿元，完成市年计划116.1%。截至2011年末，全区民营企业4599家，个体工商户16013户，注册资本总额218.17亿元。全年开展各类招商活动35场次，签约洽谈民资项目58个，民营总投资达128亿元，新兴产业项目的投资额占整个项目总投资50%以上，丹徒区全民创业民营经济主要经济指标在全市7个辖市(区)综合排名第一。

【交通 城乡建设】 2011年，完成交通固定资产投资7.17亿元。338省道丹徒段改造完成，谷阳大道东延等工程抓紧建设，谷阳、上党公交枢纽站和铭基首末站基本建成，新城公交131路投入运营，开通市区至世业、辛丰、三山城乡公交。110千伏城西变电站完成基础施工，驸马农贸市场改造工程主体封顶，长山综合开发和文化主题公园建设全面推进，中国米芾书法公园长廊等主体工程即将完工。新组建城市社区1个，城区住宅小区基本实现物管全覆盖。完成拆迁总面积25万平方米。开工建设各类保障性住房52.2万平方米，其中安置房50万平方米，竣工交付18万平方米。

【生态建设】 2011年，生态区创建顺利通过省级考核，正式进入国家级考评程序。世业、高桥、谷阳、上党4个镇获环保部表彰；19个村获市级生态村命名，71个村先后创成省、市生态村，生态村创建比例达80.68%；绿色学校创建100%；完成区级环境综合整治示范村12个，区级农村分散式生活污水站9个；经济开发区生态工业园区规划通过评审并获省环保厅正式批复；生态区建设分别通过省级技术评估和省级考核验收，并积极争取上报国家环保部。全年环境监察5800人次，下达限期整改99件，立案查处违法企业12家，下达限期治理2批(涉及企业4家)。完成科鲁迪、李长荣、苏菱三家强制性清洁生产审核。新增绿化面积800公顷，被授予"绿色江苏"建设先进单位。新建污水收集管网52公里，各镇污水处理工程全部投入运营。全年淘汰高能耗设备107台(套)，关闭化工、砖瓦窑企业36家，万元GDP能耗下降3.9%，减排化学需氧量294吨、二氧化硫3680吨、氨氮70.8吨。

【科技教育】 2011年，丹徒区实现高新技术产业产值184亿元，增长78.6%，占规模工业产值比重28.5%，比上年提高7.9个百分点。完成全社会研发投入3.7亿元，占地区生产总值比重1.68%。引进博士创业团队4个、高层次创新创业人才28名。新立市以上科技项目36项，获资助资金3128万元。新认定国家级企业技术中心1家，谷阳环保科创中心创建成国家级科技孵化器。丹徒区有小学、初中29所(其中镇中学11所，镇中心小学11所，定点村完小4所，九年一贯制学校3所)。小学共有班级294个，在校学生11546人，当年招生2306人。初中共有班级185个，在校学生6748人，当年招生2016人。全区学龄儿童入学率100%，巩固率100%；初中生入学率100%，巩固率99.9%；初中毕业生升学率96%。改善办学条件，加固改造校舍1.8万平方米。青少年活动中心开工建设，驸马山庄幼儿园后续建设工程竣工，易地新建的辛丰中心幼儿园交付使用。三山中心幼儿园、驸马山庄幼儿园通过省、市优质幼儿园评估验收。8所学校通过市"无流生学校"验收，6所学校通过市"控制流生先进学校"验收，大港中学通过省四星级高中复审，丹徒高级中学接受三星级高中推进素质教育市级督导评估，丹徒中等专业学校创建国家级机电技术应用实训基地。全区市级以上优质学校比例达56%。丹徒区被评为江苏省第三批义务教育均衡发展先进区。

【文化 广电 体育】 2011年，组织参加各类文艺演出100场；南乡田歌、上党挑花、董永的传说和双推车4个项目被列入省级非物质文化遗产保护名录；江苏恒华传媒新型绿色环保商业印刷基地项目、江苏宜和有线数字电视系统多业务经营项目、中国米芾书法公园获省级文化产业引导资金补助230万元；作品《超越自我》获国际摄影艺术展银奖，童谣《小溪流》入选中央文明办优秀童谣网上展播。冷遹纪念馆建成开馆。成功举办长江草莓音乐节、丹徒区第六届运动会和首届《丹徒田歌》大奖赛。丹徒区体育活动中心各场馆正式对外开放，丹徒区被国家体育总局评为2011年度全民健身活动先进单位；顺利跨入全省省级体育强区行列。新增数字电视2万户，全区有线电视“户户通”目标基本实现。

【医疗卫生】 2011年，全区有医疗卫生机构98个，其中区级医疗卫生机构10个。镇级医疗机构（社区卫生服务中心）10个，其中中心卫生院4个、集镇卫生院6个。全区实有床位601张，卫生人员1108人，其中卫生技术人员1076人。每千人拥有床位2.14张，每千人拥有卫生技术人员3.95人。全区有标准化社区卫生服务站54个，乡村医生240人，用房建筑总面积5700平方米。全区个体诊所20家，人员36人。区、镇医院门急诊108万人次，比上年增加16%；住院病人13118人次，比上年增加8%；实际占用床日共计133317床日，比上年增加9%；业务总收入1.89亿元，比上年增加26%；实现可用资金3158万元，比上年增加24%。

【民生工程】 2011年，为民办实事项目全部落实到位。中心河“两桥一闸”配套工程、辛丰民治沟小流域治理工程和西湾、马迹等水库除险加固工程如期完成，改造水利泵站18座，新建农村二级公路18公里，改建农村危桥37座。世业先锋村、高桥四方桥村率先跨入“三星康居示范村”行列。世业镇成功举办长江草莓音乐节。新增数字电视2万户，全区有线电视“户户通”目标基本实现。区社会福利中心和残疾康复中心建成启用。

【人民生活　社会保障】 2011年，全年城镇居民人均可支配收入26291元，比上年增长15.5%。全年农民人均纯收入11704元，比上年增长17%。全年新增农民“三大合作”组织61个，新增合作组织入社农户1.43万户。新增城乡就业8713人，城镇登记失业率控制在2.29%。城镇职工养老保险与镇江市全面接轨，新农保实现全覆盖，被征地农民进“城保”工作稳步开展。新农合筹资标准进一步提高，全区54万多人次享受合作医疗基金补偿。社会救助制度不断完善，共发放各类保障金2100万元，12000多名低保和困难群众从中受益。脱贫攻坚两消除行动措施有力，结对帮扶贫困户2020户。

民主法制建设

【政法】 2011年，丹徒区“五五”普法顺利通过省、市考核验收，“六五”普法工作全面启动，深入推进“平安丹徒”“法治丹徒”建设，社会治安技防网络体系逐步健全。开展“零上访村（居）”创建活动，开展矛盾纠纷排查2393次，排查矛盾纠纷3210件，化解3147件，成功率达98%，7个镇被评为全市信访“四无乡镇”，70%以上的村达到“零上访村”创建标准。全区刑释解教人员帮教率和安置率分别达到100%和95%。开展法治政府建设，行政权力网上公开透明运行58266件，门户网站和电子政务平台建设全市领先，政府机关无纸化办公全面推开。丹徒区被省委、省政府命名为社会治安安全区，被市委、市政府评为社会治安综合治理先进辖市区。“法治丹徒”建设被市委、市政府评为法治镇江建设工作先进单位。社会治安综合治理考核列全市第三并被评为先进集体，世业镇、上党镇被评为镇江市“社会治安综合治理先进镇”，所有镇、街道和园区被评为镇江市“平安镇（街道、园区）”，谷阳镇、上党镇、世业镇和宝堰镇被评为镇江市“法治建设创建工作先进单位”。

【公安】 2011年，区公安局完成“长江草莓音乐节”等20余场次重大活动的安保和警卫任务。破获大要案4起；打掉盗抢等犯罪团伙57个；破获高速公路服务区盗窃车内物品的团伙犯罪案件，被中央电视台法制频道作为典型战例推广，破获5起侵犯注册商标案件，捣毁制假窝点7处。年内，共立刑事案件1548起，比上年下降2.5%，其中可防性案件下降4.2%，破获刑事案件756起，比上年上升0.6%，破案率48.8%；其中八类案件破案率97.6%，两个破案率均居全市前列；抓获刑事犯罪作案嫌疑人675名，逮捕123名，起诉255名，追赃折合人民币897万元；查处“黄赌毒”等案件2686起。全区在册逃犯58名，追回逃犯56名，清网率96.6%，位列全市第二。抓获外网逃犯24名，其中外省逃犯14名、命案逃犯1名。

【检察】 区检察院受理审查批捕案件120件168人，经审查批准逮捕87件116人，不予批捕24件40人。受理移送审查起诉案件177件245人，经审查提起公诉175件239人。全年查处贪污贿赂案件9件10人，大案率100%。通过办案为国家挽回直接经济损失150万余元。立案查处房产领域渎职犯罪案件2件2人。全年立案监督5件14人，追捕19件22人，纠正侦查监督违法活动12件23人；提前介入侦查机关（部门）侦查的重大、疑难复杂案件8件，逮捕犯罪嫌疑人16人，引导、指导侦查机关（部门）侦查、取证23人次。受理一审申诉案件63件，立案21件，申诉和解28件，息诉11件。提请市检察院抗诉6件，市检察院采纳并向同级法院提出抗诉4件，法院改判8件；建议市检察院提请省检察院抗诉2件（市院已采纳）。向法院发出再审检察建议7件，法院采纳4件。督促起诉200件，挽回经济损失367万余元。办理刑事和解不捕案件14件，为被害人挽回经济损失70余万元。

【审判】 2011年，区法院受理各类案件6774件，办结6804件，比上年分别上升24.5%和22.1%。受理刑事案件197件，比上年下降2.9%，结案197件，结收案比为100%。实行宽严相济的审判原则，从严惩处涉及危害国家和社会安全案件的60件83人，对情节较轻或有悔改行为的宣告缓刑146人，拘役5人，单处罚金18人，免予刑事处罚2人,宣告无罪1人。受理民事案件1749件,审结1699件,调解率51.8%,调撤率75.9%。受理商事案件1341件,结案数1342件,比上年分别上升134.44%和134.2%。审结行政诉讼和审查非诉案件184件,结案率达到100%,其中诉讼案件撤诉率达到54%,上诉率34%,无发回重审和改判案件。

【司法行政】 2011年,区司法局依照《中华人民共和国人民调解法》设立人民调解委员会,有专兼职调解员628名、各类调解组织134个。区级层面直接成功调解77起,劝阻群体性上访3批42人次。加强村(居)调解工作室建设,90%行政村建成规范化庭审式调解庭(室)。全年排查矛盾纠纷2393次,接待群众3757人次,受理并调解各类矛盾纠纷3362件,调解成功3309件,调解成功率98.42%;劝阻群体性上访53批672人次,防止民转刑事件72起。全区现有在矫人员260名,其中缓刑217名、假释25人、剥权15人、监外执行3人,未发生一起因监管不力造成的重新犯罪案件。安置帮教对象重新犯罪率控制在3%以内。首次在驻丹徒部队设立法律援助工作站,区法律援助中心共受理援助案件432件,其中民事案件417件、刑事案件15件。

【督办代表建议60件】 区十四届人大四次会议期间,代表提出建议、批评和意见27件,10人以上联名提出议案转建议办理的33件,计60件。区人大常委会完善督办机制,从交办环节开始进行全过程跟踪督办,专门听取和审议区政府关于区十四届人大四次会议代表建议办理情况的报告,并对政府办理建议的满意度进行票决。代表对建议的答复表示满意和基本满意的60件,占100%,解决和基本解决的10件,正在解决或列入解决计划的48件,受客观条件的制约暂时难以办到,有待今后积极创造条件解决,或与现行政策规定不符,尚不能解决的2件。

【办理委员提案123件】 2011年,以提高提案质量为基础,以加强制度建设为保障,以增强办理实效为目标,提案办理工作实行部署、程序、实施"三统一",相关领导、承办单位、常委委员"三参与",认识、督办、宣传"三到位",形成"党政领导领办、政协组织督办、承办单位力办、媒体跟踪协办"的局面,逐步实现从"重答复"向"重落实"转变。在区政府领导重视和承办单位支持下,办复政协提案123件。其中解决或采纳的73件,占59.35%;列入计划逐步解决的48件,占39.84%;留作参考和说明的1件,占0.81%。重点提案8件,落实5件,列入计划正在解决的3件,委员满意和基本满意率达100%。

精神文明建设

【推进群众性精神文明建设工作】 2011年,丹徒区创建成省级文明行业、文明村镇、文明单位35个,世业镇跨入全国文明镇行列。组织开展"三下乡"活动,各单位部门为农民送去价值10万余元财物。组织开展丹徒区首届"和谐之星"评比活动。加大典型培树力度,成功推选两名江苏省首届美德少年,"微型妈妈——宋正凤"和"巾帼创业之星——许前获镇江市第四届大爱之星。组建丹徒区第一届志愿者理事会。开展"文明志愿者春风行活动",共组织开展植树、清洁、义诊、交通劝导等内容的志愿者集中服务活动10余次,参与人数达3500余人次。做好志愿者网上注册工作,召开全区各镇园区部门单位的志愿者注册管理员培训班,注册志愿者约1.5万人。开展丹徒区首届"和谐之星"评比活动,共收到推荐的候选个人和团体53个。

【文明城市创建成效凸显】 2011年,丹徒区在文明城市创建国家级和省级测评中所有被测点均未扣分。出台《文明城市创建工作长效管理意见》,集中开展"环境整治"、"亮化美化"、"设施完好"为主要内容的三大整治工程。对城区的道路、路灯、窨井盖等市政设施进行修复和完善;对城区的主次干道、广场、经营门店、建筑工地、背街小巷等面上的环境卫生进行集中清理和规范,实行全天候巡查保洁和店面门前三包制度;美化各镇(园区)集镇街道、农贸市场、学校、文化站、少年宫、科普场所等重点部位的环境。全区各地利用大型广告牌、悬挂横幅、张贴文明城市创建宣传画等形式加强宣传。

【未成年人思想道德建设成果突出】 2011年,丹徒区未成年人思想道德建设成果突出。开展"我们的节日"主题活动。在清明、端午、中秋、重阳等传统节日,组织开展"祭奠先烈""了解民俗热爱家乡""话中秋谈感恩"等活动。结合生态区和文明城市创建等工作,开展"文明礼仪进课堂""环保知识进课堂""心理健康进课堂""良好生活习惯进课堂"等活动。高标准完成全区25所"乡村学校少年宫"迎检建设,组织学生参与少年宫各项活动,受到学生欢迎。结合建党90周年系列活动,组织开展"唱支儿歌给党听""新童谣传唱"等活动,丹徒区驸马山庄国际幼儿园和上党中心校童谣传唱视频在中央文明网、中国网络电视网等国家级网络媒体上展播。

组织机构及领导人名录

责任编校：刘　芳

区四套班子

中共丹徒区委员会

书　记　陈　琳(女,2012.2～　)
　　　　丁　憬(　～2011.12)

副书记　张映桥(2012.2～　)
　　　　陈可可(　～2012.2)
常　委　许志涛(　～2011.6)
　　　　张国金(　～2011.6)
　　　　尹卫民(　～2011.6)
　　　　李幸福　韩宏亮
　　　　叶向东　凌荣春
　　　　赵玉华(2011.6～　)
　　　　陶学军(　～2011.5)
　　　　赵志强(2012.2～　)
　　　　杨伟民(2012.2～　)
　　　　赵志功(2011.5～　)
　　　　徐申锋(2011.6～　)

丹徒区人大常委会

主　任　陈　琳(女,2012.3～　)
　　　　张锦荣(　～2012.3)
副主任　许志涛
　　　　冷安康
　　　　丁国方
　　　　戴登庆(　～2012.3)
　　　　王卫方(女)

丹徒区人民政府

区　长　陈　琳(女,　～2012.3)
　　　　张映桥(2012.3～　)
副区长　张映桥(　～2012.3)
　　　　赵志强　殷利民
　　　　陈发荣　田志虹
　　　　曹扬文　贺　文
　　　　周国富(2011.10～　)
　　　　贺丽娟(女,2012.2～　)
　　　　黄子来(2012.3～　)
　　　　陈义龙(2012.4～　)
　　　　徐新祥(　～2012.3)
　　　　杨伟民(　～2012.3)

政协丹徒区委员会

主　席　毕增立(女)
副主席　张国金(2011.1～　)
　　　　黄河图(　～2012.3)
　　　　殷红林(　～2011.9)
　　　　徐新祥(2012.3～　)
　　　　郭祥明
　　　　江　灿
　　　　冷顺康(　～2012.3)
　　　　李晓娟(女,2012.3～　)

区委工作部门及直属单位

区委办公室

主　任　张长庚
副主任　江学军　郑东军
　　　　黄育新　洪云国
　　　　王光国(2011.7～　)
　　　　张武民(2012.2～　)

研究室

副主任　王光国

农村工作领导小组办公室

主　任　江学军
副主任　刘正国

机要局

局　长　何朝阳

保密局

局　长　洪云国(2012.2～　)

大项目建设办公室

主　任　张武民(2012.2～　)
副主任　张　立(2012.2～　)
　　　　徐　松(2012.2～　)

组织部

部　长　陈可可(2011.6～2012.2)
　　　　尹卫民(　～2011.6)
副部长　任金华(2011.7～　)
　　　　缪其国
　　　　黄子来(　～2012.4)
　　　　孙栋文(　～2011.7)
　　　　张芙萍(女,2012.3～　)
组织员办公室
主　任　许南江(2012.2～　)
　　　　李厚金(　～2012.2)

企业党工委

书　记　尹　鹏(2012.2～　)
　　　　孙栋文(　～2011.7)
副书记　高　超(2012.2～　)
　　　　李厚金(　～2012.2)

编制委员会办公室

主　任　朱金凤(2012.2～　)
　　　　缪其国(　～2012.2)
副主任　刘国强

纪律检查委员会

书　记　李幸福(2011.6～　)
　　　　许志涛(　～2011.6)
副书记　姚遇平
　　　　孙建中(2012.3～　)
　　　　马成龙(2011.6～2012.3)
常　委　潘秋香(女)
　　　　陈　远(　～2012.3)
　　　　[illegible]
　　　　马如俊(2011.6～2011.12)
　　　　傅金平(2012.3～　)
　　　　杨　翔(2012.3～　)

宣传部
部　长　叶向东
副部长、文明办主任　鲍玉荣
副部长　华腊明(　~2012.2)
　　　　蔡　敏
文明办副主任　陈　刚

统一战线工作部
部　长　徐新祥(2012.3~　)
　　　　黄河图(　~2012.3)
副部长　卢德辉　陈毅强
　　　　刘佳明

党　校
校　长　陈可可(　~2012.4)
常务副校长
　　　　聂荣祥(2012.2~　)
　　　　薛恒初(　~2012.2)
副校长　吴怀林
校务委员　孔　萍(女)

行政学校
校　长　赵志强(2012.4~　)
　　　　张映桥(　~2012.4)
常务副校长　聂荣祥(2012.2~　)
　　　　　　薛恒初(　~2012.2)
副校长　吴怀林

机关党工委
书　记　王继富(2012.2~　)
　　　　朱义平(　~2012.2)
副书记　庄　芳
副书记、纪工委书记　陈　新

史志办公室
主　任　付久成
副主任　王雪松

老干部局
局　长　李厚金(2012.2~　)
　　　　陈一凡(　~2012.2)
副局长　周光鑫
　　　　卢相勤(女)

信访局
局　长　窦峰云
副局长　姜　波　戴　伟
　　　　魏月林　陈　健
　　　　牛智谋

侨务办公室
主　任　王　燕(女,2012.2~)
　　　　孙建中(　~2012.2)
副主任　周方松(女)　范国忠

台湾工作办公室
主　任　朱禹宏(女)
副主任　王丽君(女)
　　　　王龙成(2012.2~　)
　　　　王嘉荣(　~2012.2)

档案局
局　长　张　晖(女)
副局长　潘叶平

关心下一代工作委员会
主　任　姚瑞宽
副主任　冷安康　殷红林
　　　　卜顺华　沈仁国
　　　　陈一凡　陶爱兰(女)
　　　　卞美岗

区人大常委会工作机构

人大常委会办公室
主　任　龚晓华
副主任　殷晓丹(女)
　　　　张荣辉

财政经济工作委员会
主　任　吴克钰
副主任　张德军

内务司法工作委员会
主　任　费海新

社会事业工作委员会
主　任　胡克明(2012.2~　)
　　　　殷宜明(　~2012.2)
副主任　王　玲(女)

人事代表联络工作委员会
主　任　姚永洪(2012.2~　)
　　　　张芙萍(女,~2012.3)
副主任　任锁林(2012.2~　)

环境资源城乡建设工作委员会
主　任　吴国良

区政府工作部门及有关单位

区政府办公室
主任、党组书记
　　　　梅　放(2012.2~　)
　　　　曾明泉(　~2012.2)
副主任　梅　放(　~2012.2)
　　　　周锡良　徐兴华
　　　　吴宏昱　朱祥洪
　　　　朱昌斌　戴益峰
　　　　马成龙(2012.2~　)
　　　　窦峰云
　　　　王　燕(女,2012.2~)
　　　　龙　飞(　~2012.2)
　　　　张武民(　~2012.2)
纪检组长　谢　军(2012.2~　)

法制办公室
主　任　马成龙(2012.2~　)
　　　　卞祖荣(　~2012.2)
副主任　许　伟(　~2012.2)
　　　　吴林荣　郦镇群

行政服务中心
主　任　赵中田
副主任　张永生　吴志平
　　　　朱林林(女)
　　　　吴毅峰(　~2012.2)

外事办公室
主　任　王　燕(女)
副主任　王松华　於　美(女)

机关事务服务中心
主　任　钟　平(女)
副主任　赵院生(2012.2~　)
　　　　李素芳(女,~2012.2)
　　　　张叶飞(　~2012.2)

监察局
局　长　姚遇平
副局长　马成龙(　~2012.3)
　　　　孔令萍(女)

发展改革和经济信息化委员会
主任、党委书记　杨　俊

副主任、党委副书记 袁学军
党委副书记、纪委书记
郭小华(女)
副主任 周菊红(女) 王文治
赵连华 赵正玉
赵桂荣

物价局
局 长 周菊红(女)
副局长 陶 俊 邱罗军
朱有喜 余 平

民营经济发展局
局 长 王文治
副局长 姚 远(～2012.3)

商务局
局 长 孙 铁(2011.7～)
单 红(～2011.7)
副局长 卢贤军
韦巧珍(女,2011.7～)
巫 斌 张 立
王 燕(女)

招商服务中心
主 任 孙 铁(2011.7～)
单 红(～2011.7)
副主任 巫 斌 张 立
姜 波 王 燕(女)
韦巧珍(女)
黄 纬

旅游局
局 长 孙 铁(2011.7～)
单 红(～2011.7)

工业资产管理总公司
党委书记、总经理 王文治
党委副书记、副总经理 丛 松
纪委书记 魏月林
副总经理 刘生华 祝九庚
贡云明
李素芳(女,2012.3～)

三产发展总公司
总经理 龙 飞(～2012.2)
副总经理 徐 松(～2012.2)

商业资产管理总公司
党委书记、总经理 王 平
党委副书记、纪委书记 马荣明
副总经理 李俊勤 王志强

安全生产监督管理局
局 长 顾大庆
副局长 杨光明 吴德建
丁廷华
执法大队大队长 史行军

科学技术局
局 长 魏志康(2012.2～)
吴富祥(～2012.2)
副局长 陈正家 陈亚兴
孙宝成 邱德祥
冯 刚(2011.10～)
纪检组长 丁海燕(女)

地震局
局 长 陈正家

知识产权局
局 长 陈亚兴

人力资源和社会保障局
党组书记、局长
缪其国(2012.2～)
汪连喜(～2012.2)
党组副书记、副局长
王德建 朱金凤(女)
党组副书记
陈 远(2012.2～)
副局长 殷小海 杨敬存
吴秋方(～2012.2)
张根荣
孟 涛(2012.2～)
张素燕(女,～2012.2)
童韶琴(女)
吕 庆(2012.2～)
纪检组长 陈 远(2012.2～)
张素燕(女,～2012.2)

统计局
局 长 强 健
副局长 唐小平 朱秀文
朱祥余 杨剑春(女)
纪检组长 赵寒雪(女)

住房和城乡建设局
党委书记、局 长 殷志庆
党委副书记、副局长
张金和 张仙华(女)
副局长 陆瑞进 殷国祥
王 欣
朱锦荣(～2012.2)
王 平(2011.7～)
王伯海(～2012.2)
方俊锡
纪委书记 刘雅萍(女)
党委委员、拆迁办主任 卢玉金
党委委员、建管处主任 孔祥盛

房管局
局 长 陆瑞进
副局长 庄日新
姚永洪(～2012.2)
孟 涛(～2012.2)
马益锋
张 俊(女,2012.2～)

城建投资公司
董事长 李 京(2012.2～)
王继富(～2012.2)
总经理 李 京(2012.2～)
凌建国(～2012.2)
副经理 王 平

人防办
主 任 陆瑞进(2012.2～)
王伯海(～2012.2)
副主任 韦建国 潘吉华

城市管理局
局 长 王 新
副局长 谢月飞 王成福
徐鹏程
纪检组长 朱慧芳(女)

环保局
党组书记、局长 陈正宏
党组副书记、副局长 孟国和
党组副书记、纪检组长
吴白梅(女)
党组成员、副局长
张和平 殷国飞
丰晓静 胡卫民
吴 淳

交通运输局
局长、党委书记 洪家同
副局长、党委副书记

邓春风　王建锁
党委副书记　华智新
副局长　戴和平　王卫东
纪委书记　张文娟(女)

农业委员会

主任、党委书记　朱春龙
副主任、党委副书记
孙永忠　王正平
副主任　夏荣芳(　~2012.2)
吴林华　傅金平
周白兰(女,2012.2~　)
纪委书记　赵青文(女)
党委委员　殷　俊(2012.2~　)

农业资源开发局

局　长　王正平
副局长　黄菊英(女)
徐欣然(2012.2~　)
于德宝(　~2012.2)
洪　敏(女)

茅山老区经济开发办公室
扶贫工作领导小组办公室

主　任　王正平
副主任　黄菊英(女)

水利农机局

局长、党委书记　金国顺
党委副书记
傅禄宇
吴秋方(2012.3~　)
副局长　田启明　戴雨平
赵厚福
徐小刚(2012.2~　)
谢朝红(　~2012.2)
徐　洁(女)
纪委书记　唐锁荣
党委委员　徐　军(2012.2~　)
汪景林(　~2012.2)

财政局

党组书记、局长　宋守雷
党组副书记　刘福生
副局长　郑　勇
李晓娟(女,~2012.2)
于文琴(女)
邵武成　伏柏林
杨明凤(女,2012.2~　)
纪检组长　刘福生(　~2012.2)
王建英(女,2012.2~　)

审计局

局　长　林玉祥
纪检组长　杨克强
副局长　吴文胜　李跃东
赵虎山　赵志强

粮食局

局长、党委书记　丁建庭
党委副书记、纪委书记　韦建平
副局长　张志俊　吴国胜
夏秋生　唐礼平
茧丝绸总公司总经理　丁建庭
副总经理　朱洪才
嵇　俊(2012.2~　)

供销合作总社

党委书记、主任　庞金玉
党委副书记　吴伟臣
副主任　吉国方
骆邦栋(2012.2~　)
尹桂裕(2012.2~　)
纪委书记　张永忠
党委委员　徐小平

教育局

党委书记、局长
曾明泉(2012.2~　)
常建国(　~2012.2)
党委副书记　华腊明(2012.2~　)
党委委员　仲伟贵(2012.2~　)
副局长　张伟荣　谭卫平
朱品辉　常建军
纪委书记　李　枫(女)
党委委员　顾克林
方纪敏(2012.2~　)

大港中学

校　长　仲伟贵

卫生局

党委书记、局长　傅忠宇
副书记、纪委书记　周怀方
副局长　黄炳忠　赵亚军
赵爱华(女)　杨平生
张丽华(女,2012.2~　)
党委委员　刘德祥

食品药品监督管理局

局　长　巫五才
副局长　赵胜兰(女)　夏生财
唐兴国
纪检组长　范根清

人口与计划生育委员会

主　任　魏国平
副主任　郑　兰(女)
卢建萍(女)　常家庆
马国荣　朱美良

文化广电体育局

局长、党组书记
吴富祥(2012.2~　)
步履平(　~2012.2)
副局长　李锁林　王　军
陆文林　王金云
杨飞　李　军(女)
殷克勤(2011.7~　)
纪检组长　潘　坚
党组成员　唐丹青
杨　延(2012.2~　)

民政局

局长、党组书记
单　红(2011.7~　)
任金华(　~2011.7)
副局长　林炳雷
卢学航(　~2012.2)
于德宝(2012.2~　)
陈　新(2012.2~　)
丁利胜　崔　萍(女)
纪检组长　刘　萍(女)

民族宗教事务局

局　长　林炳雷
副局长　于德宝(2012.2~　)
周白兰(女,~2012.2)

区政协工作机构

办公室

主　任　蔡怀根
副主任　施益民(女)　贺　军

提案委员会

主　任　张正平

经济科技委员会

主　任　王午生

社会事业委员会

主　任　张志宏

文史资料委员会

主　任　殷　明(2012.2～　)

港澳台侨委员会

主　任　吴黎红(女,2012.2～)

丹徒新城(宜城街道)

丹徒新城

党工委书记、管委会主任
凌荣春
党工委副书记、管委会常务副主任
江达贤(2012.2～　)
王继富(　～2012.2)
党工委副书记　杨晓平
纪工委书记
杨晓平(2012.2～)
政协联络委主任
韦才荣(2012.2～)
人武部部长
刘兴中(　～2012.2)
管委会副主任
江达贤(　～2012.2)
韦才荣(　～2012.2)
朱亚明
许金生
汤杏祥
陈美娟(女)
凌建国(2012.2～　)
陈　鹏(2012.2～　)
管委会办公室主任
李　斌
国土部主任　韦　一
招商部主任　曹　媛
农村工作部主任　唐晓海
财务部主任
王建英(　～2012.2)
陈菊青(2012.2～　)
规划部主任
侯晓敏(2012.2～　)
服务业发展部主任　戴　圆
经济发展部副主任　王正兵

宜城街道

党工委书记
凌荣春(2011.8～　)
党工委副书记、街道办事处主任
江达贤(2012.2～　)
王继富(2011.8～2012.2)
人大工委主任
杨晓平(2012.2～　)
党工委副书记、街道政协
联络委主任
韦才荣(2012.2～　)
人武部部长
刘兴中(2012.2～　)
办事处副主任
韦才荣(2011.8～2012.2)
陈美娟(女,2011.8～2012.2)
宣传(统战)委员、街道政协
联络委副主任
许金生(2012.2～　)
纪工委书记
侯白羽(2012.2～　)
办事处副主任
李　斌(2012.2～　)
组织委员　戴　圆(2012.2～　)
办事处副主任、城投公司
董事长、总经理
李　京(2012.2～　)

丹徒经济开发区

党工委书记、管委会主任、
经济发展总公司总经理
徐申锋(2011.7～　)
党工委书记　李幸福(　～2011.7)
党工委副书记、管委会主任、
经济发展总公司总经理
陈　静(　～2011.7)
党工委副书记　王谷翔
党工委副书记
龙　飞(2012.2～　)
管委会常务副主任
王谷翔(2012.2～　)
党工委副书记
徐江平(2012.2～　)
纪工委书记　汪　洋
管委会副主任
崔常富　张建华
朱亚兵
章玉湘(　～2012.2)
侯　军(2012.2～　)
经济发展总公司副总经理
章玉湘(　～2012.2)
王海峰(2012.2～　)
办公室主任　汪　洋
项目招商部主任　周步祥
规划建设部主任　耿继进
经济发展部主任
朱　俊(　～2012.2)
徐　峰(2012.2～　)
副主任　王长顺　蒋　敏
计划财务部主任
李晓娟(女,～2012.2)

世业洲旅游发展总公司

党工委书记、总经理　赵玉华
党工委副书记　殷一斐
缪光才(2011.3～　)
副总经理　庄　超　郑桂勤
卢建军
虞亚军(2012.2～　)
招商处副处长　许涵静(女)
规划国土环保管理处副处长
王　文(2012.2～　)

丹徒高新技术产业园管委会

党工委书记
田志虹(　～2011.7)
陈　静(2011.7～　)
党工委副书记、管委会主任
聂荣祥(　～2012.2)
党工委副书记、常务副主任
王　翼(2012.2～　)
沈明清(　～2011.12)
管委会副主任
张　宾　魏　云(女)
吴毅峰(2012.2～　)
办公室主任　龚向华

区人民武装部

部　长　刘　东(2011.5～　)
陶学军(　～2011.5)
政治委员　赵志功

党委第一书记
陈　琳(2012.3～　)
丁　憬(　～2012.3)
党委书记　赵志功
党委副书记
刘　东(2011.5～　)
陶学军(　～2011.5)

政法系统

政法委
书　记　韩宏亮(2011.6～　)
张国金(　～2011.6)
副书记　贺　文(2011.6～　)
薛恒初(2012.2～　)
魏志康(　～2012.2)
江旭平(2012.2～　)
高　志
综治办主任
薛恒初(2012.2～　)
魏志康(　～2012.2)
副主任　金华俊
法治办主任
张国金(　～2012.3)
韩宏亮(2012.3～　)
副主任　神俊武

公安局
党委书记、局长　贺　文
党委副书记、政委　景国栋
副局长　史秋荣
徐德镇(　～2012.3)
王益峰　李　春
张瑞芳　何培根
徐成兵(2012.3～　)
纪委书记　彭义军
指挥中心(办公室)主任　田　霖
政治处主任
徐成兵(2012.3～　)
局长助理　周国忠

检察院
党组书记　柳建华(2012.2～　)
高春荣(　～2012.2)
检察长　柳建华(2012.3～　)
高春荣(　～2012.3)
副检察长
柳建华(2012.2～2012.3)
党组副书记　姚九根
副检察长　韦跃华　江叔如
副检察长、反贪局长　赵明生
纪检组长　唐良斌
政治处主任
杨　敏(女,～2012.2)

法　院
党组书记、院长
张　蕾(女,2012.3～)
施吉祥(　～2012.3)
副院长　张　蕾(女,2012.2～2012.3)
朱国生　华雪珍(女)
朱宝华(女,挂职)
李东升
纪检组长　杨翠英(女)
政治处主任　仇　霞(女)

司法局
党组书记、局长　赵　勤
党组副书记、纪检组长
徐小刚(　～2012.2)
党组副书记、副局长
谢朝红(2012.2～　)
副局长　仲友德
陈　静(女,～2012.2)
江旭平(　～2012.2)
韦　弦
盛莉莉(女,2012.2～)

民主党派·工商联

民革丹徒总支
主　委　贾金海

民建丹徒区总支
主　委　纪桂发
副主委　江　灿　吴仲明
杨金玉(2011.10～　)

农工民主党丹徒区基层委员会
主　委　王卫方(女)
副主委　周润生　何春华(女)
崔　萍(女)　姚金宝

致公党丹徒支部
主　委　吴黎红(女)

九三学社丹徒支社
主　委　殷克勤
副主委　徐　航(女)
徐　洁(女)

工商联(商会)
主席、会长　郭祥明
党组书记　卢德辉
副主席兼秘书长　陈国镇
副主席　陈　玲(2012.2～　)
周东海　关云洪
朱立荣
副会长　吕永忠　陈东强
缪文华

社会团体

总工会
主　席　范晓荣
副主席　孙宇东　王　俊(女)
尹桂裕(　～2012.2)
陈跃荣(2012.2～　)

妇　联
主　席　张映红(女)
副主席　邓世琴(女)　张建红(女)

团区委
书　记　王　珏(女)
副书记　蔡滋群
景　奂
(2011.03～2011.12,挂职)

科　协
主　席　张学超
副主席　何　丰(女)
江其顺(2012.2～　)

侨　联
主　席　王　燕(女,2012.2～)
孙建中(　～2012.2)
副主席　王　欣　朱坚强
李　俊　马江华

文　联
主　席　王小军
副主席　吴呈昱
束鹏芳(不驻会)

残　联

理事长　朱　平
副理事长　徐欣然(　～2012.2)
　　许慧敏(女)

兴教助学协会

理事长　姚美玲
副理事长　苏建春　赵百才
　　黄兆林　周东海
监事长　戴明龙
副监事长　吴祥萍　马二毛

见义勇为基金会

会　长　张道吾
副会长　张爱珍

慈善基金会

会　长　龚玉华
副会长　尹为民　张映桥
　　叶向东　王卫方(女)
　　郭祥明　徐新祥
　　任金华　王建荣
秘书长　任金华(兼)

老促会(扶贫开发协会)

会　长　卜顺华

商业联合会

常务副会长、秘书长　巫东海

垂直系统

国税局

局长、党组书记　丁东生
副局长　任　林　张全刚
　　谢　芳(女)
纪检组长　潘惠民

地税局

党组书记、局长　蔡登明
党组副书记、副局长
　　许建国(　～2011.5)
副局长　徐永国(2011.5～　)
　　辛正平
　　朱　红(2011.5～　)
　　孙维祥(　～2011.5)
纪检组长　朱志井(2011.5～　)

国土资源管理局

局长、党委书记　杨益斌
副局长、党委副书记　高富根
副局长　陈延海　徐　蓉(女)
　　仇建农　马志勇
　　赵月忠
　　纪振东(2011.9～　)
　　艾尔肯·兑先巴依
　　(2011.5～2011.10挂职)
纪委书记　马志勇

烟草专卖局(公司)

局长(经理)、书记　戴　进
副局长　袁建平
副经理　胡　俊

质量技术监督局

局长、党组书记
　　刘　镇(2012.3～　)
　　刘　巍(　～2012.3)
副局长　吴仲明　卢开仁
副局长、纪检组长
　　武　莉(女,2011.12～　)
　　胡明广(　～2011.12)

工商行政管理局

局　长　彭锁明(2012.3～　)
　　冯忠祥(　～2012.3)
副局长　曹　俊　王锦良
　　何　青(女)　丰建林
　　周以平(　～2011.12)
　　锁　勇(　～2011.12)
纪检组长　王锦良

气象局

局　长　杨建全(　～2012.2)
副局长　徐　峰
　　张宏康(2012.2～　)
　　于仲吾(　～2011.7)

镇江电信分公司丹徒分局

局　长　岳强(2011.10～2011.12)
　　潘宏伟(2011.1～2011.9)
副局长　般海峰

移动公司丹徒营业部

经　理　吴学忠
副经理　蒋朝群(女)

规划分局

局　长　方俊锡
副局长　张　蕾(2011.11～　)
　　李建伟(　～2011.11)
副局长、党组书记
　　殷国祥(　～2011.11)
党组副书记
　　李建伟(2011.11～　)

农业银行京江支行

行　长　蒋厚宽(2011.6～　)
副行长　蒋厚宽(　～2011.6,主持工作)
　　吴华平　谭金兰
行长助理　常广林

农业发展银行丹徒支行

行　长　梅建荣
副行长　王祖斌　张　颖

丹徒财险支公司

副经理　戴群芬(女,主持工作)
　　王　尹(女,～2011.7)
　　郝　芬(女)

镇·园区·街道

高桥镇

党委书记　赵永斌
副书记　段　炼
　　陆　俊(2012.3～　)
　　卢玉军(2012.3～　)
镇　长　段　炼
人大主席　戴信根(　～2012.3)
　　徐君有(2012.3～　)
政协联络委主任
　　王正军(2012.3～　)
副镇长　刘建军(2012.3～　)
　　徐君有(　～2012.2)
　　马云飞(　～2012.2)
　　吴秋红(女,2011.3～　)
　　秦明国(　～2011.7)
　　王　妍(女,2011.7～　)
　　孙中立(2012.2～　)
政法委员　陈太林(　～2011.3)
　　严相平(2011.3～　)
纪委书记　吴瑞霞(女)
人武部长　严相平(　～2011.3)
　　江雪峰(2011.3～　)
组织委员　陆　俊(　～2012.2)
　　刘永利(2012.2～　)
宣传(统战)委员
　　孙立中(　～2012.2)

孔庆峰(2012.2～)

辛丰镇

党委书记 朱 毅
副书记 孙 铁(～2011.7)
朱 峰(2011.6～2011.12)
陈东伟
李雪义(2012.2～)
马云飞(2012.2～)
人大主席
倪锐敏(～2012.2)
朱 毅(2012.2～)
人大副主席
徐英姿(2012.3～)
镇 长 孙 铁(～2011.7)
朱 峰(2011.6～2011.12)
陈东伟(2012.3～)
政协联络委主任
陈东伟(2011.7～2012.2)
李雪义(2012.2～)
副镇长 吴慧琴(女,2012.2～)
李雪义(～2012.2)
骆邦栋(～2011.2)
刘建军(～2011.2)
陈 新(～2012.2)
潘海露(女,2011.2～)
王俊峰(2011.2～)
郑健红(女,2012.2～)
尹润忠(2012.3～)
姚震刚(2012.2～)
政法委员
曾叶子(～2012.2)
何百平(2012.2～)
纪委书记
蒋冬英(女,～2011.3)
骆邦栋(2011.3～2012.3)
万成辉(2012.3～)
组织委员 张 军
宣传委员
郑健红(女,～2012.3)
纪倩雯(女,2012.3～)
人武部长
胡国春(～2011.4)
刘建军(2011.4～2011.12)
江镇祥(2012.3～)

黄墟工业集中区

党工委书记 朱 毅
党工委副书记、管委会主任
陈东伟

谷阳镇

党委书记 徐申锋(～2011.7)
孙栋文(2011.7～)
副书记 张 宾 仲 梅(女)
周 锋(2011.8～)
人大主席 丰成林(～2012.2)
陈金平(2012.2～)
镇 长 张 宾
政协联络委主任
仲 梅(女,2012.2～)
副镇长 霍国庆
陈金平(～2012.2)
蒋国耘
黄国栋(～2012.2)
吕 杰(2012.2～)
许园园(女,2012.2～)
施凯兵(2012.2～)
纪委书记 胡 兵
组织委员
许园园(女,～2012.2)
孙晓东(2012.2～…)
宣传(统战)委员
吕 杰(～2012.2)
黄国栋(2012.2～)
政法委员 史 文
人武部长 许腊春(～2012.2)
刘 陕(2012.2～)
镇长助理 何百平(～2012.2)

上党镇

党委书记 程道云
党委副书记
陈 静(女) 陈 煜
张 雯(2012.2～)
人大主席
王鲁君(2012.2～)
仲有庆(～2012.2)
镇 长 陈 静(女)
政协联络委主任
陈 煜(2012.2～)
副镇长 王志坚 辛学俊
陈继阳 王飞雪
张网保(2012.2～
纪委书记 李罗双
组织委员 张叶飞(2012.2～)
施凯兵(～2012.2)
宣传(统战)委员 解 冉
人武部长 韩 文(2012.2～)
韦春荣(～2012.2)
政法委员 俆建斌

上党镇工业集中区

党工委书记 程道云
党工委副书记、管委会主任
王志坚(2012.2～)
胡克明(～2012.2)
管委会副主任
赵国栋(2012.2～)
王春喜(～2012.2)

宝堰镇

党委书记 洪 伟
党委副书记、镇长 蔡 扬
人大主席 宋维福(～2012.3)
任 锁(2012.3～)
党委副书记 印海飞
政协联络委主任
印海飞(2012.2～)
副镇长 邓鹏林(2012.2～)
任 锁(～2012.2)
张 燕(女) 魏雪峰
赵 斌(2012.2～)
组织委员 姚震刚(～2012.2)
汤 超(2012.2～)
纪委书记 张国宏(～2012.2)
钟 辉(2012.2～)
宣传(统战)委员 韩 蓁(女)
人武部长 王龙成(～2012.2)
谢正斌(2012.2～)
政法委员 赵 斌(～2012.2)
殷若成(2012.3～)

世业镇

党委书记 赵玉华
党委副书记、镇长 殷一斐
人大主席 丁建平
党委副书记 卢建军
政协联络委主任
卢建军(2012.3～)
党委副书记
王文治(2012.3～)
副镇长 唐本旭
虞亚军(～2012.3)
朱 敏
余 琴
(女,2011.3～2012.3)
龚恋淇(女,2012.3～)
张浩东(2012.3～)
政法委员 方立惠(～2012.2)
傅雅明(2012.2～)
纪委书记 朱 军

组织委员　洪　英(女)
宣传(统战)委员
龚恋淇(女,～2012.3)
余　琴(女,2012.3～)
人武部长　庄盛忠

江心洲生态农业园区
党工委书记　窦云峰
党工委副书记、管委会主任
朱　峰(　～2011.7)
王家振(2011.11～　)
党工委副书记　朱先其
政协联络委主任
朱先其(2012.3～　)
纪工委书记
王玲华(2012.3～　)
朱先其(　～2012.3)
人大工委主任　庄顺义
管委会副主任
周　锋(　～2011.7)
陈　玲(女)
(2011.7～2012.2)
秦明国(2011.7～　)
黄　永(2011.7～　)
邓　超(2012.2～　)
许开飞(2012.1～　)
组织委员　沈洪林
宣传(统战)委员
陈　玲(女,～2011.7)
李永斌(2011.7～　)
政法委员　尹润忠(　～2012.3)
徐松林(2012.2～　)
人武部长　徐松林(　～2012.2)
笪如俊(2012.2～　)

荣炳盐资源区
党工委书记　季道远
党工委副书记、管委会主任
冯顺林
党工委副书记、人大工委主任
周　忠
政协联络委主任
张义鸿(2012.3～　)
政法委员　胡仁方
管委会副主任
张义鸿
庄斓鹫
张云凤(女,2012.2～　)
张　剑(2012.2～　)
殷长辉(　～2012.2)
宣传(统战)委员　赵宏伟
组织委员　时小燕(女)
人武部长
张　峰(2012.2～　)
江其顺(　～2012.2)
纪工委书记
冷　鹏(2012.2～　)
吴慧琴(女,～2012.2)

高资街道(高资镇)
党工委书记
徐申锋(2011.8～　)
党工委副书记、街道办主任
龙　飞(2012.2～　)
陈波涛(2011.8～2012.2)
党工委副书记
狄　磊(2012.2～　)
徐江平(2011.8～2012.2)
殷宝玉(2012.2～　)
人大工委主任
章玉湘(2012.2～　)
马志明(2011.8～2012.2)
政协联络委主任
狄　磊(2012.2～　)
办事处副主任
狄　磊(2011.8～2012.3)
殷　俊(2011.8～2012.3)
侯　军(2011.8～　)
梁　青(女,2011.8～　)
张　明(2011.8～　)
徐　靖(2012.1～　)
陈　龙(2012.2～　)
纪工委书记
殷　俊(2012.3～　)
王云兴(2011.8～2012.3)
组织委员
葛希娟(女,2011.8～)
宣传(统战)委员
沈漪之(女,2011.8～　)
政协联络委副主任
沈漪之(女,2011.9～)
政法委员
王　飞(2011.8～　)
人武部长
傅雅明(2011.8～2012.3)
韦春荣(2012.3～　)

高资镇
党委书记
徐申锋(2011.7～2011.8)
陈　静(　～2011.7)
党委副书记、镇长
陈波涛(　～2011.8)
党委副书记
徐江平(　～2011.8)
人大主任
马志明(　～2011.8)
副镇长
狄　磊(　～2011.8)
殷　俊(　～2011.8)
侯　军(　～2011.8)
张　明(　～2011.8)
梁　青(女,～2011.8)
纪委书记
王云兴(　～2011.8)
组织委员
葛希娟(女,～2011.8)
宣传(统战)委员
沈漪之(女,～2011.8)
政法委员
王　飞(　～2011.8)
人武部长
傅雅明(　～2011.8)

中共丹徒区委员会

责任编校:钱若寅

综　　述

【概况】 2011年,中国共产党镇江市丹徒区委员会(以下简称丹徒区委)坚持以科学发展观为指导,以加快转变经济发展方式为主线,以“加速同城化、同步现代化”为主题,全力增创转型升级新优势、打造城乡统筹新特色、拓展民生共享新内涵,全面加快强区富民步伐,确保与镇江大市、与苏南其他地区同步迈入基本现代化。完成地区生产总值223.04亿元,比上年增长12%;完成一般预算收入14.81亿元,比上年增长34.4%,税收占比达90.14%,列全市第二位;规模以上固定资产投资143亿元,比上年增长23%;社会消费品零售总额38.14亿元,比上年增长17%。转型升级步伐加快。全年实现高新技术产业产值182亿元,占规模工业比重达28.5%;新兴产业销售180.5亿元,比上年增长44%;服务业增加值、研发投入占GDP比重分别提高至37.7%和1.66%;完成新兴产业投资49亿元、服务业规模投资46.5亿元,分别比上年增长100%和44.5%。城乡一体加速推进。完成拆迁总面积25万平方米,开工新建安置房43.7万平方米,竣工18万平方米;新增高效农业面积3800公顷。民计民生持续改善。城镇居民可支配收入、农民人均纯收入分别达到2.62万元和1.16万元,城镇登记失业率控制在2.28%以下。社保扩面新增6474人,社会保险覆盖率达98%。新型农村合作医疗保险参保率达99.8%,5344户城乡低收入户纳入最低生活保障。党建工作得到加强。深入开展“创先争优”主题活动,实施新一轮“强基工程”,非公经济党组织覆盖面持续扩大。完成区镇两级党委换届,形成“公推直选”、“差额选拔”等竞争性选拔干部机制。党风廉政建设全面融入发展大局,惩治和预防腐败体系建设形成特色。以建党九十周年为契机,对外宣传工作成效斐然。 (张　樊)

【部分中央、部委、省领导视察丹徒】 2011年3月17日,省委常委、副省长黄莉新率领参加全省促进农民创业就业工作会议的与会人员,到丹徒区谷阳镇现场参观农民创业培训中心。在谷阳镇人力资源和社会保障服务中心,实地了解农业创业培训情况。黄莉新充分肯定了谷阳镇农民创业方面所做的工作。4月21日,原中共中央政治局常委、国务院副总理李岚清到丹徒视察中国米芾书法公园。李岚清对公园今后的建设给出指导性意见。4月23日,江苏省委副秘书长胥爱贵到丹徒视察现代茶叶产业园建设情况,胥爱贵在十里长山生态农业示范园,实地察看了园区建设工作,听取相关情况介绍,充分肯定了丹徒现代茶叶产业园建设工作,希望丹徒加快建设步伐,全力推进基础设施建设,确保园区建设顺利推进。6月26日,国土资源部部长、党组书记、国家土地总督察徐绍史和江苏省副省长徐鸣在市、区领导陪同下,到丹徒视察基层国土所建设工作。徐绍史在听取汇报后,充分肯定了丹徒区谷阳国土所的各项工作。7月9日上午,中组部人才局局长徐家新到丹徒江苏中模数字化制造技术有限公司,考核该公司科技创新、人才培养使用情况。徐家新深入生产车间、研发场所,认真察看该公司科研成果,详细了解该公司科技创新,人才培养使用等情况,对该公司近年来走科技创新之路,自主研制开发科技含量高的产品以及积极引进、培养和使用科技人才给予高度评价。11月2日上午,原财政部副部长张佑才到丹徒参观考察中国米芾书法公园建设工作,张佑才对中国米芾书法公园建设工作提出建议,希望丹徒充分整合现有文化资源,分步实施,做强做精公园内在品质,通过中国米芾书法公园的建设,全面带动十里长山综合开发,在更高层次上保护、修复十里长山的文化资源和生态资源,形成丹徒文化的优势品牌和核心区域。12月11日,北京故宫博物院院长郑欣淼到丹徒参观考察。郑欣淼先后到恒顺醋文化博物馆、中国米芾书法公园等地参观考察,并听取相关情况介绍后,充分肯定中国米芾书法公园的建设工作。 (张　樊)

【部分友好城市到丹徒参观考察】 2011年2月14日下午,西藏农村考察团到丹徒考察学习生态农业生产开发建设情况。考察团先后到十里长山生态农业示范园、正东生态农业发展中心听取有关介绍,详细了解开发建设情况。通过实地参观、学习考察,考察团高度评价了丹徒开拓思路,创新农业发展模式,大力发展生态农业的做法。7月4日,以浙江省海盐县常务副县长盛勇军为团长的海盐县党政考察团一行16人,到丹徒考察小城镇建设,考察团实地察看了丹徒区经济发展、城市建设、人居环境的改善等方面取得的成绩，认为丹徒区在城乡一体化、小城镇建设、农村集中居住区的规划建设方面，有许多经验值得交流、学习。6月7日、12月28日，新疆生产建设兵团农四师党政代表团先后两次到丹徒参观考察。在米芾书法公园、恒顺50万吨香醋、沃得重工、中靖新能源项目等地，实地察看了丹徒文化产业建设、大项目建设以及产业结构调整等方面所做的工作，听取丹徒经济社会发展情况介绍。（张　樊）

重要决策和会议

【《关于加快水利改革发展推进水利现代化建设的意见》】 丹徒区委、区政府2011年9月21日颁布。要求“十二五”期间，全区基本建成标准较高、协调配套的防洪减灾工程体系，功能齐全、成效管护的农村水利工程体系，优化配置、高效利用的水资源表彰体系，有效控制、河湖健康的水生态保护体系，依法治水、管理规范的水工程管理服务体系，综合配套、保障有力的政策法规支撑体系。长江沿江、太湖西水系的流域骨干工程防洪标准达到50年一遇以上的规划目标，区域骨干河流排涝标准达到20年一遇。丹徒新城区防洪标准达到100年一遇、排涝标准达到20年一遇。全区有效灌溉面积占耕地面积达到90%以上，节水灌溉面积达到80%以上，灌溉水利用系数提高到0.60以上，中沟级以上建筑物配套率100%，小沟级90%以上；单位地区生产总值用水量降到120立方米每万元以下；水功能区水质达标率提高到80%以上，集中式饮用水水源地水质达标率达到100%；最严格的水资源管理制度基本建立，水利工程良性运行机制基本形成，水利投入稳定增长机制进一步完善，有利于水资源节约和合理配置的水价形成机制基本建立。用3年时间全区建成现代化水利保障体系，并与苏南同步全面实现水利现代化。制定主要措施五大项、十四小项：一、全面加强水利基础设施建设。1. 加大长江河势控制和江港洲堤达标建设；2. 加快水库除险加固进程；3. 突出区域重点河道整治；4. 加强水资源配置工程建设和水生态保护。二、着力加强农村水利工作。1. 大兴农田水利建设；2. 建立农村河道轮浚及成效管护机制；3. 加大农村泵站更新改造工作力度。三、着力做好水利规划工作。四、不断提高水利社会管理和公共服务能力。1. 全面落实最严格的水资源管理制度；2. 强化河湖水域管理；3. 提高防汛防旱应急处置能力。五、切实加强对水利工作领导。1. 落实各级党委、政府责任；2. 切实加大水利投入；3. 大力创新水利发展体制机制；4. 加强基层水利管理服务体系建设。

（张　樊）

【《中共镇江市丹徒区委关于制定丹徒区国民经济和社会发展第十二个五年规划的建议》】 丹徒区委2011年1月17日颁发。要求制定和实施“十二五”规划，必须坚持以科学发展观为指导，以加快转变经济发展方式为主线，以“加速同城化、同步现代化”为主题，继续保持后发争先的鸿鹄之志，积极抢抓转型发展中蕴藏的战略性机遇，在争先中率先，在争强中当强，全力增创转型升级新优势、打造城乡统筹新特色、拓展民生共享新内涵，全面加快强区富民步伐，确保与镇江大市、与苏南其他地区同步迈入基本现代化。为贯彻上述指导思想，必须突出“五大战略”（突出城市带动战略，突出项目兴区战略，突出创新发展战略，突出绿色增长战略，突出和谐共享战略）。综合考虑未来发展趋势和条件，确定“十二五”时期全区经济社会发展主要目标是：一、综合实力显著增强。二、经济结构更加优化。三、创新能力明显提升。四、城乡发展更趋协调。五、生态建设扎实推进。六、改革开放不断深化。七、人民生活更为富足。八、社会建设全面加强。（张　樊）

【《“春晖行动”实施意见》】 丹徒区委2011年3月17日颁布。要求：一、进一步落实责任。二、进一步细化任务。三、进一步健全制度。确定工作目标：1. 通过加大财政扶持力度、开展结对帮扶活动全面提升困难户持续增收水平。确保到2011年底困难户家庭年均增加收入1500元以上；帮扶有条件的困难户选择致富项目自主创业。2. 积极探索创新村级经济发展新模式，加快高效农业项目建设，重点发展绿色农业，各地力争至少形成一个年收入超过20万元的高效农业示范基地，着力提升经济薄弱村持续发展能力。3. 不断加强村干部队伍建设，着力提升农村党员干部带头致富能力，大力培养和选拔“双强”型党员干部。制定主要措施：1. 继续加大对困难户帮扶力度。2. 不断创新村级经济收益增长新模式。3. 全面提升党员干部“双强”能力。（张　樊）

【《关于创建江苏省科普示范区的实施意见》】 丹徒区委、区政府2011年6月9日颁布。要求通过创建活动，推动《科普法》和《全民科学素质纲要》的全面实施，依照“政府推动，全民参与，提升素质，促进和谐”的工作方针，形成党委领导、政府推动、各部门协作、全社会参与的工作格局，在提高重点人群科学素质、增强基层科普服务能力、优化科普工作社会环境等方面发挥示范带动作用。按照《省科普示范县（市、区）标准》，建立完善科普工作机制和运行机制，促使全区科普队伍不断壮大；科普设施不断完善；科普手段不断创新；科普组织网络不断健全，进一步形成科普工作群众化、社会化、经常化和制度化，加快实用技术推广，推动科技成果转化，全面提升广大干部群众的科学文化素质和科技传播能力，促进经济社会与资源环境的全面、协调、可持续发展。确定4项创建内容：一、加强对科普工作的领导，落实责任。1. 党政领导重视公民科学素质建设；2. 建立创建领导小组，健全科普工作机制。二、打造“科学素质工程”,围绕重点人群大力开展科学普及工作。1. 大力开展提高农民科学素质工作,推动“科技兴村”计划和科普惠农工程的落实;2. 大力开展提高城镇劳动人口科学素质工作,推动我区就业、再就业工程落到实处;3. 大力开展提高未成年人科学素质工作,推动青少年科技教育计划落到实处;4. 大力开展提高领导干部和公务员科学素质工作,推动实施领导干部和公务员素质行动落到实处。三、进一步加强基层科普服务能力建设。1. 建立健全科普组织网络;2. 建立健全学(协)会组织;3. 发展壮大基层科普队伍;4. 建立科技服务团(科普志愿者)队伍。四、完善科普基础工程建设,积极开展各级各类科普活动。1. 加强科普基础设施建设;2. 开展科普教育与示范体系建设,整合社会资源,丰富科普活动;3. 开展群众性、社会性、经常性科普活动,广泛宣传科普工作。

(张　樊)

【《中共丹徒区委关于实施党建创新工程的意见》】 2011 年 10 月 17 日颁发。为贯彻落实省、市关于党建创新工作的要求,不断提高党的建设科学化水平,使丹徒区党建工作走在全市前列,就丹徒实施党建创新工程提出“八项任务”:一、加强思想理论武装。二、完善党内民主建设。三、深化人事制度改革。四、提升干部能力素质。五、推进人才强区战略。六、创新基层组织建设。七、弘扬优良作风。八、加强反腐倡廉建设。(张　樊)

【中共丹徒区第十二次代表大会】 2011 年 6 月 26 日,中国共产党镇江市丹徒区第十二次代表大会在丹徒新城举行,会议以邓小平理论和“三个代表”重要思想为指导,全面落实科学发展观,深入学习贯彻党的十七届五中全会精神,全面总结中国共产党镇江市丹徒区第十一次代表大会以来的工作。动员全区各级党组织、全体共产党员和广大干部群众,进一步解放思想,凝心聚力,创先争优,为实现全区“十二五”目标任务提供坚强的思想、政治和组织保证。区委书记丁憬代表区第十一届委员会向大会作了题为《加速融入主城区　率先实现现代化》的工作报告。报告分四个部分:一、持续迈大步,昂首挺进现代化建设的全新时代。二、矢志谋跨越,热情拥抱现代化建设的黄金五年。三、加快转方式,精心布局现代化建设的同城架构。四、同心创伟业,奋力实现现代化建设的美好愿景。会议选举丁憬等 25 人为中共镇江市丹徒区第十二届委员会委员,单红等 5 人为候补委员;选举马成龙等 15 人为区纪律检查委员会委员。选举产生新一届区委领导:丁憬为区委书记,陈琳、陈可可为副书记;产生新一届区纪委领导:李幸福为区纪委书记,姚遇平、马成龙为区纪委副书记。

(张　樊)

【中共丹徒区十二届二次全委(扩大)会议】 2012 年 1 月 5 日,中国共产党镇江市丹徒区第十二届委员会第二次全体会议在丹徒新城举行,会议由区委常委会主持。全会全面贯彻落实党的十七届六中全会、中央和省经济工作会议以及市委六届二次全会精神,认真总结 2011 年发展成果,研究部署 2012 年工作任务,动员全区各级党组织和广大干部群众牢牢把握“转型、跨越”工作主旋律,凝心聚力,真抓实干,为率先基本实现现代化而努力奋斗。会议听取和讨论陈琳代表区委常委会所作的题为《转型提升　跨越提速　奋力开创丹徒现代化建设新局面》的工作报告。报告分为四个部分:一、强势开局,书写精彩。二、乘势而上,抬升标杆。三、勇于创新,加速转型。四、凝心聚力,和谐共进。(张　樊)

纪检·监察

【概况】 2011 年,中国共产党镇江市丹徒区纪律检查委员会(以下简称丹徒区纪委)认真贯彻落实中央、省、市反腐倡廉各项部署要求,为全区改革发展稳定大局提供有力保障。开展对经济发展、社会稳定、维护民生、党风政风的监督检查,确保政令畅通,实现行政效能的全方位监控。严肃执纪,惩治腐败。突出办案重点,严肃查办违纪违法案件,保持惩治腐败的高压态势,以教促廉,营造廉洁风尚。深入开展“感党恩、讲廉政”庆“七一”节日廉政文化“七个一”(讲一堂廉政党课、进行一次知识竞赛、组织一次学习参观活动、进行一次岗位练兵活动、组织一系列节日廉政文化文艺文体活动、排练一批廉政精品文艺节目参加区广场文艺汇演、开展一次廉政文化建设理论研讨征文)系列活动,积极创建市级廉政文化示范点,重点抓好节日期间党风廉政建设。关注民生,纠风治乱。督促推进安置房建设。深化企业违法排污专项整治行动,全区污水管网建设全面竣工。落实中小学“教育收费民主监督卡”制度,推行“医德医风监督卡”。承接市政风行风热线,推动解决一批群众关注的热点难点问题。顺利完成区镇纪委换届工作,建立健全纪委常委会班子学习调研、议事决策、联系群众、党务公开和廉洁自律等五项制度,制定出台《中共镇江市丹徒区纪委关于加强区纪委常委会制度建设的意见》。在全区纪检监察系统开展“服务发展,执纪为民”学教活动。区纪委、监察局被省委省政府评为 2011 年“江苏省纪检监察先进集体”。(蒋素明)

【区纪委召开十一届六次全会】 2011 年 3 月 18 日,中共镇江市丹徒区第十一届纪律检查委员会第六次全体会议召开。会议传达学习了十七届中央纪委六次全会、十一届省纪委七次全会精神。区委常委、区纪委书记许志涛代表区纪委常委会作《全面履行职责,服务发展大局,不断开创党风廉政建设和反腐败工作新局面》工作报告。会议最后通过了中共镇江市丹徒区第十一届纪律检查委员会第六次全体会议决议。会议由区纪委副书记、监察局

2011 年 3 月 18 日，丹行区第十一届纪律检查委员会第六次全体会议召开。

局长姚遇平主持。 （蒋素明）

【构建惩防体系基本框架】 2011 年，丹徒区纪委、监察局认真贯彻落实省纪委《关于惩防体系框架形成年的实施意见》（以下简称《意见》），将《意见》落实到全年的惩防体系建设工作。以框架结构和层级管理的方法，在区本级、各镇（园区）、各部门以及各行政村、基层单位基本建成以制度建设为载体、以权力制约为核心、以解决问题为标准的惩防体系基本框架。在区级机关，着力突出两项重点：一是以教育预防为重点，严格执行述职述廉、“一把手”讲授廉政党课、领导干部任前廉政谈话等制度；二是以重要权力节点监控“回头看”为重点，优化权力流程 33 个，严格监督措施 45 个，完善问责条款 15 个。 （蒋素明）

【建立拟提拔干部廉政报告制度】 2011 年，丹徒区纪委出台后备干部和拟提拔干部选拔任用后继续申报个人及家庭财产的规定，为 47 名拟提拔干部建立廉政档案，给予廉政鉴定，为区委选人用人把好廉政关。

（蒋素明）

【推进党务公开工作】 2011 年，丹徒区纪委先后召开党务公开部署会、示范点推进会、工作交流会，不断完善三级党务公开目录，指导督促各级党组织结合实际，修订党务公开目录 31 个。以争创党务公开示范点为抓手，制定《丹徒区争创党务公开示范点实施意见》《丹徒区党务公开示范点考评细则》，按照镇（街道、园区），区机关部门，基层站所，村（社区）和企事业单位五个层面，分别培植 7 个区级“党务公开示范点”，丹徒区委被评为首批市级党务公开示范点，为全区党务公开工作起到典型引路和示范带动作用。注重由单一的公开栏，向电子触摸屏、网站、显示屏等多种形式发展，拓展党务公开阵地 20 余个。建设“丹徒区委党务公开网”，开辟民主决策、组织建设、干部建设、思想建设、作风建设、反腐倡廉等 10 个栏目，进一步增强公开的覆盖面和时效性。依托农村基层党风廉政建设平台，对区、镇（园区）、村三级党务公开的时效、质量进行实时监控。严格执行《丹徒区党务公开检查考核办法》，组织党务公开专项检查 3 次，重点检查了公开对象、公开内容、公开载体等工作方面，指出存在问题 45 个，发整改通知书 9 份，责任追究 6 人。 （蒋素明）

【深化党风廉政巡查制度】 2011 年，丹徒区纪委在党风廉政巡查内容上实行动态管理，由巡查人员严格把关，巡查程序固化，巡查结果实行“一反馈、双建议”，采用网上评议的方式，党员群众参与度提高，社会各界反响积极，促进了全区党风廉政建设。 （蒋素明）

【推进“村监委”工作】 2011 年，在丹徒区 61 个行政村均建成机构健全、制度完善的村级监督委员会的基础上，区纪委、监察局对各村监委进一步明确“五有”（办公有场所、对外有牌子、工作有制度、监审有印章、活动有记载）要求。区、镇两级纪委组织村监委进行业务培训，发放“全区村级监督委员会情况调查表”，指导和协调全区村监委运行中遇到的问题，从制度和机制上保障村干部清正廉洁、村民遵守村规民约，形成依制治村、民主管理的行为习惯，维护群众利益。

（蒋素明）

【开展“勤廉指数”测评工作】 2011 年，丹徒区纪委、监察局在全区开展勤廉指数测评工作。测评项目分为“勤政指数”和“廉政指数”两部分，具体内容 30 项，新增 5 项，修订劳动力养老保险参保率等 6 项，最大限度地实现勤政和廉政的双重监督。制定测评方法。采取测评统计、意见整理和反馈，村（社区）抓好问题整改的方法。年底，全区 10 个镇（街道、园区）全部完成测评工作。强化测评成效。勤廉指数测评中共收集意见和建议 280 余条，反馈、整改到位 120 余条，有效防止越级信访和群体性事件 5 件。

（蒋素明）

【廉政文化宣传教育】 2011 年，丹徒区反腐倡廉宣传教育工作重点开展节日廉政文化建设活动。通过开展廉政文艺演出、廉政书画展览、廉政山歌节日展播等方式，营造清廉、和谐的节日氛围。重点抓好元旦、春节期间的党风廉政宣传教育工作。举办新年书画创作展、送廉政春联下乡、优秀革命电影展播活动，组织腰鼓、龙灯、马灯、荡湖船拜年活动，开展文化文艺节、廉政灯谜竞猜、卡拉OK唱红歌等节目。在全区开展“感党恩、讲廉政”庆“七一”节日廉政文化“七个一”系列活动。

（蒋素明）

【廉政文化示范点创建工作】 2011年，丹徒区纪委在全区确定第六批争创市级廉政文化示范点目标单位，在镇荣公路主干道建成“廉政灯箱广告一条路”。年底，区国税局第二分局、区国税局第五分局、区人民医院、谷阳镇财政所、荣炳中心小学、区工商局宝堰分局六家市级廉政化文示范点申报单位全部通过检查验收，丹徒地税局被评为省级廉政文化示范点。（蒋素明）

【落实党风廉政建设责任制】 2011年3月18日，在丹徒区党建大会上，区纪委协助区委、区政府与11个镇、街道、园区党（工）委、35个直属部门党委（党组）的主要负责人分别签订《党风廉政建设责任状》，形成压力层层传递的责任体系。制定《党风廉政建设责任制考核方案》《党风廉政建设责任制考核细则》，协助区委组织开展检查考评工作。表彰落实党风廉政责任制先进单位、先进个人，组织开展三次检查，并对检查考核情况进行通报。年底，协助区委制定考核方案、考核细则，组织开展落实党风廉政建设责任制建设检查考评工作。

（蒋素明）

【优化经济发展环境】 2011年4月27日，丹徒区召开全区优化经济发展环境大会，下发丹徒区《2011年优化经济发展环境工作要点》，从十个方面对如何进一步优化全区经济发展环境工作提出要求。5月12日起，区优化办、区监察局通过编发优化经济发展环境简报对各部门优化经济发展环境情况进行多次督查。（蒋素明）

【推动电子政务平台建设】 2011年，丹徒区纪委组织全区40个相关部门进行行政权力风险点梳理，共梳理出风险点348个。区纪委不定期抽检行政服务中心各窗口办件录入内网情况，对检查中发现的问题及时纠正，对存在问题较集中的窗口负责人进行诫勉谈话、通报批评。建立电子监察工作联系人制度，做好部门电子监察人员集中培训，健全监察监控体系，建立专门机关监督和部门内部监督相结合的监察监控体系。全年，全区网上运行办件总量32548件。（蒋素明）

【查办违法违纪案件32件】 2011年，丹徒区纪委共立案32件，其中科局级干部要案1件，万元以上大案6件，十万元以上大案2件，百万元以上大案2件。通过办案挽回直接经济损失429.24万元。

（蒋素明）

【信访举报工作】 2011年，丹徒区纪委共收接信访71件（次），比上年下降31件次。其中一般信访56件，署实名举报信访21件，来信来访件中，经初查转立案8件，给予批评教育15件，澄清是非45件，全国“两会”期间全区没有发生一起纪检监察范围内越级上访。

（蒋素明）

【开展行政执法部门政风行风评议工作】 2011年6月，丹徒区纪委、监察局对公安（含交警）、国土资源、环境保护、住房城乡建设、交通运输、国税、地税、工商、质监、安监等10个部门的政风行风建设情况开展民主评议活动。评议分为四个阶段，6月，成立组织机构，对十个部门及其基层站所调查了解；7月，对十个部门行政执法情况开展实例调查，对其所属基层站所行现场评议；8月，对十个部门通过明查暗访，现场述职、质询、评议的方式逐一进行评议及问卷调查；9月，做好评议的整改反馈及汇总工作。评议共发放评议表2000余份，各部门通过各类媒体和形式将服务承诺、服务措施、办事流程和监督方式全部向社会公开，通过情况通报会、群众座谈会、走访服务对象等途径，广泛收集意见和建议，认真查找工作中存在的问题与不足，针对群众反映的突出问题，明确责任，限期整改。

（蒋素明）

【便民服务网络建设】 2011年，丹徒区优化办推进便民服务网络建设，指导与推进全区各镇（园区）及其所属部分村便民网络的建设情况。11月14～18日，区优化办与区政府办、区法制办、区行政服务中心共同对全区镇、村便民服务网络运行情况进行年终考核。谷阳镇便民服务中心等4家单位被评为“便民服务先进集体”，周亚敏等10人被评为“优质服务标兵”，陆昌银等22人被评为“优秀代办员”。

（蒋素明）

【开展“满意服务在丹徒”评议活动】

2011年11月，丹徒区纪委、区优化办在全区23个部门开展“满意服务在丹徒”评议活动。评议分两个阶段：11月14～22日，对参加评议的综合类部门及其重点科室的创新举措、行政处罚、行政审批、行政收费、电子政务等五方面政策规定的执行情况进行案例式检查，通过检查进一步规范了各相关部门的行政行为。11月16～30日，在十个镇园区开展集中评议，参评对象为企业、投资者、区镇人大代表，区政协委员；各镇机关助理以上干部；村两委会干部；项目（招商）办工作人员。共发放评议表1000余份，根据评议结果与案例式检查各单位的得分，区国税局等8家单位被评为区优化经济发展环境先进单位。

（蒋素明）

【纠风和专项治理工作】 2011年，丹徒区纠风办对公安、交通、农林等部门不定期上路督查和明查暗访6次，对检查中发现的苗头性问题及时责令整改。发挥牵头协调作用，办理市政风行风热线电话、信件24件，其中教育收费问题5件、交警执法问题1件、环境污染问题3件、上地及违建问题3件，其他民生问题10件。组织开展“人民满意基层站所”争创活动，43家单位被区委、区政府授予“2010年人民满意基层站所”。对12所中小学的收费项目和收费标准进行检查。（蒋素明）

【围绕中心开展执法监察】 2011年，丹徒区纪委、监察局围绕全区中心工作，开展执法监察工作。牵头组织拍摄全区70个绿化节点，做成电视专题片，下发督查通报5期。3月，召开生态区创建工作专题督查会2次。推进违法用地执法检查工作。开展违法用地整改情况督查8次，加强对2010年度土地违规案件的责任追究。加强创建全国文明城市工作督查。分四个督查小组，分片对全区开展高密度督查。推进农村“三资”信息化管理。7月，会同区农委组织召开农村“三资”清查暨信息化管理动员部署会，10月，督查全区清查情况。年底，全区所有行政村按照清理、登记、核实、公示、确认五个程序完成“三资”清理，并进行数据录入。对污水管网工程建设进行督查。7月，以区政府办文件形式下达全区乡镇污水管网检查考核通知，会同区住建局、区环保局检查各镇园区建设情况3次，下发督查通报3期。（蒋素明）

【工程建设领域突出问题专项治理】 2011年，丹徒区工程建设领域突出问题专项治理领导小组印发《2011年丹徒区工程建设领域项目信息公开和诚信体系建设工作实施方案》，7月，完成信息公开目录的制订，10月，完成硬件采购和软件安装，对有关单位的人员进行培训。出台《丹徒区政府投资项目责任追究办法》《镇江市丹徒区招投标交易廉政监管办法（试行）》等7个规范性文件。区专项治理领导小组召开由各专项工作组组长和国土、交通、水利分管领导参加的专题会议，重新梳理重点领域项目，全面排查，共检查项目44个，发现问题6个，全部完成整改。加大宣传力度，确定检查内容和形式，建立定期例会制度和结果通报制度。（蒋素明）

【开展“服务发展、执纪为民”主题教育活动】 2011年10月14日，丹徒区纪委召开“服务发展、执纪为民”主题学教活动动员大会，全区一百多名纪检监察干部参加会议。制定出台《主题学教活动实施意见》《区纪委、监察局领导班子成员联系基层“四个一”制度》等文件材料。通过组织全区纪检监察干部通读精读文件报告、观看辅导讲座、组织专题研讨、开展心得交流等多种形式进行学习。组织信访、检查、审理、案管、农村工作室等相关科室人员，围绕规范办案流程、调查案件线索等展开研讨交流，建立每月定期召开办案人员研讨会制度。组织全区纪检监察干部观看多部以宣扬勤廉模范、加强队伍管理为题材的电教片。（蒋素明）

组织工作

【概况】 2011年，中国共产党镇江市丹徒区委组织部（以下简称丹徒区委组织部）紧紧围绕“加速融入主城区、率先实现现代化”的发展大局，奋力作为，勇于创新。一是干部队伍建设得到新加强。完成党委换届工作，换届后乡镇党政领导中40岁以下的比例上升到45.5%，大学文化比例达到93.3%；强化干部监督举措，48名拟提拔干部填写廉政报告并公示，建立廉政档案；抓好干部教育培训，举办培训班21期，培训学员3500多人次，发放自学读本1600多本，举办专家讲坛4期。二是人才工作实现新突破。制定《丹徒区人才重点工作责任分解和序时进度表》，突出项目申报和载体建设两个重点，全年共引进高层次创新创业人才28名（团队12个），资助各类人才项目资金1200万余元；发挥科技镇长团招才引智纽带作用，与南京邮电大学联合举办“丹徒·南邮产学研对接会”，签署产学研合作协议。三是组织建设得到新提升。深入开展创先争优活动，突出载体创新，针对机关、农村和企业特点，创设“创争我承诺、当好带头人”、“三比三创”、“四统筹一创争”等活动载体，注重典型带动，在学习宣传张雅琴先进事迹基础上，培树本地各类先进典型，集中表彰先进典型100个；统筹推进村级“四有一责”建设，加强“两新”组织党组织建设和党员发展工作；深化“春晖行动2011”、“三走进三服务”、“平安先锋工程”等主题实践活动，全面落实党内关怀机制，定期走访慰问老党员、困难党员375人次，发放慰问金约22万元，实物价值约3.5万元。（许南江）

【完成党委换届工作】 2011年，丹徒区委组织部下发《关于严肃换届纪律的“两个通知”》，印发警示案例等材料1万余份，编发警示短信5000余条，换届知晓率和风气满意度测评均为100%。坚持规范程序与改革创新相结合，在谷阳镇开展“公推直选”党政领导班子成员和党代表试点；按照差额选拔与分类选拔相结合的方式，面向基层公开选拔乡镇党政副职领导干部10名，其中村级党组织书记1名，大学生村官1名。（许南江）

【发挥大学生村官作用】 2011年，丹徒区委组织部以“青春奉献六个一”等主题活动为载体，打造丹徒大学生村官工作品牌。落实培养联系人制度，引导全区大学生村官深入一线解民情，立足岗位争优秀，共收集各类村情民意850条，撰写调研报告68份，资助困难家庭159户。实施大学生村官培养“420工程”，将大学生村官纳入到镇村后备干部队伍统一管理，在全市率先公开选拔1名大学生村官担任副镇长，1名村官担任村两委正职，面向村官定向招录公务员11人。推进大学生村官创业示范点建设，争取江苏省村官创业贷款，鼓励村官通过领办、创办、合办等形式创业富民，建设创业示范点4个（其中市级示范点1个，区级示范点3个），培育创业项目9个，用地规模38.67公顷，资金438万

元,带动增收 456 人,解决农村劳动力 106 名。 (许南江)

【加强人才服务工作】 2011 年,丹徒区委组织部贯彻落实省、市人才工作会议精神和人才发展规划,搭建工作载体,优化创业环境,加速人才引进。全年引进高层次创新创业人才 28 名(团队 12 个),资助各类人才项目资金 1200 万余元。组织申报国家、省、市级人才项目 33 个,增幅达 32%;进入省"博士集聚计划"面试 1 人;入选第四期省"333 高层次人才培养工程"第三层次培养对象 4 人;获"江苏省首批产业教授"称号 3 人,占全市名额的 23%;入选第四批市"331 计划"人才 7 人,获助金额 840 万元。在全市县(区)域人才项目评比中位列第二,入选 2012 年度国家"十二五"项目前沿技术类预备库项目 1 个。全区完成孵化器建设 4.5 万平方米,申请专利 1311 项,实现高新技术产业产值 133.58 亿元。 (许南江)

【推进村级"四有一责"建设】 2011 年,丹徒区委组织部坚持分类指导、分批推进原则,推进村级"四有一责"建设,根据各村实情,坚持宜工则工、宜农则农、宜商则商的原则,推进资源开发型、资产经营型、为农服务型、资产盘活型等村级集体经济发展模式,壮大农村集体经济;在活动阵地、信息网络、双强带头人建设方面,重点在规范管理、完善功能、提升服务上下工夫,增强村级组织服务能力,建立城乡统筹的为民服务体系,让农民享受到更多更好的公共服务。全区 89 个村(社区),村集体经济年收入达 30 万元以上的村 73 个,占 82%;村级综合服务中心建筑面积达 500 平方米以上的村 82 个,占 92%,建立"五室两超市一广场"的村 69 个,占 78%;建成农村现代远程教育网络站点 88 个,占 98%;"双强"型村级党组织书记 72 人,占 81%。 (许南江)

【指导非公党建工作】 2011 年,丹徒区委组织部坚持分类组建、全面覆盖的原则,对于符合单独组建条件的非公企业,采取动员部署和上门指导相结合的方式,确保企业及时组建党组织;对于有党员、但暂不具备单独组建条件的,将其纳入各镇(街道、园区)、各村(社区)新经济社会组织联合党组织的管理,或组建新的区域化、行业化联合党支部;对于没有党员的非公企业,一方面将符合建立工会、共青团条件的,先行组建起来;另一方面通过引导党员"亮身份"、发展党员、选派指导员、转接党组织关系、组织参加党员专场招聘会等方式,实现党的工作有效覆盖。全年共建非公企业单独党组织 156 个,联合党组织 78 个,覆盖企业 845 家,覆盖率达到 67.7%。 (许南江)

【深化拓展"春晖行动"】 2011 年,丹徒区委组织部出台《"春晖行动 2011"实施意见》,创新帮扶模式,通过"以富带贫"、"以资帮贫"、"以智扶贫"等多种方式,提高困难户自身的"造血"功能,完善领导带部门联系企业模式,援建经济薄弱村的重点发展项目,增强其村级集体经济增收能力。全年 87 家单位帮扶贫困户 1813 户,每户帮扶资金 1500 元,帮助 20 户困难家庭自主创业;30 位区领导牵头援建经济薄弱村发展项目 62 个,帮助流转土地 66.67 公顷。 (许南江)

【开展学习李林森同志先进事迹活动】 2011 年 11 月 27 日,丹徒区委组织部组织全区组织系统召开"学习李林森同志先进事迹座谈会",会议要求组工干部强化大局意识,把党和人民的利益作为组织工作的出发点和落脚点,坚持个人利益服从组织利益、局部利益服从整体利益,认真贯彻落实全区党建工作创新工程提出的"八项任务";强化责任意识,把所担任的职务当做一种责任,对国家负责、对社会负责、对百姓负责,确定每年 11 月为区委组织部组工干部下基层调研月,通过深入基层、深入群众,准确把握群众利益问题的变化和要求,为下一年的组织工作超前谋划、提前布局;强化奉献意识,把更多的精力用在提高业务能力、完成工作任务、关心党员干部上,学会在奉献中工作、在工作中奉献;强化勤廉意识,作为组工干部,要带头严格执行《中国共产党党员领导干部廉洁从政若干准则》等四项监督制度,严格执行中组部"十严禁"的纪律要求,做到思想上正确认识监督、感情上真诚欢迎监督、行动上自觉接受监督。 (许南江)

表 1 **2011 年丹徒区中共党员基本情况** 单位:人

项目		党员数	
		总数	在岗职工
总计		20304	9344
预备党员		448	448
女性		4284	2065
少数民族		48	20
年龄	35 岁及以下	3279	1893
	36 岁到 45 岁	4146	2827
	46 岁到 54 岁	4145	2541
	55 岁到 59 岁	2723	2083
	60 岁及以上	[illegible]	

续表

项目		党员数	
		总数	在岗职工
入党时间	1937年7月7日至1945年9月2日	28	—
	1945年9月3日至1949年9月	65	—
	1949年10月至1966年4月	1863	75
	1966年5月至1976年10月	3045	895
	1976年11月至2002年10月	10962	5769
	2002年11月及以后	4286	2605
学历	研究生	74	63
	大学本科	2248	2010
	大学专科	3310	2604
	中专	1724	1028
	高中、中技	4863	1991
	初中及以下	8085	1648

（许南江）

机构编制管理

【概况】 2010年3月，根据《中共镇江市委、镇江市人民政府关于印发〈镇江市丹徒区人民政府机构改革方案〉的通知》和《中共镇江市丹徒区委、镇江市丹徒区人民政府关于镇江市丹徒区人民政府机构改革的实施意见》规定，设立镇江市丹徒区机构编制委员会办公室（以下简称区编办），列区委工作机构序列，既是区委工作机构，又是区政府工作机构，负责全区行政管理体制和机构改革以及机构编制的日常管理工作。2011年，下发《镇江市丹徒区机构编制委员会办公室主要职责、内设机构和人员编制规定》，核定行政编制6名，设综合科（挂“监督检查科”牌子）、行政机构编制科、事业机构编制科3个内设机构。区编办按照区委、区政府决策部署和省、市编办机构编制管理工作要求，加强机构编制管理，狠抓落实，不断提高机构编制工作水平，深入开展创先争优活动。全年共为全区机关事业单位下达《编制使用通知单》11份，计60人次。 （严珑菲）

【服务经济建设】 2011年，丹徒区编办根据镇江市人民政府《关于调整丹徒区部分行政区划的批复》文件精神，批准成立镇江市丹徒区高资街道办事处、宜城街道办事处，出台宜城街道的三定方案；在丹徒高新技术园区设立丹徒区高新技术创业服务中心，高桥、辛丰、上党、荣炳、世业等5个乡镇的农业综合服务中心挂科技服务中心牌子。

（严珑菲）

【服务社会事业】 2011年，丹徒区编办批准成立丹徒区驸马山庄幼儿园；在区卫生局增设内设机构“食品安全综合协调科”，将区卫生监督所部分职能、人员编制进行调整；在区食品药品监督管理局批准成立丹徒区餐饮安全监督所。会同交通运输部门完成“乡镇交通运输综合管理所”及其分支机构设立工作。按照上级部署开展区公安局“三定”工作。 （严珑菲）

【加强机构编制监督检查】 2011年，丹徒区编办积极开展政府机构改革评估工作，全面检查全区政府机构改革相关文件贯彻落实情况，要求政府各部门对“三定”执行情况进行自评，24个政府部门提交了自评报告。重点对区人社局、区文广体局等4家单位进行“三定”执行情况评估，对区人社局、区教育局、区文广新局和区卫生局等4个单位负责人进行“三责联审”。

（严珑菲）

【推进政务和公益中文域名注册管理工作】 2011年9月22日，丹徒区编办召开全区中文域名注册管理工作推进会，对与会人员进行中文域名申请注册培训。年末，全区共有27家单位注册申请的44个中文域名通过审核，已注册中文域名19个。 （严珑菲）

【推进事业单位清理规范工作】 2011年10月13日，丹徒区编办召开“丹徒区事业单位清理规范工作会议”。通过清理规范，全面掌握事业单位机构编制执行情况，解决一些事业单位机构设置不规范、编制管理不严格等突出问题。

（严珑菲）

【规范事业单位登记管理】 2011年，丹徒区编办完成2010年度法人事业单位年检，实际年检合格211家，网上年检率为100%。办理设立登记事业单位16家，变更登记事业单位97家，注销登记事业单位7家。对年检合格、设立登记、变更登记、注销登记的事业单位在丹徒区事业单位登记管理局网站进行公告。 （严珑菲）

【做好规范事业单位开办资金工作】

2011年，丹徒区编办规范事业单位设立登记开办资金。对开办资金不符合要求的事业单位逐步进行规

范,目前已有16家事业单位增补开办资金。（严珑菲）

宣传工作

【概况】 2011年,中国共产党镇江市丹徒区委宣传部(以下简称丹徒区委宣传部)贯彻中共十七大、十七届六中全会精神和区委十一届十次全会、十二届党代会精神,紧扣中心,服务大局、奋力作为,为促进丹徒经济和社会发展营造良好舆论环境,提供强大的精神动力和文化支撑。一是扎实推进理论教育。举办区委中心组集中学习6场,组织"争创学习型党组织"、"争做学习型党员干部"等学习调研活动,组织全区各级党组织开展"读党史、感党恩、跟党走"主题教育和"远学常德胜近学张雅琴"活动,收到各类调研文章120多篇,其中15篇调研文章在市级以上刊物刊登。全区各基层党校办班100多期,轮训党员干部2.5万余人次,组织农村党员干部集中冬训1.2万人次,党员骨干受训率97%以上,普通党员受训率95%以上。二是强势推进宣传引导。宣传区委、区政府贯彻中央十七大和十七届五中、六中全会精神,紧紧围绕项目建设、民生建设、生态建设、城乡发展等全区重点工作进行宣传报道。策划"火红的五月、火热的现场"专题宣传以及"媒体丹徒行"、"各界评丹徒"等采访报道活动。三是狠抓精神文明创建活动。出台《文明城市创建工作长效管理意见》,集中开展"环境整治"、"亮化美化"和"设施完好"为主要内容的三大整治工程,圆满完成市委、市政府下达的各项创建任务,提升城市文明程度;在全市率先实施省市级文明行业(单位)年度量化考核,共创建成省级以上文明行业(单位、村镇)35家,其中世业镇被中央文明委授予"全国文明镇"荣誉称号。四是大力推动文化发展。继续加大对文体设施的投入力度,不断提升文化阵地的服务功能和使用效率。新建农民体育健身广场19个,为"农家书屋"添置书籍3000余册,光盘1000余盘,期刊30余种。依托农民健身广场、农家书屋、新城广场、镇文化站、村文化活动室等阵地开展各类文体活动近百余场次。认真落实数字电视转换以及农村"2131"电影放映等文化惠民工程,全年新增有线电视用户4000余户,完成数字电视转换1.4万户。引进省凤凰传媒有限公司投资近千万元建设新华书店丹徒新城店,加快推进以中国米芾书法公园为主体的长山文化园、世业洲长江文化主题公园等重点文化产业板块和项目的建设,积极利用杭州、昆山文化产业项目招商会等平台宣传推介优势文化产业项目,发布项目信息。全年,全区文化产业增加值达4.36亿元,GDP比重比上年增加87.9%。（朱广昌）

【理论教育成果丰硕】 2011年,丹徒区委宣传部组织"争创学习型党组织"、"争做学习型党员干部"等学习调研活动和"读党史、感党恩、跟党走"主题教育活动,更新"理论学习园地"内容,开展专题讲座4场,举办十七届六中全会精神等专题学习2场,召开专题调研会30多场,收到各类调研文章120多篇,其中市级以上刊物刊登15篇。（朱广昌）

【舆论宣传引导有力】 2011年,丹徒区在市级以上媒体用稿605篇,在央视《新闻联播》播发稿件2条,在新华社、《人民日报》《光明日报》《解放军日报》刊登稿件7篇,在其他国家级媒体刊用稿4篇,全区新闻宣传工作实现了在中央级媒体发稿的历史性突破。"生态丹徒"网刊出新闻稿1912条,图片新闻90条。1月11日的《丹徒"码头群"构建大物流》,4月6日的《丹徒生态建设显现"磁场效应"》,7月12日的《丹徒发展沿江经济下出"三着棋"》和12月2日的《丹徒大力推进法治文化建设》等稿件在全市产生较大影响。（朱广昌）

【文明创建成效显著】 2011年,丹徒区精神文明创建工作取得新成效。一是文明城市创建有声势。出台《文明城市创建工作长效管理意见》,集中开展"环境整治"、"亮化美化"和"设施完好"为主要内容的三大整治工程,圆满完成市委、市政府下达的各项创建任务,提升城市文明程度。二是文明行业(单位)创建有实绩。在全市率先实施省市级文明行业(单位)年度量化考核,建立"重过程、重实绩"的创建机制,取得明显成效,年底,全区已创成省级以上文明行业(单位、村镇)35家,其

2011年3月,开展"文明志愿者春风行活动",图为志愿者上门服务、宣传。

中世业镇被中央文明委授予"全国文明镇"称号。三是未成年人思想道德建设有实招。高标准完成全区25所"乡村学校少年宫"建设。围绕"我们的节日"主题，在清明、端午、中秋、重阳等传统节日，组织开展"祭奠先烈"、"了解民俗热爱家乡"、"话中秋谈感恩"等活动。结合生态区和文明城市创建等工作，开展"文明礼仪进课堂"、"环保知识进课堂"等活动。结合建党90周年系列活动，组织开展"唱支儿歌给党听"、"新童谣传唱"等活动。其中区驸马山庄国际幼儿园和上党中心校童谣传唱视频在中央文明网、中国未成年人网、中国网络电视网等国家级网络媒体展播。四是群众性精神文明建设有影响。组织开展丹徒区首届"和谐之星"评比活动。加大典型培树力度，成功推选出两名江苏省首届美德少年，"微型妈妈——宋正凤"和"巾帼创业之星——许前"获镇江市第四届大爱之星。组建丹徒区第一届志愿者理事会。深入开展"文明志愿者春风行动"，共组织以植树、清洁、义诊、交通劝导等内容的志愿者服务10余次，参与人数达3500余人次。积极推进志愿者网上注册工作，注册志愿者约1.5万人。 （朱广昌）

【网络舆情监管有效】 2011年，丹徒区委宣传部加强网络宣传、舆情监管和网评员队伍建设，做好生态丹徒网的建设和推广工作，提高对网络舆情的掌控能力。成立丹徒区网友联谊会和网络志愿者组织，壮大网络监管队伍，实行24小时网络值班制度。开展"镇江优秀新童谣推荐评选"活动，开辟"全民创业"、"住在丹徒"和"理论学习园地"等专栏。关注"生态丹徒"、"镇江网友之家"等热点论坛的帖子，全年整理上报《舆情动态》109期，报告处置重要舆情92条，在《镇江论坛》回复涉及丹徒区帖子565条，回复率100%。对舆情进行监测、引导，对重点舆情做到及时上报，及时处理。 （朱广昌）

【开展群众性文化活动】 2011年，丹徒区开展丰富多彩的城乡文化活动。3～5月，举办"党的温暖到我心"文化惠民乡村行活动10场；5月20日，举办生态丹徒系列广场活动——"文明丹徒、和谐新城"广场文艺晚会；7月1日，举办"颂歌献给党"丹徒区歌咏大会；8月24日晚，在大市口举行镇江市"十团百场"基层文艺巡演丹徒专场演出；8月30日，举办丹徒区首届田歌大赛；9月25日，举办江苏省老年人体育节丹徒新城闭幕式；12月2日，丹徒田歌受邀参加镇江市民间文艺家协会和市民间艺术馆联合举办的燕子窝山歌交流采风会，培训辅导10个业余文艺团队的活动策划、节目编排及演出。全年组织各类文化活动百余场，组织覆盖全区的送书、送戏、送电影等文化下乡活动1200余场。 （朱广昌）

【区委中心组学习】 2011年，丹徒区委宣传部协助区委举办区委中心组高层次学习讲座6次。3月26日，省科技厅原副巡视员詹世平作"科技创新与转型升级"专题讲座；7月25日，组织学习胡锦涛总书记"七一"重要讲话；8月19日，省法制办邢丽作"法制政府建设"专题讲座；10月12日，中国政法大学教授应松年作"行政强制法"专题讲座；11月23日，省纪委副书记刘成林作"省十二次党代会"辅导讲座；12月2日，组织全区副科级以上领导干部对十七届六中全会精神集中学习。通过学习，各级领导干部扩大了视野、提升了理论水平。

（朱广昌）

【世业洲长江草莓音乐节】 2011年10月2～5日，首届长江草莓音乐节在丹徒区世业洲鹭岛举行，吸引全国各地乐迷15万人。为此，区委宣传部牵头成立由世业镇党委、政府和区公安、交通、卫生、食品药品监督、信访、安全生产管理等单位组成的长江草莓音乐节后勤保障工作小组，多次召开协调会，分解任务，落实责任。活动期间，区领导及相关部门负责人24小时值班，保证活动顺利圆满举行。（朱广昌）

【党员干部冬训工作】 2011年，丹徒区在党员干部冬训工作中创新推出"六个一"（唱响一首红歌、组建一支队伍、编写一本材料、宣传一批典型、举办一次研讨、举办一件实事）的特色活动。2011年12月～2012年2月，共举办辅导讲座36场，开展现场观摩12次，举办农村实用技术培训15场，培训农村党员3000多人次，组织党员干部为群众办实事60余件，走访慰问困难户100多户。冬训创新案例获市二等奖1个，优秀奖3个。 （朱广昌）

【创业型城区宣传】 2011年，丹徒区委宣传部下发《丹徒区2011年创业型城区宣传工作计划》。开展创业文化大讨论活动，区创建办会同相关部门，召集企业家、机关干部、普通创业者、大学生、农民及社区群众等各个层面的人士，召开"创业文化大讨论"座谈会8场，举办了"创业文化我践行"主题征文、演讲比赛，收集各类文章60余篇，其中4篇在《京江晚报》"创业文化大家谈"栏目上发表。组织1500余名文明志愿者，在人流量较大的华山路商业街、人民广场、宝堰新街等地段，开展创业政策咨询、宣传活动，编印发放《创业服务指南》等政策指导手册、宣传折页3.3万余份、《创业者的故事》3000册。在市、区电视台制作、播出创业型城区建设工作的公益宣传广告近1000条、创业政策信息短波150余篇、《创业路上》专题节目32档。加大媒体宣传力度，重点围绕科技创新、发展新型创业和农民进城投身三产服务业、成立农业专业合作社方面进行宣传，全年省、市级媒体共刊播丹徒区创业创新稿件52篇，《科技日报》1篇。

（朱广昌）

【文艺创作精品迭出】 2011年，丹徒区文艺作品创作获省及以上奖项4人次，获市级奖项31人次。其中，摄影作品《超越自我》获中国第十四届国际摄影艺术展银奖；美术作品《长山初雪》获"庆祝建党 90 周年"——"五彩昆山·水墨玉峰"江苏省美术书法摄影作品大展银奖；摄影作品《大别山小媳妇》获"庆祝建党 90 周年"——"五彩昆山·水墨玉峰"江苏省美术书法摄影作品大展铜奖；少儿故事《插班生妞妞》获第三届中国故事节全国红色故事会优秀表演奖；小品《情系蝴蝶兰》获全市科普文艺汇演创作一等奖。

（朱广昌）

统战工作

【概况】 2011 年，中国共产党镇江市丹徒区委员会统一战线工作部(以下简称丹徒区委统战部)认真贯彻落实中央、省、市统战部部长会议精神，紧贴区委中心工作，按照全区党建工作会议制定的统战工作思路，把统战工作置于全区工作大局中去谋划、去推进、去落实，最大限度地发挥统战优势，为全区"加速同城化、同步现代化"增加助力，形成合力。一是开展理论政策学习。组织统战部全体人员和民主党派骨干及无党派代表人士学习党的十七届五中、六中全会精神和省市统战工作会议精神等。继续在民主党派中开展学习和践行社会主义核心价值体系教育活动。不断深化党外人士的共识教育。二是支持区各民主党派、工商联、无党派人士民主监督、参政议政、建言献策。在区"两会"上，全区统一战线各界人士共提议案、建议 10 件，集体提案 20 件，个人或联合提案 74 件。占整个提案的 80%、参与提案的党外政协委员 76 人，占党外委员总数的 88%。统一战线各界人士在参与对口联系、调研视察、特邀(约)人员活动中，形成调研报告 30 篇，向相关部门提合理化建议 30 余条。三是加强统一战线成员的思想和组织建设。围绕纪念中国共产党建党 90 周年，继续在民主党派中开展践行社会主义核心价值体系教育活动，在民主党派、工商联、无党派人士联谊会开展"重温历史、同心同行"主题活动，组织党外骨干人士 40 余人赴溧阳新四军江南指挥部参观学习，接受革命传统教育。配合民主党派市委会换届工作，做好全区民主党派成员的思想教育引导工作，确保在思想上、行动上与上级组织保持一致。协助民建总支对支部班子成员进行调整充实。协助区工商联做好换届前人事准备和考察工作。四是加强党外代表人士队伍建设。围绕 2012 年初的人大政协换届，与区委组织部联合在省社会主义学院举办一期党外人士培训班，开展统一战线理论方针政策的学习教育，积极做好换届中党外人士的推荐、考察和人士储备工作。（陈毅强）

【举行各界人士迎春联欢会】 2011 年 1 月 28 日，丹徒区委统战部与区政协办公室联合在丹徒新城会议中心举行各界人士迎春联欢会。区委、区人大、区政府、区政协领导与社会各界人士代表欢聚一堂，共话发展，同庆新春的到来。区委书记丁憬到会讲话，回顾 2010 年和"十一五"期间丹徒取得的成绩，并为"十二五"勾画美好前景。会后，与会人员观看了精彩的文艺演出。

（陈毅强）

【召开统战工作研讨会】 2011 年 2 月 28 日，丹徒区委统战部召开统战系统(侨办、侨联、台办、工商联、民宗局)各部门负责人会议。会上学习全市统战工作会议精神，各部门汇报交流 2011 年重点、亮点和特色工作。区政协副主席、统战部部长黄河图对 2011 年统战工作提出要求。（陈毅强）

【贯彻落实全市统战部长会议精神】 2011 年 7 月 19 日，丹徒区委统战部召开统战部全体人员和统战系统各单位负责人会议，认真传达学习全市统战部部长会议精神。区侨办、区侨联、区工商联、区台办、区民宗局等单位负责人参加会议。会上，统战系统各单位汇报交流下半年重点工作，着重学习市委统战部今年实施的对辖市区委统战部的考核实施内容。区政协副主席、统战部部长黄河图对考核内容中的 12 大项 22 小项进行逐条学习和解读，并分解和落实。（陈毅强）

【召开全区统战委员会议】 2011 年 8 月 9 日，丹徒区委统战部在上党镇召开全区统战委员会议，7 个镇、2 个园区的统战委员和丹徒新城管委会分管统战工作的负责人参加会议。会上，各单位分别汇报交流上半年统战工作情况、工作中存在的问题和对做好今后统战工作的意见和建议。区政协副主席、统战部部长黄河图重点传达了全市统战部长会议精神，并结合丹徒实际，对下半年重点统战工作进行部署，提出要求。（陈毅强）

【举办党外人士培训班】 2011 年 8 月 23～25 日，丹徒区委统战部和区委组织部联合在江苏省社会主义学院举办党外人才培训班，参加培训的党外人士 30 人。培训班上，组织学习了中国特色社会主义核心价值体系、社会管理创新工作、参政议政等内容。通过讲授式、研究式、案例式等教学方法，增强了老师与学员间互动，针对性、实效性强，学员们普遍认为，这种授课方式，启发性强、互动性好，便于记忆，而且授课内容好、质量高、收获大。培训后，组织部分学员外出参观考察。

（陈毅强）

【组织学习十七届六中全会精神】 2011 年 11 月 16 日，丹徒区委统战部、区工商联合组织学习党的十七届六中全会精神。与会人员交流了在学习过程中的心得体会，区政协副主席、统战部部长黄河图结合统战工作实际，就统战系统学习贯彻六中全会精神提出三点要求。

（陈毅强）

农村工作

【概况】 2011 年，中国共产党镇江市丹徒区委农村工作领导小组办公室(以下简称丹徒区委农办)紧扣“加速同城化、同步现代化”主题，突出“农村发展、农业增效、农民增收”核心，多措并举、扎实推进农业农村工作。全年农民人均纯收入1.17万元，比上年增长17%。一是高效农业持续增效。全年完成农业增加值13.6亿元，比上年增长18.8%。连续八年粮食增收，全年粮食总产19.5万吨，比上年增长1.14%。农业总产值20.1亿元，纯效益9.48亿元，比上年分别增长26.2%、28.8%；二是现代农业建设持续加速。省级现代茶业产业园创建成功，全年新增市级现代农业产业园区4个，建成面积2666.67公顷；新增高效农业面积433.33公顷，新增设施农业面积2660公顷，其中亩均效益万元以上设施农业面积433.33公顷；新增高效渔业面积433.33公顷；现代农业发展水平达66%；三是生态建设持续升温。全国生态区建设通过省级验收，高桥镇、上党镇、谷阳镇被命名为国家级生态镇，生态村达80.7%。全年新增绿化面积800公顷，清淤整治河道12条，土方85万立方米，农村垃圾处置长效机制进一步巩固，农村面貌焕然一新；四是民生保障持续改善。农民医保、养保参保率进一步巩固，报销比例不断提高，部分有条件的失地农民、创业农民、乡镇企业职工实现“同城待遇”。农村“五保”、残疾人员、低收入家庭保障水平明显提升。区社会福利中心、残疾人康复中心正式运营；五是农村改革活力持续增强。全年新增农民“三大合作”组织61个，新增合作组织入社农户1.43万户。全市首家跨地区专业合作联社在江心洲挂牌，全市唯一国家级首批实训基地落户春沁茶叶合作社。土地流转机制更加健全合理，12月，区土地仲裁中心被农业部合作经济经营管理总站评为土地承包经营纠纷仲裁工作先进单位。2012年1月，高资镇陈丰村、辛丰镇龙山村、谷阳镇谷阳村被江苏省委农村工作领导小组评为江苏省社会主义新农村建设示范村。 (刘正国)

【推进“三新”建设】 2011年，丹徒区委农办完成“三新”(新市镇、新农村、新园区)建设投入30.5亿元，开竣工建设农民集中居住点57.5万平方米，“三新”建设“两年打基础”目标基本完成。辛丰镇投资总量和形象进度均达到年度建设总体目标。宝堰镇集镇改造开发项目加快推进，“一园五基地”观光农业基本建成。高资镇、上党镇、高桥镇等镇域建设总体规划完稿。京江新社区建成投入使用，唐驾庄村、千里新社区安置房交付，龙山新社区安置房封顶。村级“四有一责”年度建设和农村“三资”(资金、资产、资源)工作任务全部完成。 (刘正国)

机关党建工作

【概况】 2011年，中国共产党镇江市丹徒区委区级机关工作委员会(以下简称丹徒区级机关党工委)围绕区委“加速融入主城区，率先实现现代化”工作中心，开展“三比三创”主题实践活动、庆祝建党90周年系列活动。年末，区级机关党工委有党总支部9个，党支部103个，党员2090人。年内发展新党员42人，预备党员转正51人。12月，被市级机关党工委评为2011年度机关作风评议工作先进单位、2011年全市机关党建信息工作三等奖。 (薛 艳)

【基层党组织建设】 2011年，丹徒区级机关党工委坚持党委部门专职副书记例会和直属支部书记例会制度，搭建交流平台，畅通部门之间工作的交流渠道，营造各部门“比、学、赶、超”的创先争优氛围。加强对镇、园区、街道机关党建工作的联系与指导，定期召开镇(园区、街道)机关党组织书记例会，与区级机关党建同布置、同落实、同检查，相互学习，共同提高。 (薛 艳)

【加强机关党建工作】 2011年，丹徒区级机关党工委制定《2011年度党建工作意见》，重新修订完善《丹徒机关党建工作目标管理考核细则》和《丹徒区镇(园区、街道)机关党建工作目标考核细则》。在2011年镇(园区、街道)机关党建考核中，辛丰镇机关获一等奖，高资镇、宝堰镇机关获二等奖，谷阳镇机关、江心园区机关获三等奖。 (薛 艳)

【文明机关三项工作考核】 2011年，丹徒区级机关党工委根据《丹徒区区级机关日常考核实施细则(试行)》的要求，11月9～11日，由区作风办负责人带队，区作风建设监督点负责人、区作风建设监督员参加，分成七个组，采取一听(听汇报，单位负责人介绍情况)、二看(看资料，不要求建立单独台账)、三查(对照考核细则检查打分)的形式，对区级机关各部门进行三项工作考核。 (薛 艳)

【加强机关作风建设】 2011年，丹徒区级机关党工委一是将2010年社会各界评议区级机关的结果进行通报，把评议中社会各界提出的意见反馈。开通投诉信箱、网络信箱、监督电话等多种形式听取社会各界对机关部门作风和效能方面的投诉并及时督办。重新修订《区级机关综合考核评比办法》《丹徒区区级机关日常工作考核实施细则》，新增行政权力网上公开运行和机关节能考核，使考核评比更加科学合理、全面公正，结果更具权威性，奖惩更有针对性。二是查改结合，以实际行动和作风建设的新成果取信于民。机关各部门以解决基层和群众关注的问题为重点，把整改作为加强作风建设的关键环节，明确整改责任、时间进度和目标要求，坚持以作风转变促效能提升。 (薛 艳)

【群团组织建设】 2011年5月，丹徒区级机关党工委工会工委组织干部职工参加“责任比贡献更重要”大讨论，撰写心得体会文章，上报区总工会信息报道10篇，论文5篇。开展机关干部职工互助互济保险工作。4月,妇工委组织参加市妇联组织的健美操大赛。团工委组队参加"红诗颂"、"'房管杯'红色歌曲演唱比赛"、"红色微博"大赛,均取得较好的成绩。6月,在市妇联组织的"好月嫂、好厨娘"比赛中获一等奖。（薛 艳）

【文体活动】 2011年5月,丹徒区级机关党工委组织机关干部参加全区第六届运动会,获象棋比赛个人三等奖,乒乓球比赛个人二、三等奖,团体二等奖,拔河比赛二等奖,羽毛球比赛团体五等奖,区级机关党工委获优秀组织奖。在全市组织的"锦绣镇江"摄影比赛中,多幅作品获奖。（薛 艳）

党校工作

【概况】 2011年,中国共产党镇江市丹徒区委党校(以下简称丹徒区委党校),坚持以邓小平理论、"三个代表"重要思想、科学发展观为指导思想,以内强素质,外树形象,求实创新,争创一流为工作主线,突出服务经济社会发展大局,注重培训实效,强化科研创新,加强队伍建设,各项工作稳步推进,完成年初确定的各项目标任务。在2011年度机关综合考评中列前十位,被丹徒区人口和计划生育领导小组评为人口与计划生育齐抓共管部门二等奖,机关作风建设被区委,区政府通报表扬。（薛厚平）

【支部廉政建设有成效】 2011年,丹徒区委党校党支部努力营造"团结,务实,敬业,创新"的新校风,用"立足岗位作奉献,人人争创文明岗"要求干部职工,用"优良服务,优质教学"塑造党校人良好的社会形象,组织干部职工学习"三个代表"重要思想,科学发展观,以及十七大以来的各项方针政策,组织观看《党风廉政建设》等系列教育录像片。发展党员1名,1人向党组织提出入党申请。（薛厚平）

【举办各类党员干部培训14期】 2011年,丹徒区委党校按照《干部教育培训工作条例》要求,完成全年干部教育培训任务,全年共举办各类培训班次14期,累计培训达1500人次,增幅率20%。其中科级干部培训5期,全区正副科级领导干部参训率99%,新农村建设干部培训班2期,培训对象涉及各镇基层干部、大学生村官。统战、共青团等其他业务培训班7期,均取得良好的培训效果。（薛厚平）

【理论调研成果喜人】 2011年,丹徒区委党校组织力量,围绕丹徒区推进城中村建设,城中村经济发展,科技产业园发展,文化名城建设,非公有制企业党建工作开展调查研究,形成调研报告4篇,总字数近3万字,为丹徒区经济建设和文化名城建设献计献策。完成党校系统社会科学课题《推进城乡统筹的基层党建工作研究》《基层党组织化解社会盾和处置群体性争议的政策研究》2项,争先创优理论课题《关于围绕加强基层党组织创先争优的实践思考与长效机制研究》1项,申报市级新课题2项,全年公开发表和被收录各类文章3篇,共计1.5万字,分别在《管理学家》《党政干部论坛》发表,在市党校系统社会科学研讨会评先中获三等奖2次,全年获奖文章系历年来数量最多,影响最大。（薛厚平）

【开展扶贫救灾工作】 2011年,区委党校开展"春晖行动",先后走访辛丰镇贫困户6户,为他们脱贫致富出谋划策,捐赠资金1.2万元,组织开展慈善捐赠活动,全体教职工共捐款3500元。（薛厚平）

【扩大影响做宣传】 2011年,丹徒区委党校通过区内信息刊物,省委党校通讯等各种形式报道宣传区委党校工作,提高区委党校知名度。积极加强与省、市委党校之间的交流,主动邀请省、市委党校领导、教授到区委党校参观指导,向他们介绍丹徒区经济和社会发展的成功经验,受到一致好评。（薛厚平）

党史·地方志

【概况】 2011年,中国共产党镇江市丹徒区史志办公室(以下简称丹徒区史志办)围绕区委、区政府中心工作,顺利出版发行《丹徒年鉴(2011)》,组织开展优秀条目评比活动,全力推进《镇江市丹徒区志(1986～2005)》编修工作,加强专业志、乡镇志的指导和服务,完成《镇江年鉴(2011)》丹徒概貌供稿任务。9月,《丹徒年鉴(2010)》获第五届全国年鉴编校质量评比三等奖。年底,《丹徒年鉴(2011)》获全省市县(市区)综合年鉴创新栏目三等奖和优秀条目三等奖。（刘 芳）

【顺利出版《丹徒年鉴(2011)》】 2011年10月,丹徒区人民政府主办、《丹徒年鉴》编辑部编纂的《丹徒年鉴(2011)》由方志出版社出版。该期年鉴是连续编辑出版的第19期,新增和调整部分类目、分目,取消副分目,新设创先争优活动、春晖行动、创建国家生态区等内容,全面系统记述丹徒区2010年政治、经济、社会、自然等方面的基本面貌、发展状况以及发生的大事、要事、新事。全书共设32个类目、139个分目、1100多个条目,彩页118页,72.5万字,印刷出版发行800册。（刘 芳）

【继续推进《镇江市丹徒区志(1986～2005)》编修工作】 2011年,丹徒区史志办定期召开业务交流会和专题座谈会,交流编修进展情况和任务完成情况,研究和探讨重点卷目,保证志书资料的准确性,提高志书质量。4月29日,召开二轮修志工作形势分析会,各责任编辑总结交流工作任务完成情况,修志人员对部分返回各部门(单位)审稿的卷、章、节逐一研讨,针对提出的建议、意见和存在的主要问题,共同商讨解决方法,取得一定成效。7月5日、8月16日,分别召开丹徒区地方志编纂委员会工作会议和《丹徒区志(1986～2005)》初稿评审会，18个重点部门(单位)修志组稿人员和区史志办修志编纂人员共25人参加会议，会上，修志组稿人员对所涉及内容进行审阅，并对全书内容提出意见与建议，同时对志书初稿内容丰富、资料翔实、记述规范，具有鲜明时代和地方特色，能客观反映1986～2005年丹徒区地方发展过程给予肯定。年底，志书进入统稿阶段，进度和质量处于全市领先位置。全年在区委、区政府动态及市史志简讯中发表信息10余篇。

（付　媛）

【开展优秀条目评比活动】 2011年11月，丹徒区史志办开展《丹徒年鉴(2011)》优秀条目评比活动，以要素齐全、资料准确、语言文字规范为标准，评选出“城乡面貌焕然一新”等66条优秀条目，予以表彰。年鉴优秀条目评比表彰，促进全区年鉴工作者学习先进、钻研年鉴业务，进一步提高年鉴整体质量。

（刘　芳）

老干部工作

【概况】 2011年，中国共产党镇江市丹徒区委老干部局(以下简称区委老干部局)以创先争优活动为抓手，以创建学习型、效能型、服务型机关为途径，努力打造一支政治坚定、理念先进、业务精通、作风务实的干部队伍，工作效能和服务层次有了新的提升。年末，全区有离休干部178人，其中行政102人、事业31人、企业45人；年龄80周岁以上169人，70～79周岁9人；享受地(厅)级待遇8人，县(处)级待遇93人，科级待遇77人；抗日战争前期参加革命工作10人，抗日战争后期参加革命工作37人，解放战争时期参加革命工作131人。6月29日，区委老干部局被镇江市委和丹徒区委分别授予“先进基层党组织”称号。年底，区委老干部局在全区机关综合考核中排名第三，被评为区级机关综合考核十佳先进单位、机关作风建设先进单位和人民满意单位。（潘月红）

【开展争做“四好”离退休干部党员网上签名承诺活动】 2011年4月，按照省、市老干部局《关于认真组织争做全省“四好”离退休干部党员网上自愿签名活动的通知》要求，组织丹徒区离退休干部开展争做“四好”离退休干部党员网上自愿签名承诺活动。全区机关和企事业共1000余名离退休干部在网上签名承诺，做到“学习活动好、教育后代好、发挥作用好、保持本色好”。

（潘月红）

【组织离退休党员干部牵手大学生村官】 2011年4月，省委老干部局组织开展“离退休党员干部牵手大学生村官”主题实践活动。丹徒区委老干部局结合全区老干部的爱好、特长、身体等情况，本着自觉自愿，量力而行、就近就便，发挥优势的原则，按照“六个一”(牵手双方签订一份《牵手活动承诺书》，商定一份牵手活动计划，每月联系交流一次情况，记好一本《牵手活动联系簿》台账，每季度到大学生村官所在村(社区)实地调研指导一次，每年帮助大学生村官办一件实事或解决一个难点问题)的要求，组织25名老干部或“五老”志愿者与21名大学生村官结成牵手对子。

（潘月红）

【落实破产企事业单位离休干部医疗待遇】 2011年，丹徒区离休干部医疗经费统筹标准为2.75万元，比上年增加5500元；离休干部个人医疗账户为5000元。为落实困难单位离休人员医疗待遇，区委老干部局会同区委组织部、区财政局、区人力资源和社会保障局联合发文，明确困难单位离休人员医保统筹费的筹集分担比例，并进行专项督查，要求各相关单位抓好落实。

（潘月红）

【举办老干部党史教育讲座】 2011年6月16日，丹徒区委老干部局邀请镇江市委党校教授许启强为全区离退休老干部党支部书记和部分离休干部，进行“牢记党的历史、服务跨越发展”党史知识讲座。学习后，老干部们表示不会忘记党的光辉历史和丰功伟绩，继续发扬党的优良传统，为实现本地发展新跨越作出新的贡献。（潘月红）

【认真落实离休干部生活待遇】 2011年4月，中央决定提高离休干部生活补贴标准和扩大发放范围。为确保全区每个离休干部均能增加一个月的生活补贴，丹徒区委老干部局与区委组织部、区财政局、区人力资源和社会保障局联合下发通知，配合有关单位在7月1日前结合走访慰问，将2011年增发的生活补贴送到每一位离休干部手中。6月，中组部下发《关于调整离休干部护理费标准的通知》，区委老干部局主动与各单位、部门联系，协调、跟踪督查，确保全区离退休干部护理费在政策范围内全面及时调整到位。（潘月红）

【兑付离休干部住房补贴】 丹徒区离休干部住房补贴工作从2009年8月开始正式启动，通过三年分期兑付至今年9月，为全区170名离休干部，共兑现住房补贴600万余元。其中包括国有、集体改制破产企业离休干部61人，涉及资金230万余元。（潘月红）

【区领导为百岁离休干部庆祝生日】 2011年是第24个敬老节，丹徒区委老干部局为19位80、90岁的老干部登门祝寿。9月28日，区委副书记、组织部部长陈可可在区委办公室、区委老干部局有关负责人的陪同下，上门为全区第一位百岁离休干部毛启忠老人庆祝寿辰。陈可可向老人送上生日蛋糕、鲜花和慰问金，仔细询问老人的身体和生活情况，嘱咐老人保重身体，共享丹徒建设的美好未来。

（潘月红）

保密工作

【概况】 2011年，镇江市丹徒区保密局(以下简称区保密局)牢牢把握区委“转型、跨越”工作主旋律，凝心聚力，真抓实干，创造性开展工作。2月，被省保密局评为先进集体；8月，被国家保密局金城出版社评为2009～2011年度通联工作先进单位。 (洪云国 孙润州)

【规范领导干部保密工作程序】 2011年，丹徒区保密局严格执行《领导干部保密工作守则》，切实履行领导干部保密工作责任制。一是做好数据库加密处理，保证数据库信息安全；二是安装国家安检部门指定的防火墙、杀毒软件和检测入侵设备，及时更新杀病毒软件和病毒库，确实保障网络运行安全；三是对内部重要信息及时备份，对计算机存在的安全漏洞及时修复；四是专设一台计算机连接国际互联网或其他公共网络，用于查阅信息、下载资料等。恪守“涉密机不上网，上网机不涉密”原则，不断完善人防、物防和技防措施，确保党和国家秘密安全。 (洪云国 孙润州)

【加强涉密计算机规范管理】 2011年，丹徒区保密局实行涉密计算机信息系统分级管理和防护，健全涉密网络和涉密存储介质制度建设。执行政府信息网络与国际互联网物理隔离，严格执行涉密报告制度，杜绝失泄密事件的发生。

(洪云国 孙润州)

【规范保密行为】 2011年4月，丹徒区保密局组织全区党政领导、秘书、办公室主任186人参观中央保密办、国家保密局会同最高人民法院、最高人民检察院、公安部、国家安全部和解放军保密委员会共同举办的“全国窃密泄密案例警示教育展”巡回展。明确要求各单位分管领导和业务主办人员要共同严守工作秘密，防止“密从口出”和“密从手失”。建立健全保密工作台账，加强许可资质申请单位的指导审核工作。依法对打字文印人员实行岗前保密培训，对秘密级以上文件资料实行专人打印，将微机内存秘密级以上文件资料及时加密处理，上级秘密级文件禁止对外复印，废旧涉密载体定点销毁。采取定期不定期抽查和年终审核的方式，通过保密检查和自查，不断灌输涉密人员的保密知识，消除安全隐患，堵塞保密漏洞，做到保密工作督查到位。会同区公安局、区教育局、区卫生局、区食药监局、区工商局及区住建局对全区高考和中考试题存放室及考场周围情况进行专项检查2次，确保考试的正常进行。3月，市保密局对照《国家秘密载体印刷、制作定点许可保密管理规定》的有关要求，对佳信机关文印中心和镇江京润印务有限公司进行4次检查审核，确保印刷制作定点单位的规范运作。

(洪云国 孙润州)

【落实保密重点单位责任制】 2011年，丹徒区保密局排出定点印刷企业、关键部位、重点部门和要害部位，将保密重点部门和部位的计算机列为检查的重中之重，严格对照保密等级对号入座，认真做好文件收发、传送和清退工作；对上级文件实行专人收发，严格上级秘密以上文件的签收、传送制度，及时清收上级文件，避免丢失；对密码电报按规定做好核对、移交和销毁工作；按要求做好涉密文件的立卷、归档工作。

(洪云国 孙润州)

【做好区电子政务信息系统的涉密管理工作】 2011年，丹徒区保密局推进政府电子政务涉密工作，加强各涉密单位的电子资料安全保密工作。对各单位的计算机逐一会堂、全面摸底，查找问题，进行登记造册，摸清上网计算机和涉密计算机总体情况；重点加大信访局、档案局等保密要害部门和保密要害部位建设，协助其改善硬件、网络环境，健全内部规章制度，规范管理程序，明确责任要求。统一规划各单位保密办公用房，及时调整保密经费，购买涉密检查、涉密数据消除软件、涉密电脑、打印机和U盘等办公设备，利用技术手段杜绝失泄密事件发生。全年，征订《保密工作》126份，实现每年递增的目标。

(洪云国 孙润州)

【做好涉密计算机安全防范工作】 2011年，丹徒区保密局出台《关于做好丹徒区信息系统和信息设备使用保密管理规定的通知(试行)》和《关于做好丹徒区电子政务内网保密审批工作的通知》，强化对涉密计算机、移动存储介质等设备使用的保密管理力度，与政府电子政务主管部门密切合作，采取安全审计、主机行为管理等技术手段增强涉密机网络的安全使用，杜绝涉密机非法外联的可能。加强公务网站管理，加大对政府电子政务网络建设与应用的指导和保密管理，落实“谁上网谁负责，谁主管谁负责，谁接入谁负责，明确责任到人”。严格节点接入审批程序，坚持上网信息审查审批制度。 (洪云国 孙润州)

【做好涉密文件和资料的保密工作】 2011年，丹徒区保密局在公文处理、文件制作、收发、登记、传递、使用、复制、清退、销毁、归档等环节作出严格规定，微机内存秘密资料文件实行密码管理，设置涉密机开机和系统双重密码，定期更换密码，做到专人专机专用，杜绝他人随意调看。 (洪云国 孙润州)

丹徒区人民代表大会

责任编校：王雪松

综　　述

【概况】　2011年，镇江市丹徒区人民代表大会常务委员会(以下简称丹徒区人大常委会)在区委的领导下，紧紧围绕全区工作大局和区十四届人大四次会议确定的年度目标任务，认真履行法定职责，努力做好人大工作。全年共举行人大常委会会议7次，召开主任会议6次，开展专题调研视察活动12次，听取和审议"一府两院"专项工作报告18个。

(张荣辉)

【丹徒区人大常委会重要决议、决定】　2011年5月20日，区十四届人大常委会第二十五次会议作出《关于批准2010年区本级财政决算的决定》。9月21日，区十四届人大常委会第二十七次会议作出《关于设立镇江市丹徒区人大常委会高资街道工作委员会的决定》、《关于在全区实施法制宣传教育第六个五年规划的决议》。11月21日，区十四届人大常委会第二十九次会议作出《关于区、镇人民代表大会换届选举问题的决定》、《关于设立镇江市丹徒区选举委员会的决定》。12月19日，区十四届人大常委会第三十次会议作出《关于批准2011年全区财政预算部分项目调整意见的决定》、《关于表彰优秀区人大代表、优秀议案和建议的决定》。(张荣辉)

【授予9家单位"2010年度效能建设优胜单位"】　2011年1月，丹徒区十四届人大常委会第二十三次会议和区十四届人大四次会议期间，区人大常委会组成人员和全体区人大代表对政府工作部门(含部分市垂直部门)和"两院"工作效能进行测评。经统计，所有被测评部门均被评为满意或基本满意单位。3月，区人大常委会授予区人民检察院、区人民法院、区政府办公室、区教育局、区科技局、区司法局、区国税局、区发改经信委、区统计局等9家单位"2010年度效能建设优胜单位"奖牌。

(张荣辉)

【督办代表建议60件】　丹徒区十四届人大四次会议期间，代表提出建议、批评和意见27件，10人以上联名提出议案转建议办理的33件，计60件。常委会积极完善督办机制，从交办环节开始，将跟踪督办贯穿于办理工作全过程，第二十七次常委会专门听取和审议了区政府关于区十四届人大四次会议代表建议办理情况的报告，并对政府办理建议的满意度进行了票决。通过一年努力，60件建议得到了认真办理，代表对建议的答复表示满意和基本满意的60件，占100%，已解决和基本解决的10件，正在解决或列入解决计划的48件，受客观条件的制约暂时难以办到、有待今后积极创造条件解决，或与现行政策规定不符、尚不能解决的2件。

(张荣辉)

【依法任免地方国家机关工作人员62人次】　2011年，丹徒区人大常委会共任免地方国家机关工作人员62人次，其中任命区人民政府副区长1人，政府组成部门负责人0人，"两院"工作人员18人。

(张荣辉)

【出台丹徒区人大常委会会议票决暂行办法】　2011年3月22日，丹徒区十四届人大常委会第二十四次会议通过《丹徒区人民代表大会常务委员会会议票决暂行办法》。办法共七条。该办法主要规定：人大常委会会议对决议、决定、议案表决通过时，由常委会全体组成人员进行票决。对"一府两院"涉及重大事项及人民群众关注的热点问题的事项，由人大常委会委托主任会议决定是否实行票决。票决的事项，由常委会全体组成人员的过半数通过方能生效，如未过半数则暂不执行，对确有必要的事项，可重新提请人大常委会审议表决。审议"一府两院"专项工作报告需要票决的，赞成数未超过应到会组成人员半数的不予通过，报告机关必须按照人大常委会的要求，在指定时间重新报告。

(张荣辉)

【修订年度工作效能测评暂行办法】　2011年3月22日，丹徒区十四届人大常委会第二十四次会议通过对《区人大常委会关于对区政府工作部门和"两院"开展年度工作效能测评暂行办法》第十一条的修订。修订为：对年度工作效能测评排名前8位的单位，由区人大常委会颁发"年度效能建设优胜单位"奖牌。对连续三年获得"年度效能建设优胜单位"的，由区人大常委会颁发"人民满意单位"奖牌。年度工作效能测评排名后3位的单位须向区人大常委会作出报告。年度效能测评结果为不满意的单位，要在测评结果公布后1个月内提出整改措施，6个月内将整改情况向区人大常委会书面报告，必要时提请区人大常委会会会议审议。若连续两年测评为不满意的单位，按照法定程序组织询问、质询直至建议区委对单位主要负责人及班子成员予以调整。

（张荣辉）

【设立丹徒区人大常委会高资街道工作委员会】 按照《省政府关于撤销镇江市丹徒区高资镇设立高资街道办事处的批复》精神，根据《中华人民共和国地方组织法》的有关规定，2011年9月21日，区十四届人大常委会第二十七次会议决定，在高资街道设立工作委员会，作为区人大常委会的派出工作机构。

（张荣辉）

重要会议

【丹徒区十四届人大四次会议召开】 2011年1月11～14日，丹徒区第十四届人大四次会议在丹徒新城会议中心礼堂举行。应到代表180人，实到代表180人。区政府组成人员、区级机关各部门及单位、镇和园区负责人等114人列席会议。区政协委员列席大会开幕式及第三次全体会议，原担任区人大常委会领导和委办负责人的离退休人员应邀列席大会开幕式。会议听取和审议区人民政府区长陈琳所作《政府工作报告》、区人大常委会主任张锦荣所作《丹徒区人大常委会工作报告》、区人民法院院长施吉祥所作《丹徒区人民法院工作报告》、区人民检察院检察长高春荣所作《丹徒区人民检察院工作报告》，审查区人民政府《关于丹徒区2010年国民经济和社会发展计划执行情况及2011年计划草案的报告》和《关于丹徒区2010年财政预算执行情况和2011年财政预算草案的报告》，并作出相应决议。

会议通过《丹徒区第十四届人民代表大会第四次会议选举办法》，采用无记名投票方式，选举许志涛为区十四届人民代表大会常务委员会副主任，选举王珏、吴国良、费海新为区第十四届人民代表大会常务委员会委员，选举贺文为丹徒区人民政府副区长。

会议期间，收到代表10人以上联名议案33件，其中，属于交通方面的9件，农业、水利方面的10件，民政、劳保方面的6件，财政、建设方面的5件，其他方面的3件。根据议案处理暂行办法，经大会秘书长会议审查，主席团会议通过，建议将范晓荣等10位代表提出的《关于推动企业普遍开展工资协商的议案》作为重要建议，由区人大常委会主任会议研究处理，其他32件议案均作为建议办理。会议期间，收到代表提出的建议、批评和意见27件。

（张荣辉）

【丹徒区十四届人大常委会举行会议7次】 2011年3月22日，区十四届人大常委会举行第二十四次会议。会议讨论通过区人大常委会2011年工作要点；审议通过《丹徒区人大常委会会议票决暂行办法》；听取审议区人民政府副区长徐新祥所作的《区政府关于2010年度常委会会议审议意见落实情况的报告》；听取审议区人民法院副院长朱宝华所作的《区人民法院关于2010年度常委会会议审议意见落实情况的报告》；听取审议区人民检察院副检察长赵明生所作的《区人民检察院关于2010年度常委会会议审议意见落实情况的报告》；表决通过有关人事任免案；审议通过区人大常委会《关于对区政府工作部门和“两院”开展年度工作效能测评暂行办法》修改意见；听取审议区人民法院副院长朱宝华所作的《关于民事审判工作情况的报告》。

5月20日，区十四届人大常委会举行第二十五次会议。会议听取和审议区财政局局长宋守雷受区人民政府委托所作《关于丹徒区2010年度财政总决算情况的报告》、区审计局局长林玉祥受区人民政府委托所作《关于丹徒区2010年度区本级财政预算执行和财政收支情况的审计工作报告》，作出批准2010年度区本级财政决算的决定；表决通过有关人事任免案；听取审议区环保局局长陈正宏受区人民政府委托所作的《关于〈水污染防治法〉贯彻实施情况的报告》；听取审议区人民检察院副检察长江叔如所作的《关于刑事检察工作情况的报告》。

7月20日，区十四届人大常委会举行第二十六次会议。会议表决通过有关人事任免案；听取和审议区发改经信委主任杨俊受区人民政府委托所作《关于丹徒区2011年上半年国民经济和社会发展计划执行情况及下半年计划执行意见的报告》；听取和

2011年1月11—14日，丹徒区召开第十四届人民代表大会第四次会议

审议区食品安全委员会副主任傅忠宇受区人民政府委托所作的《关于〈食品安全法〉贯彻实施情况的报告》。

9月21日，区十四届人大常委会举行第二十七次会议。会议听取和审议区政府常务副区长张映桥所作《关于区十四届人大四次会议代表建议、批评和意见办理情况的报告》；作出关于设立镇江市丹徒区人大常委会高资街道工作委员会的决定；表决通过有关人事任免案；听取和审议区人民政府副区长曹扬文所作《关于法制宣传教育工作情况的报告》，并作出在全区实施法制宣传教育第六个五年规划的决议。

10月21日，区十四届人大常委会举行第二十八次会议。会议表决通过有关人事任免案。

11月21日，区十四届人大常委会举行第二十九次会议。会议表决通过关于区、镇人民代表大会换届选举问题的决定；表决通过关于设立镇江市丹徒区选举委员会的决定；表决通过高桥、辛丰、谷阳、上党、宝堰、世业6个镇选举委员会组成人员建议名单；表决通过镇江市丹徒区第十五届人大代表名额具体分配方案及各镇新一届人大代表名额。

12月19日，区十四届人大常委会举行第三十次会议。会议听取和审议区财政局局长宋守雷受区政府委托所作的《关于丹徒区2011年1～11月份财政预算执行情况和预算部分项目调整意见的报告》，作出《关于批准2011年全区财政预算部分项目调整意见的决定》；审议通过关于表彰优秀区人大代表、优秀议案和建议的决定；审议通过6个镇人大代表名额的具体分配方案；表决通过有关人事任免案；听取和审议区科技局局长吴富祥受区人民政府委托所作《关于〈关于增强企业自主创新能力，推动产业结构调整优化的议案〉办理情况的报告》；听取和审议区人民政府副区长徐新祥所作《关于农业基本农田水利建设情况的报告》。 （张荣辉）

【丹徒区十四届人大常委会主任会议举行会议6次】 2011年2月22日，区十四届人大常委会举行第二十四次主任会议。会议听取区发改经信委主任杨俊受区人民政府委托所作的《关于2011年经济建设重点项目和城建交通重点工程安排情况的汇报》；讨论区人大常委会2011年工作要点和工作计划，决定提请区十四届人大常委会第二十四次会议审议通过；讨论通过区十四届人大四次会议重要建议处理意见；讨论《丹徒区人大常委会会议票决暂行办法》，决定提请区十四届人大常委会第二十四次会议审议通过；讨论效能测评结果的处理意见。

4月28日，区十四届人大常委会举行第二十五次主任会议。会议听取区法制办主任卞祖荣受区人民政府委托所作《关于依法行政工作情况的汇报》；讨论有关人事任免。

6月24日，区十四届人大常委会举行第二十六次主任会议。会议听取区国土分局局长杨益斌受区人民政府委托所作的《关于存量土地盘活工作情况的汇报》；讨论有关人事任免。

8月24日，区十四届人大常委会举行第二十七次主任会议。会议听取区政府常务副区长张映桥所作《关于切实保护和加快建设长山生态园议案办理情况的汇报》；讨论有关人事任免。

10月26日，区十四届人大常委会举行第二十八次主任会议。会议听取区人民政府副区长殷利民所作的《关于安置房建设情况的汇报》；听取区人民政府常务副区长张映桥所作的《关于推动企业普遍开展工资协商的重要建议办理情况的汇报》；讨论关于表彰优秀区人大代表、优秀议案和建议的工作方案。

12月13日，区十四届人大常委会举行第二十九次主任会议。会议听取区审计局局长林玉祥受区人民政府委托所作的《关于干部经济责任审计情况的汇报》；听取区政府副区长田志虹所作《关于区十四届人大常委会第二十六次会议审议意见落实情况的汇报》；讨论关于表彰优秀区人大代表、优秀议案和建议的有关事项，决定提请区人大常委会第三十次会议审议通过；讨论有关人事任免。 （张荣辉）

2011年10月19日，丹徒区人大常委会领导视察大项目建设。

丹徒区人民政府

责任编校：付 嫒

综 述

【概况】 2011年，丹徒区以科学发展观为统领，开拓进取，开启丹徒现代化建设新征程。全区实现地区生产总值223.04亿元，比上年增长12%；财政总收入46.42亿元，比上年增长54.4%，其中一般预算收入14.81亿元，比上年增长34.4%；社会固定资产投资141.44亿元，比上年增长22%；社会消费品零售总额38.14亿元，比上年增长17%；城镇居民人均可支配收入26291元，农民人均纯收入11704元，分别比上年增长15.5%和17%；完成进出口总额6.08亿美元，比上年增长34.1%；实到外资1.36亿美元，比上年下降9%。

优势产业提速增效。规模以上工业实现销售628.04亿元、利税71.07亿元、增加值156亿元，分别比上年增长32.2%、41.7%和14.2%。完成新兴产业投资50.02亿元，比上年增长105.4%，实现销售170亿元，比上年增长36%。装备制造业增势强劲，呈集群化、规模化、高端化发展趋势，销售突破200亿元，占规模以上工业比重的32.5%，成为丹徒发展最快、潜力最大的产业。

服务经济提档升级。实现服务业增加值81.4亿元，比上年增长12.3%，占GDP比重上升至37.5%。完成服务业投资45.78亿元，比上年增长36.7%，增速全市第一。成功举办“长江草莓音乐节”“欢乐农家”等活动，全年实现旅游业总收入20.4亿元，比上年增长40%。

现代农业提质扩量。吸引“三资”投入农业11.35亿元，实施优质农业项目15个，新认定省级现代农业产业园1个，市级现代农业产业园4个。新增高效农业面积4333.33公顷，亩产效益超万元的设施农业面积扩大到1800公顷。全年推广新品种、新技术面积1.82公顷，粮食生产实现“八连增”。

项目推进成效显著。全年新开工亿元以上项目40个、10亿元以上项目5个，实际完成投资92亿元。振光智能电网等17个重点项目竣工投产，二重、中靖氢能源等7个投资超10亿元项目加快推进。项目储备资源充足，晋工机械、华通重工、香港联盛等一批优质项目成功落户。

科技创新能力增强。实现高新技术产业产值184亿元，比上年增长78.6%，占规模工业产值比重28.5%，比上年增加7.9个百分点。完成全社会研发投入3.7亿元，占GDP比重1.68%。引进博士创业团队4个、高层次创新创业人才28名。新立市以上科技项目36项，获助资金3128万元，省重点科技成果转化项目顺利实施。新认定国家级企业技术中心1家，谷阳环保科创中心创成国家级科技孵化器。

生态建设力度加大。生态区创建顺利通过省级考核，正式进入国家级考评程序。新增成片造林800公顷，被授予“绿色江苏”建设先进单位称号。新建污水收集管网52公里，乡镇污水处理工程全部投入运营。开展节能减排，全年淘汰高能耗设备107台(套)，关闭化工、砖瓦窑企业36家，万元GDP能耗下降3.9%，减排化学需氧量294吨、二氧化硫3680吨、氨氮70.8吨。丹徒化肥厂环境污染问题得到有效解决。

各项事业全面发展。教育优先发展战略深入实施，教育质量稳步提升。改善办学条件，加固改造校舍1.8万平方米。加强基层医疗卫生体系建设，建成标准化社区卫生服务站56家，高资、江心卫生院新建工程竣工交付。推进文体惠民工程，顺利跨入全省体育强区行列。成功举办区第六届运动会和首届《丹徒山歌》大奖赛。冷遹纪念馆建成开馆。《超越自我》荣获国际摄影艺术展银奖，《小溪流》在中央文明办优秀童谣网展播。新增数字电视2万户，全区基本实现有线电视“户户通”。区社会福利中心和残疾人康复中心建成启用。(黄羽田)

【丹徒区通过国家生态区省级考核】 2011年4月26～28日，江苏省环保厅对丹徒区国家生态区建设进行省级考核。考核组听取丹徒区关于国家生态区建设的情况汇报，观看创建专题片和技术片，审核资料台账，核对基本条件和建设指标完成情况，现场检查生态建设工程。考核组认为，丹徒区生态区建设的5项基本条件和22项建设指标基本达到标准，同意通过省级考核。同时，指出存在的薄弱环节和差距，并有针对性地提出建议。

(黄羽田)

【丹徒区成立高资街道、宜城街道】 2011年8月24日，丹徒区召开高资街道、宜城街道成立大会。丁憬、陈琳、陈可可、毕增立等区领导参加会议。区长陈琳为高资街道办事处、宜城街道办事处揭牌。撤销高资镇设立街道，同时成立宜城街道。成立街道符合城市发展方向、城市规划要求及社会管理创新要求，有利于优化区域结构、城乡统筹建设、提高社会管理水平，为加快丹徒城市现代化和城乡一体化创造新经验，为率先实现现代化作出新贡献。（黄羽田）

【丹徒区被确定为政务公开和政务服务省级试点县】 2011年11月17日，丹徒区被省政务公开领导小组办公室确定为政务公开和政务服务省级试点县。在全面完成行政权力网上公开透明运行工作的基础上，进一步拓展系统功能、深化运行内涵，实现电子政务平台覆盖县（市、区）、乡镇（街道）、村（社区）三级，政府信息公开事项全面、准确发布，所有行政职权和便民服务事项实时、规范办理，电子监察全业务、全流程覆盖。（黄羽田）

【丹徒高新技术创业服务中心创成省级科技创业园】 2011年12月19日，丹徒高新技术创业服务中心正式通过省科技厅验收，被认定为省级科技创业园，这是丹徒高新技术产业园成功创建的第一个省级孵化器。服务中心现有各类科技工程技术从业人员600人，其中大学本科以上学历人员占80%，服务中心正在研究并已通过中试的产品有5类12种，形成江苏中靖氢能科技有限公司、江苏安泰优计算机科技有限公司、江苏微鹏科技有限公司等一批由外籍和海外归国教授领衔创办的科技型孵化企业。省级科技创业园的创立对园区孵化企业的成长、科技成果的转化、创新创业人才的培育、战略性新兴产业的发展、自主创新能力的提高都将起到促进作用。（黄羽田）

【江苏晋工机械项目开工建设】 2011年11月6日，由福建晋工集团投资的镇江市丹徒区装载机和挖掘机制造基地项目正式开工建设。全国工商联副主席庄聪生、全国工程机械协会秘书长苏子孟、省工商联副主席何昌林，市、区领导冯士超、孙治安、陈琳、陈可可、毕增立、张映桥等及晋工集团董事长柯子江、总经理柯金鼎参加奠基典礼。江苏晋工机械项目在丹徒区南山工业园开工建设。项目总投资45亿元，规划年产1.5万台轮式装载机、叉装机及5000台液压履带与轮胎式挖掘机。一期投资15亿元，占地28公顷，建筑面积12万平方米。规划年产装载机、叉装机1.5万台，产值达50亿元，计划于2013年7月建成投产，将形成以晋工机械为核心的产业集群基地。（黄羽田）

【镇江宝龙城市广场开工建设】 2011年12月5日，宝龙集团在江苏投资的第七个大型商业地产项目——镇江宝龙城市广场在丹徒开工建设，总投资30亿元、总建筑面积约55万平方米。宝龙城市广场是宝龙集团进军镇江的首个综合商业项目，将建成集大型购物中心、商业步行街、酒店式公寓、商务酒店、办公楼、高档住宅于一体的大型城市综合体，总体建筑风格为现代简欧，充分展现丹徒现代、活力、时尚的生态新城特点。项目建成后对完善丹徒新城城市功能、提升丹徒新城商业层次、促进丹徒城市经济起到积极推动作用。（黄羽田）

重要会议

【丹徒区政府常务会议】 2011年，镇江市丹徒区人民政府（以下简称丹徒区政府）先后召开常务会议8次。4月7日，区政府召开常务会议，听取一季度经济运行、社区建设、安置房和公共租赁房建设情况以及科技创新工作汇报。5月3日，区政府常务会议讨论研究《丹徒区征地补偿和被征地农民基本生活保障实施办法》、现代服务业双月招商活动方案等相关事宜。7月7日，区政府常务会议讨论研究《丹徒区农村环境综合整治考核暂行办法》和《丹徒区农村环境综合整治示范村等专项补助资金奖励办法》，研究部署环保模范城市复查迎检工作，并听取法治政府建设相关工作情况汇报。8月9日，区政府召开常务会议，听取全区重点企业运行、重点项目推进情况汇报及全区污水设施建设情况汇报，讨论研究城市建设中教育设施的配套建设问题。9月1日，区政府常务会议，讨论研究《关于新城住宅小区物业管理全覆盖的实施意见》《丹徒区住宅小区物业管理全覆盖工作考核暂行办法》和《丹徒区政府行政复议委员会试点工作实施方案》。10月13日，区政府常务会议讨论研究《丹徒区关于对持有独生子女父母光荣证的企业退休职工实行一次性奖励的实施意见》和全区砖瓦窑企业关闭相关政策，听取区发改经信委和区环保局关于全区节能、减排工作的情况汇报。11月18日，区政府常务会议对《丹徒区村庄环境整治工作实施方案》、2011年度财政预算调整和政府性资金投资方案、规范性文件清理等工作进行讨论研究。12月30日，区政府常务会议讨论研究《2012年丹徒区财政预算安排》《丹徒区基本现代化指标体系》《2012年丹徒区国民经济和社会发展计划安排》《2012年丹徒区城乡建设计划》《2012年丹徒区政府为民办实事项目》及《关于事业单位绩效工资实施方案》等议题，原则通过《丹徒区关于加快旅游业发展的实施意见》。（黄羽田）

【丹徒区区长办公会议】 2011年，丹徒区政府召开区长办公会议8次。2月14日，区政府召开区长办公会议，交流近期工作，明确一季度区政府工作重点：一是组织好各项经济工作，确保一季度“开门红”；二是抓好项目推进，促进重点项目早日开工；三是安排重点工程建设；四是推进生态区创建工作；五是全面启动绿化造林工作；六是开展城乡建设工作；七是重点工作及早开展并明确责任。3月9日，区政府召开区长办公会议，交流近期工作，明确3月区政府工作重点：一是重视经济运行，确保一季度“开门红”；二是狠抓项目推进，力促快速建设；三是推动生态创建，实现阶段性目标；四是关注文明城市创建，力争得高分、不失分；五是落实绿化方案，做亮重要节点；六是制定水利三年规划，创成水利重点县；七是实行长山片区综合整治，力争早出形象。会议还对各区长分管的具体工作进行交办。5月3日，区政府召开区长办公会议，交流近期工作，明确当前工作重点：一是抓好经济运行，为“双过半”奠定坚实基础；二是组织生态区创建省级考核问题整改；三是重视社会建设与管理；四是开展长山片区综合整治工作；五是推进城市重点工程建设；六是创新思路，整合资源，做好融资工作；七是做好信访及群众关注的热点难点问题的协调工作。6月7日，区政府召开区长办公会议，交流近期工作，明确下阶段工作重点：一是高度关注经济运行，确保“双过半”；二是组织防汛抗旱、秸秆禁烧等农村工作；三是狠抓污水处理等重点工程，迎接国家级生态区创建评估；四是做好文明城市创建迎检工作；五是组织大项目报批；六是继续保持城市管理的领先地位；七是推进长山片区整治拆迁工作；八是完成好市政府交办的各项任务；九是组织好高考、中考和招生等相关工作；十是维护区域稳定。7月7日，区政府召开区长办公会议，交流近期工作，明确下阶段工作重点：一是推动经济平稳较快发展；二是促进重大项目、重点工程报批、挂牌、建设；三是做好生态检查、环模复检等相关检查准备工作；四是落实社会建设和管理的各项任务；五是做好融资运作、财税组织等工作；六是统筹协调好其他相关工作。8月8日，区政府召开区长办公会议，交流近期工作，明确下阶段工作重点：一是抓好经济工作，确保平稳较快增长；二是加快项目报批速度，提高行政运作效率；三是重视控污减排工作，有效保护环境；四是加强城市管理，完善机制，配套功能；五是完成市交办的重点任务；六是继续抓好土地执法模范区创建工作；七是深入基层化解社会矛盾，确保区域稳定；八是有序进行街道的组建工作。9月1日，区政府召开区长办公会议，对当前政府重点工作进行安排：一是抓好国家文明城市创建迎检工作；二是做好国家生态区创建迎检准备；三是组织项目推进；四是确保再次创成省土地执法模范区；五是加速推进为民办实事工程；六是高度重视信访稳定工作。11月3日，区政府召开区长办公会议，对当前政府重点工作进行了安排：一是保持经济平稳较快增长；二是重点项目加速推进；三是生态区创建攻坚冲刺；四是秋收秋种有序进行；五是秸秆禁烧实现“零焚烧”；六是全面开展村庄环境整治工作；七是顺利推进运河“四改三”工程；八是2012年主要指标及重点工程及早谋划。（黄羽田）

【丹徒区政府全体(扩大)会议】 2011年5月6日，丹徒区政府召开全体(扩大)会议。区长陈琳在会上作《让丹徒充满生机幸福和谐》报告。会议主要任务是贯彻落实省、市政府全体(扩大)会议和区委十一届十次全会精神，在加快经济发展、确保“双过半”的同时，强化全区上下对城乡建设、社会管理重要性的认识，明确任务，落实举措，扎实推进丹徒区城市化和城乡一体化进程。区长陈琳提出四点意见：一是更新理念，科学谋划城乡建设新蓝图；二是建管并重，加速推进丹徒城市化进程；三是落实责任，大力提升社会管理水平；四是奋发作为，积极投身转型发展的新实践。

（黄羽田）

重要活动

【华通重工搬迁扩建工程举行开工典礼】 2011年2月20日，装备制造业“退城进区”重大项目、江苏华通动力重工公司搬迁扩建工程在丹徒新区举行开工典礼。新加坡驻上海总领事馆总领事叶伟杰，市、区领导陈照煌、冯士超、丁憬、陈琳等及新加坡科技工程有限公司总裁余文民参加典礼。江苏华通动力重工公司由新加坡科技动力有限公司和江苏华通机械有限公司投资建立，主要生产大型、多功能路面机械。项目总投资超10亿元，其中厂房及公用设施建设9亿元，新增机器设备1.5亿元。新建建筑面积15.8万平方米。项目建成后，企业注册资金增加到3.5亿元，公司年产能达27亿元，可年产摊铺机500台、平地机600台、路面铣刨机250台、各类搅拌设备150台套、沥青搅拌设备200台套、碎石同步封层机100台套。（黄羽田）

【李岚清视察中国米芾书法公园】 2011年4月21日，原中共中央政治局常委、国务院副总理李岚清到丹徒区视察中国米芾书法公园。省、市、区领导史和平、许津荣、李国忠、丁憬、戴登庆等陪同视察。中国米芾书法公园位于丹徒区十里长山，是全国唯一的主题书法公园。李岚清观看了公园的规划设计图，详细询问公园的建设进展情况，对中国米芾书法的篆刻，提出应尽量使用激光技术，保证篆刻的准确性。区委书记丁憬向李岚清简要汇报了中国米芾书法公园功能布局及建筑规划的总体思路。李岚清对此表示肯定，并就公园今后的建设给出指导性意见。（黄羽田）

【许津荣到丹徒调研产业投资情况】 2011年9月20日，镇江市市委书记许津荣率队在丹徒区调研产业投资情况，区领导丁憬、陈琳、陈可可、张映桥、赵志强等陪同调研。许津荣一行先后到二重镇江基地、冠城商业中心、中靖氢能源、冠城社会福利院、新城科技孵化基地、沃得机械等项目建设现场实地了解丹徒工业、服务业及社会事业等方面投资情况，听取区委书记丁憬对丹徒产业投资情况的汇报。许津荣肯定丹徒取得的成绩，并希望丹徒要继续加大项目投入力度，调优产业结构，为率先实现基本现代化打牢基础。

（黄羽田）

【刘捍东视察338省道丹徒段建设情况】 2011年9月28日，镇江市市长刘捍东率队视察338省道丹徒段工程建设推进情况。在338省道丹徒段工程建设现场，刘捍东听取了工程建设进展情况汇报，实地察看了沿线绿化、道路收尾工程的建设情况。视察中，刘捍东对338省道丹徒段建设工作表示满意，强调相关部门要按照质量保证、监控到位、环境景观整治出效果的要求，提前介入工程验收工序，加强质量监控，排水系统、平交道口要统一规划，确保工程质量和道路行车安全。同时，要求沿线环境整治工作和路灯路牌及标线标识要同步实施到位，力争将338省道打造成精品工程。 （黄羽田）

【江苏苏亚迪碳材有限公司50万吨特种碳材项目签约】 2011年10月31日，由镇江焦煤集团旗下子公司——江苏苏润高碳材股份有限公司与阿联酋穆巴达拉发展公司合作投资的江苏苏亚迪碳材有限公司"50万吨CPC特种碳材项目"举行签约仪式，阿联酋驻华大使欧麦尔·艾哈迈德·白依塔尔和市、区领导刘捍东、陈建设、丁憬、陈琳等共同出席签约仪式。这是镇江引进的首个投资超亿元的阿联酋公司项目，也是穆巴达拉发展公司在中国投资的首个项目。项目总投资6.3亿元，将引进先进的集成控制系统和装备，确保高质量、低耗能的生产流程，在生产过程中产生的废热还可循环并输送到周边企业进行再利用，有力促进地区循环经济发展。

（黄羽田）

政府法制

【概况】 2011年，镇江市丹徒区政府法制办公室（以下简称丹徒区法制办）围绕法治政府建设目标，完善依法行政各项制度，推进政府工作规范化，强化行政执法监督，促进社会矛盾化解。全年审核行政权力4635项，建立完善依法行政配套制度31项，重新确认全区行政执法主体109个，其中法定行政机关56个、法律法规授权的组织30个、依法受委托的组织23个。组织10个区级依法行政示范单位开展工作交流活动，对4个市级示范单位逐一进行复查考核，组织区环保局、丹徒烟草局申报市级示范单位。开展规范性文件清理工作，对区政府现行的260件规范性文件进行清理，其中废止文件68件，改作一般性文件处理156件，继续有效并执行的文件36件。审查规范性文件6件，其中区政府制发规范性文件1件，以一般文件制发3件，以部门一般文件制发1件，未制发1件，规范性文件报备率、及时率、规范率均达100%。开展依法行政示范单位和法治政府建设宣传，在《江苏法制报》和《金山》杂志刊文介绍丹徒区推进依法行政工作，在区电视台《法治时空》栏目介绍依法行政示范单位，并结合"12·4"全国法制宣传日活动，制作示范单位宣传图版12块，在区、镇巡回展出，邀请区政府法律顾问两次深入村镇和企业进行法律咨询和服务。 （杜明生）

【深化行政权力网上运行和监督机制】 2011年，丹徒区政府办和区法制办加大行政权力网上运行监管。一是优化平台建设，加大软件更新力度，利用电子政务平台建设之机，搭建统一支撑平台。完成审批平台、法制平台、权力运行平台和权力库的登录，部门和用户管理的整合；二是充实行政权力库，审核权力事项4635项，解决权力事项重复、机构改革后权力事项归并等问题；三是统一审批平台，针对审批平台权力库与法制平台权力库不一致问题，推进两库对比工作，推进深化两库联动机制，每天定时更新，确保两库权力事项一致；四是完善政务大厅，定期更新办件信息，适时公布各项公告，主动接受群众监督；五是健全考核机制，将权力网上运行同时纳入机关绩效考核、优化经济发展环境考核、法治政府建设考核，出台符合丹徒实际的考核办法，推动办件上网运行；六是实施主体培训，联合区纪委及软件公司对各个单位进行会诊，解决疑难问题。全区权力网上运行工作进一步规范，运行质量进一步提高。 （杜明生）

【规范政府决策行为】 2011年，丹徒区政府制定《丹徒区重大行政决策实施情况后评价制度（试行）》《丹徒区人民政府重大决策风险评估制度（试行）》，把风险评估作为重大决策的前置条件，把公众参与、专家论证、合法性审查和集体讨论决定作为重大决策的必经程序。8月，区政府先后对《丹徒区独生子女家庭奖励金发放意见》、关闭全区砖瓦窑企业两个事项进行决策前风险评估，实施部门提出报告，列出风险点和防控措施，经区法制办审查后提出有效对策，提交区政府会议集体讨论，为保证决策的执行和社会稳定起到重要作用。 （杜明生）

【集中评查行政执法案卷】 2011年，丹徒区法制办选调22个部门的行政处罚案卷50份、许可案卷16份，重点评查行政机关、法律法规授权组织2010年度行政处罚、行政许可是否在其法定职权或法定授权范围内实施，是否符合法定程序、期限要求，行政处罚、行政许可案卷是否规范等情况。分别评出行政处罚案卷6份、行政许可案卷4份为一、二、三等奖，并对存在的问题进行通报。 （杜明生）

【推进重大行政处罚决定备案审查工作】 2011年，丹徒区法制办对各镇、各部门报送的109件重大行政处罚决定进行备案审查，内容涉及罚款436.13万元、没收违法所得12.22万元、拆除违法建筑及行政拘留15日以上30件42人次。各部门重大处罚备案工作逐步推进，基本做到程序规范、处罚适当、适用法律准确，在履行职能的同时，正确处理严格执法和优化环境，规范执法和执行自由裁量标准的关系。

（杜明生）

【履行行政复议职能】 2011年,丹徒区法制办受理行政复议案件8件,其中作出维持决定2件,经调解撤回复议申请4件,中止2件。区人民法院受理行政诉讼案件28件,审结25件,其中维持4件;裁定撤诉14件;驳回起诉5件;裁定移送不予受理2件。所有行政裁决判决全部执行。 (杜明生)

【落实行政负责人出庭应诉制度】 2011年,丹徒区法制办执行《丹徒区政府行政应诉工作规则》,结合实际建立健全行政诉讼联席会议、信息通告、出庭应诉通知、旁听庭审、案件协调、结果反馈等8项制度,健全政府法制部门与法院、应诉单位的沟通、协调机制,及时通报相关情况,形成应诉告知、指导、督促检查的工作互动。区人民法院公开开庭审理行政诉讼案件10件,行政机关负责人出庭应诉10件,行政负责人出庭应诉率100%。(杜明生)

【加强领导干部和行政执法人员学法培训】 2011年,丹徒区委中心学习组组织乡科级以上领导干部学法讲座2次,参加人员1200人次,邀请省法制办处长邢莉、北京政法大学教授应松年主讲"法治政府建设与领导干部依法行政意识和能力"和"行政强制法";区政府常务会议组织学习胡锦涛总书记在中央政治局第27次学习会上的重要讲话、《国有土地上房屋征收与拆迁管理条例》和《中华人民共和国行政强制法》2次;区委党校组织乡科级干部培训班7期,参培人员350人,将《中华人民共和国环境保护法》《中华人民共和国科技进步法》《中华人民共和国城乡规划法》等与创建生态区、加快调结构、加速促提升结合起来,增强领导干部法制意识。区法制办组织全区800名行政执法、监督人员和新上岗执法人员集中培训3天,对执法行为规范、执法文书规范、自由裁量权规范等实际应用操作问题进行业务辅导,提高执法水平。 (杜明生)

行政服务工作

【概况】 2011年,镇江市丹徒区行政服务中心(以下简称丹徒区行政服务中心)按照咨询一纸写清、表格一次发清、材料一遍收清、内容一次审清、费用一口说清、办事流程网上一眼看清要求,开展窗口办件零差错活动,提高中心窗口办件质量,全年保持有效投诉零记录。全区37个部门进驻丹徒区行政服务中心,行政许可和便民服务进驻事项379项,进驻率92.67%,其中行政许可事项进驻率100%。新增设公交"IC卡"办卡及充值服务窗口、汽车环保标志发放窗口。全年各窗口受理申请事项42588项,办结42588项,办结率100%。丹徒区权限内新立项、核准、备案内资项目62件(不含市发改委办理的较大项目),投资总额20.16亿元;外商投资项目核准18件,总投资5.84亿美元。全年新办内资企业注册登记431家,注册资本总额16.37亿元;新办外商投资企业注册登记16家,注册资本总额4.12亿美元。 (朱林林)

【推行四项举措服务重大项目】 2011年,丹徒区行政服务中心推行四项举措服务重大项目。一是实行优先办理制。对重大项目审批开通"直通车",实行"一站式"服务,对外简化流程,对内细化责任,优先予以办理,加快项目落户。二是实行"保姆式"代办制。设立"投资项目快速通道"办公室,由专人对重大项目实行免费全程代办、帮办。三是实行上门服务制。加强与招商部门联系,提前介入,为项目前期工作提供上门咨询服务。四是实行个性化服务。针对服务对象的特殊需求,在各窗口推行重点项目预约服务、特殊办件延时服务、一般办件短信提醒服务等便民措施。全年先后为江苏华通动力、新科动力、慧中商业街和湖滨美墅等10余个大项目提供服务。 (朱林林)

【开展文明礼仪主题宣教活动】 2011年,丹徒区行政服务中心组织开展全员文明礼仪主题宣教活动,邀请江苏银行黄山分行行长为全体工作人员集中开展文明礼仪培训,学习借鉴商业银行服务模式。为持续推广文明服务,制定《中心工作人员文明礼仪行为规范》,突出"平等、热情、耐心、文明"服务理念,强化知行合一的宗旨和考核考评要求。 (朱林林)

【增推便民举措】 2011年,丹徒区行政服务中心全面推行"四牌一栏"工作制,即中心人员工作牌、职责牌、去向指示牌、办事指南牌和服务公开栏公开公示制;在一楼大厅公示各项办事流程,规范窗口人员工作程序,接受公众监督;在办事大厅增设擦鞋机、雨伞、申请表格样本栏等便民设施,从细节处方便群众。 (朱林林)

表2 2011年丹徒区行政服务中心各窗口办件情况 单位:件

填报窗口	项目受理件数					项目办结件数
	总件数	其中				
		即办件	承诺件	补办件	上报件	
发改经信委窗口	91	27	64	—	—	91
商务局窗口	77	77	—	—	—	77
国税局窗口	4112	4112	—	—		4112

续表

填报窗口	项目受理件数					项目办结件数
	总件数	其中				
		即办件	承诺件	补办件	上报件	
地税局窗口	671	91	580	—	—	671
工商局窗口	1165	165	1000	—	—	1165
国土局窗口	2043	270	1773			2043
住建局窗口	359	231	128	—	—	359
交通运输局窗口	1374	1365	9	—	—	1374
卫生局窗口	25	4	21	—	—	25
环保局窗口	110	2	108	—	—	110
物价局窗口	29	29	—	—	—	29
气象局窗口	73	—	73	—	—	73
人防办窗口	50	41	9	—	—	50
人社局窗口	352	—	352	—	—	352
房管局窗口	5	3	2	—	—	5
城管局窗口	93	9	84	—	—	93
财政局窗口	38	8	30	—	—	38
财政局住房公积金窗口	12505	12505	—	—	—	12505
水利农机局窗口	584	210	374	—	—	584
统计局窗口	11	11	—	—	—	11
民政局窗口	12	12	—	—	—	12
农委窗口	35	1	34	—	—	35
质监局窗口	502	502	—	—	—	502
公安(消防)局窗口	5248	5048	200	—	—	5248
综合窗口	4772	4772				4772
政府采购窗口	21		21	—	—	21
药品采购窗口	1443	944	499	—	—	1443
新城管委会窗口	109	109	—	—	—	109
一表制窗口	764	764	—	—	—	764
烟草局窗口	131	43	88	—	—	131
食药监局窗口	3	—	3	—	—	3
公交"IC"卡窗口	3041	3041	—	—	—	3041
财政局归口收费窗口	2740	2740	—	—	—	2740
合计	42588	37136	5452	—	—	42588

（朱林林）

信访工作

【概况】 2011年，丹徒区受理群众来信480件，比上年上升29%。群众到区政府上访530批次、2348人次，接待批次比上年上升16%，人次比上年下降8%。其中集体上访130批次、1656人次，批数和人次分别比上年下降7%和10%。群众到市政府上访187批次、1255人次，批数和人数分别比上年下降13%，其中集体上访57批次、1048人次,批数与上年持平,人次比上年下降9%,群众到省集体上访8批次、125人次,批数比上年下降65%,人次比上年上升11%,群众进京上访32批次、78人次,批数和人次分别比上年上升88%和200%。全年中央、省、市联席办、信访局挂牌交办的信访老户案件办结率100%,重大疑难信访案件化解率93%。8月,被市信访工作领导小组评为信访工作先进集体。

群众信访突出问题和潜在不稳定因素主要集中在六个方面:土地征用及房屋拆迁安置问题,劳动保障问题,企事业单位改制、拆迁、破产遗留问题,环境污染问题,村、组管理及干部作风等方面问题,特殊群体信访问题。

镇江市丹徒区信访局(以下简称丹徒区信访局)采取"四不"措施,促进积案化解。一是信访问题"不躲"。区委、区政府分管领导在信访稳定工作会议上要求相关镇(街道)、园区和部门加强对重点信访人员情况的梳理排查,对排查出的信访问题,及时落实责任单位进行处理。二是责任单位"不推"。对排查出的重点集访和重点人头,及时按事发单位和居住地、户籍地进行交办。职能单位对一时难以解决的,采取联合会办。三是办理过程"不拖"。对交办的信访件,逐案梳理分析,逐案落实领导包案,并明确责任主体,制定工作措施和化解方案,解决非正常上访和违法上访难题。四是包案约访"不变"。建立区领导信访预约接待制度,采取重要时期全面约访,临时性登门约访,预防式源头约访"三位一体"联合集中预约接访方式,深入基层、信访户听取意见。做到包案件、包调查、包结案、包稳定,切实解决一批涉及群众利益的信访积案。 (叶 平)

【开展创建"零上访村(社区)"活动】 2011年,按照中央"夯实基层基础,推进信访工作重心下移、关口前移"要求,建立健全村(社区)干部信访接待制度及信访工作目标管理考核制度,构建全覆盖的村(社区)矛盾排查化解网络。丹徒区信访局先后走访辛丰镇下方村、德胜村,高资街道陈丰村、谷阳镇湖滨村及上党镇薛村,对村(社区)信访工作情况进行调研,结合全区信访工作实际,制定"丹徒区零上访村(社区)"创建活动实施意见。各村(社区)按照有人员、有设施、有场所、有经费的"四有"要求构建专门的信访接待和矛盾纠纷化解平台,实行村干部每天接待制度,自然村或较大的村民小组至少聘请1名矛盾纠纷调解员,全区88个行政村(社区)共聘请矛盾纠纷调解员344人。

(叶 平)

侨务工作

【概况】 2011年,镇江市丹徒区人民政府侨务办公室(以下简称丹徒区侨办)拓展社区侨务,加强基层侨务工作,开展便侨、利侨活动,依法维护归侨、侨眷合法权益。5月,香港轩辕教育基金会捐赠项目资金20万元,用于江心实验学校食堂改造工程;中国侨商联合会副会长、天津百富勤投资执行董事朱立人到丹徒专题考察,就世业洲旅游度假区建设初步达成合作意向。5月13日,在高资镇社区卫生服务中心开展"侨爱工程"活动,为50余名农村归侨进行10余项常规健康检查;扶持归侨胡家生、侨眷吴天龙2户家庭发展生产,每户帮扶资金2000元,用于购买苗鸡、猪仔。7月25日,报送2名侨眷子女(高资中学学生金晨、高资小学学生金泳勋)参加江苏省侨办主办的"侨爱工程——归侨侨眷子女夏令营"活动。

(范国忠)

【支显宗基金会主席支朱和媛访问丹徒】 2011年6月7～10日,支显宗基金会主席支朱和媛一行4人应邀参观访问丹徒区支显宗中学、支显宗小学和大港中学,听取支显宗基金管委会关于捐赠资金使用和捐赠项目情况的汇报,对支显宗基金的严格管理和规范使用给予充分肯定,再次追加捐赠,承诺三年内捐赠175.95万元用于教师培训、贫困生资助、优秀教师和学生奖励,其中教师培训35.75万元,奖励17.9万元,贫困生资助5万元。

(范国忠)

【举行"侨乡欢歌谢党恩"红歌演唱活动】 2011年6月27日,以"侨乡欢歌谢党恩"为主题的红歌演唱活动在丹徒区高资街道西斛社区侨务活动室举行,来自高资街道的十五支农村老年业余文艺团体参加演出,演出者中有年逾七旬的归侨、侨眷。演唱曲目有《党啊!亲爱的妈妈》《祖国你好》《南泥湾》《绣红旗》等十六首经典红歌,演唱时间长达2个多小时,吸引了1500余名观众到场观看。活动将在十二个行政村巡回演出,丰富和活跃了侨乡群众的精神文化生活。区侨办资助活动资金2000元,用于制作背景、道具等。 (范国忠)

【上党社区侨务活动中心成立】 2011年8月26日,丹徒区上党镇社区侨务中心在支显宗中学成立,是丹徒区推进侨务工作进社区在镇建立的第二个社区侨务活动中心,为进一步拓展社区侨务工作,实施人才工程和招商引资、引智服务建立新平台。市侨办副主任周晓保应邀出席并为"上党镇社区侨务活动中心侨之家"揭牌。12月,获国务院侨务办公室"侨法宣传角"授牌。

(范国忠)

【开展"侨帮侨"捐资助学活动】 2011年9月27日,丹徒区侨办在高资中心小学举行"侨帮侨"捐资助学仪式。镇江全盛节能材料有限公司、长城开发公司、锐丰象龙机电有限公司、威灵施(镇江)精细化工有限公司、镇江三丽时装有限公司等侨属、侨资企业提供助学资金,向30名来自侨乡贫困归侨、侨眷家庭的中、小学生每人发放助学金500元。 (范国忠)

【高资街道西斛村侨务活动室建成】 2011年9月30日，丹徒区高资街道西斛村侨务活动室建成启用，为全村300余户归侨、侨眷提供学习侨法、维护侨益和休闲娱乐的场所。区侨办向侨务活动室赠送农业科技、文化生活、卫生保健等内容书籍200余册。 （范国忠）

外事工作

【概况】 2011年，镇江市丹徒区政府外事办公室（以下简称丹徒区外办）建立健全制止公款出国（境）旅游工作长效管理机制，落实因公护照分级收缴管理规定，加强与驻华使领馆签证事务沟通。全年接待国（境）外重要宾客3批136人次，代办外国人访华邀请50批68人次，办理因公出国（境）团组18批36人次，其中区政府组织招商团3批17人次，学校随上级团组出国进修7批11人次，随省组团出访8批8人次，确保回国一周内护照通行证收缴率100%。 （王松华）

【接待外国驻沪总领馆官员】 2011年5月28日，丹徒区外办做好由江苏省外办和镇江市政府组织的"外交官镇江行"活动接待工作，共接待美国、阿根廷、法国、韩国、澳大利亚、南非等27个国家驻上海总领馆官员及其随行人员104人，现场发放《生态丹徒》宣传画册百余份，组织参观恒顺醋文化博物馆，并介绍丹徒新城的发展状况，增进镇江与世界各国的友好交流和合作。

（王松华）

【接待日本著名音乐家吉冈茂美一行27人】 2011年8月6日（农历七月初七），"情缘七夕，爱在槐荫"民俗风情活动在丹徒区谷阳镇槐荫村举行，民间锡剧团在槐荫村公园表演丰富多彩的文艺节目，吸引数千名国内外游客相聚槐荫村。区外办配合谷阳镇政府和槐荫村委会接待日本著名音乐家吉冈茂美和服装设计师时广真吾一行27人，共度东方情人节，促进丹徒与日本民间交流活动。 （王松华）

【接待芬兰驻沪副总领事海沛彦】 2011年11月4日，中国镇江丹徒·芬兰VTT（国家技术研究院）合作暨智谷地产·芬兰VTT"低碳节能"实验楼落户丹徒签约仪式在丹徒区举行。丹徒区外办组织接待芬兰驻沪副总领事海沛彦和芬兰VTT团队4位代表。副市长陈建设、区长陈琳等会见芬兰宾客，并监签区政府和芬兰VTT研究机构签订的"建筑节能"合作项目协议书及芬兰VTT研究机构与智谷地产合作项目协议书。11月5日，配合智谷地产在碧榆园举办"低碳建筑·宜居丹徒"新环境下住宅发展趋势高峰论坛暨试点项目发布会。

（王松华）

【开展"三帮三送"专题活动】 2011年，丹徒区外办开展"送政策帮助企业谋发展、送信息帮助企业寻商机、送服务帮助企业解难题"三送三帮专题活动，提升外事为经济发展服务的水平。一是实行首问责任制，将申办护照签证所需的材料一次性告知服务对象；二是针对因公出国（境）手续环节多、时间紧、要求高等特点，通过提前介入审批环节，主动与审批部门进行沟通联系，动态跟踪审批进度等缩短申办时间；三是积极推行APEC（亚太经济合作组织）商务旅行卡。为通达电子董事长和总经理申办两张APEC商务卡。 （王松华）

表3 2011年丹徒区因公出国（境）人员统计情况 单位：人

序号	派遣部门	领队	出访国家或地区	出访任务	人数	出访时间
1	丹徒区政府	李幸福	德国	经贸	1	2011.2
2	丹徒区辛丰中学	李婷	加拿大	进修	3	2011.6
3	丹徒区统计局	强健	法国葡萄牙	考察	1	2011.6
4	丹徒区人保局	汪连喜	美国	培训	1	2011.6
5	丹徒区文化广电体育局	步履平	法国	培训	1	2011.7
6	丹徒区发改经信委	袁学军	德国	培训	1	2011.7
7	丹徒区文化广电体育局	王金云	中国香港	交流	1	2011.8
8	江苏省大港中学	周伟荣	加拿大	研修	1	2011.8
9	丹徒高级中学	李秀梅	英国	进修	2	2011.8
10	丹徒区政府	陈琳	新加坡、印尼	招商	9	2011.9
11	丹徒区三山中心小学	步杰荣	加拿大	进修	1	2011.10
12	丹徒区政府	张锦荣	美国加拿大	招商	5	2011.11
13	丹徒区知识产权局	陈亚兴	德国	培训	1	2011.11

续表

序号	派 遣 部 门	领队	出访国家或地区	出访任务	人数	出访时间
14	丹徒区辛丰中学	李玉生	澳大利亚	进修	1	2011.11
15	丹徒区政府	杨伟民	泰国、马来西亚	博览会	3	2011.11
16	丹徒区政府	龙 飞	中国香港	金融论坛	1	2011.12
17	丹徒区辛丰中学	江静雅	加拿大	进修	1	2011.12
18	丹徒实验学校	周星月	澳大利亚	进修	2	2011.12
	合 计				36	

（王 东）

表 4 **2011 年丹徒区邀请外国人访华统计情况** 单位：人

序号	邀请单位	到华人国籍	人数	时间
1	镇江格瑞特泵有限公司	沙特	2	2011.1
2	江苏苏润高碳材股份有限公司	加纳	4	2011.1
3	镇江格瑞特泵有限公司	巴基斯坦	3	2011.2
4	镇江京润电器有限公司	巴基斯坦	1	2011.2
5	镇江金星电光源有限公司	巴基斯坦	2	2011.2
6	镇江创鑫机械电器设备有限公司	哥伦比亚	1	2011.3
7	镇江格瑞特泵有限公司	巴基斯坦	1	2011.3
8	镇江格瑞特泵有限公司	巴基斯坦	1	2011.3
9	镇江格瑞特泵有限公司	德国	1	2011.3
10	镇江格瑞特泵有限公司	孟加拉	1	2011.3
11	镇江格瑞特泵有限公司	美国	2	2011.3
12	镇江格瑞特泵有限公司	巴基斯坦	1	2011.3
13	镇江格瑞特泵有限公司	孟加拉	1	2011.3
14	镇江拓普工具责任有限公司	巴基斯坦	1	2011.4
15	镇江龙达特种灯泡有限公司	巴基斯坦	2	2011.4
16	江苏希西维轴承有限公司	意大利	2	2011.4
17	镇江京绿聚氨酯工业有限公司	伊朗	1	2011.4
18	江苏苏润高碳材股份有限公司	德国	2	2011.4
19	镇江英格华杰皮业有限公司	法国	1	2011.5
20	镇江合力汽车紧固件有限公司	韩国	1	2011.5
21	克鲁迪卫浴制品(江苏)有限公司	德国	1	2011.5
22	镇江创鑫机械电器设备有限公司	孟加拉	1	2011.6
23	江苏臻岳光伏科技有限公司	马来西亚	1	2011.6
24	镇江宏达家居用品有限公司	美国	1	2011.6
25	镇江市天元玩具制造责任有限公司	韩国	1	2011.7
26	镇江创鑫机械电器设备有限公司	孟加拉	1	2011.7
27	克鲁迪卫浴制品(江苏)有限公司	德国	1	2011.7
28	镇江创鑫机械电器设备有限公司	孟加拉	1	2011.7

续表

序号	邀请单位	到华人国籍	人数	时间
29	克鲁迪卫浴制品(江苏)有限公司	德国	1	2011.8
30	镇江格瑞特泵有限公司	尼泊尔	2	2011.8
31	镇江格瑞特泵有限公司	巴基斯坦	1	2011.8
32	江苏领先电子有限公司	马来西亚	1	2011.9
33	镇江顺阳鞋业有限公司	日本	1	2011.9
34	镇江英赛德铸造材料有限公司	西班牙	1	2011.9
35	镇江京润电器有限公司	巴基斯坦	1	2011.9
36	镇江龙达特种灯泡有限公司	巴基斯坦	1	2011.9
37	克鲁迪卫浴制品(江苏)有限公司	德国	1	2011.9
38	克鲁迪卫浴制品(江苏)有限公司	德国	1	2011.9
39	镇江市丹徒区鸿达制刷厂	孟加拉	2	2011.9
40	江苏苏菱吕用阳极有限公司	日本	1	2011.9
41	江苏希西维轴承有限公司	意大利	2	2011.10
42	镇江创鑫机械电器设备有限公司	孟加拉	1	2011.10
43	江苏苏菱铝用阳极有限公司	日本	3	2011.11
44	镇江京绿聚氨酯工业有限公司	伊朗	2	2011.11
45	通用水暖器材(镇江)有限公司	意大利	1	2011.11
46	镇江格瑞特泵有限公司	俄罗斯	1	2011.12
47	镇江英格华杰皮业有限公司	意大利	1	2011.12
48	镇江格瑞特泵有限公司	俄罗斯	1	2011.12
49	镇江三鑫金属工业有限公司	巴基斯坦	1	2011.12
50	江苏希西维轴承有限公司	美国	2	2011.12
	合计		68	

(王　东)

对台工作

【概况】 2011年,镇江市丹徒区委台湾工作办公室(以下简称丹徒区台办)接待台湾团组26批158人,组团1批5人赴台经贸考察,16人次赴台培训。全区累计批准台资项目37个,总投资3.44亿美元,台资增资项目5个,分别为森茂生物食用菌、崇佑建材、五星机械、领先电子和李长荣化工。台资企业运行平稳,外贸出口快速增长,全区出口前20位三资企业中台企占3家,分别是李长荣化工、领先电子和豪国窗饰。(王丽君)

【丹徒区台湾同胞投资企业协会成立】 2011年4月14日,丹徒区台湾同胞投资企业协会举行成立大会,区委副书记陈可可、副区长杨伟民出席,大会通过协会章程,选举产生第一届会务干部,镇江五星机械有限公司董事长高明华任会长,并聘请区委副书记陈可可、副区长杨伟民为名誉会长。协会确定"团结、交流、服务、发展"为台企协会工作宗旨,依照台商协会章程,开展各种形式联谊活动。8月,台商协会开展"警台共建锦上添花"活动,为冒着酷暑工作的交警捐赠电脑办公设备,共3万余元。12月,开展"寒门学子、雪中送炭"助学活动,为特困儿童家庭送慰问金2万元。(王丽君)

【赴台开展现代农业考察】 2011年5月,为学习借鉴台湾现代农业发展经验,丹徒区台办组织现代农业考察团一行5人赴台考察,先后考察台南兰花生技园、大湖草莓文化馆等特色农业园区,重点对台湾农业企业集聚、延伸农业产业链、农业文化创意等内容进行了解。同时,参观访问台湾省农会、台中市农会、台湾蔬果花卉产业科技协会等农业组织,就农业组织架构、经营模式、社会支持等方面进行沟通交流。(王丽君)

【服务台资企业】 2011年,丹徒区台办做好台企服务工作,召开"服务台企转型升级"专题会议,落实《丹徒区台办服务企业全员责任制》,明确人员与挂钩台企的联络分工,定期走访台企,及时了解台商意愿和诉求,全年走访台企38人次,解决台企发展难题12件。4月,配合区科技局、区科协、区知识产权局等部门开展科技服务台商活动,向台商作详细介绍"高新技术企业""知识产权""政产学研"等重点内容,为区内台企转型发展提供咨询和指导。9月,组织台企参加市台协与市环保局召开的现场办公会,解决台企疑难问题。10月,进行台商返台投票走访和统计工作,深入台资企业联系台干本人,宣传返台投票机票优惠政策,鼓励台商返台参与投票。年内,帮助20余家台企解决"用工荒"问题。为5家投资500万元以上台企办理"一卡通"10个。

(王丽君)

【处理涉台纠纷】 2011年,丹徒区台办按照《台湾同胞投资保护法》和《台湾同胞投资保护法实施细则》,依法调处台商投诉,协调处理台商投诉2件,保障台商合法权益。妥善处理镇江五星机械有限公司土地纠纷问题,保证企业正常开工投产;与政府有关部门协调处理好炎黄学校装修出现重大安全事故,确保学校9月1日正常招生;李长荣化工增资企业因污水处理能力不够,环保局限制开工,向市环保局了解情况,并向企业做好解释工作;与区教育局、丹徒实验学校相关负责人联系、沟通,了解相关政策,帮助润州一台商子女转学至丹徒实验学校就读。

(王丽君)

【扩大对台宣传】 2011年,丹徒区台办依托各种载体加强对台宣传工作。继续做好台湾新闻学习工作,及时向全区台企、台干传达中央重大对台方针、政策和最新台海局势,及时反映中央及省、市、区对台工作动态;与锡山台办开展座谈交流,了解其他区域对台工作创新思路,推介丹徒良好投资环境和优势,共享对台招商信息。

(王丽君)

旅游工作

【概况】 2011年,镇江市丹徒区旅游局(以下简称丹徒区旅游局)强化旅游品牌创建,推进镇江醋文化博物馆创建"国家AAAA级旅游景区"和"江苏省首家工业旅游示范点试点单位",引导世业洲入围"江苏省自驾车营地创建试点单位";组织"太平泥叫叫"参加全国旅游商品大赛,并顺利入围;组织太平民俗馆民间工艺申报省级非物质文化遗产,研发"水漫金山"系列旅游商品,并在醋文化博物馆设立"太平泥叫叫"售卖专柜;指导中国镇江醋文化博物馆设立旅游产品研发中心,研发旅游产品新品种数十种,制作醋坛子申报"吉尼斯世界纪录"。配合省、市旅游局开展智慧旅游先行项目调研,提供旅游景区、饭店基本资料,服务全市智慧旅游项目建设。与区广电局联合拍摄丹徒旅游宣传片,完成全区所有国家A级景区及中国镇江醋文化博物馆、中国米芾书法公园的拍摄制作,并通过电视媒介播放。加大旅游宣传和营销,成功举办世业洲长江草莓音乐节、江心洲柑橘节、野菜节等旅游节庆活动。加强旅游安全管理工作,组织对景区、饭店、乡村旅游点开展安全检查,对排查的安全隐患及时落实整改。组织世业洲迷笛音乐节主题公园、开心农场乡村旅游项目、江心洲乡村旅游俱乐部等向上争取产业引导资金,共获省级专项扶持资金140万元。指导重点旅游镇(园区)设立"旅游办公室",世业镇、辛丰镇、宝堰镇、上党镇、高桥镇、荣炳盐资源区、江心生态园区7家均设立旅游办公室。全年接待游客295.2万人次,比上年增长23%;旅游综合收入20.4亿元,比上年增长40%;接听旅游咨询、投诉电话15起,无旅游责任投诉,无旅游安全事故。年内,被镇江市旅游局评为先进集体,2人被镇江市旅游局评为先进个人。

(沈雪莲)

【推进旅游项目建设】 2011年,丹徒区旅游综合投入3亿元,用于重点旅游项目建设。推进总投资4亿元的草莓音乐主题公园建设,完成土地流转26.67公顷,综合演艺场所及道路配套全部完成;推进开心农场二期建设,真人CS项目、户外露营基地建成营业;推进总投资2.5亿元的中国米芾书法公园建设,完成米芾南路、米芾路景观、区内生态道路及配套设施建设;推进江心洲乡村旅游俱乐部建设;推进毓龙湾国际度假村温泉项目、娱乐设施、旅游地产建设;推进凤凰山庄会议中心、室内高尔夫球场、茶室等建设。

(沈雪莲)

【创建乡村旅游品牌】 2011年10月,丹徒区尚水印象被评为江苏省三星级乡村旅游点,农庄建于2009年5月,位于上党镇上会村张沿沟,总占地面积约13000平方米,现有员工18名,集餐饮、垂钓、度假为一体。卧龙山庄被评为江苏省二星级乡村旅游点,山庄位于荣炳盐资源区,以生态农村旅游为特色,是集休闲、娱乐、养生为一体的乡村旅游点。

(沈雪莲)

【中国镇江醋文化博物馆被评为国家AAAA级旅游景区】 2011年12月,中国镇江醋文化博物馆被评为"国家AAAA级旅游区"。博物馆核心区占地面积约3.6万平方米,建筑面积约1.5万平方米,毗邻恒顺工业园区。展馆以典型的江南民居形式表现建筑群落的韵律之美;采用声、光、电等现代表现手段,全面宣示醋文化、解读醋文化、品味醋文化;广场景观小品、浮雕墙、石碾子、标识石、天下第一醋坛、手工传统制醋与现代化大工业流水线的对比,显示了景区蕴含的地域文化,是集文化遗产保护、休闲娱乐、科普教育、工业旅游等于一体的展示窗口。

(沈雪莲)

【推进智慧旅游工程】 2011年,中

国镇江醋文化博物馆被列入市级首批先行智慧旅游试点单位，丹徒区旅游局指导中国镇江市醋文化博物馆建成网站并上线，实现网上预订、支付功能，开设淘宝网店，年实现销售30万元；安装景区触摸屏，实现无线网络链接；应用传感技术、互联网技术，设置近10块二维码景区导示牌，后台与WAP、移动网站链接，设置景区手机网页。指导网络“开心农场”智慧旅游项目应用，“开心农场”成为全省首家现实版网络“开心农场”。应用激光技术和无线传感技术，建成CS实战项目。

（沈雪莲）

档案工作

【概况】 2011年，镇江市丹徒区档案局（以下简称丹徒区档案局）继续推进档案资源体系、档案利用体系、安全保管体系“三个体系”建设，提升档案工作服务社会、服务大众能力。全年接待查档5636人次，调阅案卷4382卷册，复制8854页。接待查阅公开资料9人次，提供公开文件资料16卷件；完成46个单位档案室星级复查工作，其中五星级单位4个，三星级单位10个，二星级单位22个，一星级单位11个，为全区档案室星级创建工作起到示范带头作用。 （张 磊）

【健全档案安全保管长效管理机制】 2011年，丹徒区档案局加强对档案安全保管机制的建设。重视档案馆库房管理，严格贯彻各项档案管理制度，加强档案馆人员安全意识培训，库房钥匙专人保管。加大投入确保库房恒温恒湿管理，添置2台除湿机定期除湿，重新更换到期樟脑精块。新装密集架7组，新添防磁柜2台，全年库房设备投入6.35万元。在档案馆查档大厅新安装监控探头，对查档区域查档过程实行全程监控。 （张 磊）

【加强档案资源建设】 2011年，丹徒区档案局加强档案资源建设，加强业务指导，提升基层及多领域档案管理水平。抓好基层档案室升级及3家单位五星级档案室复查工作，继续做好新农村建设档案工作；拓展建档服务领域，跟踪做好重大活动、重要事件档案的指导收集工作；明确馆藏优势，进一步加强相关档案及特色档案的收集工作。

（张 磊）

【整合民生档案信息资源】 2011年，丹徒区档案局针对档案利用需求情况，对馆藏中涉及民生的档案优先分类整改。库存婚姻档案2804卷，死亡干部档案315卷，公证档案1950卷，建房档案2352卷，劳动局名册档案1561卷。设置专题目录，每个门类的民生档案目录输录完整翔实。从丹徒区农委及各镇（街道、园区）林业站接收林权改革档案进馆，共30卷272件，并设置专题目录，为林业经营单位和林农维护自身合法权利保存依据。

（张 磊）

【推进档案行政权力公开透明运行】 2011年，丹徒区档案局为配合丹徒区电子政务系统运行，对历年申报的行政权力目录进行自查自纠，重点查看是否有漏报、混报现象，严格申报把关程序，对行政权力进行清理。至年底，档案行政权力已由区政府电子政务工作领导小组上传到丹徒区电子政务平台，共9项行政权力暂时挂起，其中行政许可2项，行政处罚5项，其他权力2项。

（张 磊）

行政事务管理

【概况】 2011年，镇江市丹徒区机关事务服务中心（以下简称丹徒区机关服务中心）开展公共机构节能管理工作，采集和汇总全区各部门、单位、镇（街道、园区）等公共机构能源资源消耗状况，制定《关于加强全区公共机构节能管理工作的实施意见》，对全区85家单位能源消耗状况进行评估、考核，并对各单位联络员、统计员进行业务培训和指导，使公共机构节能管理工作制度化、程序化、科学化。全年共承办各类会议1270场次，接待中外宾客700余人次。 （李昌鹭）

【会议中心实施品牌工程】 2011年，丹徒区机关服务中心对会议中心二楼餐饮实行市场化运作，提高服务质量、创新特色菜肴，实施品牌工程。在经营项目上推出家宴、净菜等业务内容，在菜肴品种上推出十三香龙虾、江鲜、水晶猪手、谷阳老鹅等特色菜肴。在服务礼仪上，对工作人员进行岗位技能、礼貌用语等多项培训和考核。不断提高知名度、美誉度，增加品牌附加值。

（李昌鹭）

【做好机关安保工作】 2011年，丹徒区机关服务中心把机关安保工作作为年度工作内容，深入开展安全隐患排查和整改，配合消防部门开展安全大检查。完善消防监控设施设备，及时做到消防器具的维护更新；升级智能化监控系统，修复新增监控探头115个；对出入政府大楼、会议中心的闲杂人员进行控制、引导。做到设施防、技防、人防三结合，有效维护机关工作秩序。 （李昌鹭）

【落实夏季有序用电节约工作】 2011年，根据镇江市市级机关事务管理局《关于切实做好全市公共机构夏季有序用电节约用电工作的通知》，丹徒区机关服务中心结合政府大楼和会议中心实际状况，要求各部门单位降低空调能耗，严格执行室内空调温度设置标准；加强照明节电管理，充分利用自然光，杜绝白昼灯和长明灯，采用新光源和绿色环保用电设备；强化日常节电措施，建立健全节电管理制度和设备操作规程，对电梯、电开水器采取分时分区关停措施，对计算机、打印机、复印机等办公设备减少待机能耗。

（李昌鹭）

政协丹徒区委员会

责任编校：王雪松

综　述

【概况】 2011年，中国人民政治协商会议镇江市丹徒区委员会（以下简称丹徒区政协）坚持以科学发展观为统领，紧紧围绕区委、区政府工作中心，组织和带领广大政协委员认真履行政治协商、民主监督、参政议政职能，在服务大局、助推发展、关注民生、促进和谐等方面扎实工作，为加速推进丹徒现代化建设发挥积极作用。（施益民）

【建立区政协各镇（街道、园区）联络委员会】 2011年，丹徒区政协认真贯彻中共镇江市委《关于加强人民政协政治协商制度建设的意见》，在全区各镇（街道、园区）建立政协联络委员会，搭建工作班子，配备工作人员，制定工作制度，落实工作经费。建立政协联络委员会，是政协工作机构向基层的延伸，是区政协进一步联系基层、服务基层的渠道，不但完善了政协组织体系，而且为区政协在协调关系、贴近民生、汇聚力量、服务大局中发挥更大作用奠定基础。（施益民）

【助推文化建设】 中国米芾书法公园建设是区委、区政府的一项重大文化工程。受区委、区政府委托，2011年丹徒区政协积极推进米芾书法公园建设：一是呈报《建设中国米芾书法公园基本思路》，提出"定位国字号、高拓'米'字旗、把握根和魂，凸显普世性"建设理念和艺术特色、审美取向等。二是完成园区出入口节点及"瑞墨轩法帖石刻廊"前期文化策划和文化服务工作。三是积极向上争取文化项目资金。四是协助委托编制《长山生态园文化产业发展规划》，约请南大国家文化产业研究中心对2011到2030年期间丹徒文化产业、发展战略、发展定位等进行研究，提出高层次规划。五是协助区政府与故宫博物院联合出版《米芾书法全集》。全集囊括了海内外几乎全部的米芾墨迹和碑帖杰作，收录文物215件。（施益民）

【认真办理委员提案】 提案委以提高提案质量为基础、加强制度建设为保障、增强办理实效为目标，实行提案办理工作部署、程序、实施"三统一"，相关领导、承办单位、常委委员"三参与"，认识、督办、宣传"三到位"，形成了"党政领导领办、政协组织督办、承办单位力办、媒体跟踪协办"的良好提案工作局面，逐步实现了提案工作从"重答复"向"重落实"转变。在政府领导重视和承办单位支持下，全部办复123件政协提案。其中已经解决或采纳的73件，占59.35%；列入计划逐步解决的48件，占39.84%；留作参考和说明的1件，占0.81%。重点提案8件，已经落实5件，列入计划正在解决的3件，委员满意和基本满意率达100%。（施益民）

【提升履职效能】 2011年，丹徒区政协建立并完善向有关单位统一选派民主监督员的机制，调整充实民主监督组织机构，定期组织民主监督员进行小组交流，并开展动态通报、绩效考评，就有关部门履职尽责、规范服务、行风政风等方面的反馈意见，实施监督。相关政府部门也及时主动向政协民主监督员通报工作，寄送简报，征询意见，邀约活动。（施益民）

【积极开展调研视察工作】 2011年，丹徒区政协进一步完善与中国小城镇发展研究所物流部合作的专题《发展城市经济，加快建设镇江主城"丹徒片"的调研报告》，向区委、区政府报送《关于同城化建设的建议案》。区委书记丁憬在建议案上作出重要批示，区长陈琳也对建议案作出高度评价。同时，区政协重点围绕大项目建设、水利建设、财源建设等课题开展调查研究，形成《进一步做好企业主辅分离工作的建议》、《高度重视企业上市培育、及早谋划总部经济区的建议》等一批调研成果，供区委、区政府工作决策参考。此外，区政协还对区域供水进村入户、数字电视整体平移、农村垃圾集中处置、农民健康工程、残疾人康复中心、土地流转交易、农合经济组织建设、宗教场所管理、城市社区物业管理、幼儿学前教育、社区服务中心建设、和谐劳动关系创建等开展调研，助推民生工程的实施。（施益民）

【积极开展文史工作】 文史委坚持"征集为主、抢救优先、合理利用、服务社会"原则，立足"挖掘本土文化、坚持时代特色"，不断给文史工作注入新活力。编辑《丹徒文史资料精品集》，由中国文史出版社出版发行；还积极参与组织策划"纪念辛亥一百周年，缅怀冷遹先生暨纪念馆开馆"系列活动，协助编辑出版《冷遹画传》、《冷遹与辛亥革命研讨会论文集》，组织"纪念辛亥一百周年"

丹徒、绍兴两地书画联展和书画家交流笔会等，充分发挥文史工作“存史、资政、团结、育人”的社会功能。

（施益民）

【广泛团结港澳台胞和侨胞】 港澳台侨委与海外重点人士联系，讲究“热心”，与港澳台胞、海外侨胞、外资和台资企业人士联络讲究“诚心”，与归侨、侨眷、侨属企业家开展联谊讲究“恒心”，长期开展，常抓不懈，并积极开展“侨帮扶”捐资助学和困难归侨帮扶活动，使“侨爱工程”常态化。拓展侨务捐资，完善监督机制，积极做好支显宗基金会捐赠资金使用的监管、服务，使资金管理使用程序化。（施益民）

【举办政协委员讲堂】 2011年4月，丹徒区政协举办委员讲堂。南京大学经济学院教授、博士、博士生导师顾江为丹徒区政协委员作“文化产业面临的机遇与挑战”专题讲座。顾江教授在对文化产业特征的经济分析、文化产业发展模式战略选择等方面作了讲解的同时，还对中国米芾书法公园等文化产业项目的建设和发展提出了建设性意见。区领导毕增立、叶向东、王卫方、田志虹、黄河图、郭祥明、江灿、冷顺康参加活动。（施益民）

重要会议

【丹徒区政协召开八届四次全委会议】 2011年1月10～14日，中国人民政治协商会议镇江市丹徒区第八届委员会第四次会议在丹徒新城举行。中共丹徒区委书记丁憬在开幕式上作重要讲话。会议赞同区长陈琳所作《政府工作报告》，赞同《丹徒区国民经济和社会发展第十二个五年计划纲要（草案）》、《丹徒区2010年国民经济和社会发展计划执行情况及2011年国民经济和社会发展计划报告（草案）》和其他报告。会议同意毕增立代表区政协第八届委员会常务委员会所作工作报告和黄河图代表区政协第八届委员会常务委员会所作提案工作情况报告。会议号召广大政协委员、各民主党派、无党派人士联谊会、工商联、人民团体和各族各界人士，紧密团结在以胡锦涛同志为总书记的中共中央周围，在中共丹徒区委的坚强领导下，全面贯彻落实科学发展观，励精图治，锐意进取，开拓创新，顺势而为，为建设和谐丹徒、实现“加速同城化、同步现代化”奋斗目标作出新的更大贡献。

（施益民）

【丹徒区政府、区政协召开领导联席会议】 2011年3月18日下午，区政府、区政协领导联席会议在会议中心新闻发布厅召开。区政府领导陈琳、殷利民、曹扬文、贺文、祝步远，区政协领导毕增立、张国金、黄河图、郭祥明、江灿、冷顺康出席会议。主席毕增立介绍2011年区政协工作要点及重点项目、重要活动安排，详细说明《集聚和释放“二重”产业资源，加快我区经济转型升级跨越发展的建议案》并征求意见。区长陈琳肯定政协工作的同时，希望政协进一步充分发挥联系广泛、人才荟萃的优势，为全区实现转型升级、跨越发展作出新贡献。

（施益民）

【丹徒区政协共召开常委会议4次】 2011年，区政协共召开常委会议4次。1月5日，区政协召开八届十三次常委会议，讨论并通过《区政协第八届委员会常务委员会工作报告（讨论稿）》和《区政协第八届委员会常务委员会关于提案工作情况的报告（讨论稿）》。会议讨论并通过区政协八届四次会议议程（讨论稿）、日程安排（讨论稿）和大会秘书处负责人名单（讨论稿）、《选举办法》（讨论稿）等，讨论并通过关于召开区政协八届四次会议的决定（讨论稿）。免去魏国平区政协办公室主任职务，免去王国梅区政协提案委员会主任职务。任命蔡怀根为区政协办公室主任，张正平为区政协提案委员会主任，贺军为区政协办公室副主任。同意张长庚、王玲辞去区政协常委、委员的申请。同意马志明、张燕、朱晓燕、朱小平、王国梅、龚萍6名委员辞去区政协委员职务。增补张国金、蔡怀根、张正平、常建军、朱红、李军、韩蓁、徐英姿、张一丁9人为八届区政协委员。

3月17日上午，区政协召开八届十四次常委会议，讨论并通过《区政协2011年工作要点》并对《集聚和释放“二重”产业资源，加快经济转型升级跨越发展的建议案》提出修改意见。会议重点部署2011全年工作。

7月29日，区政协召开八届十五次常委会议，听取区发改委主任杨俊代表区政府所作《关于丹徒区2011年上半年国民经济和社会发展计划执行情况及下半年计划执行意见的通报》和区水利局局长金国顺所作《关于全区水利建设情况通报》，部分常委和委员围绕两个通报，提出一系列意见和建议。常务副区长张映桥代表区政府作讲话，他在肯定政协工作基础上，感谢各位提出的宝贵意见和建议，希望政协委员进一步提高参政议政水平，切实做到与政府同呼吸、共命运。

11月29日上午，区政协召开八届十六次常委会议。会议听取区政府关于提案办理情况的通报和区政协关于全区同城化建设课题调研情况的通报。会议要求全体政协委员把思想统一到市、区的决策部署上来，统一到“加速融入主城区、率先实现现代化”的工作目标上来，切实为丹徒区的快速发展建言献策。

（施益民）

民主党派·工商联

责任编校:丁素娟

民革丹徒总支

【概况】 2011年,民革丹徒总支突出“兼容、和谐、奋进”的主题,组织党员积极参政议政,开展调研活动。党员赵爱华撰写征文《提升核心价值理念,追求知行统一境界》获民革中央宣传部三等奖,党员李军撰写的《血浓情更浓》获民革中央宣传部优秀奖。党员贾金海、李军、赵爱华、王巧兰、冯国秋等被评为民革镇江市委先进个人。党员魏丽被评为“丹徒区333学科带头人”。

(王巧兰)

【开展纪念辛亥革命100周年活动】 2011年,民革丹徒总支积极配合丹徒区相关部门做好纪念辛亥革命100周年活动。活动中,民革丹徒总支邀请民革镇江市委驻会副主委沈红亮就辛亥革命及中国近代史做讲座。丹徒二支部组织全体成员参观冷遹纪念馆。党员肖伟敏撰写《冷遹先生与辛亥革命》纪念文章;党员肖伟敏、李军积极参与“冷遹研究会成立”及“冷遹纪念馆开馆”活动。 (王巧兰)

【支部活动】 2011年,民革丹徒总支各支部积极开展学习调研活动。8月5日,丹徒二支部组织党员集中学习胡锦涛在建党90周年大会上的讲话精神,要求党员准确把握讲话的思想内涵,做好参政议政工作,加强支部自身建设。10月27日,民革丹徒二支部组织全体党员对丹徒区部分农村水利建设项目进行专题调研。党员们先后参观了长山提水站、上党凑塘水库和新农村示范点薛村。调研中听取了丹徒区水利农机局相关项目负责人对当地水利设施情况的介绍,并与当地农业专家就如何加强农田灌溉水系建设,加快水利发展,切实增强水利支撑保障能力,实现水资源可持续利用等问题进行了积极探讨。12月18日,丹徒一支组织全体党员到丹徒交通系统调研视察,听取交通系统关于城乡公交一体化建设情况的汇报,深入了解社会关心的交通问题如校车安全问题、超限治理问题。

(王巧兰)

民建丹徒区总支

【概况】 2011年,中国民主建国会镇江市委会调整基层支部会员分布,中国民主建国会镇江市委会丹徒区总支部(以下简称民建丹徒区总支)有5人调离民建丹徒区总支,年末有会员42人。会员中在区政协、人大机关和政府部门担任领导职务的3人、任政府部门中层职务的5人。会员中高、中级知识分子32人,占76.2%。会员中有市、区人大代表1人;有市、区政协委员11人,其中区政协常委4人,政协委员中有非公经济代表人士6人;会员中被区法院、财政局等部门聘为党风、行风监督员3人次。全年组织支部活动16次(含总支组织和三个支部组织的活动)。

(纪桂发)

【参政议政】 2011年,民建丹徒区总支在镇江市丹徒区委统战部和民建镇江市委的领导下,完善中国共产党领导的多党合作政治协商制度,真正发挥参政议政民主监督作用,扩大民建丹徒区总支参政议政范围,拓宽参政渠道,促进思想作风建设,提升参政议政的能力,发挥好民主党派的作用。2011年,民建丹徒总支与政府部门对口联系单位住建局、环保局、国土局分别进行对口联系和交流活动。7月,民建丹徒区总支组织在职部分会员与对口单位分管领导到福建与福建南安民建支部进行交流联谊活动。

(纪桂发)

【组织建设】 2011年,民建丹徒区总支注重组织建设,全年发展新会员3人,平均年龄37岁,其中大学本科学历1人;高级职称1人,中级职称2人;个私企业负责人2人。10月,经中共丹徒区委统战部同意中国民主建国会镇江市委会批准,民建丹徒区总支调整总支和三个支部负责人。年末,民建丹徒区总支有会员42人,平均年龄43.9岁,退休会员和在职会员的比例约为1∶5。 (纪桂发)

农工党丹徒区基层委员会

【概况】 2011年,农工民主党丹徒区基层委员会有党员43人,其中任副处级干部职务1人、副科级干部职务5人、镇江市人大代表1人,丹徒区人大常委2人、丹徒区人大代表2人、丹徒区政协常委3人、丹徒区政协委员10人。2011年新发展党员2人。支部组织活动坚持制度化、规范化、特色化,全年活动12次,到会率90%以上。农工民主党

2011年9月9日，农工民主党丹徒基层委员会在江心洲开展送医下乡义诊救护演练活动。

丹徒区基层委员会和党员屡获表彰。何春华被丹徒区人大评为“优秀区人大代表”；姚金宝、崔萍被丹徒区政协评为“优秀政协委员”；农工民主党丹徒区基层委员会提出的《关于加快我区产业结构调整的建议》《关于加快我区高新技术产业的建议》、崔萍提出的《关于建立丹徒区社会福利中心的建议》、马雅宾、张卫新等委员提出的《关于在丹徒新城兴建少年宫和儿童乐园的建议》被丹徒区政协评为2010～2011年度优秀提案。2010年，农工党丹徒基层委员会被农工党镇江市委会评为优秀基层委员会。崔萍被评为“镇江市民政系统先进个人”和“优秀公务员”；何春华被评为“镇江市红十字会先进个人”；王卫方、周润生、崔萍、李玉霞、何春华、钱良俊、王杏凤、徐荣民、姚金保、张卫星、马雅宾、许培贤、张剑、戴文妍、殷飞被农工党镇江市委会评为优秀党员。

（王卫方　戴文妍）

【积极履职建言献策】 2011年，农工民主党丹徒区基层委员会在区政协八届四次会议上，提交《关于加快发展我区高新技术产业的建议》《关于区级财政拨款的机关事业单位的工会会费由财政代扣方式调整为财政划拨方式的建议》《关于加强丹徒区高层次人才队伍建设的建议》《关于理顺餐饮环节监管主体，提升食品安全监管效能的建议》《关于加快谷阳湖综合开发的建议》以及《关于保持税收收入与GDP协调增长的建议》等六个提案，其中《关于加快发展我区高新技术产业的建议》和《关于加快谷阳湖综合开发的建议》被列为重点提案，姚金宝、崔萍、马雅宾、李玉霞、张卫新、钱良俊、戴文妍等政协委员个人、联名撰写《关于全区党政机关部门应推行使用电子公文的建议》《关于加大农资产品打假力度，切实保障初级农产品安全的建议》《关于加强高层次科技创新人才队伍建设的建议》《关于完善区级机关科级非领导职务设置的建议》等23个提案，其中张卫新、马雅宾等撰写的《关于在丹徒新城尽快兴建少年宫和儿童乐园的建议》被列为重点提案。《关于加强丹徒区高层次人才队伍建设的建议》被选为丹徒区政协八届四次会议上的发言材料。　（王卫方　戴文妍）

【支部活动】 2011年，农工民主党丹徒区基层委员会组织学习中国农工民主党党章和江苏省、镇江市农工党会议精神，组织成员就学习内容开展专题讨论。3月，农工党镇江市委会组织全体党员观看《农工党社会主义核心价值体系学与行宣讲报告会》。4月20日，组织全体党员去溱湖湿地公园外出交流。5月，组织党员学习党章。6月，参加镇江市委统战部组织的“身边的典型”——市各民主党派树立和践行社会主义核心价值体系先进事迹报告会。8月5日，与丹徒区卫生局开展对口交流活动。9月9日，与丹徒区红十字会在江心洲农贸市场联合开展以“急救为人人”为主题的2011年“世界急救日”大型宣传、义诊、救护演练活动。活动模拟了突发事件现场紧急救护情景，现场演练心肺复苏、外伤止血、包扎、固定、搬运等救护技术；发放家庭救护指南、健康宣传画册200余册；展出急救知识展板4块；邀请镇江市、丹徒区医疗专家为老百姓开展义诊、健康咨询等活动。11月28日，组织部分党员赴辛丰镇、宝堰镇、高资镇调研丹徒区科技创新情况。

（王卫方　戴文妍）

致公党丹徒支部

【概况】 2011年，致公党丹徒支部有党员16人，其中，党员中任科级职务1人，致公党镇江市委委员1人，镇江市政协常委1人，丹徒区政协常委1人，丹徒区政协委员5人，致公党江苏省委妇女委员会1人，镇江市侨联委员1人，新发展党员3人。年内支部主委吴黎红被镇江市公安局、丹徒区司法局分别聘为行风监督员，副主委季道静被聘为镇江市青少年成长指导中心心理矫正师。致公党丹徒支部获致公党江苏省委基层支部建设年“星级支部”；致公党丹徒支部获致公党镇江市委综合考核评比第一名；季道静、魏榴萍被致公党镇江市委评为社会服务先进个人，郭建霞被致公党镇江市委评为优秀致公党员。

（吴黎红　王心如）

【支部活动】 2011年，致公党丹徒支部组织活动主题突出，全年活动12次，到会率90%以上。1月，慰问困难归侨6户，给每户家庭送去慰问品以及慰问金。4月，组织全体党员参观正东食用菌生产基地，了解学习食用菌工厂化栽培技术及高品质食用菌营养价值等方面的相关知识。5月，致公党丹徒支部与江苏省大港中学联合举办庆祝“建党90周年革命传统教育”报告会，87岁的老党员单明德给200多名师生讲述亲身经历的烽火岁月，激发了广大师生强烈的民族责任感。7月，组织全体党员与连云港海州支部交流基层组织建设工作。9月，与区水利局、司法局开展对口联系活动。11月，组织致公党党员中医务人员赴高资、荣炳开展义诊服务。 (吴黎红 王心如)

【参政议政】 2011年，致公党丹徒支部在丹徒区政协八届四次会议上提出“关于加强新城交通管理的几点建议”“关于尽快解决我区高中教师绩效工资的建议”“关于对全区渣土车实行专项整治的建议”“关于对加大农业科技投入，促进农业持续增效，农民增收的建议”均列为集体提案。吴黎红代表支部在丹徒区政协八届四次会议上做“强化教育公平健全农村助学体系”书面发言，委员赵祥平提出“关于化解高级中学债务的建议”，委员薛菊金提出“关于严格引进和培养人才制度、促进丹徒快速发展的建议”，委员孔淑琴提出“关于提高学生医疗保险办事效率的建议”；吴黎红、赵祥平提出“关于在丹徒新城兴建新华书店的建议”。支部参加致公党江苏省委妇女工作委员会在南京、扬州、镇江等地调研，并参与撰写江苏省“社区公共服务现状的调查及建议报告”，被中国致公党江苏省委列入年度调研报告汇编。

(吴黎红 王心如)

【在省市报刊发表文章8篇】 党员郭建霞撰写的“一辈子愿做共产党的同路人”被《致公江苏杂志》2011年第二期刊登，吴黎红撰写的“爱心传承硕果累累”，潘杰撰写的“弘扬辛亥首义精神、完善自己人生道路”，季道静撰写的“继承革命传统、共创美好明天”，冷丽撰写的“提高认识、加强作为”，魏朝新撰写的“回望辛亥”，郭建霞撰写的“纪念辛亥革命，拜谒冷遹故居”，金云霞撰写的“做一个合格的致公党员”王心如撰写的“莫让风筝断了线”等文章分别在《致公镇江杂志》、《镇江日报》刊登。 (吴黎红 王心如)

九三学社丹徒支社

【概况】 2011年，九三学社丹徒支社有社员8人，均为在职人员，其中在读博士1人，硕士2人，学士5人；副科级职务2人，镇江市人大代表1人，镇江市政协委员1人，丹徒区政协常委1人，委员2人。九三学社丹徒支社提出“尽双职立新功”，要求社员做好本职工作的同时，积极参政议政。社员殷克勤获江苏省“十一五”期间有线电视村村通先进工作者称号，徐洁被九三学社江苏省委评为“宣传工作先进个人”、徐航、徐洁被丹徒区政协评为“优秀政协委员”，徐航被丹徒区委区政府评为“生态区创建和文明城市创建先进个人”，徐洁被丹徒区委区政府评为“三农工作先进个人”；殷克勤、徐航、徐洁、严慧4人由于在九三学社镇江市第六届委员会工作中表现突出，获九三学社镇江市委表彰。徐航撰写的《浅析我国燃煤燃前脱硫技术的应用现状与展望》发表在科技核心期刊《价值工程》2011年第5期。(徐 洁)

【积极履行职能】 2011年，九三学社丹徒支社社员在丹徒区政协八届四次会议上提交《关于推进我区新市镇建设的几点建议》《关于强化我区涉农项目建后管护工作的建议》《关于增加丹徒新城公交线路，延长末班车时间的建议》《关于规范丹徒新城道路及公交站台命名的建议》等提案，社员徐洁在政协八届十六次常委会上作“注重提案办理质量，促进经济转型升级”的发言，撰写的《关于加强镇江市农业综合开发的对策与建议》被《江苏九三论坛论文集》收录。社员徐航在镇江市人大六届四次会议上提交《关于拆除镇江四中周边门面房还校园应有清静环境的议案》《关于在中山路小学改建时整合四中及中山路幼儿园的议案》《关于在新农村建设中注重特色稳步推进的议案》。 (徐 洁)

2011年1月，九三学社丹徒支社副主委、市人大代表徐航在区政协会上发言。

工商联

【概况】 2011年，丹徒区工商业联合会(以下简称丹徒区工商联)积极履行职能，围绕非公有制经济发展工作参政议政，在区政协会议上提交《关于授权区工商联作为社会团体业务主管单位的建议》提案。8月，丹徒区首家社区商会——谷阳镇谷阳村社区商会成立。区工商联为企业发展积极营造和谐氛围，走访企业过程中主动与企业沟通，主动协调矛盾、纠纷，协调融资、用地、用水等困难近10起。全区发展会员50户，组织网络更趋健全。区工商联被镇江市工商联授予“强化组织建设、服务经济发展”先进集体。

(钟雪花)

【工商联换届筹备工作】 2011年，丹徒区工商联高度重视换届工作，坚持在区委、区政府领导下，在区委统战部指导下稳步有序的开展各项筹备工作。特别是会员代表和执行

2011年8月1日，丹徒区首家社区商会——谷阳镇谷阳村社区商会成立。

委员的推荐，区工商联多次深入基层，听取多方意见，积极配合各镇做好推荐工作。推荐过程中，区工商联要求各镇坚持把好会员代表和执委候选人推荐的关口，推荐更多热心地方社会事业、公益事业、工商联事业，企业发展具备一定规模的非公有制经济代表人士，使这支队伍充满活力。　（钟雪花）

【首家社区商会成立】　2011年8月1日，丹徒区首家社区商会——谷阳镇谷阳村社区商会成立。为适应新形势发展需要，凝聚社区内民营企业的聚合力，努力发挥社区在促进地方经济发展中的引导和帮助作用，根据成熟一个组建一个的原则，谷阳村社区商会在镇党委、政府领导的重视关心和镇商会的精心筹备下顺利组建。首次加入商会的会员单位有20家，主要来自社区内部分民营企业以及服务业商户，成立大会上区工商联和镇党委、政府领导对社区商会以及20家会员单位进行授牌。　（钟雪花）

【加强融资服务】　2011年，丹徒区工商联携手江苏银行镇江京口支行，为丹徒区民营企业融资服务。区工商联与各镇商会推荐一部分发展前景好、诚信度高的会员企业，试点扶持。谷阳镇商会成立资金互助组织，帮助该镇中小企业解决资金周转困难问题。年底，镇商会在会员企业新建改建项目中帮助融资近700万元，并鼓励商会成员通过联保、互保等方式，为会员提供融资服务。　（钟雪花）

【加强信息和其他服务】　2011年，区工商联始终做好信息服务工作。为会员企业免费订阅信息资料2000余刊（每周一刊），把关系民营企业发展的政策、经济信息送到会员企业手中。区工商联还先后向民营企业家和经营管理人员发送培训和学习等信息5次，组织近20位民营企业家参加培训和学习活动。区工商联与区人社局、总工会继续在全区开展促进企业劳动关系和谐发展工作，在非公有制企业中积极建立职工工资正常增长协商机制，与人社局、总工会深入到非公有制企业调研，现场指导企业建立有效机制，以餐饮等行业为典型，通过召开现场会宣传建立工资正常增长协商机制，充分调动职工积极性，创造和谐劳动关系。

（钟雪花）

【光彩事业活动】　2011年，丹徒区工商联积极组织民营企业参与光彩事业。全区会员企业，特别是执委企业参与市、区各项慈善事业活动，在修桥造路，兴教助学等活动中累计捐资达100多万元，为社会和谐发展作出积极贡献。区工商联发动机关干部积极参与“春晖行动”，区工商联执委——丹徒区嘉宁建材有限公司总经理吴祥积极参与“春晖行动”，与困难家庭结对，在春节前为4户困难家庭送去慰问金和慰问品。全年区工商联慰问贫困家庭计6000元。　（钟雪花）

社会团体

责任编校:丁素娟

丹徒区总工会

【概况】 2011年,丹徒区各级工会紧紧围绕全区发展稳定大局,以"双服务"竞赛活动为载体,创新求实、争创一流,工会工作水平得到整体提升。区总工会被江苏省总工会评为2010年度经费收缴工作优胜单位、2011年上半年经费收缴双过半先进单位、帮扶工作先进集体、厂务公开民主管理创新奖二等奖。 (王 纲)

【加强基层工会建设】 2011年,星级工会创建实现组建与规范并重。村(社区)联合工会建制率达100%,覆盖企业1382家,形成城乡全域覆盖的组织网络;餐饮、皮毛、笔刷、机械等行业成立行业工会联合会,发展会员1.2万余人,覆盖企业327家;积极探索农民专业合作社建会形式,将从事种养、加工、营销的农民工吸引到工会组织中来,拓展了建会空间。全年新建各类工会组织82家,基层工会组织覆盖面由56.7%上升到94.8%,全区单位从业人员入会率由72.3%上升到93.6%。中国工人网对丹徒区党建工会共建工作做较大篇幅报道。在镇江市总工会全委会和镇江市党建带工建创先争优会议上,丹徒区总工会分别就党工共建和创先争优工作作典型发言。 (王 纲)

【工资集体协商"百日行动"】 2011年,丹徒区开展工资集体协商"百日行动",打造工资协商强效载体。丹徒区人大将工资集体协商列为"一号议案",丹徒区委、丹徒区政府召开工资集体协商"百日行动"动员会,出台《关于深入推进企业工资集体协商、促进实施居民收入倍增计划的意见》,丹徒区政府下发《关于开展企业工资集体协商"百日行动"的实施意见》,与各镇(园区)签订《百日行动责任书》;丹徒区人社局、丹徒区发改委、丹徒区总工会、丹徒区工商联在全市率先成立工资集体协商指导办公室。全区开展平等协商签订工资集体合同的企业达到356家,覆盖职工2.33万余人;签订区域性工资集体合同67份,覆盖企业1382家;行业性工资集体合同5份,覆盖企业278家。在《工人日报》《江苏工人报》《镇江日报》等媒体发表工资协商报道16篇,镇江电视台播出3期企业主专题访谈节目。 (王 纲)

2011年3月31日,丹徒区召开工资协商"百日行动"动员会。

【工资协商代理制】 2011年,丹徒区有效破解工资协商谈判难题。丹徒区人社局、发改委、总工会、工商联联合下发《关于实行工资集体协商代理制度的实施意见》,上级工会代行下级工会的职责,直接参与和指导下级工会开展工资集体协商。全区7个镇总工会为62家企业开展工资协商代理。经过协商,企业员工工资平均增幅达20%以上。丹徒区实施工资协商代理制被江苏省总工会评为全省厂务公开民主管理创新工作二等奖,《江苏工人报》头版头条、中国《工会信息》、江苏《工会信息》均对此作报道。 (王 纲)

【开展职工技能竞赛】 2011年,丹徒区总工会以"提升技能、促进就业"为主题,组织开展8大赛区60余项重点工程立功竞赛活动,参赛职工达2万余人次,《镇江日报》等媒体作了报道。活动组织开展车工、汽车检测、医疗急救等10余项职工技能竞赛，参与竞赛活动的企事业单位达260余家，参赛职工近万名；与区人社局联合开展各类培训班38期，引导帮助就业476人，开展在岗农民工培训4200余人次；发放职业资格证书3628份，200余人获得高级工证书，126人获得技师和高级技师证书。企业职工完成技术革新项目185项。4名职工创新成果被评为镇江市十佳“职工技术创新成果”，2名职工提出的合理化建议被评为镇江市十佳“职工合理化建议”。 （王　纲）

【风险抵押责任机制】 2011年，丹徒区总工会创新建立“双向承诺、双向评价”风险抵押责任机制，与镇（局）工会签订双向承诺书，将重点工作考核情况与双方年终奖励挂钩；根据职责分工和平时工作开展情况，建立区总工会各部室与镇（局）工会双向评价机制，做到工作好不好，实绩说了算；对区总工会主席室、各部室、镇（局）工会分管领导、专职工会副主席四个层面实行风险抵押，并缴纳一定的风险抵押金，年终依据考核情况进行配套奖励或扣除抵押金。该项机制的实行，激发了全会上下创先争优的内在动力。这项工作获镇江市总工会2011年度革新奖。 （王　纲）

【普法示范工程】 2011年，丹徒区总工会按照“小纠纷不出企业，大纠纷不出村、居，重大纠纷不出乡镇、街道，无重大矛盾纠纷和重大事件发生”的要求，在11个乡镇（街道）、22个村（社区）大院、65家企业开展普法示范点创建活动。建立村级劳动争议调解中心17个，聘请劳动争议特邀协调员16人，“职工心理疏导员”5人，全年参与调解各类劳动纠纷案件223件，调解成功175件，调解成功率达86%。区总工会与司法、人社等部门成立“六五”普法讲师团，全年开展各类普法培训62场，参加培训职工3500余人，《江苏工人报》头版进行了报道。针对部分企业存在规章制度制订程序不合法、制度内容不完善等问题，区总工会在有关乡镇和开发区举办规章制度现场评估服务活动，帮助67家企业重新修订劳动规章制度，修改各类条款360余条。 （王　纲）

【困难职工帮扶工作】 2011年，丹徒区总工会按照“行政扶持，政策引导，标本兼治”的原则，将帮扶中心打造成为职工就业创业的推进器。以政府公益性岗位为突破点，安置160名就业困难职工到政府购买的保洁、包绿等公益性岗位，安置200余名特困职工到保安、护理、餐饮后勤等辅助岗位；以“技能培训促就业专场招聘会”“春晖行动”等为载体，为困难职工解决就业岗位200多个；以鼓励和扶持困难失业职工自主创业为手段，对初始创业人员给予“三免一补”政策，集中安排创业政策咨询、典型介绍、小额贷款等专项服务活动12场次，累计接待各类咨询者近5000人次，为36名困难失业职工提供免息小额贷款85万元，财政贴息6万元。各级工会组织深入开展金秋助学活动，到年底，发放助学资金总额突破150万元；并组织受助学生利用节假日到相关企业勤工俭学，《江苏工人报》作报道。丹徒区困难职工帮扶中心被评为江苏省工会帮扶工作先进集体。 （王　纲）

【劳动关系和谐企业创建】 2011年，丹徒区总工会创建劳动关系和谐企业采用滚动晋级新模式。丹徒区委转发《关于实施“六项升级计划”，深化劳动关系和谐企业创建的意见》，不断强化创建工作载体，提高创建工作实效，组织实施四级滚动晋级机制。一是企业只要在创业创新、劳动关系、社会责任、和谐文化等方面有两项以上达到指标的，即可参加镇级和谐企业评选；二是企业达到“两个80分”以上，即综合指标考评分达到80分以上、且80%单项指标达到80分以上，即可参加区级和谐企业评选；三是市级和谐企业要求达到“两个90分”以上，即综合指标考评分达到90分以上、且90%单项指标达到90分以上；四是省级和谐企业要求达到“两个95分”以上，即综合指标考评分达到95分以上、且95%单项指标达到95分以上。以阶梯式创建和滚动晋级机制，推动企业“对号入座”。年底，丹徒区有268家单位开展创建活动，参与面达建会企业的95%，百人以上企业达标率51%，1家企业被评为江苏省模范劳动关系和谐企业，18家企业被评为镇江市“劳动关系和谐企业”，132家企业被评为丹徒区级“劳动关系和谐企业”，78家企业被评为镇级“劳动关系和谐企业”，达到和谐村（社区）标准的村（社区）有27家，和谐单位2家。 （王　纲）

【提升劳模管理服务水平】 2011年，丹徒区委、丹徒区政府成立省、市劳模评选工作领导小组，积极做好14名市级劳模、3名省级劳模的推荐、评选工作；召开“五一”表彰大会，四套班子主要领导出席会议，大会通报表彰2011年省、市劳动模范，区“工人先锋号”“创争活动先进单位”“十佳文明职工”等先进集体和先进个人，360余人参加大会；积极开展“劳模创新工作室”创建活动，对房根保、孔国娣、沈晓坤等三个劳模（团队）工作室授牌；劳模管理经费列入区政府财政预算，为各级劳模提供生活困难帮扶。 （王　纲）

【职工文化建设】 2011年，丹徒区总工会选送3名选手参加镇江市总工会举办的“创业文化我践行”“责任在我心中”职工演讲比赛，并分获一、二、三等奖，区总工会被评为优秀组织奖；积极承办“红歌嘹亮颂党恩”职工演唱比赛，被评为镇江市庆祝建党90周年演唱比赛优秀组织奖；围绕庆祝建党90周年，区、镇两级工会组织开展以职工“党史知识竞赛”“江洲放歌”艺术节等为主题的20余项庆祝活动，围绕工会文化共享体系建设，大力开展面向农村、面向基层、面向广大职工的文化服务,在各镇、村建立职工文化广场、文化家园和文化大院26个,使之成为工会文体活动、自身宣传、培训教育的新阵地。　(王　纲)

丹徒区妇女联合会

【概况】　2011年,丹徒区妇女联合会(简称丹徒区妇联)按照创“坚强阵地”和“温暖之家”的目标,坚持服务中心工作与服务妇女群众有机结合,积极参与文明城市创建,建立和完善妇女议事制度、助推女性创业就业、关爱弱势妇女儿童,全力开创妇女儿童事业新局面。先后获得“省妇女报刊宣传工作先进单位”“省‘平安家庭’创建活动示范县(市、区)”“江苏省实施妇女儿童发展规划先进集体”“2011年度镇江市妇联系统工作目标考核一等奖”“2011年度镇江市妇联系统创新项目一等奖”等荣誉。(吕复环)

【妇女儿童之家建设】　2011年,丹徒区妇联认真贯彻落实江苏省、镇江市妇联《关于实施“妇女儿童之家”项目建设意见》,全区“妇女儿童之家”建设成效明显。全区88个村(社区)“妇女儿童之家”实现挂牌全覆盖,荣炳盐资源区蒲圩村“妇女儿童之家”创成全区第一家省级示范点,各镇也都按照“一镇一示范”的要求,争创省级示范点。

(吕复环)

【五好文明家庭创建活动】　2011年,丹徒区妇联围绕文明城市创建要求,以家庭为核心,扩大“文明家庭”创建覆盖面,全区区级以上五好文明家庭超过20%。深入推进“万户家庭赛文明”系列活动,发动家庭全面参与文明创建。4月,组织高资镇巾帼健身腰鼓队参与“科学健身,和谐生活”镇江市第二届女性健身成果展示大赛,并获得第二名。

(吕复环)

【妇女儿童活动】　2011年,丹徒区妇联为推动全区妇女儿童事业发展,在“三八”妇女节和“六一”儿童节期间,组织多种形式的活动,丰富妇女儿童文体生活。一是举行庆祝“三八”妇女节101周年暨文明家庭系列创建表彰大会。大会表彰了“传递健康文明建设和谐家庭”主题活动中的“十佳好公婆”“十佳好丈夫”“十佳好妻子”“十佳好儿童”“十佳好媳妇”“十佳爱心妈妈”。二是协调组织相关单位人员到辛丰中心幼儿园、驸马国际幼儿园和上党中心校走访慰问,开展捐资助教活动。三是开展纪念建党90周年活动。

(吕复环)

【巾帼志愿者队伍建设】　2011年,在全区建立健全三级巾帼志愿服务组织网络,丹徒区妇联建立巾帼志愿服务总队;乡镇(街道)、机关单位建立巾帼志愿服务分队;社区(村)按照“3＋Ⅹ”(在建立巾帼维权志愿者服务队,巾帼文体志愿者服务队,巾帼帮困志愿者服务队的基础上,根据实际,再建立若干支各具特色的巾帼志愿服务小队)队伍建设模式,组建各类巾帼志愿特色服务小队。年底,全区各类志愿者人数超过1000人。　(吕复环)

【推行妇女议事制度】　2011年,丹徒区妇联深入调查研究,制定下发实行妇女议事制度的相关方案,以世业镇为试点,推行村妇女议事制度,将世业镇的经验做法在内部信息《丹徒女性沙龙》上作经验交流。10月18日,世业镇召开全区妇联系统妇女议事制度推进会,全面推进妇女议事制度工作。

(吕复环)

【服务女性创业就业】　2011年,丹徒区妇联配合劳动部门举办各类创业培训班,其中女性参加创业意识教育935人,参与SYB(创办你的企业)培训200余人,实用技术培训100多人。累计发放妇女创业担保贷款309万元,为女性创业就业提供技术及资金支撑。指导区农委全国文明岗的女科技人员与全区女致富能手“科技结对”工作。女企业家付玉香与5名女大学生结对;镇江煤安矿用设备有限责任公司董事长巴春云与3名女大学生村官结对,为女大学生创业就业提供技术支撑及指导。　(吕复环)

【巾帼建功20周年系列活动】　2011年3月23日,丹徒区妇联纪念巾帼建功20周年暨“全国巾帼文明岗”授牌仪式在区农委举行。区委常委、组织部长尹为民、副区长田志虹及市妇联、市农委有关领导出席会议,并向荣获“全国巾帼文明岗”称号的丹徒区农委蔬菜技术指导站授牌。同时,举办系列岗位技能演练活动,展示职业女性立足岗位,奉献社会的精神风貌。　(吕复环)

【筹建“好苏嫂”家政服务中心】　2011年11月14日,丹徒区“好苏嫂”家政服务中心揭牌。“好苏嫂”是江苏省妇联创立的全省家政服务连锁品牌。为提升丹徒区城乡家政服务业水平,全区各级妇联积极行动,筹建丹徒区首家“好苏嫂”家政服务中心,帮助更多的农村和城镇失业妇女实现就业创业。江苏省妇联副主席缪志红、江苏省妇儿工委办公室主任陈秀云、镇江市妇联主席胡云霞等出席揭牌仪式并为“好

2011年11月14日,丹徒区“好苏嫂家政服务中心”揭牌。

苏嫂"家政服务中心揭牌。

（吕复环）

【完成"十一五"两个规划的终期评估与"十二五"两个规划的编制】 2011年，在丹徒区妇儿工委各成员单位的共同努力和支持下，全区"十一五"妇女儿童事业发展两个规划切实按照方案各项目标任务圆满完成，并通过终期评估。在"十二五"两个规划的编制过程中，突出重点，加强调研，确保符合"十二五"丹徒经济社会的科学发展；同时，与江苏省、镇江市"十二五"规划、江苏省妇儿工委8件实事及相关部门的专项规划科学衔接，确保妇女儿童事业发展与丹徒区经济社会事业发展同步协调。8月，丹徒区"十二五"妇女儿童事业发展两个规划顺利颁布实施。（吕复环）

【举办婚姻家庭调解案例讲析会】 2011年3月，结合"三八"维权周活动，丹徒区妇联主办全区妇联系统婚姻家庭调解案例讲析会。会上，各基层妇联交流婚姻家庭类案例调处的经验做法，并邀请镇江市妇联、丹徒区法援中心的专家现场指导、点评并解读相关法律条文。通过讲析会，总结各基层妇联开展调解工作的经验，教育和引导广大妇女群众更多地通过调解手段解决矛盾纠纷，宣传妇联组织在化解婚姻家庭矛盾纠纷、维护社会稳定、促进社会和谐中的重要作用。（吕复环）

【成立区婚姻家庭纠纷人民调解委员会】 2011年9月，丹徒区妇联联合区司法局下发《关于加强婚姻家庭纠纷人民调解工作的意见》，协调成立由区妇联分管主席任主任，区大调解中心、人民法院、民政局、公安局等单位的相关单位部门负责人为委员的区婚姻家庭纠纷人民调解委员会，为依法开展人民调解工作，有效预防和化解婚姻家庭纠纷奠定坚实的基础。（吕复环）

【招募"社会妈妈"】 2011年6月，丹徒区妇联以建党90周年为契机，面向全区招募"社会妈妈"。活动不仅有丹徒区内的单位和个人，镇江市发改委、镇江市公证处、镇江市图书馆、镇江市统计局、镇江市商务局等市级机关的党员干部也志愿到丹徒区辛丰中心校做"社会妈妈"。7月21日，在世业镇举行"有爱携手，花开丹徒"——社会妈妈牵手贫困儿童结对仪式。全年结对帮助186名学童，帮扶资金9.53万元。

（吕复环）

【"受人口流动影响的儿童"项目启动仪式】 2011年，国务院妇儿工委办公室和联合国儿童基金会合作的2011～2015周期"受人口流动影响的儿童"项目在丹徒区及丹阳市试点实施。9月29日，项目启动仪式在丹徒区举行，镇江市妇儿工委成员单位和丹阳市、丹徒区妇儿工委成员单位，以及负责项目实施的丹阳市后巷镇、丹徒区高桥镇的代表出席项目启动仪式。

（吕复环）

【建立健全基层妇联组织】 2011年，丹徒区妇联在区级机关及"三新"（新经济组织、新社会组织、新群众组织）组织中建立健全妇联基层组织。全年新建成10家机关妇委会、10家非公企业妇委会。

（吕复环）

共青团镇江市丹徒区委员会

【概况】 2011年，中国共产主义青年团镇江市丹徒区委员会（以下简称团区委）以科学发展观为指导，以"两个全体青年"（力争使团的基层组织网络覆盖全体青年，使团的各项工作和活动影响全体青年）为目标，坚持服务大局、服务社会、服务青年，着力深化团的各项工作。2011年，全区发展新团员1128人，全区有团员青年10100人；全区基层团委31个，团总支18个，团支部237个；被评为江苏省基层团建示范点、镇江市团工作先进单位、镇江共青团信息宣传工作先进集体。青年文明号不断深化，加强青年文明号单位的复查和调研力度，全区有省级青年文明号12家，创建单位1家，市级青年文明号36家，创建单位5家。（赵 静）

【强化基层团建】 2011年，团区委创新乡镇团组织格局。4～10月，完成全区组织格局创新任务，全区6个镇团委按照组织格局创新要求完成换届工作，其中高桥镇是全市唯一采用公推直选方式选出团委班子的乡镇，创新了基层团委班子换届模式。稳步推进非公企业团建，新建非公企业团组织82家，覆盖35岁以下青年2241人，吸纳团员616人。坚持新镇江青年团组织建设，年末，全区建成新镇江青年团组织14家。5月，名和新镇江青年团组织被评为镇江市"五四"红旗团支部。树立"大团建"思想，将青联、大学生村官联谊会等纳入团组织工作，注重发现和联系优秀青年代表，做好青联委员增补、青年创业扶持等工作。发挥大学生村官联谊会的组织功能和联动效应，通过"一村官一团建"、大学生村官培训班、创业导师结对等活动，调动大学生村官参与团工作的积极性，打造丹徒大学生村官的团工作品牌。

（赵 静）

【队伍建设】 2011年，团区委定期召开条口工作例会、举办团干部培训班，为团干部提供学习、交流的机会；抓好辅导员队伍的培训工作。丹徒区辅导员在江苏省辅导员风采大赛中，荣获团队第一名，4个单项第一；1名青年荣获江苏省农村青年致富带头人称号；1名青年荣获江苏省优秀志愿者称号；1名青年被评为江苏省预防未保先进个人；1名青年荣获镇江市十大杰出青年称号；在镇江市大学生村官创业项目大赛中，丹徒区2名大学生村官分别获得第一名和第二名。

（赵 静）

【举办青年红色文化节】 2011年，团区委以纪念建党90周年、纪念辛亥革命100周年为契机，开展五四青年红色文化节为主题的大型青少年思想引导活动，在青年中引起强烈反响。青年红色文化节活动包括“血染的丰碑”红诗颂比赛、“记忆的经典”第三届红歌会、“身边的感动”红领巾寻访红色足迹、“永恒的回忆”红色专题讲座、“指尖的革命”红色微博大赛、“不朽的传承”红色精神食粮传递活动、“跨越的精神”红色意志体验培训和“永远的红色”读书征文竞赛8个子活动。1万多名青少年参与文化节活动。 (赵　静)

【青少年维权工作】 2011年，团区委积极向外争取资源。5月，上党镇其益村的留守儿童校外辅导站与江科大材料学院签订长期合作协议，大学生们将利用暑期和实习期为留守儿童提供学业和心理方面的辅导。 (赵　静)

【少先队活动】 2011年，团区委以少先队成立62周年为契机，开展青少年科技节系列活动，活动有科技进学校、地震应急演练活动、“科技在我身边”主题队会、科技小发明竞赛等。全区有5000余名青少年参与，其中有3件科技小发明获得发明专利。在团市委的带领下，全区14个少先队组织与新疆的少年儿童开展“心连心、一家亲，手拉手、齐步走”结对帮扶活动，拓展了少先队的工作。 (赵　静)

【丹徒区志愿者协会成立】 2011年，团区委按照创建文明城市的要求，全面加强志愿者队伍建设，提升志愿者工作水平。6月2日，丹徒区志愿者理事会召开一届一次会议，丹徒区志愿者协会正式成立，为规范志愿者工作、提升志愿者服务水平提供了重要的组织保障。团区委多次组织学校、企业近千名志愿者走上街头，开展“青春在行动，共创文明城”活动，协助疏导交通、清洁环境。目前，全区注册志愿者达1万余人，志愿者协会、城管志愿者、交通志愿者等专业组织制度健全，做到“月月有活动，服务不间断”。 (赵　静)

2011年6月2日，丹徒区志愿者协会成立。

【青年创业就业工作】 2011年，丹徒区成立20家青年就业创业实践基地，全区实践基地达40家，提供实践岗位100多个。同时，积极落实团市委提供的青年创业贷款扶持政策，为青年创业提供助力，全年联系协调各类青年创业贷款839万元。 (赵　静)

【希望工程圆梦行动】 2011年，团区委结合大走访行动，深入到受助贫困生家庭了解情况，确定受资助的大学生名单。资助全区达第二批本科录取分数线以上的49名贫困学子每人3000元的大学圆梦助学款，总计14.7万元；“希望工程”义务教育阶段资助额达1.27万元；全年资助贫困生款项15.97万元。 (赵　静)

丹徒区科学技术协会

【概况】 2011年，丹徒区科学技术协会(以下简称丹徒区科协)认真贯彻落实胡锦涛在纪念中国科协成立50周年大会上的讲话精神，发挥科协自身优势，积极开展科技兴区工作。区科协在世业镇举办丹徒区二十三届科普宣传周活动；积极开展“春晖行动”，认真实施结对帮扶活动；完成丹徒区政府交办的《丹徒区全民科学素质行动计划纲要(2011～2015年)实施意见》的拟写工作，区政府于11月9日下发到各个单位组织实施；各学会围绕全区经济建设的热点和难点问题，积极举办各种形式学术讲座和科普培训班，区医学会召开的学术交流会收到论文36篇，交流医疗技术，提升了服务能力；积极开展省级科普示范区创建工作并通过验收，被评为“江苏省科普示范区”。 (魏　游)

【推进青少年科学素质行动】 2011年，丹徒区科协开展“科技大篷车”进校园活动，增强了学生的科普意识；积极组织全区各中小学参与各类科普竞赛活动，并取得良好的成绩。2011年，全区有7455名学生参加了第二十三届国际科学与和平周全国中小学生(江苏地区)“盛虹杯”金钥匙科技竞赛，有7人获省特等奖，19人获省一等奖，38人获省二等奖。大港中学组织56名学生参加第十七届全国青少年信息奥林匹克竞赛，1人获提高组江苏省一

等奖，提高组全国二等奖；1人获江苏省提高组二等奖；11人获江苏省提高组三等奖。（魏　游）

【青少年科技节】　2011年3～9月，丹徒区科协组织丹徒区各中小学开展青少年科技节活动。青少年科技节开展了送科技进学校、地震应急演练、“科技在我身边”主题队会、科技小发明竞赛等系列活动，吸引了全区近5000名青少年参加；科技小发明竞赛中有34件科技小发明通过专家组评定，3件获得科技发明专利。（魏　游）

【珠心算教学成果】　2011年7月13～15日，丹徒区组织两组学生参加江苏省第十六届珠心算能力B、C组比赛，两组学生获得团体第二名，B组中2人取得听心算第一名，C组中1人获乘算第二名、除算第三名和个人全能第三名，1人获除算和听心算第二，个人全能第六名；2名教师获得一等教练奖；辛丰中心校被评为“一等伯乐奖”。8月2日，淮安市财政局党组书记宋安祥和教育局局长薛祝其等6人到丹徒区辛丰中心小学，现场参观学习丹徒区珠心算普及教学的经验及做法。8月11日，丹徒区7名选手代表江苏参加全国第三届珠心算选手组、学生组和学前组比赛，其中选手组获团体第三名，3人分别获个人全能7、9、16名；学生组获得团体三等奖，2人分别获得个人全能一、二等奖；学前组获得团体第三名，2人获得个人全能三等奖；3位教师获得优秀指导老师奖。（魏　游）

【科普宣传】　2011年，丹徒区科协围绕“节约能源资源、保护生态环境、保障安全健康、促进创新创造”主题，以全国科普日、科普宣传周、世界环境日等为载体，积极开展形式多样的科普宣传活动。区医卫学会在丹徒区上党镇五塘村举办“送卫生保健知识进农家”专题讲座。环境科学学会围绕世界环境日开展宣传活动，进行环保公益广告宣传，制作移动展板及固定橱窗展牌11块，宣传气球3个，发放宣传册98套，发放环保宣传单300份。（魏　游）

【第二十三届科普宣传周】　2011年5月17～23日，丹徒区科协以“携手建设创新型省份”为主题，举办丹徒区二十三届科普宣传周活动。丹徒区组成80余人的科普宣传队伍，深入基层开展科普宣传和咨询服务。科普宣传周期间，全区举办各类科普讲座10场次，广场主题科普活动3次，送科技下乡5次，科技现场会6次，举办科技展览8场次，科普知识竞赛7场，科普咨询活动9场，栏目宣传21场，印发各类科普宣传材料1.8万份，发放各类读本9000册，科普挂图50套，创作科普展板100块，累计受益人数达15万人。（魏　游）

【开展科普惠农工程】　2011年，丹徒区科协结合实施农民科学素质行动计划，积极开展农村实用技术培训，联合区人社局、区财政局、团区委、区妇联等部门，积极实施“新型农民创业培训工程”“农业科技入户示范工程”等系列科普惠农工程，加强对农民的科技培训。全年全区举办各类农业实用技术培训436期，培训人员28265人。区科协积极组织科普惠农计划的申报工作，镇江市丹徒区五塘有机稻米专业合作社被命名为江苏省科普惠农服务站，镇江市丹徒区润业植保专业合作社被评为2011年度镇江市科普惠农兴村先进单位。上党镇郑根宝和世业镇姚公琴被评为镇江市科普惠农兴村计划先进个人。（魏　游）

【厂会协作取得好成绩】　2011年，丹徒区科协按照镇江市科协“厂会协作”和“金桥工程”行动意见，组织各镇（园区）及有关学会，充分利用学会的技术和人才优势，积极开展科技农业服务，努力为企业和农户在科技创新、新品开发、新技术推广等方面提供帮助。完成高级绿茶“堲杳剑毫”茶加工技术的推广与应用1项金桥工程。（魏　游）

【创建江苏省科普示范区】　2011年，根据江苏省科协《关于开展2011～2013年江苏省科普示范县（市、区）创建工作的实施意见》，丹徒区积极开展创建省科普示范区活动，成立创建工作领导小组，召开动员大会，制定并下发创建工作的实施意见，完成创建工作基础台账资料整理归档工作，并以正东生态农业发展中心和茅以升纪念馆为示范现场。12月19日，丹徒区顺利通过江苏省科普示范区考核验收。（魏　游）

丹徒区文学艺术界联合会

【概况】　2011年，镇江市丹徒区文学艺术界联合会（以下简称丹徒区文联）以繁荣艺术创作为目标，认真履行联络、协调、服务、指导的职能，组织全区文艺工作者不断推出优秀作品，大力繁荣丹徒文化。成功召开区文联第四次代表大会，圆满完成区文联换届任务。组织庆祝“建党90周年”书画摄影展览、“颂歌献给党”庆祝中国共产党成立90周年大型文艺演出，组织书画协会积极参与区政协与绍兴市越城区政协联合举办的“纪念辛亥革命一百周年”两地政协书画联展。音舞协会开展“党的温暖到我心”文化惠民乡村行文艺演出20余场。美术家协会5件作品，书法家协会3件作品入选镇江市“青山绿水新镇江”优秀作品书画展。卞美岗、王小军、吴煜明应邀参加镇江市新二十四景中国画的创作并展览。《丹徒文苑》《丹徒画廊》成为宣传丹徒文化的重要窗口，《丹徒文苑》全年出刊3期，发表小说、散文、诗歌和杂文作品50余篇，推出一批书画、摄影作品，介绍各类文艺活动4次。区文联被镇江市人力资源保障局和镇江市文联授予镇江市2008～2010年度文联工作先进集体。（孟智勇）

【区文联第四次代表大会】　2011

年12月15日，丹徒区文联召开第四次代表大会。大会选举产生区文联第四届委员会委员19人，并在四届一次全委会中选举王小军为主席，吴呈昱、束鹏芳为副主席，完成文联机构换届任务。会上表彰奖励孙建平等“先进文艺工作者”15人。会议期间，成功举办《百花齐放》—第三届文联工作回顾展、印发《七月的颂歌》庆祝中国共产党成立90周年丹徒区美术书法摄影作品集及《丹徒文苑》特刊。全区文学艺术界代表及社会各界嘉宾160余人参加会议。 （巫智勇）

【举办庆祝建党90周年书画摄影展】 2011年5月，丹徒区文联与区委宣传部、老干部局联合下发“关于庆祝中国共产党建党90周年书画摄影展览的通知”，在全区机关、乡镇及企事业单位、老干部协会、区美术家协会、书法家协会、摄影家协会进行广泛发动，征集各类作品100多件。经过筛选，评选出绘画作品28件、书法作品35件、摄影作品36件。7月1日，作品在丹徒区体育馆展出。该展览通过多种文艺形式反映中国共产党建党90周年所取得的成就，以及全区社会事业各方面所取得的成果。

（巫智勇）

【佘佳虎摄影作品《超越自我》获中国第十四届国际摄影艺术展览银牌奖】 2011年11月，丹徒区摄影家协会会员佘佳虎摄影作品《超越自我》荣获中国第十四届国际摄影艺术展览银牌奖，成为镇江获得此类展览的最高奖，受到江苏省文联的嘉奖。 （巫智勇）

【协会活动成果】 2011年，丹徒区音乐家协会、舞蹈家协会和戏曲家协会主动服务全区中心大局，精心排练大合唱《我的中国心》，大型红舞《五星红旗》，歌伴舞《为了谁》，参加丹徒区“颂歌献给党”庆祝中国共产党成立90周年大型文艺活动；参加镇江市“红歌红舞献给党”万人演唱会方队表演；参与“庆三八”“庆五一”“庆七一”红歌会等活动，推出多个音乐和舞蹈专场；开展“党的温暖到我心”文化惠民乡村行文艺演出。全年演出20余场，丰富了基层群众文化生活。戏曲家协会组织编排腰鼓舞《咱们领袖毛泽东》参加润州工业园区举办的“园区颂党恩，和谐促发展”大型广场文艺演出。美术家、书法家协会分别有5件和3件作品入选镇江市“青山绿水新镇江”优秀作品画展。卞美岗、王小军、吴煜明参加镇江市新二十四景中国画的创作并展览。4月，张胜冬书法与赵建平油画、丁建中国画入选江苏省文化厅举办的庆祝中国共产党建党90周年——“五彩昆山—水墨玉峰”江苏省美术书法摄影大展。张胜冬、巫智勇、范祥、吴宏昀、孙向华、肖政作品入选“镇江市优秀作品展”，分别在西津画院和镇江市图书馆展出。5月，曲艺家施德玉代表江苏参加全国故事节浙江红色故事会获银奖。高资文化站吴宝成被评为江苏省宣传文化系统“五个一批”人才、丹徒区优秀共产党员。

（巫智勇）

丹徒区归国华侨联合会

【概况】 2011年，丹徒区归国华侨联合会（以下简称丹徒区侨联）以科学发展观为指导，把“为侨服务，为发展服务”作为工作中心，真情奉献，各项工作取得新成绩，被评为省侨联工作先进集体。

积极开展为侨服务工作。一是发放归侨定期生活补助。二是做好困难归侨的慰问。三是走访慰问留学生家庭。四是慰问侨联兼职干部。全年走访归侨、留学人员家庭40多户，慰问困难归侨、侨眷80多人次，慰问侨联兼职干部20余人，发放慰问金、慰问品和定期补助14万多元。

开展结对帮扶活动。对高资镇开展种植业、养殖业的2户有项目的农村困难归侨及其子女进行资金帮扶，给予资金各2000元，帮助其脱贫致富，同时还帮扶2户社会困难家庭各1500元。开展“侨爱工程——送医到侨乡活动”。为高资镇52名农村困难归侨免费体检。开展捐资助学活动。筹集助学资金1.5万元，帮助高资镇30名困难归侨、侨眷属子女。

认真履行参政议政职能。区侨联专门组织侨界市、区两级人大代表、政协委员深入侨乡走访调查，听取归侨侨眷的建议和意见，为撰写提案、议案做准备。两会期间，侨界人大代表、政协委员撰写提案、议案10件。其中有关民生的3件，基础建设的1件，文化教育的2件，其他4件。做好信访接待工作，办理群众来信1封，来电6件，接待来访侨界群众10人次。

积极牵线搭桥，参与经济工作。3月，区侨联主席孙建中参与天津项目推介活动，吸引了天津三家大公司的关注；中国侨商联合会副会长、天津百富勤投资执行董事朱立人对丹徒新区进行专题考察，达成初步合作意向，在世业洲旅游度假区投资10亿元，建设包括酒店、休闲、娱乐一体的三产项目。接受支显宗基金会捐赠35万元，用于教师培训、资助贫困生、奖励优秀教师和学生。接受香港轩辕教育基金会捐赠20万元，用于改善江心实验学校的生活设施。开展侨资、侨属企业调查，走访全区30余家侨资、侨属企业，建立健全台账资料。

加强自身建设。2月22日，区侨联召开六届二次全委会。8月26日，成立上党镇社区侨务中心，建立海外留学人员联络点。8月31日，成立高资镇西斛村侨务社区活动中心。9月9日，举办侨界迎中秋茶话会，40余名归侨、侨眷属和留学生亲属代表以及侨务工作者欢聚一堂，共话发展。6月27日，为庆祝中国共产党诞生90周年，区侨联在侨乡高资镇举行“侨乡欢歌谢党恩”红歌演唱活动。

文化宣传工作有突破。全年在各级书刊和电子刊物上登载信息16条（篇），其中省网、省刊4篇；市侨刊 8 篇；“丹徒信息”“政务动态”2 篇。积极参与市侨联举办的“祖国在我心中”——“恒正杯”纪念建党 90 周年征文活动。区侨联主席孙建中撰写的《坚持党建带侨建，不断加强侨联基层组织建设》征文获二等奖；高资镇党办主任沙冬梅撰写的《拳拳盛意暖侨心，桩桩实事护侨益》获三等奖，区侨联被评为市侨联信息工作先进集体。（姜健俊）

【开展结对帮扶】 2011 年，丹徒区侨联积极开展结对帮扶活动。一是积极实施“春晖行动”。3 月 28 日、7 月 28 日，区侨联 4 人赴高资镇与困难归侨家庭开展结对帮扶活动，给每位困难归侨送去 1500 元。二是扶持归侨开展家庭种植、养殖业。区侨联帮扶高资镇厚固村老归侨胡家生和西斛村侨眷属吴天龙，给予每户每年 2000 元现金（分两次给付）的启动资金。全年，胡家生放养草鸡 1500 余只，收入超万元；吴天龙饲养苗猪 10 头，收入达 2 万元。

（姜健俊）

【开展免费义诊活动】 5 月 13 日，丹徒区在侨乡高资镇开展“侨爱工程——送医到侨乡”活动。整个活动包含三项内容：一是为归侨免费体检，二是为侨眷属免费义诊，三是对卧病在床的归侨进行上门服务。活动期间，免费体检农村归侨 52 人，义诊 70 岁以上的侨眷属 60 人，现场免费发放部分药品。

（姜健俊）

【开展捐资助学活动】 2011 年 7 月 19 日，丹徒区侨联召开主席、常委会议，向全区侨属、侨资企业发出“侨帮侨”捐资助学倡议。镇江全盛节能材料有限公司、长城开发公司、锐丰象龙机电有限公司、镇江雩山水泥制品有限公司、威灵施（镇江）精细化工有限公司、镇江三丽时装有限公司等多家侨属、侨资企业积极响应，纷纷捐资，当场募集资金 1.5 万多元。9 月 26 日，在高资镇举行“侨帮侨”捐资助学仪式，向 30 名来自于贫困归侨、侨眷属家庭的中学生和小学生每人发放助学金 500 元，帮助他们完成义务教育阶段的学业。（姜健俊）

【接受海外捐赠】 一是接受支显宗基金会捐赠。6 月 7～10 日，支显宗基金会主席支朱和媛一行 4 人，应邀参观访问丹徒区支显宗中学、支显宗小学和大港中学，并听取丹徒区支显宗基金管委会的汇报。支朱和媛对丹徒区支显宗基金管委会规范使用基金给予充分肯定，对 3 所学校办学条件的改善和取得的成果十分满意。承诺再次捐赠 175.95 万元，用于教师培训、资助贫困生、奖励优秀教师和学生。二是接受香港轩辕教育基金会的捐赠。香港轩辕教育基金会捐赠 20 万元，用于改善江心实验学校的生活设施，9 月 20 日，食堂改造工程开工。（姜健俊）

【举办“侨乡欢歌谢党恩”红歌演唱活动】 2011 年 6 月 27 日，为庆祝中国共产党诞生 90 周年，丹徒区侨联在侨乡高资镇举办“侨乡欢歌谢党恩”红歌演唱活动。首场演唱在西斛村社区侨务活动中心拉开帷幕，来自全镇的 15 支农村老年业余文艺团体参加演出，演出者中有年逾七旬的归侨、侨眷。演唱曲目有《党啊！亲爱的妈妈》《祖国你好》等 16 首经典红歌。演唱会历时 2 个多小时，观众 1500 多人，极大地丰富和活跃了侨乡群众精神文化生活。（姜健俊）

丹徒区残疾人联合会

【概况】 2011 年，丹徒区残疾人联合会（以下简称丹徒区残联）加强残疾人组织建设，完善残疾人基本生活保障建设和残疾人医疗康复工作，提升为残疾人服务水平，优化残疾人事业发展的社会环境。2 月，区残联第三届主席团第三次会议选举朱昌斌任区残联副主席、许慧敏任区残联副理事长。以构建“健康残联”为主题，先后开展“责任心”“创先争优”“责任重于泰山——预防渎职侵权犯罪”等活动。全年发残疾证 591 本，全区有托养机构 5 家。全年在《新华日报》《镇江日报》《镇江残联》《丹徒信息》等媒体及省、市、区残联网站发表信息 50 余篇。12 月，区残联被江苏省档案局评选为《江苏省机关团体企业事业单位档案工作规范》复查省一星级单位，被江苏省残联评为信息工作先进单位。残疾人宋正凤、李国平被评为丹徒区首届“和谐之星”。

（区残联）

【发放残疾人机动轮椅车燃油补贴 61620 元】 2011 年，丹徒区残联落实《关于残疾人机动轮椅车燃油补贴的通知》，做好调查摸底、信息收集、数据统计、数据库建立、补贴发放。全年统计符合条件人数 237 人，补贴金额 61620 元落实到人。

（赵　刚）

【扶残助残工作】 2011 年，丹徒区残联开展多种形式的扶残助残活动。认真落实《关于对特殊困难残疾人实施生活救助的通知》，对全区一户多残、依老养残家庭中的残疾人实施生活救助，落实资金 108192 元。特别救助纳入最低生活保障后生活仍然困难的重度残疾人 240 人，城镇低保家庭中的重度残疾人每人每月补贴 80 元，农村低保家庭中的重度残疾人每人每月补贴 60 元。丹徒区对困难残疾人生活救助占残疾人总数 12.5%，全面覆盖困难残疾人。（赵　刚）

【残疾人康复工作】 2011 年，丹徒区残联筛查出 6 岁以下残疾儿童 198 人，向镇江市残联新上报有康复需求的儿童 2 人。对全区残疾人逐一筛查，上报镇江市残联白内障人数 35 人；确认符合假肢安装标准 5 人并全部安装。换发精神病免费服药卡，全年 218 人免费服药。

（徐欣然）

【残疾人教育就业】 2011年，丹徒区残联协助邹扣成成立扣成盲人按摩所1所，建设培训基地1所，扶贫创业基地3家；盲人保健培训10人次，就业技能培训80人次；集中就业30人，按比例就业24人。给高中、高校在校生18人发放专项补贴6.4万元。 (赵 刚)

【区残疾人康复中心开业】 2011年12月，丹徒区残疾人康复中心开业。该中心是由区残联负责建设、运营的公益性医疗服务机构，投资500多万元，地处丹徒区三山中心社区，面积1700平方米，内设康复科、针灸推拿科、内科、骨伤科、理疗室、中药薰洗室、偏瘫科等12个科室，主要为脑瘫、偏瘫、中风后遗症等残疾人群提供相关服务。

(徐欣然 赵 刚)

【宋正凤获镇江市第四届“大爱之星”】 2011年，宝堰镇“微型妈妈”宋正凤被评为镇江市第四届“大爱之星”。宋正凤身高0.8米，20年前收养被人遗弃的女婴，含辛茹苦地将其培养成大学生。

(徐欣然 赵 刚)

镇江茅山老区兴教助学协会

【概况】 2011年，镇江茅山老区兴教助学协会(以下简称兴教助学协会)认真做好集资、助学、育人工作。全年收到助学基金591.5万元，其中爱心天使捐款3.15万元；支付茅山老区贫困学子助学金额27.74万元，奖励教师24人，资助贫困学生239人，其中高中生、大学生占82.5%。在《镇江日报》发表助学育人报道3篇；简报刊出7期1680份。11月12～26日，兴教助学协会专题调研五年的助学工作，全区助学由义务教育向非义务教育转移成效显著，结对助学和分流助学110人；助学资料齐全，台账规范，助学对象和助学程序把关严格，为茅山老区建设发挥重要作用。

(左广斌)

【基金筹集591.5万元】 2011年，兴教助学协会紧抓集资工作，精心策划，拓展渠道，基金筹集591.5万元。世业分会利用“大爱镇江”活动契机，组织捐资活动，全年筹集助学资金9万余元；谷阳分会全年筹集资金7万元；高桥分会完成61.05万元集资任务。 (左广斌)

【多元化助学】 2011年，兴教助学协会坚持多元化助学理念，通过发放助学贷款、实施临时救助、开展帮扶、动员社会力量捐资等措施，形成多元化助学机制。全年资助贫困学子239人，同时主动向有关部门推荐，完成结对助学和分流助学110人。 (左广斌)

丹徒区见义勇为基金会

【概况】 2011年，丹徒区见义勇为基金会以基层工作为中心，加强组织网络建设，抓好基金管理，大力宣扬见义勇为事迹，做好见义勇为事迹材料的申报审核工作。由于见义勇为积极分子的积极作为，抓获违法犯罪嫌疑人89人，破获盗窃案件155起，案值达48.4万余元，协助扑救火灾3起，舍己救人3起，破获杀人案1起，挽救他人生命5起，破获抢劫案2起，缴获赃款赃物价值26.7万余元。全年丹徒区表彰见义勇为积极分子70人，受镇江市基金会表彰11人，颁发奖金、慰问金11.36万元。2011年，丹徒区见义勇为基金会被镇江市人民政府评为镇江市见义勇为先进集体，丹徒区有2人被评为镇江市见义勇为先进分子。12月27日，上党见义勇为协会在全省见义勇为工作会议上作《加强基层基础工作，增强见义勇为工作活力》经验介绍，并被评为江苏省见义勇为工作先进集体，是全省惟一受表彰的乡镇级见义勇为组织。谷阳镇三山吉星五金厂刘永彬被评为“江苏省见义勇为新市民”。

(张道悟)

【王寿亭到上党镇见义勇为协会调研】 2011年7月11日，江苏省见义勇为基金会理事长王寿亭、常务副理事长朱义泉、秘书长郭建新在丹徒区上党镇调研指导基层见义勇为组织建设工作。调研中，王寿亭等通过实地检查、查看台账资料、召开座谈会等形式，详细了解丹徒区基层见义勇为组织建设工作，并对丹徒区见义勇为基层工作给予充分肯定。 (张道悟)

丹徒区慈善会

【概况】 2011年，丹徒区慈善会开展慈善“温暖行动”等系列救助活动，用于助困、助学、助老、助居等方面，为政府分忧、帮百姓解困。全年接受各界捐款179.76万元，镇江市慈善总会下拨配套慈善资金250.78万元；全年救助支出259.17万元，救助5563人。其中，慈善“温暖行动”救助1104人，支出救助资金135.7万元；慈善“关爱行动”救助300人，支出26.5万元；慈善助医4046人，支出44.08万元；慈善助老支出5.6万元，用于更新全区敬老院床上用品；慈善助学救助75人，支出21.52万元；临时救助7人，支出1.8万元；发放孤儿养育费7.18万元，15名孤儿得到救助；慈善“暖流行动”救助10人，发放2万元；救助白血病患儿6人，支出13.79万元；救助贫困户修房支出1万元。 (丹徒区慈善会)

丹徒区老区开发促进会扶贫开发协会

【概况】 2011年，丹徒区老区开发促进会、扶贫开发协会(以下简称“两会”)坚持服务老区，做好老区开发和扶贫帮困工作。各镇争取改善生产生活项目32个，引进项目16

个，发展种养殖业项目23个，引进资金4500万元。帮助贫困户发展生产6542户，帮助困难户助学1121人，配合有关部门培训2451人次。2011年“两会”向江苏省、镇江市老区促进会申报扶贫项目10个，争取无息贷款资金100万元；帮助五塘村、墅农茶叶合作社、镇扬村、莱村、水台村5个联系点村调整产业结构、加强基础设施建设、优化发展环境；开展革命老区建设发展情况调查、5个联系点的基本情况调查和加快发展集体经济的调查，并撰写专题报告。10月，“两会”召开第三届三次理事会，80多人参加会议。　（赵广才）

【老区宣传】　2011年，国家老区开发促进会为纪念建党90周年，编辑《在党旗的指引下》一书，“两会”撰写的“镇句金丹四县人民抗敌自卫委员会”和“镇江市丹徒区第一个党组织——中共镇江党支部”等文史资料，被该书收录。全年“两会”撰写调研和报道等各类文章10篇，刊登在《中国老区建设》2篇，《江苏老区》6篇，《镇江日报》1篇，镇江市老干部时政学习资料选编1篇。撰写的“五塘村联系点扶贫攻坚的实践与思考”和“发展集体经济加快新农村建设步伐”两篇材料已被江苏省老区开发促进会录用。

（赵广才）

【调查研究】　2011年，“两会”深入基层，进行多领域的调查研究。一是就如何开展革命老区建设发展情况进行调研，4月，在全区召开区级机关18个单位负责人会议，落实调查任务，区老促会汇总并撰写调研报告，提出4点建议并上交江苏省老促会：阐明丹徒为一类革命老区的历史依据，要求免除丹徒区新增财力上交比例部分，对丹徒丘陵地区开发给予省专项资金补助，切实落实扶贫开发的相关规定。二是调研全区农业项目基本情况，指导联系点工作。6月，对五塘村、里墅村、镇扬村、莱村、水台村调研，并先后到高桥镇、辛丰镇、谷阳镇和高资镇的相关村调研现有高效农业项目发展情况。三是针对规范合作经济组织调研，在有关村选择农业项目时提出合理化建议。　（赵广才）

【扶贫贷款项目】　2011年，“两会”向江苏省扶贫办和江苏省老促会申报扶贫贷款项目7个，包括绿源有机肥料厂、五塘茶场、墅香茶场、高桥镇扬村螃蟹养殖项目等，每个项目10万元，资金全部到位。8月，江苏省老促会到高桥镇扬村螃蟹养殖场考察。镇江市老促会为绿源有机肥料厂和镇扬村富扬水产专业合作社及高桥村和润水产养殖有限公司分别争取贷款10万元。开工建设太湖流域环境治理项目。全年为村级企业争取贷款100万元。

（赵广才）

【扶贫济困】　2011年，“两会”确定五塘村、墅农茶叶合作社、镇扬村、莱村、水台村为扶贫联系帮扶点。着重在三个方面帮扶，一是加强基础设施建设，在村庄绿化和路灯建设、河塘整治改造、稻米仓库环境整治、沼气池大维修以及主干道维修等方面投入资金150万元。二是协助帮扶点因地制宜，调整产业结构，在五塘村更换水稻品种，种植阳光1号有机稻100公顷，阳光2号5.33公顷，逐步以阳光2号取代阳光1号，同时提高岗坡旱地利用率，扩种茶叶13.33公顷，混种山芋、玉米3.33公顷。三是优化发展环境，重点为金博旅游公司、中园农业观光园、洪康生态园、兆祥农业园等农业项目提供优质服务和发展环境。2011年，“两会”坚持对扶贫联系点特困户上门慰问，着力解决“帮”和“扶”的问题。一是帮助困难学生完成学业，会同区兴教助学协会，先后选送15名贫困学生到扬州职校就学；二是扶助贫困村壮大集体经济，为发展提出积极建议并协调落实，镇江市、丹徒区“两会”在辛丰镇召开扶贫座谈会，德胜村、南岗村、石城村、东街村会员小组长（村支书）参加，就如何创新扶贫思路提高扶贫帮困水平等问题交换意见。

（赵广才）

丹徒区商业联合会

【概况】　2011年，丹徒区商业联合会（以下简称区商联会）紧紧围绕商贸经济的热点、难点、重点问题，为政府、为行业、为企业出谋划策，努力发挥政府与企业间的桥梁和纽带作用。丹徒区政府提出全区发展现代服务业的战略目标，推动丹徒服务业快速发展，及时向全体会员单位宣传现代服务业的理念和着力点，通报全区发展现代服务业的动态，鼓励会员单位为丹徒区服务业发展作出贡献。区商联会把做好市场供应、保证市场和物价的基本稳定作为年度工作的重要内容，两次召集部分理事和流通企业的会员单位进行座谈、交流和商讨，通报和宣传政府职能部门的相关法规和要求。区商联会密切配合有关部门在食品行业、餐饮行业广泛宣传，要求有关企业恪守职业道德。继续深入开展放心消费创建活动，在多部门的密切配合下，丹徒区烟花爆竹销售行业被江苏省“创建办”认定为江苏省烟花爆竹销售行业示范行业。9月，区商联会将全国开展“诚信兴商”宣传月活动内容传达到各会员单位，要求各商贸流通企业积极参与、严格自律。区商联会积极推荐宣传宝堰镇个体经营户、镇个私经济协会会长、区商联会常务理事汪连鸿，推动诚信经营活动的开展。3月15日，区商联会与丹徒工商局、区消委等11个部门40余人赴宝堰镇开展“3·15”消费者权益日纪念宣传活动，接待消费者咨询，发放宣传材料等。区商业联合会全年编印内刊《商会信息》12期，发布各类相关信息100多条，受到会员单位好评。　（丁德萌）

国防建设

责任编校:刘 芳

人民武装

【概况】 2011年,镇江市丹徒区人武部(以下简称丹徒区人武部)注重在思想政治建设、党委班子建设、常态化军事斗争准备、正规化建设、后勤保障等方面抓落实,确保完成各项工作任务,不断推进全面建设的持续发展。组织驻丹徒部队和民兵预备役600余人完成应急维稳和执行突击任务,维护创建全国文明城市期间和敏感时期的社会安全稳定,为地方经济建设发展作出贡献。开展双拥共建活动,走访慰问高桥镇和江心洲生态农业园区12户贫困户。7月,区人武部被省军区评为先进单位。年内,区人武部被镇江军分区评为"管理工作先进单位",28人次受各级表彰。

按照"作战队伍、应急队伍、勤务保障队伍、其他队伍"四大类,完成民兵预备役整组工作,全区在编的基干民兵点到率、实编率均达到规定要求。注重提高军事训练效益,完成民兵应急分队骨干及专武干部计100多人10天的基地化训练任务,组织通信民兵骨干参加省军区集训,组织民兵抗洪抢险分队在江心洲完成为期7天的基地化训练,有效提高民兵遂行各种急、难、险、重任务的能力。数十名民兵骨干参加分区组织的"三精"比武竞赛获团体第二名,14个单项获得名次。

围绕强化战备观念、健全法规制度、完善值班体系、创新指挥手段、加强能力建设五个大项106个小项的具体任务,按照"急用先整、逐步配套"原则,高标准推进日常战备综合整治。投入30余万元改造战备"三室两库",完成"三系统八幅图"、电脑、显示屏、挂图、首长机关人员指挥作业箱、行军背囊、行军床及资料图等整治工作,地方政务网、互联网等接入战备指挥平台,各类库室软硬件设施逐步完善。

加强党委班子自身建设,突出抓好理论学习和作风建设,完成四个专题31天的理论学习。修订《党委议事规则》,对重大问题、敏感问题坚持党委集体讨论研究决定。制定《关于进一步严格政策纪律的规定》,增强党委班子依法开展工作的意识。区人武部领导先后用一个多月调查各镇、街道和园区人武部建设情况,对亟待解决问题进行跟踪抓落实。省军区和军分区首长对人武部党委班子建设给予高度评价。

(薛业明)

【开展培育当代革命军人核心价值观活动】 2011年,丹徒区人武部利用民兵整组、军事训练、节日走访慰问、征兵等时机,组织全体干部职工和民兵预备役人员深入开展"当代革命军人核心价值观引领我成长"和"学习何祥美、践行当代革命军人核心价值观"活动,努力使当代革命军人核心价值观内化为官兵的坚定信念,外化为官兵的自觉行动。结合使命任务专题教育,进一步校正人生价值追求,不断昂扬爱岗敬业、遵规守纪、奋发有为的精神状态。结合拒腐防变专题教育,组织观看镇江市纪委拍摄的反腐纪录片,并围绕发展不平衡、就业难、看病难、教育难和房价过高、分配不公等社会热点问题辨析讨论,澄清思想模糊认识,坚定政治信念,坚信党的领导,增强发展信心。 (薛业明)

【圆满完成征兵任务】 2011年,丹徒区把征兵纳入年度考核目标,制定《征兵政审工作人员责任制》《征兵体检工作人员责任制》《征兵工作人员责任制》,在体检、政审、已定新兵教育管理3个环节建立各级承包责任制。采取一站式封闭体检,由武警在体检医院外围设置警戒区域,体检科室安装手机屏蔽装置,每个体检项目配备2名以上医生,并保证有1名征兵干部在场监督。体检工作人员持证上岗,应征青年按编号参加体检,严防医务人员作弊。实行区人武部、基层武装部、接兵部队、村民兵连长联合家访,家长填写《家访情况登记表》,做到互相约束、互相监督。组织征兵办、征兵领导小组票决定兵,由征兵办、征兵领导小组全体成员分两次票决,并邀请接兵部队代表列席定兵会议进行监督。在区人武部、各镇(园区、街道)及村分3次张榜公布体格检查、政治审查合格名单和审批定兵名单,接受群众举报。出台监控措施,体检前应征青年每人1份《廉洁征兵监督卡》,向应征青年家长发放《应征青年家访情况登记表》,了解征接兵人员在家访过程中执行纪律情况。通过宣传画、海报、电视、报纸和"廉洁征兵监督卡"等多种形式公布从军区到区人武部的4级举报电话,区征兵办24小时派人值守。利用宣传展板及时公布征兵工作的各种政策纪律、合格名单。规范工作程序,采取"一条龙"办理入伍手续,以公开透明的形式,杜绝违规操作,顺利完成新兵征集任务。

(薛业明)

2011 年 10 月 15 日，丹徒区开展“征兵宣传周”活动。

【开展廉洁征兵宣传】　2011 年 9 月，丹徒区人武部按照省纪委和省军区纪委《廉洁征兵工作规定》的要求，先后利用 4 天时间集中开展廉洁征兵专题教育，传达上级关于廉洁征兵的指示要求，重申丹徒区征兵工作七条纪律规定和廉洁征领兵措施。采取“五个结合”(应征青年的参军热情与家长送子参军的积极性和依法征兵工作结合；平时经常性的国防教育与征兵时的集中宣传教育结合；征兵宣传教育与宣传党的政策法规结合；征兵宣传活动与创建全国卫生文明城市结合；解决应征青年的思想问题与解决本人及家庭的实际问题结合)，对全区适龄青年开展征兵宣传。区电视台每天在丹徒新闻前播放“响应祖国召唤，踊跃应征参军”宣传口号，并滚动播出宣传标语。组织 10 个镇(园区、街道)开展“征兵宣传周”活动。10 月 15 日，组织开展“征兵宣传日”活动，共开设宣传站点 6 个，悬挂横幅 41 条，张贴标语 400 多条，出动宣传车 8 辆，展示图板 34 块，散发宣传资料 1000 多份。　(薛业明)

【开展国防教育活动】　2011 年，丹徒区人武部按照省军区关于“坚持四个依托，突出四个重点”指示要求，在区电视台开辟国防教育栏目，每周定期播出，区政府主办的《丹徒信息》不定期刊登国防教育动态，在区政府网站上开设国防教育网页，全区所有中小学校建立国防教育基地。6 月上旬，协助区教育局将 286 份国防生招生简报送到丹徒区 3 所高中学校，为考生了解国防生招生信息提供帮助。6 月中下旬，协助区公安局完成 49 名有意报考军校、国防生的考生政审工作。宣传丹徒籍退役士兵、驻丹徒部队和民兵预备役人员在加强全面建设、完成多样化军事任务和参建参治中的先进事迹，突出对人武部党委第一书记丁憬接力固长城事迹的宣传，《中国国防报》和《人民前线报》先后报道。

(薛业明)

73860 部队

【概况】　2011 年，73860 部队围绕“基层规范年”目标，以教学训练牵引，抓规范求落实，弘扬新时期汽车兵精神，加强思想作风建设，圆满完成上级交给的各项工作任务。承办上级在部队组织的士官升级训练试点成果汇报演示等大项活动保障工作。年内，被南京军区联勤部评为“先进党委”“后勤训练一级单位”“依法治军从严治军先进单位”“新闻宣传工作先进单位”，被 73841 部队评为“战备训练先进单位”“依法治军从严治军先进基层单位”“政工研究和信息工作突出先进单位”。

(成　军)

【营区改造】　2011 年，73860 部队加强基础设施建设，配套完善教学训练、生活保障、文体娱乐等方面的设施，确保训练场地规范、保障设施齐全、营区环境美观。按照春有花、夏有荫、秋有果、冬有绿的思路，做好营区绿化美化工作。积极筹措资金，建成文化生活服务中心；在镇江市园林局的支持援建下，兴建“双拥文化广场”；建成训练二平场，满足教学训练的需要；4 个学兵队车场开工建设。工程建设中，积极发动官兵军工自建，全年植树 5000 余株，种草皮 1 万余平方米，挖运土石 10 万余立方米。　(葛军炜)

【多措并举抓安全】　2011 年，73860 部队针对人多、车多、动态情况多的问题，狠抓安全管理。开展“学、严、守、树”、驾驶员队伍教育整顿、教学法集训等活动，切实解决驾驶员队伍思想作风、安全意识等方面存在的突出问题。加强安全形势分析、“双四一”谈心、安全常识教育等制度的落实；坚持移动公网电话“四个统一”管理。严格落实上级有关开展安全隐患排查整治活动的指示要求，通过组织安全教育、安全隐患排查、车辆安全检查、安全形势分析、谈心活动等方式，牢固树立官兵的“四责”意识，确保消除安全隐患。

(张进华)

【关注官兵需求】　2011 年，73860 部队关注官兵的精神文化需求。部队党委注重情系士兵、真心为兵、“情”装心中办实事。配备各类文体设施、器材，开展各类文体活动 30 次。结合新训工作，通过寄发《致学兵家属的一封信》，设立行风监督信箱、举报电话，定期组织问卷调查、行风测评和座谈了解，向送训单位寄送《行风反馈函》等形式方法，建立全时段、全方位的行风监督渠道，学兵普遍反映教育关系融洽。关注官兵的生活改善需求。依托新建的官兵文化活动中心，投入30多万元兴建电脑室2个、乒乓球室2个、桌球室2个。关注官兵的民主参与需求。进行各类问卷调查8次，召开各种类型座谈会20余次，开展安全工作大家谈、行风管理怎么办、管理方法如何改进等活动6次，公开公示官兵敏感问题5次。关注官兵的实际困难解决。妥善解决干部子女入学，帮助2名转业干部安置，帮助解决1名干部家庭涉法。

(黄正宏)

【以人为本提升能力】 2011年，73860部队针对单位干部、教练员缺编的实际，把干部队伍、教练员队伍的能力建设作为基层建设的重中之重，以素质提高弥补数量不足。组织开展“嘹亮军歌献给党”歌咏比赛、“回顾光辉历程、感恩党的关怀”黑板报评比、佩戴党徽重温入党誓词等实践活动；组织参加上级纪念建党90周年书画比赛，8幅作品获奖展出；组织官兵参加自学考试和国家计算机等级考试，40余名官兵通过律师专业自学考试，50余名官兵取得国家计算机等级证书；组织教练员参加汽车管理学院函授学习，部队评出“党员示范车”教练员13名，并挂牌上岗；根据“后勤训练一级单位”标准，组织专家授课、讨论交流、示范教学等活动，提升单位建设质量，提高个人能力素质。学兵二队、三队被上级评为基层先进单位，学兵二队党支部被上级评为先进党支部，3人被上级评为优秀共产党员。 (吴建中)

【开展拥政爱民活动】 2011年，73860部队开展一系列行之有效的双拥共建工作，促进军地精神文明建设，融洽军政军民关系。参加镇江市开展的“五百行动”活动；组织近200人次参加结对村卫生打扫和美化绿化活动；慰问军烈属和特困户；组织官兵帮助新华书店运送教材360万余册到学校，累计出车240余台次，为丹徒实验学校和驻地部分学校企业进行军训，累计参训人员达2200余人；为市政府多个部门完成搬迁任务，出动人员40人、车辆60余台次；参加丹徒区第六届运动会升旗仪式。 (陈 航)

73057部队

【概况】 2011年，73057部队注重打造高素质新型军事人才方阵，积极推动基层建设，以建设学习型党组织、学习型军营为中心，开展学历升级、计算机过级、外语考级活动，鼓励和支持官兵入校培训深造，坚持“优秀人才优先使用”原则，建立以业绩为主导的选调晋级机制，并建立人才实绩档案，实施择优选调。部队干部本科以上学历达92%，博士、硕士学历占其中的25%；士官大专以上学历达44%。年内，部队被四总部评为人才建设先进单位，被南京军区评为学习成才先进单位、基层建设先进单位。

(73057部队)

【庆祝中国共产党建党90周年活动】 2011年，73057部队开展庆祝中国共产党建党90周年活动。举办“颂歌献给党”歌咏大赛和第四届“新锐杯”篮球联赛；指导基层开展美术书法作品和录像短片制作展播；组织“爱党、知党、跟党”知识竞赛；开展“读红书、唱红歌、看红剧”活动，并组织观看红色电影展；5月，作品《驻岗部队》在集团军举办的第二届军营业余歌手大赛暨舞蹈才艺展示活动中，获舞蹈类节目第一名。 (73057部队)

【开展法律进军营活动】 2011年6月，73057部队针对官兵涉法问题难解决、法律服务力量薄弱的问题，积极开展法律进军营活动，主动联系区司法局，邀请区法律援助中心领导和律师到部队组织法律知识宣讲和答疑，并建立长期合作机制，在部队设立法律援助站，促使法律进军营活动制度化、经常化。先后两次邀请区司法局、区双拥办、区法律援助中心以及镇江市诚和律师事务所相关法律工作者到部队辅导法律知识和提供法律咨询，强化官兵守法护法观念，提高用法维权意识。

(73057部队)

【参与双拥共建活动】 2011年，73057部队积极协助共建单位和周边村镇搞好发展建设。出动官兵300余名，车辆10台次，先后2次帮助镇江市中山路小学搬迁；派出医疗小分队到周边村镇组织义务送诊3次，为村民送去常用药品300余份；组织为驻地西斛村清理小区卫生3次，搞好文明创卫活动；赴镇江市福利院和高资敬老院开展“学雷锋”活动2次，走访慰问高资“三老”对象，先后送去慰问金和慰问品，共计5000余元；选派50余名优秀官兵到镇江市外国语学校、江苏科技大学、镇江交通技校和国防园等单位为3000余名学生军训4次；教师节前走访慰问镇江市外国语学校、中山路小学和红缨幼儿园3所学校。 (73057部队)

南京军区联勤部镇江副食品生产基地

【概况】 2011年，南京军区联勤部镇江副食品生产基地(以下简称基地)按照“三抓一促进”目标要求，以搞好农副业生产和服务保障机关部队为中心，以安全稳定为重点，完成上级交给的各项任务。年内，基地党委被上级党委评为先进党委，第二党支部被评为先进党支部，基地副业队被评为先进基层单位，4人受上级通报表彰，17人被基地评为年度先进工作者。

(基地办公室)

【树立安全发展理念】 2011年，基地牢固树立安全发展理念，围绕上级关于安全工作“四个管出”、“三个不出”目标要求，突出安全工作重点，加大安全教育管理力度，处理好安全发展和发展安全的关系，前移关口实行安全工作责任制，采取得

力措施主动防范，扎实抓好各项安全防范措施的落实，实现安全稳定和集中统一。 （基地办公室）

【保障质量效益稳步提高】 2011年，基地认真抓好以花卉为龙头的各项生产，丰富地方市场，改善部队官兵生活。建有智能花卉大棚2万平方米、葡萄大棚5300平方米。生产蝴蝶兰、红掌、凤梨等各类花卉40万盆，葡萄3万余公斤；生产养殖甲鱼、黑鱼、鮰鱼、鲫鱼、鳊鱼、草鱼等各种水产品6万余公斤；生产加工各类蔬菜副食品20多万公斤。 （基地办公室）

公安消防大队

【概况】 2011年，镇江市丹徒区公安消防大队（以下简称丹徒区消防大队）开展打造公安消防铁军建设，全力做好消防安全"大排查、大整治、大宣传、大培训、大练兵"活动，扎实开展"清剿火患"战役，成立丹徒区政府消防安全委员会，顺利完成建筑消防设施专项整治、高层公共建筑"打违除患"专项治理行动等重点工作，确保全区火灾形势持续稳定，为丹徒跨越发展创造良好的消防安全环境。开展学校消防安全达标活动，丹徒实验学校被省公安厅、省教育厅评为消防安全教育示范学校。加大消防知识培训宣传力度，共举办5期《江苏省消防条例》宣贯培训班，受训人员累计800余人次，并与区安监局、区房管局等部门联合开展培训，将消防知识纳入全区企业负责人、行政村（社区）负责人、物管部门负责人安全培训内容，突破和创新培训模式。按照"防火墙"工程三年规划，圆满完成第二年各项目标任务，人员密集场所社会单位"四个能力"建设进度达标率达100%。全年接警139起，派出消防车264辆次、1150人次，抢救被困人员14人，抢救保护财产价值994.7万元。共发生火灾事故23起，无人员伤亡。 （周 玉）

【开展消防监督检查】 2011年，丹徒区消防大队分发挥职能作用，全面开展消防监督检查。共出动消防监督员6204人次，检查单位3102家次，发现火灾隐患或消防违法行为7102处，督促整改6727处，下发《重大火灾隐患限期整改通知书》32份，《责令改正通知书》1667份，下发《行政处罚决定书》149份，下发《临时查封决定书》39份，责令"三停"单位6家，下发《行政强制决定书》1份，下发《当场处罚决定书》311份，警告28人。 （周 玉）

【开展专项整治活动】 2011年，丹徒区消防大队推进专项整治活动的开展，与安监、文化、教育、工商、住建、公安等部门联动，加大对高层建筑、商场、宾馆、饭店和公共娱乐场所的消防监督检查力度，对排查发现的火灾隐患，及时落实管理责任，采取有效措施加以整治。全年查处重大隐患单位2家，其中丹徒上党中心幼儿园为市级重大隐患单位，丹徒中等专业学校为区级重大隐患单位，两家单位共投入资金50万余元，于8月底整改到位，全部销案。 （周 玉）

【推进消防站建设】 2011年，丹徒区消防大队积极推进消防站建设，区政府拨款300余万元用于化工集中区消防站车辆器材装备采购，丹徒区经济开发区管委会出资50万余元改造和装修化工集中区消防站的营房。 （周 玉）

【加强基层基础建设】 2011年，丹徒区消防大队加大保障基层工作力度，改善官兵工作生活环境。投入2万余元，改造中队通信室，有效解决机房电磁辐射、设备噪音等问题；投资10万余元，改造办公用房和三楼、四楼走道及室内墙面；投资18万余元，对营区绿化和营房外墙进行改造粉刷；投入2万元，改造中队晒衣场；投入2万余元，在营区设置党务警务公开栏、营区励志宣传栏，美化营区环境；投资7万余元，改造铁军中队训练场地设施。利用营区外闲置空地种植近20个品种的绿色蔬菜和果树，改善官兵伙食。 （周 玉）

人防工作

【概况】 2011年，镇江市丹徒区人民防空办公室（以下简称丹徒区人防办）以《中华人民共和国人民防空法》为依据，坚持"长期准备、重点建设、平战结合"指导方针，各项工作取得进展和成效。贯彻落实省、市民防局关于加强人防机关"准军事化"建设的指示，对原有10项规章制度进行补充、修改、完善，为机关"准军事化"建设提供保证。完成第五次人防综合数据采集工作。加强人防专业队伍建设，集中整组7支人防专业队、160名专业队员。充实调整宣传人员，选派宣传报道骨干参加省民防局组织的培训。加大人防宣传工作力度，向省、市新闻媒体和有关部门投稿52篇，撰写调研文章3篇，获采用发表稿件50篇。3月，区人防办被评为省人民防空先进单位。 （陈 亮）

【人防工程建设取得进展】 2011年，丹徒区人防办严格执行人防法律法规，推进人防工程建设。全年报建立项人防工程9个，合计建筑面积39974平方米，比上年增长近4倍；续建人防工程5个，合计建筑面积13787平方米，比上年增长24%；行政服务中心人防窗口共受理项目47件，办结47件，办结率100%。针对区人防工程建设大幅攀升、易地建设费征收有所放缓等情况，加大经费筹集力度，共筹集人防建设经费800万元，完成人防建设经费指标。 （陈 亮）

【应急避难场所人防工程标识标志安装结束】 2011年，丹徒区人防办根据省、市关于应急避难场所安装明确"标志"的要求，开展调查研究，经过反复论证，决定以新区二期广场作为丹徒区主城区应急避难场所。依据避难场所建设标准，投入经费3万多元,统一安装“标识标志”。对现有的5个人防工程安装标志牌,对今后建设的人防工程提出安装要求,列入竣工验收的必备条件。 (陈　亮)

【完成防空警报系统升级改造】 2011年,丹徒区人防办明确各警报点所在单位的管理责任,做到月有检查、季有维护,确保警报完好率100%。投入近25万元升级改造全区20台防空警报器控制系统,巩固和完善指挥通信建设。通过升级改造随时掌握各警报点动态,及时发现问题并处置,提高警报试鸣的稳定性和可靠性。9月18日警报试鸣前,组织全区20名管理人员集中培训,对试鸣中出现的机械故障问题及时发现和排除修复。

(陈　亮)

【普及宣传防灾救灾知识】 2011年,丹徒区人防办联合区教育局、区民政局,以防震为背景,在三山中心小学组织“5·12”应急疏散演练,强化全区学校师生在灾害中应变自救能力,增强师生风险意识和应变能力,让学生掌握基本逃生和防护技能。5月,会同区教育局对全区15所中学的人防知识教育情况进行一次评课活动,巩固落实中学生人防知识教育,促进学校人防知识教育开展。将人防教育课程纳入全年教学大纲,全区15所中学开课率100%,受教育人数100%。完成民防工作进社区试点工作,以丹徒区驸马山社区为试点,开展社区民防工作,投入近4万元为社区配备相应应急救援器材以及宣传栏,印发宣传手册,在社区收到良好效果。

(陈　亮)

双拥工作

【概况】 2011年,丹徒区双拥工作按照“标准更高、特色更优、品牌更响”的新思路,扎实开展双拥共建活动,取得较好的成绩。丹徒区广泛开展走访慰问活动,进一步密切军政军民关系。区“四套班子”领导先后2次带队走访慰问12个驻军部队官兵,送上慰问金和慰问品共计25万元;走访慰问部分企业军转干部和“五军三属”(现役军人、复员军人、转业军人、退伍军人、残疾军人,军属、烈属、遗属)家庭,关心他们的生产和生活。各镇、街道、园区、各部门和有关村、社区在春节和“八一”建军节期间,分别走访慰问结对挂钩的驻军部队和优抚对象,送上慰问品和慰问金。6月,市妇联、市新华书店、丹徒区荣炳盐资源区管委会和丹徒区双拥办公室(以下简称区双拥办)领导到句容市73016部队举行“爱心书屋”捐赠仪式,73016部队官兵捐赠“爱心书屋”,解决荣炳盐资源区留守儿童阅读书籍的需要。6月、11月,区司法局分别在73057部队、73860部队举行法律援助工作站挂牌仪式,仪式上区司法局、区法律援助中心开展“法律进军营”活动。丹徒区加强双拥和国防宣传教育工作,通过区电台、电视台及时报道双拥活动,并在镇江电视台《今日丹徒》栏目播出。春节和“八一”建军节前后,区电台、电视台用15天时间在新闻节目前播放双拥国防公益广告。年内,区双拥办向新闻单位和简报、网络等媒体发稿,扩大丹徒双拥影响,在《解放军报》、《光明日报》、中国双拥网、《双拥》杂志、《江苏双拥简报》、《金山》杂志、镇江国防双拥教育网等媒体被采用稿件80余篇,列各辖市区前茅。 (张芳进)

【召开丹徒区春节军政座谈会】 2011年1月27日下午,丹徒区委、区政府在政府八楼会议室召开丹徒区春节军政座谈会,驻镇江和丹徒驻军18个部队军政首长,区委、区人大、区政府、区政协主要领导,区委、区政府分管领导,各镇、园区党(工)委书记、人武部长、民政办主任和区双拥领导小组全体成员出席会议。会议由区委常委、区委政法委书记、区双拥领导小组组长张国金主持。会上,区委副书记、区长陈琳通报2010年丹徒区双拥工作情况,并部署2011年双拥工作;区卫生局、区教育局和荣炳盐资源区、世业镇的负责同志作双拥述职报告;73057部队、73860部队、73056部队和镇江船艇学院的首长在会上发言;市双拥办主任蒋建新和区委书记丁憬讲话。 (张芳进)

【优抚安置政策落实到位】 2011年,丹徒区各地、各部门认真贯彻双拥政策法规,切实抓好各项优抚安置政策的落实。一是3名军转干部全部安置在公务员岗位,安置率100%。二是5名随军、随调家属全部安置到位,其中2名干部身份的安置到专业对口的事业单位,3名工人身份的实行货币安置,安置率100%。三是对退役士兵、复员士官继续实行城乡一体化货币安置,79名退役士兵、38名复员士官共兑付安置金326.69万元。四是对重点优抚对象抚恤补助实行城乡一体化,义务兵家庭优待金由上年的6180元提高到6831元;农村老复员军人,以解放战争为例,补助标准由上年的7533元年提高到14106元,增幅达87.3%;带病回乡退伍军人补助由上年的3102元提高到7053元,增幅达127.4%;烈属、因公牺牲军人遗属、病故军人遗属和残疾军人的补助按照自然增长机制作相应提高;老复员军人和老残疾军人遗属生活补助严格按照全区城镇最低生活保障标准410元和420元按月发放,342名遗属共发放补助金172万余元;204名参战人员每月生活补助按照国家标准220元全部发放到位,共计发放53万元。五是退役士兵职业技能免费培训工作再次实现报名率、实际参训率和中高级率3个100%。全区117名退役士兵除有工作或技能的32名可不参加培训外,其余85名退役士兵全部参加培训。六是巩固医疗成果,确保重点优抚对象医疗有保障。年内,全区进一步改革重点优抚对象医疗保障办法,采取以新型农村合作医疗和大病住院商业保险为主体、以大病医疗补助和慈善为补充的医疗保障办法,保障优抚对象的医疗问题，除正常的新型农村合作医疗减免和慈善医院的减免外，有34人获得区大病补助共计10万余元，有32人次因住院看病获得保险公司理赔6.5万余元。

（张芳进）

【召开丹徒区“八一”军政座谈会】 2011年7月27日下午，丹徒区委、区政府在区政府八楼会议室召开丹徒区“八一”军政座谈会。驻镇江和丹徒驻军18个部队军政首长，区委、区人大、区政府、区政协主要领导，区委、区政府分管领导，区双拥领导小组全体成员，各镇、园区党（工）委书记、人武部长、民政办主任出席会议。会议由区委副书记、区长陈琳主持。会上，区科技局、区文广体局和江心洲生态农业园区、高桥镇的负责同志作双拥述职报告；73860部队、73056部队、南京军区联勤部镇江副食品基地和镇江船艇学院的首长在会上发言；区委书记丁憬和市委常委、镇江军分区政委王树钧讲话。 （张芳进）

【开展第21次军地议事园活动】 2011年6月14日下午，丹徒区在73860部队开展第21次军地议事园活动。区委副书记、区长陈琳，区委常委、区委政法委书记张国金，区政府副区长徐新祥以及区政府办、区民政局、区财政局、区双拥办和高资镇的负责同志参加活动。现场协调为73860部队文化活动中心建设支持经费11万元，为73057部队拥军图书室建设支持经费10万元，为武警丹徒消防大队拥军图书室建设支持经费5万元。 （张芳进）

【举行老兵复退欢送会】 2011年11月24日下午，丹徒区委、区政府在武警丹徒消防大队举行老兵复退欢送会。区委办、区政府办、区公安局、区民政局、区双拥办领导和武警丹徒消防大队全体官兵参加会议。区公安局副局长史秋荣主持会议。会上，武警丹徒消防大队教导员殷晓革汇报消防大队全面建设情况及老兵复退情况；复退老兵任绪超、留队战士薛扬分别代表复退老兵和留队战士发言；武警镇江消防支队后勤处处长涂朝晖发表讲话；区政府副区长、区公安局局长贺文代表区委、区政府致词，并代表区公安局分别向6名复退老兵赠送慰问金500元；区委常委、区委政法委书记韩宏亮代表区委、区政府分别向6名复退老兵赠送慰问金1000元。

（张芳进）

2011年3月，镇江船艇学院在上党镇开展“三下乡”活动

【驻军部队开展拥政爱民活动】 2011年，驻丹徒各部队官兵开展扶贫帮困、捐资助学、清洁家园、美化环境、送医送药、维修家电、法律咨询、学生军训等拥政爱民活动，积极参与和支持驻地经济社会建设。春节和“八一”建军节前夕，驻军各部队走访慰问结对挂钩的重点优抚对象22名，赠送慰问品和慰问金2万余元；镇江船艇学院官兵坚持18年爱心接力，每年3月初学院官兵到上党镇开展“三下乡”活动，为群众义诊并发放常用药品2万余元，捐赠10名贫困学生助学金和学习用品1万余元；73056部队、73057部队、73860部队多次派出官兵为驻地开展“清洁家园、美化村庄”活动；73860部队派出官兵和车辆到丹徒新城打扫卫生、清运垃圾；73057部队、73860部队、武警丹徒消防大队与驻地敬老院结对挂钩，组织官兵到敬老园打扫卫生，向“五保”老人赠送慰问品和慰问金；南京军区联勤部镇江副食品基地与驻地4户贫困户结对挂钩，春节和“八一”建军节前上门走访慰问，并赠送慰问品和慰问金；73056部队和武警丹徒消防大队与驻地4名贫困生结对帮扶，捐资助学；驻军各部队派出教官为全区中小学生开展军训活动，累计军训学生8000余人。

（张芳进）

政 法

责任编校:刘 芳

政法委

【概况】 2011年,丹徒区深入开展“平安丹徒”和“法治丹徒”建设,扎实推进社会管理创新、社会矛盾化解、公正廉洁执法三项重点工作,切实保障经济社会发展,圆满完成建党90周年等各项维护稳定工作。“五五”普法顺利通过省、市考核验收,丹徒区被省委、省政府评为社会治安安全区,被市委、市政府评为社会治安综合治理先进辖市区。“法治丹徒”建设被市委、市政府评为法治镇江建设工作先进单位。丹徒区人民群众对社会治安公众安全感列全市第二,社会治安综合治理考核列全市第三并被评为先进集体,世业镇、上党镇被评为市社会治安综合治理先进镇,全区所有镇、街道和园区被市评为“平安镇(街道、园区)”。谷阳镇、上党镇、世业镇、宝堰镇被评为市“法治建设创建工作先进单位”。

全区政法机关履行服务经济社会发展的重要职责,进一步完善服务措施,整顿规范市场经营秩序。区公安局认真履职,全力做好“长江草莓音乐节”等大型活动安保工作,倾力保障全区重点工程建设,及时帮助企事业单位解决生产、经营、安全等方面问题。区法院开展为企业解难题、降风险等系列活动,在重点企业设立服务企业联系点。区检察院积极查办大案要案,开展预防职务犯罪工作,为国家和集体挽回经济损失150万余元。司法行政部门做好城市拆迁、农村土地纠纷的公证工作,加强基层法律援助服务站建设,为群众开展法律援助430余件。区民政局关注民生,加大弱势群体和困难群众的帮扶力度,区申华社会福利中心正式投入使用。

全区政法机关继续深化以“争当业务能手、争做技能标兵、创一流业绩”为主题的“双争一创”公正廉洁执法实践活动,开展“三解三促”(了解民情民意、破解发展难题、化解社会矛盾,促进干群关系融洽、促进基层发展稳定、促进机关作风转变)工作,全面提升政法干警的政治、思想和业务素质。区法院开展“院校共建”活动,宝堰法庭建设得到省、市肯定。区检察院狠抓业务建设,刑事和解不捕获市检察工作创新奖。区公安局开展“大走访”开门评警、“警营一日”等警民互动活动,公安窗口服务满意率98.2%,被评为全市公安系统唯一的执法示范单位。区司法局积极创新大解调机制,在全区建立调解能手库。

(朱俊华)

【维护社会稳定】 2011年,丹徒区政法机关以公众安全感建设为核心,实施重点地区和领域的专项整治,维护社会和谐稳定。深化“零发案村(居)”创建,全区侵财性等可防性案件比上年下降4.2%,夯实村级治安防范基础。全年刑事案和“八类”(杀人、纵火、投毒、抢劫、强奸、绑架、爆炸、故意伤害)案件发案率比上年下降,4起命案全部侦破,市、区两级重点整治区域刑事发案率明显下降。区法院审结各类刑事案件188起,结案率100%。区检察院批准逮捕87件116人,提起公诉175件239人。“清网行动”“清剿火患”等专项整治综合效绩突出。积极落实“人防、物防、技防”措施,建立健全警民联防、社会义务巡防、睦邻互防体系,全面开展技防“123”工程、“平安E家”、“十户联防”建设,完成技防进农户、进居民户和进商户建设任务。加大安全生产工作力度,严防重特大事故发生。全区道路交通事故起数、伤亡数和直接经济损失比上年下降,实现连续11年无涉危安全责任事故。

(朱俊华)

【强化社会管理】 2011年,丹徒区全面推进对社会人、社会组织和公共安全管理责任制的落实,开展“青少年维权岗”活动,构建“预防、保护、救护”三位一体的青少年犯罪预防与维权体系。率先在全市建立乡镇见义勇为基层协会,《法制日报》作专题报道。加强流动人口管理,开展人口管控会战,积极推进“基地加基金”刑释解教人员帮教安置工作模式,全区刑释解教人员帮教率和安置率分别达到100%和95%,在矫人员未发生一起因监管不力造成的重新犯罪或收监案件。加强国家安全人民防线建设,严密防范和打击各种邪教组织违法犯罪及渗透破坏活动。开展“和谐企业”创建活动,全区参加企业达300余家。深化“平安先锋工程”创建活动,党员参与率、带动群团组织和群众参与率、人民群众满意率均有提高。强化社会稳定风险评估工作,全年完成稳评项目32个。开展“零上访村(居)”创建活动,推进社会矛盾排查化解,全区开展矛盾纠纷排查2393次,排查矛盾纠纷3210件,化解3147件,成功率达98%,7个镇被评为全市信访“四无乡镇”,70%以上的村达到“零上访村”创建标准。 (朱俊华)

【推进法治建设】 2011年，丹徒区把法治宣传、教育作为基础性、长远性、根本性的工作，开展“六五”普法活动，积极引导群众学法、用法、守法，增强社会诚信度。推进“两河一湖”法治文化长廊（公园）建设，建成投资100余万元的谷阳镇跃进河法治长廊。开展阳光司法，接受当事人和社会公众的监督，提高司法透明度和司法公信力，保证和提高审判质量，公正廉洁执法。加大涉法涉诉进京访案件办理力度，中央政法委交办案件化解办结率82%。强化执行积案的清理，最大可能减少和消除积案，有效防止执行积案可能引发的社会矛盾纠纷。围绕医药卫生、食品安全、环境保护、社会保障等开展“法治惠民”八项工程，积极维护群众合法权益。

（朱俊华）

公 安

【概况】 2011年，镇江市丹徒区公安局（以下简称丹徒区公安局）以加大打防管控力度为重点，切实维护全区经济持续发展、社会和谐稳定。全年实现重点时期区人员进京上访“零登记”目标。年内，区公安局刑侦大队被省委、省政府评为社会治安综合治理先进集体，区公安局被市委、市政府评为镇江市跨越发展有功单位、被省公安厅评为全省公安执法示范单位。有1个集体荣立二等功，1名民警荣立个人二等功，9名民警荣立个人三等功；53个集体、111名个人被上级记功、嘉奖或授予荣誉称号。

全区社会治安保持持续平稳平安。完成“长江草莓音乐节”等20余场次重大活动的安保和警卫任务。破获大要案4起；打掉盗抢等犯罪团伙57个；破获高速公路服务区盗窃车内物品的团伙犯罪案件，被中央电视台法制频道作为典型战例报道；破获5起侵犯注册商标案件，捣毁制假窝点7处。年内，共立刑事案件1548起，比上年下降2.5%，其中可防性案件下降4.2%，破获刑事案件756起，比上年上升0.6%，破案率48.8%；其中“八类”案件破案率97.6%，两个破案率均居全市前列；抓获刑事作案成员675名，逮捕123名，起诉255名，追赃折合人民币897万元；查处黄赌毒等案件2686起；道路交通事故和火灾事故稳中有降，未发生影响社会稳定的重大治安、交通、火灾事故。

狠抓执法规范化建设，提升执法质量和法制服务水平。开展“信访案件评查”、“集中清理信访积案”活动，严格执行初信初访限时办结制、信访案件网上办理制等信访制度，信访案件审结率和停访息诉率均达100%。通过培训考试、组织民警旁听行政刑事案件庭审、执法问题评析等多种形式，以及法制员例会、集体通案、法律网校等渠道，开展执法业务培训，每名执法民警和领导干部均完成学法积分任务和学法学分任务，并顺利通过公安部组织的全国公安民警执法资格等级考试。狠抓说理执法、执法报告、执法办案期限、涉案财物管理、执法安全管理等六项执法制度的建设和执行，促进执法行为和执法管理的规范。区公安局被评为全市唯一的全省执法示范县级公安机关，2008～2011年全省执法优秀单位，2006～2010年全区“五五”普法宣传有功单位，并顺利通过国家公安部、省公安厅组织的执法规范化建设考核验收。法制室主任庄红宇被市委、市政府评为“普法宣传先进个人”。

按照“内强素质、外树形象”的要求，加强队伍正规化建设，实现全年队伍“零违纪”。利用自行研发的“OA”民警工作平台，确保警务活动规范化、标准化，工作任务具体化、可视化，被市委评为“百项基层党组织创先争优经验做法”。开展“大走访”开门评警、领导干部“三解三促”、“警营一日”等警民互动活动，共举办警民恳谈会305场次，走访企业1075家、群众2488人，征求社会各界意见建议168条，并逐一整改、反馈结果。强化警务网上公开和公安微博客建设，网上公安局和派出所全部实效运行。人大、政协建议提案办理满意率100%，被评为先进承办单位。先后举办培训班28期，受训民警4100余人次。区公安局在民主评议政风行风中名列第二，在年底全区机关作风评议综合考评中位列第八，被区委、区政府评为2011年度机关综合考核“十佳单位”和落实党风廉政建设责任制先进单位。

（朱 群）

【服务经济社会发展】 2011，丹徒区公安局全力保障丹徒区重点工程建设以及“城中村”、砖瓦窑拆迁工作，及时处置、化解各类矛盾纠纷76起，帮助企事业单位解决生产、经营、安全等方面问题，共提供法律咨询2600余次，有效化解处置涉企矛盾580余起。加强公共安全监管，开展接送学生车、酒后驾驶、“三超一疲劳”等道路交通秩序整治行动，重点整治新城道路及长香路、镇荣线等重点路段，年内未发生一起死亡3人以上的重特大道路交通事故。先后组织开展消防安全五大活动、高层建筑打违除患、“清剿火患”等专项整治行动，消除消防隐患6700余起。全国性“清剿火患”战役中，综合绩效位居全市前列，未发生有影响的火灾事故。开展安全检查活动，强化涉危领域的监督管理，强化重点部位、重点目标、重点单位的安全保卫工作，严格落实安全防范措施，有效杜绝各类安全事故的发生，危险化学物品管理连续11年安全无事故。创新户籍城乡一体化改革，研究出台《全区公安机关窗口单位服务规范》，公安窗口服务满意率98.2%，被区委、区政府评为“满意服务在丹徒”先进单位。

（朱 群）

【推进文明城市创建工作】 2011年，丹徒区公安局扎实推进全国文明城市创建工作，圆满完成文明城市创建全区各项公安迎检任务，顺利通过中央文明委组织的全国文明城市测评。期间，专门成立由副区长、区委政法委副书记、局党委书记、局长贺文任组长，其他局党委成员任副组长的迎检工作领导小组，明确各警种、部门主要负责人为具体责任人，逐级签订责任状，制定《全区公安机关创建全国文明城市专项整治行动方案》和交通秩序整治、校园周边环境整治、网吧经营秩序整治、窗口单位服务环境整治、社会面排查管控、局领导任务分工、专项督查7个子方案，将每项创建任务分解落实到具体警种部门，先后开展丹徒新城交通秩序专项整治行动、社会治安重点地区专项整治行动、电子游戏机专项整治行动、校园周边秩序、网吧经营秩序整治等系列行动。一是维护交通环境秩序，科学设置执勤执法形象岗和管控岗，及时完善交通设施，严格渣土车、泥浆运输车管理，从严查处违法行为，共修复交通指示信号灯11组，漆划交通标线2500余平方米，查处各类交通违法行为2100余起，查扣无牌无证和违规机动车辆327辆。二是整治网吧及校园环境，查处涉校案件2起，抓获刑事作案人员5名；查处违规经营的休闲娱乐场所、电子游戏室等12家；会同文化、工商等部门联合取缔“黑网吧”2家，从严处罚违规经营网吧7家，并责令限期整改。三是综合整治社会治安环境，查处娼赌毒案件85起，收缴邪教宣传品70余份。四是注重公安自身建设，加强公安窗口规范化建设，建立高效的群众投诉处理机制，进一步提升窗口单位规范执法、服务群众的水平。全区公安机关放弃中秋节及多个双休日休息时间，人均累积加班102小时。

（朱　群）

【完成建党90周年安保任务】 2011年，丹徒区公安局严密举措，狠抓建党90周年安保工作，专门成立由局长任组长的领导小组，成立安保指挥部综合办公室，抽调相关部门人员集中办公，做到“五个到位”（安全检查覆盖到位、社会治安防范到位、情报信息研判到位、重点人头管控到位、责任压力传递到位）。强化矛盾纠纷调处，会同相关部门化解矛盾纠纷，最大限度预防群体性事件的发生。强化重点人员稳控，通过滚动排查，全面排摸辖区精神病人情况，会同监护人做好看护工作，26名重点稳控对象全部在稳控范围内。强化重点部位防控，对重点目标实行定期不定期检查，做好重点单位、重点建设工程、水电油气等重点要害部位的安全保卫，完善应急处突预案，确保绝对安全。综合运用打、防、管、控各项措施，扎实推进各类专项行动，强化社会面巡防工作，全区社会治安大局平稳可控。（朱　群）

【开展社会治安“春季攻势”行动】 2011年，丹徒区公安局坚持主动进攻、严密防范、高效打击、综合治理，强势开展社会治安“春季攻势”行动。共破获刑事案件152起，其中“八类”案件10起，涉车案件21起；抓获犯罪嫌疑人124名，其中网上在逃人员21名，外省市网上在逃人员8名，打掉涉车犯罪团伙2个，涉及成员9名。及时侦破9起现行“八类”案件；打好团伙犯罪攻坚战，成功摧毁一利用解码器、阻扰器开车门，跨省盗窃高速公路服务区车内财物的犯罪团伙，破获系列案件16起，案值20余万元；端掉一制售假冒名酒的犯罪团伙，查获假酒2000余箱，案值10万余元；捣毁一驾车流窜于苏州至镇江之间，以撬盗保险柜为主的山东苍山籍盗窃团伙，破获系列案件10余起，案值6万余元；铲除一流窜于丹徒、京口、润州以及镇江新区等地的安徽籍盗窃工地建材团伙，破获系列案件10余起，案值5万余元。开展以流动人口管理为重点的春季“人口管控会战”，在全区建立64个社会化流动人口信息采集点，抓获违法犯罪嫌疑人32名，其中网上逃犯6名。以电动车管理强化源头堵控，建立覆盖全区的19个公安机关服务站、25个社会服务点，实行信息采集、登记、上牌一条龙服务，登记上牌23655辆。对涉车案件高发区域、部位及防范薄弱地段，排查确定11个涉车案件看护点，加大“网格化”巡逻警力投入，看护点涉车案件比上年下降14.3%。推行重点区域集中清查常态化运作，共组织开展6次集中清查行动，出动警力1764人次，检查商店、网吧、留宿洗浴场所、私房出租户等8257余户（处），破获刑事案件85起，抓获违法犯罪嫌疑人77名。对外来人口聚居的“城中村”、城乡结合部等治安复杂区域，每周组织开展一次小范围、快节奏、定点式的清查检查行动；对中小旅馆、留宿洗浴场所、网吧、出租房屋、二手交易、废旧品收购等场所行业，不定期开展突击检查活动，及时发现和消除隐患。（朱　群）

【开展涉车犯罪专项治理工作】 2011年2～8月，丹徒区公安局深入开展涉车犯罪专项治理工作。共破获涉车案件54起，案值61.6万元，涉车案件同比下降16.38%；抓获涉车犯罪嫌疑人24名，其中网上逃犯9名，外省市网上逃犯4名，打掉涉车犯罪团伙4个16人；收缴摩托车、电动车29辆，返还17辆。期间，专门成立由局长任组长的涉车犯罪专项治理领导小组，抽调精干力量组成专班，制定出台配套方案，落实目标任务，抽调专人组成督导组，严格工作奖惩。严打团伙犯罪，摧毁一跨省流窜于高速公路服务区，采取解码器、阻挠器开车门，盗窃旅客汽车内财物案值达20余万元的团伙；捣毁一安徽籍盗窃摩托车、电动车案值40万元的团伙。强化情报阵控，针对排查确定11个涉车案件看护点，实施重点巡查，现行抓获盗窃电动车嫌疑人3名，收缴电动车电瓶25只。看护点涉车案件比上年下降14.3%。加强电动车管理，深入全区96处非机动车销售网点，逐家上门采集登记基本信息，共登记上牌电动自行车36465辆，并落实规范经营管理措施，与业主签订责任书。利用广播、电视、网络等媒体，通过以案说法、悬挂宣传横幅等方式，开展打击整治涉车犯罪宣传活动。推行双休日正常上牌制度，利用夜间和休息日组织开展上门服务，实行登记、办证、上牌“一条龙”服务，方便群众。

（朱 群）

【开展“夏季侦防攻势”活动】 2011年，丹徒区公安局以打防街面“两抢”、入户盗窃、涉车犯罪等为重点，组织开展“夏季侦防攻势”活动。共破获各类刑事案件229起，其中“八类”案件19起，多发性侵财案件183起，刑事案件发案数同比下降21.9%；抓获刑事作案成员107名，摧毁各类犯罪团伙11个64人，抓获网上在逃人员26名；缴获赃款赃物价值16万元。期间，成立专项行动领导小组，召开专题会议部署，建立局领导包片制度，深入基层检查指导，督促各项措施落实。成功侦破二重（镇江）重型装备公司建筑工人刘某故意杀人、辛丰镇刘某故意杀人（未遂）2起现行命案。摧毁盗窃“四车”等犯罪团伙3个13人，案值20余万元。抓获在册逃犯22名，到案率37.6%。集中整治黄赌毒违法犯罪活动，查获涉毒人员6名，查处涉毒案件10起；查获涉娼人员8名、涉娼场所5家；查获涉赌人员62名、涉赌场所22家，收缴赌资10万余元。查处销赃窝点27家，查处未按规定登记住宿、上网人员信息的旅馆、网吧45家。合理调整设置流动卡口41个，城区可防性案件比上年下降10.2%。开展夏季道路交通安全管理工作，加大路面管控密度，查处超速、疲劳驾驶、酒后驾驶、逆向行驶等严重交通违法行为，对道路交通、消防、危化品进行安全大检查，全面消除安全死角，预防重特大事故发生。

（朱 群）

【开展“春雷”集中统一清查行动】 2011年2月28日8时至3月1日8时、3月6日8时至7日8时、3月15日8时至16日8时，丹徒区公安局在全区范围内3次组织开展代号为“春雷”的集中统一清查行动。期间，专门制定行动方案，清查违法犯罪分子易落脚藏身的场所部位，集中排查列管各类治安重点人员，检查街头路面及车站码头疑人疑物疑车，清查易发案、易藏污纳垢的场所单位，循线精确打击各类违法犯罪活动，加强巡逻盘查检查、便衣设卡守候、信息采集比对和案件线索查证，全面展开清查整治行动。共出动警力840余人次、辅警保安610余人次，检查商铺、超市、网吧、留宿洗浴场所、私房出租户等重点场所部位2164余处，发现隐患94处，当场整改77处；新采集暂住人口1193人，新列管重点对象156人；盘查检查机动车辆1354辆，查扣可疑摩托车、电动车12辆；破获各类案件48起，抓获违法犯罪嫌疑人43名，其中网上在逃人员6名。

（朱 群）

【农村社区警务工作得到省公安厅肯定】 2011年，丹徒区公安局做实农村社区警务工作，维护农村地区治安稳定，通过夯实农村社区警务区划、警力下沉到位、规范社区警务室建设“三个基础”，人口管理动态化、服务群众上门化、警务情报信息化、治安防控联动化“四项工程”，管理监督、责任传导、科学考评、奖惩激励、教育培训“五项机制”，形成“政府主导、警民携手、社会联动”的农村社区警务模式。全年农村地区刑事案件发案数下降25.7%，“八类”案件数下降10.8%，“两抢一盗”案件数下降15.2%；通过社区警务工作抓获犯罪嫌疑人226名，比上年上升12.1%。省公安厅网站主页专门介绍推广丹徒区公安局做实农村社区警务的经验做法。

（朱 群）

【《镇江日报》专版报道“民生警务工程”】 2011年，丹徒区公安局坚持以“民意引领警务”为导向，围绕保障“民安、民需、民意”，全力推进“民生警务工程”，群众安全指数、满意指数节节攀升。破获侵财性案件1092起，共追回发还企业、群众被盗被骗款物折合人民币298万元；“清网行动”前在册网上逃犯到案率96.6%，名列全市第二；在优化窗口服务、服务企业、解难帮困等方面下工夫，为群众办实事，及时受理解决群众反映的热点、难点、焦点问题。11月18日，《镇江日报》“警方”专版报道丹徒区公安局“民生警务工程”相关情况和取得成效。

（朱 群）

【开展“打四黑除四害”专项行动】 2011年，丹徒区公安局开展“打四黑除四害”专项行动，召开专项会议，研究制定行动方案，落实责任措施，狠抓组织部署、宣传发动、线索排查、协同作战、案件侦破等各个环节，严厉打击从事制假售假、收赃销赃、涉黄涉赌涉毒等“四黑四害”（黑作坊、黑工厂、黑市场、黑窝点；害百姓、害家庭、害社会、害国家）违法犯罪活动，依法惩处一批组织经营“四黑”的违法犯罪分子，为人民群众安居乐业、经济社会协调发展创造良好的社会治安环境。9月以来，开展全区涉油企业调查摸排等集中行动4次，摸排“四黑”线索10余条，捣毁涉娼窝点6个，抓获违法人员22人。

（司海玉）

【侦破谷阳“4·8”故意杀人案】 4月8日0时5分，丹徒区谷阳镇龙腾新村内发生一起杀死1人、杀伤1人的恶性案件，犯罪嫌疑人行凶后逃离现场。案发后，区公安局连夜抽调精干警力组成专案组，局长亲自指挥、研定侦查方案，对设卡、清查、堵控等工作提出明确要求，12小时后成功破获，在谷阳三山集镇抓获陕西省汉中籍犯罪嫌疑人高某（男，23岁）。经审查，4月7日21时许，在谷阳镇三山集镇务工的宗某邀约大丰老乡郑某，到暂住在谷阳镇龙腾新村高某住处玩，因琐事双方发生争执，高某持刀捅向郑某、宗某，致郑某失血性休克死亡，致宗某受重伤。

（王 勇）

【破获利用电子干扰锁车盗窃车内财物系列案件】 2010年12月15日，奥迪A6L轿车车主杨某在沪宁高速仙人山服务区餐厅用餐时，被犯罪分子用干扰器阻锁，盗走车内皮挎包1只，内有现金2000余元以及诺基亚手机1只。丹徒区公安局成立案件侦破指挥部，由副局长何培根任总指挥,抽调刑侦大队、上党派出所等部门 20 余名警力开展侦破工作。历经 1 个月的视频侦查、串案侦查、便衣侦控和伏击守候,专案组民警于 2011 年 1 月 14 日在该服务区内当场抓获周某(男,47 岁,湖北省洪湖市人)、蒋某(男,34 岁,四川省资中县人)和张某(男,四川省隆昌县人)3 名犯罪嫌疑人,成功摧毁一个利用电子干扰器阻锁、专门在高速公路服务区盗窃车内物品的犯罪团伙,破获江苏、浙江、湖北、安徽、山东等省同类案件 16 起,涉案价值 19 万元。 (王　勇)

【查获盗抢工地建材犯罪团伙】 2010 年下半年以来,在丹徒区及镇江市区等地,盗窃施工工地建材案件多发,区公安局及时成立专案组,抽调 10 余名精干警力开展侦破工作。历经 3 个月,于 2011 年 1 月 27 日在市区学府路、官塘桥等地抓获王某(男,45 岁)、常某(男,41 岁)、常某(男,44 岁,均系安徽省凤台县人)等 5 名盗窃嫌疑人。经审查,自 2010 年下半年以来,该团伙分散居住在镇江市郊民房内,自驾两轮、三轮摩托车,跨区流窜于丹徒、京口、润州以及镇江市新区,选择公路干道两侧建筑工地,盗窃钢筋、扣件等建材作案 22 起(其中抢劫作案 1 起),涉案价值 16 万元。

(王　勇)

【侦破系列涉车盗窃案件】 6 月以来,丹徒辖区涉车盗窃案件多发,区公安局精心研判,便衣伏击,选定辛丰、谷阳两地,分组分时段集中侦控。8 月 19 日下午,在谷阳镇的专案组民警抓获袁某(男,35 岁)、丁某(男,36 岁,均为丹阳市访仙镇人和刑释人员),高昌利(男,41 岁,江苏涟水人,暂住丹阳市西门)3 名现行盗车嫌疑人,捣毁收旧窝点 4 处,抓获职业收赃嫌疑人 7 名。自 2010 年 6 月以来,该团伙骑摩托车流窜于镇江、常州、无锡、南通等地 30 多个乡镇,选择街面场所和半开放式居民区等处,盗窃摩托车 8 辆、助力车 30 余辆,电动车 40 余辆及电动车电瓶 460 余组,涉案价值近 40 余万元。 (王　勇)

【开展网上追逃专项督察“清网行动”】 5 月以来,丹徒区公安局在全区范围内组织开展网上追逃专项督察“清网行动”。期间,多渠道收集在逃人员身份信息、活动轨迹、同案人员、家庭成员等基础信息,并逐一建档、核查,按照先易后难、先本地后外地、各个击破的原则,逐案、逐人制定追捕措施,落实追逃领导和民警责任。各警种通力合作,同时与外省市公安机关协作,提高追逃工作效率。加大劝投力度,网上逃犯投案自首率 59.3%。全区在册逃犯 58 名,追回逃犯 56 名,清网率 96.6%,位列全市第二。抓获外网逃犯 24 名,其中外省逃犯 14 名、命案逃犯 1 名。所有到案逃犯处理率 84%,综合绩效位列全市第一。

(杨建东)

【科技强警建设】 2011 年,丹徒区公安局强抓警务基础信息平台深度应用,严把源头信息采集录入关和准确率,确保所有信息在规定时间内录入系统,所有案件实现平台内运转,创新的平台数据质量“三级监管机制”得到省公安厅充分肯定,平台数据质量位列全市第一。顺利通过全省科技强警达标区建设考核验收,技防入户工程、“3·20”道路监控系统建设稳步推进,各派出所监控中心全部完成规范化改造。合并精简 5 个派出所,100%完成派出所功能区划分,增强基层所队综合实力。加强执法队伍、执法硬件建设,投入专项资金 110 万元,全面完成执法办案单位“五室”(讯问室、询问室、信息采集室、证物室、警用装备室)建设,有效保障基层执法办案安全。 (朱　群)

【推进涉案财物规范管理】 2011 年,丹徒区公安局从排查整改问题、规范制度建设、构建监督网络等方面入手,全面推进涉案财物管理规范化、制度化、常态化,确保涉案财物能“物随案走”、“案结物清”,在涉案财物管理方面未发现存在违规问题,未发生因涉案财物问题引发的当事人行政复议、行政诉讼、信访投诉,有力提升执法公信力和群众满意率。期间,专门成立由局长任组长的领导小组。投入 430 万元完成所有执法场所规范化建设和功能区划分,统一配备证物架、保管箱及贵重物品保险箱,并设有大件物品存放区域,设有隔离栅栏和可上锁的门栏,对交巡警涉案车辆保管场所专门安装监控摄像设备。推行涉案财物管理专管员制度,健全涉案财物管理制度,建立案款专管制度,完善涉案车辆集中保管制度,推进涉案财物网上管理。严格落实网上巡查、审批监管、回访涉案当事人、专项督察、责任追究五项措施,全过程、全方位监督涉案财物管理。督察部门对涉案财物进行定期或不定期抽查,形成网上管理、网上检查的长效管理机制。 (庄程辉)

【全面推进公安网上服务工作】 2011 年,丹徒区公安局制定《关于明确推进公安网上服务工作有关事项的通知》,对推进网上警务专栏、公安微博客建设等网上服务重点工作提出规范性要求,明确各单位、部门具体负责人和专管员,并结合实际制定《微博客建设管理规范(试行)》,在“腾讯”等国内主要门户网站开通区公安局官方微博客(在腾讯微博搜索“镇江市公安局丹徒分局”,点击进入即可浏览留言),以及交巡警大队(用户名:丹徒交巡警)、各派出所(用户名:丹徒公安××派出所)微博客,并加入“镇江公安腾讯微博群”,适时滚动发布专项斗争战果、安全防范知识、警情提示、失物招领等民生信息,与网友实时互动,及时答疑解惑。专门举办网上服务工作培训班,邀请市局指挥中心科室负责人讲解指导,提升丹徒公安网上管理服务能力和水平。丹徒区公安局官方微博、各派出所及交巡警大队微博全年发布信息 436 条,接受咨询、提供帮助 32 次。

(朱　群)

【提升农村交通警务室执法效能】 2011年，丹徒区公安局按照《江苏省公安厅农村派出所交通警务室工作规范》要求，通过推进执勤执法规范化、学习培训制度化、管理宣传网络化、考核督导常态化"四化"措施，有效提升农村交通警务室道路管理能力和水平，农村道路交通秩序事故发生率明显下降。期间，建立完善"五小"车辆、驾驶人员及"三车"台账，实行户籍化精细管理，确立驻所交巡警深入源头"管理＋宣传＋服务"一体化常态工作机制。专门制定《交通警务室民警培训计划》，组织农村交通警务室交巡警培训18次，受训280余人次。开展道路交通基础设施情况排查摸底工作，排出农村道路交通安全隐患38处，共整改26处。全面推行交通安全"警校共建"签约模式，驻所交巡警定期到辖区中小学、幼儿园开展交通安全教育讲座，共开办安全讲座120次，发送交通宣传单5万余张，播放光盘134次，制作宣传横幅25幅，漆刷宣传标语30余幅。制定交通警务室考核实施办法，将各项考核与民警利益挂钩，建立派出所交通警务室民警个人执法档案，对业务工作未按序时进度完成、执法质量较差的交通警务室，严格追究相关责任，对多次出现同一问题的交通警务室民警下发《限期整改意见书》，直至停止其交通执法资格。

（邓 欢）

【接送学生车安全管理】 2011年，丹徒区公安局会同区交通、安监、教育等部门，多次深入辖区各中小学校、幼儿园，以及承担学生接送任务的镇江新运公交客运公司，明确落实接送学生车安全管理措施和责任。一是走访企业负责人，要求企业重视接送学生车辆源头管理，预防重特大道路交通事故发生。二是全面清查当前在用的接送学生车，凡存在安全隐患、不符合接送学生要求的一律停运，全面审查校车驾驶人，不具备驾驶资质的一律不得驾驶。三是督促中小学校和幼儿园落实专人把好校园门口关，及时检查和纠正学生接送车辆超员违法行为。四是与校车所有人、驾驶人签订安全行车责任书，逐车落实接送学生名单、行驶线路和安全监护责任人，将交通安全责任细化落实到车、人。 （邓 欢）

检 察

【概况】 2011年，镇江市丹徒区人民检察院（以下简称丹徒区检察院）受理审查批捕案件120件168人，经审查批准逮捕87件116人，不（予）批捕24件40人。受理移送审查起诉案件177件245人，经审查提起公诉175件239人。开展涉检信访积案化解专项办理活动，继续实现"赴省进京零上访"目标。建立和落实执法办案风险评估机制，综合评估案件93件，有效预防和减少涉检纠纷的发生。

全年查处贪污贿赂案件9件10人，大案率100%。通过办案为国家挽回直接经济损失150万余元。查处原区供销总社主任蒋某等一批受贿大要案。进一步加大反渎职侵权工作力度，立案查处房产领域渎职犯罪案件2件2人，解决涉及群众切身利益的热点问题。坚持惩防并举，进行工程专项预防1次，发出检察建议8份，开展预防调查3次，撰写职务犯罪案例分析13份，深入各乡镇开展法律宣传19次，预防咨询11次，行贿犯罪档案查询503次。

全年立案监督5件14人，追捕19件22人，纠正侦查监督违法活动12件23人；提前介入侦查机关（部门）侦查的重大、疑难复杂案件8件，逮捕犯罪嫌疑人16人，引导、指导侦查机关（部门）侦查、取证23人次。充分发挥民事行政检察工作在保障和改善民生等方面的作用。受理一审申诉案件63件，立案21件，申诉和解28件，息诉11件。提请市检察院抗诉6件，市检察院采纳并向同级法院提出抗诉4件，法院改判8件；建议市检察院提请省检察院抗诉2件（市检察院已采纳）。向法院发出再审检察建议7件，法院采纳4件。督促起诉200件，挽回经济损失367万余元。

年内，区检察院被市委、市政府评为社会治安综合治理先进集体。卢柏林被评为社会治安综合治理三等功和2010年度镇江市跨越发展突出贡献者。 （胡晓莼）

【深化检调对接工作机制】 2011年，丹徒区检察院以推进检调对接工作为载体，创新建立社会矛盾纠纷调处机制，有效调解、息诉一批矛盾纠纷，其经验做法被省检察院转发介绍。全年对符合条件的交通肇事、故意伤害等41件轻微案件纳入和解程序，调解成功41件，调解成功率100%，依法、依情、依理化解各类矛盾纠纷。 （胡晓莼）

【推行刑事和解不捕机制】 2011年，丹徒区检察院结合检察职能和工作实际，推行刑事和解不捕机制，先后办理刑事和解不捕案件14件，为被害人挽回经济损失70余万元。该工作机制被市检察院评为"全市检察工作创新奖三等奖"。

（胡晓莼）

【查办渎职侵权犯罪】 2011年，丹徒区检察院全力查办群众反映强烈、危害民生民利的渎职侵权案件。5月，依法查办区房管局相关人员违反房产管理规定办理产权证，导致"一房二卖"，致使24户购房户无法拿到产权，遭受400余万元特大经济损失的渎职犯罪案件，查处犯罪嫌疑人2人。 （胡晓莼）

【建立网络法治在线栏目】 2011年6月，丹徒区检察院联合区教育局在全省率先利用互联网建立网络法治在线栏目，采用法律法规、女检察官在线、维权动态、法制讲堂四个专栏和"检校面对面"论坛的"4＋1"形式，对未成年人进行法制教育，访问量超过2000次。栏目开通后未发生一起在校学生犯罪案件，并拓检察机关开展法制宣传、参与社会管理创新的新阵地。（胡晓莼）

审 判

【概况】 2011年,镇江市丹徒区人民法院(以下简称丹徒区法院)坚持为大局服务、为人民司法的工作要求,打造“尚法、公正、清廉”司法形象,为全区经济发展、社会稳定和民主法制建设作出积极贡献。全年受理各类案件6774件,办结6804件,比上年分别上升24.5%和22.1%。年内,13项工作和37人次受到上级表彰和嘉奖。区法院被市中院评为优秀法院;被区委、区政府评为综治、法治建设先进集体,特别贡献单位,效能建设优胜单位;被市委政法委评为先进基层党组织;被省妇联评为维护妇女权益示范岗。区法院法警队被省高院评为全省法院司法警察工作“标兵警队”;区法院档案室通过省“五星级”复查。宝堰法庭省高院被评为全省审判管理工作先进集体、首批省公开司法示范庭,被市中院授予集体三等功;宝堰法庭、辛丰法庭被市中院评为优秀人民法庭。

全年受理刑事案件197件,比上年下降2.9%,结案197件,结收案比为100%。实行宽严相济的审判原则,从严惩处涉及危害国家和社会安全案件的69件82人,对情节较轻或有悔改行为的宣告缓刑146人,拘役5人,单处罚金18人,免予刑事处罚2人,宣告无罪1人。

民一庭受理劳动争议、道路交通事故、民间借贷、追索劳动报酬、雇员受害赔偿等与人民群众密切相关的民事案件1749件,审结1699件,调解率51.8%,调撤率75.9%。妥善处理大量群体纠纷,有效维护社会稳定和谐。该庭在丹徒区交巡警大队设立速调速裁窗口,形成速调对接机制。

民二庭受理商事案件1341件,结案数1342件,比上年分别上升134.44%和134.2%。其中金融借款合同案、分期付款买卖合同案、融资租赁合同案、信用卡纠纷案、承揽合同案收案幅度增长最快,随之产生的经济纠纷也较上年增多。

行政庭审结行政诉讼和审查非诉案件184件,结案率达到100%,其中诉讼案件撤诉率达到54%,上诉率34%,无发回重审和改判案件。行政机关负责人出庭应诉率达到100%,促进行政执法与行政审判的良性互动。

下设两个农村法庭工作进展明显,辛丰法庭新收各类民商案件585件(含旧存18件),比上年上升28.3%,办结567件,结收案比为100%,执行案件4件,执行标的到位率100%,比上年上升100%;宝堰法庭受理各类民商事案件765件(含旧存19),其中民事505件,商事237件,执行4件。强化涉农案件审理,认真审理容易引发群体性事件的土地承包纠纷案件,妥善调处婚姻家庭、财产侵权及邻里冲突等民事纠纷,为农村治安稳定、经济发展、社会关系和谐提供有力司法保障。 (吴 婷)

【构建司法服务机制】 2011年,丹徒区法院出台《关于为我区加快转变经济发展方式提供司法保障的意见》,以文件形式在全区转发;密切关注《国有土地上房屋征收与补偿条例》的实施对司法审判工作带来的新情况、新问题,制定应对措施,形成专题调研报告,为政府依法行政提供法律意见。 (吴 婷)

【加强巡回审判力度】 2011年,丹徒区法院与市国土资源局丹徒分局协调沟通,10月12日,国土资源巡回法庭在丹徒正式成立,主要负责国土资源类行政诉讼案件的审理以及土地行政处罚类非诉讼行政案件的审查与执行工作,及时化解国土资源执法中的各类社会矛盾,有效制止违法用地行为。新设巡回审判点2个,开展“送法下乡”等巡回审判活动,在11个镇、社区开庭1000余场,现场观摩群众15000余人。

(吴 婷)

【提高法官司法能力】 2011年2月,丹徒区法院邀请司法部基层工作指导司副司长李冰开展《中华人民共和国人民调解法》指导讲座。4月,邀请清华大学法学教授周光权开展《刑法修正案(八)》讲座。中国政法大学、清华大学的应松年、吴维库等学者到区法院讲学3次。设立法学讲坛,每周五下午组织优秀法官传授工作技巧或组织干警观看《金牌调解》等栏目,提高法官的审判能力和调解技巧。(吴 婷)

【创新人才引进机制】 2011年,丹徒区法院在坚持公开招考选拔人才

2011年10月12日,丹徒区国土资源巡回法庭成立。

的基础上，拓宽人才引进渠道，商调具有成熟审判经验的人才，严格按照招录程序，面向全国选调具有成熟的审判经验或工作表现突出的优秀法官 7 人，成为各审判业务部门的中坚力量，其中 5 人因优异表现走上中层干部岗位。（吴　婷）

【加强法院文化建设】　2011 年 3 月，丹徒区法院邀请区委常委、区纪委书记许志涛和镇江市纪委检查二室主任翟新跃为法律文化建设顾问。宝堰法庭设立廉政文化公园"法园"，营造出法院风清气正的文化氛围。开展"人民法官为人民"、"学习陈燕萍"等主题实践活动，营造奋发向上的良好氛围。与清华大学、南京师范大学、西北政法学院等著名高校法学院签订"审判实践与法学教育"合作协议，广泛开展"法学共建"活动。在征求全院干警意见的基础上，将"尚法、公正、清廉"作为院训。（吴　婷）

【参与社会管理创新】　2011 年，丹徒区法院加强少年审判工作，扎实推进青少年维权，强化对未成年人的全面司法保护。进社区、学校开展法制宣传 34 次，选派 3 人到学校讲课 9 场；积极参与平安、法治丹徒创建，组织平安、法治指导员到挂钩社区指导工作 87 人次；积极参与社区矫正工作，建立回访帮教制度，共建立帮教档案 66 件，回访 81 人次。和辖区内派出所和司法所签订共建协议，建立信息共享、诉调对接、多方联动的合作机制，联合化解矛盾纠纷。（吴　婷）

【全面接受社会监督】　2011 年，省、市法院和上级机关多次视察区法院工作并提出指导意见。丹徒区法院多次开展各界人士看法庭活动，邀请省人大代表、市人大代表、政协委员，区级机关工委有关领导，辖区重点企业负责人，村（居）代表以及其他社会人士走进法院、观摩庭审、提出建议。打造"数字化"法院，切实做好"三同步"（同步录音录像、同步记录、同步显示庭审记录），对法官的监督更加现场化，对司法礼仪的养成更加直接化。（吴　婷）

司法行政

【概况】　2011 年，镇江市丹徒区司法局（以下简称丹徒区司法局）充分发挥法制宣传、人民调解、社区矫正、法律服务等司法行政职能作用，营造和谐稳定的社会环境、公平正义的法治环境和优质高效的服务环境。加快推进集视频会议、电子政务、司法业务等功能一体的司法行政专网建设，分阶段将专网延伸到各基层司法所，努力实现社区矫正、人民调解等业务全覆盖。积极筹建丹徒区法律服务中心，完成规划选址工作。区政府、区司法局被评为全省"五五"普法先进单位，丹徒区被市委、市政府评为先进辖市区，有 8 个先进集体、10 个先进个人获市以上表彰。区司法局获全省司法行政系统反腐倡廉制度建设优秀奖。

开展"大调解工作规范建设年"活动，多措并举调处矛盾，维护社会稳定。充分利用各类调解工作网络和平台，加强对社会不稳定、不和谐因素的动态排查和分析研究，调处群众关心的热点、难点问题及可能引发集访、上访的矛盾纠纷。做好对重大隐患或可能引发上访、集访矛盾纠纷苗头的防范疏导工作。对专业性强、重大疑难杂症的矛盾纠纷，由调处中心直接调处。全年区级层面直接成功调解 77 起，劝阻群体性上访 3 批 42 人次。依照《中华人民共和国人民调解法》设立人民调解委员会，共有专兼职调解员 628 名、各类调解组织 134 个。区镇两级调处中心与公安、法院、检察院、劳动人事、信访等部门配合协调，成立专业调解工作室。推进调解队伍建设，充分发挥调解工作法律顾问、能手及专家信息库作用。加强村（居）调解工作室建设，90% 行政村建成规范化庭审式调解庭（室）。全年排查矛盾纠纷 2393 次，接待群众 3757 人次，受理并调解各类矛盾纠纷 3362 件，调解成功 3309 件，调解成功率 98.42%；劝阻群体性上访 53 批 672 人次，防止民转刑事件 72 起。

加大监管力度，进一步提高矫治帮教工作成效。规范和完善交付衔接机制，全面推行"报到回执、集中衔接、当面交接"等交付对接办法，做到社区服刑人员、法律文书移交双到位，防止发生社区服刑人员脱漏管现象。加强社区服刑人员流动管理，启动异地委托管理工作试点，将重点高危人员全部纳入定位监控系统。5 月 30 日，开展"学会感恩"主题教育活动，邀请心理咨询师为 54 名社区服刑人员讲课。完善教育矫正机制，初步建成社区矫正教育中心，使用统一的教育矫正系列教材，积极开展心理评估、心理咨询和心理危机干预。全区现有在矫人员 260 名，其中缓刑 217 名、假释 25 人、剥权 15 人、监外执行 3 人，未发生一起因监管不力造成的重新犯罪案件，同时加强流动刑释解教人员的帮教工作。矫正对象无一脱管，安置帮教对象重新犯罪率控制在 3% 以内；推进安置帮教数据库信息平台建设，健全信息沟通机制。严格必接必送制度，对重点人员实现无缝对接。

启动"六五"普法规划实施工程，利用电视台、网络等平台加大普法宣传。邀请司法部基层司副司长李冰进行《中华人民共和国人民调解法》辅导讲座。通过《新法赠阅》及法制宣传画廊扩大宣传面，增强实际效果，谷阳镇跃进河法治文化长廊成为全市亮点工程。继续把青少年、外来务工人员作为法制宣传教育重点，下发《关于进一步加强当前青少年学生法制宣传教育工作意见》。通过法治文化宣传团队、法治文化广场、法治文化公园、法制教育宣传基地、法治文化长廊、农家法律书屋等满足群众法治文化需求。

整合法律服务资源，提升司法行政工作服务政府决策、结构调整、保障民生的能力。完善律师服务政府依法决策机制，为转变政府职能、化解矛盾纠纷、推进社会管理创新提供法律服务。公证工作围绕政府中心工作和重点工程，做好城市拆迁、农村土地纠纷等公证，建立完善多元化服务和诚信执业两大体系，参与社会矛盾纠纷化解，推进公证机构规范化和信息平台建设，进一步提高公证质量。法援工作按照"全面覆盖、应援优援"要求，加强"12348"平台建设，发挥基层(行业)法律援助工作站作用，推进预约服务和点援制，受援人和来访群众满意率保持在98%以上，并首次在驻丹徒部队设立法律援助工作站，区法律援助中心共受理援助案件432件，其中民事417件、刑事15件，超额完成市局下达任务，年内通过省司法厅规范化示范窗口考核验收，被评为全省首批法律援助规范化建设示范窗口。(区司法局办公室)

2011年11月25日，丹徒区司法局开展"法律进军营"活动。

【建立完善诉调对接机制】 2011年，丹徒区诉调对接联席会议通过诉调对接相关制度，确保诉调对接工作力度，减少当事人诉讼成本，维护社会稳定成效明显。一是联席会议制度。区法院和大调解中心定期召开联席会议，互通信息，共商案情，并本着调解优先、应调尽调的原则，按照省高级人民法院有关规定，在征得当事人同意前提下，11类民事案件全面进入诉前调解程序。二是人员培训制度。定期组织参与诉前调解的人民调解员培训，加强法律知识、程序适用、调解技巧、文档规范等内容的学习，确保调解案件合法、有效、规范。三是工作保障制度。逐步完善考核和奖励制度，对诉调对的接调解案件实行案件补偿，调解成功1起补给40元。

(区矛盾纠纷调处中心)

【丹徒区交通事故人民调解工作室成效凸显】 丹徒区交通事故人民调解工作室自2010年12月成立以来，遵循依法自愿、公平、公正、及时便民的原则，运用人民调解手段，及时化解各类交通事故矛盾纠纷。共受理交通事故调解案件548起，调解成功537起，调解成功率98%以上，涉及赔偿金额达500万元，接受各类法律咨询和开展法制宣传200余次，有效提高交通事故处理效率，节约当事人办事成本，缓解警力不足矛盾，得到社会各界肯定。

(区矛盾纠纷调处中心)

【举行涉军法律援助工作站挂牌仪式】 2011年6月25日和11月25日，丹徒区司法局分别在73057部队、73860举行法律援助工作站挂牌仪式。仪式上，区法律援助中心开展"法律进军营"活动，副主任翟佳讲解涉军相关法律知识以及现役军人如何维护自身和家人的权益，3名律师现场接受法律咨询。工作站主要内容：现役军人及家属涉案依法请求给予国家赔偿的；请求给予社会保险待遇或最低生活保障待遇的；请求给予赡养费、扶养费等；请求发给抚恤金、救济金的；请求支付劳动报酬的；因医疗事故、交通事故、工伤事故等请求损害赔偿的；军人婚姻受到侵害的，以及其他需提供法律援助的事项。法律援助工作站为部队官兵提供便捷、优质、专业的法律服务，切实维护军人的合法权益，促进军地和谐稳定。

(区法律援助中心)

【高资镇被评为镇江市社区矫正示范镇】 2011年，丹徒区高资镇被评为2011～2015年度镇江市社区矫正示范镇，该镇第二次获此荣誉。近年来，高资镇加强矫正工作队伍建设，严格执行矫正管理制度，积极维护社会稳定。通过集中教育、心理矫治、公益劳动、安置帮扶等手段，推行各类安全监管措施，规范建立社区服刑人员"一人一档"，依法实施奖惩制度，倡议成立社区矫正协会，全面实施社区服刑人员风险评估、社区矫正信息化管理、心理调适、分类分级管理等基础工作。2005年以来，该镇共接收五类监管对象129人，按期解矫73人，到2011年底在册社区服刑人员56人，无一人重新犯罪。

(高资镇司法所)

人力资源和社会保障

责任编校：钱若寅

综 述

【概况】 2011年，镇江市丹徒区人力资源和社会保障局（以下简称丹徒区人社局）牢牢把握“稳增长、惠民生、保稳定”的工作主线，从群众关心的热点、难点、焦点工作入手。全年各项保险实现基金收入4.29亿元，其中，企业养老保险征缴2.45亿元、医疗保险征缴1.06亿元、失业保险征缴1871万元、工伤保险征缴686万元、生育保险征缴253万元、机关事业单位保险征缴2316万元、新型农村保险征缴2769万元。全区参加企业养老保险55672人，参加医疗保险59086人，参加失业保险32213人，参加工伤保险43869人，参加生育保险24392人，参加机关事业单位保险5984人，参加新型农村保险46887人，享受基础养老鑫34892人。全区企业离退休职工14732人，享受遗属定期救济费1032人；机关事业单位离退休职工1392人；34892人享受基础养老金。全年累计为17867名被征地农民发放基本生活补助费和养老金4631万元。全区有9649名退休人员纳入社会化管理。全区新增就业8713人、失业人员再就业1870人、就业困难人员再就业565人、新增劳动力转移就业5555人、城镇登记失业率控制在2.29%以内，为新增失业人员492人发放失业保险金55万元。全区创业意识教育18069人，创业培训1325人，为96人提供创业贷款482万元。共建成高新技术园，新城、谷阳、辛丰等孵化基地18.4万平方米。举办“SYB培训班”45期，培训1359人次。扶持创业2893人，带动就业18489人。全年为企业职工技能提升培训4576人，失业职工技能培训2592人，共有260人通过高级工、技师、高级技师的评审和鉴定工作。全年共受理投诉、举报145起，立案167起，结案167起，时效结案率100%。共处理案件562件，正式立案受理各类劳动争议案件228件（含上年结转13件），各镇（园区、街道）调处311件，人民调解23件，案后调解及调解撤诉213件，裁决13件，调撤率93%，结案率99%。全年共受理工伤认定申请495起，完成工伤认定470起，行政复议3起，行政诉讼4起，胜诉率100%。全年共引进本科以上人才793人、硕士以上人才108人。国家“千人计划”项目和省企业博士集聚计划项目分别有1人进入面试，并成功申报市“331计划”项目5个。成功申报“江苏省引进国外智力成果示范推广基地”1个。区医保中心王民被省人社厅医保中心评为先进个人，高资中心卫生院被省人社厅医保中心评为先进社区劳动保障平台。

【建立“阳光政务”工作平台】 2011年，丹徒区人社局“阳光政务”平台建设工作全面启动，共梳理完成行政权力事项类别4类，行政权力事项107项，其中行政许可4项，行政处罚95项，行政确认3项，行政其他5项。按照区政府办、区法治办要求对各项权利进行整理、修订和完善。 （魏进亮）

【系列活动有声有色】 2011年，丹徒区人社局组织参加由区妇工委组织的“有爱携手，花开丹徒——社会妈妈牵手贫困儿童结对仪式”活动。以“凝心聚力再铸辉煌”为主题，开展扑克牌、拔河等多项活动。开展以“学先进事迹，创一流业绩”为主题的张雅琴先进事迹学习活动。召开庆祝建党90周年暨“七一”表彰大会，表彰先进党支部2个，优秀共产党员10名。 （魏进亮）

人力资源管理

【为企业引智招才】 2011年，丹徒区人社局通过新兴产业项目与人才对接洽谈会、新兴产业人才招聘会、“双高”人才对接洽谈会，以及组织用人单位参加百家企业高校行等活动，积极为区内用人单位招聘和引进高层次人才、紧缺专业高校毕业生。全年，国家“千人计划”项目和省企业博士集聚计划项目分别有1人进入面试，并成功申报市“331计划”项目5个。共引进领军型人才团队6个，领军人才27名。

（魏进亮）

【推广引智基地结果】 2011年，丹徒区首个省级引智成果示范推广基地成立。镇江市天成畜禽有限公司引进日本土著菌发酵床养猪新技术，已申报为“江苏省引进国外智力成果示范推广基地”，省外国专家局领导到公司授牌。引智基地的成立将充分发挥成果示范推广作用，更好地惠及于民，惠及于社会。

（魏进亮）

【领军人才俱乐部成立】 2011年，丹徒区领军人才俱乐部成立暨揭牌仪式落户正东生态农业发展中心。

通过俱乐部的宣传、吸纳、辐射、交流功能,将其打造成宣传党和政府人才政策的阵地,集聚人才的磁场,为高层次人才和本土企业之间建立起嫁接联系互动的纽带。

(魏进亮)

【推进岗位设置】 2011年,丹徒区事业单位岗位设置管理工作全面启动,区人社局按照“完善制度、把握节奏、兼顾各方”原则,做好宣传发动,严格上报审核手续,协助做好组织实施,有条不紊推进此项工作。

(魏进亮)

【加强企业专业技术资格评价工作】 2011年,丹徒区人社局严格执行专业技术资格评价制度,加大对企业专业技术资格评价的服务工作力度。对重点行业、重点企业,大力推广职称代理制度,使专业技术人员申报职称更快捷、更方便;在非公企业,积极开展“零距离”职称评价服务,组织评委到企业现场,开展评价服务,有力地提升用人单位专业技术人员的水平和层次,增强人才实力和综合竞争力。全年,共有92人取得高级资格,178人取得中级专业技术任职资格,167人经初定取得初级专业技术任职资格。

(魏进亮)

【启动专业技术人员继续教育培训】 2011年,丹徒区人社局全面启动专业技术人员继续教育培训。一是公需科目继续教育稳步推进。采取远程网络视频授课和自学相结合的方式进行,学习结束后即可直接在网上进行考试并查阅成绩,11月底前完成整个学习考试工作。二是专业知识继续教育有布置,重点明确。根据《镇江市专业技术人才知识更新工程实施方案》要求,要求各部门结合实际,开展专业知识继续教育。三是积极鼓励专业技术人员参加选修继续教育。支持专业技术人员根据自身实际,自主选择适当的课程和内容进行自学,利用业余时间提高学历层次,参加各类专业技术资格和执(职)业资格培训考试,参加经认定的继续教育培训基地组织的各类考试辅导培训,均可按相关规定记入专业技术人员继续教育学时。 (魏进亮)

【8个项目进入“331计划”引进人才面试】 2011年,丹徒区人社局组织申报的江苏赛达医疗科技有限公司“基于物理疗法的肿瘤和心血管疾病医疗设备”项目、镇江安泰优软件有限公司“APS高级计划与排程系统”项目、江苏东启明软件园有限公司“智能交通信息采集与超媒体应用”项目等8个项目参加镇江市领军人才办举办第4批“331计划”引进人才面试,通过前期资格审查、项目初审、技术评审、综合评审,进入市“331计划”面试。

(魏进亮)

【做好人才与项目对接工作】 2011年,丹徒区人社局组织江苏中靖新能源科技有限公司,江苏申模数字化制造技术有限公司等12家企业参加镇江市举办的“第三届海外博士江苏行”对接洽谈会,来自美国、英国、加拿大等11个国家的100余名海外博士带着近200个项目参与对接洽谈。共对接洽谈项目18个,其中博士自带项目15个,区属单位提供项目3个,所有对接洽谈项目均达成初步合作意向。

(魏进亮)

【做好机关事业单位人员流动调配工作】 2011年,丹徒区人社局严格按照流动调配程序办理相关手续,坚持“领导审核制度”,使流动调配程序更严谨、规范。全年,共为149人办理调动手续,其中调出13人,调入13人,区内调整123人。

(魏进亮)

【完成公务员能力建设培训工作】 2011年6月,丹徒区人社局结合全区公务员培训工作实际,采取网络学习和自学相结合的方式,开展《公务员调查研究方法与能力培养》、《新编公务员行为规范读本》两门必修课和《政治鉴别能力》等87门选修课的培训,并进行考试考核。12月18日,全区公务员能力建设培训考核工作全部结束,1673人参加培训,合格率为100%。

(魏进亮)

【规范完善人事代理工作】 2011年,丹徒区人社局新增人事代理30人,年末协议代理人数188人;新增档案保管555份,年末库存人事档案8691份。为代理人员缴纳养老、失业、医疗保险1400余人,其中个人代理153人,单位代理1247人;公积金代缴41人。为57家单位办理人才租赁,全年新增人才租赁人员118人,为341名租赁人员代发工资。 (魏进亮)

【征缴企业养老保险基金2.45亿元】 2011年,丹徒区人社局继续推行社会保险申报公示制度,认真做好用人单位缴费登记、申报、征收、欠费追缴、监督检查等工作。全年实现企业养老保险基金收入2.45亿元,补征养老保险基金收入215万元。养老、医疗、失业、工伤、生育五大保险基金收入3.78亿元,为基金的各项支出提供强有力的保证。 (魏进亮)

劳动和社会保障

【举办招聘活动16场】 2011年,丹徒区人社局举办“春风行动”等系列招聘活动16场,缓解企业用工短缺状况。针对领先电子、立成电子等企业缺工较严重的现象,区人社局到河南、山东、安徽等地为企业引进外地劳动力178人。

(魏进亮)

【援助就业困难人员】 2011年,丹徒区人社局开展向就业困难人员“送岗位、送政策、送培训”慰问活动,为100名特困家庭发放慰问金10万元,提供公益性岗位、后勤辅助岗位31个,宣传再就业优惠扶持政策,提供职业指导、免费培训和岗位信息。 (魏进亮)

【配备专职协理员 89 人】 2011 年，丹徒区人社局为加强村级人力资源和社会保障服务平台规范化、信息化、制度化建设，全方位提高基层平台服务人员的综合素质和业务能力，帮助困难家庭的高校毕业生就业，以购买公益性岗位的方式，为全区 89 个行政村各配备一名人力资源和社会保障专职协理员，实现人力资源和社会保障服务体系的全覆盖。（魏进亮）

【加强技能培训工作】 2011 年，丹徒区人社局始终坚持“三个结合”（培训与提高能力相结合、培训与实现就业相结合，培训与技能鉴定相结合），认真落实“三个同步”（数量与质量同步，管理与服务同步，就业与创业同步）。全年为企业职工技能提升培训 4576 人，失业职工技能培训 2592 人，共有 260 人通过高级工、技师、高级技师的评审和鉴定工作。（魏进亮）

【发放社保补贴 252 万元】 2011 年，丹徒区人社局严格审核延续人员和新办人员社保补贴，对部分不能享受“延续社保补贴政策”的人员进行耐心宣传解释。全年新增享受社保补贴 991 人，发放金额 252 万元。（魏进亮）

【加强创业型城区建设】 2011 年，丹徒区人社局制定《关于加强创业型城区建设工作的实施意见》，召开全区创业型城区建设工作推进会，全面部署创业型城区创建工作，全年新增私营企业 874 家，个体工商户 2019 户；私个经济实体新增注册资本 63.9 亿元，创业带动就业 18489 人，新增创业孵化基地面积 24.45 万平方米。（魏进亮）

【提高失地农民保障待遇】 2011 年 7 月 1 日，根据省、市有关法规、政策规定，结合丹徒区实际，区政府制定《丹徒区征地补偿和被征地农民基本生活保障实施办法》并施行。该文件在原实施意见的基础上，增加征地补偿相关条款，提高新增被征地农民个人账户标准，对全区被征地农民的基本生活补助费和养老金标准作适当调整，全区被征地农民基本生活保障资金专户每月增加支出 40 万元，1.7 万人从中受益。（魏进亮）

【全区社会保险实现市级统筹】 2011 年，丹徒区人社局为提高社会保险的统筹层次，提供便捷高效的社会保险属地服务，全区社会保险实现市级统筹。与市局进行会商与协调，明确统筹后的职责和任务，实现数据平稳、有序地与市局对接，确保金保工程顺利运行。（魏进亮）

【完成全年医保各项目标】 2011 年，丹徒区医保中心共征缴医保基金 1.06 亿元，比上年增长 10.44%。其中统账结合基本医疗保险基金 8979 万元，比上年增长 10.39%，完成年度目标任务的 103.21%。全区统账结合基本医保扩面 3543 人，参保人数达 59086 人（其中在职 42889 人，退休 16197 人），比上年增长 6.15%。（魏进亮）

【新增医疗参保 3543 人】 2011 年 7 月 1 日，丹徒区医保中心实施《中华人民共和国社会保险法》，大力开展医保扩面工作。一是联合劳动监察大队、稽查大队，督促未参保单位和人员及时参保。二是与劳动就业中心实施“信息共享”，及时跟踪最新就业人员情况，有的放矢地开展医保扩面工作。三是继续开通个体人员参加统账结合基本医疗保险绿色通道，实现参保缴费一站式服务。全年，新增参保 3543 人，完成年度指标的 177.15%。（魏进亮）

【调整统账结合基本医保社会统筹基金门诊支付政策】 2011 年 1 月 1 日起，丹徒区统账结合基本医保参保人员发生的门诊医疗费用，超过一级账户和起付标准以上的部分，在三级医院就诊的，原由社会统筹基金支付 60%、个人支付 40%，现改为由统筹基金支付 50%，个人支付 50%；在本人所定点的社区卫生服务机构就诊的，原由社会统筹基金支付 85%、个人支付 15%，现改为由社会统筹基金支付 90%，个人支付 10%。此项政策调整旨在进一步促进分级诊疗服务体系和双向转诊制度的实施，更加合理、充分地利用现有的医疗资源，积极引导参保人员“小病进社区、大病上医院”的科学就医理念，其他等级医院支付政策不变。（魏进亮）

【加强定点医疗（药）机构监管力度】 2011 年，丹徒区人社局一是深入开展医保政策执行情况检查工作。组织人员对全区社区卫生服务中心和零售药店进行深入细致的检查，对存在的问题及时指出，限期整改，并对整改情况进行跟踪落实。二是加强日常监管。采取日常检查与突击检查相结合的办法，对部分按序时超总控指标的定点医（药）机构进行重点检查，发现问题及时提出整改要求。三是认真开展年终考核工作。组织精干人员考核全区 32 家定点医疗机构和零售药店，当场打分，并将考核结果及时反馈，与奖惩挂钩。（魏进亮）

【参保退休人员免费体检】 2011 年，丹徒区医保中心与区人民医院沟通协调，确定体检项目。6 月 1 日～9 月 20 日，为全区 1.15 万名参保退休人员免费体检，参检率达 75%。（魏进亮）

【加强监察执法力度】 2011 年，丹徒区人社局推进“劳动保障监察质量年”活动，配合《中华人民共和国社会保险法》的实施，开展参保缴费、劳动合同、劳动用工等综合检查服务，做到检查一户、宣传一户、规范一户、和谐一片。针对侵害劳动者合法权益的突出违法问题，集中开展解决农民工工资拖欠、人力资源市场清理整顿、规范船舶制造企业用工行为等一系列专项执法检查。全年检查用人单位 776 家，为劳动者追回工资 180.7 万元，责令补订劳动合同 289 份，责令补参保险 348 人。（魏进亮）

【制定工资协商制度】 2011年，丹徒区人社局推进工资集体协商，实施收入倍增计划，让广大群众共享经济社会发展成果，促进社会收入分配公平。利用“开展企业工资集体协商百日行动”，深入企业宣传发动，帮助企业建立健全劳动关系双方对话交流机制、利益协调机制和矛盾调处机制，促进劳动关系和谐稳定。全区开展平等协商签订工资集体合同企业456家，覆盖职工2.03万余人，基本做到职工满意、企业满意、社会认可。

（魏进亮）

【规范工伤认定】 2011年，丹徒区人社局为进一步加强工伤认定，提升工作效能，在非参保工伤事故的处理中，会同基层人社服务中心，对部分疑难案件现场调查取证，帮助有困难职工进行劳动关系举证，对案情复杂，证据欠缺，法律无明文规定的受伤情形邀请区法制办、区法院展开研讨会，事先听取他们的意见，提高行政复议、行政诉讼案件的胜诉率。全年共受理工伤认定申请495起，比上年增加4%；完成工伤认定470起，比上年增加3.29%；行政复议3起，行政诉讼4起，胜诉率100%。 （魏进亮）

【加强诉调对接工作】 2011年，丹徒区劳动人事仲裁委员会与区人民法院加强诉调对接工作共建内容包括搭建网络平台、开展对接工作、调解业务培训、共同举办巡回法庭等多个方面。双方不断建立和完善诉调对接网络，通过诉前委派调解、诉讼委托邀请调解、联调以及诉前调解协议的司法确认等方式，尽可能多地将劳动纠纷解决在诉前，化解在基层。双方通过开展送法上门活动、举办巡回法庭等方式，为相关单位和员工举办法制讲座，充分发挥普法、预防、调处和稳控于一体的综合功能，并且做到审理一案、警示一方、教育一片的法律和社会效果。

（魏进亮）

【创新调解仲裁管理举措】 2011年，丹徒区人社局将调解作为处理劳动人事争议的重要渠道加以全面推进。一是建制度强基础。充分发挥经信委、总工会等部门各自职能优势，更好地服务当事人，提高调解效率，区人社局建立“三方”驻会制度，定期召开工作协调例会化解矛盾。二是搭平台编网络。专门设立劳动人事争议人民调解工作室，依托乡镇基层人力资源和社会保障平台建立基层劳动人事争议调处中心，基本编织起覆盖全区的多元化劳动人事争议调解网络。三是抓培训促技能。邀请高校知名教授、法院专业法官讲授心理学、逻辑学、证据规则以及调解技巧的应用，全面提高仲裁员调处劳动人事争议能力。 （魏进亮）

2011年4月15日，丹徒区劳动保障监察工作汇报顺利召开

【加强劳动保障监察工作】 2011年，丹徒区劳动保障监察部门深入开展“劳动保障监察两网化效能年”活动，通过建立健全指导服务、长效防控、执法监管、促进发展“四个机制”，实现劳动保障监察大队宣传服务、防范预警、执法维权、基础保障“四大效能”的全面提升，网格化和网络化管理的基础作用和运行效能得到充分发挥，切实维护企业和职工双方的合法权益。在全市劳动保障监察工作会议上，区人社局劳动保障监察大队获优胜奖，辛丰、上党劳动保障监察中队获“星级劳动保障监察中队”称号。 （魏进亮）

【提高调解仲裁工作效率】 2011年，丹徒区人社局在处理劳动人事争议过程中坚持“三快”，缩短办案时间，节约双方当事人成本。一是受理立案审查快。一般在收到书面仲裁申请当日就作出是否受理立案决定。二是案件开庭审理快，通常在被申请人答辩期满后一周内开庭。三是作出调解仲裁结果快，调解仲裁审理终结后，当事人就能收到调解书或裁决书，有力地维护了当事人的合法权益。（魏进亮）

人口·国土资源·环境

责任编校：王雪松

人口和计划生育

【概况】 2011年，镇江市丹徒区人口和计划生育委员会(以下简称丹徒区人口计生委)紧紧围绕稳定低生育水平、统筹解决人口问题的中心任务，人口计生综合改革全面深化，优生促进工程全面实施，流动人口服务管理得到强化，低生育水平保持稳定，实现了"十二五"人口计生工作良好开局。按照市人口计生委的要求，在区委、区政府的领导下，在区人大、区政协的监督、指导和全区上下的共同努力下，人口和计划生育工作取得了显著成绩。全区人口自然增长率－1.48‰，出生政策符合率99.2%，生殖健康服务覆盖达57.9%(年)，新生儿出生缺陷发生率4.85‰，流动人口计划生育管理服务率95.6%，人口公共服务机构覆盖率达95%，奖扶、特扶政策兑现率100%。（王蕊睿）

【加大统筹推进力度】 2011年，丹徒区委、区政府高度重视人口计生工作，坚持人口问题与经济社会发展统筹决策。区政府常务会议定期听取人口计生工作汇报，协调解决重大问题。区人大、政协多次组织专题调研视察人口计生工作。4月15日，区委常委、宣传部长叶向东主持召开全区人口计生工作会议，明确"十二五"时期丹徒区人口计生工作的主要目标任务，提出人口计生工作要为全区经济社会加速发展、推动跨越转型创造相适应的人口环境；副区长田志虹代表丹徒区人民政府在全区人口计生工作会议上与各镇(园区、街道)签订目标管理责任状；6月23日，区政协主席毕增立专程前往区人口计生委听取人口计生工作情况汇报，视察人口计生工作，就全面加强人口计生工作提出了明确要求；专题召开孕前免费优生健康筛查和生育关怀保险等重点工作启动会和推进会。各镇(园区、街道)分管领导积极参加区组织的人口计生工作会议和培训，及时了解新形势、新任务，参与"十二五"规划的制定。

（王蕊睿）

【坚持宣传先行】 2011年，丹徒区开展"5·29"、"9·25"宣传活动、咨询服务、座谈会、走访慰问送温暖、文艺演出、举办知识讲座、摄像图片展等7大类38项活动；其中开展各种宣传咨询服务活动16次，走访慰问送温暖活动12次，文艺演出活动16场(次)，知识讲座、竞赛活动15场(次)，制作了6万只宣传纸杯；丹徒区人口计生委和区住建局联合走访慰问2个建筑工地和流动人口集中的铭基商贸城，组织各镇(园区、街道)积极参加市计生委"甜蜜事业甜蜜的歌——家庭人口文化建设"有奖征文活动，并选送6篇参赛文章；上党镇墅农茶叶合作社负责人、计生协会会员付玉香申报全国计划生育家庭妇女创业之星；分别于2月、5月、10月组织3次"三下乡"活动，现场免费发放优生优育、健康知识卡片及资料一万份，药具12箱；7月，下发《关于"十二五"期间(2011年～2015年)全面推进婚育新风进万家活动的意见》，明确"十二五"期间婚育新风进万家活动的指导思想、活动目标、主要任务以及工作要求。（王蕊睿）

【开展生育关怀行动】 2011年5月，丹徒区人口计生委与市人口计生委、市计生协会、太保公司在丹徒新城广场联合举办"生育传承希望 关怀相伴和谐""5·29"大型广场活动。市区领导在活动现场向谷阳镇12名贫困女孩赠送了学习用具、书籍，向20户贫困家庭赠送了生育关怀保险，使她们享受到了关怀和温暖。活动中，丹徒区计生志愿者服务队还为群众提供了政策、生殖健康等方面的咨询服务，受助群众达3200余人(次)，此次活动得到上级领导的充分肯定。（王蕊睿）

【开展RTI工程、"两癌"筛查和免费孕前优生健康检查】 2011年初，丹徒区人口计生委在全区制定下发RTI工程和"两癌"筛查实施方案。全区各镇(园区、街道)全部完成RTI工程和"两癌"筛查，参检人数达2.9万人。制定下发《丹徒区免费孕前优生健康检查实施方案》，召开专题会议，在各村和人群集中的地方张贴宣传画1500张，发宣传单1.2万张，利用RTI工程期间进行集中宣传；继续在区民政局婚登处做好宣传和初筛工作，为新婚夫妇建立家庭档案，每月由区指导站和市指导所联合到各镇(园区、街道)为计划怀孕生育的夫妇做好免费孕前优生检查并做好跟踪随访工作；对通过病残儿鉴定，符合再生育的夫妇要求100%通过免费优生健康检查。（王蕊睿）

【推进信息化建设】 2011年，丹徒区人口计生委成立督察小组，对各镇(园区、街道)逐一上门进行指导，协调解决实际困难。年初，启动区镇村三级计生信息全覆盖工作，对全区人口计生信息网络及人员配备的现有情况进行专业技术咨询和调研；6月，初步形成实施方案，布置完成正式实施前的相关准备工作；10月，在参加省培训会后，及时召开专题会议，下发《丹徒区区镇村三级人口和计划生育信息网络全覆盖工作实施方案》，进一步明确了时间要求和工作任务，并就《新平台》操作进行了专题培训；成立“区人口计生信息网络全覆盖工作验收小组”，负责对各镇(园区、街道)工作督察、技术指导及实施结束后的验收工作。丹徒区基本实现区镇村三级计生信息网络全覆盖。（王蕊睿）

【分批兑现持证退休职工一次性奖励金】 2011年10月，丹徒区政府出台《关于对企业持独生子女证退休职工一次性奖励的实施意见》，区人口计生、人社、财政、发改经信委等部门上下联动，积极做好组织宣传、信息核对、经费筹措和发放等工作。经审核确认共计3008人符合兑付条件，2009年12月31日前通过审核的退休人员一次性奖励金于2011年底前兑付完毕。

（王蕊睿）

【落实人口和计划生育奖励政策】 2011年上半年，丹徒区确认奖励扶助对象合计2588人，特别扶助对象合计263人，共计115.236万元；下半年共确认奖励扶助对象合计3053人，特别扶助对象合计268人，共计132.078万元；同时，实施计生公益金方案，共救助60户计生困难家庭、计5.92万元，年底前全部兑付到位。（王蕊睿）

国土资源管理

【概况】 2011年，镇江市国土资源局丹徒分局(以下简称丹徒国土分局)顺应“十二五”规划的开局之势，与时俱进、抢抓机遇、主动作为，坚持以科学发展观为统领，紧紧围绕“加速同城化、同步现代化”的区域发展主旋律，攻坚克难，乘势而上，积极推行依法行政、廉洁从政，全面履行国土资源管理职能，继续在全区范围深入开展“土地执法模范区”创建工作，国土资源管理水平获得稳步提升。2011年，丹徒国土分局先后获得江苏省国土资源管理系统先进集体、江苏省“土地执法模范区”、镇江市2006～2010年全市法制宣传教育先进单位等荣誉称号，顺利通过江苏省档案工作五星级复查测评；被镇江市国土资源局评为土地利用管理工作先进单位、耕地保护工作先进单位、矿产资源管理工作先进单位、地籍测绘管理工作先进单位。（赵学刚）

【全面提高耕地保护水平】 2011年，丹徒国土分局一方面层层签订年度耕地保护目标责任书，落实耕地保护责任，更新基本农田保护牌88块；另一方面根据新一轮土地利用总体规划和基本农田专项规划的要求，及时做好基本农田的核准、划定、对接工作，确保基本农田的面积不减少、质量不降低。同时稳妥推进土地复垦整理，共完成2011年占补平衡项目17个，全部通过省市验收，新增耕地面积43公顷。全年关闭14座砖瓦窑厂。（赵学刚）

【积极保障区域经济发展】 2011年，丹徒国土分局共签订补偿协议43宗，总面积154公顷，总补偿费用9491万元。完成土地报批371公顷(其中农用地164公顷)；完成谷阳大道东延、马迹路、靖康路、华润燃气等17个独立选址项目的申报，申请面积102公顷。全年共上市土地29宗，其中，经营性用地7宗，面积28公顷，成交总价6.37亿元；工业用地22宗地，面积138公顷，成交总价2.74亿元。

（赵学刚）

【严格用地审批与监管】 2011年，丹徒国土分局一方面严格用地预审会审制度，对照投资强度、容积率、环保政策和产业目录严格把关。全年完成供地32宗，总用地量120公顷。另一方面规范批后监管，严格实行新开工项目悬挂《建设用地批准书》公示牌制度，加强在建项目的跟踪巡查和竣工验收等批后监管工作，形成了“批前早介入、批中严把关、批后重监管”的工作机制。共发加快建设函19宗，涉及土地面积65公顷；发催缴出让金通知书10份，涉及出让金总额6563万元；完成联合交地26宗。（赵学刚）

【扎实推进卫片执法自查】 2011年，丹徒国土分局扎实推进卫片执法检查工作，集中时间、集中精力，对2010年度全区卫片检查涉及的482个图斑(共涉及土地160宗，面积265公顷)，逐宗进行调查、核实、整改，对不符合国家产业政策、不符合民生的违法用地严厉查处，制定整改拆除方案，落实整改措施，防止问题前查后犯。（赵学刚）

【创新土地执法监察模式】 2011年，丹徒国土分局配合市局、市监察局，制订工作方案，抽调精干力量，组织专门工作班子，对辛丰镇进行驻点执法清查。积极创新土地联动执法，有效制止和打击各类土地违法违规行为，与区人民法院联合成立全市首家“国土资源巡回法庭”，有效缩短行政强制执行周期，提高土地执法震慑力。延伸土地问责，与区纪委、组织部、监察局等联合转发江苏省五部委文件，将土地问责延伸到村级党组织主要负责人，成效明显。（赵学刚）

【切实巩固执法创建成果】 2011年，丹徒国土分局树立创则必成的目标，凝聚创则必成的合力，在2010年创成模范区基础上，继续在全区深入开展土地执法模范区创建活动。2011年10月18日的《江苏法制报》、10月25日的《中国国土资源报》分别深入报导丹徒区国土资源管理工作经验。2011年底丹徒区再次跨入全省土地执法模范区行列。（赵学刚）

【推进地籍管理规范化】 2011年，

丹徒国土分局高效推进集体所有权土地登记发证工作。充分利用“二调”(第二次全国土地调查,简称“二调”,作为一项重大的国情国力调查,目的是全面查清目前全国土地利用状况,掌握真实的土地基础数据,建立和完善土地调查、统计和登记制度,实现土地资源信息的社会化服务,满足经济社会发展及国土资源管理的需要。)成果,全面完成集体土地所有权地籍调查及数据建库工作;完成上党镇宅基地地籍测绘和调查工作,调查宗地数 2.65 万宗。完成土地登记发证 1492 本,其中单位发证 145 本,土地分割登记发证 1347 本;办理抵押登记 139 件,抵押金额 30.18 亿元。累计完成丹徒新城商品房分割转让许可证近 8000 份。 (赵学刚)

【强化作风效能建设】 2011 年,丹徒国土分局大力开展创先争优活动,在全系统倡导求真务实的工作作风,结合“两整治一改革”(国土资源部开展的专项行动:整治干部队伍廉洁从政存在的突出问题,整治土地和矿业权交易市场存在的突出问题,深入推进国土资源管理制度改革。)专项行动的开展,完善各种制度,真正实现以制度管人、以制度管事,做到常规工作量化制、重点工作创新制,推动各项工作扎实开展;从内强素质、外塑形象着手,综合各方面意见和建议,为服务对象编印《国土服务指南》,为工作人员编印《国土业务指南》,办事效率和服务水平明显提高。 (赵学刚)

环境保护

【概况】 2011 年,镇江市丹徒区环境保护局(以下简称丹徒区环保局)在区委、区政府正确领导下,深入贯彻落实科学发展观,紧紧围绕“加速同城化,同步现代化”这一主题,坚持环保优先方针,以保护环境、优化发展为已任,深入实施“环境立区、生态兴区”战略,以生态区建设为抓手,以服务项目、服务企业为第一要务,以防范污染为第一责任,全力推进生态创建、污染减排、项目服务、专项整治、环境监管五大工程,不断提高生态环境质量与社会和谐水平,较好完成年度各项目标任务,为迈好“十二五”开局之年、打响“生态丹徒”品牌做出了积极贡献。全区 7 个镇全部通过国家级生态镇省级考核,其中世业、高桥、谷阳、上党 4 个镇获得环保部命名;全年 19 个村获得市级生态村命名,生态村创建率达 80.68%;绿色学校创建率 100%;经济开发区生态工业园区规划通过省环保厅评审;生态区建设分别通过省级技术评估和省级考核验收,并积极争取上报国家环保部。出台《丹徒区农村环境综合整治考核暂行办法》和《丹徒区农村环境综合整治示范村等专项补助资金奖励办法》,建立完善了农村环境综合整治长效管理制度,12 个村通过省、市级环境综合整治示范村验收。严格执行环境影响评价和“三同时”制度,全年共受理建设项目 152 个,否决项目 20 个。全年共受理各类环境信访案件 1185 件,处理率、回复率 100%,满意率达 98%。年内区环保局获市环保局先进集体荣誉称号。 (陈国荣)

【依法行政提升形象】 2011 年,丹徒区环保局围绕“加速同城化,同步现代化”主题,坚持环保优先方略,深入实施“环境立区、生态兴区”战略,严格依法行政,公开行政程序和行为,聘请行风政风监督员,主动接受群众监督,取得明显成效,为促进丹徒经济又好又快发展奠定环境支撑。在国家纠风办组织的对国土、工商、交通、环保等十个部门行风政风抽查评议活动中,区局专门召开会议部署,由党组副书记专门负责行风政风评议工作;积极开展环保知识宣传;及时召开乡镇(园区)、街道办分管环保工作领导、环保员会议及环保行风监督员会议,并设立环保投诉公开电话,主动接受社会各界监督。在整个评议过程中,区环保局行风政风建设获得较高评价,提升了丹徒环保形象。 (陈国荣)

【加强环境监管力度】 2011 年,丹徒区环保局加强了对重点行业、重点区域、重点企业和重点污染源的日常监管。重点对二重、中靖公司、希西维公司等 8 个重点项目和大项目,积极推行“一站式”服务,提高审批效率。强化环境安全监管。开展重金属环保专项整治。全面排查电镀、热镀、蓄电池重金属污染物排放企业及其周边区域环境隐患;开展化工园区和企业的专项检查,确保污染治理设施正常运转和污染物稳定达标排放;对丹徒污水处理厂、经济开发区污水处理厂、宝堰污水处理厂等 6 个污水处理厂,实行旬查旬报制度,规范污泥处置,防止集中处理变集中排放。大力推进固体危险废物和辐射环境的全过程监管,做到全覆盖。全年现场监察 5800 人次,下达限期整改 99 件,立案查处违法企业 12 家,下达限期治理 2 批(涉及企业 4 家),有效地规范了企业的环境行为。强化污染减排。深入推进结构减排和管理减排,上半年经认定化学需氧量污染减排 117.1 吨;氨氮 9.525 吨;二氧化硫 2068 吨;氮氧化物 110.2 吨。积极开展清洁生产,完成了科鲁迪、李长荣、苏菱三家强制性清洁生产审核。妥善解决环境信访问题。尤其是重点信访、重复信访及环境急访,局领导现场接待,现场办公。保证“12369”环保热线 24 小时畅通,对环境污染投诉、举报,受理及时,查处到位,办理快速。强化对化工行业(企业)的监管,确保群众饮水安全。 (姜 捷)

【完成太湖流域水环境污染治理任务】 2011 年,丹徒区环保局根据市政府与区政府签订环境目标责任状,重点开展太湖流域水污染治理工作,及时将目标任务和重点项目分解到相关部门以及责任单位,加大对重点项目进展情况的跟踪督查。在区委、区政府的领导和关心下,通过相关部门和责任单位的共

同努力，太湖流域水环境污染治理重点工程全部完成。（姜　捷）

【有序推进“蓝天行动”】 2011年，丹徒区环保局制定“蓝天工程”行动方案和计划，分解细化，任务落实到具体部门或项目。一是油气回收综合治理工作，召开相关部门负责人会议，调查研究全区民营加油站的情况，下达民营加油站油气回收改造限期治理通知，全面推进油气污染治理工作；二是规范机动车尾气环保监测与环保标贴管理，配备专职人员和相应设备，开展机动车尾气发标工作，实行汽车尾气排放标志化管理；三是协同有关部门加大对施工扬尘、工业废气和餐饮油烟管理；四是开展“秸秆禁烧”工作，建立秸秆禁烧巡查、督察机制。（姜　捷）

【开展建设项目工程领域专项整治】 2011年，丹徒区环保局深入开展工程建设领域环境问题整改工作。以工程建设领域突出环境问题排查为重点，规范建设项目环保监管和审批工作。专项治理工作按照“谁审批、谁自查、谁纠正”的原则，认真落实监管责任，积极跟踪督查。年内对全区范围内31个存在工程建设领域突出环境保护问题的项目全部完成整改工作；对7家“未批先建”餐饮企业的违法行为下发限期整改通知书。（姜　捷）

【开展环保宣传工作】 2011年，丹徒区环保局在环境宣传内容上突出重点，以生态创建、节能减排为主，不断提高人民群众环保意识，加强重点环保工作和重要事项的宣传力度，争取社会的理解和支持，结合阶段性工作重点，集中时间加大对工业污染防治、水污染防治、大气污染防治、秸秆禁烧的宣传力度，动员全区参与到推进环境污染整治与生态区建设工作中；在形式上力求新颖，不断扩大公众参与面，围绕生态区创建与节能减排工作，以“六・五”世界环境日、法制宣传周、“12・4”法制宣传日等为契机，更新宣传版面10个，散发“生态区创建”以及“节能减排”宣传资料1.5万份，并使群众了解生态创建工作与自身的关系，提高市民对创建的认知度。

（姜　捷）

【提升环境信访调处能力】 2011年，丹徒区环保局突出重访、急访以及群众反映比较强烈的环境信访调查力度，做好相关排查、化解工作，将隐患消灭在萌芽、解决在基层、力争让群众满意，及时消除可能影响社会稳定的环境问题。不断完善环境信访投诉举报平台，公开投诉电话，建立12369信访投诉平台，连接12345政府投诉热线，并实行24小时值班制度。对于复杂的环境信访问题建立局集体研究协商解决机制，全力化解。全年受理各类环境信访案件1185件，处理率达100%，回复率100%。

（姜　捷）

【强化危险废物规范化管理】 2011年，丹徒区环保局每月组织对全区危险废物重点监管专项执法巡查，及时掌握重点产生源的危废动向。督促和协助企业严格按照相关法律法规的要求，对各类固体废弃物进行规范化管理，并制定意外事故防范措施和应急预案。重点加强了对化工、电镀行业的危废处置执法监督，实施危废管理计划备案和转移申请、转移联单制度，严肃处理危废非法处置行为，规范危险废物的管理。

（姜　捷）

【加强辐射环境的管理】 2011年，丹徒区环保局先后组织全区从事放射性污染工作人员进行辐射环境防护工作专题，28名专业技术人员通过培训，取得上岗证。全面清查全区26家冶炼、铸造和有色金属熔炼企业，下达整改意见书5份。在排查基础上，积极开展辐射安全防护法律、法规和专业知识宣传，及时核发辐射安全许可证，指导企业做好射线装置使用单位的申报、验收和收储工作，镇江江源水泥有限公司的一枚放射源得到收储，镇江安装工程公司探访房项目和丹徒区人民医院放射科等单位顺利取得辐射安全许可证。（姜　捷）

【扎实做好环境监测基础性工作】 2011年，丹徒区环保局加强污染源监督性监测，全面履行技术监督职能，为环境管理、执法、评价和考核提供科学决策依据。一是组织开展主要污染源减排与污染物普查监督性监测工作，对12家国控，其中废水7家，每月监测；废气5家每年监测一次。5家市控重点污染源，其中废水2家每季度监测，废气3家每年监测一次；并建立污染源基础信息库及监督性监测数据库、编制污染源监督监测报告。对56家重点水污染源监测单位做到每季度监测，74家重点气污染源监测单位每年监测，共提供监测报告317份。二是服务经济发展。全年共完成建设项目“三同时”验收监测报告20分，委托监测报告327份，环境影响评价现场监测6家。积极开展农村地表水综合整治和农村生活污水处理站设施运行的监测，其中农村地表水综合整治共监测17个村，农村生活污水处理站4个，共提供监测报告20份，为各类创建提供技术支撑。

（姜　捷）

农林·水利

责任编校：付　媛

农　林

【概况】 2011年，镇江市丹徒区农业委员会(以下简称丹徒区农委)按照深入打造“三个一流”(一流的农林团队、一流的农林业绩、一流的农林形象)要求，围绕为农服务“八大工程”(现代高效农业推进、现代农业示范园创建、万亩高产创建示范、农产品质量安全、生态建设达标、“菜篮子”建设、农业科技创新、素质提升培训)，开展“丹徒高效农业在推进、丹徒农业科技下乡行、丹徒满意服务在农林”系列活动，各项工作取得显著成效，有19项工作受省级表彰，20项工作受市级表彰。有6篇调研文章在市级以上刊物刊出，11篇报道在《新华日报》《镇江日报》刊出，178条信息被省级网站录用；《丹徒田歌》专题片在《生态中国》及紫荆网、人民网、新华网视频播出，《加快“三新”建设，推进城乡同步发展》调研文章在《江苏农村经济》杂志刊出。

综合生产能力。2011年，全区实现农业总产值21.73亿元，纯效益9.48亿元，分别比上年增长26.2%和28.8%；农民在农业中人均纯收入为4309元，比上年增长27.8%。粮食总产19.73万吨，实现“八连增”；生猪饲养量12.82万头，出栏生猪8.34万头；以青虾、螃蟹及特种淡水鱼为主的9个千亩以上集中连片的现代渔业养殖基地正在形成。

现代农业建设。2011年，丹徒区加快现代农业建设步伐，实现现代农业发展水平66%，林木覆盖率25.94%。有22个千万元以上重点农业项目在加快建设，组织实施农技推广应用类项目14类59个，总投资2.29亿元。新增高效农业面积4333.33公顷(其中新增设施农业面积2666.67公顷)，新增农业适度规模经营面积3480公顷，新增流转土地面积1980公顷。完成“三资”投入农业11.35亿元，实际利用外资1400万美元。完成区、镇两级农技人员、农民培训2.46万人次。顺利创成丹徒区省级现代农业示范园，累计完成投资2.1亿元；创成4个市级现代农业示范园区。

农产品质量安全。2011年，区农委对市场、生产企业、农产品基地开展抽样、执法调查1454人次。开展生鲜乳监测20份，监督抽检生猪“瘦肉精”1031样次，合格率100%；开展三大防疫行动，应免密度均达100%；开展各类检疫1699.1万头羽次，监测生猪1031头，血吸虫病监测1972头次，奶牛“两病”监测781头次。新增农产品“三品”品牌12个，其中有机食品2个、绿色食品6个、无公害农产品4个。

依法行政工作。2011年，区农委检查农资生产经营企业360家次，立案查处种子、农资、林业等违法案件19起，立案13起，结案13起；组织农资打假、生鲜乳、兽药及兽药残留、种植业等专项整治活动，检查生产经营企业789家。行政窗口全力实现服务效能提质提速，共受理、办结行政许可57件，其中承诺事项37件、即办事项20件，限期办结率100%。全年答复“12345”市长热线、网上提问、行风监督投诉等58条。　　(何正兴)

【为农服务“八大工程”建设】 2011年，丹徒区农委着力“三农”服务，组织实施为农服务“八大工程”建设。一是现代高效农业推进工程。按照“10333”富民兴农工程十大产业基地定位，大力开展招商引资，完成“三资”投入农业11.35亿元，新增高效农业面积4333.33公顷，新增设施农业面积2666.67公顷。二是现代农业园区创建工程。6月，丹徒区茶产业园区顺利创成省级现代农业示范园，总投资2.1亿元。创成4个市级现代农业示范园区，分别是镇江市丹徒区江心洲现代农业产业园、丹徒区高桥万亩现代高效设施渔业园区、镇江市山水湾现代农业产业园和丹徒区世业都市农业产业园区。三是万亩高产创建示范工程。在荣炳盐资源区实施省级水稻万亩片1个；在宝堰镇开展部级整体推进镇创建，实施水稻万亩片2个；在世业镇实施小麦万亩片1个。小麦万亩示范片通过省级专家组验收，亩产545.8公斤，位列全市第一，全省第二；荣炳水稻万亩片通过省级专家组验收，亩产764.2公斤，位于全省前列；宝堰镇2个万亩片通过国家统计局验收，亩产分别为708.9公斤、701.3公斤。经省农委认定小麦万亩片、荣炳水稻万亩片为A级标准，宝堰2个水稻万亩片为B级标准。四是农产品质量安全工程。全区大力推行农业标准化生产，稳步推进农产品质量安全可追溯体系建设。申报农业标准化示范区4个，地方标准3个。全面推广统一的农产品生产记录台账，加大例行监测和专项检测力度，新购农产品质量安全快速检测设备2台，水产品快速检测全市唯一。在全区所有乡镇配备农产品质量安全快速检测设备，全区共检测各类农产品 1550 个样次，合格率 100%；已审批有机农产品、绿色食品、无公害农产品 12 个。五是生态建设达标工程。全区共完成成片造林面积 495.8 公顷，完成市下达任务的 135%，实现森林覆盖率 23.47%；完成粪污综合治理基本达标场(户) 56 家；秸秆综合利用达 95%以上；配方肥面积达 70%以上，农作物病虫综合防治率 98%以上。全国生态区创建五大涉农指标全部通过省级验收。六是"菜篮子"建设工程。全年争取市"菜篮子"资金 2365.2 万元，落实蔬菜基地建设任务 400 公顷，其中荣炳盐资源区 80 公顷、宝堰镇 20 公顷、谷阳镇 100 公顷、世业镇 66.7 公顷、高资街道 66.67 公顷、江心农业生态园区 66.67 公顷，配套建设钢管大棚 106.67 公顷、连栋薄膜温室 4 公顷、高架防虫网 20 公顷。七是农业科技创新工程。全年开展各类项目 10 类 45 个，总投资 1.23 亿元，其中争取财政投入 2165 万元；引进新品种 39 个，推广新技术 26 项，应用新模式 3 个。八是素质提升培训工程。区农委大力推进科技入户、科技下乡、合作社服务体系建设，分畜牧、农技、农经、机关四条线，开展争创"群众满意窗口服务单位"实践活动，全区共有合作组织 418 个，惠及入社农户 4.6 万户，完成区、镇两级培训 182 期，培训人员 2.46 万人次，有效提升农技人员和农民的技术水平及素质。 (何正兴)

【省级现代农业示范园区建设】 2011 年 6 月，丹徒区现代茶产业园区创成省级现代农业示范园，园区面积 906.67 公顷，其中设施农业面积 556.67 公顷。入园企业 13 家，注册总资本 8200 万元，其中省级农业龙头企业 4 家，合作社 27 个，合作社成员数 6480 人。全年累计投入 1.03 亿元，其中政府财政投入 1978 万元。园区总产值 1.32 亿元，实现利润 5786 万元，带动农户 3927 户，带动农户户均增收 6600 元。 (朱平义)

【9 个集中连片水产养殖基地初步形成】 2011 年，丹徒区九个集中连片水产养殖基地初步形成，分布在三镇两园区，分别为高桥镇扣蟹培育、罗氏沼虾苗培育及成虾养殖 2 个连片基地；上党镇枫庄村青虾养殖、五塘村南美白对虾养殖 2 个连片基地；宝堰镇徐巷村同发水产养殖场、长江青虾苗种培育及成虾连片养殖基地；荣炳盐资源管理区横塘湖特种水产养殖、洋湖虾蟹混养殖 2 个连片基地；江心农业生态园区河蟹生态养殖、休闲观光渔业 2 个连片养殖基地。全区水产养殖面积 3933.33 公顷，其中集中连片高效渔业养殖面积 2266 公顷，占总养殖面积 57.62%；实现渔业生产总产量 1.3 万吨，其中集中连片养殖基地实现 9100 吨，占总产量 70%；实现渔业生产总值 3.17 亿元，其中集中连片养殖基地实现 2.2 亿元，占渔业总产值 69.4%。 (殷厚成)

【蔬菜技术指导站被评为全国"巾帼示范岗"】 2011 年，丹徒区农委蔬菜技术指导站加强"结对指导"，与蔬菜种植大户结对挂钩，做好产前、产中、产后服务。累计结对指导蔬菜种植大户近 100 户，入户指导 300 余次；开展蔬菜生产技术培训 12 期，培训 1200 余人次；引进推广蔬菜新品种 8 个，推广新技术使用面积近 133.33 公顷；先后承担省、市各类项目 5 个，"菜篮子"项目 6 个，累计争取项目资金 400 多万元。3 月，被全国妇联评为全国"巾帼示范岗"。 (吴玉青)

【农业部首批人才培养实训基地】 2011 年 4 月，为加强农民专业合作社人才培养，根据《农业部办公厅关于印发〈农业部农民专业合作社人才培养实训基地管理办法(试行)〉的通知》要求，丹徒区 20 家省"五好"农民专业合作社争创人才培养实训基地，其中春沁茶叶专业合作社被农业部命名为全国 196 家，全省 10 家，全市唯一的农民专业合作社人才培养实训基地。春沁茶叶专业合作社创建于 2006 年底，共有合作社成员 380 名，带动 600 名农民增收致富。合作社茶园面积已发展到 80 公顷，应用日本防霜扇和喷滴灌技术，克服霜冻等不利天气影响，实现长期稳产。作为全国首批农民专业合作社人才培养实训基地，春沁茶叶专业合作社将接受农民专业合作社理事长、经营管理人才、技术人才等培训任务，并采取集中培训、专题授课、讨论研修等方式，为农民专业合作社人才培养提供有力保

丹徒区荣炳盐资源区横塘湖特种水产养殖集中连基地

障。 （张 立）

【完成农村土地承包经营权登记试点工作】 2011年，丹徒区宝堰镇团结村被江苏省农委确定为镇江市唯一的农村土地承包经营权登记试点单位，按照市农委《关于开展农村土地承包经营权登记试点的方案》精神，分阶段、分片开展国家法律法规宣传活动，开展土地承包档案清理、查清承包地块面积和空间位置、建立健全土地承包经营权登记簿，开展土地承包经营权变更注销登记、确权登记颁证、登记资料归档等工作，分四个阶段实施，即制订工作方案和培训阶段、清查核实阶段、发放经营权证阶段、自查总结阶段。共签定发放农村土地承包经营权证书991份，顺利完成试点工作。

（朱伟俊）

【规范实施财政奖补工作】 2011年，丹徒区农委根据省综改办、省财政、省农委有关一事一议财政奖补工作要求，建立88个村“一事一议”筹资项目库。组织全区10个镇（园区、街道）、38个村、12.04万人进行“一事一议”筹资，共筹资498.61万元，其中一事一议筹资239.04万元，村集体资金177.68万元、社会捐助81.89万元，共有建设项目39个，其中村内道路项目23个。

（朱伟俊）

【推进农村“三资”清理】 2011年，丹徒区开展农村集体“三资”（资金、资产、资源）清理和信息化管理工作，举办“三资”清理和信息化工作培训班2期，出台《农村集体“三资”清理操作细则》《农村集体“三资”清理账务处理规定》《农村集体“三资”清理宣传标语口号》《农村集体“三资”清理有关公示工作的方法》。区纪委、农委联合对高资镇等5个镇进行工作检查，针对有关情况和问题，联合发出工作通报。

（朱伟俊）

【成立镇江市苏合销售专业合作联社】 2011年5月20日，丹徒区26家农民专业合作社、京口区2家合作社在丹徒工商行政管理局登记注册，成立镇江市苏合销售专业合作联社。同时，第一家直营店在镇江市区解放路开业，随后江苏大学、润州花园、丹徒新区永安新城和万潮永裕直营店先后开业，直营店总数达5个，进 步拓宽市民购买农产品渠道，扭转农产品“卖难”困境。

（张 立 朱伟俊）

农业资源开发

【概况】 2011年，镇江市丹徒区农业资源开发局（以下简称丹徒区农资局）以创新项目管理和工作载体为突破口，落实推进和实施全省农业资源综合开发项目计划分配权、执行权、监督权的“三权分离”，加快建立起完善、有效的权力内控监督制约机制。农业综合开发、扶贫和茅山老区经济开发、农业区划等各项工作成效显著。全年向上争取农业综合开发项目11个，总投资5026.98万元，其中国家一般土地治理项目5个，治理面积1633.32公顷，总投资2277.98万元（其中财政资金2058万元），分别为宝堰镇、高桥镇和荣炳盐资源区各333.33公顷的优质稻米生产基地项目，丹徒区100公顷嘉年华果品生产基地项目（试点项目）和谷阳镇533.33公顷优质稻米生产基地项目；国家产业化经营项目3个，即丹徒区66.67公顷优质茶叶种植基地扩建项目、年产3000吨食用菌工厂化生产扩建流动资金贷款贴息项目和5000吨酱菜加工原材料收购流动资金贷款贴息项目；省级丘陵山区开发项目3个，开发总面积286.67公顷，总投资2500万元，其中财政资金750万元，分别为镇江市十里长山生态农业园133.33公顷高效农业扩建项目，总投资1200万元，其中财政资金360万元；丹徒区茗茂生态农业园项目，总投资700万元，其中财政资金210万元；丹徒区鼎钰特色蔬菜基地项目，总投资600万元，其中财政资金180万元。年末，区农资局被区委、区政府评为“2011年区级机关综合考评特别贡献单位”“三农工作先进单位”，在镇江市农业资源开发系统年终省级考核中获一等奖，连续“十连冠”。扶贫工作被市扶贫办评为2011年度全市扶贫工作系统内目标考核特等奖。 （陆 景）

表5 2011年丹徒区农业综合开发项目情况

项目类别		项目名称	所属镇村(或企业)	建设面积(公顷)	总投资(万元)	财政投资(万元)					自筹(万元)
						小计	中央	省级	市级	区级	
一般土地治理	存量	宝堰优质稻米生产基地	宝堰镇团结村	333.33	462	420	210	105	63	42	42
		荣炳优质稻米生产基地	荣炳 胜利村	333.33	462	420	210	105	63	42	42
		高桥优质稻米生产基地	高桥四方村康泰村	333.33	462	420	210	105	63	42	42
	试点项目	丹徒区100公顷嘉年华果品生产基地	丹徒区嘉年华果品专业合作社(上党镇合偶村)	100	138.6	126	63	31.5	18.9	12.6	12.6
	增量	谷阳优质稻米生产基地	谷阳镇湖滨村庄泉村	533.33	753.38	672	336	168	100.8	67.2	81.38
	小计			1633.32	2277.98	2058	1029	514.5	308.7	205.8	219.98

续表

项目类别		项目名称	所属镇村(或企业)	建设面积(公顷)	总投资(万元)	财政投资(万元)					自筹(万元)
						小计	中央	省级	市级	区级	
产业化经营项目	补助项目	镇江市丹徒区66.67公顷优质茶叶种植基地扩建项目	镇江市丹徒区坞庄茶叶专业合作社(上党镇古洞村)	66.67	145	70	35	17.5	10.5	7	75
	贷款贴息项目	镇江市丹徒区年产3000吨食用菌工厂化生产扩建流动资金贷款贴息项目	镇江正东生态农业发展中心(高资镇)		24	24		24			
		镇江市丹徒区5000吨蕾菜加工原料收购流动资金贷款贴息项目	恒丰食品镇江有限公司		80	80	80				
	小计			66.67	249	174	115	41.5	10.5	7	75
省级丘陵项目	丹徒区茗茂生态农业园项目		上党镇上党村	86.67	700	210		140	35	35	490
	镇江市十里长山生态农业园项目		新城管委会长山村	133.33	1200	360		240	60	60	840
	丹徒区鼎钰特色蔬菜基地项目		宝堰镇前隍村	66.67	600	180		120	30	30	420
	小　计			286.67	2500	750		500	125	125	1750
合计				1986.66	5026.98	2982	1144	1056	444.2	337.8	2044.98

(陆　景)

【改造中低产田 1633.32 公顷】 2011 年,丹徒区农资局完成国家立项开发的土地治理项目,改造中低产田 1633.32 公顷。项目总投资 2277.98 万元,其中中央、省、市、区财政配套资金 2058 万元,自筹资金 219.98 万元。项目涉及宝堰镇、高桥镇、上党镇、谷阳镇和荣炳盐资源区,建成拦河坝 10 座、排灌站 39 座、开挖疏浚河道 3.6 公里、衬砌渠道 43.116 公里、渠系建筑物 1241 座、改良土壤 773.33 公顷、农业科技示范推广 1153.33 公顷,铺设机耕路 51.53 公里、道路绿化 53.33 公顷,组织农业技术培训 6430 人次。项目建成后,新增灌溉面积 386.67 公顷、改善灌溉面积 1093.33 公顷、改善除涝面积 1533.33 公顷、新增节水灌溉面积 926.67 公顷,增加农田林网防护面积 886.67 公顷,新增优质农产品种植面积 1633.32 公顷,扶持农业技术推广站 5 个,新增种植业产值 2265 万元,项目区农民收入增加 983 万元。　(袁海燕)

【实施国家立项农业产业化经营项目 1 个】 2011 年,丹徒区农资局实施丹徒区 66.67 公顷优质茶叶种植基地扩建项目,国家立项开发,总投资 145 万元,其中国家财政 35 万元,地方财政 35 万元,企业自筹资金 75 万元。新建单孔滚水坝 1 座、硬化渠道 900 米、涵洞 6 座、挡土墙 50 米、小沟级建筑物 25 座,铺设 3.5 米宽砂石路 1200 米、道路绿化 1000 株、平整土地 13.33 公顷,组织农民培训 200 人次。项目区直接受益农户 200 户,新增就业人数 400 人,农民年收入增加总额 93.8 万元,带动基地面积 66.67 公顷。

(袁海燕)

【实施丘陵山区农业开发基地项目 3 个】 2011 年,丹徒区农资局实施省立项的丘陵山区农业综合开发高效农业基地项目,即丹徒区茗茂生态农业园项目、镇江市十里长山生态农业园项目及丹徒区鼎钰特色蔬菜基地项目。项目建设面积 286.67 公顷,总投入 2500 万元,其中财政资金 750 万元。开挖蓄水池 4 座,建成衬砌渠道 9.29 公里、挡土墙 0.9 公里、涵洞 20 座、喷滴灌 5 座、小沟级建筑物 30 座、农桥 6 座、新增输变电线路 2.5 公里、果蔬棚架 2.67 公顷、花卉苗木 46.67 公顷,安装防霜扇 10 台、杀虫灯 1000 盏、防虫网 17.73 公顷,铺设砂石路 13.1 公里、硬质路 5.4 公里,防护林网

2011 年 3 月 24 日,丹徒区举办农业综合开发业务知识培训班。

7.53公顷，新技术推广4项，组织技术培训720人次。项目实施后，可新增产量2180.1吨、新增产值2501万元，带动农户202户，安排就业人数355人，年人均工资15333.33元，农民年收入增加总额1475.5万元。（袁海燕）

农业资源监测

【定点三镇农业资源与经济信息动态监测】 2011年，丹徒区农资局农业区划办对宝堰镇、上党镇、高资街道(原高资镇，2011年8月经省政府批复改建)(以下简称三镇)农业资源与经济信息进行动态监测，对相关资料作如下分析：

农村社会总产值明显增长。2011年，三镇农村社会总产值389.51亿元，比上年增长22.59%，增幅比上年降低2.59个百分点；宝堰镇、上党镇、高资镇增幅依次为14%、20.83%、24.03%。三镇一、二、三产业社会总产值比为2.32∶80.62∶17.06，与上年基本持平。

耕地面积增加，农业结构调整稳步推进。2011年，净增加耕地面积15.4公顷，其中土地治理增加面积23.93公顷，乡镇建设减少面积8.6公顷，居民点公用设施减少0.33公顷。农业结构调整面积160公顷，比上年增加31.13公顷，主要集中在上党镇。其中花卉86.67公顷，果园53.33公顷，菜园13.33公顷，茶园6.67公顷。

水稻增产，油菜减产。2011年，三镇农作物播种总面积1.44万公顷，比上年下降2%，其中粮食作物1.11万公顷，比上年下降1%，经济作物3204.4公顷，比上年下降4.5%，其他作物59.87公顷，比上年下降33.87%。主要作物播种面积变幅不大，粮食总产71614吨，比上年增长3.23%。小麦单产每公顷4125公斤，比上年下降3.66%，稻谷单产每公顷8700公斤，比上年提高9.21%，玉米单产每公顷6105公斤，比上年下降3.8%，大豆单产每公顷2224.5公斤，比上年提高32.13%，油菜单产每公顷1631.25公斤，与上年下降19.68%，花生单产每公顷2630.1公斤，比上年下降5.4%。油菜减产，主要是2011年油菜结荚期遇干旱少雨灾害天气。

外出总劳力变化不均。2011年，三镇总劳力64233人，比上年增加0.3%。在三个不同类型镇中，宝堰镇劳动力增长1.1%，上党镇与上年持平，高资镇增长0.2%。外出劳动力总数变化较大，上党镇外出总劳力比上年增长3.3%，高资镇外出总劳力比上年增长49.7%，宝堰镇外出总劳力比上年下降12.9%。

劳动力持续向非农区域外转移。2011年，三镇区域内农业劳动力向工业、建筑业和不固定职业(其他)劳动力转移。区域内农业劳动力1515人，比上年减少20.68%，建筑业劳动力3818人，比上年减少21.93%，工业劳动力4025人，比上年增长15.26%，不固定职业(其他劳动力)6658人，比上年增长3.67%。三镇区域内劳动力向区域外转移加快。出乡劳动力5343人，比上年增长18.8%；出省劳动力4906人，比上年增长7.1%；出国劳动力187人，比上年减少8.8%，出县劳动力基本比上年略有下降，减少1.7%。

外来劳动力减少。2011年，三镇外来劳动力5075人，比上年减少15.9%，从职业上来看，管理技术人员、运输业劳动力和建筑业劳动力分别比上年增长58.3%、31.3%和25.5%，从事工业、从事农业和商饮服务业劳动力减少，分别比上年减少40.3%、22.2%和14.9%。从户籍劳动力变化趋势看，外省、外乡的劳动力减少，分别比上年减少19.8%和15.9%，外县劳动力减少8.6%。从劳动力居住时间看，常年劳动力和季节性劳动力均大幅度减少，分别比上年减少18.1%和10.8%。

畜禽养殖小幅回升，水产养殖与上年基本持平。2011年，三镇生猪饲养量62932头，比上年增长8.3%，羊饲养量5763只，比上年减少16.84%，家禽饲养量118万只，比上年增长68.57%，水产品总产量7114吨，与上年基本持平。

农药、化肥使用量下降，农村用电量上升。2011年，三镇化肥使用量(折纯)5752吨，比上年减少8.8%，农药使用量11.98万公斤，比上年减少6.33%。农村用电量16413万千瓦时，比上年增加571万千瓦时，增长3.6%。

（李　霞　陆　景）

【定点农村百户家庭经营监测分析】 2011年，丹徒区农资局农业区划办对定点百户家庭经营情况进行动态监测，对相关资料作如下分析：

土地流转流入大于流出。2011年，农村百户总人口317人，比上年减少21人，人口下降6.21%；百户劳力235人，比上年减少49人，劳力下降18.56%；百户中外出劳力33人，比上年减少8人。百户承包面积21.91公顷，经营总面积28.61公顷，耕地流入9.09公顷，流出2.39公顷，耕地18.23公顷，其中桑园7.25公顷，茶园0.47公顷，菜地1.07公顷，养殖水面1.53公顷，其他0.06公顷。

粮食单产全面增长。2011年，农户百户粮食播种总面积30.41公顷，总产量192783公斤，单产为每公顷6339.5公斤，比上年增长1.62%，小麦单产每公顷5369.25公斤，比上年增长11.16%，稻谷单产每公顷8337公斤，比上年增长4.26%，玉米单产每公顷6192公斤，比上年增加4.33%，大豆单产每公顷2039.4公斤，基本与上年持平。

畜禽饲养量和普及率较低。2011年，百户饲养生猪57头，出售27头；饲养鸡70679只；养鸭48只，产禽蛋478公斤；百户中饲养生猪户均只有0.57头，养鸡户均有706.79只(含一养鸡大户)。养猪户占总户数3%，养鸡户占总户数39%(含养7万只的专业户)，养鸭户占总户数6%，多数农户不养畜禽状况没有得到改变。

农民总收入、净收入、家庭经济

支出与收入情况。2011年，百户总收入481.12万元，种植业收入65.8万元，林、牧、渔业收入18.91万元，家庭工业收入11.76万元，运输业收入10.5万元，第三产业服务性收入37.61万元，在外工资性收入281.43万元，其他收入55.1万元。扣除总支出409.73万元，净收入71.39万元，百户人均净收入2252.21元，在百户家庭经济支出中，非生产性（即生活性）支出341.45万元，占总支出83.34%，其中文化娱乐支出161.58万元，占非生产性支出47.32%。生产性支出68.27万元，占总支出16.66%。

农民家庭现代化水平提高。2011年，在农民实际收入水平增长的同时，具有农村特色、城市质量的现代化生活水平进一步提高。百户拥有汽车10辆，电瓶车、摩托车147辆，电话309部，空调143台，电视机184台，电脑52台，洗衣机99台，冰箱112台，液化气341瓶，太阳能热水器97台，一池三改31座，住房面积16319平方米。

（李　霞　陆　景）

扶贫与老区开发

【概况】 2011年，丹徒区茅山老区的谷阳镇、上党镇、宝堰镇、高资街道和荣炳盐资源区实现国内生产总值112.42亿元，其中第一产业4.80亿元，占总产值4.27%；第二产业74.64亿元，占总产值66.39%；第三产业32.98亿元，占总产值29.33%。年内，省扶贫办、财政局下达丹徒区茅山老区财政支农项目总资金70万元，扶贫办和财政局实地走访调查，在上党、宝堰、荣炳、谷阳四镇选定符合条件的支农项目。11月，4个镇的部分电灌站、防渗渠和农村道路维修和改造工程均已竣工，并通过省、市验收。

（朱小江）

【完成贫困人口调查统计工作】 2011年4月，丹徒区扶贫办、统计局联合各镇（园区），对人均年纯收入低于3500元以下的贫困人口进行调查统计。丹徒区现人均年纯收入低于3500元以下的贫困人口有2020户4301人，分别占全区农村总户数的2.2%和总人口的1.59%。

（朱小江）

【开展行政村经济状况普查工作】 2011年4月，丹徒区扶贫办、区农委和区统计局对全区行政村的集体经济情况进行普查。全区88个行政村中，年可用财力在20万元以下的村31个，占普查总数的35.22%；年可用财力在20万～40万元的村17个，占普查总数的19.32%；年可用财力在40万～50万元的村4个，占普查总数的4.55%；年可用财力在50万元以上的村36个，占普查总数的40.9%。

（朱小江）

【春晖行动成效显著】 2011年，丹徒区开展"春晖行动"拓展年活动。全年共投入资金72.25万元（其中市级单位帮扶207户，帮扶资金7.5万元），帮扶低收入户2020户，脱贫率100%；投入资金624万元（其中市级单位帮扶18个村帮扶资金216万元），帮扶56个经济薄弱村，56个村集体经济全部达到或超过40万元，脱贫率100%。

（朱小江）

水利·农机

【概况】 2011年，镇江市丹徒区水利农机局（以下简称丹徒区水利农机局）完成水利投资5686万元，完成土方190万立方米，清淤整治河道12条41公里，加固堤防19公里，完成小沟以上建筑物391座，改造中低产田933.33公顷，恢复治理水土面积12.7平方公里。开展第一次水利普查，先后清查对象1347个，其中水库工程37处、泵站工程392处、堤防工程35处、规模较大农村供水工程2处，居民生活用水典型户100户，工业企业112家，建筑业与第三产业108家，清查率100%。开展"世界水日""中国水周"宣传活动，张贴临时标语580张，制作横幅、条幅、固定标语20条。查处水事违法案件20起，其中现场处理19起、立案查处1起；以区防汛指挥部名义强制清除高资街道便民河违章种植，清除桃树1.8万株。发放农机购置财政补贴资金869.72万元，其中中央（省）级财政补贴资金699.12万元、市级财政补贴资金40.60万元、区级财政补贴资金100万元、机械化秸秆还田资金30万元，合计补贴农机具2425台套。推广插秧机189台，其中乘座式（高速）插秧机58台，全区插秧机保有量达448台，完成机插秧面积5600公顷，完成可机插秧面积50%以上；举办插秧机操作培训班2期，参训人员160人。全区有大中型拖拉机及配套秸秆还田机450台套，完成机械化秸秆还田2.16万公顷，秸秆机械化还田率67.01%。

（徐　军）

【加强水资源管理】 2011年，丹徒区水利农机局加强水资源管理，着重抓好取水大户和重点工程项目管理，安装取水计量设施5台套，完善计量考核措施，促使企业节约用水。在全区范围内开办企业需取水的，必须办理取水许可证，加大取水许可证的监督巡查力度，对全区取水田进行普查，向社会承诺办理期限。对重点水源区进行保护，划定饮用水源保护区。完成企业取水年审18户，对地下水加强严格管理，按照"四个一"（一证、一表、一卡、一账）进行办理，对未按照要求的企业限期修改。同时加强对水质和排污的监督与管理工作，发现问题及时查处。

（刘正法）

【农机安全监理】 2011年，丹徒区水利农机局贯彻实施《农业机械安全监督管理条例》，落实农机安全生产责任制，开展农机安全生产年、农机事故隐患排查治理和农机安全生产专项整治，查处农机违法违章行为，严防重特大农机事故发生。检验拖拉机756台次（其中注册登记88台），检验联合收割机158台（其中联合收割机注册登记4台），核发拖拉机驾驶证 65 人，签订农机安全生产责任书 710 份；开展农机安全生产专项整治和隐患排查、农机安全检查督查活动，出动检查人员 108 人次，检查 29 次，检查机具 163 台，查纠违法行为 218 起，其中无牌 58 台次，脱检脱保 92 台次，无证驾驶 55 人次，到期未审验 13 人次；排查治理隐患单位 74 家，排查一般隐患 58 项，已整改 58 项，整改率 100%。全年田间场院未发生农机事故。

（符荣良）

【农田水利建设】 2011 年，丹徒区有江、港、洲堤 86.92 公里，堤顶全部修筑防汛道路，迎水坡一侧 70%的地段修建砼护坡和浆砌块石护坡。有排、灌泵站 307 座，总装机容量 22180 千瓦，总流量每秒 159.8 立方米，其中排涝泵站 62 座，装机容量 7024 千瓦，排涝流量每秒 101.65 立方米；有主要河道 42 条，长 122.2 公里。其中骨干排涝河道 12 条，长 62 公里；骨干河道及港河堤涵洞 382 座。村庄河塘 2.88 万座，其中 2 万～10 万立方米河塘 700 座。涵、闸、桥等配套建筑物 8600 座，其中江、洲堤涵洞 164 座（含沿江排涝泵站出水涵）。田间沟渠已衬砌 361 公里。开展小型农田水利重点县工程，对上党镇、宝堰镇和荣炳盐资源区的小型农田水利设施连片区域进行建设。工程内容：更新改造灌溉渠道长度 11.6 公里，新建渠系配套建筑物 5 座，改造 90 座。整治塘坝 17 处，整治改造引水堰闸 28 处，改造各类灌溉泵站（含灌排结合）52 座，装机功率 1986.5 千瓦，整合土地治理工程 1066.67 公顷，改造排涝泵站 11 处，装机功率 1625 千瓦，改造排水闸（涵）11 处，整治排水沟道 2 条 1.6 公里。项目建成后，增加灌溉面积 326.67 公顷，恢复灌溉面积 626.67 公顷，新增补充灌溉面积 446.67 公顷，改善灌溉面积 2100 公顷，新增节水灌溉面积 1800 公顷，新增旱涝保收田 1466.67 公顷，新增粮食生产能力 4800 吨，受益人口 5.55 万余人。

（刘艳明）

农业气象

【概况】 2011 年，丹徒区成为全国 121 个气象为农服务试点县（区）之一。镇江市丹徒区气象局（以下简称丹徒气象局）以建设现代化气象业务体系为重点，强化气象防灾减灾工作，依据《中华人民共和国气象法》《江苏省气象灾害防御条例》等法律法规，履行丹徒区域内气象探测、预报、服务和气象灾害防御、气候资源利用、气象科学技术研究等职能。加强三农服务，做好主要农作物、病虫监测和防治的气象预报及情报服务，做好主要农作物产量预报和灾害性天气的灾情调查和报告。开发具有本地特色的农业气象服务产品 27 种，其中特色气象服务产品 19 种、农用天气预报产品 4 种、其他产品 4 种。开展气象为农服务平台建设，为区农林局、区水利局等部门发布重要气象信息和农用气象、病虫害气象服务产品，共向农服中心、专业合作社及农户发送“气象情报预报”1400 余次，发送“农用气象服务产品”1100 余次，发送“特色气象服务产品”460 余次。全年在各镇（街道、园区）安装建设自动气象站、大喇叭、电子显示屏，分别在长山农业生态园区、宝堰镇、谷阳镇槐荫村建设“国家级气象为农服务示范点”“气象为农服务示范镇”及“气象科普示范村”，并在谷阳镇、上党镇五塘村等多个茶场设立“茶园小气候监测站”，并在部分镇（街道、园区）建立“气象信息站”，在气象灾害频发地点设立气象灾害警示牌。年内，获地面百班 5 个、农气百班 3 个、二百五十班 1 个，2 人获省气象学会学术交流优秀论文奖，完成“蚕桑农业气象服务系统建立和应用”“风向风速对本地酸雨浓度的影响”课题，项目研究达市领先水平。年末，丹徒气象局被区政府评为“红十字工作先进集体”。

（张亚男）

【水稻种植与气象】 2011 年，水稻从播种至成熟历时 170 天，期间≥0.0℃的积温 3996.3℃，比历年平均偏多 274.8℃，比上年偏少 17.5℃；降水量 872.0 毫米，比上年多 102.6 毫米；日照时数 804.3 小时，比上年偏少 175.2 小时。秧苗期（5 月中旬～6 月中旬），温、光、水条件有利于水稻的播种和提高出苗率，有利于培育壮秧。移栽分蘖期（6 月下旬～7 月中旬）：水稻移栽后，正值梅雨期，利于水稻活棵。返青后温度高，光照足，降水偏少，利于水稻的分蘖发棵。7 月中旬正值梅雨期，阴雨寡照，加上连续降水时间长，增加了部分无效分蘖。拔节孕穗期（7 月下旬～8 月下旬）：7 月 21 日出梅后主要以晴热高温天气为主，有利于水稻水肥管理，晴好天气利于搁田控苗效果，水稻长势均衡。8 月多阴雨天气，气温略低，光照少，基本能满足水稻生长需要。抽穗成熟期（9 月上旬～11 月上旬）：9 月 6～11 日为阴雨天气，气温偏低，光照少，正值水稻抽穗期，导致抽穗发育期进程缓慢。9 月中旬末受北方较强冷空气南下影响，气温下降，延缓了水稻的灌浆。9 月下旬～10 月下旬多晴好天气，气温正常略偏高，降水少，日照正常略偏少，有利于水稻后期的灌浆、籽粒充实、千粒重增加。收获期多晴好天气，利于水稻丰收。

（张亚男　陈　烨）

表 6　　2011 年丹徒区温、光、水与历年平均值比较情况

项目		12月	1月	2月	3月	4月	5月	6月	7月	8月	9月	10月	11月	12月	全年值	常年值
平均气温(℃)	历年	5.2	2.7	4.2	8.5	14.9	20.3	24.2	27.7	27.4	23.0	17.6	11.2	5.2	—	15.6
	本年	6.4	0.0	5.0	9.2	16.3	21.8	24.3	27.6	26.6	23.0	17.7	14.8	4.4	15.9	—
极端最高气温(℃)		—	—	—	—	—	—	38.9	—	—	—	—	—	—	38.9	40.9
≥35℃高温日(天)		—	—	—	—	—	3	3	8	—	—	—	—	—	14	11.3
极端最低气温(℃)		—	−7.8	—	—	—	—	—	—	—	—	—	—	—	−7.8	−12.0
≤0℃低温日(天)		11	29	10	2	—	—	—	—	—	—	—	—	14	55	44.7
降水量(毫米)	历年	28.7	41.3	48.8	82.4	71.0	90.9	197.1	187.8	131.6	87.0	63.9	57.8	28.7	—	1088.3
	本年	39.7	9.8	13.5	50.8	21.3	43.3	232.2	197.4	362.0	16.4	46.0	27.2	23.2	1043.1	—
梅雨量(毫米)		—	—	—	—	—	—	0.6	319.0	—	—	—	—	—	—	250.0
日照(小时)	历年	155.3	132.6	127.4	138.6	170.7	194.1	166.3	200.8	214.2	172.2	171.4	157.4	155.3	—	2001.0
	本年	202.2	169.3	118.3	217.9	241.6	241.0	109.2	159.8	130.7	147.9	166.2	125.0	167.2	1994.1	—

说明：表中第一个“12 月”指 2010 年 12 月，历年为 1971～2000 年月平均值，常年值为 1971～2000 年平均值。

（张亚男　陈　烨）

农村能源

【概况】　2011 年，镇江市丹徒区农村能源办公室（以下简称丹徒区农能办）实施农村能源建设工程，争取省级项目经费 48 万元、市级配套经费 6 万元，新建规模养殖场Ⅱ型沼气治理工程 2 处，均已通过市级验收。加强农村清洁能源宣传和培训工作，组织规模畜禽养殖场沼气工程建设单位的管理技术人员参加省（沼气生产工）职业技能培训班。配合农委做好秸秆综合利用工作，完成秸秆综合利用示范区建设年度工作任务。4 月 7 日，谷阳镇西六集村沼气服务站被江苏省农业委员会授予“江苏省农村沼气先进服务网点”称号。（曾　俊　杨传俊）

【建设规模养殖场沼气工程 2 处】　2011 年，丹徒区农能办组织实施沼气治理工程，严把项目建设材料招标采购关、质量关和技术关，坚持统一规划、统一图纸、统一施工队伍、统一质量标准、统一材料供应。建成规模养殖场Ⅱ型沼气工程（200 立方米地下折流隧道式沼气池、30 立方米储气柜）2 处，即丹徒区高资镇四方猪场和丹徒区宝堰镇书荣养猪场。　（曾　俊　杨传俊）

【开展农村清洁能源工程安全生产大检查】　2011 年 6 月 8 日，丹徒区农能办组织农村能源管理人员和技术人员，对全区已建成的农村沼气服务网点、户用沼气池、规模养殖场沼气工程和秸秆气化集中供气工程进行全面检查，掌握全区农村清洁能源项目使用现状及存在的问题。检查中，对使用、管理方面存在问题的沼气池用户进行全面指导，组织技术人员对未正常产气的沼气池进行故障检查和维修维护；指导用户对未正常进出料的沼气池正确进出料；动员和指导用户对未采取保温措施的沼气池做好防冻工作；对未开展“三沼”综合利用或利用技术不到位的用户，提供技术服务；对用户在沼气和秸秆气使用中存在的安全隐患及时指正，并帮助整改到位，彻底消除农村能源工程安全隐患，充分发挥农村清洁能源建设的综合效益。（曾　俊　杨传俊）

2011 年 12 月 7 日，丹徒区农村清洁能源项目通过省级验收。

工业·民营经济

责任编校：付　媛

工　业

【概况】 2011年，丹徒区拥有规模以上工业企业309家。从地区分布看，工业总公司6家、粮食局2家、水利农机局1家、农委4家、高桥镇14家、江心洲生态农业园区2家、辛丰镇57家、谷阳镇48家、上党镇29家、宝堰镇17家、荣炳盐资源区11家、高资街道38家、世业镇2家、新城78家。

全区规模以上工业企业完成工业增加值156亿元，比上年增长14.2%。完成工业销售628.04亿元、利税71.07亿元、利润44.21亿元，分别比上年增长32.2%、41.7%、38.0%。新增销售超亿元企业21家，销售超亿元企业和定报企业分别达107家和309家。定报工业企业完成年产值644.68亿元，比上年增长30.5%。

五大支柱产业规模以上企业实现销售474亿元，比上年增长28%，占全区规模以上工业76%；30强工业企业销售占全区规模以上工业比重达58%；销售超50亿元企业1家；销售超10亿元企业11家，新增5家；销售超亿元企业107家，新增21家。（凌秀华）

表7　2011年丹徒区应税销售前40家企业情况

序号	企业名称	所属镇（街道、园区）	序号	企业名称	所属镇（街道、园区）
1	江苏镇江发电有限公司	高资	21	镇江万发化纤有限责任公司	高桥
2	金海宏业（镇江）石化有限公司	高资	22	镇江维科精华棉纺织有限公司	辛丰
3	江苏苏润高碳材股份有限公司	高资	23	镇江市丹徒区天润碳素有限公司	上党
4	江苏鹤林水泥有限公司	高资	24	镇江市丹徒区协隆铸件有限公司	江心
5	沃得重工（中国）有限公司	新城	25	镇江茂源化工有限公司	工业局
6	中化镇江焦化有限公司	高资	26	镇江城科新型建材有限公司	高资
7	江苏沃得工程机械销售有限公司	新城	27	镇江大力液压马达有限责任公司	谷阳
8	江苏振光电力设备制造有限公司	上党	28	江苏钱潮轴承有限公司	辛丰
9	镇江李长荣综合石化工业有限公	高资	29	江苏镇安电力设备有限公司	新城
10	江苏恒顺醋业股份有限公司	新城	30	江苏北固水泥有限责任公司	高资
11	江苏真绩机械制造有限公司	新城	31	江苏福世特混凝土有限公司	高资
12	江苏捷诚车载电子信息工程有限	新城	32	江苏名和混凝土有限公司	新城
13	镇江李裕铝用阳极有限公司	高资	33	江苏耕耘化学有限公司	荣炳
14	江苏领先电子有限公司	谷阳	34	镇江市丹徒区飞达碳素有限公司	上党
15	精功镇江汽车制造有限公司	上党	35	江苏沃得起重机有限公司	新城
16	江苏苏菱铝用阳极有限公司	高资	36	镇江黄墟化工厂	辛丰
17	江苏长二角精细化工有限公司	高资	37	镇江丹宝树脂有限公司	农委
18	镇江中天钢管制造有限公司	辛丰	38	镇江市富华面粉有限公司	粮食局
19	帝高力装饰材料（江苏）有限公司	新城	39	镇江市欧泊服饰有限公司	荣炳
20	江苏特密斯混凝土外加剂有限公	辛丰	40	镇江宏源电气设备制造有限公司	新城

区属工业

【概况】 2011年,镇江市丹徒区工业资产管理总公司(以下简称丹徒区工业总公司)加强国有资产监管,严格控制国有企业的人员挂靠和调入,减轻企业改制成本,对区属7个停产企业进行改革。区属定报企业全年完成现价工业总产值5.33亿元,比上年增长15%;产品销售收入3.69亿元,比上年增长3%;利税1129万元、利润312万元,分别比上年增长198%、117%;在职职工年人均工资2.64万元。非公有制区属企业全年完成现价工业总产值7892万元、产品销售收入7778万元、利税192.9万元、利润23.5万元,在职职工年人均工资2.1万元,综合管理水平提升。(周福全)

【丹徒化肥厂增加综合效益300万元】 2011年,丹徒化肥厂改造蒸汽供气系统,优化蒸汽管道布局、强化管道保温、合理利用蒸汽热能,并将回收利用蒸汽后的冷凝水输送到锅炉车间水处理工艺系统,作为优质水源直供锅炉燃烧蒸汽,回收蒸汽循环使用技改项目运用到生产工艺后,年增加综合效益300万元。(周福全)

【丹徒化肥厂优化2·3酸工艺】 2011年,丹徒化肥厂投资80万元改造羧化釜搅拌桨,改换离心机型号,调整部分生产工艺,产品主要原材料消耗降低,产品能耗下降。其中2—萘酚消耗0.944千克,比上年下降38千克,碱耗0.994千克,比上年下降122千克,单釜产量由40吨不到增加到50吨,2·3酸单耗和单釜产量均创出历史最好水平。(周福全)

【丹徒化肥厂环保项目通过省级验收】 2011年,丹徒区拨款1450万元,对丹徒化肥厂实施环保改造项目。4月18日开工建设,9月进入调试阶段,多次聘请南京理工大学、南京化工学院专家现场指导。11月底,通过市级项目预验收。12月21日,通过省环保厅验收。(周福全)

【丹徒化肥厂公开招标处置化肥系统闲置设备】 2011年2月23日,丹徒化肥厂在该厂工会与区纪委等三方监督下,对闲置的2个化肥生产设备共1400余吨废钢公开招标出售,招标程序公开、公正、透明。11月底废钢处置工作完成。在拆除过程中,未发生一起安全事故。(周福全)

【加大国有资产监管力度】 2011年,丹徒区工业总公司加强国有资产监管力度。恢复对国有、集体企业财务报表上报制度,全程跟踪监管;对7家停产企业按季度上报财务收支情况,掌握资金用途,跟踪审计;对企业资产转让、土地、厂房、设备等租赁过程,按照权力节点控制有关规定操作;严格控制外来人员挂靠、调进区属国有、集体企业。(周福全)

表8　2011年丹徒区部分区属工业企业情况　单位:万元

企业名称	企业性质	资产总计	工业总产值(现价)	产品销售收入	利税总额		职工年均收入	负责人
					利税	利润		
镇江市丹徒化肥厂	区属国有	5078	3264	3218	−13	−17	2.04	刁永华
镇江雩山水泥有限责任公司	民营股份	10161	7991	6896	55	−236	2.4	佘明全
镇江鼎盛汽车部件有限公司	民营	1450	1522	1459	87	−17	1.4	徐　平
镇江茂源化工有限责任公司	三资	7235	34382	19448	171	53	2.04	刁永华
镇江拓普工具有限责任公司	私营股份	3324	1930	2114	60	8	2.98	丁建军
镇江华森矿业有限公司	民营股份	966	175	137	−3	−15.5	1.8	商荣奎
镇江盛源矿业有限公司	民营	1052	758	758	47	31.3	1.54	王建福
镇江市乙炔气厂	区属集体	1350	1000	900	1.9	1.5	1.47	王振勇
镇江市丹徒区天龙化工有限责任公司	民营	1109	1564	1526	15	15	2.2	董为民
镇江江源脱硫有限公司	民营	1415	2769	2473	588	334	3	王建福
镇江江源水泥有限公司	民营	775	2967	2937	297	177	3	王建福
镇江丹徒区长飞建材有限公司	民营	150	2874	2874	16	1	2.3	缪剑飞

(周福全)

镇(街道、园区)工业

【概况】 2011年,丹徒区有镇(街道、园区)企业3380个,实现工业总产值716.38亿元,销售收入681.98亿元,利税68.03亿元。其中高资街道完成工业产值226.92亿元、销售220亿元、利税24亿元,列镇(街道、园区)工业经济第一位。辛丰镇、新城、谷阳镇列第二、三、四位。

(史志办)

表9 2011年丹徒区镇(街道、园区)工业情况

名 称	工业企业数(个)	工业总产值(亿元)	年销售收入(亿元)	利税(亿元)
高桥镇	359	28.57	21.3	1.82
辛丰镇	530	132.24	124.69	7.34
谷阳镇	623	82.14	82.11	7.26
上党镇	725	73	68.8	7.04
宝堰镇	346	16.19	15.57	2.69
世业镇	52	2.17	2.02	0.16
高资街道	378	226.92	220	24
江心洲生态农业园区	31	6.6	6.39	0.44
荣炳盐资源区	336	18.17	16.1	2.28
新城	356	130.38	125	15

(史志办)

民营经济

【概况】 2011年,丹徒区有民营企业4599家,个体工商户16013户,注册资本总额218.17亿元。全年新增私营企业794家,完成年计划113.4%;新增个体工商户1940户,完成市计划161.70%;新增私营个体注册资本58.05亿元,完成年计划116.1%;吸纳民资58.73亿元,超额完成全年计划,主要经济指标在全市7个辖市(区)综合排名位列第二。开展招商活动35场次,签约洽谈民资项目58个,总投资达128亿元,新兴产业项目投资额占整个项目总投资的50%。丹徒新城创业基地项目成功申报国家级项目获扶持资金120万元,为镇江市首家。

(周福全)

【4个项目参加"2011·中国镇江(厦门)新兴产业项目合作恳谈会"】 2011年6月16日,镇江市人民政府在厦门举办"2011·中国镇江(厦门)新兴产业项目合作恳谈会"。丹徒区共有4个项目参加全市集体签约仪式,分别是谷阳镇与福建厦门晋工集团签约的"装载机、挖掘机生产项目"、世业镇与浙商周光辉签约的"开心自驾游基地项目"、辛丰镇与上海世平集团签约的"机械制造项目"、丹徒新城与浙江横店影视城公司签约的"横店影视城项目"。丹徒新城与正兴车轮集团签约的"油电混合动力摩托车项目"在企业现场举行签约仪式。4个项目共签约民资60.4亿元(其中新兴产业投资达58.8亿元),福建厦门晋工集团在谷阳镇投资的"装载机、挖掘机生产项目"签约金额达45亿元,为该次全市最大签约项目。 (周福全)

【加强创业载体建设】 2011年,丹徒区扶持创业孵化基地建设,为自主创业者提供创业场地和服务。新建创业孵化基地10个,总建筑面积33万平方米。各镇(园区)将创业载体建设作为"创业型镇(园区)"建设工作的重点。丹徒新城管委会新建创业孵化基地总建筑面积12万平方米,3月底,规划投资6500万元、建筑面积2万平方米的科创服务中心大楼开工建设;规划投资1.5亿元、建筑面积10万平方米的中小企业创业园,有5万平方米标准厂房(5栋)完成封顶工程,并与6家企业签订入驻协议。高新技术产业园7000平方米的科技创业孵化中心建成,有10家科技型创业企业签约入户。 (周福全)

表10 2011年丹徒区民营经济主要指标完成情况

单位名称	新增私营企业(家)	新增个体工商户(户)	新增注册资本(万元)	吸纳民资到位数(万元)
合 计	794	1940	58.05	58.73
新城	156	487	39.71	11.96
高资街道	100	379	109.5	5.4
辛丰镇	133	324	78.13	7.59
谷阳镇	39	148	23.12	7.3
上党镇	131	211	118.2	9.19
世业镇	91	114	107.1	4.7
宝堰镇	43	76	71.35	1.57
高桥镇	45	119	69.97	4.9
荣炳盐资源区	50	51	70.49	3.6
江心洲生态农业园区	6	31	29.66	2.5

(周福全)

重点项目建设

责任编校:王雪松

项目督查

【概况】 2011年,丹徒区发展改革和经济信息化委员会(以下简称发改经信委)、区项目办围绕“抓项目、促转型”主旋律,不断解放思想,创新举措,狠抓项目建设,狠抓有效投入,全区项目建设呈现良好的发展势头。一是项目建设整体形势喜人。截至年底,60个区重点项目开工在建34个,实际完投资58.21亿元;8个市重点项目开工在建7个,实际完成投资30.89亿元。二是重大项目推进速度加快。二重一期、振光电力、中靖水制氢等项目顺利竣工投产,白鹭岛生态休闲度假区、希西维精密滑动轴承生产、恒华传媒等一批项目建设速度不断加快,华通重工高等级路面机械、中福马人造板加工设备制造、沃得液压件等项目前期报批手续顺利完成。(赵 平)

【完善项目管理机制】 2011年,丹徒区发改经信委、项目办采取措施,着力完善管理机制。一是项目推进氛围更加浓厚。各镇、园区切实将项目建设摆在第一位置,“抓项目,促转型”的积极性空前高涨,时时刻刻将项目建设摆在手上、放在心上,坚持主要领导亲自抓,其他领导分工抓,明确任务,落实责任,紧紧咬住全年目标任务,以饱满的精神状态、扎实的工作作风,全力以赴,自我加压,埋头苦干,想方设法推进项目,抓出成效。二是项目推进措施更加扎实。各镇、园区对在手区重点项目,迅速成立项目建设班子,对每个项目明确责任分工,落实到具体人员上,落实到时间进度上,落实到最佳效果上,做到目标明确、思路明确、措施明确、责任明确、奖惩明确,一级抓一级,人人有责任,层层有压力,形成整体工作合力,推进了重点项目建设。(赵 平)

【8个市重点项目超额完成预定目标】 2011年,丹徒区列入市重点的项目共有8个,截至年底,8个市重点项目开工在建7个,开工率达87.5%;实际完成投资30.89亿元,完成年计划的132.6%,居全市第一位。其中,3个新兴产业项目在建2个,实际完成投资19.34亿元,完成年计划的138.1%,居全市第二位;3个现代服务业项目全部开工建设,实际完成投资8.36亿元,完成年计划的203.9%,居全市第一位。(赵 平)

【重点单位项目成效显著】 2011年,丹徒区发改经信委、区项目办继续加大对丹徒新城、丹徒高新园区和辛丰镇等重点单位项目的推进力度,确保重大项目按序时快速推进,取得显著成效。至年底,丹徒新城区重点项目15个中,在建12个,开工率87.5%;高新园区重点项目8个中,在建4个,开工率达50%;辛丰镇5个重点项目全部开工,开工率达100%。(赵 平)

重点项目选介

【晋工机械】 该项目由江苏晋工机械有限公司(属福建晋工机械有限公司子公司)在丹徒区谷阳镇南山工业园投资建设。总投资45亿元,总用地面积66.67公顷。其中一期投资20亿元,用地面积约28公顷,规划建筑面积近20万平方米。该项目建成后将年生产1万台装载机和8000台挖掘机,实现年销售收入100亿元。(赵 平)

【中靖水制氢】 该项目由江苏中靖新能源科技有限公司在丹徒高新技术产业园区投资建设,项目总投资10.4亿元,规划占地面积21.8公顷。项目拟新建厂区建筑物14.58万平方米,其中生产面积13.76万平方米。项目建成后,将新增年产各种型号制氢装置1.7万套,催化释氢剂13万吨。项目建设期2年,建设期1年后产能达50%;建设期完成后,达到满产能力,项目投产后正常年利润额为1.86亿元。截至2011年底,该项目投资5.12亿元,一栋2万平方米厂房及附属宿舍办公楼竣工,正在进行设备安装;另一栋2万平方米厂房正在封顶,宿舍楼开始内部装修。(赵 平)

【希西维精密滑动轴承】 该项目由镇江希西维轴承有限公司在丹徒区辛丰镇投资建设,项目总投资5.2亿元,计划用地10公顷。项目主要建设内容为:购置平面立轴磨床、网带炉生产线、数控车床、立式平面磨床、卧式平面磨床、高精度外圆磨床等国产设备,新建生产、辅助及其他配套设施共8.98万平方米。项目建成达产后,形成年产4233万套精密滑动轴承的生产能力,其中深沟球轴承1400万套/年,滚子轴承353万套/年,向心轴承800万套/年,轴套1200万套/年,杆端关节轴承480万套/年。截至2011年底,该项目

投资9860万元，主体厂房正在建设中。（赵 平）

【中福马机械人造板加工设备制造】该项目由镇江中福马机械有限公司在丹徒新城工业园区投资建设，总投资12.5亿元，占地12.8公顷。主要从事人造板加工设备及其配件的生产制造，产品主要以中高密度纤维板生产线成套设备和连续平压压机、热磨机系列、削片机、刨片机和打磨机系列等设备为主。项目建成后，将形成年产人造板加工设备500台（套）及机械刀片配件1000吨的生产能力；预计可实现年销售6亿元，上缴税收不低于2000万元。（赵 平）

【钱潮轴承】 该项目由江苏钱潮轴承有限公司在丹徒区辛丰镇投资建设，是万向集团整体产业结构发展需要而设定的轴承产业公司。公司主要生产深沟球轴承、汽车离合器轴承、汽车主销轴承、CB离合器轴承、推力滚子轴承等产品，并配套国内外市场。2011年实施二期工程，总投资1.5亿元。（赵 平）

【智谷商业中心】 该项目由镇江慧中地产有限公司投资建设，总投资3.5亿元，总建筑面积5.4万平方米，西临九华山路，直通镇江新行政中心，北靠312国道，贯通沪宁杭三地，距离京沪高铁镇江站仅500米，是镇江丹徒新区的北大门，南徐新城的南大门，具备了极大的地理优势。项目主要包括大型温泉主题会所、风情酒店、特色商业街、VTT实验楼、公寓式办公和温泉公寓等。截至2011年底，该项目投资8000万元，现场售楼处装修，主楼基础工程施工，商务酒店主体四层施工。（赵 平）

【船港公共物流码头及皮带廊】 该项目由江苏船港物流有限公司在丹徒区经济开发区投资建设，总投资0.14亿元，占地23.6公顷。2011年计划投资2亿元，新建一座5万吨级公共码头泊位，配套5公里的皮带廊改造工程，用地23.6公顷全部批准。项目用地已全部交付，各项工作正有序推进，通过省交通厅组织的岸线审查。截至2011年底，该项目完成投资1.29亿元。皮带廊基础放线，道路建成；腹地桩基施工已结束；栋仓开始基础施工、料库、圆筒正在施工，外江码头正在报批。（赵 平）

长山开发

【概况】 十里长山生态园位于丹徒新城西侧，十里长山南麓。区域内山林秀美，水系丰富，人文资源深厚，寺庙宫观宗教史传悠久，有山腰龙王庙、山顶万福宫等，是沪宁线上不可多得的城郊山林。规划开发面积11.5平方公里，占地约1133.33公顷。其中林地607.4公顷，建设用地223.33公顷，耕地、农用地27.7公顷。临山周边有水库7座，水域面积49.73公顷。

（杜 宇）

【保护资源吸引投资】 万亩林地、千亩水面、贯通南北的灌渠水系与群山融合一体是极为稀少的生态资源。长山文化产业园通过强化植被保护，将自然植被划区域列重点，优化布局，提高植被覆盖率；通过整治水域环境，对重点水域周边环境综合整治，取缔各类污染性养殖；通过科学论证，对库容量大的水域采用扩容造景的方式，美化环境净化空气。由于综合环境的全面优化，一批现代服务和文化产业项目已落户长山，总投资达5亿元。

（杜 宇）

【充分宣传利用米芾书法公园品牌】中国故宫博物院与丹徒区政府合作出版米芾书法全集，故宫博物院郑欣淼院长二次莅临现场指导并亲自为瑞墨轩法帖石刻廊写序，同时确定运用高端资源深化文化项目合作，为“故宫走出故宫”建立平台。中国书法家协会约定命名为“中国米芾书法公园”，并为利用国家级名校资源建立高端书法培训基地形成合作方案。由江苏省文联组织的专家评审组，定期对中国米芾书法公园项目的文化元素进行综合论证，这些都为建园的科学性、高端性、市场性提供了保证。（杜 宇）

【加快建设米芾书法公园】 米芾书法公园自2010年开工建设以来，形成“一园六区”的空间。规划空间布局融合高雅的书法文化、厚实的宗教文化、自然的山水文化、特色的旅

2011年1月18日，丹徒区举办《米芾书法全集》出版知识讲座。

游文化，集展示、创作、交流、研讨、教育、培训、旅游和休闲等功能于一体；“一轴四景”景观效果明显，全长3千米的生态景观轴连接墨池广场、墨缘广场、墨迹广场和墨香广场，“四景”特色鲜明，15万平方米的造景植被构成春花秋叶景观带，与自然山体相得益彰；“一廊九馆”的内涵建设加速推进。由680米长廊连接9所堂馆，陈列重刻宋拓米帖、明拓米南宫帖与新刻丹徒米帖共1300余幅，整体进入施工安装阶段；总投资2亿元的“海岳天地”是集金融、商务、会议、文化体验为一体的综合型文化休闲区。截至年底，中国米芾书法公园建设完成园区道路基础设施建设4千米，绿化景观建设15万平方米，宋式碑廊5000平方米，环境综合整治20万平方米，独立景点建设4个，总投资超2亿元。（杜　宇）

精功汽车

【概况】 2011年，精功镇江汽车制造有限公司紧密围绕精功集团汽车版块“十二五”规划发展战略，保持住稳健的发展势头，“内抓管理、外拓市场”，通过健全内部管理体系，深化完善公司制度，加大产品的开发和整改力度，消化库存，调整公司营销策略，加大推销力度，扭转生产经营工作局面，实现各个方面的突破发展。全年完成卡车生产1970辆、客车生产63辆，完成开票销售2030辆，实现销售收入5.89亿余元(含税)。（汽车办）

【加快产品研发】 2011年，精功镇江汽车制造有限公司根据新产品开发计划，坚持从发展大局出发，分析市场当前需求和趋势需求，在产品改进和设计方面下工夫，积极开发区域市场所需求的适销对路产品，先后开发68个车型，基本完成自卸车、水泥搅拌车、牵引车、载货汽车底盘等多个平台，每个系列都有一轻一重两种或多种配置，下半年还开发了轻量化6×4半挂牵引车、液化天然气6×4半挂牵引车等车型。圆满完成由第三方质量认证公司北京中经科环负责认证的GB/TI9001、GB/T2008，ISO9001、ISO2008质量管理体系认证工作，并获得最新2008版本“质量管理体系认证证书”；完成车辆一致性保证计划书的编写，并通过年度3C审查。（汽车办）

【加强企业文化建设】 企业的经营理念、创新能力和团队精神是企业核心竞争力的体现，是企业“永无止境”的动力，而企业文化则是增强企业凝聚力、向心力和竞争力的源泉。公司组织全体女职工进行全面健康体检。公司行政方主动邀约和工会方代表召开2011年工资集体协商会议。双方就公司内部工资分配制度、标准、形式和办法以及公司规章制度、福利待遇、企业文化等内容逐一进行平等协商并达成共识，并在公司一届二次职代会上审议通过。同时，为丰富职工的文化生活，公司购置各种健身器材，积极开展各种文体活动，先后举办2011年年会、趣味运动会、篮球比赛等活动。通过这些活动的开展，坚定员工信心，提高企业的凝聚力和向心力。2011年，公司新落成办公大楼1幢、职工宿舍楼3幢，总面积9250平方米，均竣工并投入使用。这些基础设施极大改善公司员工的办公环境和生活条件。（汽车办）

精功汽车车间

开发区和产业集中区

责任编校：王雪松

丹徒经济开发区

【概况】 2011年，丹徒经济开发区紧紧围绕“经济发展领先、城镇建设加速、民生事业提升、社会和谐稳定、基层基础扎实”的工作目标，开拓创新，在促进产业转型升级、保障项目建设、提升社会建设和管理创新水平上下工夫，通过产业拉动、城建带动，积极创先争优，先后吸引二重集团、香港金海宏业能源公司、中盐总公司、台湾李长荣石化公司、中化国际新加坡公司、香港正欣国际投资有限公司等大公司、大项目进区投资。初步形成以装备制造、化工、能源、物流、建材等五大产业为主导的特色产业园区。安置房建设、生态园区创建以及其他各项民生工程也都得到有效推进。全年完成业务总收入230亿；完成地方一般预算收入2.55亿元；完成全社会固定资产投入103亿元；完成工业产值222.99亿元，比上年增25.34%；完成工业增加值55.75亿元，比上年增36%；完成销售216.59亿元，比上年增26.5%；实现利润20.82亿元，比上年增30.2%；实现利税28.73亿元，比上年增36%。 （汪　洋）

【高起点规划产业布局】 2011年，丹徒经济开发区以科学发展观为指导，依托区位、资源等优势，打造“一园两区”：即312国道以北的沿江工业园和312以南的美人谷生态休闲旅游区及高资新城区，形成“品形”格局。一是优化工业园区布局。沿江工业园按照“做精化工产业、做强装备产业、做足服务产业”发展思路，强化资源配置，放大产业集聚效应。高资河以西以中盐盐化、金海宏业等企业为骨干做精精细化工、做大石油化工产业；高资河以东以中国二重为龙头做强重型装备产业；沿江则重点建设综合保税物流中心，发展现代物流产业为主。二是高点定位新市镇建设。在243省道以南，沿长香路两侧，以城市的高度，对照基本现代化指标要求，规划石马新社区和开发区集中安置区，主动对接主城区和丹徒新城，建设基础设施完善、学校、医院、体育、文化等配套齐全、宜居宜业的新市镇。三是促进生态园区保护。近年来，丹徒经济开发区对辖区范围的自然生态环境不断加大保护力度，通过宕口关闭、次生林改造、退耕还林、土地复垦整理等手段加快生态修复，促进了生态环境提升。规划沿长香路以西，利用高资香山、五洲山、长山优良的自然资源，积极发展现代观光农业、高效农业和特色旅游产业，扎实稳妥地推进大型原生态田园观光旅游项目建设，通过适度开发，实现环境保护和经济发展双丰收。

（汪　洋）

【加快科技创新】 2011年，丹徒经济开发区积极鼓励区内重点骨干企业积极设立技术研发机构，研制新产品，提升企业产品的科技含量，增强市场竞争力；鼓励企业重奖有重大贡献的科技人才，鼓励科技人员不断创新。到年末，园区共有高新企业10家，高新企业产值占比16.4%，申请专利数为573件，授权专利数为408件，知名品牌数8个，共设立研发机构7家，设立公共技术服务平台7个。 （汪　洋）

【丹徒—赣榆工业园实现年业务收入45.6亿元】 丹徒—赣榆工业园是由丹徒经济开发区与赣榆经济开发区本着挂钩合作、共建共赢的精神，于2010年11月份经省批准的南北共建园区。规划总面积约4平方公里，已建成区面积达到3平方公里。园区以都市工业、高科技产业发展为主体，着重发展新能源、新材料、钢铁制品等产业，致力于打造赣榆县域经济最具活力区、城市形象的展示区、产业转移的承载区、南北共建的示范区。至2011年底，园区建成投产工业企业有连云港神舟新能源、金信利不锈钢、键坤实业等15家，从业人数达3193人，实现年业务总收入45.6亿元；工业增加值10.9亿元；实现地方一般预算收入6756万元。 （汪　洋）

【重点企业选介】

二重集团（镇江）重型装备厂有限责任公司 该项目一期工程于2008年12月开工建设，总投资36亿元，用地55公顷，主要生产大型核电设备、石化容器、成套装备等，配套建设1万吨级、2万吨级、4万吨级重装码头及企业自备铁路线。2011年核电容器厂房已经部分具备生产条件，一期全面投产后可实现年销售50亿元以上。

二重二期项目主要实施国家产业政策重点扶持的核电安全壳、核电模块、海洋工程及成套设备等，二期工程计划投资21.835亿元，批准用地66公顷。到年末，该项目安全壳厂房主体完成。配套建设的千吨级内河码头工程总投资2亿元，建设5座千吨级泊位，3座待泊区。码头主体竣工，正在进行辅助设施建设。

二重三期项目为物流基地暨重大装备生产服务基地建设，总投资10亿元，规划用地72公顷，主要建设铁路专用线、大型机电仓库、综合信息楼等生产及人员办公、生活设施。项目报批手续已完成。

江苏镇江发电有限公司 公司成立于1997年，总投入约70多亿元，公司总装机容量1851MW，分为一期2台135MW机组、二期2台141MW机组、三期2台630MW机组，总占地127公顷。公司拥有2.5万吨级、3.5万吨级(水工兼靠5—7万吨)煤码头各一座。公司正在进行热能改造，全部改造完成后对外供热能力可以达到1600吨/小时。公司曾获"镇江市有特殊贡献先进单位"荣誉称号，同时多次荣获省电力公司"双文明单位"、"党风廉政建设先进单位"、"安全生产先进单位"等荣誉称号，2011年公司实现销售收入38.54亿元，利税7.8亿元，分别比上年增3%、1%。

中化镇江焦化有限公司 项目由焦化集团与中化国际贸易控股份有限公司新加坡公司合资建设，项目总投资2960万美元，用地41公顷，实际完成投资5亿元。该公司于2007年初建成投产，2011年实现销售收入14.59亿元。利税1.25亿元，分别比上年增13%、14%。

金海宏业(镇江)石化有限公司 公司成立于2002年，由香港金海宏业能源有限公司独资建设，注册资本3700万美元，员工约200人，专业生产加工、储运和销售沥青、燃料油、化工轻油等产品。公司现有总资产7亿元，设计年加工原料油加工能力140万吨，年生产时间7200小时。公司2005年通过ISO9001，ISO2000质量认证体系，并在2009年通过省级清洁生产审核。2011年公司实现销售收入57.32亿元，实现利税8.17亿元，分别比上年增15.07%、26.13%。扩建的20万立方米仓储工程将于2011年底投产投产，预计该部分投产达效后，公司的年销售收入将会突破百亿元。 (汪 洋)

丹徒星火技术密集区

【概况】 丹徒星火技术密集区位于辛丰镇，控制规划面积74.9平方公里，以京杭运河、沿江公路和241省道为轴心，分规模工业区、现代服务业区、仓储物流区、高效农业区和旅游休闲区5个园区，以轴承、电子、纺织、旅游四大产业为主导，拥有规模企业73家。2011年，该区实现销售105.89亿元，工业增加值22935万元，利税68840万元，分别比上年增长31.85%、31.84%、31.86%。 (姜国平 张 栋)

【万向钱潮汽车底盘控制算法及软件研究开发中心项目注册成立】 该项目总投资1.5亿元，主要研究领域为涉及开发实现汽车制动和底盘动态稳定性控制的算法和软件，具体包括防抱死系统(ABS)、索引力控制系统(TCS技术)、车身电子稳定系统(ESP技术)。该技术全世界只有6家汽车制造商拥有，国内尚处在起步阶段，技术含量极高。

(姜国平 张 栋)

【希西维轴承一期工程强势推进】 镇江希西维轴承一期项目于2011年9月开工建设，一期总建筑面积17000平方米，预计将于2012年6月完工。 (姜国平 张 栋)

丹徒高新技术产业园

【概况】 2011年，丹徒高新技术产业园按照区委、区政府的统一部署，以打造一流高新技术园区为目标，强化招商引资和项目建设，不断优化发展环境，努力解放思想，创新发展，园区各方面工作呈现良好的发展态势。特别是2011年7月高创服务中心大楼的正式启用，标志着高新园各项工作翻开新的篇章。

(肖向平)

【逐步完善基础配套】 2011年10月，南纬九路、南纬十路等园区道路竣工通车；年底谷阳大道东延工程基本结束，正进行绿化施工；靖康路、马迹路，道路总长5.3千米，2.3千米道路工程基本结束，配套及绿化工程正在施工，其余路面施工同步推进；孵化厂房，总建筑面积5万平方米，部分楼栋主体封顶，其余楼栋正加快建设；黄序安置房、千里安置房均竣工并于2011年11月交付，总面积36035平方米的曾韩安

2011年9月4日，丹徒高新技术产业园半导体集成电路产学研基地项目签约。

置房于2011年9月开工建设。

（肖向平）

【有序推进重点项目】 2011年末，中靖氢能产业园一期基本建成，并投产达效，实现销售5000万元；益海芯电子技术项目于2011年年底开工建设面积约1.1万平方米的总部大楼，预计2012上半年主体封顶。中科广场、中兴药业、蓝箭电子、巨博电子、海川生物等项目均进场施工；同时，一批在手在谈项目在积极推进中。

（肖向平）

【扎实开展招商引资】 2011年，丹徒高新技术产业园多方举措，着力招商引资：一是加大委托招商和展会招商的力度。二是完善“内外资并举、产业链招商、大项目引领”招商模式，集中力量主攻重大项目，重点瞄准世界500强企业和国内特大型企业及各大上市公司等。三是层层传递压力，激发招商动力。出台、兑现各类奖励考核政策，激发园区上下抢抓快建重大项目的工作激情。 （肖向平）

【融资平台初具规模】 2011年，丹徒高新园自设融资平台——江苏博硕高新技术产业投资发展有限公司，注册资本5800万元。通过向上争取政策支持和资金扶持，包装、运作好一批较成熟的可用项目，并加紧做好存量土地报批，广泛接洽、多方联系国内外银行和投融资机构，为企业发展提供服务。

（肖向平）

【加快园区升级步伐】 2011年，丹徒高新技术创业服务中心正式通过江苏省科技厅验收，被认定为省级科技创业园。省级科技创业园的评定将有力助推园区孵化企业的成长、创新创业人才的培育和战略性新兴产业的发展。园区正进一步优化规划方案，完善载体配套，积极申报省级新能源特色产业园，并力争在“国字号”品牌建设上有所突破。 （肖向平）

世业洲旅游度假区

【概况】 2011年，世业洲旅游度假区党工委、总公司强势推进项目建设，一些基础设施得到完善和提高，内环北路全面通车，成功建成中学桥，千亩“四季春”农业示范园在度假区落户，创建“江苏自驾游基地”，成功举办岛内第二个音乐节——长江草莓音乐节，综合考评连续两年列丹徒区第一。

（杨正新）

【加快推进污水处理二厂建设】 2011年，世业洲旅游度假区结合农村环境综合整治工作，加快污水处理二厂工程与集镇3千米的污水管网建设步伐，彻底解决集镇范围内的污水收集和处理问题。污水处理二厂工程总投资730万元，日处理量1000吨，10月投入施工，到年底全面竣工。该工程采用厌氧和好氧生化处理技术，排放标准为国家1996一级排放标准。此项工程有效解决集镇范围内的桃源居小区、沁园、星岛花都、安置小区及集镇区域内企事业单位及居民所排放污水的收集和处理问题，改善集镇居民的生活质量和水平。

（杨正新）

【成功举办长江草莓音乐节】 2011年10月2～5日，国内顶级音乐节品牌之一的“草莓”，携104组海内外乐队在世业洲鹭岛音乐广场热力唱响。该届音乐节由市委宣传部、文广集团主办，世业洲旅游发展总公司、世业镇党委、政府承办。“草莓音乐节”与迷笛音乐节不同的是，轻音乐占60%，摇滚占40%，除吸引笛迷外，还吸引更多的乐迷。4天中，共接纳海内外游客15万人次，实现旅游收入4000万元。 （杨正新）

【K216公交车开通】 自润扬大桥通车后，世业洲旅游度假区的交通环境得到较大改善，但开通的旅游专线班次少，线路不尽合理，给违法客运造成可乘之机，给旅客安全带来隐患。为此，世业洲度假区党工委、管委会积极向上反映，引起市政府及有关部门的高度重视。2011年12月15日，镇江市迎江桥至世业洲音乐广场的K216公交车开通，结束世业洲无公交的历史。 （杨正新）

2011年10月2～5日，长江草莓音乐节在世业洲鹭岛音乐广场举行。

综合管理

责任编校:付　媛

发展改革与经济信息化

【概况】 2011年,镇江市丹徒区发展改革与经济信息化委员会(以下简称丹徒区发改经信委)加快经济转型升级,推进重点项目建设,培育规模骨干企业,抓好节能综合调节,全面完成各项工作任务。

加强经济运行监管。对全区30家重点企业建立生产运行监测月报制度,及时把握企业运行动态。同时,推进重大项目建设,完成省发改委审批项目3个,市发改委审批项目15个。全区8个市重点项目开工率87.5%,实际完成投资30.89亿元,完成年计划的132.6%,居全市第一,其中3个新兴产业项目实际完成投资19.34亿元,完成年计划的138.1%,居全市第二;3个现代服务业项目实际完成投资8.36亿元,完成年计划的203.9%,居全市第一。全年行政服务窗口受理项目申请76件,办结率100%。

加大规模企业培育。强化企业服务工作,对38家新增销售收入超3000万元的新经济增长点,做好协调服务,促进企业提质增效;继续实施"规模企业培扶计划",完成市下达的15家定报企业的培扶任务。组织全区企业管理人员参加"企业家创新大讲堂"等经营管理研修班,组织企业赴南宁等地参加"江苏产品万里行"展销会等活动,组织企业参加在西安举行的第十五届中国东西部合作与投资贸易洽谈会,有6家企业与西部15家企业签订合作协议,总投资1.93亿元;为企业包装项目,帮助企业争取政策资金支持,全年累计为企业争取各级各类政策资金5000万余元。

引导企业自主创新。组织江苏沃得集团和精功汽车申报市级企业技术中心,江苏恒顺醋业股份有限公司顺利通过国家级企业技术中心认定,实现丹徒在国家级企业技术中心和创建公共技术服务平台方面新的突破;帮助捷成车载等4家企业申报市级产学研合作专项资金;落实企业研发费用加计抵扣政策,全区高新技术产业产值占规模工业比重提高到28.5%,比上年提高7.9个百分点,社会研发经费支出占GDP比重由上年的1.43%提高到1.66%;积极推进两化融合和三网融合,已有5家两化融合试点企业,即恒顺集团、振光电力、捷诚车载、沃得重工、苏润高碳材。组织江苏微鹏信息科技有限公司和江苏宜和广电信息网络有限公司加入江苏省三网融合发展联盟,逐步推进"三网融合"。

着力解决企业融资难题。全区有担保公司1家、投资公司2家、农村小额贷款公司3家,其中小额贷款公司全年累计放贷3.8亿元,平均资产收益率达10.28%,利息回收率100%,先后支持近700户农村种养殖户、农村个体工商户和农村中小企业。同时,积极筹建创投公司和村镇银行。10月,镇江国投创业投资有限公司揭牌。12月,丹徒区蒙银村镇银行试营业。

抓好节能综合调控。对4家企业进行清洁生产审核,对5家重点用能企业进行能源审计,对9家企业进行能源监测,对18个项目进行节能竣工验收,全面完成丹徒区节能降耗任务。全区重点用能企业产品节能10万吨标准煤,资源综合利用固体废弃物280吨,单位GDP能耗下降3.9%,达每万元0.862吨标准煤。推进发展散装水泥工作,全年水泥散装率93.6%,比上年增长7.2%,超全省平均散装率25个百分点。开展"农村发展散装水泥示范乡(镇)"创建活动,辛丰镇成为全市首个"发散"示范镇。加强农村能源工作,申报立项规模养殖场Ⅱ型沼气治理工程2处,已建设完成,并顺利通过市级专家组验收。

(何水清)

【固定资产投资增长22%】 2011年,丹徒区完成固定资产投资141.44亿元,比上年增长22%。其中工业性投资完成95.01亿元,比上年增长18.7%,占固定资产总投资67.2%;新兴产业投资完成50.02亿元,比上年增长105.4%,增幅超出全市平均水平4.7个百分点;服务业产业投资完成45.78亿元,比上年增长36.7%,增幅居全市第二,超出全市平均水平58个百分点。

(蒋　莹)

【规模工业企业发展平稳】 2011年,丹徒区规模工业企业保持平稳较快增长势头。全区定报工业累计完成工业产值644.68亿元,比上年增长30.5%;实现销售收入628.04亿元,比上年增长32.2%,实现利税总额71.07亿元,比上年增长41.7%,其中利润44.21亿元,比上年增长38.0%。全区销售额超亿元企业107家,比上年净增21家。其中销售额在5亿～10亿元的企业15家，销售额10亿～20亿元的企业7家，销售额超20亿元的企业4家。区“30强”规模企业实现产值322.6亿元，销售收入314.5亿元，利税42亿元，利润28.6亿元。销售占全区规模以上工业的50%，利税、利润占比在60%左右。

（凌秀华）

【淘汰落后产能】 2011年，丹徒区淘汰落后产能主要涉及5家企业。江苏北固水泥有限公司今年淘汰机立窑4条(₵3.2m＊11m)、生料磨机4台(₵2.2m＊7m)，水泥磨6台(₵2.2m＊7m 4台、₵1.83m＊7.5m 2台)，共计节约能源折合标煤75567吨，减少烟尘排放量60吨，粉尘排放量70吨，二氧化硫排放量210吨，安置分流职工120人。镇江茂林特种沥青有限公司淘汰年产2万吨特种沥青生产线，年可节约能源7700.7吨标煤，年减少氮氧化物排放2.5吨、二氧化硫排放7.5吨、烟尘排放20.8吨。镇江丹徒区振兴碳素厂淘汰窑炉7座、阳级碳素生产线2条，每年减少二氧化硫排放量50吨左右、烟尘排放量约200吨。镇江丹徒区谷阳耐火器材厂淘汰所有生产装备及附属设施，7000余吨耐火材料关停后，年减少废气排放2800立方米、二氧化硫排放量10.24吨、烟尘排放量1.6吨。江苏耕耘化学有限公司淘汰1280吨农药原药生产线，年节约能源折合标煤1332.4吨。

（凌秀华）

【毛伟明视察二重镇江基地】 2011年10月18日，江苏省发改委主任毛伟明到丹徒经济开发区视察二重镇江基地项目建设工作，区领导陈琳、徐申峰陪同视察。毛伟明一行听取二重镇江基地工程建设总体汇报，详细了解二重镇江基地的总体规划、建设进展及产品定位等，察看了企业的生产和运行情况。二重镇江基地项目一期工程基本建设完成，建成后将年产3套第三代核电重型装备、1万吨重型容器、组装3套1.5万吨以上重大装备，可实现年销售收入50亿元。视察中，毛伟明对二重镇江基地项目的建设工作给予充分肯定，同时希望二重镇江基地能进一步利用好现有资源，充分发挥自身优势，更好带动镇江装备制造业的发展。 （高超文）

工商行政管理

【概况】 2011年，镇江市丹徒工商行政管理局（以下简称丹徒工商局）围绕“服务与效能优化创新年”，深入开展“党徽耀红盾”争创群众满意服务窗口活动，在强化市场监管、服务经济发展、推进改革创新、加强队伍建设方面取得新成绩。全区新办内资企业921家，新增注册资本54.31亿元（其中私营企业874家，新增注册资本47.25亿元）；新办外资企业25家，新增注册资本2.51亿美元；新办农民专业合作社73家（含农民专业合作联社2家）；新办个体工商户2021家，新增资金总额13.39亿元。年末，全区有在业内资企业5498家，注册资本243.17亿元（其中私营企业4684家，注册资本172.61亿元）；农民专业合作社379家（含农民专业合作联社2家），出资总额8.2亿元；外资企业264家，注册资本17.31亿美元；个体工商户16069家，资金总额52.94亿元。全区有经纪人3234人，其中一般经纪人1744人，农民经纪人1490人。至年底，全区应参加2010年度验照个体工商户14104家，实际验照11416家，验照率88.94%。内资企业应检4845家，实检4323家，年检率89.23%，网上申报率99.9%。外资企业应检241家（其中待吊销68家，未能通过4家），实际通过年检169家，年检率70.1%。全年办理工商案件146件。全区151家12315联络站共受理消费者投诉举报177起，已全部办结，挽回经济损失8.7万元。3月，丹徒工商局与市城区地方海事局开展“消费维权进船家”活动，并成立全市首家水上“消费维权流动投诉站”。年内，被区委区政府评为“人民满意单位”“机关作风建设先进单位”“服务创业型城区建设先进单位”“2006～2010年全区法制宣传教育有功单位”；被区委春晖行动领导小组评为“春晖行动”先进单位；局党支部被区委评为“先进基层党组织”。城镇分局、宝堰分局、高桥分局、行政服务中心工商窗口被区委区政府评为“人民满意基层站所”；高资、辛丰、宝堰3个分局党支部被镇党委评为“先进基层党组织”。

（康　琼）

2011年3月11日，丹徒工商局在京杭运河上设立全市首个水上“消费维权流动投诉站”。

【出台10条意见促进丹徒现代服务业发展】 2011年3月,丹徒工商局制定《关于充分发挥工商登记职能促进全区现代服务业发展的意见》。具体包括10条意见:一是放宽现代服务业准入领域。坚持"非禁即准、非限即许"原则,凡是法律法规未禁止进入的服务业领域,各类资本均可进入;凡是向外资开放的服务业领域,都向内资开放;凡是对本地区开放的服务业领域,全部向外地企业开放。支持发展连锁经营、特许经营、电子商务、物流配送、专卖店等现代流通形式的现代服务业,鼓励各类创业主体进入节能环保、信息技术、新能源、新材料、生物、高端装备制造等新兴行业和领域。二是放宽现代服务业企业名称登记。鼓励服务业企业名称体现行业特点,允许使用表明其服务内容和服务方式的各类新兴行业用语作为行业表述。允许服务业企业在牌匾中将企业名称简化使用。服务业事业单位改制为企业的,允许其使用原事业单位名称或者符合企业名称登记规定的其他名称。在符合个体工商家名称规范要求的情况下,经营者的姓名可以作为个体工商家名称中的字号使用。允许个体工商家名称中含有阿拉伯数字。三是放宽现代服务业投资主体资格条件。允许个人独资企业、合伙企业、有投资能力的城镇社区居民委员会、农村村民委员会作为投资主体,投资设立公司制服务业企业。四是放宽对经营场所的限制。对《江苏省城乡规划条例》发布前已作为商业用房使用并已办理过营业执照的住宅房,由于投资者变化或原个体工商家转型升级为企业而重新办理营业执照的,如果没有相关投诉或异议的,经所在地居民委员会或业主委员会出具已征得具有利害关系的其他业主同意将住宅改变为经营性用房的证明文件,允许该住宅用房登记为企业住所(经营场所)。对从事软件开发、电子商务、服务外包、创意产业等服务业企业,经所在地居民委员会或业主委员会出具已征得具有利害关系的其他业主同意将住宅改变为经营性用房的证明文件,以及申请者、房屋出租者提交"房屋拆迁时仍按住宅房标准补偿"的承诺书,允许注册登记。五是扩大经营范围自主选择权。对非前置性行政许可的经营项目,可根据创业者申请,按照国民经济行业分类,自主选择经营范围,开展经营活动。对未纳入国民经济行业分类的现代服务业一般经营项目,可根据创业者申请,参照该行业通常用语灵活核定能体现其行业和服务特点的经营范围。申请从事服务外包业务的企业,其经营范围可使用"以服务外包方式从事"字样登记。六是扩大非货币财产出资方式及出资比例限制。允许投资人以其持有的其他公司的股权,向有限公司和股份公司出资,既可以向改制、重组的公司出资,也可以向新设或增资的公司出资,促进资本自由流转。支持投资人以知识产权等非货币财产出资设立企业,非货币财产出资比例最高可达公司注册资本的70%。公司增加注册资本时,新增注册资本中的非货币财产出资比例可以不受限制。七是放宽对现代服务业公司出资期限的限制。进一步落实公司注册资本分期到位的管理规定,在法定的期限和数额内,股东可以通过章程自行约定出资额和出资时间,不要求所有股东在出资周期内同步出资。八是开展股权出质登记工作,拓宽服务业企业融资担保渠道。出质人既可以把股权出质给银行业金融机构获得贷款,也可以把股权出质给一般性企业、自然人以及从事财产性权利质押业务的典当公司、担保公司。工商部门为企业办理公司股权出质登记时,不收取任何费用。九是落实好各项登记收费优惠政策。免收个人独资企业设立、变更登记费及营业执照副本费等行政事业性收费。对城镇退役士兵、残疾人员、登记失业人员、大中专毕业生、被征地农民、返乡农民工等新创业从事个体经营的(除法定限制行业外),免交登记费。申办农民专业合作社的,免交各种登记费。十是进一步下放登记权限,创新服务机制。下放外商投资企业登记受理权,对注册资本2000万美元以下的非限制类外商投资企业登记事项,申请人可直接向丹徒区行政中心工商窗口申报申请材料,无须向市行政中心外资窗口申报材料,减少办事成本。下放个人独资企业登记权和农民专业合作社登记初审权,委托基层分局办理个人独资企业登记发照和农民专业合作社登记初审、方便创业主体就近办理工商登记。 (康　琼)

【促进私个经济发展】 2011年,丹徒工商局优化创业环境,拓宽创业领域,促进个体私营经济发展。放宽个体私营资本准入条件,扩展出资方式,下放登记权限,将个人独资企业登记发照、农民专业合作社登记初审和内资企业的设立代理权下放到基层分局;设立6个创业服务专用窗口,鼓励自主创业,指定专人担任"创业联系人",为创业主体提供"一站式"服务,共接受各类咨询300余人次,发放创业联系卡260余份;鼓励个体工商户扩大经营规模,支持符合条件的个体工商户升级为有限责任公司,并允许使用原字号,成功为28家个体户办理升级企业登记,注册资本2100万元;严厉查处无照经营、虚假宣传、商标侵权等违法行为,共检查个体工商户、企业14375家,发放行政建议173份、行政提醒246份、行政规劝206份,引导办理营业执照891家,查处无照经营案件29件。 (康　琼)

【加大商标品牌战略】 2011年,丹徒工商局加大商标品牌与经济工作融合。一是抓好商标法律知识宣传。联合区知识产权局、区烟草局、区文广体局等部门开展4·26知识产权日活动,现场宣传商标法律知识,共发放商标知识资料1000余份。二是开展"为品牌加油,为党旗添彩"建言献策活动,向地方党委领导发出商标战略和企业品牌建设建议25条,其中13条得到地方领导批示。三是开展企业字号与商标名称一体化工程。发放"企业商标与字号一体化工程建议书”100余份，帮助19家企业实施商标名称与企业字号一体化。四是开展“商标战略进基层进企业”活动。结合企业年检开展商标使用情况调查，对企业注册和未注册商标情况进行分类汇总，开展注册商标提示和建议，引导并帮助企业争创高知名度商标，共发放商标注册建议卡400余份，指导300余家企业实施商标战略。年底，全区有注册商标630件、中国驰名商标2件、江苏省著名商标13件、镇江市知名商标54件。

（康　琼）

【强化流通领域商品质量监管】 2011年，丹徒工商局严把流通环节食品经营主体准入关，发放“食品流通许可证”1599个，发证率92.59%，办理乳制品许可证104家，发放《乳制品经营户变更通知书》1200份，创建流通环节食品安全示范店99个；强化食品质量检测，抽检商品质量12个品种78批次，快速检测乳制品、水产类等相关食品20个品种454批次，对不合格食品及时作出处理；开展以农村食品市场、乳制品市场、违法添加非食用物质和滥用食品添加剂、“地沟油”、校园周边等内容的专项整治行动，共出动执法人员1054人次，检查各类经营单位5523家，查出无证食品经营户12家，取缔无照经营户3家，查获假冒伪劣食品841公斤；试点推行“两项制度”信息化工作，在50家食品经营户中成功推广应用，提高食品安全监管效能。

（康　琼）

【开展专项整治维护市场秩序】 2011年，丹徒工商局开展打击侵犯知识产权和制售假冒伪劣商品专项行动，出动执法人员904人次，检查各类市场主体2685家，检查批发零售市场、集贸市场92个次，整治重点区域（点）39处，捣毁制假售假窝点1个，受理和处理消费者申诉和举报13件，为消费者挽回经济损失1.65万元。查处涉嫌商标侵权和销售不合格商品的案件53件，没收侵权“UGG”雪地靴3300双、半成品1440双、商标标识27920个，包装盒、包装袋和说明书18000个（张），假冒名酒428瓶。（康　琼）

【推进放心消费活动】 2011年，丹徒工商局落实放心消费创建活动测评体系，确定新城管委会、谷阳镇为区域创建重点，将驾培、农资、食用菌、百货、装饰材料、物管、建筑、烟草销售8个行业列入行业创建重点，加强对全区和成员单位创建活动情况督查。11月，顺利通过省放心办阶段性测评。年末，全区有5个镇被命名为省级放心消费区域，4个行业被命名为省级放心消费行业，8家企业被命名为省级放心消费企业。全区放心消费参创率95%，市、镇、区达标率80%。

（康　琼）

【推进企业信用建设】 2011年，丹徒工商局开展“重合同、守信用”主题诚信活动，复查老重守企业161家，复查率100%。新发展区级重守企业34家，市级重守企业8家。年底，全区共有“重守”企业189家，其中省级4家、市级71家、区级114家，有效提升全区企业信用管理水平。

（康　琼）

【支持农村经济发展】 2011年，丹徒工商局创建“红盾强农惠农示范岗”发展农村市场主体，新增农民专业合作社73家，农村经济执业人员150人。开展红盾护农保春耕、保秋收等专项行动，共检查农资经营户613家次，取缔无照经营6家，发放农资商品进、销货台账210套。开展肥料抽检20批次、农药5批次。查处销售不合格农资案件2件。联合区农委、区放心消费办公室命名22家“放心农资店”。推广连锁经营、集中配送的农资经营模式，全区农资加盟连锁网点已达165家，占全区农资经营户76%。发挥3个涉农基层合同指导站作用，培训涉农企业30家275人次，检查涉农企业45家，签约农户1261家，涉及合同1261份，合同金额352万元。办理涉农企业动产抵押登记3笔，贷款金额1328万元。查处涉农合同欺诈案件1件。

（康　琼）

表11　**2011年丹徒区驰名、著名、知名商标统计情况**

序号	企业名称	商标名称	认定时间	使用类别	知著名情况
1	江苏恒顺醋业股份有限公司	恒顺十图案	2009.1	调味品、发酵制品制造	驰名
2	江苏恒顺醋业股份有限公司	恒顺	2011.11	醋、调味酱、调味品等	驰名
3	江苏鹤林水泥有限公司	鹤林	2008.12.25～2011.12.24	水泥生产、销售	著名
4	精功镇江汽车制造有限公司	精功	2008.12.25～2011.12.24	汽车制造	著名
5	恒丰食品镇江有限公司	北固山	2010.12.30～2013.12.29	酱油、醋、辣椒油	著名
6	镇江市丹徒区正东生态农业发展中心	正东	2011.12.30～2014.12.30	金针菇、查鲍菇	著名

续表

序号	企业名称	商标名称	认定时间	使用类别	知著名情况
7	江苏百瑞吉新材料有限公司	百瑞吉＋BRIDGES＋图形	2011.12.30～2014.12.30	水泥、混泥土构筑件、建设用沥青产品等	著名
8	镇江京友调味品有限公司	甘露	2010.12.30～2013.12.30	芝麻香油	著名
9	镇江市恒康调味品厂	金山寺	2009.12.21～2012.12.20	食醋、酱油、酱腌菜	著名
10	江苏镇安电力设备有限公司	宇魁	2009.12.21～2012.12.20	电子设备制造	著名
11	江苏特密斯混凝土外加剂有限公司	特密斯	2009.12.21～2012.12.20	混凝土	著名
12	江苏恒顺醋业股份有限公司	恒顺	2010.12.30～2013.12.29	酱菜等	著名
13	江苏恒顺醋业股份有限公司	恒顺＋图案	2010.12.30～2013.12.29	醋、酱油、蚕豆辣酱	著名
14	镇江浮玉麻油有限公司	浮玉	2010.12.30～2013.12.29	纯正香麻油	著名
15	江苏富林医疗设备有限公司	富林	2010.12.30～2013.12.29	医疗器械和仪器、血压计、听诊器	著名
16	镇江市丹徒区谷阳茶场	金谷阳	2011.11.2～2014.11.1	茶叶的加工、销售	知名
17	镇江市顺天矿机制造有限公司	金和虎	2011.11.2～2014.11.1	矿山机械及配件	知名
18	镇江市富林医疗设备有限公司	富林	2011.11.2～2014.11.1	医疗仪器设备及器械	知名
19	镇江仙妻味业有限公司	仙妻	2011.11.2～2014.11.1	调味品、发酵制品	知名
20	镇江苏南商贸有限公司	舒南	2011.11.2～2014.11.1	洗化用品、卫生用品	知名
21	镇江浮玉麻油有限公司	浮玉	2009.10.22～2012.10.21	麻油	知名
22	镇江市恒康调味品厂	恒康	2009.10.22～2012.10.21	食醋、酱油、酱腌菜	知名
23	江苏镇安电力设备有限公司	宇魁	2009.10.22～2012.10.21	电子设备制造	知名
24	江苏耕耘化学有限公司	耕耘	2009.10.22～2012.10.21	化学用品	知名
25	镇江市丹徒区粮油机械修造厂	利箭	2009.10.22～2012.10.21	食品、饮料、烟草工业专用设备	知名
26	镇江市黄墟锚链有限公司	马迹山	2009.10.22～2012.10.21	链条、滑轮等部件	知名
27	镇江市镇丹酱醋有限公司	镇丹	2009.10.22～2012.10.21	食醋、酱油、酱菜	知名
28	镇江恒顺酒业有限责任公司	名厨	2009.10.22～2012.10.21	酒类、食醋	知名
29	镇江市丹徒区正东生态农业发展中心	正东	2009.10.22～2012.10.21	农产品及菌类	知名
30	江苏百瑞吉新材料有限公司	百瑞吉	2009.10.22～2012.10.21	混凝土外加剂	知名
31	镇江市丹徒区日用化工二厂有限公司	百克灵	2009.10.22～2012.10.21	化工用品	知名
32	镇江华瑞液压机械有限公司	双双	2009.10.22～2012.10.21	液压件	知名
33	镇江市丹徒区上党镇墅香茶场	墅香	2009.10.22～2012.10.21	茶叶	知名
34	江苏华夏制漆科技有限公司	龙夏	2009.10.22～2012.10.21	水性乳胶涂料	知名
35	镇江亨威金融保险机具有限公司	亨威	2009.10.22～2012.10.21	金融保险机具	知名
36	镇江市丹徒区恒宝精制米厂	润丹	2009.10.22～2012.10.21	粮油收购、加工、兑换、销售;饲料的零售	知名
37	镇江维达斯裘革鞋业有限公司	维达斯	2009.10.22～2012.10.21	皮鞋、皮革制品及皮毛制品	知名
38	镇江市丹徒区环亚制刷厂	STENLEY	2009.10.22～2012.10.21	鬃毛加工、刷类	知名
39	镇江南方电子有限公司	强通	2009.10.22～2012.10.21	射频同轴连接器、冲压件、五金配件	知名

续表

序号	企业名称	商标名称	认定时间	使用类别	知著名情况
40	镇江市丹徒区上党镇里墅村茶林场	墅山	2010.10.28～2013.10.27	茶	知名
41	镇江永乐裘皮制品有限公司	五峰山	2010.10.28～2013.10.27	服装、鞋、帽	知名
42	镇江太极电动车电源有限公司	库轮	2010.10.28～2013.10.27	车辆用蓄电池,车辆电力蓄电池,蓄电池箱	知名
43	镇江华浩通信器材有限公司	华浩科电	2010.10.28～2013.10.27	电器连接器,电线连接物,电器接插件,插座	知名
44	镇江金星鬃刷有限责任公司	GOLDBALL	2010.10.28～2013.10.27	刷子,制刷原料,刷制品,排笔刷	知名
45	镇江飞亮齿轮有限公司	图形商标	2010.10.28～2013.10.27	齿轮	知名
46	江苏明联电子科技有限公司	明联	2010.10.28～2013.10.27	网络通讯设备,分线盒(电),电器联接器	知名
47	镇江市国威轴承有限公司	国 GW 威	2010.10.28～2013.10.27	轴承(机器零件),滚珠轴承,机器轴承托架,滚珠用轴承	知名
48	江苏郎景幕墙科技有限公司	LONGING 郎景	2010.10.28～2013.10.27	铝塑板(以铝为主),铝箔,金属窗	知名
49	镇江市丹徒区江心镇农产品产销协会经销部	滩八样	2010.10.28～2013.10.27	新鲜蔬菜,鲜水果,鲜食用菌,活鱼,虾(活)	知名
50	镇江精工轴承厂	镇精	2010.10.28～2013.10.27	轴承(机器零件)	知名
51	江苏华夏制漆科技有限公司	金山	2010.10.28～2013.10.27	漆,油漆,车辆底盘涂层,油漆稀释剂	知名
52	镇江通达电子有限公司	TDRF	2010.10.28～2013.10.27	电器接插件,电器联接器,电线接线器(电)	知名
53	镇江市丹徒区上党小力山茶场	上丹	2010.10.28～2013.10.27	茶、茶叶代用品	知名
54	镇江亨利达融具设备有限公司	亨利达	2010.10.28～2013.10.27	保险柜,防盗保险门窗	知名
55	镇江亨利达轴承有限公司	HLD	2010.10.28～2013.10.27	轴承(机器零件)	知名
56	镇江亨利达轴承有限公司	亨利达	2010.10.28～2013.10.27	轴承(机器零件)	知名
57	镇江丹宝树脂有限公司	丹宝十图	2011.11.2～2014.11.1	聚酰胺树脂、酚醛树脂	知名
58	镇江上通食品机械制造有限公司	上通及图	2011.11.2～2014.11.1	制食品用电动机械	知名
59	镇江京友调味品有限公司	北固楼	2011.11.2～2014.11.1	芝麻香油	知名
60	镇江鹏宇机械制造有限公司	鹏宇十图	2011.11.2～2014.11.1	齿条齿轮传动装置;轴承	知名
61	镇江龙腾轴承有限公司	伟龙十图	2011.11.2～2014.11.1	轴承(机械零件);传动轴轴承;滚珠轴承	知名
62	镇江京友调味品有限公司	甘露	2011.11.2～2014.11.1	芝麻香油	知名
63	江苏百佳斯特汽车制品有限公司	佰佳斯特	2011.11.2～2014.11.1	儿童安全座(车辆用);车辆座位等	知名
64	丹徒区墅茗茶叶专业合作社	曹付	2011.11.2～2014.11.1	茶、茶饮料、茶叶代用品	知名
65	丹徒区高桥镇贝斯特裘皮制品厂	极度梦想	2011.11.2～2014.11.1	鞋;靴;服装;帽;袜等	知名
66	镇江恒飞刷业有限公司	恒飞	2011.11.2～2014.11.1	刷子、刷制品、猪鬃、制刷原料	知名
67	镇江瑞泰刷业有限公司	瑞泰	2011.11.2～2014.11.1	刷子、刷制品、猪鬃、制刷原料	知名
68	江苏名和混凝土有限公司	名和	2011.11.2～2014.11.1	混凝土、混凝土建筑构件;建筑用砂石;砂;筑路或铺路材料、建筑石料	知名
69	江苏健神生物农化有限公司	健神	2011.11.2～2014.11.1	消灭有害动物制剂、除草剂、杀虫剂等	知名

（康　琼）

表 12　　2011 年丹徒区农贸市场统计情况

序号	市场名称	市场类型	开业时间	建筑面积(平方米)	经营者户数(户)	地区	信用类别
1	镇江市丹徒区高发农贸市场有限公司	农副产品综合市场	2009.9.10	10620	108	丹徒	A
2	镇江市丹徒区隆兴商贸城有限公司	农副产品专业市场	2008.11.24	12000	86	丹徒	A
3	镇江市丹徒区荣炳荣兴农贸市场	农副产品专业市场	2008.11.27	900	16	丹徒	A
4	镇江市丹徒区上会丰裕农贸市场有限公司	农副产品专业市场	2009.9.28	250	21	丹徒	A
5	镇江市丹徒区宝堰镇东集贸市场	农副产品专业市场	2008.12.8	7000	80	丹徒	A
6	镇江市丹徒区中天农贸市场有限公司	农副产品综合市场	2008.12.3	1600	46	丹徒	A
7	镇江市丹徒区黄墟农贸市场	农副产品综合市场	2006.7.20	3200	35	丹徒	A
8	镇江市丹徒区辛王庙集贸市场	农副产品综合市场	2008.12.30	5000	66	丹徒	B
9	浙江铭基置业有限公司丹徒分公司	消费品综合市场	2001.3.1	120000	315	丹徒	A
10	镇江市苏润机电设备市场有限公司	工业消费品专业市场	2010.10.22	1000	7	丹徒	A
11	镇江市丹徒区西麓兴发农贸市场	农副产品综合市场	2009.6.16	700	20	丹徒	A
12	镇江市丹徒区三山兴丰农贸市场	农副产品综合市场	2009.6.16	1000	38	丹徒	A
13	镇江市丹徒新城金涛农贸市场有限公司	农副产品综合市场	2009.5.4	800	12	丹徒	A
14	镇江市丹徒区高桥乐购农贸市场有限公司	农副产品专业市场	2008.10.24	2120	64	丹徒	A

（康　琼）

安全生产监督管理

【概况】 2011 年，丹徒区发生各类安全生产事故 95 起，死亡 41 人，伤 69 人，未发生较大以上安全生产事故，其中火灾事故 23 起，比上年增长 15%，无死亡；道路交通事故 64 起，比上年下降 5.8%，死亡 33 人，与上年持平，伤 68 人，比上年增长 21.4%。工矿商贸企业发生事故 4 起，死亡 5 人；建筑施工类事故 2 起，死亡 1 人，伤 1 人；其他类别事故 2 起，死亡 2 人。以上三类事故总起数 8 起，死亡总人数 8 人，伤 1 人，事故起数、死亡人数均比上年下降 11%，受伤人数持平。年内，杨光明被镇江市安全生产委员会评为镇江市安全生产先进个人。

（殷姝坚）

【落实安全生产责任制】 2011 年，丹徒区政府召开全区安全生产工作会议，对全区安全生产工作进行总体部署。区政府与各镇（街道、园区）和主管部门继续签订安全生产目标管理责任状。各镇（街道、园区）、各部门与所管辖单位签订目标管理责任状，层层落实责任制。区政府每季度召开一次会议专题研究安全生产工作，及时协调解决安全生产方面存在的问题；区政府主要领导、分管领导多次深入基层进行安全生产工作的调查研究，重要节假日亲自带队到一线检查安全生产工作。（殷姝坚）

【开展安全生产宣传教育与培训】 2011 年，镇江市丹徒区安全生产监督管理局（以下简称丹徒区安监局）结合“安全生产年”“安全生产月”“安康杯”等活动，围绕“安全责任，重在落实”主题，开展安全生产宣传教育与培训。6 月为“安全生产月”活动咨询月，区安监局组织 10 个成员单位在高桥镇开展安全生产现场咨询活动，通过宣传车、悬挂横幅标语、制作图板等形式拓展宣传内涵，增强宣传效果，发放宣传材料 1500 余册，受教育群众 2000 多人次；配合区总工会做好“安康杯”竞赛活动，宣传《中华人民共和国劳动合同法》，开展“劳动关系和谐企业”创建活动；组织人员参加市安委会知识培训，举办安全生产专业技能培训。全年共举办培训班 9 期，培训各类生产经营单位安全生产负责人、安全管理人员、特种作业人员 1500 余人次。（殷姝坚）

【完善安全生产事故应急预案】 2011 年 2 月，丹徒区安监局对 2010 年修订的《丹徒区重特大生产安全事故应急救援预案》等 8 个预案进行修订，对 2010 年制定的《镇江市丹徒区冶金行业事故应急救援预案》《镇江市丹徒区烟花爆竹行业事故应急救援预案》进行充实。各镇（园区）、相关单位也制定和完善安全生产事故应急预案。开展“1+3”安全监控体系建设和企业安全标准化达标工作，提升企业整体安全生产水平，制定安全生产标准化工作实施方案，对排出的拟达标高危行业企业，派人上门进行宣传和指导，帮助企业从硬件和软件两个方面实施安全质量标准化。（殷姝坚）

【开展安全隐患排查治理】 2011 年 6 月，丹徒区安监局下发《关于进一步加强隐患排查工作的通知》，与全区各职能部门组成 6 个检查组，对非煤矿山、道路交通、冶金、船舶制造、建筑工地、危险化学品和人员密集场所等高危行业和重点领域的隐患排查治理开展情况进行督查；制定下发隐患排查通知，并组织人员成立督查组对排查工作进行督查，共检查企业358家，检查出隐患441起，当即整改403起，整改率91.39%；6月、10月、11月，分三次对所有企业开展拉网式检查，下发开展安全生产大检查通知，分8个专项检查组和3个综合检查组开展安全生产检查，检查企业1536家，查出各类安全隐患1252起，当即整改1195起，整改率95.4%，对一时不能整改到位的安全隐患，逐一明确整改期限、整改措施和责任人。10月底，区级督办的1起火灾隐患和市级督办的1起二级重大隐患已按期整改到位，全部销案。

（殷姝坚）

【开展重点领域和关键环节专项整治工作】 2011年，丹徒区安监局继续在道路交通（水上交通）、危化品、烟花爆竹、矿山、船舶、建筑、人员密集场所、特种设备等重点领域和关键环节开展安全生产专项整治工作。一是继续深化矿山安全专项整治。严格按照矿山企业安全标准化要求，对盛源矿业等企业进行验收，盛源矿业前后投入500万余元，达到市级标准化标准。二是危化品专项整治取得新进展。聘请专家参加，按照危险化学品生产企业安全监督检查制度要求，深入重点企业，对其安全生产状况、安全生产责任制和各项规章制度贯彻执行情况进行监督检查，发现违规立即停产整顿。三是交通运输安全专项整治成效显著。加大对事故多发路段的交通管理力度，严厉整治以超载超速为重点的交通违法行为，加强对事故隐患点段的重点整治，全区交通运输安全状况明显改善，大港汽渡、江心汽渡等水上运输单位实现安全运营。对高铁附近的隐患进行排查治理，取缔1处非法废品收购点。四是推进消防安全整治。以落实消防安全责任制、消除重大安全隐患为重点，集中开展火灾隐患普查整治工作。对重点整治场所、高层和地下建筑进行逐一排查，对排查出的火灾隐患全部下达整改指令书并督促整改到位。五是"打非"专项行动扎实有效。在烟花爆竹领域取缔无证销售点6家，没收非法销售烟花爆竹近200箱，保证全区烟花爆竹市场的安全稳定。深化民用爆破器材、冶金船舶、特种设备等行业和领域的专项整治。（殷姝坚）

价格管理

【概况】 2011年，镇江市丹徒区物价局（以下简称丹徒区物价局）加强价格调控，对粮油、蔬菜等主副食品价格，成品油、机动车停车场收费情况及部分乡镇农贸市场、加油站等120余家单位加强检查，共出动检查人员80余人次。5月，成立丹徒区市场价格调控领导小组，在价格异动时期召开联席会议，实施价格调控方案。在食盐抢购时期，为预防食盐价格出现异动，及时启动价格异动应急预案，组织2个检查小组、出动检查人员20人次，对超市、商店及市场开展检查，下发政策提醒函100余份，有效维护食盐市场价格秩序。受理价格政策咨询和举报37件，其中价格咨询24件，投诉13件，实施经济制裁21万余元，罚款2.02万元；回复12345服务热线2件、《镇江论坛》2件，办结率、回复率均为100%；受理各类物品价格鉴定、认证案件862起，鉴定总金额2214万元，其中刑事案件98宗，民事案件24宗，道路交通事故定损804起，对92个小区的存量房交易计税基准价进行认定，完成拆迁调查5万平方米；走访慰问"春晖行动"结对帮扶挂钩村世业镇兴隆村及结对贫困户，提供帮扶款2.4万元，联络结对企业落实帮扶款5万元。年内，被区委、区政府评为2011年度优化经济发展环境先进单位、先进党支部、社会治安综合治理先进单位、依法行政示范单位、2006～2010年全区法制宣传教育有功单位，在行政处罚案卷评比中获三等奖。（朱　莉）

【加强市场价格监测】 2011年，丹徒区物价局增强价格监测职能，提高预警预报能力，健全价格监测网络，在丹徒新城内增设2个市场主副食品价格监测点，全区正式及临时价格监测点达19个，监测项目涉及200多个品种；加强价格异动时期监测，增加市场主副食品中的蔬菜、肉禽蛋等涉民商品价格监测次数，多方采价、分析走势，及时向上级主管部门上报相关资料；拓宽价格信息公布渠道，在物价局网站上公开相关价格信息，并在丹徒新区广场大屏幕上进行发布，每天早、晚2次播放、每周更换1次，全年公布商品品种达100余种，发布价格信息34次2000余条。

（朱　莉）

【开展涉企收费监测】 2011年，丹徒区物价局在对原有8家企业收费情况进行监测的基础上，又确定在二重集团（镇江）重型装备厂有限责任公司二重集团重装基地项目、江苏中靖新能源科技有限公司制氢装置及催化释氢剂产业化项目、镇江希西维轴承有限公司精密滑动轴承生产项目、江苏龙山白鹭岛生态休闲度假有限公司生态休闲区项目、镇江宝龙港务物流有限公司公共物流码头5个重大项目开展收费情况监测，定人与企业联系，定期到企业开展服务，加强跟踪监督，规范收费行为，为丹徒区重大项目建设积极营造良好的发展环境。

（朱　莉）

【加强农贸、城市集贸市场收费监管】 2011年，丹徒区物价局贯彻落实省、市农贸市场收费项目减免政策，对政府投资的13个农贸市场、2个民办农贸市场收费情况全面摸底并开展专项检查，要求政府投资的农贸市场摊位费最少降低20%，民办农贸市场摊位费实行备案管理，并公示摊位费标准。同时，认真落实城市集贸市场摊位费的备案管理政策，加强对丹徒新城2个集贸市场摊位收费的备案管理，降低农产品流通成本。（朱　莉）

【疏导校车价费矛盾】 2011年,丹徒区物价局针对全区校车营运成本高、车辆运营困难而票价管理相对滞后问题,对上党镇27辆标准校车在29条线路的运营单车成本进行实地了解,分析成本,提出建议,形成材料上报区委、区政府。区政府加大对校车的财政投入,通过减免校车税费、营运灵活管理、合理调整车票价格等措施,保证了校车的平稳运营,有效疏导价费矛盾。

(朱 莉)

【建立丹徒区首个超市平价农产品专营区】 2011年,丹徒区物价局积极推进平价商店及超市平价农产品专营区建设工作,在新城世纪联华超市建立首个平价蔬菜专营区,初步实现"农超对接",为稳定"菜篮子"价格奠定了基础。

(朱 莉)

【增设蔬菜成本调查点】 2011年,丹徒区物价局提高服务"三农"成效,针对蔬菜价格异动情况,增设蔬菜成本调查点。与区财政局、区农委等部门深入蔬菜种植基地、农贸市场等基层单位开展蔬菜生产与经营流通情况调查,及时发现存在问题,提出相关建议,为全区蔬菜保供稳价发挥积极作用。(朱 莉)

【开展反价格欺诈专项行动】 2011年3月,丹徒区物价局开展"打击价格欺诈,营造放心消费环境"专项整治活动,强化市场价格监管。一是抓法制宣传促认识。深入商业街向各个商店经营者和过往群众宣传价格政策法规,发放"反价格欺诈政策提醒函",增强经营者的价格自律意识和消费者的辨别能力。二是抓明码标价促提高。检查商店20多家,督促经营者诚实规范标价,明码标价。对不规范标价的4家商店,当场责令改正,并给予经济制裁。城区商品明码标价率基本保持在95%以上,标示正确率达98%。三是抓诚信示范促规范。以城区风景城邦商业街开展创建"价格诚信一条街"活动为重点,以世纪联华超市为样板,大力推行明码实价,同时加大市场巡查力度,适时督查经营者的价格行为,有效预防价格欺诈行为的发生。 (潘建荣)

2011年5月26日,召开丹徒区商品房销售明码标价工作会议。

【成立价格争议调解工作室】 2011年5月,丹徒区物价局与区司法局、区社会矛盾纠纷调处联合成立价格争议调解工作领导小组。在区物价局价格认证中心设丹徒区价格争议调解工作室,由区价格认证中心的价格鉴证师、区社会矛盾纠调处的调解员组成,负责处理日常事务。调解室根据需要定期、不定期召开联动工作例会,对联动工作进行分析总结,确保价格争议调解工作规范有序运转。 (朱 莉)

【开展商品房明码标价专项整治活动】 2011年5月,为贯彻落实《商品房销售明码标价规定》和《江苏省商品房销售明码标价实施细则》,确保丹徒区商品房销售明码标价制度从6月1日起顺利实施,区物价局召集全区48家房地产开发经营企业相关负责人召开全区商品房销售明码标价工作会议。会上,对丹徒区商品房明码标价工作进行部署,详细提出做好商品房销售明码标价工作的具体要求,按照属地管理原则,严格坚持统一式样、一套一标、标价监制、房价变动及时报告制度。6月,对丹徒新城20余家开发公司开发销售的各类商品房明码标价进行检查。对检查中发现的各种明码标价不规范行为责令整改,下发整改通知书2份,进一步规范商品房价格行为。(朱 莉 潘建荣)

【启动涉农价费政策服务万户行活动】 2011年10月,丹徒区物价局在上党镇启动"涉农价费政策服务万户行"大型宣传咨询活动,共100余人参加。现场向群众宣传政府在保障供应、稳定价格、减轻农民负担等方面措施,同时提供价费政策咨询、受理群众投诉,共发放价格法律、法规宣传单500余份,受理群众价格咨询、举报各3件,切实维护广大农民权益。在服务点薛村,将《丹徒区涉农价费服务手册》和各级政府减轻农民负担的各项惠农政策宣传资料送到农民手中,积极服务丹徒"三农"发展。 (宦法林)

审 计

【概况】 2011年,镇江市丹徒区审计局(以下简称丹徒区审计局)以"抓项目促提升"为主题,认真履行审计职能,发挥审计"免疫系统"功能，服务全区发展。全年完成审计项目59个，查出管理不规范金额3.5亿元，工程审计送审金额3.75亿元，核减金额3727万元，提出审计建议165条。完成区纪委委托“三重审计”项目5个，其中重点工程审计项目4个、重点领域审计项目1个。2月，对镇江市润州区进行全国地方政府性债务交叉审计。提交审计信息和文章72篇，被各级采用97篇(次)，被审计署网站、《中国审计报》、《江苏审计》、省厅网站刊载13篇。 (谈建华)

【区镇财政审计】 2011年，丹徒区审计局从涉及民计、民生的重点资金、重点事项入手，开展“同级审”和乡镇财政审计。“同级审”重点审计区财政局、地税局组织和参与预算执行的情况，对2010年丹徒区水利建设专项资金使用管理绩效情况和区环境保护专项资金征收使用管理情况进行审计调查，查处违规金额6.88亿元，管理不规范金额1.1亿元，提出合理化审计建议17条。对高资镇、江心洲生态农业园区和谷阳镇进行财政决算审计，查处违规金额1303.2万元，管理不规范金额1516.5万元，提出审计建议6条。

(谈建华)

【固定资产投资审计】 2011年，丹徒区审计局加强政府投资审计工作，开展全区安置房工程、长香路工程、中国米芾书法公园、城际高铁广场等重点建设项目的审计。全年完成审计项目36个，送审造价3.75亿元，审计核定工程造价3.38亿元，核减工程造价3727万元，平均核减率9.9%。 (谈建华)

【经济责任审计】 2011年，丹徒区审计局继续坚持以领导干部履行经济责任为主线，以促进守法守纪守规尽责为目标，以制约和监督权力为核心深化经济责任审计。完成区委组织部安排的“三责联审”项目4个，重点审计被审计人员任职期间单位及本人遵守财经法规情况、个人廉洁自律情况等，促进对权力的制约和监督，促进党风廉政建设和干部监督工作，为区委组织部门选拔任用和监督干部提供服务。

(谈建华)

【专项资金(绩效)审计(调查)】 2011年，丹徒区审计局坚持把民生工程作为审计重点，抓好专项资金审计(调查)。先后对2010年水利建设专项资金使用管理情况、2010年环境保护专项资金使用管理情况、太湖流域水污染治理第四期省级专项资金、区人社局机关事业养老保险基金、区普通高中债务及各镇(园区)政府性债务进行专项审计(调查)，提出审计建议27条。

(谈建华)

【行政事业、企业审计】 2011年，丹徒区审计局以规范部门预算管理，促进部门加强内部管理，提高财政资金使用效益为目标，对区房管局、区卫生局、大港中学、区发改委2010年财务收支及丹徒新区建设发展公司2010年资产负债损益进行审计。查处违规金额262.3万元，管理不规范金额354.5万元，提出审计建议22条。 (谈建华)

【审计信息化建设】 2011年，丹徒区审计局完善审计信息化考核奖惩机制，以制度保障审计信息化建设稳步推进。全面运用现场审计实施系统(AO)和审计管理系统(OA)，结合审计工作实际，撰写审计方法6篇，计算机AO应用案例5篇，获国家审计署评比鼓励奖2篇，江苏省审计厅评比二等奖2篇，入库3篇，镇江市审计局评比一等奖奖5篇，二等奖5篇。10月，3人参加审计署组织的计算机中级培训，并取得优异成绩。 (谈建华)

【审计公告】 2011年，丹徒区审计局坚持实行审计结果公告制度，积极开展“阳光政务”公开工作，将丹徒区长香路B标道路工程等26个项目审计结果在网站公告，公布审计发现的问题、处理情况和建议及有关部门、单位整改落实情况，接受社会监督。 (谈建华)

【审计队伍建设】 2011年，丹徒区审计局加强审计队伍建设。一是加强业务建设。开展“四季论坛”活动，共组织财税知识篇、廉政纪律篇、宏观视野篇、超越自我篇四期。二是加强专业培训，先后安排3人参加审计署举办的计算机中级培训，2人参加省厅组织的会计知识和工程审计知识结构调整培训，7人参加上海财大专业培训，1人获高级职称，并通过计算机中级考试。三是开展审计文化建设。开展“六个一”、唱红歌、春晖行动、创建文明城市等多项活动。 (谈建华)

【加强依法行政、综合治理和精神文明建设】 2011年，丹徒区审计局制定季度论坛学习制度、完善法律知识培训考核制度及法制工作责任制，与各科室负责人签订依法审计责任状；通过“12·4”法制宣传日活动宣传《中华人民共和国审计法实施条例》，突出审计廉政建设，邀请检察院预防职务犯罪的行家进行专题讲座、观看《廉政警示录》《建党伟业》；推行政务公开和审务公开，实行“阳光审计”。参加区级机关组织的“春晖行动”，共帮扶资金16.65万元。 (谈建华)

统　　计

【概况】 2011年，镇江市丹徒区统计局(以下简称丹徒区统计局)以全面落实《2011年丹徒统计工作要点》为目标，根据统计功能，推动统计创新，发挥统计在服务经济社会发展中的作用，为丹徒区跨越发展提供统计服务。完成农业、工业、服务业等15个统计专业的年定报工作，做到政府统计数据与部门统计数据的衔接、全面统计数据与抽样调查数据的衔接，确保各项经济指标客观反映全区经济运行情况。开展“企业景气调查”“高效设施农业调查”等调查工作，开展体育产业、公众安全感、村级“勤廉指数”、组织工作等测评调查工作。全年撰写工作动态 60 则、统计信息 29 则、统计分析 24 篇,全部被市局网站采用,其中 9 篇统计分析和 12 则工作动态被省局网站采用。年内,被区委、区政府评为节能降耗工作先进单位、生态区创建和文明城市创建先进单位、"三农"工作先进单位、实施"十一五"妇女儿童事业发展规划先进集体等。 (王 薇)

【做好农村新一轮调查网点启用工作】 2011 年是农村新一轮调查网点启用年,丹徒区统计局多次召开会议,部署和培训粮食测产工作,并编制调查范例,讲解调查指标,使调查人员全面了解产量调查过程。区统计局对各统计站长和辅调员提出四点要求。一要加强工作责任心,确保粮食测产数据准确可靠;二要加强学习,熟练掌握粮食测产工作要求,保证粮食测产工作的顺利进行;三要按照产量调查操作流程来做好夏粮测产工作;四要在人力、物力、财力上积极支持产量调查工作。

(王 薇)

【加强业务培训学习】 2011 年,丹徒区统计局通过岗位练兵、岗位兼职、岗位调整等形式加强统计业务培训学习,组织参加市统计局开展的统计业务知识培训,获全市统计业务大练兵辖市区综合评比第二名。同时,利用统计年定报工作会议、统计从业资格报名考试等加强基层统计人员业务培训,共举办课堂式培训 5 次、座谈式培训 15 次,增强数据真实性,提高调查质量。

(王 薇)

【加强基层统计站建设】 2011 年,丹徒区统计局对照规范化统计站标准,加强 10 个基层统计站的硬件、软件、制度建设,为争创省"先进统计站"创造条件;以迎接省、市统计数据质量检查为契机,组成指导组到基层统计站进行系统指导检查,促进提高基层统计业务能力、统计工作地位和台账制作水平。同时,通过专业人员把关、科长审核、分管局长总体把握等流程控制,全面提升数据质量。 (王 薇)

【提升统计服务发展能力】 2011 年,丹徒区统计局加强服务业特别是现代服务业的统计样本库建设,建立健全规范流程,实现服务业统计全覆盖;加强对新兴产业的跟踪统计,细化指标分类,优化指标体系设计;建立、完善文化产业的统计方案、统计队伍和统计报表方法制度,提高文化产业统计数据质量;开展生态区建设监测,为创建生态区提供有效指导;加强能源统计,全面组织实施能源统计、监测、考核"三体系"方案,强化专业衔接;加强部门服务业统计工作,不定期到相关部门进行走访磋商、沟通联系,研究和确定全区部门服务业统计的工作思路和举措;及时对全区企业名录库进行核查维护,为推进"四大工程"建设(基本单位名录库、企业一套表制度、数据采集处理软件系统和联网直报系统)服务。 (王 薇)

三产管理

【概况】 2011 年,镇江市丹徒区三产发展总公司加速经济转型升级,推进重大服务业项目建设,服务业保持跨越发展的良好态势。全区投资 5000 万元以上服务业重点项目 28 个,总投资 36.1 亿元,冠城商业中心、基督教堂、金街口商业、智谷商业、公共物流码头、龙山白鹭岛等 15 个项目进展较快;宝龙城市综合体、温泉度假村、新加州酒店等 8 个项目准备开工建设;国华煤炭储备基地、长江文化主题园等 5 个项目积极推进。其中列入市级重点服务业项目 3 个,分别是高资经济开发区公共物流码头、冠城商业中心和新加州五星级酒店。全区服务业增加值 81.1 亿元,增幅 16.5%,占 GDP 比重 37.7%;服务业规模投资 43.5 亿元,增幅 30%;服务业税收 4.45 以预算内,增幅 6.8%;完成社会消费品零售总额 38.3 亿元,比上年增长 17.5%。

2012 年 3 月 12 日,撤销镇江市丹徒区三产发展总公司,成立镇江市丹徒区大项目建设办公室。

(三产总公司)

质量技术监督管理

【概况】 2011 年,镇江市丹徒质量技术监督局(以下简称丹徒质监局)开展标准化、计量、质量、食品安全、特种设备安全监察等综合管理和行政执法工作,出台《服务新兴产业十项举措》,为 10 家新兴产业重点企业建立跟踪服务档案,指导企业完善标准化工作,帮助企业制(修)订标准 12 项,指导新兴产业企业采用国际标准和国外先进标准 9 项。完善名牌工作机制,培育、发展"江苏名牌"产品 2 家,"镇江名牌"产品 2 家。通过"企信通"平台向企业宣传《中华人民共和国食品安全法》《中华人民共和国产品质量法》《工业产品生产许可证管理条例》等法律法规 1500 家(次),发送生产许可证新证办理、年审、到期换证提醒及组织机构代码证年审、换证等信息 3000 余条。开展"健康计量进万家"公益活动,邀请市计量所专业检定人员在区人民医院门诊大厅为全区居民及机关、企事业单位的卫生室或医务室提供血压计免费检测服务,检测血压计 15 只,免费发放水银体温计 200 余支,印发计量法律法规、计量小知识等宣传手册 100 份。办理组织机构代码证书 1643 家,代码 IC 卡 1888 份。年内,丹徒质量技术监督稽查大队被镇江市质监局评为镇江市质量技术监督系统先进集体,3 人被镇江市质监局评为镇江市质量技术监督系统先进个人。

(孟 佳)

【举办"'质监杯'历史的丰碑"知识竞赛】 2011 年 4~6 月,丹徒质监局与区委组织部、区级机关党工委联合举办"'质监杯'历史的丰碑"党史知识竞赛活动,竞赛以中共党史知识和质量技术监督知识为内容,区民政局等机关部门、辛丰镇等镇

(园区)44个代表队参加活动,每支代表队由3人组成,竞赛分为必答题、抢答题和风险题等环节,经过预赛、复赛、决赛三轮,区物价局获一等奖,丹徒质监局、区食药监局获二等奖,区审计局、谷阳镇、荣炳盐资源区获三等奖。 (孟 佳)

2011年6月22日,丹徒区举办"'质监杯'历史的丰碑"知识竞赛决赛,图为决赛现场。

【加强食品质量安全监管】 2011年,丹徒质监局加大食品质量安全监管工作力度,完善食品生产监管网络,建立82家食品企业及食品相关企业质量档案,所有建档企业和小作坊签订《食品质量安全承诺书》,并挂牌对外公示。巡查食品生产企业208家(次),出动行政执法车辆122台(次)、人员244人(次)。召开食品生产加工企业质量安全工作会议,对食品生产加工企业质量安全进行监管。邀请10位食品专家参加主题座谈会,针对食品行业上存在的问题进行分析,对容易产生产品质量问题的关键环节,提出合理化建议。开展"面粉增白剂""瘦肉精""塑化剂""地沟油"和餐厨废弃油脂、食品非法添加和滥用食品添加剂等专项检查行动,共检查企业420家(次)。 (孟 佳)

【强化特种设备监管】 2011年,丹徒质监局通过企业自查、安监站核查、特设科复查的"三级评价"机制,推进特种设备使用单位的安全标准化与分级监管,322家使用单位开展标准化管理,其中200家单位达标。开展沿江起重机械风季隐患暨防风设施和化工用压力容器安全保护装置等专项检查,排除隐患12起;开展气瓶安全生产专项整治,11家充装单位通过省级验收,共订购条码82000个,已录入数据库63378个;强化设备检验检测和作业人员监管,检验设备680台,培训操作人员376人(次)、管理人员300人(次)。推进特种设备节能降耗,34家锅炉使用单位完成"双达标"。6月6日,在高桥镇开展安全生产月宣传活动。6月17日,在风景城邦小区开展电梯维保进社区活动,宣传电梯安全知识,邀请电梯维保单位向物业介绍日常维护和紧急救援方法。 (孟 佳)

【推进标准化工作】 2011年,丹徒质监局推进农业和企业标准化工作,申报省级农业标准化示范区1项,省级农业地方标准3项,市级农业标准化示范区3项,其中江苏省南美对白虾标准化示范区通过省级验收;申报循环经济和自主创新标准化试点企业1家,采标完成20项;申报循环经济标准化试点企业1家,制(修)订并备案企业产品标准56个;申报标准化良好行为试点企业2家,帮助企业制(修)订企业产品标准48个,备案企业标准47个,发放企业产品执行证书15份,收集各类标准25份,采用国际标准39项。 (孟 佳)

表13 2011年丹徒区获"江苏、镇江名牌"产品称号情况

序号	企业名称	名牌产品	称号
1	中化镇江焦化有限公司	金象牌铸造焦炭	江苏名牌
2	江苏鹤林水泥有限公司	鹤林牌水泥	江苏名牌
3	镇江大力液压马达有责任限公司	BM系列摆线液压马达	镇江名牌
4	江苏耕耘化学有限公司	烯酰吗啉、苯醚甲环唑	镇江名牌
5	金海宏业(镇江)石化有限公司	沥青	镇江名牌
6	江苏鹤林水泥有限公司	水泥	镇江名牌

续表

序号	企　业　名　称	名牌产品	称号
7	镇江恒顺米业有限责任公司	大米	镇江名牌
8	镇江市富华面粉有限公司	小麦粉	镇江名牌
9	镇江浮玉麻油有限公司	纯正香麻油	镇江名牌
10	镇江缘源葛业开发有限公司	葛根茶	镇江名牌

（孟　佳）

表 14　2011 年丹徒区采用国际标准情况

序号	企业名称	产品名称	采用国际标准
1	江苏富林医疗设备有限公司	DX－W(腕式)DX－B 型(臂式)	ASNI/AAMI SP10－2002 Manual, Electronic, orAutomatedSphygmomanometers
2	江苏钱潮轴承有限公司	69X－148－010－13A 冲压外圈滚针轴承	GB/T307.4－2002《滚动轴承推力轴承公差》
3	江苏钱潮轴承有限公司	63062RS 深沟球轴承	GB/T307.4－2002《滚动轴承推力轴承公差》
4	江苏钱潮轴承有限公司	F390323 离合器轴承	GB/T307.4－2002《滚动轴承推力轴承公差》
5	镇江市丹徒阳光轴承有限公司	329210A 转向节主销轴承	ISO199－1997《滚动轴承推力轴承公差》
6	镇江市丹徒阳光轴承有限公司	6072RS 轴承	ISO199－1997《滚动轴承推力轴承公差》
7	镇江市丹徒区中星柴油机配件厂	6206 深沟球轴承	ISO199－1997《滚动轴承推力轴承公差》
8	镇江市丹徒区中星柴油机配件厂	6209 深沟球轴承	ISO199－1997《滚动轴承推力轴承公差》
9	镇江市丹徒区中星柴油机配件厂	NU202 圆柱滚子轴承	ISO199－1997《滚动轴承推力轴承公差》
10	镇江市丹徒区中星柴油机配件厂	NU204E 圆柱滚子轴承	ISO199－1997《滚动轴承推力轴承公差》
11	镇江市丹徒区巍峰轴承厂	6317 深沟球轴承	ISO199－1997《滚动轴承推力轴承公差》
12	镇江市丹徒区巍峰轴承厂	6417 深沟球轴承	ISO199－1997《滚动轴承推力轴承公差》
13	镇江市丹徒区巍峰轴承厂	51332H 推力球轴承	ISO199－1997《滚动轴承推力轴承公差》
14	镇江市丹徒区巍峰轴承厂	51334H 推力球轴承	ISO199－1997《滚动轴承推力轴承公差》
15	镇江市丹徒区宏巨轴承有限公司	51426 推力球轴承	ISO199－1997《滚动轴承推力轴承公差》
16	镇江市丹徒区宏巨轴承有限公司	51428 推力球轴承	ISO199－1997《滚动轴承推力轴承公差》
17	镇江市丹徒区宏巨轴承有限公司	234405B 推力球轴承	ISO199－1997《滚动轴承推力轴承公差》
18	镇江泰源电器科技有限公司	JN15－24/T31.5－80 户内交流高压接地开关	IEC62271－102：2002
19	镇江泰源电器科技有限公司	JN15－12/T31.5－80 户内交流高压接地开关	IEC62271－102：2002
20	镇江泰源电器科技有限公司	GN30－12/3150－40 户内高压隔离开关	IEC62271－102：2002
21	镇江泰源电器科技有限公司	ZH3－40.5 绝缘子	IEC60－1：1989

续表

序号	企业名称	产品名称	采用国际标准
22	镇江泰源电器科技有限公司	ZH3－24 绝缘子	IEC60－1：1989
23	镇江泰源电器科技有限公司	ZH3－12 绝缘子	IEC60－1：1989
24	镇江泰源电器科技有限公司	CH3－24 触头盒	IEC60－1：1989
25	镇江泰源电器科技有限公司	CH3－12 触头盒	IEC60－1：1989
26	镇江泰源电器科技有限公司	TG3－24 绝缘套管	IEC60－1：1989
27	镇江泰源电器科技有限公司	TG3－12 绝缘套管	IEC60－1：1989
28	镇江市开宇电器有限公司	GXL 低压动力配电箱	IEC60439－1：1999
29	镇江市欧菱电气自动化系统设备有限公司	XL－21 动力箱壳体	IEC60670－1：2002
30	镇江市欧菱电气自动化系统设备有限公司	PZ30100A 照明配电箱	IEC60439－3：2001
31	镇江市欧菱电气自动化系统设备有限公司	BX 照明配电箱	IEC60439－1：1999
32	镇江市欧菱电气自动化系统设备有限公司	GGD 交流低压开关柜	IEC60439－1：1999
33	镇江市欧菱电气自动化系统设备有限公司	MNS68 低压抽出式开关柜	IEC60439－1：1999
34	镇江市欧菱电气自动化系统设备有限公司	PZ30 照明配电箱	IEC60439－3：2001
35	镇江市欧菱电气自动化系统设备有限公司	BXA 照明配电箱	IEC60439－1：1999
36	镇江京润电气有限公司	HD13B－630 开启式刀开关	IEC60947－3：2005
37	镇江京润电气有限公司	DW946－2000 万能式断路器	IEC60947－2：2006
38	镇江京润电气有限公司	HD13B－1000 刀形隔离器	IEC60947－3：2005
39	镇江京润电气有限公司	HS13BX－1000 刀形转换隔离器	IEC60947－3：2005

（孟　佳）

【推进计量基础工作】 2011 年，丹徒质监局对 15 家集贸市场的 618 台（件）计量器具进行免费检定，计量器具受检率 100%；对丹徒区 13 家乡镇卫生院的 285 台（件）卫生医疗器具、51 家村级卫生室的 225 台（件）医疗卫生器具进行免费检定，计量器具受检率 100%。开办企业计量培训班，共 30 人参加培训。完成 2 家企业 4 个标准器的考核发证工作，开展企业计量示范创建，创成计量诚信示范医疗机构、超市和市场各 1 家，分别为丹徒区第三人民医院、丹徒区上党东方苏果加盟店和丹徒区宝堰镇东集贸市场。

（孟　佳）

食品药品监管

【概况】 2011 年，镇江市丹徒食品药品监督管理局（以下简称丹徒区食药监局）召开食品安全工作联席会和全区严厉打击食品非法添加与滥用食品添加剂暨食品安全工作会议 2 次，明确各镇、各相关部门工作责任，落实、督促全区食品安全工作。开展节假日市场检查、校园周边食品安全、瘦肉精类物质等联合整治行动，开展伪药品、邮售药品、假冒知名品牌产品、无证餐饮单位、全区学校和幼儿园食堂等专项整治行动，共出动执法人员 3000 余人次，餐饮、药品检查覆盖率 100%；组织开展“关注饮食用药安全，推进文明城市创建”“食品药品安全知识进社区、进乡镇、进企业、进学校”“执业药师走进社区走进乡镇，服务群众用药安全活动”等专题宣传活动，宣传食品药品法律法规、安全知识，营造饮食用药安全环境。年内，丹徒区食药监局被评为镇江市食品药品监管工作先进单位、镇江市食品药品宣传工作优秀单位，丹徒区机关作风建设先进单位、法治丹徒建设工作先进单位、社会治安综合治理先进单位、丹徒区食品安全工作先进单位等。

（张乃武）

【服务企业发展】 2011年，丹徒区食药监局以落实首问负责制、服务承诺制和限时办结制为重点，实行"一次性"告知、"一站式"服务，对零售药店筹建材料初审、药品、医疗器械质量投诉处理等5项服务时限进行压缩，对新开办的药械、餐饮单位，开展上门预审查和许可证申办，主动送证、送制度上门，逐户进行法律法规讲解宣传；全年新办药品零售企业15家，换发"药品经营许可证"17张，变更"药品经营许可证"12张，注销4张，初审医疗器械经营(批发)企业7家，餐饮服务许可证34张；制定《促进地方医药产业发展工作方案》，落实帮扶企业联系点制度，做到每个项目全年上门服务不少于4次。组织人员深入高冠、富林、力凡、恒生等企业调研服务，及时为企业解决在发展转型中遇到的难题，重点对镇江恒生消恩医疗器械公司的颅内血肿粉碎引流包新产品的注册中批和检测进行跟踪服务，对江苏力凡胶囊厂增建空心胶囊流水线给予现场指导和其他业务指导，对江苏中兴药业和恒新药业移址项目、江苏昕宇药业的专利申请和镇江市"331"计划、江苏富林医疗设备有限公司"高新技术企业"申报工作进行重点帮扶。中兴药业移址项目已得到市发改委项目申报备案工作的批复和环保部门环境保护预审的批复；江苏昕宇药业的"药用淀粉制备方法"专利已于2012年2月22日由国家知识产权局进行公示，"331"计划申报取得成功并获资金扶持；江苏富林医疗设备有限公司"高新技术企业"也获相关部门认定。 (张乃武)

【餐饮、保化监管】 2011年5月，丹徒区食药监局与区卫生局职能交接，成立丹徒区餐饮安全监督所，负责全区餐饮服务、保健食品、化妆品安全的监管。先后开展学校食堂、建筑工地食堂、小餐饮单位、端午高温季节、食品添加剂、无证专项、俏妹牌减肥胶囊专项检查等整治工作，重点对学校食堂进行整治，召开2次学校食品安全工作会议，进行重点部署，并将检查结果及时向教育行政部门通报。全年共出动执法人员1300余人次，检查餐饮服务单位、保健品、化妆品经营单位2500余户次，监督抽检高危食品74批次，查扣不符合食品安全要求的食品及原料320公斤，对30家违法违规单位进行行政处罚；做好迷笛音乐节、草莓音乐节、区十二次党代会、文明城市创建、中高考期间安全保障等10余次重大活动餐饮安全保障工作，保障近20万人次安全就餐，完成现场检查笔录及监督意见书120份。全年未出现一起饮食用药安全事故。 (张乃武)

【开展药械市场检查】 2011年，丹徒区食药监局开展伪药品、血液制品、邮售药品、假冒知名品牌产品、非法药品广告、抗菌药物、中药饮片等10余次专项整治行动，出动执法人员1178人次，检查涉药涉械单位655家次，药品抽样239批次，立案45件，查获假劣药品、医疗器械查获假劣药械30余种次，涉案物品总值14.5万元。加强基本药物不良反应监测，以医疗机构为试点单位，完成全区16家医疗机构"全国医疗器械不良事件监测系统"在线注册工作，上报ADR(药品不良反应)报告371份。 (张乃武)

【诚信体系建设】 2011年，丹徒区食药监局开展药品经营企业信用等级评定和星级药店评选活动，对"警示"和"失信"企业加大监管频次，开展全区医疗机构实施药品使用质量管理规范情况专项检查，提出建议和改进措施，提升药库房规范化建设水平，评定规范药房2家，合格药房68家，星级药店38家，药品经营企业信用等级131家；推进餐饮服务食品安全百千万示范工程，全区有100家餐饮企业在店堂显著位置实施食品安全信息公示；45所学校和托幼机构食堂及589家社会餐饮单位进行量化评级，其中A级学校食堂3家、B级学校食堂34家、C级学校食堂6家，A级餐饮单位3家、B级餐饮单位323家、C级餐饮单位260家。全年共举办药品法律法规、安全知识培训班4期，餐饮服务单位法律法规和业务知识的培训15期，总计培训1200余人次。 (张乃武)

能源管理

【概况】 2011年，丹徒区8家重点用煤企业消耗煤炭543万吨。丹徒区规模以上工业企业能源消耗263.8万吨标准煤。12家资源综合

2011年5月，丹徒区食药监局对餐饮单位实行上门培训服务指导工作。

利用企业利用固体废弃物259万吨，其中粉煤灰36万吨、废石146万吨、污泥17万吨、脱硫石膏20万吨、煤矸石25万吨。全区重点用能单位13家，煤炭经营企业12家，省级循环经济试点园区1家，市级循环经济试点企业3家，实施清洁生产审核企业4家。（陈小鸣）

【12家企业被列为国家重点用能单位】 2011年，丹徒区有12家2010年用能5000吨标煤以上企业被列为国家重点用能单位，即镇江市丹徒化肥厂、江苏恒顺集团有限公司、镇江宏顺热电有限公司、江苏镇江发电有限公司、镇江雩山水泥有限责任公司、镇江万发化纤有限责任公司、镇江茂源化工有限公司、金海宏业（镇江）沥青有限公司、江苏鹤林水泥有限责任公司、中化镇江焦化有限公司、镇江李长荣综合石化工业有限公司、镇江中天钢管制造有限公司。（汤 萌）

【12家公司保持煤炭经营资格】 2011年，丹徒区发改委根据市经信委《关于开展2011年煤炭经营企业年度检查的通知》，对在丹徒区内工商行政机关登记注册煤炭经营企业的煤炭经营情况进行年度检查初审，镇江森普物产有限责任公司、镇江丹徒区华裕物资有限公司、镇江新运物资有限公司、镇江丹徒区鑫金物资有限责任公司、镇江厚源能源有限责任公司、镇江长源煤炭贸易有限责任公司、镇江市丹徒区开源物资有限公司、镇江市海洲能源有限公司、镇江润普联合物资有限公司、镇江市丹徒区荣华能源有限公司、镇江市丹徒华能电力燃料有限公司、江苏广发煤炭有限公司12家企业审核合格。12家煤炭经营企业购入煤炭33万吨，销售煤炭33.43万吨。（庄虎兰）

【10家资源综合利用企业得到省级认定】 2011年，丹徒区有10家资源综合利用企业得到省级认定。江苏鹤林水泥有限公司、江苏北固水泥有限公司、镇江市丹徒区广发建材厂、镇江市丹徒区沪江联营砖瓦厂、镇江市丹徒区长飞建材有限公司、镇江伊斯特新型建材有限责任公司、镇江市丹徒区谷阳恒盛建材厂、镇江市东方矸石利用有限公司、镇江市丹徒区金港墙材有限公司、江苏镇江发电有限公司成为资源综合利用企业。（吴志良）

【4家企业实施清洁生产审核】 2011年，丹徒区有4家企业完成自愿性清洁生产审核，分别是帝高力装饰材料（江苏）有限公司、镇江中天钢管制造有限公司、镇江江大泵业科技有限公司、江苏特密斯混凝土外加剂有限公司。（王春红）

【争取节能与循环经济专项资金365万元】 2011年，丹徒区能源办组织企业申报节能与循环经济专项资金项目，共获专项资金365万元。3家企业申报省级节能减排（节能与循环经济）专项引导资金改造项目，获专项资金150万元。7家企业申报镇江市节能专项资金项目，6家企业获专项资金215万元。（汤 萌）

散装水泥管理

【概况】 2011年，丹徒区散装水泥事业发展迅速，水泥生产企业发散态势良好，农村发散有序推进，建设单位用散积极性明显提高，城区禁止现场搅拌混凝土取得明显成效。全区水泥生产总量581.5万吨，散装量541.3万吨，比上年增长18.2%；散装率90%，比上年增长3.6%。全年超额完成市散办布置的通讯报道任务，向省散装水泥网投稿13篇。（徐晓江）

【环保和节能效益显著】 2011年，丹徒区共完成水泥发散量541.3万吨，占全年水泥总产量90%，节约水泥包装纸3.74万吨，折合优质木材21.49万立方米，节水758.9万立方米，节煤5.09万吨，节电0.49亿千瓦时，节烧碱1.35万吨，节棉纱252.84万吨，节油墨34.1吨，创综合经济效益4.1亿元，减少2.71万吨水泥粉尘向大气中排放，为丹徒区建设资源节约型和环境友好型社会作出贡献。（王 然）

【预拌砂浆推广】 2011年，镇江市全茂新型建材有限公司、丹徒区祥凝建材有限公司两家预拌砂浆企业已全部投产，丹徒区散装水泥办公室与区住建局联合出台《关于认真做好建设工程施工现场禁止搅拌砂浆工作的实施意见》，并召开丹徒区"禁现"动员大会，邀请市电视台新闻频道、丹徒电视台作详细报道，营造"禁现"舆论氛围，收到良好效果。全茂新型建材有限公司、丹徒区祥凝建材有限公司分别与丹徒新城、句容市（黄梅新村）、镇江市区等建设施工单位签订了砂浆供销合同，全年预拌砂浆供应量达5000吨。（陈 琴）

【创建农村发展散装水泥示范乡（镇）】 2011年，镇江市丹徒区散装水泥办公室（以下简称丹徒区散办）开展"农村发展散装示范乡（镇）"创建活动。以辛丰镇为试点，区发改经信委和辛丰镇同时成立创建领导小组，联合区住建局、规划局对辛丰镇建设项目进行全面排查，对照市考核标准逐一落实。6月30日，辛丰镇通过市经信委、市住建局、市散办验收，成为镇江市首家农村发散示范乡镇。（殷 俊）

【继续宣传《江苏省散装水泥促进条例》】 2011年，丹徒区散办加大《江苏省散装水泥促进条例》宣传力度，结合创建农村发散示范乡镇将宣传周活动深入到乡镇，在行政服务中心窗口、电子屏幕登载《江苏省散装水泥促进条例》全文，便于投资者及时了解散装水泥的政策法规；与镇江电视台签订公益广告宣传合同，向社会广泛宣传《江苏省散装水泥促进条例》与发散在节能减排中所起的作用，在政府广场政务公开栏、宣传栏上举办丹徒区发展散装水泥工作回顾展。（冯文斌）

交通·通信

责任编校:刘 芳

交 通

【概况】 2011年,丹徒区交通基础设施建设投资达7.172亿元,为年度计划的150.45%,是上年的2.82倍。完成京沪高铁丹徒段、沪宁城际铁路丹徒段后续“三改”工作及京沪高铁丹徒段地方保障工作。做好338省道建设的地方保障,完成土地征用、拆迁等工作,年内顺利建成通车。配合苏南运河“四级改三级”工程建设,积极做好地方协调,基本完成拆迁工作。推进镇荣公路拓宽改造工作,完成前期调查、道路设计、项目预审等工作。谷阳大道东延工程竣工通车。投入5520万元完成世业内环北路、上世线、辛黄公路、黄高线黄墟集镇段4条县道建设。投入300万元完成农村公路会车点建设72公里,超年初计划32公里。投入670万元改造危桥6座。全区国省干线优良率100%,县道好路率84.85%,乡道好路率88.02%,村道好路率82.95%,较上年均有提高。不断提高交通应急处理水平,组织人员对损坏严重的镇荣路、勤政路、辛三公路等多条道路进行抢修,及时处置辛丰大桥纵向裂缝等突发险情。世业镇通过“全省乡村公路管养及安保工程示范乡镇”验收。

加快发展交通运输市场,更新、新增客运车辆36辆,新增货运车辆393辆,比上年增长18.7%,总吨位达到22826吨。积极扶持物流业发展,全区物流企业25家,其中8家规模较大,全区物流业呈现出以重点物流企业为龙头、农村物流为补充的发展态势。全年完成公路水路客运量1106万人,旅客周转量59546万人公里,货运量1761万吨,货物周转量95480万吨公里,港口吞吐量441万吨,分别比上年增长10%、15%、9%、12%、8%。继续规范管理运输市场,严厉打击非法经营和违章经营行为,加大对超载、侵害路航产权等现象的查处和处罚力度,全年查处违法改装车辆375辆次、无证经营车辆212辆次。交通各行政执法部门共办理行政审批事项340件、行政执法案件1754件,做到无三乱、无复议、无败诉。按照“消除隐患、加快发展”思路,积极支持大港汽渡、渡管所加大水上运力投入,进一步提升汽渡渡运能力,累计投资约3800万元开工建造汽渡船舶4艘,其中一艘24车渡渡船在大港汽渡投入运营。大港汽渡营收4904万元,渡管所营收528万元,交通车辆检测站营收195万元。

加速推进城乡公交,实现与镇江主城区对接,成功开通镇江至世业、镇江至辛丰、镇江至黄墟、官塘至黄墟4条公交线路,完成谷阳、上党、铭基公交站场建设。引进镇江大众出租车公司驻点丹徒新城运营,开通131新区内循环公交线路,延伸公交100路至高铁站,调整公交139路发车班次。

(路建树 陈治国)

2011年1月10日,冷通路暨铁路下穿工程竣工通车。

【完成交通十二五规划编制工作】 2011年,丹徒区交通局完成“十二五”丹徒交通运输发展规划编制工作,建立总投资70亿元的项目库。按照“谋划一批、推进一批、建设一批、储备一批”思路,将国道项目上海——安康国道镇江段(G312南移)、围场——广昌国道镇江段(高红公路)以及省道项目122丹徒段、231谷阳至姚桥段、原G312宁镇段、S358镇江段(延茅公路)拓宽改造、S86宁沪高速镇江支线收费站南移等成功列入全市"十二五"干线公路改造规划。

(路建树　陈治国)

【冷遹路暨铁路下穿工程竣工通车】 2011年,丹徒区加快推进冷遹路暨铁路下穿工程建设,年内顺利竣工通车。冷遹路工程,北起城区丁卯桥路,南接区勤政南路,道路总长7.068公里,按照城市主干道Ⅰ级技术标准设计,工程总投资2.8亿元,是丹徒区自建公路史上单体投资量最大的道路,工程于2008年1月动工,2009年12月完工。冷遹路下穿工程,宽50米,高5米,于2009年12月开工建设,2010年12月中旬完工,2011年通过交工验收。(路建树　陈治国)

【开通4条城乡公交】 2011年,丹徒区成功开通镇江至世业K216路镇江至辛丰K203路、镇江至黄墟K206路、官塘至黄墟K205路4条公交线路,丹徒区基本实现城乡公交一体化目标。

K216路公交线路投放运力8到10辆车,班次间隔为15至20分钟,采取无人售票、分段计价的方式,以润扬大桥为界翻牌,票价为2至3元,全线均为10米金龙海格系列大型空调客车。首发车辆为早晨6点20分从世业镇和镇江市的迎江桥双向对发,全天运行76个班次,晚上18点10分双向收班,整个运营线路28.6公里。

K203路公交线路从镇江市区迎江桥、辛丰集镇河西站同时双向发车,其走向为电力路、运河路、解放桥高架、官塘桥路、312国道、湖山路、三山集镇老街、辛三路,沿途停靠27个站点,首班车6点20分,末班车18点50分。

K206路公交线路从城铁镇江站、黄墟客运站同时双向发车,其走向为黄山西路、黄山东路、北府路、运河路、解放桥高架、官塘桥路、338省道、205县道、307县道、冷遹路,沿途停靠35个站点,首班车6点30分,末班车18点,每班车间隔大约20分钟。

K205路公交线路从农副产品批发市场、黄墟客运站同时双向发车,其走向为农副产品批发市场(官塘桥路)、338省道、312国道、湖山路、三山老街、辛丰路、307县道、冷遹路、黄墟,沿途停靠28个站点,全程票价2元。

(路建树　陈治国)

【开通丹徒新城内循环公交线路131路】 2011年9月28日,丹徒新城内循环公交线路131路正式开通,该线路北起高铁镇江南站,途经枣林路、312国道、九华山路、长山路、谷阳大道、盛园路、广园路、兴园路,南至工业园区兴园路北站,共设22个站点,运行时间从早上7点到晚上6点,班次间隔大约15分钟。

(路建树　陈治国)

表15　**2011年丹徒区农村公路建设情况**

序号	项目名称	起点镇名	起点行政村名	讫点镇名	讫点行政村名	建设里程(公里)	技术等级
1	世业内环北路	世业镇	集镇	世业镇	润扬大桥	10.23	二级
2	上司线一期	上党镇	小金河桥	上党镇	蔡家桥	1.39	二级
3	黄高线黄墟集镇段	辛丰镇	黄墟村	辛丰镇	241省道	1.1	二级
4	辛黄线	辛丰镇	黄墟	辛丰镇	辛丰	3.89	二级

(路建树　陈治国)

2011年12月15日,镇江至世业K216路公交线路开通。

公路管理

【概况】 2011年,镇江市丹徒区公路管理处(以下简称丹徒区公路处)围绕"弘扬三创当先锋、科学发展争跨越、为镇江率先实现基本现代化提供公路交通支撑"总体发展目标,以保护路产、维护路权、保障畅通为中心,推动全区道路运输行业发展。全年完成沥青路面维修30立方米、沥青下封580平方米、水泥稳定碎石192立方米,更换百米桩124根、警示桩2根,路面开挖340立方米,维修路缘石80米,二灰碎石112立方米，灌缝1530米。全区国省干线公路优良路率100%；县道优良路率84.85%，县道路况综合指标达86.62%；乡道优良路率88.02%；村道优良路率82.95%。立案查处各类涉路违法行为447起，结案442件，查处率100%，结案率98.9%，无一起行政复议撤销、行政诉讼败诉和公路三乱违纪行为，接待处理来信来访56件次。3月，区公路处被市评为“公路、河道无三乱先进集体”。8月，行政许可文书获市执法文书二等奖、区执法文书一等奖。（王巧兰）

【开展全国干线公路迎检活动】 2011年，丹徒区公路处开展全国干线公路迎检活动，路政部门按照“先专项整治、后综合治理”原则，先后开展抛洒滴漏、非公路标志、平交道口、交通安全设施、占道经营、乱堆乱放等专项整治活动，并实施巡查监控；养护部门做好干线公路综合整治，投入140万元专项整治241、243省道计1.8公里“非双优路段”，投入30万元维修243省道铁路下穿水泥砼板块，完成21公里干线公路综合整治，清除杂草29.4万平方米，绿化抹芽10.7万平方米。（王巧兰）

【公路桥梁安全监管】 2011年，丹徒区公路处全面调查干线公路标志标线、交通安全设施缺损情况，及时落实整改措施，发现问题及时报送、处置和恢复，全年维修干线公路护栏板58块、公路标志13组，设置警示桩89根。突出检查公路安全隐患和桥梁隐蔽部位，共消除公路安全隐患4处，处理桥梁伸缩缝损坏1处，完成辖区21处上跨铁路桥梁的安全检查。建立桥梁档案，做到“一桥一档”，投入15万元维修辛丰桥，投资15万元委托专业机构检测辖区179座桥梁安全性能，改造辖区内危桥6座。（王巧兰）

【农村公路养护管理】 2011年，丹徒区在全市率先采用通报方式加强农村公路管养，得到省、市好评。区农路办每季度将内业台账和外业路况的检查结果以通报方式发送区政府主要领导和分管领导、各镇农路办。各镇与所辖村委会签订管养协议，明确责任到位，及时整理归档内业资料，按照要求巡查农村公路及桥梁和填写巡查记录，修整路肩种植、高路肩阻水及高草，增设部分安保设施，谷阳镇、高资镇、新城管委会等镇和部门及时修复损坏路面。8月以来，区农路办投入400万元，维修黄高线、镇荣线、上伏线、上青线、高上线、行茅线、荣直线、湖上线等重要线路，更换水泥混凝土板块1928.4立方米，二灰碎石处理基层1649立方米，沥青下封6268.7平方米，摊铺沥青混凝土路面279.7立方米，改善丹徒农村公路路域环境，方便群众出行。（王巧兰）

【世业镇通过省级农村公路管养及安保工程示范乡镇验收】 2011年，世业镇做好创建“江苏省农村公路管养及安保工程示范乡镇”申报工作，制订详细活动方案和工作计划，多次召开协调会、督查会、座谈会，听汇报、听意见，及时解决问题和调整工作方向。邀请公路系统专家培训农村公路养护人员，提升农路人员操作技能和养护质量。注重创建工作的宣传，重点宣传路产路权保护方面的法律法规。投资150万整修边坡；投资120万元维修路面，共维修400多立方米；投入180万元完成江堤顶13公里绿化，在内环北路路口建立“绿化林”，提高全镇绿化率。开展环境专项整治活动，清除杂物堆放点293个，清除杂物1680立方米，拆除违建、乱搭等420多处，实现无马路市场、无摆摊设点、无杂物堆积的优美环境。新增警示桩1300根、各类标牌163块、防护墙80米、防护栏70米、减速块120米、标线8950平方米、错车道30多处、里程碑50多块、百米桩450多根，在视线不良地段安装反光镜18处，确保农村公路安全通畅。年底，该镇顺利通过省级农村公路管养及安保工程示范乡镇验收。（王巧兰）

【治理超限超载运输车辆】 2011年，丹徒路政大队坚持“规范行为、依法严管、科学治超”方针，建立“干线为主、干支结合、兼顾农路、全面覆盖”治超网络，开展“迎国检、保春运”和“保护路桥、关爱生命”超限专项治理活动，按照“广泛宣传统一行动、多点围攻、多方合作、依法严管”的原则，每月排好治超计划表，与公安、运管部门联合行动，通过固定与流动、干线与支线、市县（区）联动相结合，24小时不间断监控等方式检测运输车辆可能绕行的路段，拦阻超限超载运输车辆。抽调路政人员到辖区内各大型运输企业进行摸排，对运输车辆重新登记，邀请企业营运业主召开座谈会，形成长效治理机制。全年查处违法超限运输车442辆次，卸载货物4414吨，干线公路超限运输率控制在2%以下。（王巧兰）

【宣传《公路安全条例》】 2011年7月1日正式实施《公路安全条例》。丹徒区公路处以迎国检为契机，走上公路、走进企业、走入村镇，多角度、多层次、多渠道、全方位宣传条例，在办公场所、超限检测点、公路重要节点悬挂宣传标语，在镇荣公路、243省道与长香路交叉口设置现场宣传点，向群众解读该条例，出动公路法制宣传车28台次进行流动播放宣传，发放宣传材料3600份，悬挂横幅4条，制作漫画宣传展板6块，与区电视台《关注栏目》联合制作《保护路桥、关爱生命》专题片。（王巧兰）

【新综合办公大楼建成使用】 2011年9月，丹徒区公路处按照标准化公路基础设施建设标准改造原大楼，并在北侧、东侧新建大楼，坚持“质量第一、安全第一”原则，安排专人负责工程进度和相关协调工作，要求施工单位接受监理公司的监理，接受公路处工作人员的监督，年底完成建设和搬迁工作。新办公大楼占地13亩，总投资2600万元，配备有图书室、阅览室、乒乓室、健身房、职工文体中心等活动场所。

（王巧兰）

【开展路政中队长岗位竞聘活动】2011年，丹徒区公路处对3个路政中队长职位开展竞聘活动，成立竞聘工作领导小组，确保活动公开、公正、公平。按照宣传发动、报名确认、理论考试、竞聘演讲、现场答辩、民主测评等程序，在符合条件的5人中以得分高低录用。岗位竞聘进一步推进路政部门各项工作的开展，为用人制度的改革奠定基础。

（王巧兰）

电　　信

【概况】2011年，中国电信镇江分公司丹徒分局（以下简称丹徒电信分局）积极参与和配合丹徒区委、区政府农村信息化建设工作。在保持固定电话、宽带传统市场优势的基础上，发展天翼移动业务和网络电视业务，固定电话百户拥有率增长5%，宽带百户拥有率增长12%，天翼移动业务百户拥有率增长20%，网络电视业务增长8%。积极提升服务的便极性，年底前建成乡城营业厅23个、手机店40个、村级服务点80个，实现乡镇必有营业厅、行政村必有服务点的目标。针对区域内小微企业较多的情况，量身定制适合小微企业的领航业务，全面解决该类企业的信息化需求。在丹徒原有“乡情网”的基础上，在所有镇建成移动业务“乡情网”，同时实现固定电话和移动电信的“乡情网”内免费通话。助力政府电子政务建设，建成覆盖全区的“医保网”和“社保网”，全力支持“大学产村官建设”，为丹徒区域内所有“大学生村官”提供免费宽带服务等。

（殷荣生）

【农村信息化建设】2011年，丹徒电信分局加强与丹徒区各级政府合作，全力推进农村信息化建设，深入自然村开展“手机、宽带、网络电视”下乡活动近150余场。开通“平安商铺”、“十户联防”网；主动为农民提供最新的农业、养殖等致富项目信息，并开通3G业务，方便农民通过手机上网即时查询各类信息，实现信息互动，得到广大客户的认可。

（殷荣生）

【通信网络持续提升】2011年，丹徒电信分局将宽带提速和光进铜退作为重点工作，全年完成新建C类EPON点62个；布放各类光缆约300公里，做到村村通光缆，退铜2万线对公里，完成省公司下达的退铜指标，为全区宽带提升提供有力网络支撑；完成FTTH（光纤到户）新建小区配套及老小区改造共计约8000户，FTTH实际用户数约2000户；通过网络改造，实现丹徒新城满足12兆宽带、集镇满足8兆宽带、农村满足4兆宽带的目标。

（殷荣生）

移　　动

【概况】2011年，中国移动通信集团江苏有限公司镇江分公司丹徒经营部（以下简称移动丹徒经营部）围绕“效能优化”主题，夯实发展基础，推动深度转型，在网移动通信用户达到24万户。不断拓展业务范围，向用户提供传统的语音通话、短信传递服务项目等，并加大娱乐型、应用型业务的推广，主要包括手机导航、手机冲浪、交通秘书、音乐随声听、移动MM（手机应用商店）、139邮箱、手机游戏、手机阅读等新业务。立足网络优势、业务优势与服务优势，为政府、交通、旅游、医疗、商贸等各行业提供信息化解决方案，全面提升城市信息化水平。

（蒋朝群）

【加强用户服务】2011年，移动丹徒经营部加强对用户的服务工作，建设村级服务站、社区服务站、村级便利点100余个。开展现场服务800余场次，满足广大农村市场用户对手机的需求。在各镇的营业厅达到76家，各种便民服务点140余家，为用户提供便捷、快速的服务。在丹徒区世业镇“草莓音乐节”活动现场，加强通信保障等方面的服务。开发具有定位功能的儿童手机和老年手机，满足用户家庭亲情联系和日常生活便捷性的需求。向用户宣传介绍“镇级乡情网”、“同事网”、“家庭网”的免费通话优惠，手机娱乐功能的使用等，赠送手机3000余部。

（蒋朝群）

【推进企业和家庭信息化建设】2011年，移动丹徒经营部从丹徒区企业信息化建设需求入手，通过为企业提供信息化解决方案等形式，提升区域内100余家大中小企业的信息化水平。配合区政府与各镇等建设“平安乡镇”工作，为居民提供安防电话，通过“十户联防”、“红外安防”等业务赠送各类安防话机1000余部，开通“十户联防”3万余户。

（蒋朝群）

2011年2月，移动公司开展“春风行动”。

城乡建设与住房管理

责任编校：丁素娟

丹徒新城(宜城街道)

【概况】 丹徒新城（宜城街道）是镇江市丹徒区政府驻地，位于镇江市主城区南郊，南连谷阳镇，东临辛丰镇，西接高资镇，北倚镇江市城区。总面积48平方千米，其中耕地970公顷；城区面积12平方千米。下辖5个行政村、6个社区，总户数15601户，年末总人口50646人。人口出生率3.3‰，死亡率3.2‰，自然增长率0.1‰，计划生育率100%。

经济发展 地区生产总值60亿元，比上年增长16.7%。其中：农业增加值1.3亿元，第二产业增加值26.6亿元，第三产业增加值32亿元。全口径财政收入5.6亿元，财政支出4314万元。农业总产值16193万元。粮食总产7564吨，水产品总产330吨，出栏生猪5900头、家禽15万羽。农民人均年收入12691元。丹徒新城有工业企业356个，职工总数21350人。完成工业销售收入125亿元，实现利税15亿元。有年销售2000万元以上企业83个，拥有固定资产54亿元，职工10961个，实现利税16亿元。私营企业960个，年营业收入82亿元，实现利税6亿元。个体工商户2100户，从业人员6800人。外资出口企业16个，当年实到外资4000万美元。

公共事业 丹徒新城（宜城街道）有中学3所、小学1所、幼儿园4所，教职工495人，在校中学生3457人、小学生1828人。有医院3所，病床350张，医卫人员360人。文体活动中心1个。自来水管网覆盖率98%，入户率96%。参加农村社会养老保险1964人，其中，当年新增111人。参加新型农村合作医疗15000人，参合率98%。（杨汗正）

【综合实力】 2011年，丹徒新城（宜城街道）完成规模以上固定资产投资43.26亿元，其中规模以上工业投资28.8亿元，比上年增长17.1%，服务业占比达53%，规模以上工业销售127.89亿元，完成实到外资4000万美元。财政总收入5.6亿元，同比增长33.3%，一般预算3.4亿元，位列镇江市乡镇（园区）第8强。（赵汗正）

【招商引资】 2011年丹徒新城（宜城街道）招商引资硕果累累。引进总投资1.6亿美元的沃得液压件项目、总投资12.5亿元的油电混合摩托车等新兴产业项目；总投资30亿元的宝龙城市广场、总投资10亿元的新城万博商业街、总投资7亿元的国际酒店用品购物广场、总投资8亿元的联盛商业广场等项目也相继落户。（赵汗正）

【项目建设】 2011年，恒华传媒、臻岳光伏高纯度多晶硅片项目已建两层，恒顺二期12.5万吨香醋项目大楼主体封顶；科创中心完成外墙装饰，科技孵化基地交付9万平方米，已有10家科技型中小企业入驻，被评为省级科技孵化器；宝龙城市广场、新加洲五星级酒店开工建设，冠城国际商业、智谷商业已有形象进度，镇江新基督教堂、金街口商业街主体竣工。

（赵汗正）

【市民生活持续改善】 2011年，丹徒新城（宜城街道）城镇居民年可支配收入26323元，同比增长15.6%，农民年人均纯收入12691万元，比上年增长13.5%，1450人转入区基保中心，新增基保人员1046人，新型农村合作医疗参合率达98%，企业职工参加养老保险、医疗保险超额完成区下达的任务，在全区名列前茅。成功爆破长山11根烟囱，搬迁污染企业2家，拆除窑场2座，新建陆村农民健身广场，完成勤政南路到312国道口等11个重点绿化工程，新增绿化面积10万平方米。完成成片造林44公顷，四旁绿化45800株。

（赵汗正）

【完善基础设施】 2011年，丹徒新城（宜城街道）完成瑞山路地段、杨巷路道路工程建设，完成长山路南延、爱民路南延、龙山路西延和瑞山路北段路灯亮化工程，铭基公交始末站竣工交付；铭基安置房二期完成4万平方米，姚庄安置房、光明安置房开工建设；完成城区自来水管网铺设17千米，长山自来水工程管网36千米铺设全部完成，2000平方米的增压站房竣工，完成设备安装调试，具备通水条件；完成光明、姚庄、缪家甸、驸马庄“城中村”拆迁，拆迁量20万平方米。（赵汗正）

【举办创业培训班4期】 2011年，丹徒新城总工会在市药监局的协助下，联合新城劳保所、妇委会举办SYB创业培训班4期。培训班邀请到职教中心老师孔成武，为新城有创业意向的各企事业单位职工、私营企业负责人及各村、社区干部就如何创办企业、如何使企业盈利、如何将已经创办的企业发展壮大三方面进行授课。SYB创业培训班培训105人，成功创业700人，创业带动就业3000多人。

（赵汗正）

【长山农业生态园被评为镇江市科技示范园】 2011年，长山农业生态园被评为镇江市科技示范园、镇江市放心消费单位。该园由江苏天目虹枫集团独资新办，实施面积200公顷，总投资3000万元，移栽珍稀白茶480万株，面积80公顷；优质葡萄3万株，面积13公顷；水果3.3万株，面积20公顷；特色砂梨2.8万株，面积13公顷，茶园林网配套植树2万株。喷滴灌安装完成80公顷。瓜蔬大棚完成7公顷，砂梨平网架13公顷。以长山农业生态园为主体的丹徒茶产业园区被列为省级现代农业产业园区。 （赵汗正）

【宜城街道中心社区成立】 2011年7月2日，丹徒区宜城街道中心社区成立。中心社区位于丹徒新城爱民路永安新城家园（西区）内，下辖丹徒新城社区、驸马山社区两个基本社区。管辖区域涵盖丹徒新城城区范围，（东起沪宁高速镇江支线，西延十里长山，南临西麓，北止312国道。）辖区建成面积12平方千米，共有70多个居民小区，常住人口近6万人，医院、中学、小学、银行、商业配套完善。社区内设有综合服务窗口、体育文化中心、党员活动室、社区图书室等基础配套设施和活动场所，为和谐社会管理和居民生活提供计生、劳保、民政、文化娱乐等便民服务。宜城街道成立中心社区，旨在探索“中心社区+基本社区”为主要内容的新型社区管理模式。

（赵汗正）

【臻岳光伏700兆瓦多晶硅片项目开工】 2011年4月，总投资20亿元的臻岳光伏高纯度多晶硅片项目在丹徒新城开工。该项目引进日本线切割机100台，年生产700兆瓦（2亿片）8寸高纯度多晶硅片，年实现销售收入60亿元。首期于2011年4月18日开工建设，建设期8个月，年底安装调试结束，出产品。首期为150兆瓦，年产8寸高纯度多晶硅片4300万片，总投资5亿元人民币。 （赵汗正）

【智谷商业中心开工】 2011年5月29日，智谷商业中心开工典礼在九华山路项目现场隆重举行。智谷商业中心总建筑面积10万平方米，西临九华山路，北靠312国道，距离京沪高铁镇江站仅500米，处于丹徒新城与镇江南徐新城的交接处。项目主要包括大型温泉主题会所、风情酒店、特色商业街、VTT实验楼、公寓式办公和温泉公寓等。 （赵汗正）

【完善公共交通体系】 2011年9月29日，丹徒新城131路公交循环线路正式开通。运行时间是早上7点到晚上6点，班次间隔不超过15分钟。线路北起京沪高铁镇江南站，南至工业园区兴园路北站，共设22个站点。同时为健全丹徒新城的运力结构，方便群众出行和办事的需求，丹徒区交通运输部门还协调安排了10辆出租车在丹徒新城内驻点经营。 （赵汗正）

【宝龙城市广场奠基】 2011年12月5日，由宝龙集团在丹徒投资的大型商业地产项目——镇江宝龙城市广场在丹徒新城举行盛大奠基典礼。镇江宝龙城市广场是宝龙集团进军镇江的首个综合商业项目，总建筑面积约55万平方米，未来将建成涵盖大型购物中心、商业步行街、酒店式公寓、商务酒店、办公楼、高档住宅于一体的大型城市综合体，总体建筑风格为现代简欧风格，充分展现丹徒新城现代、活力、时尚的特点。项目建成后将对完善丹徒新城城市功能，提升丹徒新城商业层次，促进丹徒区城市经济起到积极推动作用。

（赵汗正）

【冠城社会福利院移交】 2011年9月18日，由冠城集团投资2000多万元捐建的冠城社会福利院，正式移交丹徒区人民政府。该福利院项目分养老区、多功能服务区、休闲区以及室外活动区四个区域，集养护、康复、托管为一体，提供近200个床位，是一个以提供养老服务为重点，兼顾为孤儿、精神病人、流浪乞讨人员等特殊困难群体提供服务的综合性福利机构。

（赵汗正）

【丹徒驸马山庄国际幼儿园开园】 2011年2月22日，丹徒区举行驸马山庄国际幼儿园捐赠暨开园揭牌仪式，这标志着这所由企业捐资千万元兴建的现代化幼儿园正式交付使用。该幼儿园建设始于2009年11月，总投资2000多万元，其中镇江豪斯嘉房地产公司捐资1200万元和6.5亩土地，并负责兴建。该园将着力打造成为丹徒全区幼儿教育的科研基地、幼儿教师专业培训的中心和幼儿教育对外学术交流的窗口。 （赵汗正）

【华通重工搬迁扩建】 2011年2月20日，镇江市装备制造业“退城进区”重大项目、江苏华通动力重工公司搬迁扩建工程在丹徒新城举行开工典礼。该公司由江苏华通机械集团公司和华晨中国机械控股有限公司（BCM公司）共同出资建立，注册资本为3.5亿元，投资总额为10.5亿元。项目占地约35公顷。建成达能后，预计年销售收入将超过10亿元。 （赵汗正）

【开展全国文明城市创建活动】 2011年，丹徒新城文明城市创建工作扎实开展，充分利用各村（社区）、城区各住宅小区橱窗宣传全国文明城市创建、生态区创建，向市民宣传创建知识，营造良好的创建氛围，提高了人民的生活水平。各村（社区）制作固定宣传标语牌

10块（城区住宅小区5块）；悬挂横幅8条（城区住宅小区2条）；各村（社区）干部采用分片包干的办法，深入每家每户，发一封全国文明城市、生态创建的倡议书，广泛宣传，切实提高创建的知晓率和满意度，并引导社区居民以主人翁的态度积极参与到创建工作中去。

（赵汗正）

【春晖行动】 2011年，丹徒新城（宜城街道）党工委在2010年工作基础上，继续深入推进“春晖行动”。出资5万元为上党镇五塘村修建村级道路；拨付5万元帮助上党镇枫庄村发展苗木基地、扩大阳光水稻合作社生产规模并帮助销售绿色大米5000公斤；联合镇江电磁设备厂等企业联合拨付40万元为陆村村完成河塘清淤、修建农民体育休闲广场工程等。与此同时，新城机关党员干部对新城18户贫困家庭进行结对帮扶，发放每户慰问金1500元，新城11个村（居）共发放慰问金20万元以上，有效缓解贫困家庭的生活困难。

（赵汗正）

【加强非公企业党组织建设】 2011年，丹徒新城（宜城街道）辖区内江苏力帆胶囊有限公司等7家民营公司单独组建党组织，11个村（社区）全部组建非公企业联合党组织，覆盖91家企业。丹徒新城（宜城街道）工业园成立非公企业联合党总支，下辖3个支部，覆盖33家非公企业，有力加强了非公企业党组织建设。

（赵汗正）

【宣传、人武工作】 2011年，丹徒新城（宜城街道）在市级以上新闻媒体发表稿件60多篇，省、市、区三级主流媒体的用稿量在各镇（园区）中均名列第一，显著提升了新城形象，并成为全区唯一受到区委宣传部表彰的单位，出色地完成了民兵整组任务和冬季征兵任务（注：丹徒新城（宜城街道）之前一直没有设立人武部门，于2011年9月成立）。 （赵汗正）

城乡建设

【概况】 2011年，丹徒区住房和城乡建设局（以下简称丹徒区住建局）紧紧围绕“加速融入主城区、率先实现现代化”的目标，服务全区项目建设，强化内部管理，提高职能监管水平，提升全局综合实力。推进城乡统筹，参与指导集镇规划、区域供水和污水处理等民生工程，提升城镇功能和品位；新建污水管网45公里，完成新城排水系统普查150多公里，村庄整治全面铺开，完成12个点的整治任务。加快拆迁安置步伐，阳光、惠民、和谐拆迁，全年新批拆迁项目6个，完成拆迁量25万平方米；安置房开工总面积达50万平方米，竣工18万平方米。有效推进综治平安工作，开展“平安工地”“平安拆迁”系列平安创建活动；加大对各施工工地外来务工人员的管理力度，“双集中率”（集中管理，集中住宿）达100%。热心社会公益，通过“春晖行动”“慈善一日捐”“博爱一日捐”等募集资金20万多元。党建工作成效显著，以庆祝建党90周年为契机，举办学党史征文、“颂歌献给党”红歌会、“历史的丰碑”知识竞赛等活动，2人分别被评为“优秀党务工作者”和“优秀党员”；在《江苏工程质量》等刊物发表《浅谈商品混凝土企业管理》等各类论文11篇，王之然的论文《我心中的2012镇江规划》获镇江市佳作奖。强化廉政建设，举办预防职务犯罪专题讲座、反腐倡廉警示教育图片展等活动，专项治理工程建设领域突出问题。注重人才培养，引进本科以上青年人才10人，选拔7名年轻干部充实机关中层岗位，质监站魏丽被列入江苏省第四期“333高层次人才培养工程”。拆迁办党支部被丹徒区委授予“先进基层党组织”称号。卢玉金被镇江市委、镇江市政府授予“2011年度镇江市跨越发展突出贡献者”荣誉称号。

（张　阳）

【村庄整治】 2011年，丹徒区住建局作为牵头单位积极推进美好乡村建设。规划布点村重点整治生活垃圾、生活污水、乱堆乱放、工业污染源、农业废弃物、河道沟塘，提升公共设施配套、绿化美化、饮用水安全保障、道路通达、建筑风貌特色化、村庄环境管理水平；非规划布点村庄主要结合实际，突出生活垃圾、乱堆乱放、河道沟塘、建筑立面出新等环境卫生整治，改善村庄环境。丹徒区财政补助每个规划布点村庄5万元、补助非规划布点村庄2万元，其他整治经费由各镇财政安排。全年整治村庄12个。 （张　阳）

【规范市场秩序】 2011年，丹徒区完成建筑业产值11亿元，房地产开工面积75万平方米、竣工79万平方米。建筑市场管理覆盖率在丹徒新城达100%，乡镇达86%以上；图纸审查合格率、工程招投标率、工程验收合格率均达到100%；全面推行网上招标、远程异地评标以及合理低价中标法，资金平均节约20%。严格执行农民工工资保证金制度，确保农民工工资及时支付。 （张　阳）

【安全生产】 2011年，丹徒区住建局积极推行建筑安全目标管理责任制，落实安全报监、安全许可证和安全监督责任制度，着重抓好施工坍塌、高处坠落等事故的防范工作。全年排查在建工程项目131个，建筑面积125.96万平方米，立案查处工程类违法建设案件14起。没有发生重特大安全生产事故。积极开展“文明工地”创建活动，创成省级文明工地3项，市级文明工地14项；“大城管”工作在全区综合考评中名列第一。

（张　阳）

表 16

2011 年丹徒区获"金山杯"工程

序号	工程名称	建设单位	施工单位
1	镇江市民政局救助管理站	镇江市城市干道工程建设办公室	镇东索普建筑安装工程有限公司
2	聆湖尚郡七组团 CH、G、B 片区	镇江祥盛房地产开发有限公司	镇东索普建筑安装工程有限公司
3	风景城邦(明旺)A 块二期 68#楼	镇江明旺房地产开发有限公司	上海隆盛建筑工程有限公司
4	风景城邦(明旺)A 块二期 74#楼	镇江明旺房地产开发有限公司	上海崇明建设(集团)有限公司
5	江苏省镇江市路桥工程总公司厂房	江苏省镇江市路桥工程总公司	镇江市振兴建筑安装工程有限公司
6	科苑华庭二期11号、19～24号、27号、28号	镇江市润达房地产开发有限公司	江苏扬州建工建设集团有限公司

【工程质量】 2011 年,丹徒区新报监工程 493 个,总建筑面积 131.23 万平方米;建筑工程质量稳步提升,创"金山杯"工程 6 项,优质结构工程 60 项。着重加强对政府工程、高层建筑和安置房、学校等民生工程的质量监督,对工程的主体结构安全、质保资料和质量行为、混凝土和钢筋等主要建材等方面加强控制管理,工程质量检测再上新台阶。丹徒区工程质量检测中心被镇江市住房和城乡建设局授予先进工程质量检测机构,被江苏省住房和城乡建厅评为信用等级 A 级检测机构,列入《2011 年度承担政府投资和重大、重要项目工程质量检测机构推荐目录》,并申报国家发明专利一项。 (张 阳)

【节能减排工作】 2011 年,丹徒区完成新墙材产量 7.8 亿块(折标砖),新墙材占墙材总量的 90%,9 家新型墙材企业通过省级认定,产能基本满足城市规划区内建筑市场需求;新墙材建筑竣工面积 45 万平方米,节能建筑竣工面积 32 万平方米;完成节能建筑推广应用示范点 1 个(千里安置房);关闭砖瓦窑 14 座;全区"禁实"(禁止使用实心黏土砖)目标基本实现。丹徒区墙改办被江苏省经济和信息化委员会授予 2006～2010 年度全省先进墙改办公室二等奖。 (张 阳)

【丹徒区建筑施工图审查工作通过江苏省住房和城乡建设厅考核】 丹徒区审图办严格落实各项规章制度,创新节能专项审查、严格流程管理、勘察文件前置审查等工作方式,从 2010 年到 2011 年 8 月审查房屋建设工程 748 项,勘察前置审查 181 项,审查建筑总面积 260 余万平方米,审查中发现并纠正违反强制性条文 898 条,违反强制性标准 4450 条。2011 年 8 月 17 日,江苏省住房和城乡建设厅考核小组考核丹徒区施工图审查工作。审查工作采取现场考核和质量抽查方式,对机构基本条件、审查行为管理、审查质量情况等方面进行考核。考核小组对丹徒区审图办的工作给予高度评价,并通过相关考核。 (张 阳)

【丹徒区住建局行政处罚案卷获镇江市执法案卷评查一等奖】 2011 年,丹徒区住建局高度重视依法行政工作,不断加强行政处罚案件后继卷宗完善工作。在镇江市全面推进依法行政工作领导小组办公室和镇江市政府法制办公室组织的案卷评查中,行政处罚案卷(镇江市人防建筑工程处未查验《建筑工程施工许可证》擅自开工建设宝堰镇仁让小区 13#楼)被评为一等奖。

(张 阳)

【全区施行禁止施工现场搅拌砂浆】 2011 年 11 月 17 日,丹徒区住建局与丹徒区发改委召开禁止施工现场搅拌砂浆动员大会,宣传镇江市《关于在市区禁止现场搅拌砂浆的通告》文件精神。通告要求各建设、施工单位要尽快转变传统的施工习惯,积极使用预拌砂浆,禁止在施工现场搅拌砂浆。该项措施自 2011 年 12 月 1 日起在全区境内施行。

(张 阳)

城镇规划

【概况】 2011 年,镇江市规划局丹徒分局(以下简称丹徒规划分局)按照"协调城乡空间布局,改善人居环境,促进城乡经济可持续发展"要求,坚持"强化服务、保障发展"原则,严格建设项目审批制度,主动化解各类矛盾,积极规范项目建设秩序。推进机关党风廉政建设,加强学习,组织工作人员参加镇江市规划局城市规划管理培训,提高履职能力和水平。加强行风建设,拓宽监督渠道。10 月 11 日,丹徒规划分局正式聘请行风监督员 18 人。受聘监督员对该局工作人员遵纪守法、廉洁从政、依法行政、办事效率、服务质量等方面进行监督;收集和反映社会各界对规划系统行风建设的意见、建议,及时反映、传递自己或他人对城市建设方面的意见和建议。 (陈中伟)

【规划管理】 2011 年,丹徒规划分局加强城乡统筹,协助各方做好规划编制工作。协助推进谷阳镇、高资镇、上党镇、辛丰镇、宝堰镇的规划完善工作,积极推动高桥镇、江心洲的总体规划编制工作,完成丹徒新城基础设施布局规划、丹徒新城教育设施布局规划、丹徒新城农贸市场布局规划、丹徒新城社区中心布局规划、丹徒区加油站布局规划的编制工作。加强村镇规划管理工作,推动村民建房规划管理审批。

(陈中伟)

【服务项目建设】 2011 年,丹徒规划分局主动做好重点项目规划的前期工作和建设中的服务保障工作，加强批后跟踪管理。积极推进中盐镇江盐化有限公司制盐工程、中靖制氢装备及催化释氧剂产业化项目、希西维精密滑动轴承生产等大型项目建设，为冠城商业中心、宝龙商业中心、中科广场、慧中商业中心等重大服务业项目落户提供优质服务，提升城市服务功能。严格按技术规范和审批程序的要求在时限内及时办结建设项目选址意见书、建设用地规划许可证和建设工程规划许可证。全年发放建设项目选址意见书3份、建设用地规划许可证27份、建设工程规划许可证128份(建筑面积50.7万平方米)，规划核实建筑面积86万平方米。

（陈中伟）

城建投资

【概况】 2011年，丹徒区城建投资有限公司(以下简称丹徒区城投公司)围绕“加速城市化、先行现代化”的总目标，秉承“敬业、创新、竞争、高效”的企业文化，争先创优，在城市建设与企业转型升级等方面积极运作，其中，扎实推进宜东新郇安置小区建设，完成投资6200万元；完成环境绿化节点11点，完成投资1100万元，新增绿地面积10万平方米。（王 平）

【宜东新郇安置小区建设】 2011年，丹徒区城投公司扎实推进宜东新郇安置小区(铭基安置房二期)项目建设，确保工程质量。一是狠抓建设资金，帮助施工单位理顺关系，化解资金矛盾；二是狠抓施工进度，根据序时进度要求，加大协调和督促力度，迅速推进项目，使被拆迁居民能按期回迁；三是狠抓工程质量，在建设过程中，严格把好每一个关口，确保安置小区质量优良、环境优美；四是狠抓安全管理，强化安全生产宣传和管理，做到安全施工、文明施工、规范施工。宜东新郇安置小区一期占地约6.67公顷，建筑面积13.5万平方米，5月底完成桩基工程；6月，土建施工单位进场施工。截至年末，6幢多层楼房封顶，3幢施工至3层，其余3幢施工过半，累计完成投资6200余万元。

（王 平）

【完成环境绿化节点11个】 2011年，丹徒区城投公司完成金谷东路与312国道交叉口、勤政路东延与312国道交叉口等11个环境节点的绿化、美化工程，完成投资1100万元。新增绿地面积约10万平方米，主要围绕城市出入口、居住密集区、企业集中区等区域，功能定位为亮化城市形象、服务宜居新城、美化工业园区。（王 平）

【实施道路绿化工程】 2011年，丹徒区城投公司根据市政道路建设的序时进度，及时推进道路绿化工程。11月，完成瑞山路北延和杨巷路工程招投标，总投资485万元。年底前施工单位进场进行土方平整，并开始栽植部分适宜苗木。为彰显生态、园林的城市特点，区城投公司在环境绿化项目重点做到三个坚持。一是坚持精品意识，建设亮点工程，及时对新城环境进行排查摸底，对城市出入口，道路两侧、小区周边等节点改造、美化和亮化。从景观设计抓起，广泛征求意见，拓宽设计思路，做到定位准确、特色鲜明，把每一个项目都建成赏心悦目的亮点工程。二是坚持务实作风，建设满意工程，严格按照规范要求层层把关，把每一个项目都建成质量优良的满意工程。三是坚持廉洁自律，建设放心工程，坚决执行公开招投标制度，落实工程廉政建设责任制，把廉政建设的要求和内容与工程建设的任务一起部署、一起检查、一起落实。工程完工后，及时做好竣工验收和竣工决算工作。（王 平）

城市管理

【概况】 2011年，丹徒区城市管理局(以下简称丹徒区城管局)突出重点，统筹推进，提升城市品质，依托大城管高位协调平台，切实解决难点问题，区容区貌得到有效改善，全区农村垃圾处置长效管理和垃圾分类处置试点工作稳步推进，全区农村生活垃圾处置长效机制逐步形成，农村人居环境得到改善。关心环卫职工身心健康，协助区总工会为全区环卫职工购买大病和意外“各半”保险，并对出险环卫职工及时与保险公司协调，给予理赔；4月，组织丹徒新城一线环卫职工85人体检。积极开展城管宣传工作。完成各类宣传稿件150篇，其中江苏卫视、《扬子晚报》《江苏经济报》《镇江日报》《京江晚报》刊登28件，镇江市、丹徒区(广播)电视台24篇，人民网、搜狐、中国江苏、江苏省建设厅等网络媒体33篇，区级信息65篇。区城管局连续五年被评为镇江市城管系统宣传先进集体。

（钱云峰）

【提升城乡环卫保洁水平】 2011年，丹徒区城管局投入资金200余万元更新洒水车、分类果壳箱等环卫设施设备，对新城151万平方米道路进行保洁，其中对谷阳大道等主干道实行12小时保洁制，对缪家甸、千禧路等实行12小时清运制，对盛丹路等次干道实行8小时保洁，市场化发包千禧路、镇荣路等7条道路53.73万平方米的道路保洁权，对芳草园等7家失管小区派驻10名环卫保洁人员，定点定时清运生活垃圾，新城机械化清扫率达30%。丹徒新城与谷阳镇合建的垃圾中转站试运行，在世业镇和荣炳曙光村实行生活垃圾分类试点的基础上向荣炳、江心、高桥等镇(园区)推广。5月，组织全区环卫所管理人员到新建成的垃圾焚烧发电厂参观学习。1～12月，全区处理各类生活垃圾1.02万吨，清除牛皮癣1231处，全区7家中转站渗沥液生化处理排放达一级标准。

（钱云峰）

【开展建设缺项补齐工作】 2011年，丹徒区城管局加强市政公用设施维修，在丹徒新城三期广场、勤政路、爱民路路段铺设沥青路面3.16万平方米，维修盲道600米、道板1500平方米、路牙660米，无障碍接坡22座，维修更换路灯、地灯500盏，修补、安装交通护栏900米。1～12月，节电100余万度，节省电费50余万元。丹徒新城市政设施综合完好率和路灯通亮率均保持在95%以上。（钱云峰）

【提升绿化养护效果】 2011年，丹徒区城管局运用市场竞争机制，实现管养分离。丹徒新城所有交付绿化全部实行市场化招标管养，新城绿化零失管。投入270万元，积极打造丹徒区人民医院对面空地等5处3.85万平方米绿化节点的绿化。7月，丹徒新城各绿化养护队每天出动专业绿化养护人员30余人，抗旱水车近50辆次，日均浇灌绿地近5万平方米，绿化存活率在95%以上。新城绿化覆盖面积462.69万平方米，其中新增绿化面积18.79万平方米，城市绿化覆盖率达45.1%，新城人均占有公共绿地达50.46平方米。（钱云峰）

【规范出新建筑工地】 2011年，丹徒区城管局整治规范永安新城、冠城国际等各类工地32个，出新待建工地围墙10万平方米，对新开工的冠城商业中心、欢喜家、瑞泰新城等工地强制配备冲洗设备，清理各类建筑、装潢垃圾6300吨，查扣无证车辆60余起，有效遏制扬尘的污染源头，规范了丹徒新城渣土运输。（钱云峰）

【丹徒新城广场管理】 2011年，丹徒区城管局投入300余万元在一期广场交通局大楼建成丹徒第一面高清户外LED显示屏，并接管二期广场音乐喷泉，分时段播放。在一期、二期广场、米芾广场设置宣传广告牌和灯箱广告。采购指纹电子巡更系统，配备四轮电瓶巡逻车，严格落实广场日常巡查制度，24小时不间断对广场进行巡查。提前划定并公示一期广场临时摊点区域，规范广场设摊经营。（钱云峰）

【新城管理工作】 2011年，丹徒区城管局在新城建成区范围内每天早8点至晚6点实行不间断动态巡查。1月，公开招募协勤人员12人，定人定岗定时段到丹徒新城各路段配合正式执法人员开展工作。与区公安局、区工商局、区卫生局、区环保局、区住建局和丹徒新城管委会等多家单位开展建筑工地达标整治、小区建筑垃圾、占道经营、农贸市场环境综合整治等系列联合整治行动，有效增强城市管理的执法力度。1～12月，纠正各类违章行为986余起，出具《责令改正通知书》324份，拆除违章搭建4处，办理行政处罚案件96件，其中简易程序案件88件，一般程序案件立案8件，参加镇江市、丹徒区“大城管”集中整治43次。整治规范“五小店”25个（家），购置消杀药水2吨，清理乱涂乱画和小广告5223条，清除乱堆乱放86处，整治规范菜市场经营秩序3个，新增临时停车泊位60个，先后11次下达整改通知书规范机动车闯红灯现象，整治龙山路、千禧路等10余户沿街店铺，取缔废品收购站2家，实施绿化改造近万平方米，查纠取缔流动摊点32处、店外店47处。全年接到镇江市数字化城管平台整改通知书1593条，实际整改1546条；丹徒区城管协调委办公室发出整改通知书328份，涉及整改项目2487条，实际整改项目2365条，整改到位率95.09%。接到12345热线、镇江论坛、中国镇江等网络舆情236条，在规定的时限内及时整改并答复，整改和回复率均达到100%。（钱云峰）

【行政服务中心城管窗口工作】 2011年，行政服务城管窗口工作完善上门服务制度，为重点项目工地、企业上门服务13次。1～12月，受理行政许可83件，其中审批广告事项13件、审批渣土事项24件、审批市政事项20件、审批绿化事项26件。城管窗口注重收集倾听服务对象意见，创新载体，精心制作《窗口群众满意度评价表》，附在每个行政审批办件后面，及时收集服务对象对在该局窗口所办事项、一次性告知方式、办理流程及过程、审批时限、工作态度和工作效率等六个方面是否满意和相关建议或意见。（钱云峰）

住房管理

【概况】 2011年，丹徒区房管局围绕“加速同城化，同步现代化”目标和创先争优要求，精心部署，狠抓落实，有力推进各项工作健康和谐发展。精神文明建设成果喜人，在创先争优活动中做到主题明确、创建标准明确、活动载体明确、承诺内容明确，取得了明显成效。严格执行党建工作制度，组织开展学习型党组织建设。制定《区房管局2011年度政治理论及专业业务知识学习培训方案》，强化政治理论学习。深化廉政建设，出台《区房管局2011年党风廉政建设和反腐败工作实施意见》。采取扎实有效的帮扶措施，全年提供帮扶资金15.65万元。组织开展普法、依法治理和综治平安建设工作，制定行政执法人员学习计划，全局参加区法律知识集中培训行政执法人员和行政执法监督人员21人。全年防治白蚁面积131万平方米；完成评估业务148宗。出台《丹徒区村镇建设服务所房管工作考核办法》，强化村镇房产管理工作。2011年，区房管局被区委、区政府授予生态区创建和文明城市创建先进单位、城市长效管理先进单位、信访稳定工作优秀职能部门；贾勇被江苏省白蚁防治协会授予江苏省白蚁防治行业先进个人，仲玉娟被镇江市住房和城乡建设局授予镇江市房地产管理部门先进个人，邱载斌被区委、区政府授予生态区创建和文明城市创建先进个人、城市长效管理先进个人。（顾鹏举）

【住房保障工作】 2011年，丹徒区房管局认真落实住房保障政策，确保住房保障工作提档扩面。首先，认真落实2011年度公共租赁住房目标任务,积极推进公共租赁住房建设进程。年初,镇江市政府下达丹徒区公共租赁住房建设任务800套。区房管局通过走访部分企事业单位,了解单位自建职工住房的情况,起草“2011年丹徒区公共租赁住房目标任务分解方案”并提交区政府研究。做好项目跟踪和服务工作,确保保障性住房建设工作规范。按住房保障工作要求完善各类台账资料,配合区监察部门定期对公共租赁住房项目进行监督检查。其次,对廉租住房保障申报对象应保尽保,认真做好各项服务工作。新增保障对象4户,完成申报、审核、入户调查、查档、公示、审批、上报等手续。落实2011年度实物配租工作,满足住房困难户的愿望。按时发放住房补贴,全年发放住房补贴2.27万元,全区实施住房保障14户,保障人口25人。第三,认真做好房改政策实施工作。办理一次性住房补贴212户,补贴面积1.727万平方米,补贴金额204.68万元。为区财政局、大港中学住房补贴发放查档191户、382人。办理公有住房出售2户,出售面积160平方米,出售房款8.45万元;办理房改房上市交易准入审批33户。第四,完成2011年度新城聚集人气激励政策的审核审批工作,审批400多户。 (顾鹏举)

【房地产市场管理】 2011年,丹徒区房管局积极协助区政府宣传新“国八条”(2011年1月26日,国务院常务会议再度推出八条房地产市场调控措施)政策,组织召开全区房地产市场调控工作座谈会,维护市场稳定。严把房屋预售关,及时处理商品房销售过程中出现的问题,在办理过程中坚持按要求收件,按程序把关,按规定办理。注重与相关部门沟通协调,做好初始登记证发放工作。组织丹徒区开发企业网上合同备案人员参加镇江市房产交易中心年检和培训工作。汇总统计丹徒新城范围内各小区商品房总体规划面积及竣工面积。全年办理31个开发企业218幢房屋39.66万平方米“商品房预售许可证”,办理20个开发企业374幢商品房57.63万平方米初始登记证。完善房屋租赁登记工作,全年完成租赁登记31户。 (顾鹏举)

表17 2011年丹徒新城商品房销售情况

月份	套数	面积(万平方米)	金额(亿元)
1	374	4.41	2.38
2	148	2.17	1.02
3	303	3.45	1.69
4	246	3.29	1.79
5	300	3.54	1.86
6	239	2.32	1.26
7	190	2.23	1.17
8	255	2.87	1.1
9	209	2.55	1.39
10	189	2.16	1.13
11	191	2.38	1.21
12	168	2.11	0.84
合计	2812	33.48	16.84

(顾鹏举)

【产权产籍管理】 2011年,丹徒区房管局办理房屋权属登记4890件,房屋抵押登记2875宗,打印初始登记证1710份,完成测绘面积148万平方米。 (顾鹏举)

【物业管理】 2011年,丹徒区房管局根据《镇江市城市长效管理考评细则》要求,加强对小区的日常考核。与丹徒城管执法分局协调确认新城沿街道板、花台维修责任主体。全年完成整改478次。做好物业维修基金归集及对账工作,完善《住宅专项维修资金的管理和使用办法》,建立房屋报修和维修资金申请使用渠道。全年归集维修基金2110万元,累计归集8500万元。认真做好物业管理招投标工作。全年完成“聚旺城市花园”、“山水半岛”、“冠城商业中心”等9个新建小区83.5万平方米的前期物业管理项目的招投标工作。镇江市百联物业管理有限公司积极整合资源,提高服务质量,增加物业服务费的收缴率,全年完成经营收入120万元,同时积极参与市场招投标,新接管“南山浅水湾”等3个项目。认真落实《关于新城住宅小区物业管理全覆盖工作的实施意见》《丹徒区住宅小区物业管理全覆盖工作考核暂行办法》,助推全区物业管理工作全覆盖。积极协助宜城街道筹备、成立“宜城街道物业管理中心”“宜城街道物业矛盾纠纷调解站”,强化物业行业管理。做好失管小区物业管理试点,对丹徒新城范围内所有小区、分散居住楼进行调查摸底,针对各小区的不同状况分别制定基础设施配套方案和物业管理方案,选择瑞丹花苑和芳草园进行分类试点。瑞丹花苑小区采取专业化物业管理公司服务模式,按照《镇江市普通住宅小区物业管理服务等级标准》三级标准实施物业服务。投入近130万元专项整治该小区环境卫生、违章建设、毁绿种菜等行为,完善技防、路灯等基础配套设施,小区面貌焕然一新。芳草园小区采用街道物业服务中心服务模式,按照二级服务标准实施服务,宜城街道投入60余万元,对小区的路灯、绿化、下水管网等配套设施进行改造和完善,该小区的技防监控、车位管理等也已全部落实到位,使小区使用功能日趋完善。在试点的基础上,全面推行市场化、专业化、标准化、规范化的“四化”物业管理。通过新建小区抓规范,失管小区抓整治,保障性小区抓衔接等举措,推进物业管理全覆盖工作向更深层次发展。 (顾鹏举)

对外贸易·商品流通

责任编校:钱若寅

对外经济贸易

【概况】 2011年,镇江市丹徒区商务局(以下简称丹徒区商务局)坚持以科学发展观为指导,强化举措,攻坚克难,不断加快经济转型升级步伐,各项工作呈现出平稳的发展态势。全年新批外资项目29个,其中增资项目8个,完成合同利用外资2.21亿美元,完成实际利用外资上报数1.36亿美元。新增限上企业12家,完成社会消费品零售总额38.9亿元,比上年增长16.8%,占年计划的102.4%。家电下乡累计销售4.81万台,销售金额1.09亿元,财政补贴4.55万台,补贴金额1281.4万元。全区累计完成进出口总额6.1亿美元,其中出口4.9亿美元。完成服务外包执行额2700万美元。 (孙 露)

表18 丹徒区2011年进出口海关统计数据 单位:万美元

出口实绩名次	企业名称	出口累计数	进口累计数	进出口累计数
1	江苏苏润高碳材股份有限公司	21106	3232	24338
2	帝高力装饰材料(江苏)有限公司	4532	373	4906
3	江苏希西维轴承有限公司	2370	—	—
4	镇江大力液压马达有限责任公司	1688	0	1688
5	镇江茂源化工有限公司	1660	0	1660
6	江苏领先电子有限公司	1393	1352	2745
7	镇江库拉图华联工具制造有限公司	886	0	886
8	镇江科美机械制造有限公司	856	0	856
9	镇江高桥鞋业进出口有限公司	822	0	822
10	镇江豪国窗饰制品有限公司	813	1	814
11	镇江信偌化工进出口有限公司	701	1	701
12	镇江市丹徒区华联制刷有限公司	593	0	593

(郭礼才)

【考察项目60批次】 2011年,丹徒区商务局外出考察项目60批次,洽谈项目45个,已签约项目26个,有签约意向项目12个。总投资1亿美元的华通动力、总投资1.48亿美元的江苏腾祥机械制造有限公司、总投资8000万美元的宝龙城市综合体等一批优质项目签约落户丹徒。 (黄 纬)

【提升项目服务效率】 2011年,丹徒区商务局着力提升项目服务效率,与市商务局、市工商局、市外管局等主管部门加强沟通协调,简化办事程序,在最短时间内完成河冶金属、惠杰电子等项目报批手续,加快巨博电子、奥德铆压、九泰装饰材料等项目建设进度,促进项目及早开工、投产、达效。 (黄 纬)

【申报高桥毛皮产品出口基地】 2011年,丹徒区商务局鼓励和引导出口企业加大技改投入,提升出口产品质量和附加值,提高市场竞争力,进行产业调研,成功组织申报高桥毛皮产品出口基地,进一步增强高桥出口产品的抗风险能力。 (孙 露)

【升级改造菜市场】 2011年,丹徒区商务局按照镇江市政府和镇市商务局任务部署,升级改造五条街菜市场。协同区法院等有关部门处理好改造方安徽商会与商户之间的矛盾,审核上报升级改造图纸,2012年1月15日,改造工程全部完工。

(孙 露)

【加强成品油市场监管】 2011年,丹徒区商务局及时掌握全区内社会加油站分布、仓储、销售与经营情况,重点检查企业有无违反《成品油市场管理办法》第38条行为。对违反规定和年度检查不合格的成品油经营企业,联合相关执法部门按《成品油市场管理办法》及相关规定予以处理。按照全省统一部署,对全区16家民营加油站进行油气回收改造工作,年末已完成改造7家,通过检测4家。 (殷 聪)

【监测市场运行】 2011年,丹徒区商务局梳理全区商贸流通企业选出规模、总量靠前、有代表性的重点或典型企业上报至镇江市商务局,纳入监测样本名单。新增重点流通企业监测样本1家、重点生产资料市场监测样本1家,年末,全区共有重点流通企业监测样本4家,分别为江苏五星电器有限公司镇江大卖场、江苏金陵润扬大桥酒店有限公司、丹徒区康达物资回收利用公司、丹徒区康宏再生资源有限公司,重点生产资料市场监测样本1家,为辛丰生产资料经营部。

(殷 聪)

【服务外包企业增幅列全市第一】 2011年,区商务局抓好宣传工作,营造服务外包产业发展氛围,认真落实各级政府扶持资金申报工作。全区新增服务外包企业5家,完成服务外包执行额2700万美元,比上年增长473.5%,完成工作目标128.6%,总量位列全市第五,增幅位列全市第一,超额完成全年目标任务。 (孙 露)

商 业

【概况】 2011年,镇江市丹徒区商业资产管理总公司(以下简称丹徒区商业总公司)坚持以邓小平理论、"三个代表"重要思想和党的十七届五中、六中全会精神为指导,以科学发展观统领全局,以强基础、增效益、保稳定、求实效为主线,加大资产经营、社会商业和内部监督等工作力度,加强基层组织建设与和谐稳定建设,较好地完成各项工作任务。全年资产经营收入207万元,比上年增长15%;全区生猪进点屠宰5.11万头,比上年增长17.47%;全系统实现综合经济收入345万元,比上年增长8%。

(刘金宝)

【资产经营收入比上年增长15%】 2011年,丹徒区的镇江叶丰酱醋厂在厂区空地新建450平方米临时用房出租,年增收益5万余元;区同创糖烟酒有限公司出租闲置门面房近240平方米,年增租金7.5万元,调整部分出租房租金,年增收入3万余元;区食品公司扩大屠宰场资产出租业务,资产租赁收入年增1.8万元。区商业资产管理总公司资产经营总收入207万元,比上年增长15%。 (刘金宝)

【生猪进点屠宰5.11万头】 2011年,丹徒区商业资产管理总公司与区各镇(园区)签订生猪进点屠宰目标责任状,强化屠宰管理制度;区食品公司投资5.17万元,改造屠宰场软、硬件设施,粉刷墙面1494平方米、油漆门窗258平方米、修缮屋面726平方米、添置屠宰加工容器和操作台(凳)52件、新增早点和茶水供应点2个,改善经营环境,提高服务质量,建立和谐合作关系。全区生猪进点屠宰5.11万头,比上年增长17.47%,进点屠宰率达95%以上。 (刘金宝)

【食品安全管理】 2011年,丹徒区商业资产管理总公司与区食品公司签订生猪定点屠宰场肉品质量安全责任状,加强生猪屠宰管理制度的执行力,严把生猪进场关、屠宰检疫关、生猪产品出场关,严禁病害猪肉、注水肉、含"瘦肉精"猪肉进入市场,从源头上消除肉品安全隐患。召开全区定点屠宰场负责人猪肉质量安全专题会议2次,在区电视台以"猪肉质量安全"为主题宣传报道2次,在全区范围内发放宣传材料800余份,张贴标语、拉横幅40余条,制作8块展板巡回展出;组织区生猪屠宰综合执法检查70余次,出车78台次,参与执法350多人次,进场生猪检疫率100%,屠宰加工检验率100%,查处违法违规事件6起,查处率100%,保持生猪产品安全无事故。 (刘金宝)

【内部监督管理】 2011年,丹徒区商业资产管理总公司强化系统内部监督与管理。一是抓思想教育。对不同岗位、不同层次人员开展针对性教育,反面典型警示教育与先进人物正面引导相结合,日常教育与重大节日教育相结合,引导员工树立正确的人生观和价值观,摆正名与利的关系,提高干部职工廉洁从政意识。二是抓财务管理。对企业财务加大审计力度,账目公开;对财会从业人员开展道德操守和基本规范培训;对企业管理成本和经营成本开展预算与核算,实现节支增收。三是抓安全管理。投入8万元,维修改造危房920余平方米;投入1.2万元,更换厂区老化电线、疏通排水管道;投入0.5万元,配齐屠宰场消防器材,全年未发生一起安全责任事故。四是抓责任管理。年初与各基层单位签订《2011年党风廉政建设责任书》和《2011年目标管理责任状》,年底组织系统内股级干部述职述廉,经群众测评、组织考评,系统内股级干部称职率100%。

(刘金宝)

【基层组织建设】 2011年,丹徒区商业资产管理总公司加强基层组织建设,培养党员干部队伍的专业素质和工作能力。一是举办党员领导干部理论学习培训 10 次,参训 126 人次。重点学习贯彻党的十七届六中全会精神和《中国共产党党员领导干部廉洁从政若干准则》。二是深入开展"创先争优"活动,各基层党支部制定承诺事项 15 条,落实 13 条,党员个人制定承诺事项 276 条,落实 261 条。三是采取"三会一课"、电化教育等形式,开展时事政治、市场经济、法律法规和专业知识学习培训,提高党员干部的工作能力。四是开展"坚持以人为本执政为民理念、发扬密切联系群众优良作风"主题实践活动,召开专题民主生活会,开展党性分析、批评与自我批评,查找不足,剖析根源,制定整改措施,强化作风意识。

(刘金宝)

【和谐稳定建设】 2011 年,丹徒区商业资产管理总公司累计补缴社保欠费 5.3 万元,为 9 名到龄职工办理退休手续。结对帮扶谷阳镇莱村特困户 3 户,资助 0.48 万元。春节慰问离退休人员和困难职工 120 余人次,发放钱物折合人民币 2.65 万余元。组织女职工联谊活动 1 次、体检 1 次,召开老干部茶话会 2 次,组织职工唱红歌、打扑克比赛各 1 次,参赛 100 余人次。约谈下岗失业人员 40 余人次、老信访户 4 人次,全年未发生一起越级上访事件。

(刘金宝)

粮　食

【概况】 2011 年,镇江市丹徒区粮食局(以下简称丹徒区粮食局)紧紧围绕"化解债务甩包袱、经营创收增效益、内部管理上水平"的总要求,创新思路,科学决策,整合债务经营,促进企业发展,全区粮食各项工作有序推进、协调发展。

粮食购销调控积极有力。全年,全区完成粮食购销总量 13.33 万吨,完成市局下达年度计划的 104%。收购小麦 4.15 万吨、稻谷 2.83 万吨,其中完成区级储备小麦 8000 吨、稻谷 5000 吨。区粮食购销总公司加强粮食产销衔接,全年实现销售收入 3820 万元,比上年增长 19.5%。

粮油加工企业增产增效。全年实现工业产值 1.67 亿元、销售收入 1.67 亿元、利税 291 万元、利润 70 万元,完成区政府下发的任务目标。

党风廉政建设和精神文明创建成果丰硕。区粮食局获"江苏省粮食流通监督检查先进单位"称号、区军粮供应站获"江苏省诚信经营示范企业"和"省十佳军供站"称号,李良建获"镇江市农业农村工作先进个人"称号。　(张晓红)

【落实应急保供机制】 2011 年,丹徒区维持应急保供定点加工企业 4 家,应急保供销售粮店 10 家,为应对粮食突发事件提供保障。区粮食局落实成品粮油储备,限定粮食经营企业最低和最高库存数量,保证市场供应和粮食价格稳定。

(张晓红)

【做好军粮供应工作】 2011 年,丹徒区军粮供应站积极推进"全国百强军供站"争创工作。大力开拓粮油自营市场和军供副营项目建设,实行"部队优先,主副并进,以副补主"的经营策略。自主创立的"茅峰"牌有机大米系列产品通过国家有关部门的质量论证,成为全区唯一有机大米品牌。　(张晓红)

【开展节粮宣传活动】 2011 年 9 月 16 日～10 月 16 日,丹徒区粮食局举办微博热讨、节粮家庭、节粮食堂评比,机关、小学生征文,世界粮食日广场集中宣传等十大系列"爱惜粮食、节约粮食"主题宣传活动,增强全民爱粮节粮意识,营造全社会重视粮食生产的氛围。

(张晓红)

【完善基础管理工作】 2011 年,丹徒区粮食局深入推进粮食"管理年"工作,加强基础管理,强化储备管理、资产管理和安全管理,促使各项管理日趋规范。落实财务分析例会、周一局务会、每周工作计划上报、学习制度化等各项制度,推进"执行力提升年"活动,提升整体工作效率。　(张晓红)

【强化粮食市场监管】 2011 年,丹徒区粮食局着力加强粮食市场监督检查,开展各类执法检查活动 28 次,检查各类粮食经营企业 116 家,出动执法人员 232 人次,促进粮食市场规范化管理。开展粮食清仓查库工作,清查库存粮食 5.84 万吨,落实"账实相符、账账相符、库贷合

2011 年 10 月 14 日,丹徒区举行纪念第 31 个世界粮食日宣传活动。

理、管理规范、储存安全”制度。做好粮食收购资格管理工作,核查全区取得粮食收购资格的企业35家,规范粮食收购行为。

(张晓红)

烟　　草

【概况】 2011年,镇江市丹徒区烟草专卖局(以下简称丹徒区烟草局)围绕“卷烟上水平”中心任务,全力打造“严格规范、富有效率、充满活力”的丹徒烟草,促进各项工作顺利开展。全年查处10万元以上案件1起,网上订货客户数达2452户,约占总数的98.28%,新办烟草专卖许可证114个。在年度行政执法案卷评查中,行政许可案卷分别获市法制办评比一等奖、区法制办评比二等奖。6月,开展第二届企业文化知识竞赛、演讲比赛活动。开展“春晖行动”,帮11户贫困户落实扶贫资金1.65万元。开展“爱在镇江慈善一日捐”活动,捐款2.6万元。向大港中学白血病患者捐款5000元。通过红十字会向日本和云南地震灾区分别捐款5000元,并向红十字会“博爱一日捐”活动捐赠3400元,缴纳会费1140元。

(雎杰明)

【加强市场监管】 2011年,丹徒区烟草局强化与公安、工商等执法部门的联系,不断提高打假合力。全年出动执法车辆2600余台次,出动执法人员5300余人次;共查获各类涉烟案件105起,10万元以上案件1起;查获各类违法违规卷烟2906.3条,其中非法生产卷烟83条,未在当地烟草批发企业进货卷烟1755.7条,无证运输卷烟1018.1条,走私烟2.6条,总案值35万余元,罚没款2.96万余元,市场净化率保持在97%以上。

(雎杰明)

【烟草专卖许可证管理】 2011年,丹徒区烟草局执行《烟草专卖许可证管理办法》和行政许可“受理、审查、决定”三分离制度。截至12月31日,共新办烟草专卖许可证114个,延续烟草专卖许可证经营户466户,变更120户,停业197户,恢复经营49户,注销182户,正常经营户2510户。　(雎杰明)

【切实抓好网建提升】 2011年,丹徒区烟草局根据省、市局(公司)完善市场机制、提升营销水平、创商业品牌、全面提升企业整体素质的总体要求,一是加强品牌培育力度;二是开展客户服务工作;三是开展网络人员教育培训和网络运行的督察考评;四是扩大网上订货、网上结算客户的覆盖面,年末,网上订货客户数达到2452户,约占总零售客户的98.28%;五是做好明码标价、“两周一供”、分时段结算、提前介款、客户经理工作平台的维护和推进等工作,完善动销台账,确保各类数据及时、准确、有效;六是推进标准店建设,全区标准店共44户,均一次性通过验收,获得工业企业的一致肯定;七是开展省公司免费投诉电话知晓率抽查工作。　(雎杰明)

【稳步推进基础管理】 2011年,丹徒区烟草局重视质量管理和职业健康安全管理贯标工作,做到坚持以部门为单位,加强日常学习培训,完善和细化原有的制度。加强财务管理,做好年度和季度预算编制,执行预算情况的控制,严把费用报批审核关,按照上级要求做好清产核资工作。严格执行《镇江市烟草局(公司)物资采购办法》及《区烟草局公物采购管理规定》,实行集体采购、比价采购、“阳光”采购。加强教育监督,完善职业健康安全管理体系,明确安全责任,加强安全教育和培训。　(雎杰明)

茧丝绸

【概况】 2011年,镇江市丹徒区茧丝绸总公司(以下简称丹徒区茧丝绸总公司)紧紧围绕“农业增效、农民增收”的总体思路,以科学发展观为指导,把茧丝绸行业的稳定和发展作为工作出发点和落脚点,认真做好服务新农村建设工作。全区现有桑田面积116.67公顷,其中果桑15公顷,生产桑果总量216吨,总产值为64.8万元。全年蚕饲养量855张,其中春蚕670张、秋蚕185张。总产茧26.5吨,总产值101.4万元,张单产31公斤,张单产比上年减少29.9%。　(赵剑平)

【发展蚕桑生产】 2011年,丹徒区茧丝绸总公司做好服务“三农”工作。一是做好宣传服务,通过会议、培训、印发技术资料等多种形式,大力推广新品种、新技术,促进蚕农增产增收。二是做好安全生产,针对春季严重干旱、大气污染、温度变化大以及秋季多雨成涝、寡照等因素的影响,及时深入基层,了解受灾情况,采取应急措施,指导蚕农抗灾,减少蚕农损失。三是做好桑园拓植、改造,全年拓植、改造桑园5.5公顷,其中拓植果桑3公顷。

(赵剑平)

【做好桑病虫测报与防治】 2011年,丹徒区蚕桑技术指导站采用定点定时调查与面上随机巡查相结合的方法,对病虫进行全面监控与防治。全年实地调查10期,巡查4次,查出虫病8种,发出病虫情报4期,组织药物防治12次,有效控制病虫害,为桑树产叶优质高产创造条件,保证全区蚕桑生产的顺利进行。

(赵剑平)

【加强蚕业科研创新】 2011年,丹徒区蚕桑技术指导站不断推广养蚕新技术、新品种,重点提高蚕农的培桑养蚕整体科技水平。在养蚕期间,蚕桑科技人员深入农村农户家中、田头指导蚕农小蚕应用电热网加热饲育,推行小蚕共育、三龄摘芯增叶、桑园根外追肥、大蚕条桑斜面育、方格簇上山等一些培桑养蚕新技术。在蚕桑科技创新方面,与安徽源牌实业公司合作研制的“桑树剪梢废枝快速育苗技术研究与应用”项目获安徽省科技成果奖。全年撰写论文4篇,参加镇江市2011

年优秀科技论文(专著)评选,其中《桑品种与温床硬枝扦插效果关系试验与应用》获优秀科技论文评比二等奖。 (赵剑平)

【做好蚕茧收购、销售工作】 2011年,丹徒区茧丝绸总公司在蚕茧价格大幅上扬,蚕茧价格创历史新高的情况下,认真做好蚕茧收购、蚕茧销售工作。一是做好收购前服务、准备工作,在春秋茧收购前,组织人员下乡,宣传茧丝绸市场行情,宣传收购政策。二是在蚕茧收购中,做到蚕茧优质优价,劣质劣价,从而调动蚕农养蚕注重抓蚕茧质量,通过提高蚕茧质量多获益。三是针对蚕茧价格高,所需收购资金多的情况,多方筹集收购资金150多万元,及时支付蚕农售茧款,不打一张欠条。四是拓宽销售渠道,主动与新老客户联系,及时把蚕茧销售出去,使资金能及时回笼,减少资金利息支出。 (赵剑平)

供销合作商业

【概况】 2011年,镇江市丹徒区供销合作总社(以下简称丹徒区供销社)按照省社五届六次、市社三届二次会议要求,以定制度、抓管理、控资产、引项目、扶直属、构和谐为突破口,转观念促转型,抓管理促规范,强推"三位一体",全面参与项目引进,打造三农服务特色,实现供销经济快速增长。全系统实现商品销售46.34亿元,比上年增长5.39%;农副产品收购1.72亿元,比上年增长30%;利润总额665万元、比上年增长18.4%。2011年,区供销社新建为农服务社1家、提升省、市级2家;新建专业合作社3家,提升省、市级4家;成立农村合作组织6家,培训合作经济师104人。2011年,区供销社系统获省总社基层社"三位一体"建设优胜单位、进步幅度优胜单位奖牌2块。经济学会工作获镇江市2010～2011年度先进学会。 (马建文)

【成立统防统治植保专业合作社】 2011年,丹徒区供销社争取市总社52台高效喷雾机,新成立谷阳槐荫、辛丰农机、上党东滨湖统防统治植保专业合作社,实现统防统治植保专业合作社全覆盖。年末,全系统拥有高效喷雾器172台,服务队86个,防治面积达3000多公顷,服务2万多农户。 (马建文)

【镇江市康发烟花爆竹成功申报国家级项目】 2008～2011年,丹徒区供销社共投入748.26万元,对老仓库改造升级,新建两座1080平方米标准化烟花爆竹1.1～2级专用库房,2011年申报全国"新网工程"项目,获专项财政补贴资金128万元。

(马建文)

【回购供销社办公大楼资产】 2011年,丹徒区供销社着力抓遗留难题的化解。与市商业银行协调,以700万元回购区供销社市区中山路338号丹徒大厦附楼、轧花厂资产,成功收回长达10多年因烟草大案抵押的社有资产。 (马建文)

【启动筹建供销现代流通服务中心】 2011年,丹徒区供销社认真贯彻落实区委、区政府提出的"加速融入主城区、率先实现现代化"发展主线,获区政府0.66公顷建设用地,投资2000万元,新建六层8000平方米供销社现代流通服务中心,年末进入报批筹建阶段。 (马建文)

表19 丹徒区供销合作总社基层单位及负责人情况

单　位	法人代表	单　位	法人代表
高资中心供销社	李昌杰	区康仁医药连锁	纪锁祥
谷阳中心供销社	朱正明	区康发烟花爆竹公司	王建设
上党中心供销社	潘庆生	区康达物资回收利用公司	姚六明
辛丰中心供销社	魏建华	区康嘉农资连锁公司	董凌春
高桥中心供销社	童瑞祥	区正大实业公司	夏荣才
宝堰中心供销社	张金跃	区辛丰生产资料公司	朱实勤
石马供销社	张永宁	区轧花剥绒厂	夏荣才
江心供销社	王　飞	丹徒旅游贸易学校	李静玲
区长城房屋开发公司	李　俊	区供销总公司	夏方勇

(马建文)

财政 · 税收

责任编校:丁素娟

财 政

【概况】 2011年,丹徒财政总收入46.42亿元,完成全年计划的98.02%,比上年增长54.4%,高于镇江市平均增幅15.2%;一般预算收入累计完成14.81亿元,占年度预算的103.35%,比上年增长34.4%。其中:国税收入3.88亿元,比上年增长26.54%;地方税收收入9.53亿元,比上年增长37.16%;其他收入2601万元,比上年增长15.96%;排污费收入2008万元,比上年增长11.37%;教育费附加收入4345万元,比上年增长52.03%;行政性收费收入4488万元,比上年增长101.98%;政府性基金18.75亿元,比上年增长150.87%;国有资产经营收入760万元,比上年下降49.67%;社会保险基金收入1.43亿元,比上年下降30.44%;征收综合基金1427万元,比上年增长35.26%。

全区财政总支出34.68亿元,完成年度预算的92.43%,比上年增长57%,其中,一般预算支出14.8亿元,占年度预算的93.37%,比上年增长19.56%。具体项目:一般公共服务支出2.95亿元,比上年增长31.59%;公共安全支出1.01亿元,比上年增长10.27%;教育支出3.33亿元,比上年增长2.28%;科学技术支出4118万元,比上年增长21.12%;文化体育与传媒支出2275万元,比上年增长21.14%;社会保障和就业支出9957万元,比上年增长56.24%;医疗卫生支出1.02亿元,比上年增长21.25%;节能环保支出6260万元,比上年增长6.86%;城乡社区事务支出7983万元,比上年增长33.72%;农林水事务支出2.55亿元,比上年增长42.94%;交通运输支出3219万元,比上年增长322.44%;资源勘探电力信息等事务支出1953万元,比上年下降60.37%;商业服务业等事务支出2341万元,比上年增长8.58%;国土资源气象等事务支出45万元,比上年下降52.13%;粮油物资储备管理事务支出529万元,比上年下降60.93%;其他支出537万元,比上年增长26.65%;政府性基金支出18.45亿元(含上级专项),比上年增长141.14%;社会保险基金支出1.43亿元,比上年下降30.44%。

2011年,对上争取专项资金3.88亿元;完善政府采购制度体系,全年完成采购202批次,采购预算4943.84万元,实际支付采购金额4441.04万元,资金节约率为11.32%。 (崔 元)

【收入管理】 2011年,丹徒区财政局切实抓好财政收入管理。一是完善百分考核办法。根据各科室、财政所的岗位设置情况重新制定百分考核办法,将财政收入作为百分考核的重要指标,改定性考核为定量考核,量化每项工作,使考核工作更加客观。二是实施序时倒逼机制,强化部门间协调控管。国税局、地税局、财政局紧密协作,每月召开收支分析会,分析收入结构,查找收入缺口,排查增长点,确保各项收入及时入库。三是加强零散税收的委托代征工作,所有乡镇(园区)成立委托代征办公室(代征办),全年通过代征办征收地方税收1100万元。四是加强非税收入增收管理,采取“单位开票、银行收款、资金直接入库(专户)”模式,全区143个非税执收单位(部门)征收非税收入1.6亿余元,做到应收尽收。 (崔 元)

【民生投入】 2011年,丹徒区财政局确保民生投入。一是加大“三农”投入。全年农林水支出2.55亿元,全力推动强农惠农政策的落实,重点保障中心河“二桥一闸”及长山提水站的建设;认真开展粮食直补、农资综合直补、良种补贴、家电汽摩下乡等涉农补贴工作,全年累计发放补贴资金3696万元;及时下拨村级运转资金和农场职工补助1069万元。二是完善社会保障制度。全年社会保障投入9957万元。其中:投入654万元发放尊老金,实现80岁以上老人同城同待遇;全年发放低保金1093万元;投入3169万元用于新型农村养老保险补贴,受益人数近7万人。三是提升各项社会事业支持力度。教育、医疗卫生、城乡社区、节能环保等重点领域的支出均有序保障。全年安排教育经费支出3.33亿元,提高农村义务教育保障标准,促进了教育现代化发展。深入推进卫生体制改革,全年医疗卫生支出1.01亿元,其中:安排4468万元用于新型农村合作医疗,人均财政补助水平由150元提高到200元,全区21.8万人受益;安排1398万元,购买“公共卫生服务”;安排1000万元,用于基本药物零差价补助,确保基层医疗机构实施基本药物制度。拨付7983万元用于城乡社区建设,促进城乡道路、绿化一体化建设。投入6260万元用于节能环保,支持生态区建设。 (崔 元)

【财政管理】 2011年，丹徒区财政局加强财政管理。一是深化部门预算编制，完善预算单位基本信息库和项目库。自2011年开始全区168个行政事业单位全部实行零基预算，改变"基数加增长"预算编制模式，预算编制更加科学、合理；对近三年人员经费、公用经费、项目经费进行对比分析，细化到经济科目，建立和完善财政基础信息数据库，为预算编制、执行、监督、评价提供精细、详实、准确的资料。二是深化国库管理制度改革，提高直接支付比例。全年直接支付资金10.08亿元，直接支付比例为90%，比上年提高30%，做到支付规范化、程序化、信息化，减少财政资金的支付环节，保障财政资金的使用安全。三是积极探索绩效管理。出台《丹徒区财政专项支出绩效管理暂行办法》，聘请四家中介机构参与绩效评价工作，为财政支出绩效评价工作积累经验。2011年，从社会保障、农业、交通、实体经济等方面选择预算项目进行绩效评价，评价结果作为核定部门预算依据，初步实现财政资金从预算编制到绩效评价"四位一体"(预算编制、预算执行、绩效评价、财政监督)管理模式的尝试。四是全面规范业务流程。梳理规范183条工作流程，并汇编成册，最大限度地减少自由裁量权，提高办事效率。五是积极开展财政专户清理整顿工作。成立财政账户清理整顿领导小组和工作班子，制定《丹徒区区级财政账户及其资金调度管理办法》，对财政账户的开设依据、开设原则和开设程序等作出明确规定，对财政账户动态管理、档案管理提出具体要求。 (崔 元)

【财政监管】 2011年，丹徒区财政局加强监管工作。一是加大专项资金监管。建立各类专项资金管理台账，将所有财政性资金一并纳入监管范围，对民生工程、社会保障、强农惠农等资金，实行追踪问效制度，确保专款专用和资金安全。二是抓好日常财政监管。加大对财政资金账户清理、预算资金支出、政府采购等行为日常监督，严肃查处截留收入、私设"小金库"等行为。三是加强财政内部监督。充分发挥财政监督科作用，扩大财政监督科的职能，参与预算编制和执行全过程，并依据新编制的业务流程图，随机抽查各科室和各基层所业务，逐月通报，结果作为考核评优的依据。四是实现国有资产动态监管。在实施乡镇财政集中收付的基础上，通过网络建设，将国有资产管理系统通过内网实现与丹徒区财政局联通；同时对全区行政事业单位和国有及国有控股企业的资产进行全面清理、登记，资产增减及收益实现网络化、动态化、程序化、规范化管理。五是接受外部监督。自觉接受人大、政协、审计和社会各界的监督，将党务公开和政务公开结合起来，在丹徒电视台"新闻关注"栏目开设"阳光财政"专栏，推进行政权力网上公开运行，实现财政资金和财政干部"两个安全"。 (崔 元)

【队伍建设】 2011年，丹徒区财政局加强队伍建设，提升服务水平。一是向沈浩、张雅琴等先进人物学习，开展警示教育、党课、《丹徒区机关人员行业规范》及责任追究、《廉政准则》和读书等系列学教活动，正面感染、反面教育，推动各项工作的开展。二是紧抓党风廉政建设，通过开展行政权力公开透明运行、实施会办制度、廉政文化进机关活动等工作，建立财政系统惩防体系基本框架模型。三是档案管理全面升级，以119分(总分120分)通过江苏省五星级档案达标评审，成为江苏省县区级财政系统第一个达五星级档案室标准的单位。四是加大业务知识培训力度，先后组织乡镇财政业务培训、行政执法人员培训等业务知识培训，提高干部职工素质。五是改进培训方式，建立视频培训教育会议系统，实现远距离面对面的交流，提升了工作效率。六是树立人人都是窗口意识，2011年，行政服务中心财政窗口连续6次获得红旗窗口；狠抓文明行业创建工作，在千人评议机关和"三个文明"考核中，区财政局均名列"十佳单位"；积极开展创先争优活动，7个财政所获"区级人民满意站所"称号，3个财政所获"市级人民满意站所"称号。 (崔 元)

国 税

【概况】 2011年，丹徒区国家税务局(以下简称丹徒国税局)紧密围绕加快转变经济发展方式主线，突出

2011年11月12日，召开丹徒区财政局档案工作达省五星级测评会。

组织收入工作，认真执行各项税收优惠政策，深入推进税源专业化管理，提升治税能力，充分发挥税收职能作用，全面实现税收与经济协调发展。全年组织税收收入13.49亿元，比上年增长21.97%，其中：入库增值税9.99亿元，比上年增长12.53%；入库企业所得税3.46亿元，比上年增长63.18%。折算成地方一般预算收入3.88亿元，比上年增收8149万元，比上年增长26.5%。优化纳税服务，创新服务举措，出台《丹徒国税纳税服务工作规范》，加强办税服务厅标准化建设，开辟服务厅自主申报区域，引进智能排队叫号系统，启用自助办税终端，推行网上免费申报软件，加强短信呼平台运用，落实"免填单"工作；全面施行纳税服务"点点通"，实现"同城通办"和"一窗通办"，推广专家服务团队、税企直通车、绿色通道等个性化、引导式服务。全年开展专家团队服务3000余户次，免费发放《纳税人权利和义务》等读物700余本，印发办税指南、税收优惠宣传等资料2000余份，通过短信呼平台发送涉税提醒等信息1.1万余条。深化党风廉政建设，强化内控机制建设，完善惩防体系。该局在丹徒区民主评议政风行风工作测评中名列榜首，第三、第四分局被确定为市级廉政文化示范点，第二、第五分局通过市级廉政文化示范点考核验收。弘扬国税文化，建立各级文化教育基地，参加建党90周年红歌会、拔河比赛、书画摄影展等活动，在镇江市国税局举办的建党90周年红歌会中获团体二等奖、个人二等奖。加强队伍建设，以人才强税为重点，不断提升队伍综合能力，全年通过江苏省国税局中级考试10人、通过高级考试8人。2011年，该局在"满意服务在丹徒"测评中获得第一名，获区级机关综合考核"十佳单位"称号，被区政府评为有功单位，档案工作通过江苏省"五星级"复查，被省国税局确定为"五好和谐基层建设"县(市、区)局示范点；该局党总支被江苏省国税局评为先进基层党组织；第四分局被镇江市国税局确定为"五好和谐基层建设"示范点。 (周艺媛)

【落实税收优惠政策】 2011年，丹徒国税局规范减免税管理，强化减免税政策分析，认真执行各项税收优惠政策，积极支持地方经济发展。加强出口退税申报管理，及时将最新的出口退税政策传达到位；做好增值税起征点调整工作，加强小微企业发展优惠政策的落实；加强对再生资源经营单位和福利企业的增值税政策管理，及时将即征即退优惠政策落实到位；做好固定资产增值税进项抵扣政策管理，引导企业加大固定资产投资。全年全区享受增值税优惠的销售收入34.93亿元，累计办理福利企业和资源综合利用即征即退税款1.67亿元；直接、间接减免企业所得税9345.83万元；实现出口免抵退税1.80亿元；办理固定资产增值税进项抵扣1.14亿元。 (周艺媛)

【小型企业"三控"管理】 2011年，丹徒国税局对小型企业实行"三控"("票控"、"点控"、"面控")管理。将责任区归属地管理升级为分类分级的税源风险管理，加强对内部和第三方信息的情报管理，对经过识别分析的风险信息进行过滤，按户归集，明确风险指向，进行策略选择，并重点对房地产行业、汽车零售行业、笔刷行业等重点行业进行集中评估检查，整理出普遍问题和管理规律，为同类企业的征管提供管理思路和操作模式。全年补征税款1998万元，小型企业"三控"管理模式被镇江市国税局评为2011年度"工作创新奖"优秀项目。 (周艺媛)

【依法治税】 2011年，丹徒国税局强化税源税基控管。规范税收执法，完善日常执法监督长效机制，推广试点《税收基础事项操作规范》；整顿税收秩序，加强征管稽查互动，建立数据分析、辅导自查、纳税评估、重点检查、查后反馈互动机制，全年查补入库税款、罚款、滞纳金904万元，有力地优化地区税收法治环境。 (周艺媛)

【强化征管基础管理】 2011年，丹徒国税局强化征管基础管理，开拓科学管理视野，按月召开税源管理联席会议，发布会议纪要和征管质量通报各12期，提出并解决问题76个，整合发布126项任务；做好税收基础事项操作规范试点和国地税个体委托代征联合办公试点工作，对3701户个体双定户进行调定，修正117户重点税源户信息数据7366条，利用国地税数据交换平台，核对清理24040条税务登记信息；强化发票管理工作，创建全局发票管理信誉档案25户，实地巡查发票1200余份，发现问题发票53份，涉及金额2657万元、税额586万元。 (周艺媛)

表20 2011年丹徒国税局完成收入情况 单位：万元

项目	2011年	2010年	增减额	增减率
组织税收收入合计	134932	110623	24309	21.97%
增值税	99969	88834	11135	12.53%
所得税	34642	21229	13413	63.18%
完成地方一般预算收入合计	38849	30700	8149	26.54%

【信息管税】 2011年，丹徒国税局高度重视税收信息情报管理，加强第三方信息的采集、分析和应用，强化数据质量管理，增强风险分析识别能力，建立风险应对跟踪复核机制，全面提升信息管税水平。全年形成914户次风险应对任务，启动跟踪质疑11次，发放提醒提示函519份、实施纳税评估122户、所得税汇缴复核204户，开展服务性调研20户，稽查立案59件，入库税款、罚款及滞纳金5588万元，调减留抵42万元，弥补亏损1107万元。（周艺媛）

【纳税评估】 2011年，丹徒国税局完善纳税评估工作机制，建立健全纳税评估层级管理机制和考核奖惩制度，推行联合点评、集体审议，定期组织业务骨干对辖区内的典型案例和评估大户进行集中复审，集体把关，强化内部监督，规范内部监控。全年评估入库税款3172万元，占净入库税款的2.51%。（周艺媛）

【推广网上免费申报软件】 2011年，丹徒国税局全面开展免费网上申报软件的试点和推广工作。组织全员培训，确保全区纳税人成功掌握软件功能和操作要领，并安排专家团队负责后期运行维护工作，全力保障免费申报软件全面上线运行。全年举办推广培训11场次，培训单位纳税人3150户次。年底，免费申报软件申请开通率达100%，2348户正常使用该软件，使用率73.48%。（周艺媛）

2011年9月28日，丹徒区国税局举办免费网上申报软件推广培训班。

地　税

【概况】 2011年，丹徒地方税务局（以下简称丹徒地税局）以依法组织收入为中心，推进征管改革，优化纳税服务，加强队伍建设，各项工作取得显著成绩。全年组织入库地方税收11.46亿元，比上年增收2.98亿元，增长35.17%，首次突破10亿元。其中一般预算收入9.53亿元（含契税、耕地占用税），比上年增收2.77亿元，增长40.93%。契税、耕地占用税入库1.19亿元，比上年增收0.56亿元，增长90.73%。完成教育费附加0.69亿元。完成其他各项基金0.22亿元。征收社会保险费2.88亿元，比上年增长39%，平均征缴率达99%。坚持落实税收优惠政策，全年减免包括报批、备案等各种类型税收达3936.95万元，有效涵养地方税源，增强丹徒经济发展后劲。深入推进文明创建，认真开展“纳税人是诚实的”专题讨论活动，提高干部职工思想认识，保障纳税人合法权益。《镇江日报》以专版形式、国家税务总局网站对此专题报道。组织“迎党庆·促税宣·展风采”文艺演出，展示地税系统精神面貌。积极引导干部职工参与社会公益活动，全局为“博爱一日捐”“春晖行动”等捐款9万余元。12月，丹徒地税局“点单式”纳税服务获镇江市第二批优质服务品牌提名奖。丹徒地税局被江苏省纪委等六部门授予省级“廉政文化示范点”；被镇江市地税局评为2011年度先进单位；被评为2011年丹徒区区级机关综合考核十佳单位，机关作风建设先进单位，人民满意单位，“满意服务在丹徒”评议先进单位；第三、四、五分局被丹徒区委、丹徒区政府评为“人民满意基层站所”。丹徒地税局党组被评为“五好”党组织。（殷　健）

【机构设置改革】 2011年7月，丹徒地税局根据《江苏省机构编制委员会办公室关于印发江苏省镇江地方税务局及所辖县（市、区）局主要职责机构设置和人员编制规定的通知》，认真实施机构设置改革，完成机构调整组建、定岗定编、人员调整配备工作，建立结构合理、责任明确、行为规范、精干高效运行机制。机构改革后，丹徒地税局设置8个内设机构：办公室、税政法规科、规划财务科、征管和科技发展科、数据管理科、人事教育科、监察室（与纪检组合署）、机关党总支。设置的基层行政机构为：直属行政机构1个，丹徒地税局稽查局（副科级建制）；派出机构5个（副科级建制），丹徒地税局第一税务分局（纳税服务局），丹徒地税局第二税务分局（重点税源管理税务分局），丹徒地税局第三税务分局，丹徒地税局第四税务分局，丹徒地税局第五税务分局。（殷　健）

【税源专业化管理】 2011年7月，丹徒地税局推进税源专业化管理，实行“重点税源专业管、一般税源团

2011 年 3 月 8 日,丹徒区地税局开展税收宣传。

队管,零散税源委托管"的管理举措,建立管事制、专业化和属地化相结合的专业化税源管理机制。对新确定全区 121 户重点税源户实行分行业、分税种逐户监控管理,确保全面把握生产经营情况、税负变动状况等,充分体现分类管理的级次性和有效性。完善"大企业风险管理机制",进一步做好重点行业、重点企业的税收分析和预警。年底,重点税源企业入库 7.74 亿元,同比增长 16.04%,占收入的 67%。扎实推进个体及零散税收委托代征工作,研究制定管理制度、考核办法等,构建政府领导、财税主管、部门配合、社会参与的委托代征保障体系。全年入库个体税收收入 1041.94 万元,同比增长达 40%。

(殷　健)

【发票管理】 2011 年,丹徒地税局围绕"以票控税",不断加强发票管理,全面提高发票信息采集的时效性、准确性和全面性。扩大网络发票的使用户数,至 12 月底,有 80% 以上的企业发票用户使用网络发票。做好新标税控装置的推广应用工作,全年新安装 16 户。

(殷　健)

【税收宣传辅导】 2011 年 2 月,丹徒地税局开通"丹徒地税纳税服务中心"新浪网官方微博,借助网络微博的及时性、共享性、传播广泛性等特点,向社会发布最新税收政策、纳税服务指南等。8 月,成立"纳税人学校",加强对新办企业和有需求纳税人的税收基本常识、基本办税流程和操作技能的培训,提高纳税人自主办税能力。采取专人辅导方式,积极推广网上办税服务厅,拓展业务量。至 12 月底,举办各种涉税辅导 15 场,培训人员 3100 人次。

(殷　健)

【严格税务稽查】 2011 年,丹徒地税局积极推进专业化稽查,实行集体选案制,严格落实查前告知制度、纳税人自查自纠制度。全年发放纳税人自查表 223 份,自查入库税款 1831.36 万元,减轻纳税人税收成本风险。检查 45 户纳税户税务,查处 71 份假发票,受理举报 10 起,有效维护税法公正。全年累计入库查补税款 2139.28 万元。(殷　健)

【强化队伍建设】 2011 年,丹徒地税局严格能效管理考评,奖优惩劣,截至 12 月底,对分局、科室加分 26 分,扣分 62 分。制定《干部选拔办法》,严格选拔原则和程序,认真做好机构改革及相关人事调整工作,新选拔正股职(级)11 人、副股职干部 6 人。加大干部轮换岗力度,调整岗位 70 名,交流面达 61%。围绕建设"专业型"税收队伍,针对性加强业务培训。认真组织参加省局大考试,全局干部职工全员学习,备战迎考,获得单位闭卷考试第五名、领导考试四、六、七名,开卷考试第二名的良好成绩,得到省局通报表彰。围绕教育、监督、制度、纠风、惩处等五个方面,制订工作计划,明确责任要求,认真履行党风廉政建设责任。开展"丹徒地税作风建设年"活动,查找政务公开内容是否公开到位,服务承诺是否落实到位,确保作风建设促进税收工作的提升。组织开展垂直部门"效能建设""政风行风"评议。部署开展"践行《廉政准则》,增强自律意识"主题活动,加强权力节点监控,严格查处干部滥用职权、谋取私利、损害纳税人利益的行为。认真组织开展"干部全员大教育"活动,切实加强干部的税收宗旨教育、思想政治教育、职业道德教育、党风廉政教育等,引导地税干部树立学习观念、法治观念、大局观念和创新观念。 (殷　健)

金融·保险

责任编校：丁素娟

中国农业银行镇江京江支行

【概况】 2011年，中国农业银行股份有限公司镇江京江支行（以下简称农行京江支行）扎实推进业务经营，不断强化内控管理，不断加强队伍建设，增强企业的凝聚力。一是加大培训力度，组织员工参加上级行及本行各类培训活动。二是规范员工日常工作和生活行为，针对资本市场波动、企业资金紧缺，从严规范员工行为，组织员工学习风险案例、《员工行为守则》等，强化员工自律意识。三是加大员工的交流力度，按照内控要求，同时兼顾网点业务、人员结构、城乡互动原则，积极防范人员风险。组织人员参加镇江市政府公共环境保洁志愿者服务行动。帮助网点增加大堂力量，加强网点现场管理，缓解柜面的工作压力，在春节前开展本部人员下网点代大堂经理活动；在全行员工中营造“学习技能、提高素质”的氛围，使员工的岗位技能得到明显提高，在市行举办的服务技能大赛中荣获团体第二名。 （庄 扬）

【业务发展】 2011年，农行京江支行突出目标，大力发展业务经营。一是开展组织资金工作。至年末，全行各项存款余额39.4亿元。理财产品保有量2.59亿元。二是优化资产业务结构。以大客户、大项目、优质中小企业以及个人贷款等为投放重点，对辖内符合条件的客户进行资金需求排查、跟踪分析、及时操作，年末全行贷款余额达到20.2亿元。大力支持地方中小企业发展壮大，当前服务小企业贷款客户37户。个人贷款全年净增9670万元，其中房贷4272万元；农户小额贷款比年初增加4120万元。全行优化资产质量，不良贷款占比0.03%。三是提升电卡业务。全部电子银行指标均较上年有大幅增长，其中个人、企业电话银行增长率300%以上，企业网银、个人手机银行同比实现翻番，各类电子银行注册客户新增加8.17万户。四是提高用新创新能力，全年实现国际结算2.8亿美元，国际贸易融资1161万美元，人民币贸易融资7亿元，其中国内信用证代付6.56亿元，办理国内保理业务5000万元。五是拓展客户，全年新拓展资本金户14户，总限额近9000万美元，形成有效到账11户。 （庄 扬）

【基础建设工作】 2011年，农行京江支行采取有力的措施扎实推进网点和人员队伍建设。对全行12个网点导入标杆网点营销技能，新建黄墟、铭基、行政中心、风景城邦4个离行式自助银行，新增在行式自助终端22台。扎实有效开展各类创建活动，新增会计“三化”（基础管理精细化，业务操作规范化，风险管理长效化）单位2个，“三化”率达到了64%；成功创建省级信贷“三化二无”支行[“三化”是指信贷工作制度化、程序化、规范化；“二无”是指无应收未收利息、无可疑类以下（含可疑）贷款]；安全保卫顺利达到“三化三达标”（标准化、制度化、规范化和技防达标、物防达标、人防达标）创建目标。

（庄 扬）

【风险防范】 2011年，农行京江支行在加快发展中切实加强风险防范，主要包括案件排查、开展“基础管理提升年”、深化银监会“内控和案防制度执行年”、合规文化建设大讨论、案件专项治理工作等。坚持每项活动与本行工作实际相结合，在全行进行谈心得、写体会、排风险、查案件等系列工作，增强全员的合法合规经营意识。结合上级行要求，该行对“慵懒散”情况进行专项治理，经过组织动员、问题排查、剖析诊断、集中整治四个阶段，集中查找本部员工存在的不良表现，认真梳理并加以分析，个个岗位效能审计，人人形成自查报告。同时，通过在全行实行网点蹲点“包干”以及执行下沉领导管理责任制和工作作风、下沉考核机制、下沉营销宣传、下沉人员、风险管理等，将工作重心和资源配置向基层一线倾斜，加快网点建设与转型，提升网点执行力、竞争力、风控力和价值创造力。

（庄 扬）

农业发展银行

【概况】 2011年，中国农业发展银行镇江市丹徒区支行（以下简称农发行镇江市丹徒区支行）年末在册职工20人（含内退1人），其中业务人员17人，占全行人数85%。该行按照“调整优化、精细管理、提升质效”总要求，全面落实科学发展观，认真履行现阶段职能，各项工作取得成效明显。12月底，在填补收回的新增粮食财务挂账贷款5257万元基础上，全行各项贷款余额52855万元，比年初净增17026万元，增幅47.5%，企事业单位存款日均余额8055万元，同比增加6972万元，增幅643.8%；全面完成中间业务收入，实现中间业务手续费收入25.7万元，同比增加13.8万元，增幅116%；不良贷款实现双降，不良贷款余额7383万元，比年初下降1983万元，占比为14%，比年初下降12%；经营效益成倍增加，剔除呆账核销影子拨备，年末全行实现账面利润681万元，是上年的4倍。2011年，该行以改进工作作风为重点，进一步完善内控制度，强化目标责任管理，严格岗位绩效考核，提高工作效率和工作质量。同时，深入开展“四好班子”创建活动，加强基层党的建设，提高干部职工队伍整体素质。全行实现“四无”(即：无经济案件、无刑事案件、无重大责任事故、无严重违规违纪行为)。 (周晓玮)

【提高管理水平】 2011年，农发行镇江市丹徒区支行按照市分行综合评价办法，以加强制度建设为重点，修订各项管理制度，充实内容，完善隶属岗位的岗位职责和岗位考核办法，进一步细化考核内容，硬化考核措施，重点抓制度落实。该行层层签订工作责任状，明确工作责任，分解责任目标，强化责任管理，确保各项规章制度的落实；信贷管理从贷款申请受理、初步调查和贷款申报、签约发放贷款、贷后跟踪监管、贷款本息收回、信贷档案管理、CM2006系统操作等内容入手，严格按照规范化管理要求操作执行；会计基础管理以柜面监督、费用列支、综合业务系统运行等工作为重点，强化过程操作规范；综合管理以强化督办职能、提升综合保障能力、收发文管理和宣传调研为重点，规范制度落实。 (周晓玮)

【加大非贷款客户营销工作】 2011年，农发行镇江市丹徒区支行拓展业务范围，加强非贷款客户的营销、开户工作。在非贷款客户营销中，坚持行领导带头，责任落实到人，实行上门服务。同时重视同业存款的组织，与丹徒区信用社建立长期合作关系，超额完成上级行下达的同业存款任务。 (周晓玮)

【开展“三查一落实”活动】 2011年3月，农发行镇江市丹徒区支行根据总行部署，按照“标准高、核查准、操作细、措施实”要求和“先试点、后开展”原则，集中开展以查找企业库存、企业账务、贷款风险和落实贷款管理制度办法为内容的粮油信贷“三查一落实”活动，以丹徒区粮食购销公司为试点，规范操作要领，带动这项工作全面开展。针对检查中发现的问题，深入分析原因，认真制定整改措施。通过这项活动的开展，信贷基础管理得到进一步规范，企业库存、账务得到进一步核实，贷款风险得到进一步控制。 (周晓玮)

【开展廉洁从业专题教育】 2011年8～11月，农发行镇江市丹徒区支行开展廉洁从业专题教育活动，成立专题教育领导小组，制订实施方案，组织全行干部职工在认真学习总行《廉洁办贷“十不准”》等内容基础上，重点围绕贷款发放、使用、管理过程中有无不廉洁行为；有无向贷款企业推销商品，借款、借物；有无利用职务便利或职权影响，为亲友或其他特定关系人从事营利性经营活动提供便利，有无安排亲友在贷款企业工作；有无虚列费用设立“小金库”、违反规定发放补贴或奖金；在执行决策程序和议事规则过程中，有无违反规定等内容，广泛征求服务对象意见，认真开展排查分析。该行发放征求意见表15份，收回15份，未发现违规行为。全行干部职工通过自我分析，查摆存在问题，分析原因，围绕加强廉政文化和制度建设，加强监督检查，制定整改措施，增强廉洁自律意识。 (周晓玮)

【开展“制度执行年”专题活动】 2011年7～12月，农发行丹徒区支行对照总行对县级支行规范化管理考核办法和标准及省、市分行工作要求，逐条检查，逐条规范，重点对内控制度和隶属岗位考核办法进行修订和完善，共制定决策层、执行层和保障层3大类120多项内控工作制度，完善规范化管理措施，渗透管理触角，加大规范化管理考核力度，细化考核内容，硬化考核措施，层层签订工作责任状，强化责任管理，加大奖惩力度。年末，经省、市分行考核验收，达到规范化管理达标单位标准。 (周晓玮)

财产保险

【概况】 2011年，中国人民财产保险股份有限公司镇江市丹徒支公司(以下简称丹徒财险支公司)完成保费2367万元，其中，车险保费1850万元，非车险保费312万元，农险保费205万元，完成全年计划108%，实现利润204万元。丹徒财险支公司理清思路，找出发展业务的着力点。一是巩固存量市场，提高续保率，丹徒财险支公司严格执行镇江市财险公司续保流程，抓好续保工作，按照45天、15天、7天节点，通过平台查询，确认仍未续保，提前通知业务员，做好提醒工作。2011年续保率达63%，比上年增加10%。二是做好团单业务，丹徒财险支公司梳理了业务资源，做出展业地图，据此有目标、有计划、有重点地逐一进行走访，先后走访了大港区政府、丹徒客运中心、丹徒粮食局等单位，增加保费近100万元。三是注重电销网销建设，丹徒财险支公司加大宣导力度，开通车险销售电销新渠道，快速占领车险市场、赢得车险客户，全年完成电销网销保费112万元(其中网销13.8万元)。制定科学合理的考核激励办法。年初制定考核方案，实行等级管理与考核。加强营销队伍建设。全年营销队伍计完成保费640万元。2011年7月，由于业务萎缩，丹徒财险支公司并入中国人民财产保险股份有限公司镇江市分公司，原有乡镇、保险所人员自动转为营销员。 (印卫星)

科技·教育

责任编校:钱若寅

科学技术

【概况】 2011年,镇江市丹徒区科学技术局(以下简称丹徒区科技局)按照产业、人才、环境同步提升以及经济、社会、服务同步转型的发展理念,坚持科技创新服务经济转型升级的工作导向,坚持组织实施面向产业化的重大科技专项。全年新立市级以上各类科技计划项目43项,争取上级科技经费无偿资助3128万元,签约产学研合作项目30项,征集技术需求52项。丹徒区是全市辖区中唯一一家连续4年承担省科技成果转化项目的地区,连续两年省科技成果转化单个项目经费支持额度全市第一。全区高新技术产业实现产值184.12亿元,比上年增长78.6%,增幅全市领先,占规模工业产值比重为28.56%,比上年增长7.96个百分点。全区申请专利1503件,其中发明专利262件,专利授权1017件。设立10万元“知识产权维权援助基金”和10万元“知识产权工程师与后备人才培育资金”。科技创新工作实现新突破,首次承担国家“十二五”科技支撑计划、国家“863计划”、国家创新基金重点项目、国家重点星火计划、省自然科学基金项目。首次获批江苏省科技公共服务平台,首次获批国家级科技企业孵化器。全区已建成省级以上科技孵化器3家,孵化面积20万平方米。丹徒区第八次顺利通过国家科技进步考核,先后获“省知识产权宣传培训工作先进单位”、“市知识产权工作先进集体”、“区级机关综合考核十佳单位”第一名、“区机关效能建设优胜单位”、“法治丹徒建设先进单位”、“人道、博爱、奉献奖”等荣誉称号,区科技局党支部连续四年被区机关工委评为“先进基层党组织”。连续5年被评为“区人民满意单位”。区科技局参与和组织“科技文化卫生三下乡”和科普宣传周活动,向农民发放科技致富、农业各种种植、养殖技术书籍资料共300余份,农业知识资料200余份和科技政策解读资料100余份。(孙宝浈 陆 炜)

表21 2011年丹徒区新立国家、省、市级各类科技指令性计划项目情况 单位:万元

序号	项目编号	项目类别	项目名称	承担单位	下达经费
1	2011BAE06B02	国家科技支撑计划	绿色生态农药的研发与产业化	江苏耕耘化学有限公司	210
2	11C26213201218	国家创新基金	高浓度氨氮、高含盐废水资源化利用技术及成套设备	江苏江大环境工程有限责任公司	110
3	11C26213201431	国家创新基金	面向3G的宽频带高增益全向美化天线	江苏联海通信技术有限公司	50
4	11C26213201447	国家创新基金	大中型精密数控冷辗扩机床	镇江中浦冷辗科技有限公司	50
5	11C26213204608	国家创新基金	基于数字化制造技术的汽车整车匹配主模型	江苏申模数字化制造技术有限公司	50
6	2011GA690057	国家星火计划	蜂巢活性成分的超声提取及食醋	健康品开发镇江市恒康调味品厂	
7	2011GA690184	国家星火计划	养殖池塘生态环境立体修复模式的研究	镇江山水湾生态农业农业开发有限公司	
8	BA201111	省成果转化	高效制氢技术及氢能发电装置的开发与产业化	江苏中靖新能源科技有限公司	1200
9	BM2011105	省基础设施项目	江苏省(丹徒辛丰)轴承产业公共技术服务中心	丹徒区生产力促进中心	100
10	BE2011150	省工业科技支撑	感应电渣熔覆再制造高端辊类关键技术研发	江苏特力士特钢有限公司	80

续表

序号	项目编号	项目类别	项目名称	承担单位	下达经费
11	BE2011410	省农业科技支撑	高效农业抗病育苗营养基质研究和开发	镇江恒欣肥料科技有限公司	30
12	BC2011186	省创新资金项目	HL—2004/50 型二氧化碳封存成套设备开发	江苏汉龙环保科技有限公司	30
13	BK2011513	省自然科学基金	基于 ZnO 基电化学生物传感器的研究	威灵施(镇江)精细化工有限公司	10
14	BK2011514	省自然科学基金	表面印迹微生物杂化材料分离富集放射性金属元素及机理	威灵施(镇江)精细化工有限公司	10
15	BK2011512	省自然科学基金	表面引发原子转移自由基印迹脱硫及机理研究	威灵施(镇江)精细化工有限公司	10
16	BM2011322	省工程技术中心	江苏省船用特种泵工程技术研究中心	镇江江大泵业科技有限公司	
17		省知识产权贯标	江苏省企业知识产权管理标准化示范创建单位	江苏特密斯混凝土外加剂有限公司	
18		省知识产权贯标	江苏省企业知识产权管理标准化示范创建单位	镇江电磁设备厂有限责任公司	5
19		省知识产权贯标	江苏省企业知识产权管理标准化示范创建单位	丹徒区正东生态农业发展中心	
20		省知识产权贯标	江苏省企业知识产权管理标准化示范创建单位	江苏耕耘化学有限公司	
21		省知识产权贯标	江苏省企业知识产权管理标准化示范创建单位	江苏恒顺醋业股份有限公司	5
22		省知识产权贯标	江苏省企业知识产权管理标准化示范创建单位	镇江汇通金属成型有限公司	
23		省知识产权贯标	江苏省企业知识产权管理标准化示范创建单位	江苏捷诚车载电子信息工程有限公司	
24	CY2011023	市新兴产业专项	小分子类苯并三嗪类化合物的研发与产业化	镇江市蓝德特药业科技有限公司	60
25	CY2011019	市新兴产业专项	特大型海洋工程打桩船的研发与制造	镇江市丹徒区新兴船舶修造有限公司	60
26	CY2011018	市新兴产业专项	工业废气一体化脱硫脱硝技术开发及产业化	镇江金锐环保设备有限公司	60
27	CY2011015	市新兴产业专项	高效节能型潜水电泵开发及产业化	镇江江大泵业科技有限公司	60
28	CY2011006	市新兴产业专项	有线/无线灵活自组网的智能配电系统研发与产业化	江苏镇安电力设备有限公司	120
29	CY2011025	市新兴产业专项	不粘、高导电性、自灭菌新型双极电凝镊研发与产业化	镇江恒生涓恩医疗器械有限公司	40
30	GY2011007	市工业科技支撑	低温快干水性工业机械涂料的研发	江苏华夏制漆科技有限公司	30
31	GY2011020	市工业科技支撑	基于液压无极调速技术的数控冷辗扩机床研制	镇江中浦冷辗科技有限公司	15
32	GY2011028	市工业科技支撑	GAP 食用菌药用功能因子高效筛选及抗肿瘤新药	丹徒区正东生态农业发展中心	60
33	SH2011003	市社会发展	楼宇消防水泵组的控制和巡检一体化电气系统	镇江市欧菱电气自动化系统设备有限公司	10
34	SH2011048	市社会发展	构建社区农业科技推广体系的研究	丹徒区世业镇卫星村村委会	10
35	NY2011009	市农业科技支撑	国家级茶树新品种“中茶 108”的引种与示范应用	镇江市丹徒区上党墅农茶叶专业合作社	20
36	NY2011010	市农业科技支撑	乌嘴白羽凤头观赏鸭新品系的选育	镇江市天成畜禽有限公司	20
37	NY2011011	市农业科技支撑	设施园艺生长环境监测与智能调控示范应用工程	镇江市十里长山生态农业有限公司	15
38	NY2011012	市农业科技支撑	长江系中华绒螯蟹优质高产生态培育技术与清洁养殖技术的研究	镇江市丹徒区高桥镇大沙水产养殖专业合作社	15

续表

序号	项目编号	项目类别	项目名称	承担单位	下达经费
39	GJ2011004	市国际合作	新型高效石油管线泵关键技术的研发及产业化	镇江江大泵业科技有限公司	20
40	GJ2011001	市国际合作	高性能低成本硼化物颗粒增强模具钢	江苏特力士钢有限公司	30
41	GJ2011005	市国际合作	可移动式矿用应急救生舱合作开发与产业化	江苏凯力德科技有限公司	15
42	SS2011011	市基础设施项目	镇江市汽车零部件数字化制造技术公共服务平台	江苏申模数字化制造技术有限公司	50
43	SS2011005	市基础设施项目	江苏省(丹徒辛丰)轴承产业公共技术服务中心	丹徒区生产力促进中心	50
44	SS2011009	市工程技术中心	镇江市高效砂浆工程技术研究中心	江苏百瑞吉新材料有限公司	
45	SS2011017	市工程技术中心	镇江市船舶疏浚集成优化工程技术研究中心	镇江市明润信息科技有限公司	
46	ZL2011010	市知识产权	镇江市知识产权战略推进计划	江苏恒顺醋业股份有限公司	8
47		魏平、许正宏、朴廷泰、吴彬、陈群泉、饶岚	市"331"人才计划6人		410
合计					3128

(孙宝洹　蔡冠宇)

表22　2011年全区新增省级高新技术产品情况

序号	项目编号	产品名称	企业名称
1	111112G0011N	明润土层模块库软件	镇江明润信息科技有限公司
2	111112G0026N	W2329—7履带式液压挖掘机	沃得重工(中国)有限公司
3	111112G0067N	PBQJ—3型防电磁脉冲桥架	江苏镇安电力设备有限公司
4	111112G0066N	ZGS11—FD风力发电组合式变压器	江苏镇安电力设备有限公司
5	111112G0065N	ZN型智能开关柜	江苏镇安电力设备有限公司
6	111112G0106N	BMH系列大扭矩摆线液压马达	镇江大力液压马达有限责任公司
7	111112G0125N	可移动式PEMFC氢能发电机	江苏中靖新能源科技有限公司
8	111112G0116N	高纯石墨碳材产品	江苏苏润高碳材股份有限公司
9	111112G0117N	特种阳极碳材产品	江苏苏润高碳材股份有限公司
10	111112G0121N	宽频带高增益全向美化天线	江苏联海通信技术有限公司
11	111112G0122N	全铝振子宽频高增益壁挂天线	江苏联海通信技术有限公司
12	111112G0166N	明润抛石船监测系统平台软件	镇江明润信息科技有限公司
13	111112G0180N	酚醛(聚氨酯)保温板连续生产线	镇江奥力聚氨酯机械有限公司
14	111112G0156N	集成组合式农村生活污水处理装置	江苏江大环境工程有限责任公司
15	111112G0157N	高浓度有机废水的高效厌氧—耗氧组合处理装置	江苏江大环境工程有限责任公司
16	111112G0165N	离合器薄壁球轴承	江苏钱潮轴承有限公司
17	111112Q0164N	后桥纵摆臂冲压针轴承	江苏钱潮轴际有限公司

(陆　炜　李　凯)

表 23　2011年全区新增科技基础设施建设情况

序号	承担企业	平台名称	批准时间
1	镇江江大泵业科技有限公司	江苏省船用特种泵工程技术研究中心	2011年
2	镇江市丹徒区生产力促进中心	江苏省轴承产业公共技术服务中心	2011年
3	镇江明润信息科技有限公司	镇江市疏浚智能优化工程技术研究中心	2011年
4	江苏百瑞吉新材料有限公司	镇江市高效砂浆工程技术研究中心	2011年
5	江苏申模数字化制造技术有限公司	汽车零部件数字化制造技术公共技术服务平台	2011年
6	镇江市丹徒区生产力促进中心	镇江市轴承产业公共技术服务中心	2011年

（孙宝浈　蔡冠宇）

【镇江市丹徒环保科技创业服务中心通过国家级认定】 2011年11月，位于丹徒区谷阳镇镇南工业园区的镇江市丹徒环保科技创业服务中心经区科技局组织推荐，正式通过国家级认定，实现全区国家级科技孵化器零的突破。镇江市丹徒环保科技创业服务中心总投入800万元，其中设立种子资金500万元，占地1.12万平方米，建设中心包括办公、研发、小试、中试场所，产品展示中心、企业员工各类培训中心、活动室、生活区等。中心内设项目发展部、创业辅导部、培训服务部等部门，全方位为入园孵化企业提供高新技术、新产品的开发及相关咨询服务，培育和增强企业的自主创新能力，降低创业者的创业风险和创业成本。（陆　炜　李　凯）

【3家企业通过国家新标准高新技术企业认定】 2011年9月，经企业申请，区、市科技局推荐，省高新技术企业认定协调小组组织专家评审，全国高新技术企业认定管理工作领导小组办公室公示与备案，丹徒区的镇江江大泵业科技有限公司、江苏申模数字化制造技术有限公司及沃得重工（中国）有限公司3家企业被认定为2011年度高新技术企业。（李荣明　李　凯）

【4个项目被列入国家科技型中小企业创新基金计划】 2011年2月，由江苏江大环境工程有限责任公司申报的“高浓度氨氮、高含盐废水资源化利用技术及成套设备”项目获国家科技型中小企业创新基金重点资助110万元；江苏联海通信技术有限公司申报的“面向3G的宽频带高增益全向美化天线”、镇江中浦冷辗科技有限公司申报的“大中型精密数控冷辗扩机床”和江苏申模数字化制造技术有限公司申报的“基于数字化制造技术的汽车整车匹配主模型”被列入国家科技型中小企业创新基金计划，均获无偿资助50万元。

（陆　炜　李　凯）

【1个项目被列入省科技成果转化专项资金计划】 2011年10月，江苏中靖新能源科技有限公司申报的“高效制氢技术及氢能发电装置的开发与产业化”项目被列入江苏省科技成果转化专项资金计划，并获省科技资助经费1200万元。该项目总投资2.2亿元，项目达产后可实现年产高效复合制氢剂6000吨，高效制氢机2000台，氢能发电机4000台的生产能力。

（陆　炜　李　凯）

【1个项目被列入省科技支撑计划】

2011年9月，江苏特力士特钢有限公司申报的“感应电渣熔覆再制造高端辊类关键技术研发”被列入江苏省科技支撑（工业部分）计划，项目编号BE2011150，并获省科技资助经费80万元。该项目投资850万元，新建年产3000吨废旧辊子感应熔覆再制造生产线一条，实施期内实现产品销售350万元，利税103万元。（陆　炜　李　凯）

【3家企业通过省创新型企业认定】

2011年12月，经企业申请，区、市科技局推荐，省科技厅组织专家评审，江苏恒顺醋业股份有限公司、江苏苏润高碳材股份有限公司和江苏富林医疗设备有限公司3家企业被认定为2011年度省级创新型企业。（陆　炜　李　凯）

【首家省级技术服务中心开工建设】

2011年9月，丹徒区首个省级技术服务中心——江苏省（丹徒辛丰）轴承产业公共技术服务中心在辛丰镇开工建设，项目总投资1600多万元。该项目经省科技厅审核并正式立项，获省、市科技基础建设项目扶持资金150万元。该中心由丹徒区生产力促进中心组建，以江苏大学机械工程学院为技术依托，江苏希西维轴承有限公司承建。中心组建后将促进全省轴承产业结构的调整、产品的升级，为全省轴承行业尽快与世界先进水平接轨发挥重要作用。（孙宝浈　蔡冠宇）

【1家企业被列入省工程技术研究中心建设计划】 2011年12月，镇江江大泵业科技有限公司申报的“江苏省船用特种泵工程技术研究中心”列入省工程技术研究中心建设计划。年末，全区已建省工程技术研究中心10家，市工程技术研究中心22家，省科技公共服务平台1

家，市科技公共服务平台2家，省企业院士工作站1个，市企业院士工作站1个，省市科技基础设施在建项目37项。

（孙宝浭　蔡冠宇）

【1家企业获3项省自然科学基金资助】 2011年9月，丹徒区威灵施（镇江）有限公司申报的江苏省自然科学基金"基于ZnO基电化学生物传感器的研究"、"表面印迹微生物杂化材料分离富集放射性金属元素及机理"和"表面引发原子转移自由基印迹脱硫及机理研究"3个项目获立项资助，经费为30万元。

（孙宝浭　蔡冠宇）

【丹徒区获市科技与人才目标管理考核二等奖】 2011年，经镇江市科教兴市领导小组和镇江市人才工作领导小组决定，在科技进步目标管理和辖市区（局）党政领导科技与人才工作目标责任制考核中，丹徒区人民政府获二等奖，区长陈琳被评为先进个人。

（孙宝浭　蔡冠宇）

【1家企业成果获省科技进步三等奖】 2011年10月，镇江大力液压马达有限责任公司申报的"高速配流摆线液压马达的关键技术开发与产业化项目"（主要完成人张智敏，花银群，王志生，陈瑞芳，翁爱光，王顺发，纪立群）获省科技进步三等奖（奖金2万元）。

（孙宝浭　蔡冠宇）

【6个企业成果获市科技进步三等奖】 2011年12月，丹徒区有6个项目获市科技进步三等奖，分别为镇江大力液压马达有限责任公司申报的"BME高速配流摆线液压马达"成果（主要完成人张智敏，花银群，王顺发，王志生，翁爱光）；江苏申模数字化制造技术有限公司申报的"基于数字化制造技术的汽车整车匹配主模型研制"成果（主要完成人孔啸、阮雪榆、崔振山、周雄辉、李铭）；中化镇江焦化有限公司申报的"煤焦化副产品综合利用为中心的化工集中区产业化循环链构建及示范工程"成果（主要完成人苏启善、冯金龙、水恒福、王长生、陈怡）；镇江江大泵业科技有限公司申报的"节能型潜水排污泵关键技术研究及推广应用"成果（主要完成人袁丹青、丛小青、李维斌、杨敏官、王群）；镇江汇通金属成型有限公司申报的"高铝锌合金环形铸件的铸模和铸造方法"成果（主要完成人鲁远勇、纪嘉明、张铎、吴晶、虞建平）；镇江市丹徒区迎宾彩砂厂申报的"生态型烧结彩砂关键技术研发与产业化"成果（主要完成人陈云、陈长明、汤元红、汤晚飞、汤八林）。

（孙宝浭　蔡冠宇）

【申报各级各类农业科技项目39项】 2011年，丹徒区科技局农业科共组织和申报各级各类农业科技项目39项，其中市级以上项目12项，新立国家星火计划项目2项，立省支撑计划项目1项，立市支撑计划项目4项，共获争取项目经费100万元。区级项目27项，下达科技三项经费66万元。（花仁航）

【农业科技载体建设】 2011年，丹徒区科技局推荐申报省农业科技型企业2家，获批2家，分别为镇江京友调味品有限公司和镇江恒康调味品厂；省科技型农业专业合作社2家，获批2家，分别为丹徒区洲芋洋生姜专业合作社和丹徒区江岛蔬菜合作社。（花仁航）

【2个项目被列入市工业科技支撑项目计划】 2011年8月，江苏华夏制漆科技有限公司的"低温快干水性工业机械涂料的研发"（编号GY2011007）和镇江中浦冷辗科技有限公司的"基于液压无极调速技术的数控冷辗扩机床研制"（编号GY2011020）2个项目被列入镇江市2011年工业科技攻关项目计划，分别获市科技经费资助30万元、15万元。（陆　炜　李　凯）

【6个项目被列入市新兴产业科技专项计划】 2011年8月，江苏镇安电力设备有限公司的"有线/无线灵活自组网的智能配电系统研发与产业化"、镇江市蓝德特药业科技有限公司的"小分子类苯并三嗪类化合物的研发与产业化"、镇江市丹徒区新兴船舶修造有限公司的"特大型海洋工程打桩船的研发与制造"、镇江金锐环保设备有限公司的"工业废气一体化脱硫脱硝技术开发及产业化"、镇江江大泵业科技有限公司的"高效节能型潜水电泵开发及产业化"和镇江恒生涓恩医疗器械有限公司的"不粘、高导电性、自灭菌新型双极电凝镊研发与产业化"等6个项目被列入镇江市2011年新兴产业科技专项项目计划，共获市科技经费资助400万元。

（陆　炜　李　凯）

【3个项目被列入市国际科技合作计划】 2011年8月，由镇江江大泵业科技有限公司与俄罗斯沙雅拉泵公司的"新型高效石油管线泵关键技术的研发及产业化"、江苏特力士特钢有限公司与澳大利亚Edith Cowan Univers公司合作的"高性能低成本硼化物颗粒增强模具钢"、江苏凯力德科技有限公司与加拿大RANA公司合作的"可移动式矿用应急救生舱合作开发与产业化"项目被列入镇江市国际科技合作项目计划（项目编号分别为GJ2010004，GJ2010001，GJ2010005），分别获市科技经费资助20万元、30万元、15万元。（陆　炜　李　凯）

【王国俊获市自主创新杰出人才奖】 2011年12月，由江苏捷诚车载电子信息工程有限公司推荐的总工程师王国俊获市委、市政府授予的镇江市自主创新杰出人才奖，奖励人民币10万元，并享受市级劳模待遇。王国俊主持研发的"二炮应急作战技术保障装备系统"项目获国家科技进步二等奖，先后获得由省、市人民政府颁发的"江苏省劳动模范"、省"333高层次人才培养工程中青年科技领军人才"、"有突出贡献的中青年专家"等荣誉称号。

（孙宝浭　蔡冠宇）

【产学研合作活动】 2011年,丹徒区产学研重点围绕高新技术产业、新兴产业和现代农业等领域,举办专场产学研合作活动3场次;推荐亚非国家政府间科技合作备选项目1项、国家国际科技合作专项备选项目1项;组织22家企业参加“江苏省第三届产学研合作成果展示会”和“第二届泰州医药博览会”等活动;新立市国际合作计划3项,资助经费65万元。3月11日,邀请省淡水产研究所研究员唐建新、江苏省水产技术指导站有关专家到丹徒区高桥镇举办水产技术推介会;11月21日,邀请中国农业科学院茶叶研究所副所长、研究员江用文、种植研究中主任、研究员肖强、农业部南京机械化研究所特色经济作物生产装备工程中心主任、研究员肖宏儒到丹徒区开展茶叶类技术推介会和产学研洽谈会;11月,组织全区10家新医药企业与江苏省药物研究所、南京工业大学药学院、南京医科大学科研成果转化中心、江苏大学药学院等高校院所进行专场产学研合作对接活动,丹徒区企业蓝德特药业与省药物研究所签订了产学研合作协议。

(陆 炜 花仁航 李 凯)

知识产权

【申请专利突破1500件】 2011年,镇江市丹徒区知识产权局(以下简称丹徒区知识产权局)加大专利申请组织力度,全年共申请专利1503件,比上年增长42%。其中,发明专利262件,比上年增长81%;实用新型专利210件,比上年增长48%;外观专利1033件,比上年增长35%,全年授权达1017件。举办知识产权培训班8期,培训500余人次。 (沈鹤林 翟建英)

【实施“知识产权工程师”3年培育计划】 2011年,为提升丹徒区科技型企业知识产权创造、运用和管理能力,区委、区政府要求在全区实施“知识产权工程师”三年培育计划。到2013年,全区将实现拥有“知识产权工程师”总数达150人以上、“市知识产权后备人才”20人以上、“知识产权工程师工作站”20个以上的工作目标。区财政、科技部门将每年从区“三项资金”中安排10万元作为专项资金,由区知识产权部门统一管理,用于“知识产权工程师”的培训、奖励和创造发明工作津贴。 (沈鹤林 翟建英)

【5家企业加入市新兴产业知识产权战略联盟】 2011年,江苏中靖新能源科技有限公司、江苏镇安电力设备有限公司、镇江市海通化工有限公司、镇江龙源铝业有限公司、镇江恒生涓恩医疗器械有限公司5家企业成为市新兴产业知识产权战略联盟(联合体)首批成员。5家企业的加盟对进一步提升全区新兴产业技术创新能力,增强以知识产权为核心的产业竞争力,推进新兴产业实现爆发式增长具有重要的现实意义。 (沈鹤林 翟建英)

【召开全区“知识产权工程师”奖励兑现会议】 2011年12月,丹徒区科技局、区知识产权局、区财政局联合召开全区“知识产权工程师”奖励兑现会议。向新增的27名知识产权工程师、4名后备人才、5家知识产权工程师工作站及原有知识产权工程师年内完成2件以上发明专利申请的14人发放奖励资金,合计5.96万元。

(沈鹤林 翟建英)

【5家企业通过省知识产权“贯标”考核验收】 2011年,丹徒区5家企业通过“江苏省知识产权贯标企业”考核验收。分别是:镇江汇通金属成型有限公司、江苏特密斯混凝土外加剂有限公司、江苏捷诚车载电子信息工程有限公司、镇江市丹徒区正东生态农业发展中心、江苏耕耘化学有限公司。年末,全区共有9家企业通过贯标考核验收。其中江苏恒顺集团有限公司、镇江电磁设备厂有限责任公司获省优秀“贯标”企业荣誉称号,获省奖励经费10万元。

(沈鹤林 翟建英)

【开展知识产权宣传周活动】 2011年4月,丹徒区知识产权局开展保护知识产权宣传周系列活动。4月21日,召开知识产权联席会议;4月25日,与区工商局、区文广体局、区质量技术监督局、区食品药品监督管理局开展联合执法活动;4月26日,举办大型广场宣传咨询活动;4月28日,举办知识产权培训班;4月20～26日,在全区机关各部门和各镇、园区发放知识产权宣传画册1380册;4月24～26日,通过电视台、网站等媒体,专题宣传《中华人民共和国新专利法》、知识产权等方面的知识内容,在区政府大楼内摆放知识产权图片展板,在城区主要街道、广场悬挂横幅、空飘气球等开展社会宣传活动。

(沈鹤林 翟建英)

【开展打击侵犯知识产权和制售假冒伪劣商品专项行动】 2011年,丹徒区知识产权局制定《镇江市丹徒区打击侵犯专利权和假冒专利行为专项行动实施方案》,开展一系列打击侵犯专利权和假冒专利行为专项行动。一是高度重视,切实加强组织领导。二是广泛宣传,营造氛围。在科技信息网设立“打击侵犯专利权和假冒专利行为专项行动专题”,向社会公开投诉电话,广泛接受社会公众和权利人的知识产权举报投诉。三是开展专利行政执法。组织区内50家制造业企业、30家商贸流通企业自查,重点抽查10家企业。会同区工商局、区文广体局、区质量技术监督局、区食品药品监督管理局开展大规模集中检查整治行动2次,共查出假冒专利商品70余件。执法检查过程中,执法人员还接受商家咨询30余人次,针对商家对假冒专利商品的相关问题,提出整改意见。

(沈鹤林 翟建英)

【1家企业被列为市知识产权战略推进计划实施单位】 2011年,江

苏恒顺集团有限公司加强知识产权战略研究，聘请专家作知识产权顾问，推进知识产权工作，专利申请量大幅上升，被市科技局、市知识产权局列为“镇江市知识产权战略推进计划”实施单位，并获市专利资助8万元。

（沈鹤林　翟建英）

【7家企业被列为市知识产权重点突破计划实施单位】 2011年，镇江江大泵业科技有限公司、江苏百瑞吉新材料有限公司、镇江现代印刷机器厂、镇江市万金农机有限公司、江苏中靖氢能源科技有限公司、江苏恒顺醋业股份有限公司、镇江盛弘景观植物有限公司等7家企业被市知识产权局列为“镇江市知识产权重点突破计划”实施单位，并获市专利资助合计14万元。

（沈鹤林　翟建英）

【5家企业被认定为省“正版正货”承诺试点单位】 2011年，镇江江大泵业科技有限公司、江苏恒顺醋业股份有限公司、镇江电磁设备厂有限责任公司、江苏镇安电力设备有限公司、镇江大力液压马达有限责任公司5家企业，被认定为江苏省第三批“正版正货”承诺试点单位。

（沈鹤林　翟建英）

【区知识产权局获省、市表彰】 2011年12月，丹徒区知识产权局被评为江苏省知识产权宣传培训工作先进单位、镇江市知识产权工作先进集体，陈亚兴、翟建英被评为镇江市知识产权工作先进个人。

（沈鹤林　翟建英）

表24　2011年丹徒区发明专利申请情况

序号	申请号	专利名称	申请人
1	PCT/CN2011/078322	使用制氢剂及携带式高分子燃料电池的小型发电器	江苏中靖新能源科技有限公司
2	2011102578506	一种基于输出滤波器过滤的氢能发电系统	江苏中靖新能源科技有限公司
3	2011102533806	一种基于真空接触器控制的氢能发电装置	江苏中靖新能源科技有限公司
4	2011102630098	一种基于氢气纯化部件和真空技术的氢能发电系统	江苏中靖新能源科技有限公司
5	201110240844X	使用制氢剂及携带式高分子燃料电池的小型发电器	江苏中靖新能源科技有限公司
6	2011102462213	一种基于SBMS智能蓄电池组监测模块的氢能发电系统	江苏中靖新能源科技有限公司
7	2011103685079	一种可控型制氢添加剂	江苏中靖新能源科技有限公司
8	2011103685172	一种自带氢气发生装置的高分子氢能燃料电池系统	江苏中靖新能源科技有限公司
9	2011103685242	一种环保型非点火式氢气燃烧及加热系统	江苏中靖新能源科技有限公司
10	2011103910645	一种缓释型可控固态释氢剂	江苏中靖新能源科技有限公司
11	2011100516223	一种新型小流量高扬程振动泵	镇江江大泵业科技有限公司
12	2011103755118	叶轮螺母防反转松脱技术	镇江江大泵业科技有限公司
13	2011103755086	电缆线防拉脱技术	镇江江大泵业科技有限公司
14	201110375483X	分块自调心式水润滑止推轴承	镇江江大泵业科技有限公司
15	2011103755743	一种新型的机械密封腔体结构	镇江江大泵业科技有限公司
16	201110375571X	卧式中开多级泵叶轮进口防旋装置	镇江江大泵业科技有限公司
17	2011103755527	新型自锁轴套	镇江江大泵业科技有限公司
18	2011103755300	一种新型长轴泵防摆装置	镇江江大泵业科技有限公司
19	2011103755283	自定位双锥度轴套	镇江江大泵业科技有限公司

续表

序号	申请号	专利名称	申请人
20	2011103755156	放气螺塞	镇江江大泵业科技有限公司
21	2011104521413	污水排放遥测监控系统	胡玉林
22	2011104521339	噪声污染遥测监控报警仪	胡玉林
23	2011104521521	有害气体遥测监控系统	胡玉林
24	2011102288096	药用淀粉的一种制造方法	江苏昕宇药业有限公司
25	2011102287905	超低水分和超低微生物食用淀粉及其制造方法	江苏昕宇药业有限公司
26	2011103852796	一种不饱和树脂生产废水再利用的方法	镇江利德尔复合材料有限公司
27	2011101155862	恒功率可调双液无级配比同步注浆泵	镇江宝城注浆设备有限公司
28	2011104521131	气体甲醛含量超标报警仪	邓书德
29	2011104520815	气体苯含量超标报警仪	邓书德
30	2011104520923	家用煤气泄漏报警仪	邓书德
31	2011102490073	从毛革皮鞣制后的废液中再生利用铬泥的方法	镇江吉盛皮业有限公司(中外合资)
32	201110249036X	一种无甲醛鞣制毛革皮的方法	镇江吉盛皮业有限公司(中外合资)
33	2011102491875	一种毛革低温染色方法	镇江吉盛皮业有限公司(中外合资)
34	2011102490251	一毛多色毛革皮制作方法	镇江吉盛皮业有限公司(中外合资)
35	2011100983818	一种轴承内径磨加工用靠山工装	江苏钱潮轴承有限公司
36	2011104448723	一种杏鲍菇富硒富锌培养基(料)的生产方法	丹徒区南山溪园茶叶专业合作社
37	2011104447966	一种利尿促排肾结石的保健茶	丹徒区南山溪园茶叶专业合作社
38	2011104449463	一种有助降低尿酸的保健茶	丹徒区南山溪园茶叶专业合作社
39	2011104449800	一种富硒食用菌和富硒茶生态循环的生产方法	丹徒区南山溪园茶叶专业合作社
40	2011104450051	一种锁阳虫草保健扶阳茶	丹徒区南山溪园茶叶专业合作社
41	2011104449957	一种富锌绿茶生产加工技术	丹徒区南山溪园茶叶专业合作社
42	201110444703X	一种富锌益智金针菇儿童食品的生产方法	丹徒区南山溪园茶叶专业合作社
43	2011104448494	一种秀珍菇休闲营养食品加工方法	丹徒区南山溪园茶叶专业合作社
44	2011104448140	一种银杏虫草的养生保健茶	丹徒区南山溪园茶叶专业合作社
45	2011104449567	一种有助排毒减肥的保健茶	丹徒区南山溪园茶叶专业合作社
46	201110444735X	一种银杏叶胶囊的生产工艺	丹徒区南山溪园茶叶专业合作社
47	2011104447788	一种芦荟通便排毒的保健胶囊	丹徒区南山溪园茶叶专业合作社

续表

序号	申请号	专利名称	申请人
48	2011104449798	一种富硒富锌金针菇的生产方法	丹徒区南山溪园茶叶专业合作社
49	2011104447650	一种银杏叶饮料的生产工艺	丹徒区南山溪园茶叶专业合作社
50	2011104449209	一种有益降血糖和减缓糖尿病并发症的保健茶	丹徒区南山溪园茶叶专业合作社
51	2011104447504	一种银杏可服液的生产工艺	丹徒区南山溪园茶叶专业合作社
52	2011104447237	一种葛根饮料的生产工艺	丹徒区南山溪园茶叶专业合作社
53	2011104448121	一种茶树富硒有机复合肥的生产方法	丹徒区南山溪园茶叶专业合作社
54	2011104448117	一种葛根黄酮胶囊的生产工艺	丹徒区南山溪园茶叶专业合作社
55	2011104448136	一种饱含葛根黄酮的葛根茶生产工艺	丹徒区南山溪园茶叶专业合作社
56	201110228713X	一种摩托车消毒器	王长顺
57	2011102287233	一种柴油机消声器	王长顺
58	2011102287337	一种通风系统消声装置	王长顺
59	2011103852442	采用冲击工具埋设的组合式电气接地棒	姚甫强
60	2011100614194	一种消防水泵组的控制和巡检一体化电气系统	镇江欧菱电气自动化系统设备有限公司
61	2011102889933	一种复合型水泥助磨剂及其制备方法	江苏百瑞吉新材料有限公司
62	2011102889948	一种水泥混凝土外加剂及其制备方法	江苏百瑞吉新材料有限公司
63	2011102889914	一种外墙复合保温砂浆及其制备方法	江苏百瑞吉新材料有限公司
64	201110288976X	一种混凝土抗裂防水剂及其制备方法	江苏百瑞吉新材料有限公司
65	2011102889505	一种含聚羧酸系高效减水剂及其配制方法	江苏百瑞吉新材料有限公司
66	2011102889596	一种高性能水泥基灌浆剂及其制备方法	江苏百瑞吉新材料有限公司
67	2011102890061	一种复合活化水泥增强助磨剂及其制备方法	江苏百瑞吉新材料有限公司
68	2011102889793	一种混凝土膨胀剂及其制备方法	江苏百瑞吉新材料有限公司
69	2011102889736	一种保温砂浆及其制备方法	江苏百瑞吉新材料有限公司
70	2011102889789	一种混凝土膨胀剂(含硅酸盐系)及制造方法	江苏百瑞吉新材料有限公司
71	201110098444X	一种汽车中间支架传动球轴承	江苏钱潮轴承有限公司
72	2011104394899	三维空间无线鼠标	陈建新、杜月林、林宏
73	2011104395355	基于 ZigBee/IEEE802.15.4 的人体运动追踪系统	陈建新、杜月林、林宏
74	201110439568X	基于直线步进电机的多足承载平台	陈建新、杜月林、林宏
75	2011100983593	一种汽车离合器用薄壁球轴承	江苏钱潮轴承有限公司

续表

序号	申请号	专利名称	申请人
76	2011104353704	一种宽频微带功分器	江苏联海通信技术有限公司
77	2011101863334	节点计算机数据实时传输显示系统	廖锦江
78	2011100730602	集成组合式农村生活污水处理装置	江苏江大环境工程有限责任公司
79	2011102490105	一种控制苗期根部生长用育苗托盘	镇江盛弘景观植物有限公司
80	2011102490961	一种托盘育苗控根方法	镇江盛弘景观植物有限公司
81	2011102491790	一种农田栽培的节排水系统	镇江盛弘景观植物有限公司
82	2011102491625	一种植物微繁殖无糖组织培养方法	镇江盛弘景观植物有限公司
83	2011102490707	一种全封闭微环境控制用育苗托盘	镇江盛弘景观植物有限公司
84	201110249124X	一种试管外组培苗的分化增殖生根炼苗方法	镇江盛弘景观植物有限公司
85	2011102490444	一种根部微环境控制用育苗托盘	镇江盛弘景观植物有限公司
86	201110346706X	红叶石楠和金森女贞编织育成旋转多彩色景观造型的方法	镇江盛弘景观植物有限公司
87	2011103466832	红叶石楠和金森女贞组合栽培育成多彩色单球型的方法	镇江盛弘景观植物有限公司
88	2011103467093	红叶石楠和金森女贞组合栽培育成旋转多彩色立体景观的方法	镇江盛弘景观植物有限公司
89	201110071710X	盐酸酸洗废液的资源化综合利用及处理方法	镇江市丹徒区江南热镀锌有限公司
90	2011100717078	一种硫酸亚铁的分离精制方法	镇江市丹徒区江南热镀锌有限公司
91	2011100717006	盐酸酸洗废液的资源化综合利用制备氧化铁和硫酸铵的方法	镇江市丹徒区江南热镀锌有限公司
92	201110125958X	砂粒烧结彩色透水砖及其制造方法	镇江市丹徒区迎宾彩砂厂
93	2011104520251	阻燃防水环保装饰板	张春
94	2011104520497	一种低胆固醇禽蛋饲料添加剂	田祖金
95	2011104518707	一种桑楂降脂降糖茶	田祖金
96	2011104518976	一种男性保健茶	田祖金
97	201110323710	4涂布机固化隧道的节能环保燃气加热系统	镇江市万源电子有限公司
98	2011103852211	涂层铝箔节能环保双面电晕处理系统	镇江市万源电子有限公司
99	2011101991474	用于窨井或化粪池清淤作用的安全吸氧装置	吴旦
100	2011101991525	直读式激光高度测量仪	魏蓝天
101	2011100391904	一种射频同轴连接器与电缆的连接机构	镇江市丹徒区胜超电子有限公司
102	2011100391976	一种母头面板射频同轴连接器	镇江市丹徒区胜超电子有限公司
103	2011103852029	电视信号传输终端负载	镇江市丹徒区佳兴电子有限公司

续表

序号	申请号	专利名称	申请人
104	2011102963700	矿用救生舱气体供给系统及其运行方法	江苏凯力德科技有限公司
105	2011102974103	矿用可移动式救生舱及救援方法	江苏凯力德科技有限公司
106	2011103769248	信封信卡兑奖号码制作装置	镇江现代印刷机器厂
107	2011103769252	卷筒纸左右偏差自动纠偏装置	镇江现代印刷机器厂
108	2011103769587	信封粘贴纸双面胶带易撕线定位装置	镇江现代印刷机器厂
109	2011103769591	信封纸袋折叠纵压痕装置	镇江现代印刷机器厂
110	2011103769731	信封纸袋开窗口瓷棒微调装置	镇江现代印刷机器厂
111	2011101155966	全自动水溶性覆膜机的纵向断膜切刀机构	镇江博亚包装机械有限公司
112	2011101156028	全自动水溶性覆膜机的纸张精确搭叠传动机构	镇江博亚包装机械有限公司
113	2011101156066	全自动水溶性覆膜机的膜固化用热循环再利用系统	镇江博亚包装机械有限公司
114	201110451811X	一种弹药库门	镇江亨利达融具设备有限公司
115	2011104519748	金库门自动升降门槛	镇江亨利达融具设备有限公司
116	2011104519926	扶手可升降的轮椅	江苏亚希维医疗器械有限责任公司
117	201110452004X	后轮可便捷装卸的轮椅	周辉
118	2011102698368	移动浇注机的浇注头软轴传动装置	镇江奥力聚氨酯机械有限公司
119	2011102698207	层压输送机的多缸同步装置	镇江奥力聚氨酯机械有限公司
120	2011103237640	链传动薄膜缠绕式包装机	镇江奥力聚氨酯机械有限公司
121	2011103237316	塑料夹心板生产线中的立式冷却机	镇江奥力聚氨酯机械有限公司
122	2011103851666	夹心板切断机的气动助力同步装置	镇江奥力聚氨酯机械有限公司
123	2011103851702	压输送机的夹心板百度调整用垫块	镇江奥力聚氨酯机械有限公司
124	2011103115484	一种煎锅加热装置	江苏恒顺醋业股份有限公司
125	2011103139864	一种玫瑰糕及其制备方法	江苏恒顺醋业股份有限公司
126	2011103115465	一种炒米色锅	江苏恒顺醋业股份有限公司
127	201110311547X	一种液体加热装置	江苏恒顺醋业股份有限公司
128	2011103139879	一种鸡精及其制备方法	江苏恒顺醋业股份有限公司
129	2011103139883	一种泡制醋黄豆的卤汁及泡制方法	江苏恒顺醋业股份有限公司
130	2011103139915	一种果树用肥料及其制备方法	江苏恒顺醋业股份有限公司
131	2011103139987	一种泡制醋蛋的卤汁及泡制方法	江苏恒顺醋业股份有限公司

续表

序号	申请号	专利名称	申请人
132	2011103139898	一种泡制醋花生的卤汁及泡制方法	江苏恒顺醋业股份有限公司
133	2011103097931	一种红曲黄酒及其制备方法	江苏恒顺醋业股份有限公司
134	2011103097946	一种酱菜拌制卤汁及儿童酱菜的制备方法	江苏恒顺醋业股份有限公司
135	2011103097950	一种养生醋及其制备方法	江苏恒顺醋业股份有限公司
136	2011101200393	医用勺状工作端不粘电凝镊	镇江恒生涓恩医疗器械有限公司
137	201110341320X	一种真空吸附夹具	江苏申模数字化制造技术有限公司
138	2011103413483	一种复杂形状塑料件的加工夹具	江苏申模数字化制造技术有限公司
139	2011103429015	一种汽车主模型模拟块加工支撑结构	江苏申模数字化制造技术有限公司
140	2011102698438	土工试验环刀土样压出机	丹徒区建筑工程质量检测中心
141	2011102204870	一种面向4G的塑料吸顶天线	江苏联海通信技术有限公司
142	2011103785467	均匀接触一齿差摆线针轮副	镇江大力液压马达有限责任公司
143	2011103785842	摆线转子精度检测装置与检测方法	镇江大力液压马达有限责任公司
144	2011104445119	后轴输出平面配流摆线液压马达	镇江大力液压马达有限责任公司
145	2011104445123	后轴输出轴配流摆线液压马达	镇江大力液压马达有限责任公司
146	2011104352237	多外泄流道多油口摆线液压马达	镇江大力液压马达有限责任公司
147	201110145213X	鼻腔清洗剂	江苏富林医疗设备有限公司
148	2011100281815	船舶岸电系统单相接地故障选择性切除方法	江苏镇安电力设备有限公司
149	201110061591X	一种基于最小搜索信息的路由策略	江苏镇安电力设备有限公司
150	2011100614438	一种泛化最小信息路径路由策略	江苏镇安电力设备有限公司
151	2011101330912	开关柜多功能小车	江苏镇安电力设备有限公司
152	2011101210658	智能断路器	江苏镇安电力设备有限公司
153	2011101210253	母排加工机防护装置	江苏镇安电力设备有限公司
154	2011101210643	可伸缩弯曲的电缆桥架	江苏镇安电力设备有限公司
155	2011101210817	冲床防护装置	江苏镇安电力设备有限公司
156	2011101931967	基于混合模型的变压器热点温度在线监测方法	江苏镇安电力设备有限公司
157	2011101931454	一种变压器绕组振动的在线监测及故障诊断方法	江苏镇安电力设备有限公司
158	2011101931878	一种基于分区的电梯交通预测群控方法及其监测实现	江苏镇安电力设备有限公司
159	201110193144X	基于神经网络逆的电容器补偿容量和介质损耗的软测量及在线监测	江苏镇安电力设备有限公司

续表

序号	申请号	专利名称	申请人
160	2011101931420	电梯群控调度方法	江苏镇安电力设备有限公司
161	2011101931736	基于局部放电监测的电容器在线监测系统	江苏镇安电力设备有限公司
162	2011104062751	一种配出中性导体的IT电力系统接地故障选线方法	江苏镇安电力设备有限公司
163	201110433527X	一种新型非晶合金干变拉板结构及其涡流在线监测方法	江苏宏安变压器有限公司
164	2011104061903	一种配出中性导体的IT电力系统绝缘监测方法	江苏镇安电力设备有限公司
165	2011104335443	非晶合金干变线圈绝缘结构及去除局部放电信号噪声方法	江苏宏安变压器有限公司
166	2011104335354	一种多绕组可调电抗器及其单相接地故障切除方法	江苏宏安变压器有限公司
167	2011104062770	一种IT电力系统并联回路接地故障定位方法	江苏镇安电力设备有限公司
168	2011104062766	一种配出中性导体的IT电力系统接地故障定线定相方法	江苏镇安电力设备有限公司
169	2011101996764	船舶岸电系统单相接地故障切除可变电抗器精确投切方法	江苏镇安电力设备有限公司
170	2011102320439	铸造铝青铜除气脱氧工艺	镇江汇通金属成型有限公司
171	2011102317440	铸造铝硅合金及强化方法	镇江汇通金属成型有限公司
172	201110232041X	铝青铜热处理工艺	镇江汇通金属成型有限公司
173	2011102535093	铝青铜滴注式渗硼工艺	镇江汇通金属成型有限公司
174	2011102492454	锌合金电动阀门蜗轮及其制造方法	镇江汇通金属成型有限公司
175	2011102493160	铝硅合金电梯电机制动环及其制造方法	镇江汇通金属成型有限公司
176	2011102492331	耐磨锌合金汽车转向节轴套及其制造方法	镇江汇通金属成型有限公司
177	2011102492098	一种复合压铸冲头	镇江汇通金属成型有限公司
178	2011102493033	无磁锌合金电梯制动松闸杆及其制造方法	镇江汇通金属成型有限公司
179	2011101063358	一种前置式开沟机	镇江市丹徒区万金农机有限公司
180	2011101063606	一种手用铁锤	镇江市丹徒区万金农机有限公司
181	2011101063574	一种轻型水草旋切机	镇江市万金农机有限公司
182	2011101063305	一种坎外沟清淤机	镇江市万金农机有限公司
183	2011101063447	一种劳保手套	镇江市万金农机有限公司
184	2011102190952	一种斜置式水草旋切机	镇江市万金农机有限公司
185	2011102190929	一种提升机输送链条	镇江市万金农机有限公司
186	2011102190878	一种旋耕机链条传动箱体组合	镇江市万金农机有限公司
187	2011102191052	一种人体运动床	镇江市万金农机有限公司

续表

序号	申请号	专利名称	申请人
188	2011102191048	一种秸秆分行旋耕播种机	镇江市万金农机有限公司
189	2011103852584	组合式角钢开角或合角成型模	江苏振光电力设备制造有限公司
190	2011102286828	一种永磁电机排水泵	马建锐
191	2011102286936	中草药减肥溶脂油及其制备方法	袁宏磊
192	2011101991578	自动滴灌器	江旭辉
193	2011100983682	组合式直肠测压导管	镇江市丹徒区荣炳许布医疗器械厂
194	2011100984933	铝带涂层厚度无级控制的专用控制系统	华邦(镇江)铝业有限公司(外商独资)
195	2011100984685	涂布机固化隧道的节能高效电加热系统	华邦(镇江)铝业有限公司(外商独资)
196	2011100984793	具有绝缘涂层的铝带材	华邦(镇江)铝业有限公司(外商独资)
197	2011100984774	多功能废气净化塔	华邦(镇江)铝业有限公司(外商独资)
198	2011100984581	铝带材绝缘涂层专用涂料	华邦(镇江)铝业有限公司(外商独资)

防震减灾

【概况】 2011年,镇江市丹徒区地震局(以下简称区地震局)紧紧围绕"监测预报、抗震设防、应急救援三大体系"工作目标,坚持以提高全社会防震减灾综合能力为突破口,深入落实科学发展观,推进省级科普示范学校创建,创新思路,开拓进取。丹徒荣炳地震观测站(苏丹徒18井)在2011年度江苏省地震观测资料评比中,"水位测项"、"水温测项"、"资料报数"三项均获第3名。年末,区地震局被评为全省防震减灾工作先进单位。 (汤红莲)

【增上临震电磁波观测项目】 2011年9月,江苏省地震局在苏丹徒18井安装DVF－Ⅱ型临震电磁信息监测仪,现场调试和指导观测员进行数据采集、分析。该设备是江苏省地震局监测中心研制的目前国内用于地震台站观测最先进的设备,主要用于临震及余震的判断,配合"苏丹徒18井"地下流体异常信息的辨别及判断,它的投入使用丰富了区地震观测和分析手段,提高震情监视能力。 (汤红莲)

【加强地震监测预报工作】 2011年,丹徒区地震局观测员做好震情值班、数据观测、信息交流、震情分析等工作,密切注视震情动态。加强日常观测仪器维护,及时排除仪器小故障,确保观测资料连续、可靠并及时传输。荣炳地震监测站水位、气氡异常,区地震局及时向上级地震部门汇报,7月7日,江苏省地震局应急处、监测中心、分析预报中心三处室派专家现场调查核实情况。8月21日,中国地震局台网中心研究员黄辅琼实地了解苏丹徒18井的水位异常情况,区地震局第一时间将专家所需数据收集到位并上报用于会商。测报站观测员牢固树立"震情第一"观念,密切注视观测水位的变化,切实履行"站好岗、放好哨"职责。 (汤红莲)

【新增1个地震宏观观测点】 2011年10月,丹徒区地震局在荣炳盐资源区新增1个地震宏观观测点,对畜禽和鱼类动物进行地震异常观测。年末,全区共有6个地震宏观观测点,确保地震宏观观测点在全区范围内的覆盖,进一步提升全区地震观测水平。 (汤红莲)

【规范抗震设防管理】 2011年,丹徒区地震局进一步完善建设工程抗震设防管理制度。5月,区政府发文确认区地震局行政执法主体资格。7月,区地震局完成行政权力网上公开透明运行系统权力库梳理工作。全年行政审批项目均按时办结,办结率100%。12月,区政府发文确认区地震安评规范性文件继续有效。 (汤红莲)

【深化防震减灾应急工作】 2011年,丹徒区地震局及时添补地震应急器材,更换日用品、应急食品。5月12日,区地震局组织荣炳中学、丹徒实验学校及石马中心小学全体师生进行地震应急演练。6月,地震无线短波电台检查组到区地震局检查,确认购置的四部对讲机全部符合技术规范,可以依法正常使用。11月,区地震局联合团区委,组织地震应急志愿者在镇江市地震台开展防震减灾自救与互救知识培训,地震应急志愿者30余人参加培训活动。12月,完成防震减灾网站建

设并投入运行。 （汤红莲）

【加强防震减灾宣传教育】 2011年，丹徒区地震局向省、市、区有关部门报送防震减灾宣传稿件25篇。参加区科技、文化、卫生"三下乡"、"科普宣传周"、全国"防灾减灾日"和"12·4"全国法制宣传日等活动，发放防震减灾宣传材料5000多份，接受咨询300多人次。5月1日，新修订的《中华人民共和国防震减灾法》实施二周年，12月1日，《江苏省防震减灾条例》(修订)正式实施，区地震局在新城广场悬挂横幅进行宣传。5月，区地震局联合区教育局邀请市地震局专家到石马中心小学进行防震减灾知识专题讲座。3月，区地震局与区科技局、区知识产权局、团区委联合下发《关于在全区中小学生中开展地震应急避险演练的通知》，开展一系列活动，从小树立学生防震减灾意识，并通过他们扩大宣传面。7月，唐山地震35周年期间，开展系列宣传活动。全年，区地震局无偿向中小学校提供地震科普光盘30盘、科普书籍500册，协助学校开展防震减灾教学活动。 （汤红莲）

【石马中心小学获"江苏省防震减灾科普示范学校"称号】 2011年，丹徒区地震局联合教育局做好石马中心小学创建"江苏省防震减灾科普示范学校"指导工作。5月12日，邀请市地震局专家在石马中心小学进行"防震减灾科普知识"专题讲座，现场指导地震防灾疏散演习，全校师生参加模拟地震应急演练，增强应对地震的能力。石马中心小学分年龄段组织学生开展防震减灾知识竞赛、手抄报竞赛、书画竞赛和班队活动，组织学生到街头社区向群众发放防震减灾知识宣传单，营造防震减灾的良好氛围。区地震局向学校赠送《中华人民共和国防震减灾法》、《地震应急防护手册》和《地震前后三十六计》等书籍和《皮皮历震记》和《应对震害有备无患》等碟片。12月，丹徒区石马中心小学被省地震局、省教育厅、省科学技术协会授予"江苏省防震减灾科普示范学校"称号。 （汤红莲）

【加强网络建设工作】 2011年，丹徒区地震局全面加强"三网一员"网络建设工作，进一步完善由镇(园区)防震减灾助理员、宏观观测点观测员以及防震减灾联席会议成员单位联络员组成的群测群防工作网络，强化震情监视和短临跟踪，做好地震宏观信息上报和异常核实工作。平时加强"三网一员"网络动态管理。做好人员登记工作，确保人员一旦有变动，及时调整充实。通过现场检查与不定时电话检查相结合的方法，对信息不通、人员不在位的观测员进行及时调整，保证信息畅通、人员在位，发现异常及时核实，及时上报，做好"三网一员"网络相关人员的培训工作。定期进行防震减灾法律法规、地震科普和地震自救互救知识培训。年末，区群测群防网络基本建成"横向到边、纵向到底、相互贯通"的"三网一员"网络。 （汤红莲）

教　育

【概况】 2011年，镇江市丹徒区教育局(以下简称丹徒区教育局)认真学习贯彻国家、省教委《中长期教育改革和发展规划纲要》和市教育局《关于实施江苏省中长期教育改革和发展纲要的意见》精神，围绕加快实现全面教育现代化目标，以改革创新为动力，以优化管理为手段，积极开拓，锐意进取，不断推动丹徒教育优质、均衡、持续发展。

进一步优化办学条件。继续推进校安工程建设，拆除危旧校舍2511平方米，加固校舍9776平方米。实施农村学校运动场塑胶化工程，丹徒中等专业学校、宝堰中学、三山中心小学、上党中心小学等校新建6片塑胶运动场。购置1200平方米办公用房，解决区教师进修学校和教育装备服务中心办公场所问题。青少年活动中心开工建设，驸马山庄幼儿园后续建设工程竣工，易地新建的辛丰中心幼儿园交付使用。

深度推进素质教育。开展省、市优质园创建活动、一日保教常规检查，举行0～3岁早期教育推进会，三山中心幼儿园、驸马山庄幼儿园通过省、市优质幼儿园评估验收。继续实施《丹徒区提高教学质量行动计划(2010～2012)》，制定《丹徒区义务教育阶段学校教育质量评估方案》，加强"区片校"三级调研，推进"三研合一"(专题教研、网络教研、微格教研)，切实提升学校教学管理水平。8所学校通过市"无流生学校"验收，6所学校通过市"控制流生先进学校"验收，大港中学通过省四星级高中复审，丹徒高级中学接受三星级高中推进素质教育市级督导评估，丹徒中等专业学校创建国家级机电技术应用实训基地。全区市级以上优质学校比例达56%。

着力加强队伍建设。2011年，通过公开招考，录用新教师55人，17名校长和53名教师易地交流，师资配置更趋均衡。积极开展"践行师德、创先争优，办人民满意教育"师德主题活动，大力宣传师德典型，表彰区优秀教育工作者70名，教坛新秀25名，青年教师标兵49名。组织开展各级各类培训，开展区中青年骨干教师讲师团暑期讲学活动，以"绩效工资考核与学校管理"、"加强数字化校园建设，提升教育现代化水平"为主题开办两期校长论坛。

切实提升服务水平。结合建党90周年开展"学党史、树理想信念；学典型，树人生标杆"、"红歌传唱"等活动。积极落实教育免费和资助政策，全年补助生活费63.39万元，补助学生1422人次，发放国家助学金84.76万元，助学1130人次。配合公安、交通、安监等部门加强对接送学生车辆的管理。投入资金200万余元改善"三防"设施设备。加强校园及周边环境综合治理，维护学校安全与稳定。 （陈　健）

【学前教育】 2011年，丹徒区共有幼儿园16所,其中公办园14所,民办园2所,在园幼儿共5682人。开展《镇江市幼儿园一日保教常规》学习活动,组织幼儿园常规管理检查10余次,不断提高幼儿园管理水平。驸马山庄幼儿园通过镇江市优质幼儿园验收,三山中心幼儿园通过江苏省优质幼儿园验收。5月25日,全区0～3岁早期教育推进会在驸马山庄幼儿园召开,并于该园挂牌成立"丹徒区早期教育指导中心",吸纳全区14所中心幼儿园为成员单位。按照区城乡一体化建设规划要求,制定出台《丹徒区学前教育五年行动计划(2010～2015)》,确立2014年创成省学前教育改革发展示范区等目标。 (陈 健)

【义务教育】 2011年,丹徒区有小学、初中29所(其中镇中学11所,镇中心小学11所,定点村完小4所,九年一贯制学校3所)。小学共有班级294个,在校学生11546人,当年招生2306人。初中共有班级185个,在校学生6748人,当年招生2016人。全区学龄儿童入学率100%,巩固率100%;初中生入学率100%,巩固率99.9%;初中毕业生升学率96%。区教育局制定《丹徒区义务教育阶段学校教育质量评估方案》,把教学常规管理、教学质量、学生综合素质、特色建设等情况作为评价义务教育教学质量的基本要素,引导各校树立全面发展的科学质量观。全面推行"控辍保学双线责任制",将义务教育巩固率作为校长目标考核和学校管理考核的重要内容,中小学贫困生帮扶面达100%,全区没有因家庭贫困而辍学学生,外来务工人员和残疾儿童的受教育权利得到保证。2011年,丹徒区被评为江苏省第三批义务教育均衡发展先进区。 (陈 健)

【普通高中教育】 2011年,丹徒区有普通高中2所(江苏省大港中学、镇江市丹徒高级中学),班级102个,在校学生5089人,其中当年招生1501人。镇江市丹徒高级中学校区合并工作全部到位,高中布局进一步优化。全区1746名普高学生通过全国高校统一招生考试进入高等院校学习,比上年增长6.2%,升学率达90.1%。其中,本科录取844人,比上年增长2.7%。普通高中教育特色发展取得突破,江苏省大港中学特色项目"践履笃实,文化立校"、镇江市丹徒高级中学的"美术特色教育"在市立项。9月,江苏省大港中学通过省四星级高中复审。12月,镇江市丹徒高级中学接受三星级高中推进素质教育市级督导评估。 (陈 健)

【职业教育】 2011年,丹徒区有职业学校1所(江苏省丹徒中等专业学校),班级73个,在校学生2566人,其中当年招生991人。举办第六届职业学校学生技能大赛,设置机电一体化、化学检验、CAD、影视后期制作等15个竞赛项目,参赛学生190人。组织197名中职学生参加2011年江苏省对口单招,本科上线28人,专科上线153人,达线率为91.5%。 (陈 健)

【社会教育】 2011年,丹徒区有社区教育中心10所,其中省、市级社区教育中心7所。全年培训11357人,年培训率41.2%。年内,全区参加全国成人高校招生考试122人,参加高等教育自学考试594人,参加全国计算机一级B考试895人。区教育局组织两次江苏省书法等级证书考试,参加考生516人。 (陈 健)

【辛丰中心幼儿园新园建成使用】 2011年6月1日,丹徒区辛丰中心幼儿园举行新园落成搬迁典礼。新园于2009年2月开工建设。建成后的新园占地面积1.73公顷,建筑面积7000平方米,总投资1800多万元,按照18个班的规模设计,可容纳600多名幼儿。新园设施、设备齐全,环境优美,拥有专用的幼儿科学探索室、美术室、舞蹈房、图书室等功能教室。 (陈 健)

【推进校舍安全工程】 2011年,丹徒区教育局按照《2010～2012年丹徒区中小学校舍安全工程实施规划》要求,推进校舍安全工程建设。7～8月,区教育局早安排、紧部署、勤督导,西麓中小学、三山中学、世业实验学校、荣炳中学、石马小学共8幢6875平方米加固项目在秋季开学前竣工,确保新学期正常开学。区教育局对部分无加固价值的校舍,及时调整计划,制定拆除重建方案。方案报区政府批准后,迅速展开实施,全年校安工程目标任务如期完成。全年,区教育局完成1.53万平方米校舍检测,4595平方米加固校舍图纸设计。12月5日,镇江市校安办检查组到丹徒检查校安工程进展情况,检查组对全区校安工程推进的速度与质量表示满意。 (陈 健)

【开展高效课堂教学观摩活动】 2011年5月24～27日,丹徒区教育局教研室组织开展"推进《行动计划》,打造高效课堂"教学展示周活动。活动分设6个地点:荣炳中心幼儿园、上会中心小学、西麓中心小学、高资中学、辛丰中学、宝堰中学。活动围绕15门学科,共开设28节课,组织教学研讨14场,全区600余名教师参加展示研讨活动。 (陈 健)

【举办"镇江市三岛教育发展论坛"】 2011年11月18日,丹徒区教育局与镇江市教科所共同举办"镇江市三岛教育发展论坛"。活动地点设在高桥中心小学,高桥中学、高桥中心小学、世业实验学校、江心实验学校4所学校60余名教师参与活动。活动总结了三岛四校的发展历程和取得的经验成绩,深入分析存在的主要矛盾和突出问题,并提出下一阶段学校发展的总体思路。《现代教育报》《京江晚报》分别对活动进行报道。 (陈 健)

【珠心算教育再创佳绩】 2011年,丹徒区教育局按照"普及与提高相结合、课内与课外相结合、研究与实践相结合"的思路,不断深化珠心算特色教育研究。7月13～15日，辛丰中心小学代表队参加江苏省第16届珠心算能力比赛，获B、C组两项团体第二名，8人次获个人奖项。庄红霞、王莉被授予"江苏省优秀珠心算教练员"称号，辛丰中心小学被评为"一等伯乐奖"。8月11日，辛丰中心小学代表队参加全国第三届珠心算比赛，获选手组团体第三名、学生组团体第二名、学前组团体第三名，4人次获个人全能一、二、三等奖。钱志平、庄红霞、殷君华获优秀指导老师奖。8月2日，淮安市财政局、教育局相关领导到丹徒区调研学习珠心算教育经验做法。

（陈　健）

2011年7月13～15日，辛丰中心小学代表队参加江苏省第16届珠心算能力比赛

【体育工作成绩突出】 2011年，丹徒区各学校认真贯彻《国家学生体质健康标准》，深入开展阳光体育活动，保证学生每天一小时锻炼时间，丹徒高级中学、高资中学、石马中心小学3所学校被评为镇江市"阳光体育运动先进学校"。3月20～31日，区教育局和区文广体局共同举办区第五届初中男子篮球比赛，13支球队参加比赛，丹徒实验学校和上会中学分获冠、亚军。5月23～24日，区教育局和区文广体局共同举办区第四届小学生象棋比赛，14所小学42名选手参加比赛，高资小学获团体第一名。6月2～3日，区教育局和区文广体局共同举办区第五届小学生乒乓球比赛，14所小学108名选手参加比赛，黄墟中心小学双获男女团体第一名。10月26～28日，区教育局和区文广体局共同举办区中小学生田径运动会，全区28所学校357名运动员参加，设跳高、跳远、垒球、铅球等近100个比赛项目，江清源等3位选手在100米短跑、三级跳远等项目上5次达到国家二级运动员标准，姚慧等4名选手打破6项区中小学生田径运动会纪录。4月，高资中学代表队参加镇江市少儿武术套路比赛，2人获7项第一名。10月，江苏省大港中学田径队参加镇江市高中生田径比赛，获团体总分第一名。11月，高资中学代表队参加江苏省第四届武术比赛，获集体刀术和集体拳项目一、二等奖，6人次获个人一、二名。（陈　健）

【开展各类艺术教育】 2011年，丹徒区教育局贯彻落实《教育部关于进一步加强中小学艺术教育的意见》，开展各类艺术教育活动。10月18日，在大港中学举办2011年丹徒区中小学生文娱会演，30个节目参加演出，评出一等奖2名，二等奖6名，三等奖13名。选送6个节目参加镇江市小学生文娱会演，2个节目获市二等奖，4个节目获市三等奖。丹徒实验学校合唱队参加江苏省"凤凰杯"中小学生合唱比赛，获一等奖。大港中学、丹徒高级中学组织学生参加镇江市普通高中艺术特长生才艺比赛，1人获一等奖，8人获二等奖，4人获三等奖。举办丹徒区第23届少儿创作故事演讲大赛，从获奖作品中择优推荐5篇作品报市参评。组织全区第五届中小学生、幼儿园小朋友书画、摄影、手工作品比赛。（陈　健）

【做好师资培训工作】 2011年，丹徒区教育局开展"践行师德、创先争优，办人民满意教育"师德主题活动，大力宣传师德典型，表彰区优秀教育工作者70名，教坛新秀25名，青年教师标兵49名。继续实施"135工程"、"青蓝工程"和"名师工程"，组织开展各级各类培训工作，其中出国培训12人，国家级培训139人，省级培训59人，市级培训243人。区教育局举行区中青年骨干教师讲师团暑期讲学活动，讲学109人次，听课教师6835人次。

（陈　健）

【启动岗位管理改革】 2011年，丹徒区教育局重新核定中小学编制，在定编的基础上合理确定岗位。全区小学编制975人，设管理岗位13个，工勤岗位5个，专业技术岗位957个。专业技术岗位中副高职称设五级岗位3个、六级岗位16个、七级岗位31个，中级职称设八级岗位31个、九级岗位188个、十级岗位156个，初级岗位424个。中学编制1453人，设管理岗位19个，工勤岗位28个，专业技术岗位1406个。专业技术岗位中正高职称设三级岗位3个、四级岗位19个，副高职称设五级岗位69个、六级岗位149个、七级岗位166个，中级职称设八级岗位166个、九级岗位225个、十级岗位186个，初级岗位423个。岗位管理改革实施后，岗位聘

用与职称评审和岗位工资、基础性绩效工资挂钩，学校人事管理工作进一步科学化、规范化、制度化，充分调动教师工作积极性与创造性。

（陈　健）

【区教育局关工委获全国五好小公民主题教育先进集体奖】 2011年，丹徒区教育局关工委组织全区10242名中小学生参加教育部关工委开展的“光辉的旗帜”五好小公民主题教育读书征文活动，获特等奖1人、一等奖16人、二等奖21人、三等奖32人，优秀奖39人，大港中学、高资中心小学获“全国示范学校”荣誉称号，区教育局关工委获全国先进集体奖。（陈　健）

【加强学校安全教育】 2011年，丹徒区教育局进一步明确职责，完善制度，强化管理，全年未发生一起校园安全责任事故。全区各校共投入200多万元，进一步完善技防设施设备。各校配有视频监控421套，周界报警系统24套，CK报警器103套，门禁系统9套，所有学校配备灭火毯、辣椒水、警棍、带刺手套、电棒等“五小件”保安护卫装备。积极开展学生安全教育，聘请法制副校长开展各类安全教育129次，接受教育人数4万余人。进一步加强平安校园建设，丹徒区高级中学通过省级平安校园的市级验收，丹徒区高资中学、高桥中心小学、上党中心小学、驸马山庄幼儿园接受市级平安校园考核验收。加强学生交通安全管理，区教育局配合公安、交通等部门加强对接送学生车辆的督查，教育和引导广大家长和学生，不乘坐报废车、货车、三轮车等非法营运车辆，不坐超员、超速等无安全保障的车辆，提高学生交通安全意识。

（陈　健）

【举办校长论坛】 2011年3月26日，丹徒区教育局以“绩效考核与学校管理”为主题，在丹徒实验学校举行第一次校长论坛。6月10～11日，区教育局以“加强数字化校园建设，提升教育现代化水平”为主题举行第二次校长论坛，带领校长参观考察镇江实验学校、扬州大学附中东部分校、扬州市文津中学后，集中在丹徒实验学校进行分组交流和集中研讨。（陈　健）

表25　　2011年丹徒区各中小学校长及直属单位负责人名录

单　位	姓　名	单　位	姓　名
大港中学	仲伟贵	区实验小学	方纪敏
丹徒高级中学	蔡　鹏	高桥中心小学	丁道平
丹徒中等专业学校	邵林祥(2月离)樊春荣(2月任)	辛丰中心小学	钱春锦(9月离)方永祥(9月任)
丹徒实验学校	吴建昌	黄墟中心小学	朱双全
江心实验学校	方永祥(9月离)李春新(9月任)	三山中心小学	步杰荣
世业实验学校	陆元军	西麓中心小学	江　峰
宝堰中学	胡建忠	上党中心小学	朱文健(9月离)李斌(9月任)
高桥中学	陆继根(9月离)赵　焰(9月任)	上会中心小学	李　斌(9月离)王　婷(9月任)
辛丰中学	李玉生	荣炳中心小学	施建圣(9月离)韦方平(9月任)
冷遹中学	庄维祥	高资中心小学	包昌升
三山中学	张卫平(9月离)蔡玉军(9月任)	石马中心小学	孙高君(9月离)凌建明(9月任)
西麓中学	樊春荣(2月离)郑向阳(2月任)	驸马山庄幼儿园	巫桂萍
支显宗中学	李文化	教研室	於　飞
上会中学	束体胜	教师进修学校	吴栋良
荣炳中学	吴腊平(9月离)步健祥(9月任)	装备中心	罗经科(9月离)利宏光(9月任)
高资中学	吴常平	青少年活动中心	钱志平(9月任)
石马中学	包祝明		

（陈　健）

表 26　　2011 年丹徒区中小学基本情况

序号	学校全称	占地面积（平方米）	建筑面积（平方米）	班级数（个）	在校学生人数（人）	在职教师人数（人）
1	江苏省大港中学	166589	79674	49	2396	232
2	镇江市丹徒高级中学	72623	37943	53	2693	251
3	丹徒中等专业学校	190589	58166	71	2722	203
4	丹徒实验学校	75882	24146	46	1826	156
5	丹徒区江心实验学校	21595	5556	10	277	36
6	丹徒区世业实验学校	26921	8047	23	838	85
7	镇江市宝堰中学	50000	15254	13	543	58
8	丹徒区高桥中学	28667	10937	10	389	49
9	丹徒区辛丰中学	34959	9232	21	838	85
10	丹徒区冷遹中学	31947	8874	11	361	53
11	丹徒区三山中学	40663	3705	12	362	54
12	丹徒区西麓中学	22144	6482	7	292	48
13	丹徒区支显宗中学	66969	13365	22	834	86
14	丹徒区上会中学	30600	10093	13	447	57
15	丹徒区荣炳中学	28737	8984	11	395	54
16	丹徒区高资中学	21600	7470	18	563	71
17	丹徒区石马中学	23136	6676	13	490	52
18	丹徒区实验小学	31059	11453	21	828	90
19	丹徒区高桥中心小学	31758	9234	16	587	61
20	丹徒区辛丰中心小学	38866	8496	36	1507	102
21	丹徒区黄墟中心小学	21373	5217	23	902	67
22	丹徒区三山中心小学	41634	7244	25	1092	98
23	丹徒区西麓中心小学	21030	4627	20	745	83
24	丹徒区上党中心小学	37699	9862	28	1056	97
25	丹徒区上会中心小学	13060	4490	22	875	87
26	丹徒区荣炳中心小学	17400	6627	16	532	60
27	丹徒区高资中心小学	20008	7658	25	1035	93
28	丹徒区石马中心小学	19643	6860	17	680	64
合计		1227151	396372	652	26105	2532

（陈　健）

文化·广电·体育·卫生

责任编校:钱若寅

文化·广电

【概况】 2011年,镇江市丹徒区文化广电体育局(以下简称丹徒区文广体局)。全面落实科学发展观,各项工作保持健康发展态势,全年组织参加各类文艺演出100场;20幅文艺创作作品分别获不同奖项;4个项目被列入省级非物质文化遗产保护名录;3个项目获省级文化产业引导资金补助;11月,举行"纪念辛亥百年缅怀冷遹先生"暨冷遹纪念馆开馆仪式,印制"冷遹与辛亥革命"专刊,出版发行《冷遹画传》。四县抗敌总会纪念馆协助配合中央电视台、重庆电视台完成《红星照耀中国》摄制组的拍摄工作,全年两馆共接待游客和观众15万多人次。区电视台《今日丹徒》新闻节目共播发新闻2500多条,小专题300多档,长专题24档;区电台播发新闻3000多条,自办节目900多档;12篇新闻作品在全国及省市获奖;区体育活动中心各场馆正式对外全面开放;在全区开展创建"无小耳朵"镇(园区)工作,组织行政执法18次。11月,丹徒区被省广电局授予全省创建"无小耳朵"社区先进县(市)区及2011年度江苏省"扫黄打非"先进模范区;12月,区文广体局被国家体育总局授予2011年度全民健身活动先进单位。 (狄 潇)

【群众文化活动形式多样】 2011年1月28日,丹徒区文化馆在区会议中心承办丹徒区迎春联欢会,区四套班子领导,各单位负责人和老干部共500余人参加联欢;3月,启动"党的温暖到我心乡村行"活动,共演出10场;4月24日,承办丹徒地税局"地税风采"文艺汇演;5月1日,承办由市人口计生委、丹徒区政府、市计生协会在丹徒新城广场主办的"纪念5·29中国计生协会成立31周年"大型广场活动暨文艺演出;6月13日,组织编排舞蹈《五星红旗》和大合唱《我的中国心》参加由市委宣传部、市文广新局在大市口举办的镇江市红歌红舞大赛;6月30日上午,在区体育中心举行"颂歌献给党"——丹徒区庆祝建党九十周年红歌会,区四套班子领导及区级机关干部共2000余人观看并参加演出;6月,承办世业镇"江洲放歌"开幕式和闭幕式及世业镇庆"七一"文艺演出;8月24日,选调优秀群众文艺节目在大市口广场参加由市委宣传部、市文广新局主办的"欢乐家园"镇江市文艺巡演丹徒专场演出;9月17日,选调4个节目参加由市委宣传部、市文广新局在大市口广场举办的"镇江市2011年群众文艺明星大赛";10月6日,选调老年文艺节目参加由市委宣传部、市文广新局在大市口广场主办的"镇江市老年人艺术节"演出。组织开展丹徒区第五届中小学生、幼儿园小朋友书画、摄影、手工作品比赛的作品征集工作。从580多件作品中中择优上报参加省、市级比赛;10月12日,承办丹徒区2011年少儿创作故事大赛,选调5个少儿故事参加第23届镇江市少儿创作故事演讲大赛。 (狄 潇)

2011年11月,丹徒区举行冷遹纪念馆开馆仪式

【一批作品获奖】 2011年9月,丹徒区文广体局组织文艺团体和文艺创作骨干排练的小品《情系蝴蝶兰》和三句半《夸夸科普进乡村》在镇江市科普文艺汇演中分别获创作一等奖和二等奖,演出二等奖和三等奖;

创作、编排的小扬剧《住在九楼的老母鸡》和小品《区长进村》参加镇江市第二届小戏小品大赛，小扬剧获创作金奖和表演银奖，小品获创作、表演铜奖。《雪山人家》等十幅作品参加“中国漠河”第三届国际摄影比赛；摄影作品《超越自我》获国际摄影艺术展银奖，是目前镇江市摄影类获得的国家级最高奖项。

（狄　潇）

【稳步推进非遗保护工作】 截至2011年底，丹徒区的南乡田歌、上党挑花、董永的传说和双推车、高资石雕、高资跳面6个项目被列入市级非物质文化遗产保护名录，其中南乡田歌、上党挑花、董永的传说和双推车4个项目被列入省级非物质文化遗产名录。征集黄墟殷氏家谱一部，摄制《南乡服饰》和《上党挑花》两个专题电视节目，举行充满浓郁地方特色的首届“丹徒田歌”大奖赛，加强对优秀传统文化思想价值的挖掘和阐发，使优秀传统文化成为新时代鼓舞全区干群的精神力量。（狄　潇）

【文博事业呈现良好发展势头】 2011年2月，丹徒区文广体局全面完善“镇江市丹徒区第三次全国文物普查”文档，编制丹徒“三普工作总结报告”，顺利通过第三次全国文物普查省专家组考核验收。完成新四军四抗会纪念馆建设施工方案，开展纪念馆维修提升工程，整治、翻新冷遹纪念馆前后花园及馆内绿化，添置故居内中家具，使陈列实物更为充实。（狄　潇）

【3个项目获省级文化产业引导资金补助】 2011年，由丹徒区委宣传部牵头，丹徒区文广体局呈报的江苏恒华传媒新型绿色环保商业印刷基地项目、江苏宜和有线数字电视系统多业务经营项目、中国米芾书法公园项目获2011年度省级文化产业引导资金补助230万元，实现丹徒文化产业省级引导资金零的突破，数量、补助资金总量均在全市名列前茅。（狄　潇）

【市场监管规范有序】 2011年，丹徒区文广体局使用全国文化市场综合执法办公系统、数据报送系统等办公软件，31家单体网吧全部加入连锁网吧企业，举办培训班2期，培训从业人员百余名。开展以“净演行动”、“平安工程”、“国庆保障行动”、“反盗版天天行动”、“暑期净网行动”、“创建无小耳朵县区”为主要内容的专项整治活动，全年共出动检查1522人次，检查场所540余家。收缴非法音像制品2000余张，非法图书200余册，查拆卫星电视接收设施1380台套。对各场所公布举报电话。（狄　潇）

【提高区图书馆服务功能】 2011年上半年，丹徒区图书馆采购新书3000余册，分编、改编图书共1.3万余册；采购电子文献4种，接收国家中心下拨资源光盘7套，其中包括当前热点问题系列形势报告会、学习英雄楷模、红色记忆、童心向党、中华一绝、中国传统文化经典、中国非物质文件遗产等内容；征集黄墟殷氏家谱一部，丰富了图书馆数字服务内容，充实馆藏资料。举办“光辉的历程，伟大的成就”、“辛亥革命一百周年”图片展。年初，区图书馆所有部室和服务一律免费，共增发借阅证200余张。（狄　潇）

【开展读书征文评奖活动】 2011年6～7月，丹徒区文广体局在全区各中小学中开展主题为“听党话、跟党走”的红领巾读书征文评奖活动。全区共有14所中小学参加，收到征文154篇，选出45篇征文参加省、市评奖，获省二等奖2个，三等奖4个，获市一等奖2个，二等奖4个，三等奖8个。区图书馆获镇江市优秀组织奖。（狄　潇）

【放映电影1272余场次】 2011年，丹徒区文广体局推进农村电影“2131工程”实施，开展各种形式的公益电影放映活动，免费送电影1272余场，观众34万余人次。全年电影放映收入27.6万元，发行收入2.7万元，三产收入36万元。形成三产与电影优势互补、良性循环局面。（狄　潇）

【宣传报道有声有色】 2011年，丹徒区广播电视台在《今日丹徒》新闻节目开辟《抓项目促转型》《生态区创建》《百姓话生态》《文明城市创建》等一系列专栏。5月，举办首届《火红五月，火热丹徒》新闻竞赛，全面展示丹徒发展成就和美好前景，进一步提振全区干群跨越发展的信心和勇气。7月，在新闻节目开辟《创先争优在基层》《党旗下》等专题系列报道。全年，区电视台《今日丹徒》新闻节目共播发新闻2500多条，小专题300多档，长专题24档；区电台播发新闻3000多条，自办节目900多档。（狄　潇）

【新闻外宣取得重大突破】 2011年，丹徒区广播电视台共在中央电视台发稿3条，其中新闻联播发稿一条，实现区广播电视台在中央电视台新闻联播发稿零的突破，在全省县及市区中发稿量排位前20名，在市级媒体发稿实现“保四争三”目标，有效提升丹徒的知名度和美誉度。（狄　潇）

【为民办实事工程进展顺利】 2011年，江苏宜和广电信息网络有限公司以丹徒有线电视数字化整转为重点，至年末，全区新增有线电视用户5204户，占年度目标的158%，全区有线电视总户数达7.18万户，基本实现全区有线电视“户户通”。有线电视数字化整转工作稳步推进，整转数字电视用户1.97万户，全区数字电视用户达2.47万户，平均整转率为93.82%；发展互动电视用户7560户，全区互动电视总用户达9355户，平均互动率为37.81%，互动率指标和互动机顶盒增量在全省县市排名中名列前茅。

（狄　潇）

【安播体系健全到位】 2011年，丹徒区文广体局深入开展“净化荧屏声频，抵制低俗之风”专项治理工作，规范电视节目播出时段。狠抓安全播出管理，进一步完善安全播出人防、技防、联防一体化保障措施，实现全区安全播出常年无事故。协同公安、消防等部门开展“清剿火患”战役并对文化经营场所及各直属单位安全情况进行突击检查，对重点经营场所多次进行“回头看”。（狄 潇）

【加强基层党组织建设】 2011年，丹徒区文广体局组织开展“读党史、感党恩、跟党走”、“心中的旗帜”红色经典诗歌朗诵会、“向杨善洲同志、张雅琴同志学习”、“向党员赠送入党生日卡”等形式多样的活动。组队参加区委“历史的丰碑”知识竞赛，获优胜奖。做好国家级文明城市迎检工作，圆满完成各项工作任务。开展“春晖行动”，捐款10万余元。（狄 潇）

2011年5月7日，丹徒区第六届运动会在大港中学举行。

体 育

【概况】 2011年1月1日，丹徒区文广体局组队参加镇江市万人长跑活动。3月下旬，区文广体局与区教育局共同举办丹徒区初中男子篮球比赛，13个学校组队参加比赛。4月，组队参加镇江市少儿武术比赛。4月30日，区文广体局在辛丰镇举办江苏省老年人体育节丹徒分会场开幕式，上千人参加开幕式并表演形式多样的文体活动。5月2日，在丹徒区体育活动中心举办2011年中国·镇江第四届全国国际标准舞、体育舞蹈公开赛，暨远东国际标准舞ADC.AL华东地区选拔赛，暨镇江市丹徒区全民健身启动仪式。5月7日，在大港中学举行第六届运动会开幕仪式。职工部和农村部共有33个代表队参加，参赛运动员近400人。5月中旬，与区教育局共同举办全区小学生象棋比赛，13个代表队的42名小棋手参加比赛。5月下旬，与区教育局共同举办全区小学生乒乓球比赛，13个代表队的85名小球手参加比赛。7月，承办2011年“无管杯”江苏省业余无线电通信锦标赛比赛。8月，承办2011年江苏省青少年男子乙组足球锦标赛。8月8日，组织开展“全民健身日”活动。9月，组队参加镇江市第五套健身秧歌比赛，获优胜奖。10月，组队参加镇江市少儿田径比赛，获团体总分第3名。在区体育活动中心承办并组队参加镇江市首届羽毛球团体赛。10月25～28日，与区教育局共同举办丹徒区2011年中小学田径运动会，28个代表队，357名运动员参加比赛。（狄 潇）

【体彩销售5350万元】 2011年，丹徒区70个电脑体育彩票销售点、6家竞彩店共完成体彩销售5350多万元，始终保持月度销售增幅在辖市区中上位次，增幅83.01%，其中传统电脑彩票销售3618万元，竞彩销售558万元，即开型彩票销售1173万元。（狄 潇）

表27 2011年文化作品获奖情况

序号	日期	姓 名	类 别	作品名称	获 奖 情 况	省	市	县	奖 项
1	2011	曾 珊	少儿故事	《小海》	第23届少儿故事创作演讲大赛创作一等奖		√		一等奖
2	2011	陈 燕	少儿故事	《姐弟大作战》	第23届少儿故事创作演讲大赛创作二等奖		√		二等奖
3	2011	凌光明	少儿故事	《张小林的心事》	第23届少儿故事创作演讲大赛创作三等奖		√		三等奖
4	2011	章 敏	少儿故事	《傻奶奶》	第23届少儿故事创作演讲大赛创作三等奖		√		三等奖
5	2011	詹文静	少儿故事	《一件红T恤》	第23届少儿故事创作演讲大赛表演二等奖		√		二等奖
6	2011	戴立欣	少儿故事	《小海》	第23届少儿故事创作演讲大赛表演三等奖		√		三等奖

续表

序号	日期	姓名	类别	作品名称	获奖情况	省	市	县	奖项
7	2011	梅健星	少儿故事	《张小林的心事》	第23届少儿故事创作演讲大赛表演三等奖		√		三等奖
8	2011	文化馆	小扬剧	《住在九楼的老母鸡》	镇江市第二届小戏小品大赛编剧金奖		√		金奖
9	2011	文化馆	小扬剧	《住在九楼的老母鸡》	镇江市第二届小戏小品大赛创作演出银奖		√		银奖
10	2011	张小米	小扬剧	《住在九楼的老母鸡》	镇江市第二届小戏小品大赛优秀演员奖		√		优秀奖
11	2011	单　途	小品	《区长进村》	镇江市第二届小戏小品大赛编剧铜奖		√		铜奖
12	2011	张小英	小品	《区长进村》	镇江市第二届小戏小品大赛创作演出铜奖		√		铜奖
13	2011	文化馆	小戏小品		镇江市第二届小戏小品大赛优秀组织奖		√		组织奖
14	2011	文化馆	舞蹈	《咱们领袖毛泽东》	“欢乐镇江”十团百场基层文艺巡演金奖		√		金奖
15	2011	文化馆	表演唱	《车水号子》	“欢乐镇江”十团百场基层文艺巡演银奖		√		银奖
16	2011	文化馆	舞蹈	《送你一朵玫瑰花》	“欢乐镇江”十团百场基层文艺巡演银奖		√		银奖
17	2011	文化馆	演出		“欢乐镇江”十团百场基层文艺巡优秀整台节目		√		优秀
18	2011	宝堰古镇文化艺术团	团队	表演唱《车水号子》	镇江市群众文艺明星大赛群众文艺明星团队		√		明星团队
19	2011	新艺锡剧团	团队	锡剧《双推磨》	镇江市群众文艺明星大赛群众文艺明星团队		√		明星团队
20	2011	文化馆	表演唱	《车水号子》	镇江市2011老年艺术节		√		金奖
21	2011	赵建平	油画	《长山初雪》	“庆祝建党90周年”——‘五彩昆山·水墨玉峰’江苏省美术书法摄影作品大展银奖	√			银奖
22	2011	张孝才	摄影	《大别山小媳妇》	“庆祝建党90周年”——‘五彩昆山·水墨玉峰’江苏省美术书法摄影作品大展铜奖	√			铜奖
23	2011	丁建中	国画	《山乡处处皆入画》	“庆祝建党90周年”——‘五彩昆山·水墨玉峰’江苏省美术书法摄影作品大展入选	√			入选
24	2011	丁建中	国画	《长山人家》	镇江市“青山绿水新镇江”画展入选		√		入选
25	2011.7	张孝才	摄影		镇江市摄影界2009—2010年度摄影创作汇报展中获得最佳创作奖		√		最佳创作奖
26	2011.6	胡宇浩	少儿故事	《插班生妞妞》	第三届中国故事节全国红色故事会获得优秀表演奖	√			优秀表演奖
27	2011.5	文化馆	小品	《情系蝴蝶兰》	镇江市首届科普文艺作品创作一等奖		√		创作一等奖
28	2011.5	文化馆	小品	《情系蝴蝶兰》	镇江市首届科普文艺作品表演二等奖		√		表演二等奖
29	2011.5	文化馆	三句半	《夸》	镇江市首届科普文艺作品创作二等奖				创作二等奖
30	2011.5	文化馆	三句半	《夸》	镇江市首届科普文艺作品表演三等奖		√		表演三等奖

（狄　潇）

表28　**2011年丹徒区广播电视作品获奖情况**

序号	作品名称	作者	获奖情况
1	《粮食银行:保护农民利益不受损》	崔华东、宫晶晶、景玲	全国县级广播电视节目创优评析二等节目
2	《脱下军装我还是一个兵》	周文婧、詹硕超、蒋蕴生	全国县级广播电视节目创优评析三等节目
3	《庆祝建党九十周年》公益广告	朱穗鹰	省金鹿奖二等奖
4	《泥哨声声》	周文婧、詹硕超、耿哲、严伟俊	镇江市广播电视彩虹奖对外电视节目专题片一等奖

续表

序号	作品名称	作　者	获奖情况
5	《今日丹徒》	蒋蕴生	镇江市电视播音与主持作品奖播音新闻类二等奖
6	《粮食银行:保护农民利益不受损》	崔华东、宫晶晶、耿哲、赵越、景玲	镇江市电视新闻奖长消息二等奖
7	《脱下军装我还是一个兵》	周文婧、詹硕超、蒋蕴生	镇江市电视社教奖短纪录片二等奖
8	《赵传——一个用生命唱歌的人》	姜莉	镇江市广播播音与主持作品奖播音文艺类三等奖
9	《爱电影》	孔舒	镇江广播播音与主持作品奖播音社教类三等奖
10	《一人岛岛主陆小林》	宫晶晶、潘爱群	镇江广播新闻奖专题三等奖
11	《基本药物制度实施之后》	孔云峰、孔舒	镇江广播新闻奖长消息三等奖
12	《丹徒区推行粮食银行政策》	宫晶晶、潘爱群	镇江广播新闻奖短消息三等奖
13	《平常女人,"非常"创业》	纪倩雯、胡正文、孙一萍、蒋蕴生	镇江电视社教奖短纪录片三等奖
14	《gps定位:保护古树名木》	崔华东、宫晶晶、赵越、王秋琴	镇江电视新闻奖短消息三等奖

(狄　潇)

卫　生

【概况】 2011年,丹徒区有医疗卫生机构98个,其中区级医疗卫生机构10个,即区人民医院、中医院(中西医结合肾病医院)、区第三人民医院、疾病预防控制中心、卫生监督所、妇幼保健所、卫生进修学校、药品集中招标采购中心、合作医疗管理办公室、会计核算中心;镇级医疗机构(社区服务中心)10个,其中中心卫生院(谷阳、上党、宝堰、高资)4个、集镇卫生院6个。全区实有床位601张,卫生人员1108人,其中卫生技术人员1053人(执业医师436人,执业助理医师60人,注册护士448人,药师、士60人,技师、士49人)。卫生技术人员中,高级专业技术职务42人,中级专业技术职务370人,初级专业技术职务641人。卫生人员中,本科学历209人,大专学历326人,中专学历272人,高中及以下301人。每千人拥有床位2.14张、卫生技术人员3.95人。全区有标准化社区卫生服务站54个,乡村医生240人,用房建筑总面积5700平方米。全区个体诊所20家,人员36人。区、镇医院门急诊108万人次,比上年增长16%;住院病人1.31万人次,比上年增长8%;实际占用床日共计13.33万床日,比上年增长9%;业务总收入1.89亿元,比上年增长26%;实现可用资金3158万元,比上年增长24%,百元收入累积率为16.7%,人均业务收入15.3万元/人,比上年增长7%。3月,区卫生局党委被省卫生厅评为2010年度全省卫生系统先进基层党组织;12月,区卫生局被区委、区政府评为丹徒区跨越发展有功单位,获区党内廉政责任制考核第一名,获区工会工作考核第一名,获区妇联工作考核第一名;被区政府评为2011年安全生产先进单位,被区政协评为"2010～2011年度区提案承办先进单位",被区人大评为"2010～2011年度区人大议案承办先进单位"。　(陈国华)

【完善新型农村合作医疗制度】 2011年,丹徒区卫生局重新修订《丹徒区新型农村合作医疗参合人员转诊规定》,合理引导群众就医,促进"小病到社区、大病进医院、康复回社区"格局的形成。积极探索支付方式改革,对住院费用实行"总额控制、弹性结算",努力控制医疗费用的过度增长。全区农业人口参合率达99.8%,全年共有54.4万人次享受到补偿,比上年增长55.5%;个人享受补偿金额1万元以上的有330人,3万～4万元的有39人,超过4万元的有14人,最高补偿金额为14.6万元;全区住院实际补偿比为53%,比上年增长9%,有效缓解患病农民的医疗负担。

(陈国华)

【健全公共卫生服务体系】 2011年,丹徒区卫生局稳步推进居民健康签约建档工作,累计签约并建立纸质档案8.32万户、27.47万人,分别占市、区政府下达任务数的366%和137%,所有单位均完成目标任务,同时建立电子档案26.4万份。在国家家庭健康责任团队工作知晓率和满意度调查中,荣炳、江心、高桥、新城4个卫生院囊括全市前4名,全区综合满意度名列全市第一;积极推进重大妇幼卫生服务项目的落实,全区累计补助住院分娩产妇1139人,发放资金45.6万元,补助率100%,完成全年任务数的137.6%,为1667名应服用妇女发放叶酸,进行两癌筛查2.2万人;继续加强基层卫生设施建设,完成两个镇级卫生院基建改扩建工程并投入使用,区人民医院二期工程、中医院改造进入施工阶段,10兆光纤已连接到13个卫生院,健康档案系统已全部安装到位,购置服务器、电脑、打印机、交换机等设备;在全区推行基层医疗机构财务集中核算制度，加强基层医疗卫生单位综合改革，建立健全公共卫生服务体系，为更好地服务患者提供坚强的物质保证和优质的管理保证。

（陈国华）

【加快公立医院公益化改革】 2011年，丹徒区卫生局以丹徒医疗集团为平台，逐步建立公立医院与基层医疗卫生机构的分工协作机制，完善流动医院，将区二级医院的医疗技术优势和特色，与各乡镇卫生院的病员资源有机结合起来，使更多的城乡居民不出社区、不出乡村就能看病就医，方便就医并切实减轻就医负担。在全区医疗机构实行后勤社会化管理，集团除在物业、保安、餐饮、被服洗涤等方面集中管理外，还将消毒、物资采购、设备维护、医疗废弃物、环境绿化、交通、印刷等纳入集中管理范畴，促进工作效率的进一步提高。积极寻求股份制合作，集团成员之间通过各种方式实现互赢，以达到最终提高全区医疗机构整体医疗技术水平的目的；逐步实施药房托管，进一步提高经济效益，把更多实惠让利给患者。

（陈国华）

【落实国家基本药物制度】 2011年，丹徒区所有基层医疗机构继续稳步实施国家基本药物制度，12个镇卫生院、1个社区卫生服务中心、50个村卫生室和6个社区卫生服务站全部配备基本药物并零差率销售，共计销售药品金额3993万元，其中国家目录药品2458万元，省目录药品1535万元，与国家零售指导价相比平均降价幅度为46%，患者就医费用明显下降，月平均门诊就诊人次比上年同期增长15%。

（陈国华）

【加大重大疾病预防控制力度】 2011年，丹徒区卫生局深入开展血防各项工作：完成查螺面积2021.5万平方米，灭螺面积544.7万平方米，急性传染病发病率持续下降，全年共报告甲、乙、丙类传染病981例，比上年下降10.49%；全面推进艾滋病、性病和丙肝防治检测工作，实施“三位一体”结核病防治服务模式，加强结核病患者登记报告、治疗管理和疫情监测工作；强化儿童免疫规划管理，全年常规免疫接种率保持在95%以上；加大慢性病防治工作力度，推进高血压、糖尿病患者的规范化管理，完善35岁以上人群首诊测血压制度，建立慢性病自我管理小组12个，完成慢性病基线调查600人；加大职业完善监测，强化技术服务资质管理，区疾控中心通过省安监局资质复核；进一步加强公共卫生应急管理，完善公共卫生应急预案，加大应急物资储备，及时处置国家传染病自动监测预警系统的各类预警信息95条。

（陈国华）

【加强卫生监督执法能力建设】 2011年，丹徒区卫生局下发《丹徒区卫生系统法制宣传教育第六个五年规划》《丹徒区卫生局开展法治政府建设的实施方案》，大力开展法制宣传教育活动，推进卫生监督体制改革：实行卫生行政处罚案件约谈制度和卫生行政执法告诫实施办法，对10家单位进行约谈，对1家单位进行告诫；完成行政服务中心卫生局窗口与药品招标窗口资源整合，所有行政许可全部同步网上公示；加强对公共场所基础卫生设施的配备及公用物品消毒工作，推进公共场所卫生监督示范街区建设，推行卫生监督信息公示栏制度，建立公共场所电子档案，开展公共场所卫生监督抽查工作；实施卫生监督综合管理信息系统应用工程，提高卫生监督信息化建设水平。

（陈国华）

【全面提升医疗服务水平】 2011年，丹徒区卫生局全面提升医疗卫生服务水平：开展医务人员“三基”强化训练工作，组织医务人员“三基”理论考试2000人次；举办“医患沟通技巧、临床路径管理、病历书写规范”培训班或专题讲座6期，参训人员500余人次；安排6名院长、3名临床医生参加全省岗位培训和全科医师规范化培训；强化医护人员急救技能训练，开展“全区医疗急救技能大赛”；积极开展农村中医适宜技术推广与应用，规范开展卫生对口支援工作；认真开展医院感染管理专项督查活动，及时消除感染隐患；加强医疗机构人员、技术准入和执业管理，依照《医师定期考核管理办法》，对全区361名医师进行定期考核，对全区一、二级医疗机构二类以上医疗技术、超范围手术进行梳理，实行申报、审批、备案制度，确保医疗安全。（陈国华）

【党建和精神文明创建活动成绩显著】 2011年，丹徒区卫生局大力加强机关作风建设，建立和完善岗位责任、问责追究服务承诺、社会评议制度，优化卫生行政服务窗口工作，坚持不懈推进精神文明创建活动，重点抓好卫生行风建设，进一步加大医德医风考评制度的落实力度，取得党建和精神文明建设的显著成绩：8人获全市卫生系统优秀共产党员称号，谷阳卫生院护理组被评为市级“青年文明号”，2个支部被评为全市卫生系统先进基层党组织，2人被评为全市卫生系统优秀党务工作者。（陈国华）

社会生活

责任编校:钱若寅

民　　政

【概况】 2011年,镇江市丹徒区民政局(以下简称丹徒区民政局)紧紧围绕保障和改善民生、加强和创新社会管理,完成各项民政工作。困难群众生活保障水平持续提升;防灾减灾应急管理能力提升;城乡和谐社区创建初见成效;地名规划管理工作日趋规范;双拥创建打造丹徒品牌;退役士兵安置取得新成效;“慰烈工程”彰显丹徒特色;全区老龄事业快速发展;民政窗口服务水平持续提升;福利彩票销售新突破。区民政局被市民政局评为“先进集体”,社会组织科被省民政厅评为“全省社会组织管理创新先进单位”,上党镇被省民政厅评为“全省第九届村委会换届选举先进集体”,江心、荣炳敬老院被省民政厅评为“省级文明敬老院”,高桥民政办被市民政局评为“先进集体”,荣炳蒲圩村被省民政厅评为省级减灾示范社区;倪百连被省民政厅评为全省民政工作先进个人,张峰被省民政厅评为全省军休工作先进个人,彭学泉被省民政厅评为全省福利生产先进个人,林炳雷被市政府评为全市民族团结先进个人。

(倪　杰)

【困难群众生活保障水平持续提升】 2011年,丹徒区民政局制定《丹徒区举报违反城乡低保政策的奖励办法》,加强全区城乡低保障工作的管理和社会监督。7月,丹徒区提高城乡低保标准,将农村低保标准由原来每人每月250元提高到310元,城镇低保标准由原来每人每月410元提高到420元,比上年增长11%,根据“十二五”规划要求,2012年,全区将实现城乡低保标准一体化。认真履行低保审批职能,对低保实行动态管理。严格审批程序,全年新增城乡低保291户635人,取消低保户106户364人,按照低保补差要求,区级财政全年共下拨城乡低保金496.93万元,下拨重度残疾人员生活补助费412万余元。发放中央补助金89.03万元,发放物价补贴168万余元,解决全区3410户1.02万人的生活困难。

(李梅花)

【防灾减灾应急管理能力提升】 2011年,丹徒区遭受干旱、龙卷风、风雹等灾害,上半年降雨严重偏少,降雨量近60年来最小值,出现少有的秋冬春三季连旱局面,全区受灾人次达4.97万人次,农作物受灾面积达1438公顷,直接经济损失达568万元。为切实做好防汛抗旱救灾工作,第一时间启动预案,第一时间救灾人员到位,确保灾民应急救助工作及时、规范和有序进行。区民政局利用全国“防灾减灾日”和“国际减灾日”做好宣传工作,充分发挥减灾机构成员单位职能作用,举办系列“防灾减灾宣传活动”,在三山和石马两所中心小学开展防震演练,组织社会各界1000多人参加防震知识讲座,有效增强全社会防灾减灾意识,荣炳蒲圩村被省民政厅评为省级减灾示范社区。

(李梅花)

【全省率先实现基层灾害信息员全部持证上岗】 2011年,丹徒区民政局将防灾减灾作为全局性的常规工作,将基层灾害信息员职业资格技能培训暨考核鉴定列入今年度重点工作任务指标,制定切实可行的培训方案。4月27～28日,省民政厅救灾救济处统一组织举办灾害信息员培训班,培训全区10个镇(园区)106名基层灾害信息员,统一集中接受职业技能及职业资格鉴定方面的专业培训,经考核全部获得民政部颁发的灾害信息员5级资格证书,在全省率先实现基层灾害信息员队伍全部持证上岗。

(李梅花)

【“五保”供养标准实行自然增长机制】 2011年,丹徒区民政局会同区财政局根据国务院《农村“五保”供养条例》规定和省市关于建立农村“五保”标准自然增长机制要求,制定《丹徒区农村“五保”供养标准自然增长机制》,明确当年农村“五保”供养标准为上年度全市农民人均纯收入的35%～45%。7月1日,全区“五保”供养标准执行新的供养标准,集中供养人员供养标准提高到每人每年4500元,分散供养人员供养标准提高到每人每年3500元。目前,全区“五保”供养已达省定标准,实现“五保”供养标准自然增长机制的制度化、长效化管理。

(李梅花)

【城乡社区建设初见成效】 2011年,市政府下达丹徒区的目标任务是完成1个城市社区和2个农村社区市级和谐示范社区的创建任务。区民政局按照60%的达标面作任务分解,通过召开专题会议部署、逐镇(园区)业务辅导、专项督查、培训等形式,推进各镇园区和谐社区的创建工作。宜城街道办事处挂牌成立后，开展驸马山庄社区居委会市级和谐示范社区创建基础工作，社区居委会班子成员初步调整到位，办公服务场所硬件设施基本配套到位。完成各镇(园区)创建工作的专项检查和业务辅导，世业镇世业村和谷阳镇湖滨村和谐示范社区的创建工作取得初步成效。确保创建年度工作目标任务的完成。

(倪百连)

【启动地名规划及地名普查完善工作】 2011年，丹徒区民政局与南京师范大学地理科学院签订《丹徒新城地名规划编制协议》，完成各种资料收集、实地调研等工作。按照省市要求全面启动第二次地名普查完善工作，年末，基本完成普查地图绘制和相关电脑资料录入工作。

(倪百连)

【社会事务专项管理日趋规范】 2011年，丹徒区进一步强化平安边界创建工作力度，全区3颗市际界桩和13颗县际界桩分别与相关镇(园区)签订界线界桩维护管理协议，健全和完善责任机制和评价考核机制。按照省市文件规定，全区实施免除9类对象基本丧葬服务费的民生工程，年内，全区享受此项惠民政策对象115人，共减免丧葬费用13万余元。发放9名孤儿基本生活保障经费。 (丁祺雯)

【新增社团、民非企业8家】 2011年，丹徒区新增社团4家、民非4家，注销社团1家，法人变更4家，到期换证15家，社团应检85家，民非应检17家，年末，全面完成年检工作，年检率100%。

(彭学泉)

【婚姻登记】 2011年，丹徒区民政局调整完善婚姻登记场所硬件设施，规范服务程序和相关工作制度。全年，共办理结婚2776对、离婚444对、补办354对、补离2对、未婚证明722份，婚姻登记合格率达100%。 (朱跃菊)

【社会福利中心完成交接并正式启用】 2011年9月16日，冠城国际捐建的丹徒区社会福利中心完成交接并正式启用。新增养老床位160张，完成省政府下达的区级示范性福利机构建设任务。市政府副市长曹当凌、省民政厅副厅长凌航、省民政厅社会福利处处长朱龙英、市政府副秘书长赵志新、市民政局局长汤才顺、市民政局副局长吴当、丹徒区委书记丁憬、区长陈琳、副区长徐新祥、上海冠城集团董事长仇明芳、副总裁王露苹、市民政局社会福利处处长徐凯、区民政局局长单红等参加捐赠仪式。区社会福利中心的落成并正式启用，标志着丹徒区社会福利和社会保障事业迈上新的台阶。 (张玉龙)

【福彩销售1683万元】 2011年，丹徒区福利彩票发展形势良好，电脑彩票、刮刮乐均创历史新高，快3投注全面启动，全区48个投注站，电脑彩票月最高销售达163万元，周最高销量和单日最高销量分别突破35万元和15万元。全年共销售福利彩票1683万元，比上年增长32%，筹集公益金达168万元。

(陆　波)

【退役士兵安置取得新成效】 2011年，丹徒区民政局采取财政兜底、司法公证、集中兑付的办法，对全区117名退役士兵、复原、转业士官分两批实施城乡货币一体化安置。整理审核全区735名(含59岁105人)符合享受60岁以上农村籍退伍义务兵老年生活补助的资料，报省民政厅审批，扩大全区优抚对象抚恤补助覆盖面。

(朱建忠)

【"慰烈工程"彰显丹徒特色】 2011年，丹徒区民政局采取以镇为单位，区政府补贴基础建设费用，对全区所有烈士实行集中安葬。各镇(园区)在原有的基础上，改建或划地重建，全面启动镇建烈士陵园。上半年在辛丰镇召开"慰烈工程"现场会，对各镇(园区)散葬烈士墓进行全面合理规划。年末，全区除江心、世业没有完成烈士陵园建设外，其他各镇(园区)都建立了小型烈士陵园，市民政局专门组织全市各辖市区到丹徒召开现场会，受到上级的高度评价。 (凌　云)

老龄工作

【老年人社会优待和保障工作】 2011年春节期间，丹徒区镇两级党政领导逐户走访慰问九位百岁老人，对百余名80岁以上高龄老人，140余户"五保"老人发放慰问金和慰问品达2万余元；区民政局拟定《关于加快我区老龄事业发展的意见》，报区政府审阅；重阳节前完成符合条件的9623名老年人尊老金发放工作，共发放尊老金643.95万元，80～89岁的老年人尊老金由去年每人每年200元提高到600元，90岁以上老年人尊老金由原来每人每年600元提高到1200元，100岁以上高龄老人除原来每人每月300元长寿补贴外，另外一次性补贴1200元。 (赵　敏)

【再建居家养老服务中心21家】 2011年，丹徒区城乡社区居家养老服务中心建设，在去年建设的9家居家养老服务中心(站)基础上，再建居家养老服务中心(站)21家，城镇社区居家养老服务中心完成80%覆盖任务，农村社区居家养老服务中心完成30%以上覆盖任务，10月上旬，区黄墟居家养老示范点，顺利通过省级居家养老示范点免检验收。基本达到"六有"(有完善的组织机构、有专职的服务人员、有集中的服务场所、有必备的服务条件、有严格的管理制度、有统一的名称标识)目标，初步具有"信息服务、生活照料、医疗康复、文体健身、组织协调、紧急救助"等六项功能。

(彭学泉)

表 29　　2011年丹徒区百岁老人名单

姓　名	性　别	出生年月	家庭住址
周启顺	男	1912.09.07	丹徒区辛丰镇东彪村周一组
殷　政	男	1912.08.13	丹徒区辛丰镇黄墟村
黄桂英	女	1912.12.03	丹徒区高资镇徐湾村175号
贡小青	女	1911.01.23	宝堰镇渡头路77号
凌秀英	女	1912.05.03	宝堰镇前隍北89号
印红玉	女	1906.05.27	安丰村印小圩39号
严希魁	男	1910.07.31	四方桥村严家庄42号
吴陆氏	女	1911.09.30	康太村康家湾40号
赵宝珍	女	1912.04.04	康太村庠门圩103号
吴二子	女	1912.11.08	京江村亨字圩67号
夏月英	女	1912.06.26	上党镇上会毛家榨66号

民族·宗教

【概况】 2011年，丹徒区有26个少数民族，682人，有世业镇卫星民族村1个，宗教有佛教、道教、基督教。依法登记的宗教活动场所29个，其中佛教活动场所15个，道教场所6个，基督教堂点8个，有佛教协会、道教协会、基督教三自爱国运动委员会3个爱国宗教团体。宗教教职人员75人，其中比丘24人，沙弥16人，尼7人，沙弥尼1人，道士6人，长老1人，传道员20人。佛道教信徒5万余人，基督教信徒1343人。镇江市丹徒区民族宗教事务局(以下简称丹徒区民宗局)共有区政协委员8人，市人大代表1人，区青年联合会委员3人。区民宗局以党的十七届五中、六中全会精神，以邓小平理论和“三个代表”重要思想为指导，深入贯彻落实科学发展观，坚持党的宗教工作基本方针，依法加强民族宗教事务管理，维护全区民族团结和社会稳定。8月，世业卫星村党支部书记贡杰获省政府民族团结先进个人，10月，区交通局、世业卫星村获镇江市民族团结先进集体，林炳雷、赵玉华、王柏萍等获镇江市民族团结先进个人。12月，区民宗局获2010～2011年度丹徒区社会治安综合治理先进集体和法治丹徒建设工作先进单位。　　(于德宝)

【做好国庆节期间维稳工作】 2011年国庆节前，丹徒区民宗局召开各镇宣传统战委员(民宗助理)会议和各宗教活动场所负责人会议，进行动员发动，全面部署国庆期间民宗领域稳定工作任务，开展矛盾纠纷排查，制订矛盾纠纷排查调处工作方案并落实。及时把握纠纷动态，通过走访基层、召开会议等形式了解全区民宗领域的不稳定因素，全面掌握各镇、各场所各类矛盾纠纷苗头隐患，并记录在案。针对三茅宫债务矛盾、古香山寺管理矛盾、圆通寺房屋产权矛盾等重点矛盾，集中精力召开协调会，推进矛盾的调处，确保国庆期间民宗领域的稳定。　　(于德宝)

【举办消防知识培训班】 2011年9月，丹徒区民宗局在大圣寺举行消防安全知识培训班。全区宣传统战委员(民宗助理)、宗教活动场所负责人40人参加培训。培训班邀请区消防大队中队长王鑫金讲课。王鑫金以火灾案例形式分析当前火灾的频发性和灾害性，重点讲解了寺庙道观等古建筑火灾发生的原因、危害、防火灭火常识、逃生技巧、常用灭火器的性能、原理和使用方法等，提高了消防安全防范意识及自救能力。　　(于德宝)

【整治宗教“二乱”现象】 2011年，丹徒区一些地方宗教出现“二乱”(乱建寺庙和露天宗教造像)现象，影响宗教界的合法权益，也引起社会公众的不满。区民宗局采取“四措施”整治宗教“二乱”现象。一是加强党的宗教政策和有关法律法规学习宣传。通过印发《宗教事务条例》《江苏省宗教事务条例》《土地管理法》等宣传册子对党员干部和基层群众进行宣传教育，使基层组织和干部群众自觉抵制和制止宗教“二乱”现象。加强对宗教团体、教职人员和场所负责人的思想教育，使他们不参与“二乱”活动。二是加强执法队伍建设，全面落实宗教工作责任制。要求各镇村健全宗教执法队伍，整合各部门执法力量，对“二乱”现象进行综合治理，发现一处，制止一处，查处一处，清理一处。三是强化监督检查。加强对登记宗教活动场所的规范化管理，既是吸引未经登记宗教活动场所人员的有效方法，也可避免社会上一些人员借宗教之名敛财或建庙等行为的发生，保证宗教“二乱”的长治久安。

四是周密部署，实施宗教“二乱”整治方案。发挥镇、村组织的政治优势和宗教团体联系面广、信教群众多的特点，分级做好未经登记宗教活动场所骨干的思想工作，并从社会公共资源进行依法限制。 （于德宝）

【做好“民族团结和谐小康村”创建工作】 2011年，丹徒卫星民族村积极迎合世业国家级旅游度假区发展，对全村进行亮化、绿化、美化，为少数民族村民打造整洁优美的村容和良好的生态环境。一是对房屋、道路“亮化”，对全村房屋进行亮化涂白，使房屋亮白如新，整齐划一。该村将在“十二五”期间，投资120万元，实现路灯通达工程全覆盖，所有支路建设，主干道、支干道的路灯通达，部分路段绿化区亮化。二是对全村边角“绿化”，民族村投入120万元，对全村道路边、河道旁、集体废耕地、村文化广场、办公楼周边等进行绿化，拆除、清理旧厕所、猪圈、鸡舍70余处，房前房后种植各类花木，既美化环境又促进村民增收。三是建立“美化”环境长效管理机制，组建垃圾清理队，设保洁员7名，将露天垃圾池全部换成垃圾桶，定人、定片、定时清理。在全村开展垃圾百日清理活动，打造一流人居环境。 （于德宝）

【做好宗教活动场所消防安全工作】 2011年，丹徒区民宗局做好宗教活动场所的消防安全工作。一是自查，宗教团体组织相关人员严格按照《关于进一步加强宗教活动场所消防安全工作的通知》进行自查，及时消除隐患，对照自查结果提出整改措施。二是督查，各镇组织有关部门技术人员对属地管理的宗教活动场所进行跟踪督查，整改到位。三是抽查，区民宗局牵头消防、住建等部门对部分场所进行重点抽查，寺院大圣寺邀请谏壁消防中队对寺院内殿堂及安养院200多名居士所住房间逐一检查，更换消防器材和药品，对存在安全隐患的下发《消防安全整改通知书》，限期整改到位，并逐一复查。四是完善制度措施，区民宗局进一步完善消防安全措施，明确责任人，落实责任制。共消除安全隐患7处，下达消防安全整改通知书10份，对2处年久失修的殿堂通知停用，并要求上半年完成修缮。 （于德宝）

【办理民宗领域提案议案4件】 2011年，丹徒区民宗局成立提案议案办理工作班子，邀请区人大、区政府办、区政协提案委员会和相关单位负责人就代表、委员提出的意见和建议，征求意见，协调办理，争取做到件件有落实，办理答复让代表、委员满意。全年，共办理民族宗教领域提案议案4件，办理答复满意率100%。在议案办理中涉及土地使用权问题时，区民宗局多次同区国土等相关部门协调，从有限的土地使用中争取指标，申请2.67公顷土地完成报批手续，解决3家宗教场所无土地使用权问题。 （于德宝）

【区领导视察基督教宣德堂】 2011年12月21日，丹徒区政府副区长、区民宗领导小组副组长徐新祥一行视察了位于丹徒新城九华山路的市基督教宣德堂。市基督教两会会长、牧师尹素华详细介绍了宣德堂的筹建情况和平安夜感恩聚会方案。徐新祥实地察看聚会场所，询问平安夜活动的安全、保卫、后勤人员等保障情况，了解丹徒区基督教各活动点平安夜活动的安排。徐新祥要求，区民宗局、区公安局、宜城街道及各镇要统筹协调安排好基督教平安夜聚会的各项工作，确保安全、稳定、和谐开展。（于德宝）

【莫宗通在卫星民族村调研】 2011年8月21～25日，省民委主任、宗教局局长莫宗通在丹徒区世业镇卫星民族村调研。莫宗通吃、住在农户家中，深入多家农户了解情况，参加田间地头劳动，用不同的形式对民族村环境整治、社会保障、公共设施、村容村貌、发展成果、群众生活变化、两委会战斗力、凝聚力和少数民族生产发展等情况进行调研。 （于德宝）

【王在郑视察卫星民族村】 2011年8月17日，省民委副主任王在郑一行视察丹徒区世业镇经济发展，对社会稳定、民族团结进步等工作给予充分肯定。市民宗局局长夏和生、区民宗局负责人陪同视察。 （于德宝）

关心下一代工作

【概况】 2011年，镇江市丹徒区关心下一代工作委员会（以下简称丹徒区关工委）认真学习贯彻党的十七届五中、六中全会精神，用科学发展观统领全局，对青少年大力开展思想道德教育和各种关爱活动。“学党史，颂党恩，跟党走”主题教育活动蓬勃开展效果良好；创建关工委“五有五好”标兵村活动再创佳绩；校外辅导站建设迈上新台阶；帮助青年农民“学科技奔小康”活动取得新进展；为青少年办好事做实事成效显著；各级关工委自身建设进一步加强。1月，上党镇其一村中心校外辅导站，在市委宣传部、市文明办、市报业集团、市文广集团、市总工会、团市委、市妇联联合举办的镇江市第三届“大爱之星”评选活动中，被评为镇江市第三届“大爱之星”群体；6月，区关工委主任姚瑞宽被中共镇江市委组织部、老干部局评为全市“四好”离退休干部党员；被中共江苏省委组织部、省委老干部局评为全省“四好”离退休干部党员；10月，高资镇关工委、辛丰镇关工委被省文明办、省关工委评为先进集体；荣炳盐资源区关工委常务副主任杨锁荣、上党镇关工委副主任袁桂荣、谷阳镇常务副主任邵福泰、江心生态农业园区关工委常务副主任何成云被江苏省文明办、省关工委评为全省关心下一代先进工作者。 （卞美岗）

【开展“学党史、颂党恩、跟党走”主题教育活动】 2011年，丹徒区关工委以“学党史，颂党恩，跟党走”为主题，对青少年进行思想道德教育，认真制定工作计划，精心安排教育活动。开展主题教育宣讲317场，编写讲稿252篇，“五老”宣讲员252人，听讲中小学生和村民1.93万多人次。举办故事会136场，参加听讲人数8600多人。举办党史知识测试112场，参加测试的学生4292人。举办红歌演唱会、诗歌朗诵会和文艺演出204场，参加人数1.8万多人。举办主题教育夏令营65期，参加人数6500多人，参加夏令营的“五老”人员920多人。组织主题教育实践体验活动246次，参加活动的中小学生1万多人次。举办主题教育图片展、黑板报、墙报、橱窗展220多期，观看人数2万余人。

（卞美岗）

【举办“颂歌献给党、当好接班人”读书征文活动】 2011，丹徒区关工委和区文明办、区教育局、团区委联合举办“颂歌献给党，当好接班人”读书征文竞赛活动，收到征文258篇，评出小学组一等奖3名，二等奖8名，三等奖15名；评出初中组一等奖3名，二等奖8名，三等奖15名；评出高中组一等奖2名，二等奖4名，三等奖5名。区教育局关工委根据教育部关工委《关于举办全国青少年五好小公民主题教育“光辉的旗帜”读书征文活动的通知》精神，在学校进行广泛发动，全区学生订购《光辉的旗帜》读本1.02万本，近4万名学生参加读书活动。收到征文4943篇，遴选出121篇报送参评。经教育部关工委评选，区教育局获全国先进集体奖；大港中学、高资中心小学获全国示范学校荣誉称号；荣炳中学朱莉平获征文特等奖，王恬等16位同学获征文一等奖。

（卞美岗）

【新创建关工委“五有五好”标兵村9个】 2011年，丹徒区关工委继续狠抓“五有五好”（有组织网络，组织班子建设好；有“五老”队伍，骨干作用发挥好；有活动阵地，常年活动效果好；有制度台账，各项制度执行好；有开拓精神，积极探索创新好）标兵村创建工作。经检查验收，上党镇东沛村和合偶村、宝堰镇前隍村、谷阳镇谷阳村、宜城街道光明村、辛丰镇下方村、高资街道石马村、世业镇东大坝村、江心生态农业园区五墩村等9个村被授予关工委“五有五好”标兵村。年末，全区共建成关工委“五有五好”标兵村59个，占全区总村数的66.2%。通过创建，村级关工委班子得到加强，组织网络进一步健全，“五老”队伍进一步壮大，活动阵地得到改善，制度台账更加规范，创新精神得到发扬，为今后进一步做好关工委工作夯实了基础，创造了条件。

（卞美岗）

【提升校外辅导站办站质量】 2011年，丹徒区已建立各种类型的校外辅导站325个，其中村中心校外辅导站89个，自然村分辅导站178个，家庭和兴趣辅导站59个。辅导员1610人，辅导学生1.2万多人。区关工委注重校外辅导站的办站质量，切实加强校外辅导站建设，各辅导站基本做到全年有辅导计划，月月有辅导安排，每周有辅导活动，实现定时定点、有计划、按制度地开展辅导活动。各村中心校外辅导站全年辅导活动达到80天（次）以上，有的达到100天以上；自然村分辅导站一般在70天以上，90%以上的村中心辅导站和自然村分辅导站都有独立的校外辅导室，有桌椅板凳和活动器材。区关工委将上党镇其一村中心校外辅导站选定为区关工委实验辅导站，各镇（园区）确定一个村作为实验辅导站，召开现场观摩会或推进会，以点促面，有效地促进了校外辅导质量的提升。

（卞美岗）

【开展帮助青年农民“学科技奔小康”活动】 2011年，丹徒区关工委积极开展帮助青年农民“学科技，奔小康”活动，健全组织网络，建立老科技工作者人才库，建立科技实验基地和联系点，广泛开展服务活动。全区10个镇（园区）关工委全部建立了4～5人的科技服务组，全区89个行政村、社区全部建立了5～7人的科技服务队。建立镇（园区）科技实验基地18个，建立村科技实验基地170多个。镇（园区）、村关工委建立老科技工作者和农户结对联系点170多个。举办农业科技讲座38场，参加听讲的青年农民450多人次。举办各类培训班15期，参加培训的青年农民380多人。咨询服务2500多人次，上门服务500多次。

（卞美岗）

【为青少年办好事做实事】 2011年，丹徒区“五老”人员筹资70多万元，其中老同志捐款7万多元，资助贫困生近700人，资助金额65万多元，全区没有一个因家庭贫困而失学辍学的学生。镇（园区）、村关工委开展法制教育260多场，接受教育青少年达2万人次。现有帮教对象67名，有帮教小组67个，参加帮教的老同志242人。结对帮扶偏差生184人。加强网吧监督工作，全区现有营业性网吧27个，电子游戏机室11个，关工委“五老”义务监督员131人。杜绝了未成年人进网吧现象。老同志配合文化、工商、公安等部门取缔“黑网吧”，没收有关器材。镇（园区）、村老同志在对青少年进行思想道德教育和多种关爱活动的同时，积极协助村干部调解邻里矛盾，化解家庭纠纷，全年调解矛盾纠纷320多起。各村关工委老少文艺宣传队平时自娱自乐，逢年过节开展文艺演出，深受群众欢迎，有效地促进了农村精神文明建设和村风民风的好转。

（卞美岗）

镇·街道·园区

责任编校：王雪松

高桥镇

【概况】 高桥镇位于镇江市区东北部，坐落在长江北岸，三面环江，东濒长江与扬中市新坝镇遥望，南与镇江新区大港港口隔江相望，西临长江与江心生态农业园区毗邻，北与扬州市邗江区连接。镇域面积40.2平方公里，其中陆域面积29平方公里，耕地1279公顷，集镇面积0.9平方公里，辖6个行政村、1个居委会。2011年末总户数7374户，总人口19974人，人口出生率4.36‰，死亡率8.73‰，人口净增率－4.36‰，计划生育率100%。

综合经济指标 地区生产总值8.13亿元，比上年增长19.1%，其中：农业增加值7260万元，第二产业增加值4.9965亿元，第三产业增加值2.41亿元。全口径财政收入5840万元，完成财政一般预算收入3011万元，比上年增长46.88%，财政支出2911万元。

农业 农业总产值1.57亿元。粮食总产1.54万吨，油料总产412吨，蔬菜总产7800吨，水产品总产1396吨，果品总产451吨，出栏生猪3600头、羊1060只、家禽6.1万羽。大力推进农村土地流转，新增特种水产养殖面积347公顷。水利、农田基础建设投入570万元，改造农桥4座，建成二支半和六支半砂石路4.7千米，实施农田改造200公顷，新修农田排灌渠道1000米，疏浚河道8条37千米。

工业 全镇现有工业企业359个，职工总数9635人。2011年，完成全社会固定资产投资5.8亿元，其中规模以上固定资产投资4.6亿元，规模以上工业投资3.75亿元，同比分别增长26%、35.5%和33.6%；完成定报工业产值22.07亿元，销售21.45亿元，利税1.81亿元，分别比上年增长32.8%、33.2%和35%；实到外资650万美元；完成高新技术产值17.4亿元，吸纳民资4.62亿元，净增私营企业12家，净增个体户122家，净增个私注册资本6.52亿元，新增定报企业2家。

集镇建设 推进港区和新市镇建设规划编制工作，2011年11月份，镇江港高桥港区规划编制完成，上报交通部待批，新市镇建设规划初稿编制工作基本完成。年内，科技创业孵化基地二期工程顺利竣工，新增标准厂房1万平方米；2.1千米的纬二路东延工程顺利竣工；规划建筑面积1万平方米的卫生院易地新建工程、规划建筑面积2万平方米的梧桐苑安置小区建设工程按期开工建设；绿化投入近300万元，新增绿化面积5万平方米；程控电话8150门，其中当年新装电话58门，电话普及率98%；有线电视用户4490户。

科技与社会事业 全镇科技人员345人，其中初级技术职称265人、中高级技术职称75人。有中学1所、小学1所、幼儿园1所，教职工120人，在校中学生381人、小学生585人。有卫生院1个，病床43张，医卫人员65人。文体活动中心1个。自来水普及率99%。全镇村村通公路。参加农村社会养老保险7950人，参加新型农村合作医疗保险12512人。各项储蓄存款余额4.5亿元。

人民生活 农民人均年收入11864元，单位职工年平均工资21678元。农民人均住房40平方米，集镇居民人均住房48平方米。人均储蓄22098元。

（孔庆峰 陈 云）

【项目建设取得显著成绩】 年内，总投资5000万元的振兴船用钢结构项目、总投资6000万元的永庆海洋工程项目顺利进场施工，按期完成场地平整和土建基础工程；投资3000万元的润丰钢结构扩能项目顺利竣工，场地和生产设施的扩建全部完成；高海药业项目完成投入2500万元，附属设施建设和设备安装调试全部到位，基本具备生产条件；总投资5000万元的恒源木业扩能项目顺利进场施工。全镇全年完成固定资产投资5.8亿元，其中规模以上固定资产投资4.6亿元，规模工业投资3.75亿元，同比分别增长26%、35.5%和33.6%。

（孔庆峰）

【完成科技创业孵化基地二期工程】 2011年，高桥镇市政投资建设有限公司和科技创业服务中心积极开展投融资，加快推进标准厂房建设。年内，科技创业孵化基地二期工程顺利竣工，实际投入2000多万元，建成标准厂房1万平方米，科技创业园标准厂房总面积达5万平方米。 （孔庆峰）

【创成市级万亩规模高效农业园】 2011年，高桥镇党委、政府进一步完善万亩规模高效园建设规划，积极推进农村土地流转，大力发展特种水产养殖业。年内，新增土地流转面积160公顷，全镇特种水产养殖面积近534公顷，并按照“成片、连线”的要求，累计投入3000余万元，完成养殖区水、电、路、涵、闸、桥等配套建设。青虾、扣蟹、成蟹等养殖项目收益良好。11月，顺利通过市级验收，创成市级万亩规模高效农业园。

（孔庆峰）

【实施卫生院易地新建工程】 2011年6月，高桥镇党委、政府按期完成征地、交地工作，9月底，报建审批等前期工作相继完成，10月份，工程按期进场施工，年内桩基工程竣工。新卫生院建筑面积1万平方米，占地1公顷。（孔庆峰）

【财政一般预算收入首次突破3000万元】 2011年，高桥镇党委、政府针对全镇34家规模骨干企业，分别安排党政领导挂钩联系，协调企业按时申报、主动按行业税负纳税，同时协调税务部门定期评估，加强稽查；针对零散经营户，安排村干部和税管员分组包片，上门服务，代征代缴；针对区外贸易和运输企业，落实党政领导和有关部门主动联系，全程帮办，争取他们到高桥登记注册，长期经营纳税。全年完成财政一般预算收入3011万元，比上年增长46.86%，其中国税一般预算收入1197.2万元，比上年增长38.4%，地税一般预算收入1757.94万元，比上年增长48.36%。

（孔庆峰）

表30 2011年高桥镇村(居)民委员会情况

名称	组数(个)	户数(户)	人口(人)	耕地(公顷)	党组织书记	村(居)委会主任
安丰村	9	980	2861	2866	韦建明	韦建明
高桥村	28	1024	2749	2826.3	王　林	王　林
康泰村	13	820	2135	1854.7	陈让林	陈让林
京江村	38	1298	3855	4212.1	朱正玉	王　胜
四方桥村	25	1215	3639	3968.4	周光辉	薛　军
镇扬村	36	1031	3145	3232.5	周光亮	朱信安
居委会	—	1052	1820	—	王忠林	王忠林

（孔庆峰　陈　云）

表31 2011年高桥镇骨干企业情况

企业名称	产值(万元)	销售收入(万元)	利税(万元)	从业人数	厂长(经理)	党支部书记
正军电器有限公司	2610	2504	210	75	邱荣珍	邱荣珍
吉盛皮业有限公司	2150	2264	150	145	夏长胜	夏长胜
英格华杰皮业有限公司	2900	2921	195	205	唐　杰	苏正华
爱可信皮业有限公司	3464	3464	140	90	冷罗网	—
扬子船业有限公司	3488	3326	280	108	赵玉华	—
旺达鞋业有限公司	2028	2040	85	116	陶　香	—
润丰钢结构有限公司	2797	2797	180	108	朱德宏	—
新威电子有限公司	3420	3340	115	145	孙立新	—
百清服饰皮业有限公司	2009	2009	135	160	蔡子荣	—
高桥机械铸造厂	4240	4511	270	142	严朝福	—
维达斯裘革鞋业有限公司	8256	8539	538	462	陈德喜	陈德喜
镇江安丰船业有限公司	7117	6875	642	156	袁德明	—
宏联电工有限公司	7004	6589	325	392	徐　敏	徐　瑛
万发化纤有限公司	164486	158827	14524	680	郑廷杰	郭明琛

续表

企业名称	产值（万元）	销售收入（万元）	利税（万元）	从业人数	厂长(经理)	党支部书记
镇江佳信皮业有限公司	2081	2058	285	118	邱荣珍	邱荣珍
永乐鞋业有限公司	2715	2715	194	135	吴法勇	朱霞萍
新凯皮业有限公司	950	950	90	90	朱令雄	殷宜祥
阳光轴承有限公司	1250	1200	140	95	吴以荣	周　菁
恒源木业有限公司	2000	1850	150	60	束国源	束国源
鹏翔皮业有限公司	2000	1900	100	70	徐礼静	陆德华
建华轴承有限公司	1550	1400	120	75	夏建明	夏建明
鑫旺铸造有限公司	850	720	90	60	严厚丽	—
高冠医疗器械有限公司	1030	950	80	65	陆廷舰	陆廷舰
新盛皮业有限公司	1000	950	70	105	朱国生	—
镇江兴发铸造有限公司	1000	900	100	70	严朝弟	—
旋光生化有限公司	1200	1100	120	55	李　忠	—
八达鞋业有限公司	1000	900	90	50	殷敦球	—
永信裘皮有限公司	800	730	80	60	严朝华	—
威尔克皮业有限公司	2000	1900	210	65	魏宏俊	—
龙翔铸造有限公司	1500	1400	120	60	严朝龙	—
东鑫汽车配件有限公司	1000	900	80	53	王正奇	—
润源针织品有限公司	1800	1700	125	70	顾纲峰	—
天浩金属制品有限公司	1500	1400	130	62	吴　祥	—
高桥顺兴模具厂	1200	1100	100	60	卞志顺	—

（孔庆峰　陈　云）

辛丰镇

【概况】 辛丰镇位于丹徒区东南部，东临京口区丁岗镇，南与丹阳市经济开发区接壤，西与谷阳镇相邻，北与京口区谏壁镇相连。区域面积74.9平方公里，其中耕地面积2700公顷，集镇面积5.5平方公里，辖村民委员会15个、居委会1个，年末总人口49087人(其中男24284人，女24803人)，总户数15886户，有少数民族6个、计36人。人口出生率6.8‰，人口死亡率5.49‰，人口净增率1.31‰，计划生育率100%。

综合经济指标　地区生产总值31.57亿元，比上年增长18.4%。其中，一产增加值1.24亿元，二产增加值22.71亿元，三产增加值7.61亿元。全口径财政收入2.19亿元。

农业　农业总产值3.7026亿元。粮食总产2.99万吨，油料总产811吨，蔬菜总产4305吨，水产品总产631吨，出栏生猪1.04万头、家禽356.2万羽。水利、农田基础建设投入1000万元，清淤和改造塘坝5座，完成马迹水库除险加固和8.9平方千米的民治沟小流域治理工程。

工业　全镇工业企业530个，工业总产值132.24亿元，工业销售值124.69亿元，实现利润3.08亿元，利税7.34亿元。年销售额2000万元以上的企业62个，职工10783人，实现利税6.83亿元。民营企业487个，年产值125.13亿元。个体工商户636户，从业人员1.20万人。外贸出口企业22个，出口产品交货额8.69亿元。外贸投资企业26个，实际利用外资1460万美元。

集镇建设　投入1.95亿元，新增建筑面积18.5万平方米，新增标准厂房15万平方米，新建和改造农村道路4.9千米。年邮政业务28万元；程控电话1.62万门，新装电话103门，电话普及率100%；新增数字电视用户5900户，自来水普及率98%。

科技与社会事业　全镇科技人员1103人，获初级职称514人，中级职称479人，高级职称110人，年内申报省市区科技项目10项。有中学2所、小学3所、幼儿园3所、教职工 308 人，在校中学生 1345 人，小学生 2280 人。丹徒区第三人民医院和黄墟中心卫生院共有病床 100 张、医卫人员 82 人。有村文体活动中心 8 个、剧院 2 个。完成改厕 14346 户。全镇农村社会养老保险 1.79 万人，参加新型农村合作医疗 3382 人，各项储蓄存款余额 7.59 亿元。

人民生活 农民人均年收入 13985 元，职工人均年收入 2.54 万元(工业)。农村人均住房 49.17 平方米，集镇居民人均住房 35.25 平方米。人均储蓄 14680 元。

(姜国平 张 栋)

【项目建设成果丰硕】 全年实施 5000 万元以上项目 21 个，其中亿元以上项目 15 个，已签约项目 20 个，签订意向协议项目 1 个，正式开工 12 个，竣工 1 个，开竣工率 61.9%。实到外资 1460 万美元，基本完成全年目标任务。总投资 18.8 亿元的五星级区域养老中心项目、总投资 10 亿元的毓龙湾国际度假村项目、总投资 10 亿元的金属制品市场项目、总投资 5.2 亿元的希西维精密滑动轴承生产项目、总投资 1.5 亿元的凯力德一期项目正在全力建设。外资项目大洋玻璃按期建设完工并投产达效。

(姜国平 张 栋)

【高科技型企业矿用救生舱落户辛丰】 2011 年 7 月，由江苏凯力德科技有限公司投资、引进加拿大生产技术、以生产高新技术矿用救生舱为主的新兴产业项目落户辛丰镇。该项目总投资 3 亿元，占地 10 公顷，项目一期将于 2012 年 6 月底建成，建成投产后可形成 5 亿元以上的工业销售。

(姜国平 张 栋)

【辛丰实现城乡公交对接】 2011 年 12 月 25 日，由镇江市区迎江桥和城铁镇江站开往辛丰的 K203 路、K206 路公交开始试运营。两条公交线路覆盖了该镇的主要街道和行政村。K203 路公交车在该镇设有 10 个站台，K206 路公交车在该镇设有 18 个站台。两条线路发车时间间隔 15～20 分钟。公交车的开通，极大方便该镇人民的出行，实现城乡公交一体化的目标。

(姜国平 张 栋)

【大运河"四改三"辛丰集镇段工程全面启动】 2011 年 11 月，苏南运河"四改三"丹徒辛丰集镇段工程启动，该工程总投资 1 亿元，全长 2.181 千米，涉及拆迁 47 户、1.36 万平方米，预计 2013 年底竣工。工程竣工后，将进一步提升内河航道的服务能力，实现水运现代化。

(姜国平 张 栋)

【辛丰荣获镇江市跨越发展有功单位称号】 2011 年，该镇以"转型提升、发展提速"为目标，以抓发展、保民生、保稳定为重点，狠抓项目建设、民生建设。全年实现地区生产总值 33.07 亿元，比上年增长 24%；全口径财政收入 2.19 亿元，比上年增长 40.4%；一般预算收入 1.02 亿元，比上年增长 39.6%；农民年人均纯收入 13985 元，比上年增长 17.7%。2012 年 1 月被镇江市委、市政府授予镇江市跨越发展有功单位。(姜国平 张 栋)

【"三新"建设取得明显成效】 2011 年，辛丰镇"三新"建设共实施项目 5 个。其中：总投资 7600 万元的辛丰新市镇商贸区项目"润盛幸福园"完成 1.5 万平方米的建筑面积，一期于 8 月 18 日举行开盘仪式，二期 2.8 万平方米小高层楼群封顶；8 栋、4 万平方米龙山新安置房建设项目全部竣工，即将安置。总投资 10 亿元、总建筑面积 13 万平方米的新市镇商贸综合体项目，预计 2012 年 6 月开工建设，约 20 公顷的老厂房拆迁工作结束；龙山毓龙湾生态旅游度假区完成投资 2.5 亿元；总投资 10 亿元的金属品市场物流项目基础工程完工。

(姜国平 张 栋)

【加快科技创新步伐】 2011 年，辛丰镇不断加快科技创新步伐，科技创新成效显著。全年完成专利申报 203 件，完成年度计划的 127%，其中国内发明 37 件，实用新型专利 51 件，外观专利 115 件；完成科技计划项目申报 10 个，占年度计划的 125%，其中申报省级科技项目 4 个、市级项目 4 个、区级项目 2 个；《江苏省丹徒高端轴承科技产业园》、《江苏省轴承产业公共技术服务中心》项目顺利通过专家论证。

(姜国平 张 栋)

【辛丰建成全市乡镇一流幼儿园】 2011 年 6 月，辛丰中心幼儿园新校区竣工投入使用，该校区总投资 1800 多万元，占地面积近 2 公顷，建筑面积 7000 平方米。新园设施、设备功能齐全，有 200 多平方米的多功能厅和舞蹈房，拥有专用的幼儿科学探索室、美术室、图书室等，可同时容纳 18 个班、600 多名幼儿入学，为农村幼儿的学前教育提供了保障。 (姜国平 张 栋)

【丹徒区民治沟小流域治理工程全面完工】 民治沟小流域治理项目位于丹徒区辛丰镇，总投资 501 万元，治理面积 8.9 平方公里，工程于 2011 年 4 月动工。整治工程总长 4.8 千米，新建滚水坝 8 座、农桥 1 座、过水涵洞 38 座、水保林 3.5 平方千米，工程于 2012 年 1 月完工。

(姜国平 张 栋)

【辛丰马迹水库除险加固工程通过市级验收】 马迹水库除险加固工程由镇江市工程勘测设计研究院设计，总投资 397 万元，于 2011 年 1 月 15 日由镇江市水利建筑工程有限公司施工建设，2011 年 12 月 28 日通过市级水下工程验收。该工程涉及坝体加固及防渗处理、迎水坡护坡整修加固、背水坡整坡及增设排水设施、涵洞拆建、溢洪道加固、拓疏撇洪沟、增设必要的的管理设施等。 (姜国平 张 栋)

【"辛黄路"全线实现沥青化改造】 2011 年 12 月，辛丰至黄墟的"辛黄路”完成全部沥青化改造并正式通车，该道路总投资800余万元，于2011年3月开工建设，全长3.9千米，宽7米。“辛黄线”沥青化，全面缓解辛丰集镇交通压力，改善沿线群众的生产生活条件，拉近辛丰与黄墟两集镇之间的距离，拓展了发展空间。（姜国平　张　栋）

表32　**2011年辛丰镇村民委员会情况**

名称	组数(个)	户数(户)	人口(人)	耕地(公顷)	党组织书记	村委会主任
于南	26	1131	3548	227	潘建民	潘建民
辛丰	23	1628	4603	130	殷红林	殷红林
辛桥	12	885	2452	100	胡中华	邵卫国
南岗	25	814	2884	239	王以洪	罗元平
黄泥	15	741	2576	130	—	蒋展程(主持工作)
下方	22	616	1785	189	印国跃	谢志坚
东街	27	773	2588	238	江镇祥	蒋腊春
石城	26	916	3076	229	王祥生	陈　剑
黄墟	34	1334	3636	145	殷耀飞	殷志虎
德胜	20	668	2105	149	潘志伟	谈月平
山北	38	1235	3566	248	朱良平	朱良平
龙山	21	1084	3422	111	刘建军	刘和平
中心	26	875	2989	243	殷玉青	王书杰
北於	25	955	2747	210	韦金海	於建华
星棋	13	530	1874	142	殷志华	臧卫东
居委会	—	1701	5236	—	—	王洪林

（姜国平　张　栋）

表33　**2011年辛丰镇骨干企业情况**　单位：万元

企业名称	总产值	销售收入	利润	厂长(经理)
镇江科佳轴承制造有限公司	151937.6	155850.9	7368.3	朱建平
镇江市丹徒区中宏轴承厂	42695.6	40560.8	1124.3	殷丰盛
镇江市东方万向轴厂	54626.1	51894.7	1438.5	罗运平
镇江现代印刷机器厂	47910.4	45514.8	1261.7	时云庆
镇江精工轴承厂	14089	13384.5	371	基守云
镇江中建轴承有限公司	73969.2	70270.7	1947.9	孔洪斌
镇江明晖制刷有限公司	28913.2	27467.5	761.3	陈　凯
镇江中升轴承有限公司	85032.4	80780.8	2239.2	严国华
镇江亨利达轴承有限公司	5784	7937.3	358.9	周　明
镇江精诚轴承有限责任公司	9212.8	8936.4	0.9	关云洪
镇江金星鬃刷有限责任公司	34925	33178.7	919.7	韦恩祥
镇江亨威制刷厂	32627.9	30996.5	859.2	朱跃新
镇江市森源轴承有限公司	40546	38518.7	1067.7	陶　磊

续表

企业名称	总产值	销售收入	利润	厂长(经理)
镇江市丹徒区精华轴承厂	54568.2	51839.7	1436.9	基连福
镇江市润东重工传动机械厂	53325.5	50659.2	1404.2	罗晓东
镇江丰源轴承有限责任公司	48850.2	46407.7	1286.4	王宝华
镇江市丹徒区宏晶轴承厂	38913.6	36967.9	1024.7	卜宏发
镇江中天钢管制造有限公司	30392.9	32598.3	242.8	陶荣林
镇江大洋玻璃制品有限公司	2171.5	2106.2	0	韩竹平
镇江步升鞋业有限公司	4259.3	4277.5	60.7	韩　建
镇江维科精华棉纺织有限公司	21802.5	21789	−517.1	史美信
镇江黄墟化工厂	22344	9811.5	238.6	于知乐
镇江市黄墟锚链有限公司	3503.9	3328.7	43.9	江金先
镇江龙达特种灯泡有限公司	2756	2618.2	5	殷龙庆
镇江恒飞刷业有限公司	2755	2617.2	5	张同华
镇江通达电子有限公司	7257	6894.2	23	殷国平
镇江市鑫海镀饰有限公司	1986.2	2105	23.5	朱剑峰
镇江市丹徒区龙腾生物制品厂	3470	3296.5	58.7	张　豪
镇江市明基电子有限公司	5645	5362.7	77.5	晏　明
江苏富林医疗设备有限公司	17744	16856.8	450.4	季有智
镇江华东热镀锌有限公司	3078.5	3034.2	10.7	储道发
镇江鼎威实业制造总厂	3350.4	3182.9	0	王楼儿
镇江华恩轴承有限公司	3687.9	3503.5	458.9	王启明
江苏特密斯混凝土外加剂有限公司	39346	26836.9	156.5	罗志光
镇江泽泰轴承有限公司	4097.1	3974	35.6	徐向军
镇江顺德轴承有限公司	3179.8	3020.8	487.6	朱静霞
镇江金鹏电子有限公司	6290	5975.5	76.1	陈　坚
镇江上豪包装有限公司	2300	2185	22.7	朱　东
镇江华宁轴承有限公司	2653.2	2520.6	36.6	李俊华
镇江市丹徒区南方电子有限公司	4859	4616	68.9	邓　祥
镇江华新轴承有限公司	2618.2	2487.3	0	韦建忠
镇江市鹏飞光源材料有限公司	2435.1	2313.3	32.1	张九根
镇江市海威五金制刷厂	2700.1	2565.1	42.6	赵杲娣
镇江中宇轴承有限公司	2510.6	2385.1	52	梁　飞
镇江市丹徒区龙翔制刷厂	2286	2171.7	13.6	吴　剑
镇江华泰轴承有限公司	2580.7	2451.7	27.3	周　建
镇江润茂钢球有限公司	3046.4	2955	51.8	朱长根
镇江建豪电器有限公司	3389	3219.5	95.2	焦国顺

续表

企业名称	总产值	销售收入	利润	厂长(经理)
克鲁迪洁具(镇江)有限公司	4169.6	4044.4	140	耐哈德彼
江苏钱潮轴承有限公司	16455.7	16335	755.9	沈华川
镇江市丹徒区鑫凯铜业有限公司	3388	3218.6	0	徐　凯
镇江江鑫矿粉有限公司	5018	4867.5	236.8	虞利民
镇江英赛德铸造材料有限公司	4015	3814.2	501.1	Julio
镇江市丹徒区佳兴电子有限公司	3454	3281.3	22.4	李金林
镇江市祥益面粉有限公司	7341	6973.9	79.9	夏益祥
镇江华浩通信器材有限公司	8870	8426.5	44	吴　刚
镇江市丹徒区宏信电子元件厂	5527	5060.6	279	於俊杰
镇江亨威混凝土有限公司	4571.3	4342.7	0	胡中华
镇江市远大机械有限公司	2742.8	2434.4	70.9	马料宝
江苏特密斯镇江分公司	3299	3472.6	137.6	罗志光
江苏省东方万向重型机械有限公司	3046.1	2893.7	22.8	罗运平
镇江昶鑫机电有限公司	3161.8	4046.7	110.5	吴舒东

（姜国平　张　栋）

谷阳镇

【概况】　谷阳镇位于镇江市区南郊、丹徒区中部，东与辛丰镇交界，南与上党镇、丹阳市司徒镇毗邻，西至十里长山与高资镇接壤，北与丹徒新城相连。京杭大运河从东流过，沪宁高速、扬溧高速、312国道均经此镇。区域总面积46.75平方公里，耕地1912.7公顷，集镇面积4.5平方公里，辖11个行政村。年末总人口29842人，总户数8483户。人口出生率8.66‰，死亡率7.51‰，人口净增1.15‰，计划生育率100%。

综合经济指标　地区生产总值14.66亿元，农业增加值0.57亿元，工业增加值10.90亿元，第三产业增加值3.20亿元。全口径财政收入1.66亿元，一般预算收入8364万元。

农业　农业总产值1.74亿元。粮食总产1.91万吨，油料总产1106吨，蔬菜总产6512吨，水产品总产988吨，果品总产809吨。高效农业快速发展，兴农富民工程全面启动，投资6000万元，建成3个重点高效农业项目，新增高效农业134公顷、特种养殖67公顷。新建农村“三大合作”组织8个，入社农户达1600户。

工业　全镇有工业企业623个，职工总数15041人。完成工业总产值82.14亿元，销售收入82.11亿元，实现利税68.8亿元。有年销售2000万元以上企业48个，职工11517人，实现利税6.81亿元。私营企业187个，年产值73.25亿元，实现利税6.5亿元。个体工商户429户，从业人员1948人。外贸出口企业31个，出口产品交货额11.3亿元。

镇村建设　积极推行市场化运作，精细化管理，镇村环境面貌不断改善。完成农业综合开发投入580万元，治理面积687公顷。投入水利建设资金800万元，实施危桥改造3座，水库除险加固工程1座，清淤河道5条8千米，改造泵站6座。延伸污水管网5千米，建成东湖污水处理泵站。

科技与社会事业　全镇科技人员805人。中学2所，小学2所，幼儿园3所，教职工276人，在校中学生2756人，小学生1179人。有卫生院(室)12个，病床68张，医卫人员71人。民生工程扎实推进，政府承诺的2011年为民办实事项目全部落实到位，三山片区增容扩压顺利完成，集镇片区污水管网建设项目、中心河两桥一闸等基础设施项目全部建成，实现区域供水村村通工程。创业型城区建设成果丰硕，创业带动就业1250人，开展各类技能培训1100人，创业培训工作在全市乡镇中名列前茅。社会保障日益完善，各类社保扩面工作积极开展，养老、医疗、失业三大保险覆盖面均达到98%以上，新农保基本实现全覆盖。及时发放困难群众各类补助和临时补贴，残疾人、老年人和妇女儿童更受社会关爱，社会救助面不断扩大。

人民生活　农民人均年收入13420元，农民人均住房47平方米，集镇居民人均住房32平方米，人均储蓄2.08万元。

（张　盛）

【加大转型升级力度】 2011年,谷阳镇完成规模以上工业性投入13.2亿元,增长26%,其中新兴产业投资4.2亿元,增长18.2%,实现定报工业销售收入69亿元、利税6.8亿元、增加值17.1亿元,均增长40%以上。服务业发展亮点频现,完成现代服务业投资3.8亿元,北极金属交易市场即将投入使用,以科创中心为主体的创新型经济正在崛起。 (张 盛)

【要素集聚成效显著】 2011年,谷阳镇招引亿元以上项目2个,其中10亿元以上项目1个。新增私营企业34家,个体工商户158户,实际吸纳民资9.8亿元,增长35%。重大项目取得新进展,全镇5个重点项目,开工5个,竣工4个,实际完成投资10.5亿元。园区建设呈现新面貌。标准厂房等基础设施工程扎实推进,承载功能明显增强,以科创中心项目建设为标志,要素集聚的良好势头正加速显现。创新发展迈出新步伐,人才战略积极实施,引进高层次博士创业团队1个,新建科技孵化面积2万平方米,镇江市丹徒环保科技创业服务中心成功创成国家级科技企业孵化器。 (张 盛)

【社会事业繁荣进步】 2011年,谷阳镇扎实开展国家生态区创建活动,创成省级绿化达标村2个、市级2个。顺利实施人口信息化"金人工程",建成全镇人口统筹管理信息系统。通过放心消费镇、健康生活方式示范镇检查。人防、人民武装、国防后备力量建设进一步加强,六创镇江市双拥模范镇,为创建省双拥模范区,实现"六连冠"作出贡献。"社会治安综合治理"建设卓有成效,受到上级领导的高度称赞。 (张 盛)

【谷阳镇金河村被命名为"江苏省民主法治示范村"】 2011年,谷阳镇在"民主法治示范村"创建工作中,提高创建意识、创新工作思路,抓住机遇,勇于争先,在抓好市、区级"民主法治村"创建活动的基础上,积极争创省级"民主法治示范村"。金河村被命名为省级"民主法治示范村"。 (张 盛)

谷阳镇跃进河法治文化长廊

【谷阳镇建成法治文化长廊】 2011年,为进一步推进实施《法治丹徒建设纲要》,全面培育"事事有法可依、人人知法守法、各方依法办事"的良好社会风尚,谷阳镇借助跃进河风光带原有设施,通过注入大量法治元素和历史文化特色,增设法治名人雕塑、成语典故灯谜、石刻浮雕等,建成了集休闲、健身、游憩、普法于一体的法治文化长廊。跃进河法治文化长廊全长3000余米,投资100余万元,主要有九大部分:即文化石、人物雕塑、宣传栏、法律典故、法鼓台、法治石刻浮雕、法律人物印雕、普法灯谜、三法亭。

(张 盛)

表34 2011年谷阳镇村民委员会情况

名称	组数(个)	户数(户)	人数(人)	耕地(公顷)	党组织书记	村委会主任
谷阳	30	1220	4911	187	杨辉军	杨辉军
千里	18	860	2615	103	朱 群	糜兆兰
黄序	33	1657	6175	311	步家华	步家华
东湖	16	616	2218	170	史 文	壮 伟
湖滨	20	706	2184	230	解尧彬	池兴龙
庄泉	13	522	2021	143	戴海林	戴瑞清
湖马	12	743	2368	173	马怀泉	倪英荣
华村	21	589	2021	236	王建文	韦志华

续表

名称	组数(个)	户数(户)	人数(人)	耕地(公顷)	党组织书记	村委会主任
莱村	18	608	1997	171	吴国云	韦国庆
金河	10	410	1316	108	江腊林	尹祥生
槐荫	17	552	2016	130	姜斗珠	徐　伟

（张　盛）

表 35

2011年谷阳镇骨干企业情况

企业名称	资产总额（万元）	从业人数	产值（万元）	销售收入（万元）	利税（万元）	厂长(经理)
镇江华升金属制品有限公司	61771.6	289	87821.5	81821.5	3786.4	王招芳
镇江四建建设有限公司	61547.5	286	108800	101800	4901.2	解晓军
江苏领先电子有限公司	33831.6	1950	62200	57200	7870.2	林弘育
镇江大力液压马达有限责任公司	27837.6	286	18320	16320	1710.5	张智敏
镇江市丹徒区前庄笔刷厂	3374.4	286	17960	15960	869.2	周云龙
丹徒区华联制刷有限公司	7822.8	247	18457.6	16440	752	戴月蓉
镇江市丹徒区五岭笔刷厂	4968	269	17639.4	15600	875.2	吴正荣
镇江市三鹰制刷有限公司	4694.4	278	16715.4	14640	954.4	戴艳军
镇江启源制刷有限公司	5747.5	287	17233.9	15120	1242.8	朱玉田
康兴卷板机制品有限公司	15498	218	8285.8	7200	516.4	黄　靖
镇江立成电子有限公司	4069	256	8612.3	7560	343.6	叶德波
镇江立升塑胶有限公司	8488	257	8694.4	7680	514	李长娣
镇江瑞泰刷业有限公司	2184	273	2151.7	1380	787.6	洪瑞才
镇江华瑞液压机械有限公司	3440.8	179	7539.8	6520	3364	陈　薇
镇江市盛达冷轧焊管有限公司	2863.2	82	6901.8	5896	366.4	笪洪福
镇江合力汽车紧固件有限公司	3364.8	128	6155.6	5748	346	田文斌
镇江市华龙制刷有限公司	982.8	79	4316.4	3980	218.8	步荣华
镇江市润华无线电专用设备制造有限责任公司	3014.4	88	4390.4	3860	260.8	朱华明
镇江浮玉麻油有限公司	804	67	3515.3	3136	250	贾文森
镇江市丹徒区金城制刷厂	806.4	92	3585.4	3320	329.2	戴　斌
镇江库拉图华联工具制造有限公司	4064.4	165	6939.4	6380	385.6	巴巴印夫
镇江市丹徒区文飞制刷厂	1029.6	90	5189.6	4780	300	吴金亮
镇江市丹徒区辛三制刷厂	255.6	91	3736	3136	241	吴金华
镇江立成电线有限公司	5128.8	307	8612.3	7380	410.8	叶德波
镇江市丹徒区星光制刷厂	1174.8	115	5189.5	4680	296.8	殷荣梅
镇江京润电器有限公司	3773	116	6882.5	6289	405.2	翟美琴
镇江惠龙刷业有限公司	1184	116	5663.2	5160	334	孙慧浩
镇江市百瑞吉混凝土外加剂有限公司	682	55	2240	2136	105.8	王兴文
镇江市丹徒区艾嘉电子厂	357.8	94	3105	2900	205	马　平
镇江市福斯莱铸钢有限公司	1106.2	58	2850.1	2310	247.5	周庆晖
镇江市辛丰兴达制刷厂	137.9	58	2126	1916	185.9	吴春荣
镇江华裕轧辊有限公司	353.9	86	646.9	571.2	133.6	包华裕
镇江市丹徒区金晖刷业有限公司	530.2	49	3585.4	3220	301.1	华金元

续表

企业名称	资产总额(万元)	从业人数	产值(万元)	销售收入(万元)	利税(万元)	厂长(经理)
镇江市丹徒区金盛制刷厂	1184.4	117	4634.2	4400	280	朱学友
镇江市丹徒区明晨制刷厂	512.4	124	5133.5	4980	305	闽春华
镇江市跳跃鞋业有限公司	1178	268	5506.2	5380	313.6	余大佑
镇江市兴龙制刷厂	1071.2	87	5193	4980	307.6	周兴龙
镇江市金普电器机械有限公司	980	88	4858.6	4240	290.8	沈卫华
江苏镇德电力设备有限公司	1629.8	60	1324.5	1224.6	196	郑元良
镇江鸿瑞机械制造有限工公司	136.5	40	781.9	763.3	191.6	周建和
镇江金浪潮化纤设备有限公司	298	86	2751.2	2550	186	南　翔
镇江银海铝业有限公司	114.9	58	1038.8	990	171.9	张　勤

(张　盛)

上党镇

【概况】 上党镇位于镇江南郊，南连宝堰镇，东临丹阳市，西接句容市，北倚谷阳镇。总面积112.6平方公里，耕地4065公顷，集镇面积7.72平方公里，辖15个行政村、2个居委会，总户数14609户，年末总人口46679人，有少数民族8个、221人。人口出生率8.59‰，死亡率7.49‰，人口净增率1.1‰，计划生育率100%。

综合经济指标　地区生产总值26.49亿元，比上年增16.84%，其中：农业增加值1.57亿元，工业增加值14.93亿元，第三产业增加值9.98亿元。全口径财政收入1.42亿元，财政支出3643.08万元。

农业　农业总产值3.57亿元。粮食总产3.1万吨，油料总产2493吨，蔬菜总产12109吨，水产品总产2558吨，果品总产2207吨，出栏生猪3.12万头、羊2239只、家禽32.4万羽。水利、农田基础建设投入4312万元，实施农田改造100公顷(1500亩)，新修农田排灌渠道4200米，维修、加固河堤1500米，疏浚河道2条5130米，完成土方86万立方米。

工业　全镇有工业企业725个，职工总数12126人。完成工业总产值73亿元，销售收入68.8亿元，实现利税7.04亿元。有年销售2000万元以上企业28个，拥有固定资产4.25亿元，职工3225人，实现利税4.83亿元。私营企业194个，年产值51.4亿元，实现利税5.29亿元。个体工商户3262户，从业人员11669人。外贸出口企业9个，出口产品交货额1521万美元。外商投资企业12个，当年引进外资项目6个，工商注册外资550万美元，实到外资311万美元。

集镇建设　全年集镇建设新开工面积6万平方米，竣工2万平方米，拆除老房3000平方米。新建集镇污水支管网5千米，新建集镇公厕1座，新建农村公路10千米，完成1.4千米的上伏线改造工程路基工程。集镇功能持续增强，商业繁荣度不断提升，集镇商铺、商品房供不应求。

科技与社会事业　全镇科技人员108人，其中，初级技术职称60人，中高级技术职称55人，年内获省级高新技术认定、市级科技示范园1个及科技成果转化基金1项。申报专利80件，其中发明专利27件，授权60件。有中学2所、小学3所、幼儿园2所，教职工418人，在校中学生1540人、小学生2271人。有卫生院2个，病床52张，医卫人员99人。文体活动中心1个，影剧院1个。自来水普及率100%。全镇村村通公路。参加农村社会养老保险18848人。参加新型农村合作医疗36334人，参保率91.8%。

人民生活　农民人均年收入11796元。农民人均住房49方米，集镇居民人均住房45平方米。人均储蓄1.27万元。(赵国栋)

【新增农村三大合作组织11个】 2011年，上党镇新增农村三大合作组织11个，总数达84个。新增的农村三大合作组织分别是：尚水水果专业合作社、科农稻米专业合作社、泰禾农机专业合作社、壹零捌茶叶专业合作社、如定茶叶专业合作社、润天园苗木专业合作社，林俊苗木专业合作社、玉雪春茶叶专业合作社、宇行茶叶专业合作社、春明茶叶专业合作社、高陵土地股份专业合作社。(赵国栋)

【新增高效农业基地6个】 2011年，上党镇新增高效农业基地6个，面积174公顷，总投入2800万元，其中：金螳螂苗木基地80公顷，投入800万元；黄土岗苗木基地20公顷，投入250万元；三明中药材基地34公顷(丰城)，投入1500万元；三泉茶场14公顷，投入100万元；成彪茶场7公顷，投入50万元；盘荣风景苗木基地20公顷，投入100万元。(赵国栋)

【绿化造林127公顷】 2011年上党镇完成绿化造林127公顷。其中：东沛村19公顷，主要树种：北美枫香，红叶石楠等；枫庄村12公顷，主要树种：栾树、香樟等；古洞村9公顷，主要树种：香樟、女占、红叶石楠等；五塘村16公顷，主要树种：桂花、广玉兰、鸡爪槭等；盘荣村21公顷，主要树种：香樟、广玉兰等；上党村40公顷，主要树种：桂花、广玉兰、香樟、雪松等；上会村1.6公顷，主要树种：小叶女贞；墅山村8公顷，主要树种：茶叶。

（赵国栋）

【中心镇建设全面启动】 上党集镇1.55平方公里控制详规及60公顷城市设计规划基本完成，上会新社区总体规划编制、薛村工业园控制性详规全面完成。投资1000余万元的上伏线、万亩茶园道路全部竣工，投资300余万元的公交枢纽站顺利通过上级验收，新建集镇污水管网5千米，维修农村道路10千米。（赵国栋）

【生态建设成效显著】 全年投入1000余万元，推进"生态上党"建设，新增绿化面积140公顷、绿化节点10个。枫庄、其益、东方、古洞4个村已成功跨入市生态村行列，五塘创成省级卫生村，古洞、东沛、其益3个村创成市级卫生村，"生态上党"建设成果得到了进一步巩固。

（赵国栋）

【加快科技创新步伐】 2011年，上党镇共申报市级以上科技项目6项，高新技术产业产值达13.8亿元，申报各类专利100件，其中发明专利27件，专利授权50件，企业科技研发投入达到1.1亿元。

（赵国栋）

上党镇万亩茶园

【推进重点项目11个】 2011年，上党镇党委、政府推进重点项目11个，其中区重点项目2个。截至年底，已竣工达效或已完成预定投资计划的项目7个：总投资10亿元的江苏振光电力1000千伏特高压钢管塔和智能电网设备生产基地项目一期工程投产、投资4600万元的德海工业材料项目和投资5000万元的凯龙新能源项目厂房竣工、投资8000万元的中小企业创业中心项目科研楼竣工、总投资1.5亿元的金煜满堂仙人湖湖畔花苑项目部分竣工销售、总投资1亿元的中园仙人山庄度假景区项目部分建成开放、总投资2亿元的万亩茶园综合开发项目完成基础设施建设。开工在建项目3个：总投资19.2亿元的精功汽车二期项目、总投资3亿元的江苏志诚金河御景住宅区项目和总投资2980万美元的金博旅游开发项目。（赵国栋）

【农产品获奖情况】 2011年，上党镇春沁茶叶合作社生产的"金山翠芽"获中茶杯特等奖，坞庄茶叶合作社生产的"上丹白茶"获中茶杯特等奖。（赵国栋）

表36

2011年上党镇村(居)民委员会情况

名称	组数(个)	户数(户)	人数(人)	耕地(公顷)	党组织书记	村(居)委会主任
上党居委会	—	1014	1677	—	—	谈水清
上会居委会	—	951	1633	—	—	朱玉萍
上党	56	2410	7186	349.13	汤杏根	王　振
东贠	28	1084	3343	267	李桂荣	吴双金
东沛	44	1471	4596	365	吴六林	侯永安
古洞	26	1154	3518	210	陈国伟	陈国伟
五塘	17	517	1651	118	郑根宝	郑根宝
墅山	31	1051	2991	325	朱筛宝	朱筛宝

续表

名称	组数(个)	户数(户)	人数(人)	耕地(公顷)	党组织书记	村(居)委会主任
枫庄	13	627	1955	179.8	丁国锦	丁国锦
东方	13	1140	3814	367.4	庄维红	刘金根
敖毅	8	768	2531	223.47	王敖圣	辛敖法
合偶	4	529	1752	148.87	丁学礼	丁学礼
其益	4	457	1419	145.87	何金儿	何金儿
上会	13	1268	4083	271.67	王新春	邵　平
丰城	9	994	3372	229	张浩然	钟敖云
盘荣	7	778	2593	195.07	陈光林	陈光林
薛村	12	732	2224	341.93	巫双戈	冯九戈

（赵国栋）

表 37　　2011 年上党镇骨干企业情况　　单位：万元

企业名称	产值	销售收入	利税	法人代表
苏源振光电力设备制造有限公司	127000	118146	10419	贾红宝
镇江市丹徒区天润碳素制品有限公司	17526	23614	1556	吕定荣
丹徒区金港墙材有限公司	4156	3992	399	毛金发
丹徒区环宇轧辊厂	3947	3767	409	吴　江
镇江市鑫源热镀锌有限公司	4349	4186	416	陈东强
丹徒区江南热镀锌有限公司	2241	2114	225	付　荣
丹徒区飞达碳素有限公司	12476	12559	1254	唐素珍
镇江上通食品制造有限公司	2571	2423	266	李　华
镇江市顺天矿机制造有限公司	3256	3086	333	姜长顺
精功镇江汽车制造有限公司	337011	329348	27814	胡晓明
丹徒区金昌碳素制品厂	13952	12953	1316	吴荣广
镇江古洞热镀有限公司	2247	2145	245	袁六鸣
镇江市鸿泽热镀锌有限公司	4292	4235	588	贾红宝
镇江赛特铸造合金有限公司	2456	2326	267	江万顺
江苏仙人光学有限公司	2024	2096	54	张加富
镇江兴盛铸钢有限公司	2377	2209	267	陈　雷
镇江市华诚旅游用品有限公司	8166	7727	755	辛玉华
镇江市森茂包装材料有限责任公司	2210	2187	267	蒋伟军
镇江新光冶金辅材厂	2993	2857	291	韩国清
镇江天源蓄电池有限公司	2006	2012	235	王荣春
丹徒区九鑫毛纺厂	3700	3608	350	辛敖法
威灵施(镇江)精细化工有限公司	4584	4562	455	吴爱华
镇江顶新新居用品有限公司	2409	2272	276	陈　武

续表

法人代表	企业名称	产值	销售收入	利税
镇江宝瑞轴承有限公司	2112	2006	219	刁建荣
镇江新天碳素有限公司	3252	3252	411	陈献民
丹徒区鑫鑫电器设备厂	2145	2014	243	陈东强
镇江市万源电子有限公司	4256	4091	394	钱本强
华邦(镇江)铝业有限公司	8166	7727	755	张长武

（赵国栋）

世业镇

【概况】 世业镇位于镇江西部，四面环江，南对高资、七里，北对扬州刊江，润扬大桥穿境而过，总面积44平方公里，其中圩内面积25平方公里，耕地1504.4公顷，集镇面积1.2平方公里，辖5个行政村。2011年末总户数4660户，总人口14576人，少数民族主要是回民，分布在卫星村，共94人。人口出生率9.19‰，死亡率1.38‰，人口净增率7.81‰，计划生育率100％。

综合经济指标　地区生产总值4.86亿元，比上年增13.9％，其中：农业增加值0.57亿元，工业增加值0.81亿元，第三产业增加值3.47亿元，财政总收入5860.56万元，一般预算收入完成2246.39万元，财政支出5860.56万元。

农业　农业总产值1.4亿元，粮食总产1.78万吨，油料总产174吨，蔬菜总产9987吨，水产品总产1037吨，果品总产1319吨，出栏生猪4571头，羊457只，家禽12万羽。水利、农田基础建设投入450万元，实施农田改造100公顷，新修农田灌溉渠道3600米，疏浚河道4400米，完成土方5.2万立方米。

工业　全镇有工业企业52个，职工总数1026人。完成工业总产值2.17亿元，销售收入2.02亿元，实现利税1566万元。年销售额500万元以上企业2个，拥有固定资产1700万元，职工578人，实现利税1139万元。私营企业106个，年产值3.2亿元，实现利税1720万元。个体工商户1213户，比上年新增91户，从业人员2435人。外贸出口企业1个，当年外商投资企业2个，工商注册外资5880万美元，实到外资1850万美元。

集镇建设　中型超市2个。年邮政业务269万元，程控电话6351门，其中当年新装电话21门，电话普及率98.6％，有线电视用户1364户，当年新增44户，新装路灯500盏。

科技与社会事业　全镇科技人员241人，其中初级技术职称158人，中、高级技术职称83人，年内获2项科技成果。有实验学校一所，小学在校生486人，中学在校生361人，教职工93人，幼儿园1所，入园儿童236人，教职工17人。有卫生院一个，病床20张，医卫人员34人。文体活动中心7个，影剧院1个，自来水普及率100％。全镇村村通公路。参加新型农村合作医疗8609人，参保率100％。

人民生活　农民人均年收入12471元，单位职工年平均工资23500元，农民人均住房48.4平方米，人均储蓄8250元。

（杨正新）

【三个文明建设创建活动硕果累累】 2011年，世业镇在全力推进项目建设、生态建设、民生建设的同时，进一步突出各项创建活动，先后成功创建全国文明乡镇、省交通安全示范镇、省级卫生镇、江苏自驾游基地。区委常委、镇党委书记赵玉华被省委、省政府授予社会治安综合治理先进工作者，平安先锋工程被中央电视台新闻联播专题报道。镇党委、政府按照提水平、求实效、创品牌的要求，在夯实基础上下工夫，在思维理念上求创新，在健全机制上求突破，各项工作有序推进，经济指标大幅增长，综合实力明显增强。全镇上下团结协作、奋勇争先、真抓实干，推动了经济社会事业全面进步。（杨正兴）

【高速公路收费站扩建】 2011年4月，润扬大桥至世业的高速公路收费站扩建工程正式竣工，总投资3000万元，该收费站新增加一个自动缴费入口，变成两个出口，三个入口，岛内收费站周边路面也相应进行拓宽，满足了旅游高峰期车辆通行的需要，提升了世业洲旅游接待能力。（杨正新）

【重新修建中学桥】 2011年，在镇十五届四次人代会上，镇政府把中学桥建设作为今年为民办实事的十件实事之一，从年初就着手规划，于七月份动工兴建，到年底全面结束，总投资达600万元。该桥的建设，为内环南路至北路集镇区域内的贯通打下了基础，缩短了长江鹭岛音乐广场至集镇的距离。（杨正新）

【举办第二届江洲放歌艺术节】 2011年7月1日，世业镇第二届江洲放歌艺术节在镇影剧院正式开幕。全镇六个文艺代表队在开幕式上进行了首场演出。此次艺术节主要结合建党九十周年纪念活动，以歌颂党、歌颂祖国、歌颂改革开放的大好形势为主题，弘扬时代精神和旅游文化。艺术节共分三个阶段，一是开幕式；二是各村文艺代表队巡回演出，三是以唱红歌为主题的大合唱比赛。在9月28日的闭幕式及大合唱比赛中，兴隆村代表队获得了一等奖，实验学校、世业村获得了二等奖，东大坝村、卫星村、先锋村分别获得了三等奖。

(杨正新)

【世业镇连续六年开展"三百"献爱心活动】 从2006年开始，每年春节前，世业镇连续6年开展"百名党员、百名干部向百户贫困家庭献爱心"捐款活动，进一步弘扬中华民族扶贫济困的传统，确保全镇贫困家庭能够过上一个祥和安宁的春节。6年来，共资助各类贫困家庭1200余户，资助资金达80万元，镇党委政府积极做好宣传工作，并使这项工作制度化、常规化，形成世业镇"三个文明"建设中的特色工作。

(杨正新)

【"四季春"农业示范园开工建设】 2011年，根据镇江市委、市政府菜篮子工程的总体要求，世业镇从发展观光农业入手，加大农业旅游观光项目引进，从8月开始，"四季春"农业示范园开工建设，总投资922.66万元，该项目是继"四季青"农业示范园的又一农业观光项目，开发面积67公顷，年底前一期工程基本到位，建成永久钢架大棚7公顷，混凝土路6720米，渠道1.37万米。项目全部建成后，将丰富镇江市城镇居民的菜篮子，推动高效农业连片式扩张，形成世业洲整岛旅游观光新体系。 (杨正新)

表38 2011年世业镇村(居)民委员会情况

名称	组数(个)	户数(户)	人数(人)	耕地(公顷)	党组织书记	村(居)委会主任
兴隆村	11	1134	3798	343.5	齐家宏	齐家宏
东大坝村	7	795	2627	229.9	高德清	高德清
世业村	8	1069	3492	203.9	张巨平	张巨平
卫星村	5	624	2111	215.3	贡　杰	贡　杰
先锋村	5	576	1795	225.5	聂永平	聂永平
集镇居委会	—	462	719	—	朱有根	周万祥

(杨正新)

表39 2011年世业镇骨干企业情况

企业名称	固定资产(万元)	从业人数	产值(万元)	销售收入(万元)	利税(万元)	厂长(经理)	党支部书记
镇江市永安船舶修造有限公司	1331	280	5755	5395	397	卢　洪	聂永年
镇江市开宇电器有限公司	412	298	9804	9152	742	管有强	齐家宏

(杨正新)

宝堰镇

【概况】 宝堰镇位于镇江市南部，南靠荣炳盐资源区，东临丹阳市行宫镇，西连句容市春城镇，北倚上会镇和句容市白兔镇，总面积40.19平方公里，耕地1786公顷，集镇面积1.8平方公里，辖6个行政村，1个居委会，年末总户数8017，总人口22582人，有少数民族2个、4人。人口出生率5.1‰，死亡率4.96‰，人口净增率0.14‰，计划生育率100%。

综合经济指标　地区生产总值8.71亿元，比上年增20.2%，农业增加值6686万元，工业增加值4.47亿元，第三产业增加值3.57亿元。全口径财政收入5200万元，财政支出2072.8万元。

农业　农业总产值2.04亿元。粮食总产2.25万吨，油料总产767吨，蔬菜总产4749吨，水产品总产3034吨，果品总产1602吨，出栏生猪1.46万头、羊1200只、家禽10.39万羽。水利、农田基础建设投入2000万元，共新建农桥3座、电站5座、砂石路10千米、滚水坝2座、U型渠17千米、圆涵24座。

工业　全镇工业企业346个，职工总人数5781人，工业总产值16.19亿元，工业销售额15.57亿元，实现利税2.69亿元。年销售额2000万元以上企业17个，拥有固定资产4.65亿元，职工1676人，实现利税1.60亿元。私营企业130个，年产值13.09亿元，实现利税2.24亿元。个体工商户1636户，从业人员3162人。外商投资企业1个，实际利用外资700万美元。

集镇建设　投资200万元，建设了新通济河风光带，拆除违章建筑60平方米，清理乱堆乱放3处；投资500万元，延伸污水支管网6千米；拆除镇域内宝堰、前隍两家砖瓦窑厂，并进行土地复垦，共整理出存量土地17.3公顷；2万平方米科技孵化大楼封顶，并完成内部装修；投入56万元，安装了宝行路口红绿灯；镇村两级投入资金1800万元，完成四旁植树10万株，成片造林90

公顷。

科技与社会事业　全镇科技人员401人，其中，初级技术职称368人，中高级技术职称35人。全镇中学1所，小学3所，幼儿园1所，教职工163人，在校中学生542人、小学生824人。有卫生院1个，病床80张，医卫人员87人。文体活动中心1个，影剧院1个。自来水普及率100%。全镇村村通公路。参加农村社会养老保险7051人。参加新型农村合作医疗16020人，参保率100%。各项储蓄存款余额3.38亿元。

人民生活　农民人均年收入11976元，农民人均住房45平方米，集镇居民人均住房36平方米。

（徐　驹）

【新市镇建设启动】　2011年，宝堰镇成立宝堰镇新市镇建设拆迁安置工作领导小组，深入项目所在村组对耕地、资产以及集镇农业人口进行调查摸底，掌握第一手资料，并制定《宝堰镇被征地农民基本生活保障实施方案》、《加强村镇规划建设管理和土地管理工作的意见》等规范性文件，同时与区建投公司合作，实施老通济河北片整体开发项目并完成报批，区建投公司按高层次、仿古式要求，对项目进行详细规划。

（徐　驹）

【实施通济河美化靓化工程】　2011年，宝堰镇投入300万元，实施通济河两岸驳坡、拆除违章建筑60平方米，清理乱堆乱放3处，绿化提升3万平方米，安置石凳、石椅8张，建成1.5千米休闲走廊，形成怡人景观。

（徐　驹）

【宝堰镇实现“无窑镇”】　2011年，宝堰镇分别于2月14日、5月25日爆破拆除前隍、宝堰两家砖瓦窑厂，拆除建筑面积7000平方米，并进行复耕整理，共整理出存量土地17.3公顷，在全区率先实现“无窑镇”目标。

（徐　驹）

【开展安全生产大检查】　2011年，宝堰镇成立由主要领导任组长的领导小组，及工业、农业、建筑、文教卫四个检查组，并通过召开动员会、发放安全生产宣传资料等措施，在全镇上下进一步提升了安全生产意识。同时，制定大检查方案，明确时间节点，细化检查目标，检查组成员按要求详细填写《安全生产大检查（督查）记录表》，做到有检查、有记录、有总结，保证了大检查全面彻底，不留死角、不走过场。通过对全镇建筑工地、工业企业、中小学等40家企事业单位进行检查，共发现安全隐患20个，当场整改19个，限期整改1个。

（徐　驹）

【挖掘土地潜力】　2011年，宝堰认真规划实施土地整理项目，实现小块并大块，多块变一块，投资80万元，对南宫村坞村南片和杨巷西片57公顷土地进行整理复垦，共净增耕地3公顷；坚守节约、合理利用理念，对闲置厂房、仓库、学校等逐个筛选、排查、建档，集中管理利用，引进项目入驻，充分发挥经济效益。

（徐　驹）

【利用外资工作成效显著】　2011年，宝堰镇加大对外资企业的服务力度，做到政策、土地、证照办理三优先，通过强化服务，优化服务，使企业主动为外资工作挑重担，对现有山水湾、杰云电子、宝达锁业等外资项目，成立相应的班子，逐个盯紧跟进，抓好落实，提高实际利用外资的规模和水平。全年实际外资到账700万美元，足额完成外资任务。

（徐　驹）

【创新社会管理】　2011年，宝堰镇强化外来人口管理，摸排出租房屋和流动人口的情况，做到底数清、情况明；开展“护校行动”，对学校周边的摊点、网吧、交通秩序等进行集中整治；落实好刑释解教人员安置帮扶和社区矫正工作，实行动态管理，接受社区矫正人员7名，解矫9名，接受刑释解教人员4名，安置率和帮教率100%。同时，通过平安村、校园等平安创建活动的开展，引导群众广泛参与，推进群防群治网络建设，构建以党员、群众、民警、保安为主体的群防群治组织体系。全年共投入近20万元，更新设备、增加“亮点”、安装电子巡更点，进一步消除监控的“盲区”和“死角”。在此基础上，健全镇、村两级稳定工作责任体系，并完善各类预案，提升应对突发性事件的处置能力；坚持每月召开矛盾纠纷排查例会，并充分发挥镇、村调解组织的作用，将矛盾纠纷化解在萌芽状态。全年受理矛盾纠纷107件，调处率100%，成功率98%以上。

（徐　驹）

表40　**2011年宝堰镇村（居）委员会情况**

村名	组数（个）	户数（户）	人数（人）	耕地（公顷）	党组织书记	村（居）委会主任
鲁溪	46	1195	3406	352	邓小鹏	谭昌兴
南宫	40	1138	3065	239	姚邦庆	凌分保
团结	29	911	2618	235	徐兆和	刘三喜
徐巷	47	1162	3228	353	徐双川	李建平
宝堰	26	1072	2597	114	胡堰生	胡堰生
前隍	40	1206	3356	284	陈　涛	陈　涛
居委会	—	2943	5622	—	—	孔和林

注：居委会与宝堰村合署办公室

（徐　驹）

表 41　　2011年宝堰镇骨干企业情况

企业名称	固定资产（万元）	从业人数	产值（万元）	销售收入（万元）	利税（万元）	厂长(经理)	党支部书记
镇江市京顺轧辊有限公司	2670	65	4657	4430	681	孙圣云	—
镇江市天威机械有限公司	3271	80	5953	5663	843	王杏娣	王杏娣
镇江市长城碳素制品有限公司	3281	84	8616	8196	1219	韩镇印	张罗川
镇江大昌玻璃有限公司	1799	120	3690	3510	511	缪永明	—
镇江大陆弹簧有限公司	3625	105	5488	5221	907	陆广生	陆广生
镇江市汉魁碳素有限公司	3726	120	5382	5119	839	林辉	—
镇江市海通化工有限公司	1252	71	4950	4709	703	霍亚东	—
镇江嘉豪服饰有限公司	1306	150	5532	5262	758	龚国平	—
镇江市丹徒区宝达锁厂	1813	60	4283	4075	613	刘秀理	—
镇江荣成化工有限公司	1746	76	4603	4379	598	蒋　荣	—
镇江宝城注浆设备有限公司	784	65	5043	4797	680	哈寿佰	杨华润
镇江市丹徒区永恒机械配件厂	1413	86	4895	4657	695	张巧生	—
镇江市华星特种刀具制造有限公司	1209	64	4803	4569	615	岳八斤	岳八斤
镇江金特服饰有限公司	324	60	2593	2466	294	朱金龙	—
镇江宏立电力设备有限公司	500	46	7069	6724	751	韩　风	—
镇江宝锐光电科技有限公司	1445	114	2245	2136	603	巫永峰	—
镇江市康林电器配件有限公司	255	30	2221	2113	244	汪龙炎	—

（徐　驹）

高资街道(镇)

【概况】 高资街道(镇)位于镇江市西郊，南靠上党镇，东临润州区蒋乔镇，西接句容市下蜀镇，北倚长江，总面积100.52平方公里，耕地1680.7公顷，集镇面积6.34平方公里，辖12个行政村，1个居委会，年末总户数15111户，总人口42246人（其中男21446人，女20800人），有少数民族12个、131人。人口出生率6.49‰，人口死亡率5.4‰，人口净增率1.09‰，计划生育率100%。

综合经济指标　地区生产总值51.62亿元，比上年增19.3%，农业增加值1.49亿元，工业增加值37.9亿元，第三产业增加值12.23亿元。财政收入5.13亿元，财政支出1.72亿元。

农业　农业总产值3.36亿元。粮食总产1.89万吨，油料总产808.3吨，蔬菜总产9649吨，水产品总产1768吨，果品总产853吨，出栏生猪1.31万头、羊845只、家禽35.53万羽。水利、农田基础建设投入1827万元，完成河塘清淤、港堤加固、水库除险、植树造林等工程。

工业　全街道工业企业378个，工业总产值230亿元，工业销售额226.92亿元，实现利税24亿元。销售额500万元以上企业42个，职工4967人，实现利税28亿元。私营企业360个，年产值186亿元，实现利税22.3亿元。个体工商户2163户，从业人员3789人。外贸出口企业5个，进出口产品交货额26328万美元。

集镇建设　投入3.8亿元，集镇基础设施配套、绿化、开发商住楼8万平方米，新修镇村大道22千米。年邮政业务33万元，程控电话容量1.71万门，其中当年新装电话47门，电话普及98%。有线电视用户9860户。

科技与社会事业　全街道(镇)科技人员140人，其中，初级技术职称75人，中高级技术职称65人。年内获28项科技成果。中学2所，小学2，幼儿园2所，教职工390人，在校中学生1226人、小学生1706人。镇卫生院有病床102张，医卫人员65人。文体活动中心6个，影剧院1个。自来水普及率95%。全街道(镇)村村通公路。参加农村社会养老保险2983人，投保总额850.6万元。各项储蓄存款余额4.82亿元。

人民生活　农民人均收入14330元，职工人均年收入18600元。农民人均住房44平方米，集镇居民人均住房41平方米。人均储蓄1.14万元。

（周福根　何　峰）

凤凰山庄

【高资镇改为高资街道】 为加速融入主城区，率先实现现代化，延伸发展触角，合理布局城镇结构，理顺城镇行政管理体制，不断优化资源配置，细化城市管理，经省、市政府批复同意，高资镇改为高资街道，2011年10月正式挂牌。

（周福根 沙冬梅）

【通过国家级生态镇省级验收】 2011年，高资镇先后投入2.7亿元用于植树造林、垃圾清运处置、区域供水、河道清淤整治、道路硬化、新建污水处理厂等民生工程，投入3.8亿元完善工业园区路、水、电、气等基础配套设施，开展专项整治，推进长效管理，各项指标均达到国家级生态镇考核要求，群众对环境的满意度为95.5%，5月，通过国家级生态镇省考核验收。

（周福根 杨 毅）

【高资成为丹徒大项目建设主战场】 2011年，高资街道（镇）狠抓项目建设，中国二重、中盐镇江盐化、镇江发电公司、镇江鹤林水泥有限公司、镇江焦化集团、金海宏业等十多家中外大中型企业，并形成电力、建材、装配、物流并重的产业体系。特别是随着产业升级步伐不断加快，以中国二重为龙头的高端装备制造业和以宝龙、苏润、船港等六大物流基地为主的生产型服务业成为区域产业发展重点，从而使高资成为丹徒大项目建设的主战场。

（周福根 沙冬梅）

【高资卫生院病房大楼落成】 2011年11月，高资卫生院病房大楼投入使用。该大楼总投资650万元，建筑面积2500平方米，全框架结构，局部4层，拥有病床70张，采用宾馆式套间，集中供氧，垂直电梯上下。手术室硬件条件优良，为患者提供了整洁、舒适、优质的住院诊疗环境。（周福根 鲍六志）

【凤凰山庄建成】 2011年，总投资4500万的凤凰山庄建成并对外营业。该山庄占地面积3.3公顷，建有水上包厢14间，大小餐厅16个，会议室3个。可同时容纳300余人就餐。山庄养殖园内有孔雀、珍珠鸡、梅花鹿、鸵鸟等10余种珍禽。2011年获得市旅游局举办的美食大赛一、二等奖。该山庄形成集农业观光、特色餐饮、娱乐度假为一体的休闲观光型山庄。

（周福根 杨 毅）

表42 **2011年高资镇村民委员会情况**

名　称	组数(个)	户数(户)	人口(人)	耕地(公顷)	党组织书记	村委会主任
正东	21	1282	3956	187.6	朱德源	王贵宝
勤丰	19	1051	3215	106.4	笪如俊	笪如俊
高资	9	778	2045	22.5	吴春林	吴春林
唐驾庄	20	846	2783	8.7	魏兴栓	金之量
巢凰	15	927	2752	203.7	陈 蕾	魏国琥
营春	23	1080	3240	62	肖 明	史小海
陈丰	22	1202	3785	167.6	乐顺海	卞来保
西斛	23	1094	3391	186.7	魏 亮	魏 亮
巫岗	25	1217	3715	256	谢祥宏	李清松
厚固	13	718	2122	140.1	秦 云	秦 云
石马	20	785	2403	198.9	金来宝	金来宝
水台	14	672	2456	126.8	张志青	张志青

（周福根 杨 毅）

表 43　　2011 年高资镇骨干企业情况　　单位：亿元

企业名称	产值	销售收入	利税	厂长(经理)	党支部书记
江苏镇江发电有限公司	354.4	354.4	75	唐　成	—
金海宏业(镇江)石化有限公司	617.6	573.2	81.2	张景阳	—
中化镇江焦化有限公司	152.2	145.9	10.4	苏启善	—
江苏鹤林水泥有限公司	172.5	161.4	63.2	吕永忠	鲍建军
镇江李长荣综合石化有限公司	73.6	70.1	4.2	杨赛芬	—
镇江苏润高碳材有限公司	176.8	179.2	8.3	苏启善	—
江苏北固水泥有限责任公司	15.2	13.5	1.7	赵育林	—
江苏福世特混凝土有限公司	13.6	13.6	1.2	于世顺	—
镇江宏顺热电有限公司	5.5	5.5	0.2	华　芳	—
常石(镇江)钢裝有限公司	5.1	4.8	0.5	青景和成	

（周福根　杨　毅）

江心洲生态农业园区

【概况】 江心洲生态农业园区位于镇江东，为长江沉积沙洲。南与京口区谏壁镇相望，东对大港外贸码头，西望焦山，北对新民洲农场。总面积 13.46 平方公里，耕地 411 公顷，集镇面积 0.78 平方公里，辖 3 个行政村、1 个居委会。2011 年末总户数 2880 户，总人口 6321 人(其中男 3169 人，女 3152 人)，无少数民族。人口出生率 5.37‰，死亡率 6.83‰，人口净增率－1.46‰，计划生育率 100%。

综合经济指标　地区生产总值 2.54 亿，比上年增 17.9%，其中农业增加值 2811 万元，第二产业增加值 1.52 亿元，第三产业增加值 7339 万元。全口径财政收入 4021 万元，财政支出 1797 万元。

农业　农业总产值 1.11 亿元。粮食总产 3561 吨，油料总产 736 吨，蔬菜总产 2.45 万吨，水产品总产 637 吨，果品总产 869 吨，出栏生猪 118 头、羊 318 只、家禽 6.15 万羽。水利、农田基础建设投入 258 万元，维修、加固堤岸 2500 米，疏浚河道 3 条 2985 米，完成土方 20 万立方米。

工业　全镇有工业企业 31 家，职工总数 2118 人。完成工业总产值 6.6 亿元，销售收入 6.39 亿元，实现利税 4387 万元。有年销售 500 万元以上企业 9 个，拥有固定资产 4469 万元，职工 1038 人，实现利税 4226 万元。个体工商户 398 户，从业人员 321 人。外贸出口企业 2 个，出口产品交货额 446 万美元。完成实到外资 370 万美元，达到全年任务指标的 106%。

集镇建设　投入 125 万元，铺设污水收集管网 1 千米。新修农村道路 5 千米。年邮政业务 5.72 万元。程控电话容量 2125 门。宽带用户 650 户。有线电视用户 1780 户，入户率达 61.8%。

科技与社会事业　全镇科技人员 171 人，其中，初级技术职称 123 人，中高级技术职称 48 人，年内获 6 项科技成果。有实验学校 1 所，教职工 41 人，在校中学生 120 人、小学生 160 人；幼儿园 1 所。卫生院 1 个，有病床 10 张，医卫人员 16 人。文体活动中心 1 个。自来水普及率 100%。全镇村村通公路。参加农村社会养老保险 3024 人，其中，当年新增 168 人。参加新型农村合作医疗 5893 人，参保率 93.2%。各项储蓄存款余额 11430 万元，其中，居民储蓄存款余额 9956 万元。

人民生活　农民人均年收入 11346 元，职工人均收入 24885 元。农民人均住房 39 平方米，集镇居民人均住房 41 平方米。人均储蓄 1.38 万元。　（仇宽裕）

【成功举办“滩八样”精品蔬菜推介会】 2011 年 1 月 16 日，江心洲“滩八样”精品蔬菜推介会在锦绣皇宫隆重举行。推介会由镇江市人民政府办公室主办，丹徒区江心洲生态农业园区党工委、管委会承办，江心洲生态农业园区五套村协办。活动旨在宣传和推介江心洲及“滩八样”精品蔬菜(芦蒿、马兰头、野生水芹、花柴笋、枸杞、野茭白、荠菜、菊花脑)，促进江心洲蔬菜基地的建设和菜农的增收致富。市政府办公室、市交通局等与江心洲结对帮扶的部门单位、市区农委、水利局、建设局、公安局等单位及市部分大型超市参加了推介会，“滩八样”野生蔬菜成为镇江乃至沪宁线城市知名农产品。　（仇宽裕）

【成功举办第四届野菜节】 2011 年 4 月 16 日，江心洲第四届野菜节暨“党的温暖到我心”文化惠民巡演江心行活动在江心洲居民活动广场(五套村委会)开幕。该届野菜节由丹徒区人民政府、镇江市旅游局、镇江市农委主办，丹徒区地税局协办，江心洲生态农业园区党工委、管委会承办。活动旨在加快打造镇江原生态旅游第一岛，促进全市大旅游的发展和江心园区经济结构的加快调整，走特色发展道路，提升知名度，以“江岛自由行，税收服务情”为宣传主题，为期一个月，期间举行厨艺大比拼、烂漫春景摄影、芦滩挖野菜、原生态垂钓等系列活动，为广大游客创造丰富的旅游活动。

（仇宽裕）

2011年4月16日，江心洲举行第四届野菜节开幕式。

【加快项目建设步伐】 区重点项目明珠农业园完成年投资2040万元，海鹏光电、鹅绒科技孵化基地和嘉益生态养殖项目竣工投产，新兴船舶、金鑫有色金属、复兴船厂和三江刷业等企业均实现规模扩能。加大招商引资力度，投资2.7亿元的一人岛农业种植观光度假开发项目正式签约并开工建设，全年新增土地流转面积67公顷，高效农业面积达到360公顷，项目建设成效显著。

（仇宽裕）

【成功申报市级现代农业产业园】 2011年，园区继续坚持农业增效与资源整合并重，全力提升农业层次，扎实做好市级现代农业产业园申报工作。成立由园区管委会主任为组长，分管领导为副组长，农业条口及相关部门为成员的创建工作领导小组，统筹协调推进园区市级现代农业产业园建设。聘请江苏农林职业技术学院编制《丹徒区江心洲现代农业产业园总体规划》，明确园区农业产业发展的工作思路和发展战略，以科学的规划引领园区高起点、高标准建设，打造产业特色化、设施现代化、功能生态化的现代农业产业园。同时抓好关键环节，落实具体措施。园区主干道路、机耕路桥、农田灌渠、农田林网、电力设施、灌排渠系基本配套，累计建成347公顷标准化菜地和54公顷标准化钢架大棚等高效农业设施，连续五年对蔬菜进行净菜加工包装上市，并建成冷库和江心洲果蔬批发市场，形成完整的农产品生产、销售、流通产业链。

（仇宽裕）

【民生建设成效显著】 2011年，园区继续加大基础设施投入，优化环境，改善民生。一是启动码头公园项目，完成拆迁、吹沙、道路改造、旅客待渡屋建设，全力改善入口环境；二是完成6座小型泵站改造，加固堤防6.8千米，建设橘江里桥、益平二桥，疏浚北京路河、五套中心河、五墩中心河以及益平河，共计约6千米，园区防汛防旱和科学调水能力增强；三是新建农村道路5千米，完善环岛公路路肩及绿化，加强环境整治和卫生保洁。全年各项工程总投资超5000万元。

（仇宽裕）

表44　**2011年江心洲生态农业园区村（居）民委员会情况**

名称	组数（个）	户数（个）	人数（人）	耕地（公顷）	党组织书记	村（居）委会主任
五套村	18	1418	3173	187	苏　汛	苏　汛
五墩村	15	763	1713	128	倪寿根	刘晓林
益平村	9	486	1070	96	周立新	陈建平
居委会	1	213	365	—	—	何成云

（仇宽裕）

表45　**2011年江心洲生态农业园区骨干企业情况**　单位：万元

企业名称	产值	销售收入	利税	厂长（经理）	党支部书记
丹徒区变速箱厂	601.3	601.3	28.2	季必宽	季必宽
丹徒区复兴船厂	765.0	575.9	22.7	韩　勤	—

续表

企业名称	产值	销售收入	利税	厂长(经理)	党支部书记
丹徒区协隆铸件有限公司	39845.0	39346.0	2557.5	朱曙霞	—
丹徒区江心毛刷制品厂	835.8	835.8	30.8	赵海波	赵海波
镇江市三江刷业有限公司	1120.1	1120.1	5.8	赵海波	赵海波
丹徒区佳鑫刷业有限公司	1631.4	1631.4	13.0	陈长松	陈长松
镇江市金鑫有色合金有限公司	1564.8	1337.5	50.5	庄　燕	—
镇江新兴船舶制造有限公司	15600.0	14450.0	1445.5	朱兴国	朱兴国
丹徒区精强汽配厂	1005.0	945.3	72.0	王　松	王惠泉

（仇宽裕）

荣炳盐资源区

【概况】 荣炳盐资源区位于镇江市南部，南连金坛市直溪镇，东临丹阳市延陵镇，西接句容市茅山镇，北倚宝堰镇。总面积45平方公里，耕地1532公顷，集镇面积4.3平方公里，辖5个行政村，总户数6288户，年末总人口20299人（其中男10182人，女10117人），人口出生率5.1‰，人口死亡率4.96‰，人口净增率0.14‰，计划生育率100%。

综合经济指标　国内生产总值7.84亿元，比上年增18.9%，其中：农业增加值5100万元，工业增加值4.57亿元，第三产业增加值2.76亿元。全口径财政收入4343万元，财政支出2086万元。

农业　农业总产值1.65亿元。粮食总产2.09万吨，油料总产592吨，蔬菜总产9243吨，水产品总产852吨，果品总产1810吨，出栏生猪3000头、羊450只、家禽7.7万羽。水利、农田基础建设投入674万元，实施农田改造334公顷，新修农田排灌渠道7500米，疏浚河道1条3.5千米，完成土方24万立方米。

工业　全镇有工业企业336个，职工总数5891人。完成工业总产值18.17亿元，销售收入16.1亿元，实现利税2.28亿元。有年销售2000万元以上企业11个，拥有固定资产2.6亿元，职工1185人，实现利税1.59亿元。集体私营企业71家，年产值14.87亿元，实现利税1.9万元。个体工商户265户，从业人员1788人。外贸出口企业4个，出口产品交货额2.95亿元。外商投资企业4个，当年引进外资项目2个，合同利用外资650万美元，实到外资356万美元。

集镇建设　投入500万元，铺设污水管网4千米；集镇绿化6300平方米；新修农村道路6千米；程控电话容量6000门，其中当年新装电话80门，电话普及率89%。有线电视用户向数字电视用户转换1500门。

科技与社会事业　全镇科技人员310人，其中，初级技术职称256人，中高级技术职称54人。有中学1所，小学1所、幼儿园1所，教职工223人，在校中学生397人、小学生592人。有卫生院1个，病床20张，医卫人员35人。文体活动中心1个，影剧院1个。自来水普及率100%。当年新增农村社会养老保险506人。

人民生活　农民人均年收入10976元，职工人均收入17200元。农民人均住房46平方米，集镇居民人均住房47平方米。

（王　成）

【推进重点项目10个】 2011年，荣炳盐资源区推进重点项目10个，竣工2个，在建8个。其中：中盐300万吨盐卤管道及矿区改造项目、硕德科技农业生态园项目、万亩有机稻米项目、横塘湖生态农业二期、土地治理项目、悦源调味品项目、通济河汽车零部件项目、金能锅炉项目全面展开。投资4000万元的科技孵化器项目一期、投资3000万元的鑫坚美装饰材料项目一期已经建设完成。（刘光彦）

【成立农村合作组织7个】 2011年，荣炳盐资源区新成立7个农村合作组织，即南湾水产专业合作社、荣炳毅兴农机服务专业合作社、荣炳上舍土地股份专业合作社、荣炳塘北土地股份专业合作社、荣炳湖洋土地股份专业合作社、荣炳卧龙土地股份专业合作社、荣炳曲阳土地股份专业合作社，使荣炳盐资源区农村合作组织达到31个。

（刘光彦）

【万亩稻米基地创优质稻米品牌】 2011年，荣炳盐资源区采取"公司+基地+农户"一体化经营体系，实行"五统一"管理，在加大优质稻米和无公害稻米种植的基础上，大力推广使用工厂化育秧、秸秆还田及综合利用、测土配方、病虫害统防统治等新型农业技术，做大做优政府扶持农业项目，使得"珍荣"大米品牌受到市场广泛好评，让项目区农民真正受益。（刘光彦）

【举办各类培训班20期】 2011年，荣炳盐资源区相关职能部门结合农民群众所需，加大对水产、种植、创业、健康知识等方面的培训力度，极大提高了农民群众专业技能水平和医疗保健意识。园区共举办

各类培训班 20 期，培训 800 余人次。（刘光彦）

【园区新卫生院大楼投入使用】 2011 年，荣炳盐资源区投入 110 万元实施的荣炳卫生院大楼改造工程竣工，对手术室、治疗室等 5 个科室进行升级改造，并添置新设备，荣炳卫生院的形象进一步提升，医疗体系进一步完善。（刘光彦）

【"打麦号子"获丹徒田歌大赛一等奖】 2011 年 8 月 30 日，荣炳春晖艺术团在区委宣传部和区文广体局联合举办的首届"丹徒田歌大奖赛"中凭借"打麦号子"的出色演出，获一等奖。（刘光彦）

表 46　2011 年荣炳盐资源区村(居)民委员会情况

名称	组数(个)	户数(个)	人数(人)	耕地(公顷)	党组织书记	村(居)委会主任
高庄	33	1193	3903	309	徐志兰	徐志兰
蒲圩	39	1396	4508	322	凌小平	凌小平
胜利	27	785	2553	281	刘正祥	刘正祥
曲阳	34	1280	4212	343	张牛兆	张牛兆
曙光	53	1231	3980	372	张罗虎	张罗虎
集镇居委会	—	403	1143	—	—	—

（王　成）

表 47　2011 年荣炳盐资源区骨干企业情况　单位：万元

企业名称	产值	销售收入	利税	法人代表
中盐镇江盐化有限公司	5200	5200	1253	董爱明
江苏耕耘化学有限公司	33556	32672	4819	李泽方
镇江市华东化工有限公司	17996	17085	2595	魏小兰
镇江恒顺酒业有限责任公司	5203	5203	1391	袁金如
夏印厨具有限公司	8640	8640	1018	川奇洁
镇江恒强鞋业有限公司	3107	3107	276	张国强
丹徒区香澳油米厂	6075	5522	527	丁建英
镇江市川峰工具有限公司	7797	7797	1163	张发亮
镇江市欧泊服饰有限公司	10594	10594	1143	陆　俊
丹徒区华力电器厂	10520	10358	1485	牛龙华
镇江新蓝森服饰有限公司	2500	2500	132	臧艳霞

（王　成）

人 物

责任编校:刘 芳

区级党政领导

·区 委·

陈 琳 女,2012年2月,任中共镇江市丹徒区委书记。

1963年2月生,江苏句容人。1980年8月参加工作,1988年4月加入中国共产党,研究生学历。1980年8月至1989年7月,任句容县行香中学教师、副教导主任。1989年7月至1990年10月,任句容县文教局普教股副股长。1990年10月至1995年7月,任共青团句容县委学少部部长、副书记、书记。1995年7月至1997年10月,任句容市葛村镇党委书记。1997年10月至2002年11月,任句容市人民政府副市长。2002年11月至2005年12月,任中共句容市委常委、句容市人民政府常务副市长。2005年12月至2008年2月,任镇江市司法局党组书记、局长。2008年2月,任中共镇江市丹徒区委副书记,丹徒区人民政府区长。2011年12月主持区委工作。

张映桥 2012年2月,任中共镇江市丹徒区委副书记。

1972年5月生,江苏句容人,1993年8月参加工作,1995年12月入党,研究生学历。1993年8月任句容市下蜀工商所干部、所长。1997年3月任句容市委组织部科员、企事业干部科科长。1998年11月,任句容市后白镇副镇长,党委副书记。2001年3月,任句容市后白镇党委副书记、镇长。2002年12月,任句容市后白镇党委书记。2006年6月,任句容市委常委、后白镇党委书记。2007年5月至2010年2月,任句容市委常委、开发区党工委书记、管委会主任。2010年2月至2012年2月,任中共镇江市丹徒区委常委、区人民政府副区长。

杨伟民 2012年2月,任中共镇江市丹徒区委常委。

1963年4月生,江苏丹徒人,1981年8月参加工作,1987年1月入党,大学文化。1981年8月至1983年5月在丹徒县高资镇团结中学任教。1983年5月至1984年10月,镇江市第三纺织机械厂工人。1984年10月至1995年12月,世业乡政府办公室文书、团委书记、组检干事、组织委员、党委副书记。1995年12月至1997年1月,任丹徒县三山乡党委副书记、乡长。1997年1月至2000年2月,任丹徒县世业乡党委书记。2000年2月至2001年3月,任丹徒县姚桥镇党委书记。2001年3月,任镇江市丹徒区(县)高资镇党委书记、经济开发区管委会副主任。2002年12月至2012年3月,任镇江市丹徒区人民政府副区长。

李幸福 2011年7月,任中共镇江市丹徒区委常委、纪委书记。

1961年7月生,江苏武进人。1982年8月参加工作,1985年5月加入中国共产党,大学文化。1982年8月至1990年8月,任句容县中教师。1990年8月至1993年3月,任句容县文化局文艺股股长。1993年3月至1994年3月,任句容县影剧公司经理、党支部书记。1994年3月至1997年1月,任句容市委宣传部科长,副部长。1997年1月至2001年3月,任句容市行香镇党委书记。2001年3月至2002年12月,任句容市葛村镇党委书记。2002年12月至2004年7月,任句容市下蜀镇党委书记。2004年7月至2007年9月,任句容市委常委(其中2004年7月至2007年7月援藏任拉萨市达孜县委副书记、常务副县长)。2007年10月至2008年12月镇江市润州区人民政府副区长。2008年12月至2011年7月,任中共镇江市丹徒区委常委、江苏省丹徒经济开发区党工委书记。

韩宏亮 2011年7月,任中共镇江市丹徒区委政法委员会书记。

1972年3月生,江苏丹徒人。1990年8月参加工作,1996年9月加入中国共产党，大学文化。1990 年 8 月至 1990 年 11 月，在县房管局工作。1990 年 11 月至 1991 年 9 月，借调到县政府办公室工作。1991 年 9 月至 1993 年 9 月，任县政府办公室工作秘书。1993 年 9 月至 1995 年 3 月，任县政府办公室办事员。1995 年 3 月至 1996 年 1 月，任县政府办公室综合三科副股级秘书。1996 年 1 月至 1998 年 7 月，任县政府办公室综合一科副科长。1998 年 7 月至 2000 年 2 月，任县政府办公室综合三科科长。2000 年 2 月至 2003 年 8 月，任县政府办公室副主任。2003 年 8 月至 2004 年 12 月，任丹徒区黄墟镇党委副书记、镇长。2004 年 12 月至 2005 年 12 月，任丹徒区黄墟镇党委书记。2005 年 12 月至 2006 年 3 月，任丹徒区辛丰镇党委副书记、镇长。2006 年 3 月至 2007 年 5 月，任丹徒区辛丰镇党委书记。2007 年 5 月至 2011 年 7 月，任中共镇江市丹徒区委常委(2007 年 6 月至 2010 年 7 月援藏)。

赵志强　2012 年 2 月，任中共镇江市丹徒区委常委。

1969 年 7 月生，江苏丹阳人，1990 年 11 月参加工作，1994 年 4 月入党，中央党校经济管理专业本科毕业。1990 年 10 月至 1994 年 7 月，丹阳市吕城镇政府工作人员、团委书记。1994 年 7 月至 1998 年 11 月，任丹阳经济开发区管委会经济发展部工作人员、纪检干事、行政事务部部长。1998 年 11 月至 2001 年 11 月，任丹阳市窦庄镇政府副镇长。2001 年 11 月至 2007 年 11 月，任丹阳市埤城镇党委书记、镇长。2007 年 11 月，任镇江市丹徒区人民政府副区长。

叶向东　2007年12月，任中共镇江市丹徒区委常委、宣传部部长。

1962年 10 月生，江苏金坛人。1981 年 8 月参加工作，1986 年 12 月加入中国共产党，大学文化。1981 年 8 月至 1982 年 4 月，任丹徒县航运公司生产科工作。1982 年 4 月至 1983 年 12 月，任丹徒县造船厂技术员。1983 年 12 月至 1984 年 8 月，任丹徒县航运公司机务科技术员。1984 年 8 月至 1987 年 7 月，任江苏电大交通班船舶动力机械专业脱钿学习。1987 年 7 月至 1989 年 6 月，任丹徒县航运公司团总支书记。1988 年 9 月至 1992 年 11 月，兼任丹徒县交通局团委副书记。1989 年 6 月至 1992 年 12 月，任丹徒县航运公司副经理。1992 年 12 月至 1994 年 10 月，任丹徒县交通局团委书记，党委秘书(其中 1994 年 3 月至 9 月被抽调至县产权制度改革指导组和领导小组办公室工作)。1994 年 10 月至 1997 年 1 月，任丹徒县政府办公室秘书。1997 年 1 月至 2000 年 2 月，任丹徒县政府办公室副主任、党组成员。2000 年 2 月至 2004 年 12 月，任丹徒县(区)审计局长(2000 年 9 月至 2002 年 9 月参加南京大学研究生课程进修班社会学进修学习)。2004 年 12 月至 2005 年 6 月，任中共丹徒区委组织部副部长。2005 年 6 月至 2007 年 1 月，任中共丹徒区委组织部副部长兼区委企业工委书记。2007 年 1 月至 2007 年 12 月，任中共丹徒区委办公室主任。

凌荣春　2011 年 8 月，任中共镇江市丹徒区委常委，丹徒新城党工委书记、管委会主任、宜城街道党工委书记。

1966 年 4 月生，江苏丹徒人。1987 年 7 月参加工作，1992 年 6 月加入中国共产党，大学文化。1987 年 7 月至 1994 年 12 月，任丹徒县建委规划科办事员、副科长、规划设计中心主任、城镇测绘队队长、规划管理科科长。1994 年 12 至 1997 年 1 月，任丹徒县高资镇人民政府副镇长。1997 年 1 月至 2001 年 8 月，任丹徒县建委副主任。2001 年 8 月至 2003 年 8 月，任丹徒县建委副主任、丹徒区城建投资有限公司董事长兼总经理、丹徒新区规划建设部部长。2003 年 8 月至 2007 年 6 月，任镇江市丹徒区建设局局长。2007 年 6 月至 2007 年 11 月，任镇江市丹徒区辛丰镇党委书记、黄墟工业集中区党工委书记、龙山村党委书记。2007年12月，任中共镇江市丹徒区委常委、辛丰镇党委书记、人大主席。2009 年 12 月，区委常委、丹徒新城党工委书记、管委会主任。

赵志功　2011 年 5 月，任中共镇江市丹徒区委常委。

1968 年 11 月生，河南项城人。1985 年 6 月入伍，1987 年 12 月入党，大学本科文化。1985 年 6 月到至 1988 年 7 月某飞行基础学校学员。1988 年 7 月至 1990 年 7 月北京装甲兵工程学院学员。1990 年 7 月至 1993 年 4 月装甲某团一营二连排长。1993 年 4 月至 1995 年 6 月装甲某团组织干事。1995 年 6 月至 1997 年 12 月某装甲师秘书科秘书。1997 年 12 至 1999 年 3 月装甲某团一营二连政指。1999 年 4 月至 1999 年 9 月某装甲团组织股长。1999 年 9 月至 2004 年 4 月某军政治部秘书处秘书、副处长。2004 年 4 月至 2004 年 9 月某旅政治部副主任、机关党支部书记。2004 年 9 月至 2006 年 7 月某旅炮兵团政治处主任、党委委员。2006 年 7 月至 2010 年 6 月某旅副政委、党委委员纪委书记。2010 年 6 月任镇江市丹徒区人民武装部政委、党委书记。

徐申峰 2011年8月，任中共镇江市丹徒区委常委、高资街道党工委书记、开发区党工委书记、管委会主任。

1974年6月生，湖北麻城人。1997年7月参加工作，1996年5月加入中国共产党，研究生学历。1997年7月至1999年9月丹徒县宝堰镇企管站副站长、活塞环厂厂长助理、科技助理1999年9月至2000年2月丹徒县上党镇镇长助理；2000年2月至2002年11月丹徒区世业乡党委组织委员；2002年11月至2004年12月丹徒团区委书记；2004年12月至2005年12月丹徒区黄墟镇党委副书记、镇长；2005年12月至2011年6月丹徒区谷阳镇党委副书记、镇长、党委书记；2011年6月至2011年7月丹徒区区委常委、谷阳镇党委书记；2011年7月丹徒区委常委、经济开发区党工委书记、管委会主任、区发展总公司总经理、高资镇党委书记。

赵玉华 2011年6月，任镇江市丹徒区委常委、世业洲旅游发展总公司党工委书记、总经理、世业镇党委书记。

1963年9月生，江苏丹徒人。1979年8月参加工作，1992年9月加入中国共产党，研究生学历。1979年8月至1990年3月丹徒县机械厂；1990年3月至1994年8月丹徒县委宣传部(其中1992年10月至1993年10月挂职镇江电器开关厂副厂长；1994年2月至1994年7月上党镇政府产改指导组工作)；1994年8月至2001年11月丹徒县委宣传部理论教育科副科长、科长；2001年11月至2004年12月丹徒区世业镇党委副书记、镇长、世业洲国家级旅游开发区(筹)党工委副书记、管委会副主任；2004年12月至2005年12月丹徒区姚桥镇党委书记；2006年3月至2011年6月丹徒区世业洲旅游发展总公司党工委书记、总经理、世业镇党委书记。

·区人大·

陈　琳 女，2012年3月，在丹徒区第十五届人民代表大会第一次会议上当选区人大常委会主任。(简介参见212页)

许志涛 2012年3月当选丹徒区第十五届人大常委会副主任。4月任人大常委会党组书记。

1955年11月生，江苏盐城人。1973年12月参加工作，1975年12月加入中国共产党，研究生学历。1973年12月至1994年8月，历任南京军区某部卫生员；营营部书记，团政治处书记，连副政治指导员，连政治指导员；师政治部组织科正连职干事；团政治处组织股长；军政治部干部处副营职干事；军善后工作办公室政工组副营职干事，招待所党支部书记；师司令部直工科副营职干事，高炮营政治教导员，直工科正营职干事；师司令部直工科科长(副团职)。1994年9月至2000年11月，任中共镇江市纪律检查委员会干部管理室副科级纪检员，副主任；第二纪检监察室副主任，主任。2000年12月至2002年11月，任中共丹徒县(区)委常委、纪委书记。2002年11月至2006年6月，任中共镇江市丹徒区委副书记、纪委书记。2006年6月至2011年7月任中共丹徒区委常委、纪委书记。2011年1月任区十四届人大常委会副主任。

冷安康 2012年3月，任丹徒区第十五届人大常委会党组副书记、副主任。

1955年12月生，江苏丹徒人。

1980年10月参加工作，1983年2月加入中国共产党，大学学历。1980年1月至1984年7月，任丹徒县姚桥公社团委副书记、书记，团县委常委，团省委委员，公社党委秘书。1984年7月至1985年8月，任丹徒县委办公室秘书科副科长(主持工作)。1985年8月至1988年12月，任丹徒县世业乡党委副书记。1988年12月至1991年5月，任丹徒县广播电视局副局长。1991年5月至1992年7月，任丹徒县广播电视局副局长(主持工作)。1992年7月至1994年1月，任丹徒县广播电视局局长。1994年1月至2003年1月，任丹徒县(区)委组织部副部长(正科级)(其中1994年1月至1995年12月兼丹徒县级机关党委书记)。2000年2月至2003年1月兼预备役双37高炮营党委书记。2003年1月至2012年3月，任丹徒区第十三届、十四届人大常委会副主任、党组副书记。

丁国方 2012年3月，任丹徒区第十五届人大常委会副主任。兼丹徒区汽车办主任。

1955年3月生，江苏丹徒人。1975年9月参加工作，1985年8月加入中国共产党，大学学历。1974年9月至1981年10月，任丹徒县荣炳公社胜利中学、洋湖中学教师。1981年10月至1986年9月，任丹徒县荣炳乡政府农经公司副经理。1986年9月至1988年7月，任丹徒县委党校中专专修班脱产学习。1988年7月至1990年12月，任丹徒县荣炳乡党委秘书。1990年12月至1993年2月，任丹徒县荣炳乡党委宣传委员、党委秘书。1993年2月至1994年12月，任丹徒县上党镇副镇长。1994年

12月至1997年1月，任丹徒县上会镇党委副书记、镇长。1997年1月至1998年2月，任丹徒县石桥镇党委副书记、镇长。1998年2月至2001年3月，晌丹徒县西麓乡党委书记。2001年3月至2003年1月，任丹徒县谷阳镇党委书记。2003年1月至2003年8月，任丹徒区第十三届人大常委会副主任、谷阳镇党委书记。2003年8月至2006年3月，任丹徒区第十三届人大常委会副主任、辛丰镇党委书记。2006年3月至2012年3月，任丹徒区第十三届、十四届人大常委会副主任。兼丹徒区汽车办主任。

王卫方　女，2012年3月，任丹徒区第十五届人大常委会副主任。兼农工民主党丹徒基层委员会主委。

1963年1月生，江苏南京人。1983年7月参加工作，1995年6月加入中国农工民主党，大学文化。1983年7月至1987年5月，任丹徒县水泥厂技术员。1987年5月至2001年11月，在丹徒县乡镇工业局任生产技术科科长。2000年9月至2005年5月，任农工民主党丹徒支部副主委。2001年11月至2004年12月，任丹徒县（区）计经局工作技术科科长。2004年12月至2007年11月，任丹徒区发改委副主任。2005年5月至2007年12月，任农工民主党丹徒支部主委。2007年12月任丹徒区第十四届人大常委会副主任。农工民主党丹徒支部主委（2010年11月任农工民主党丹徒基层委员会主委）。

•区政府•

张映桥　2012年3月，任镇江市丹徒区人民政府区长（简介参见第212页）

赵志强　2012年3月，任镇江市丹徒区人民政府常务副区长。（简介参见第213页）

殷利民　2007年10月，任镇江市丹徒区人民政府副区长。

1971年4月生，江苏丹徒人，1992年8月参加工作，1995年11月入党，徐州师范大学历史系毕业。1988年9月至1992年6月，在徐州师范大学学习。1992年8月至1993年12月，在镇江市团校工作。1993年12月至2007年9月，在共青团镇江市委工作。

田志虹　2010年8月，任镇江市丹徒区人民政府副区长。

1969年6月生，江苏丹徒人，1988年8月参加工作，1995年11月入党，大学文化。1988年8月至1990年12月，丹徒县建设银行工作人员。1990年12月至1996年5月，任丹徒县工商局，历任姚桥工商所副所长、局企业管理股副股长。1996年5月至1997年7月，任丹徒县辛丰镇镇长助理、副镇长。1997年7月至1998年9月，任镇江市人行计划信贷处副主任科员。1998年9月至1999年9月，在镇江市工商局工作。1999年9月至2003年8月，任丹徒县（区）新城区办公室副主任，主任。2003年8月至2004年12月，任丹徒区辛丰镇党委副书记、镇长。2004年12月至2006年3月，任丹徒区丁岗镇党委书记。2006年3月至2007年6月，任丹徒新区党工委副书记、管委会副主任、新区街道办事处主任（筹）。2007年6月至2008年4月，任丹徒区建设局党委书记、局长。2008年4月至2010年3月，任丹徒区建设局党委书记、局长、高新园管委会主任。2010年3月，任丹徒区住建局党委书记、局长、高新园管委会主任。

曹扬文　2010年8月，任镇江市丹徒区人民政府副区长（挂职）。

1971年10月生，江苏丹阳人，1994年7月参加工作，1997年5月入党，研究生文化，法律硕士学位。1994年7月至2001年3月，龙潭监狱科员、办公室副主任、党委秘书（正科级）。2001年3月至2003年1月，任江苏省监狱局办公室主任科员。2003年1月至2010年8月，任江苏省司法厅办公室调研一科科长、办公室副主任。

贺　文　2011年1月，任镇江市丹徒区人民政府副区长，兼公安局党委书记、局长。2011年7月，任中共镇江市丹徒区委政法委员会副书记。

1967年1月生，江苏扬州人，1987年8月参加工作，1994年11月入党，大学文化。1987年8月至1990年12月，任镇江市公安局刑警大队、交警机动大队民警。1990年12月至1998年3月，任镇江市润州公安分局京儿路派出所民警、警长。1998年3月至1998年8月，任镇江市公安局大港分局民警。1998年8月至2000年3月，任镇江市新区公安分局兴港西路派出所副所长。2000年3月至2002年3月，任镇江市新区公安分局兴港西路派出所所长。2002年3月至2002年12月，任镇江市新区公安分局局长助理兼丁卯派出所所长。2002年12月至2003年4月，任镇江市新区公安分局副局长兼丁卯派出所所长。2003年4月至2003年5月，任镇江市新区公安分局副局长。2003年5月至2005年10月，任镇江市交巡警支队车辆管理所所长。2005年10月至2010年2月，任镇江市交巡警支队副支队长兼车辆管理所所长。2010年2月至2010年3月，任镇江市丹徒区公安局局长。2010年3月任镇江市丹徒区公安局党委书记、局长。

周国富 2011年10月，任镇江市丹徒区人民政府副区长（挂职）。

1970年8月生，湖北大冶人。1992年8月参加工作，九三学社，研究生文化（1998年7月毕业于武汉大学专业，硕士学位）。1992年8月至1995年9月，任鄂州石油公司工程师。1995年9月至1998年7月，武汉大学硕士。1998年7月至2000年9月，任信息产业部信息化工程总体研究中心工程师。2000年9月至2003年7月，北京大学博士生。2003年7月至2005年8月，武汉大学博士后。2005年8月至2011年10月，任武汉大学副教授（其中2006年12月至2007年12月德国汉堡大学访问学者；2010年1月至2010年5月美国加州大学欧文分校（UCI）访问学者；2010年9月至2011年9月挂职无锡市惠山区区长助理兼惠山区经济开发区管委会副主任）。

贺丽娟 女，2012年2月，任镇江市丹徒区人民政府副区长。

1979年10月生，江苏丹阳人。2002年7月参加工作，2009年11月加入九三学社，大学本科文化（毕业于南京信息工程大学行政管理专业，学士学位）。2002年7月至2007年11月，任九三学社镇江市委办公室科员。2007年11月至2010年9月，任九三学社镇江市委办公室副主任科员。2010年9月至2012年2月，任九三学社镇江市委办公室副主任（其中2011年8月至2012年2月，润州花园社区挂职锻炼）。

黄子来 2012年3月，任镇江市丹徒区人民政府副区长。

1965年6月生，江苏苏州人。1987年8月参加工作，1995年4月加入中国共产党，大学本科文化（1997年10月毕业于中央党校函授学院涉外经济专业）。1987年8月至1989年9月，任镇江市第十三中学教师。1989年9月至1992年2月，任丹徒县司法局公证处公证员。1992年2月至1995年8月，任丹徒县政法委办公室办事员。1995年8月至1996年5月，任丹徒县综合治理办公室副主任。1996年5月至1997年1月，任宝堰镇镇长助理。1997年1月至1998年11月，任上会镇副镇长。1998年11月至2001年11月，任上会镇党委副书记。2001年11月至2003年8月，任宝堰镇党委副书记、镇长。2003年8月至2005年12月，任宝堰镇党委书记。2005年12月至2012年2月区委组织部副部长（正科级）。2012年2月至2012年3月，任镇江市丹徒区人民政府党组成员、区委组织部副部长。

陈义龙 2012年4月，任镇江市丹徒区人民政府副区长（挂职）。

1977年8月生，贵州省罗甸县人。1997年9月参加工作，大专文化。1994年9月至1997年7月，在贵州省黔南民族农业学校国土专业学习。1999年12月至2003年12月，任贵州省罗甸县国土局地籍股长。2003年12月至2006年7月，任贵州省罗甸县大亭乡副乡长。2006年8月至2010年5月，任贵州省罗甸县董当乡乡长。2010年5月至2012年3月，任贵州省罗甸县副县长。

·区政协·

毕增立 女，2012年3月，当选丹徒区九届政协主席。

1955年3月生，安徽歙县人。1977年7月加入中国共产党。党校研究生学历。1971年10月至1981年4月，市公交公司驾驶员、政工科干部、团委书记、党总支副书记、党委副书记。1981年4月至1997年12月，任市总工会副主席、主席、党组书记。1997年11月至2007年12月，任中共丹徒县（区）委副书记。2007年12月任丹徒区第八届政协主席。

张国金 2012年3月，当选丹徒区九届政协副主席、党组副书记。

1955年6月生，江苏丹徒人。1975年6月参加工作，1979年7月加入中国共产党，大学文化。1975年6月至1978年2月丹徒县宝堰公社通讯组工作。1978年2月至1978年12月，任丹徒县“农业学大寨”工作队工作。1978年12月至1985年8月，任共青团丹徒县委干事，副书记，书记。1985年8月至1989年12月，任丹徒县辛丰乡党委副书记、乡长。1989年12月至1995年12月，任丹徒县荣炳乡党委书记，党委书记兼乡人大主席。1995年12月至1998年12月，任中共丹徒县委办公室主任。1998年12月至2000年12月，任中共丹徒县委常委、县委办公室主任。2000年12月至2002年11月，任中共丹徒县（区）

委常委、宣传部长。2002 年 11 月至 2006 年 6 月，任中共镇江市丹徒区委副书记。2006年6月至 2011 年 7 月，任中共镇江市丹徒区委常委、政法委书记。2011 年 1 月在镇江市丹徒区政协八届四次会议上当选副主席，5 月任党组副书记。

徐新祥　2012 年 3 月，当选丹徒区九届政协副主席。2012 年 4 月，任政协党组副书记、区委统战部部长。

1959 年 6 月出生，江苏宝应人，1976 年 7 月参加工作，1983 年 11 月加入中国共产党，大学学历。1976 年 7 月至 1997 年 1 月，任丹徒县粮油化工厂生产科副科长、科长、副厂长、厂长（其中 1994 年 9 月起兼任县油脂公司经理。1995 年 9 月起兼任丹徒粮机厂厂长。1995 年 11 月起兼任镇江金香花集团总经理）。1997 年 1 月至 1997 年 5 月，任丹徒县粮食局党委委员、副局长。1997 年 5 月至 2002 年 10 月，任丹徒县上会镇党委书记。2002 年 10 月至 2003 年 3 月，任丹徒区委常委、上会镇党委书记。2003 年 3 月至 2003 年 8 月，任丹徒区委常委、辛丰镇党委书记。2003 年 8 月至 2006 年 3 月，任丹徒区委常委、世业镇党委书记、世业洲旅游发展总公司总经理兼党工委书记。2006 年 3 月至 2006 年 8 月，任丹徒区委常委、政法委书记。2006 年 8 月至 2007 年 12 月，任中共镇江市丹徒区委常委、谷阳镇党委书记，2007 年 12 月至 2012 年 3 月，任镇江市丹徒区人民政府副区长。

郭祥明　2012年3月，当选丹徒区九届政协副主席。

1963 年 4 月生，江苏丹徒人。1982 年 8 月参加工作，南京农学院农学专业本科毕业，农学学士。1978 年 10 月至 1982 年 7 月，在南京农学院农学系农学专业学习。1982 年 8 月至 1984 年 4 月，任丹徒县高资公社农科站技术员、农业公司副经理。1984 年 5 月至 1988 年 8 月，任丹徒县农业局技术员、助理农艺师。1988 年 9 月至 1995 年 11 月，任丹徒县科委办事员、计划股长、科技开发中心副主任、主任。1995 年 12 月至 2006 年 3 月，任丹徒县（区）科委（科技局）副主任、副局长。2006 年 4 月至 2008 年 2 月，任丹徒区知识产权局局长兼科技局副局长。2007 年 12 月任丹徒区八届政协副主席。2010 年 3 月，兼任丹徒区工商联主席。

江　灿　2012年3 月当选镇江市丹徒区九届政协副主席。

1959 年 5 月生，江苏丹阳人。1977 年 7 月参加工作，1995 年 5 月加入中国民主建国会，大学文化。1977 年 7 月至 1980 年 12 月，知青，下放至丹徒县黄墟茶场。1980 年 12 月至 2005 年 12 月，任丹徒县物资局、镇江市丹徒县（区）物资再生利用有限公司、镇江市丹徒区物资资产管理总公司任综合股会计、业务股副股长、公司执行董事兼经理、副总经理。2005 年 12 月至 2007 年 12 月，任镇江市丹徒区民营经济发展局副局长。2007 年 12 月任丹徒区八届政协副主席。

李晓娟　女，2012 年 3 月，当选镇江市丹徒区九届政协副主席。

1970 年 2 月生，江苏丹徒人。1991 年 8 月参加工作，2009 年 11 月参加民主党派，大学文化。1991 年 8 月至 1993 年 11 月，任丹徒县财政局西麓财政所出纳会计、单位会计、总会计。1993 年 11 月至 2004 年 12 月，任丹徒县（区）财政局综合科总会计、副科长、行财科科长、预算科科长。2004 年 12 月至 2005 年 12 月，任丹徒区物价局副局长。2005 年 12 月至 2012 年 3 月，任丹徒区财政局副局长、经济开发区计划财务部主任。

先进人物

蔡登明　镇江市丹徒地方税务局党组书记、局长。2011 年 3 月被评为全国工会职工书屋建设先进个人。

1963 年 8 月生，江苏扬中人，本科学历，中共党员。1981 年 10 月至 1995 年 7 月部队服役。1995 年从部队转业至地税战线工作。2009 年 11 月，从镇江市第四税务分局局长调任丹徒地税局党组书记兼局长。认真践行“聚财为国、执法为民”税收工作宗旨，始终坚持以团队精神凝聚队伍，以创新实干推动工作，以能效管理严格考核，以职工书屋塑造品牌，2010 年、2011 年，丹徒地税局连续两年被镇江市地税局评为年度先进单位，局党组被评为“五好”党组织。

庄红宇　女，镇江市丹徒区公安局法制室主任。2011 年 12 月被评为全国执法考评工作先进个人。

1967 年 11 月生，江苏丹徒人，中共党员。1987 年 8 月至 1998 年 10 月，任丹徒县公安局预审股民警。1998 年 10 月至今，先后任镇江市丹徒区公安局法制科科员、副科长、教导员、法制室主任。多次受国家、省、市级表彰。

戴网成 丹徒区天之成畜禽专业合作社理事、高级畜牧师。2011年5月被评为江苏省劳动模范。

1950年1月生，中专学历，中共党员。从事畜牧养殖30多年，在对日本“稻鸭共作”、“发酵床养猪”技术引进研究再创新与推广、发展生态高效农业、促进农业增效农民增收等方面做出突出贡献。有5项科研成果处国际国内领先；申请专利16项；获省政府推广三等奖1次；获镇江市科技进步奖4项(一等奖2项)。参与和指导拍摄的“稻鸭共作技术”科教片获第23届国际农业电影节一等奖，“发酵床养猪”数字电影获中国电影华表奖。牵头将“稻鸭共作”技术在4个省(市)推广面积达10多万公顷，把“发酵床养猪”技术推广到8个省，共使农民增收10亿元以上。曾获省、市多次表彰，参加四川灾区援建。2010年被评为镇江市“大爱之星”、丹徒区优秀共产党员等荣誉。

张玉宏 江苏恒顺调味食品有限公司常务副总经理、高级政工师。2011年5月被评为江苏省劳动模范。

1964年1月生，本科学历，中共党员。在恒顺股份化、规模化发展进程中，张玉宏有效推动恒顺经营、管理工作水平的不断提升，为公司的平稳、高速发展和镇江醋业的繁荣作出杰出贡献。2006年，恒顺着手兴建50万吨香醋项目(一期)工程，该项目是镇江市“十一五”期间重点推进的大项目之一，也是镇江制醋业有史以来规模最为宏大的一项工程，张玉宏被恒顺党委派驻项目建设现场担任副总指挥。2年多时间里，本着“五个一流”的项目建设目标，不计个人得失，积极发挥自身在经营、管理方面的优势，主动深入现场一线，有效推进项目进程，确保项目基本建设任务的顺利、高效完成。在恒顺50万吨香醋工程投、达产过程中，作为公司常务副总经理，负责公司日常经营、管理工作，积极导入新的管理方法，并从强化制度的落实入手，积极推进公司“三项”制度改革，推动公司工作流程的优化，百年恒顺生产经营保持高速、平稳增长。公司成为全国同行业管理领域的标杆式企业，并为所在地经济的繁荣和美誉度的提升作出贡献。先后被评为江苏省青年科教兴农产业带头人标兵、镇江市销售工作先进个人、镇江市优秀科技工作者、镇江市科技骨干等荣誉。

邓克孝 丹徒区宝堰万顷特种水产养殖协会会长。2011年5月被评为江苏省劳动模范。

1961年4月生，高中学历，中共党员。近几年来，邓克孝获市、区多项荣誉。2009年，邓克孝成立丹兴水产养殖合作社，拥有水面两百多亩，养殖青虾、珍珠等，年净利润50多万元。致富后不忘周边乡邻，走在田头为乡亲们讲解水产养殖的技巧和防病、治病，多次从省、市农林局、科技园请来教授、老师授课，还为乡亲们养殖的青虾找好销路，每天用4辆卡车帮助乡亲运送青虾，形成养销一条龙，带动乡邻走上致富之路。

荣誉栏

表48 **2011年丹徒区获国家和江苏省表彰先进集体**

获奖单位	荣誉称号	授奖年月	授奖单位
世业镇	全国文明镇	2011.12	中央文明委
区公安局刑侦大队	社会治安综合治理先进集体	2011.5	省委、省政府
谷阳镇政府	2011年度江苏省社会治安综合治理先进集体	2011.12	省委、省政府
宝堰镇	全省安全生产先进单位	2011.1	省安全生产监督管理局
区畜牧兽医站	2010年度全省兽药、饲料及畜产品质量安全监管先进集体	2011.1	省农委
区畜牧兽医站	全省动物防疫工作先进单位	2011.1	省农委
区教育局	江苏省义务教育均衡发展先进县(市、区)	2011.1	省教育厅

续表

获奖单位	荣誉称号	授奖年月	授奖单位
区民政局	2010年度全省社会组织管理创新先进单位	2011.1	省社会组织管理局
区国土局	江苏省国土资源管理系统先进集体	2011.1	省人社局、省国土厅
区政府办公室	2009～2010年度全省政务信息工作先进单位	2011.2	省政府
宝堰法庭	首批全省公开司法示范庭	2011.2	省高级人民法院
区人防办	省人民防空先进单位	2011.3	省民防局、省军区司令部
区信访局	全省信访系统优秀集体	2011.3	省信访局
区畜牧兽医站	全省农业血防先进集体	2011.3	省农委
区卫生局党委	全省先进基层党组织	2011.3	省卫生厅
区工程质量检测中心	信用等级A级检测机构	2011.3	省住建厅
区总工会	2010年度经费收缴工作优胜单位	2011.3	省总工会
辛丰镇	江苏省计划生育协会先进单位	2011.3	省计生协会
辛丰镇	省人口和计划生育优质服务示范站	2011.3	省计生委
宝堰镇鲁溪村	江苏省民主法治示范村	2011.3	省依法治省领导小组
区人社局	江苏省“十一五”行政机关公务员培训工作优秀组织奖	2011.4	省公务员局
73057部队	人才建设先进单位	2011.4	四总部
宝堰法庭	审判管理工作先进集体	2011.4	省高级人民法院
谷阳镇西六集镇沼气服务站	江苏省农村沼气先进服务网点	2011.4	省农委
区散装水泥办公室	农村发散先进单位	2011.5	省经济和信息化委员会
丹徒国税局	信息工作先进县(市、区)局	2011.5	省国税局
区墙改办	2006～2010年度全省先进墙改办公室二等奖	2011.5	省经济和信息化委员会
丹徒国税局党总支	全省国税系统先进基层党组织	2011.6	省国税局
区妇联	妇女报刊宣传工作先进单位	2011.7	省妇联
区总工会	2011年经费收缴双过半先进单位	2011.7	省总工会
区农业技术推广中心	2008～2010年度江苏省农业丰收二等奖	2011.7	省农委
区公安局	全省执法示范县级公安机关	2011.7	省公安厅
73057部队	学习成才先进单位	2011.7	南京军区
宝堰镇	2010年度江苏省环境优美乡镇	2011.7	省环境保护委员会
区公安局	全省公安执法优秀单位	2011.8	省公安厅
区农业委员会	2009～2010年度农业科普宣传工作先进单位	2011.9	省农委
江心洲生态农业园区	文明敬老院	2011.10	省民政厅
荣炳盐资源区	文明敬老院 省级减灾示范社区	2011.10	省民政厅
区水产技术指导站	全省海洋与渔业科技标兵先进单位	2011.10	省海洋渔业局
辛丰镇	江苏省“关心下一代工作先进集体”	2011.10	省关工委
区总工会	厂务公开民主管理创新奖二等奖	2011.10	省总工会

续表

获奖单位	荣誉称号	授奖年月	授奖单位
区总工会困难职工帮扶中心	帮扶工作先进集体	2011.10	省总工会
区妇联	江苏省“平安家庭”创建活动示范县(市、区)	2011.11	省妇联
区科协	创作表演入围奖	2011.11	省科协、省教育厅等
区公安局高资派出所	集体二等功	2011.11	省公安厅
区法院	维护妇女权益示范岗	2011.11	省妇联
区散装水泥办公室	散装水泥宣传工作先进单位	2011.11	省散装水泥办公室
上党镇	全省第九届村委会换届选举先进集体	2011.11	省民政厅
丹徒工商局城镇分局	全省工商行政管理系统文明工商分局	2011.12	省工商行政管理局
区农村土地承包仲裁委员会	全国农村土地承包经营纠纷调解仲裁工作先进单位	2011.12	农业部农经站
区法制办	县级政府法制工作规范化建设示范单位	2011.12	省政府法制办
江心洲生态农业园区五套村	江苏省现代农业示范村	2011.12	省农委
区林业技术指导站	全省林业有害生物防治工作先进单位	2011.12	省林业局
区法院法警队	全省法院司法警察工作“标兵警队”	2011.12	省高级人民法院
73057 部队	基层建设先进单位	2011.12	南京军区
73860 部队	先进党委	2011.12	南京军区联勤部
73860 部队	后勤训练一级单位	2011.12	南京军区联勤部
73860 部队	依法治军从严治军先进单位	2011.12	南京军区联勤部
73860 部队	新闻宣传工作先进单位	2011.12	南京军区联勤部
区教育局	2006～2010 年全省教育系统法制宣传教育先进单位	2011.12	省委宣传部、省司法厅、省教育厅
丹徒地税局	江苏省廉政文化建设示范点	2011.12	省纪委
区妇联	江苏省实施妇女儿童发展规划先进集体	2011.12	省妇儿工委
区财政局	档案工作达江苏省五星级标准	2011.12	省档案局
区国土局	土地执法模范县(市、区)	2011.12	省国土厅
区残联	信息工作先进单位	2012.1	省残联
区卫生监督所	江苏省公共卫生监督先进单位	2011.12	省卫生厅
	江苏省“医疗服务监督哨点”示范单位		
上党镇	全省见义勇为工作先进集体	2011.12	省公安厅、省见勇为基金会
上党镇农业服务中心	全省百强乡镇农技推广综合服务中心	2011.12	省农委
区农业委员会	全省重点流域污染防治工作先进单位	2012.1	省农委
区农业委员会	全省农经农业系统工作效能考评先进单位	2012.1	省农委
区农业委员会	全省农经工作创新创优成果三等奖	2012.1	省农委
区农业技术推广中心	全省发展设施园艺工作先进集体	2012.1	省农委
区畜牧兽医站	全省农业科技入户工程先进单位	2012.1	省农委
区植保植检站	农作物病虫害专业化统防统治服务先进单位	2012.1	省农委
世业、荣炳水稻示范片	全省粮棉油高产增效创建工作 A 级示范片	2012.1	省农委

续表

获奖单位	荣誉称号	授奖年月	授奖单位
宝堰水稻示范片	全省粮棉油高产增效创建工作B级示范片	2012.1	省农委
区农林行政执法大队	2011年度全省农药监管年活动先进单位	2012.1	省农委
区文明办	省届全省“百名美德少年”、“十大美德少年标兵”评选活动组织奖	2012.1	省文明办、省教育厅、共青团省委、省妇联、新华报业传媒集团、省广电总局
区残联	《江苏省机关团体企业事业单位档案工作规范》复查省一星级	2011.12	省档案局
区保密局	2006～2011年度全省保密系统先进集体	2012.2	省人力资源和社会保障厅、省国家保密局、省公务员局
区侨办	江苏省侨办系统先进单位	2012.2	省侨办
区地震局	全省防震减灾先进单位	2012.2	省地震局
	全省观测资料评比水位测项、水温测项、资料报数均获第3名		
区农业委员会	全省村级公益事业建设一事一议二等奖	2012.2	省农委、省农改办、省财政厅
高桥镇	信访“四无”乡镇	2012.2	省信访局
区食品药品监督管理局	江苏省药品稽查工作先进集体	2012.3	省食品药品监督管理局
区国土局	2011年度全省国土资源财务管理先进单位	2012.3	省国土厅
	2011年度全省国土资源信访工作先进集体		
区委办	全省党委系统信息工作先进单位	2012.3	省委办公厅
高桥镇四方桥村	省级民主法治示范村	2012.3	省司法厅
世业镇	江苏省交通安全示范镇	2012.4	省交通厅
区人民医院工会	江苏省模范职工之家	2012.5	省总工会

表49　**2011年丹徒区获镇江市委、市政府表彰先进集体**

获奖单位	荣誉称号	授奖年月	授奖单位
区人社局	2006～2011年全市法制宣传教育先进单位	2011.9	市委、市政府
区国土局	2006～2010年全市法制宣传教育先进单位	2011.9	市委、市政府
辛丰镇	基层武装机构规范化达标建设先进单位	2011.9	市委、市政府
区公安局	2011年度跨越发展有功单位	2011.12	市委、市政府
区公安局	社会治安综合治理先进集体	2011.12	市委、市政府
区检察院	社会治安综合治理先进集体	2011.12	市委、市政府
世业镇	2006～2011综治平安建设先进镇	2011.12	市委、市政府
上党镇	双拥模范镇	2011.12	市委、市政府
区农业委员会	镇江市跨越发展有功单位	2012.1	市委、市政府
区人民医院	2011年度镇江市跨越发展有功单位	2012.1	市委、市政府
73860部队	双拥“六创”集体三等功	2012.1	市委、市政府
辛丰镇	镇江市跨越发展有功单位	2012.1	市委、市政府

续表

获奖单位	荣誉称号	授奖年月	授奖单位
丹徒新城管委会	镇江市2011年跨越发展有功单位	2012.2	市委、市政府
世业镇	2010～2011年镇江市法治镇创建工作先进单位	2012.2	市委、市政府
高桥镇	跨越发展突出贡献单位	2012.2	市委、市政府
区财政局	双拥六创嘉奖单位	2012.3	市委、市政府、军分区
区委老干部局	先进基层党组织	2011.6	市委
区政府办公室	2010年市政府12345服务热线工作先进单位	2011.3	市政府
高桥镇	“五五”普法先进单位	2011.9	市政府
区交通局	全市民族团结进步模范集体	2011.11	市政府
区物价局	全市价格调控工作先进集体	2012.1	市政府
73860部队	战备训练先进单位	2012.1	73841部队
73860部队	依法治军从严治军先进基层单位	2012.1	73841部队
73860部队	政工研究和信息工作先进单位	2012.1	73841部队

表50

2011年丹徒区获江苏省表彰先进个人

姓名	性别	出生年月	籍贯	工作单位、职务(职称)	荣誉称号	授奖年月	授奖单位
韦建云	男	1977.2	丹徒	区财政局综合科科长	全省财政系统先进工作者	2011.1	省财政厅、省人社厅
步方青	男	1967.11	丹徒	区物价局价格监测科、科长	全省价格监测工作先进个人	2011.2	省物价局
曾为民	男	1972.4	丹徒	区国土分局执法科监察科科长	全省国土资源系统信访工作先进个人	2011.3	省国土厅
李海滢	女	1982.8	镇江	区公安局团委副书记	全省预防青少年违法犯罪工作先进个人	2011.3	省综治委
汤金凤	女	1963.5	镇江	区法院民一庭庭长	学习陈燕萍先进个人	2011.4	省高级人民法院
吴宝成	男	1964.4	高资	高资文化站站长	江苏省宣传文化系统五个一人才	2011.4	省委宣传部
神玉龙	男	1975.9	丹徒	区国土分局利用科科长	全省土地利用管理先进个人	2012.4	省国土厅
彭义军	男	1962.2	宜兴	区公安局党委委员、纪委书记	全省公安机关“两车”专项治理工作先进个人	2011.4	省公安厅
薛菊金	女	1963.10	丹徒	区农业技术推广中心、栽培站站长、研究员	第六届江苏省农业技术推广一等奖	2011.4	省政府
王　珏	女	1983.12	镇江	团区委书记	江苏省优秀团干部	2011.5	团省委
文　涛	男	1982.1	镇江	区国税局办公室副主任	信息工作先进个人	2011.5	省国税局
徐晓江	男	1965.7	镇江	区散办、主任	全省发展散装水泥先进个人	2011.5	省经济和信息化委员会
马　俊	女	1972.9	镇江	区法院法警队	全省司法警察大练兵岗位竞赛女子中年组团体第三	2011.6	省高级人民法院
蒋　伟	女	1973.5	丹徒	区国税局第七分局局长	全省国税系统优秀共产党员	2011.6	省国税局
薛菊金	女	1963.10	丹徒	区农业技术推广中心、栽培站站长,研究员	2008～2010年度江苏省农业丰收奖二等奖	2011.7	省农委

续表

姓名	性别	出生年月	籍贯	工作单位、职务(职称)	荣誉称号	授奖年月	授奖单位
吴如成	男	1965.1	丹徒	区农业技术推广中心、土肥站站长、高级农艺师	2008～2010年度江苏省农业丰收奖二等奖	2011.7	省农委
朱平义	男	1964.9	丹徒	区农业技术推广中心、科员、高级农艺师	2008～2010年度江苏省农业丰收奖二等奖	2011.7	省农委
徐德镇	男	1957.12	山东龙口	区公安局党委委员、副局长	个人二等功	2011.8	省公安厅
徐晓江	男	1965.7	镇江	区散办、主任	全国散装水泥工作先进个人	2011.8	中国散装水泥推广发展协会
王建美	女	1967.8	丹徒	区水产技术指导站、站长、高级工程师	全省海洋与渔业科技标兵先进工作者	2011.9	省海洋与渔业局
王智寿	男	1957.6	丹徒	区农委、科长、农艺师	2010～2011年度农业科普宣传工作先进个人	2011.9	省农委
张锁兵	男	1970.3	丹徒	区农委、科员、农艺师	2010～2011年度农业科普宣传工作先进个人	2011.9	省农委
徐玉荣	男	1957.10	丹徒	上党农业技术服务中心、主任、农艺师	2010～2011年度农业科普宣传工作先进个人	2011.9	省农委
汤国强	男	1978.8	丹徒	十里长山生态农业生态园、总经理	2010～2011年度农业科普宣传工作先进个人	2011.9	省农委
王海霞	女	1982.3	丹徒	区农业技术推广中心、科员、农艺师	2010～2011年度全省农业科普宣传工作先进个人	2011.9	省农委
黄　玉	男	1977.12	镇江	荣炳盐资源区统计站站长	第六次全国人口普查先进个人	2011.9	省统计局、省人口普查领导小组办公室
杨锁荣	男	1944.10	丹徒	荣炳盐资源区老干部支部书记	全省关心下一代工作先进工作者	2011.10	省关心下一代工作委员会、省精神文明建设指导委员会办公室
朱伟俊	男	1979.3	丹徒	区农委、副科长、农艺师	全省农经统计工作先进个人	2011.10	省农委
江文波	男	1967.12	镇江	丹徒工商局、市合科科长	农资监管工作先进个人	2011.11	省工商局
蒋新建	男	1971.11	徐州	区法院研究室	全省金如皋征文比赛优秀奖	2011.11	省高级人民法院
吴小庆	女	1976.8	丹徒	上党镇政府办事员	第六次全国人口普查先进个人	2011.11	省统计局
魏明山	男	1959.6	丹徒	区农委、招商办主任、助理兽医师	第十三届(2011)江苏农业国际合作洽谈会综合考核评比先进个人	2011.12	省农委
王月芳	女	1964.10	丹徒	区畜牧兽医站、副站长、高级畜牧师	全省动物卫生监督工作先进个人	2011.12	省农委
段为东	男	1970.5	镇江	区法院民一庭	涉诉信访工作先进	2011.12	省高级人民法院
邬　兰	女	1978.11	镇江	区法院刑庭书记员	全省书记员比赛第六名	2011.12	省高级人民法院
张卫平	男	1956.10	丹徒	区物价局价格科科长	2009～2010年全省物价先进个人	2011.12	省物价局
沈延芳	女	1963.6	镇江	区法院档案室	贡献奖	2011.12	省档案局
马　俊	女	1972.9	镇江	区法院档案室	贡献奖	2011.12	省档案局
倪百连	男	1959.5	丹徒	区民政局社会事务和社会福利科负责人	全省民政工作先进个人	2011.12	省民政厅
彭学泉	男	1956.7	丹徒	区民政局老龄办主任	省福利生产先进个人	2011.12	省民政厅
张　峰	男	1984.2	丹徒	区民政局安置科办事员	省军休工作先进个人	2011.12	省民政厅

续表

姓名	性别	出生年月	籍贯	工作单位、职务(职称)	荣誉称号	授奖年月	授奖单位
郦建刚	男	1977.3	丹徒	区林业站、副站长、助理工程师	全省集体林权制度主体先进个人	2011.12	省林改小组、省林业局
王云华	男	1967.6	丹徒	区林业站、科员、农艺师	全省林业有害生物防治工作先进个人	2011.12	省林业厅
朱志兵	男	1966.12	丹徒	丹徒地税局党组成员、纪检组长	档案工作创建江苏省五星级标准荣誉	2011.12	省档案局
张　英	女	1970.5	丹徒	丹徒地税局工作人员	档案工作创建江苏省五星级标准荣誉	2011.12	省档案局
朱秀文	男	1966.5	镇江	区统计局副局长	第六次全国人口普查先进个人	2011.12	省人口普查领导小组办公室
凌建华	女	1968.12	镇江	区统计局办公室主任	第六次全国人口普查先进个人	2011.12	省人口普查领导小组办公室
李清婉	女	1959.5	镇江	区统计局科长	第六次全国人口普查先进个人	2011.12	省人口普查领导小组办公室
陈　岑	女	1988.3	镇江	区统计局	第六次全国人口普查先进个人	2011.12	省人口普查领导小组办公室
卞祖荣	男	1955.7	丹徒	区法制办、主任	2010～2011 年度县级政府法制工作先进个人	2012.1	省政府法制办
夏荣芳	男	1957.7	丹徒	区农委、副主任、农艺师	2011 年度绿色江苏建设先进个人	2012.1	省林业厅
吴　坤	男	1979.10	丹徒	区种子站、科员、农艺师	全省种子质量管理工作先进个人	2012.1	省农委
龚剑霞	女	1976.10	丹徒	区农委、科员、农艺师	全省重点流域面源污染防治工作先进个人	2012.1	省农委
凌须美	女	1973.11	丹徒	区农技推广中心、蔬菜站站长、农艺师	全省发展设施园艺工作先进个人	2012.1	省农委
杨益斌	男	1969.1	金坛	区国土分局党委书记、局长	江苏省档案工作先进个人	2012.1	省档案局
刘正国	男	1974.2	丹徒	区委办公室农村科副科长	先进工作者	2012.1	省委农工办
高富根	男	1963.10	丹徒	区国土分局党委副书记、副局长	2011 年度地籍管理先进个人	2012.2	省国土厅
樊朝发	男	1973.1	句容	区国土分局地政地籍科副科长	2011 年度地籍管理先进个人	2012.2	省国土厅
许　峰	男	1974.3	丹徒	区公安局高资派出所所长	全省优秀公安派出所长	2012.2	省公安厅
马秀萍	女	1967.4	镇江	区国土分局办公室办事员	江苏省档案工作先进个人	2012.2	省档案局
郑东军	男	1970.6	宜兴	区委办副主任	全省党委系统信息工作先进个人	2012.3	省委办公厅

表 51　**2011 年丹徒区获镇江市委、市政府表彰先进个人**

姓名	性别	出生年月	籍贯	工作单位、职务(职称)	荣誉称号	授奖年月	授奖单位
卢柏林	男	1964.5	丹徒	区检察院检察委员会委员、侦查监督科科长	社会治安综合治理三等功	2011.12	市委、市政府
徐成兵	男	1967.2	丹徒	区公安局党委委员、政工监督室主任	社会治安综合治理先进个人	2011.12	市委、市政府
於剑锋	男	1979.4	南通	区委组织部组织科科长	2006～2012 年社会治安综合治理先进个人	2011.12	市委、市政府
宋守雷	男	1962.4	安徽无为	区财政局局长	2011 年社会治安综合治理三等功	2011.12	市委、市政府

续表

姓名	性别	出生年月	籍贯	工作单位、职务(职称)	荣誉称号	授奖年月	授奖单位
万立惠	男	1962.11	丹徒	世业镇党委政法委员	社会治安综合治理个人二等功	2011.12	市委、市政府
胡仁方	男	1965.8	丹徒	荣炳盐资源区政法委员	社会治安综合治理三等功	2011.12	市委、市政府
贡云明	男	1972.8	丹徒	区工业总公司、副总经理	市创业型城市建设工作先进个人	2012.1	市委、市政府
卢玉金	男	1965.9	丹徒	区住建局党委委员、拆迁办公室主任	2011年度镇江市跨越发展突出贡献者	2012.1	市委、市政府
宋守雷	男	1962.4	安徽无为	区财政局局长	2011年度镇江市跨越发展突出贡献者	2012.1	市委、市政府
姚克仁	男	1962.12	丹徒	区人社局社保中心主任	2011年度镇江市跨越发展突出贡献者	2012.1	市委、市政府
卢柏林	男	1964.5	丹徒	区检察院检察委员会委员、侦查监督科科长	2010年度镇江市跨越发展突出贡献者称号	2011.2	市委、市政府
欧　璧	男	1973.1	丹徒	区财政局社保科科长	2011年度市双拥先进个人	2012.3	市委、市政府
魏海生	男	1949.5	丹徒	区海生草制品合作社社长	镇江市优秀共产党员	2011.6	市委
傅忠宇	男	1966	丹阳	区卫生局党委书记、局长	镇江市优秀共产党员	2011.6	市委
胡继锡	男	1965.9	赣榆	73860部队队长	双拥“六创”二等功	2012.1	市委
成　军	男	1969.8	宝应	73860部队政委	双拥“六创”三等功	2012.1	市委
林炳雷	男	1964.1	丹徒	区民政局副局长	市民族团结先进个人	2011.12	市政府

表52　　2011年丹徒区获镇江市劳动模范人物

姓　名	性别	出生年月	学历	工作单位	职务	授奖时间
吕永忠	男	1959.8	高中	江苏鹤林水泥有限公司(高资街道)	总经理	2011.5.1
杨贵洋	男	1979.7	本科	江苏领先电子有限公司(谷阳镇)	技术部经理	2011.5.1
刘文锦	男	1970.2	高中	镇江佳信皮业有限公司(高桥镇)	制鞋车间主任	2011.5.1
牛选平	男	1964.11	本科	沃得重工(中国)有限公司(丹徒新城开发区)	挖机项目部副部长	2011.5.1
马保红	女	1963.8	大专	中化镇江焦化有限公司(丹徒经济开发区)	技术员	2011.5.1
陈　炜	男	1976.1	大专	江苏特密斯混凝土外加剂有限公司(辛丰镇)	副总经理	2011.5.1
陆小林	男	1955.1	高中	江心北岛生态养殖有限公司(江心洲生态农业园区)	助理技术员	2011.5.1
张　俭	男	1982.1	本科	丹徒区金蟹虾养殖专业合作社(荣炳盐资源区)	技术员	2011.5.1
袁　宏	男	1969.5	大专	江苏钱潮轴承公司(辛丰镇)	综合办主任	2011.5.1
邢　鸣	男	1980.6	大专	江苏镇安电力设备有限公司(丹徒新城开发区)	技术部副部长	2011.5.1
马青松	男	1973.6	本科	丹徒区春沁茶叶专业合作社(上党镇)	理事长	2011.5.1
聂永平	男	1966.12	大专	丹徒区世业镇先锋村村委会	村支部书记	2011.5.1
曾明泉	男	1959.5	大学	丹徒区政府办公室	主任、党组书记	2011.5.1
王　妍	女	1979.1	本科	丹徒区科技局	副科长	2011.5.1

统计资料

责任编校:刘　芳

表 53　　2011 年丹徒区基本情况

项目	单位	数量
一、全区总面积	平方公里	617.08
其中:水面	平方公里	75.5
二、耕地面积	万亩	36.5
其中:水田	万亩	19.3
旱地	万亩	17.2
三、总户数	户	102980
四、年末总人口数	人	286686
年平均人口数	人	285344
在年末总人口数中:		
非农业人口	人	118155
男	人	140980
女	人	145706
本年出生人口数	人	2189
本年死亡人口数	人	1780
本年人口自然增长率	‰	1.43
本年人口出生率	‰	7.67
本年人口死亡率	‰	6.24
五、镇政府(园区)	个	10
村(居)民委员会	个	88
村(居)民小组	个	1884

表 54

2011 年丹徒区国民经济主要指标完成情况

单位：亿元

项目	2011 年	2010 年	增长%
一、地区生产总值(现价)	223.04	190.58	12.0
二、工农业总产值	746.25	584.09	27.8
其中：工业总产值	724.52	566.01	28.0
农业总产值	21.73	18.08	20.2
三、粮食总产量(吨)	193433	187547	3.1
四、固定资产投资总额	141.44	124.76	13.4
五、社会消费品零售总额	38.14	32.77	17.0
六、财政总收入	46.42	30.06	54.4
其中：地方一般预算收入	14.81	11.02	34.4
七、财政支出	34.68	22.09	57.0
八、实际利用外资(美元)	1.36	1.51	−9.0
九、进出口总额(美元)	6.08	4.2	34.1
其中：出口(美元)	4.87	3	28.8

表 55

2011 年丹徒区人均国民经济主要指标

单位：元/人

项目	2011 年	2010 年	增长%
一、地区生产总值(现价)	73574	63495	10.8
二、工农业总产值	246125	193215	27.4
其中：工业总产值	238958	200216	19.4
农业总产值	7167	6395	12.1
三、粮食总产量(公斤/人)	638	663	−3.8
四、社会消费品零售额	12579	11592	8.5
五、财政总收入	15310	10633	44.0
其中：地方一般预算收入	4885	3898	25.3
六、在岗职工年平均工资	40337	35265	14.4
其中：国有单位职工年平均工资	53658	49924	7.5
集体单位职工年平均工资	36181	26534	36.4
其他单位职工年平均工资	35394	—	—
七、农民人均纯收入	11704	10000	17.0
八、城镇居民可支配收入	26291	22771	15.5

表 56　　2011 年丹徒区地区生产总值完成情况(现价)　　单位:亿元

项目	2011 年	2010 年	增长%
地区生产总值	223.04	190.58	12.0
第一产业	13.64	11.48	4.5
第二产业	128	113.1	12.5
工业	121.02	106.2	13.3
建筑业	6.98	6.9	1.2
第三产业	81.4	66.0	12.3
交通运输仓储业	14.04	10.99	15.6
批发和零售贸易、餐饮业	27.8	20.34	24.5
房地产业	9.74	10.85	−17.1
其他服务业	29.82	23.82	14.1

表 57　　2011 年丹徒区地方财政预算内收入、支出情况　　单位:万元

收入	数量	支出	数量
合计	464217	合计	346809
一、国税部门	133637	一、一般预算支出	148010
1、两税	98995	1、一般公共服务	29462
(1)增值税	98854	2、国防	306
(2)消费税	141	3、公共安全	10133
2、所得税	34642	4、教育	33290
二、地税部门	102678	5、科学技术	4118
其中:所得税	19278	6、文化教育与传媒	2275
三、财政部门	227902	7、社会保障和就业	9957
(一)纳入一般预算收入	26102	8、医疗卫生	10150
1、农业两税	11900	9、环境保护	6260
(1)耕地占用税	4297	10、城乡社区事务	7983
(2)契税	7603	11、农林水事务	25452
2、专项收入	6353	12、交通运输	3219
(1)排污费收入(90%部分)	2008	13、工业商业金融等事务(包含以下科目:资源勘探电力信息等事务,商业服务业等事务,金融监管等事务,国土资源气象等事务,粮油物资管理事务,储备事务)	4990
(2)教育费附加收入	4345		
3、其他收入	3361		
4、行政性收费	4488		
(二)基金收入	201800	14、其它支出	415
在总计中:一般预算收入	148072	二、基金支出	198799

表 58

2011年丹徒区各镇(街道、园区)地区生产总值

单位:万元

镇(街道、园区)	2011年实绩	其中			2010年地区生产总值	增长%
		第一产业	第二产业	第三产业		
合计	2164552	89833	1294611	780108	1834722	18.0
高桥	81285	7260	49965	24060	68248	19.1
江心	25396	2811	15246	7339	21523	17.9
辛丰	315700	12432	227184	76084	266700	18.4
谷阳	146560	5655	108955	31950	125254	17.0
上党	264892	15689	149339	99864	226707	16.8
宝堰	87146	6686	44730	35730	72472	20.2
荣炳	78352	5100	45672	27580	65916	18.9
高资	516240	14850	379041	122349	432870	19.3
世业	48615	5664	8143	34808	42697	13.9
新城	600366	13686	266336	320344	512335	17.2

表 59

2011年丹徒各镇(街道、园区)工农业总产值(现价)、人均收入

镇(街道、园区)	工农业总产值	农业总产值(万元)			工业总产值(万元)			人均收入(元)
		合计	粮棉油	多种经营	合计	规模上	规模下	
总计	7386700	223000	57709	165291	7163700	6408409	755291	11704
高桥	302476	16766	4437	12329	285710	220720	64990	11864
江心	77023	11063	1478	9585	65960	55445	10515	11346
辛丰	1359386	37026	8755	28271	1322360	1113483	208877	13985
谷阳	838786	17350	5640	11710	821436	690872	130564	13420
上党	765629	35653	10327	25326	729976	575962	154014	12076
宝堰	182331	20387	6773	13614	161944	109075	52869	11976
荣炳	198197	16547	6186	10361	181650	111652	69998	10976
高资	2302747	33563	5882	27681	2269184	2232898	36286	14330
世业	35697	14018	4117	9901	21679	15559	6120	12471
新城	1319994	16193	2623	13570	1303801	1282743	21058	12691

说明:规模上即全部独立核算年销售收入2000万元以上工业企业。

表 60　2011 年丹徒区各镇(街道、园区)粮食作物面积与产量

镇(街道、园区)	粮食作物总产量(吨)	夏收粮食			秋收粮食		
		面积(亩)	单产(公斤)	总产(吨)	面积(亩)	单产(公斤)	总产(吨)
丹徒区	193433	178933	317	56745	246902	553	136688
高桥	15381	15959	339	5412	18211	547	9969
江心	3561	2040	399	813	5551	495	2748
辛丰	29923	32234	318	10238	39122	503	19685
谷阳	19125	18290	276	5064	27797	506	14061
上党	31596	30768	238	7321	48828	497	24275
宝堰	22527	20656	276	5699	26627	632	16828
荣炳	20867	19160	325	6225	24833	590	14642
高资	18887	14642	341	4999	24938	557	13888
世业	17738	20230	447	9046	19690	441	8692
新城	7341	4954	409	2024	11305	470	5317

表 61　2011 年丹徒区各镇(街道、园区)水稻、棉花、油料、水产品产量

镇(街道、园区)	水稻			棉花			油料			水产品产量(吨)
	面积(亩)	单产(公斤)	总产(吨)	面积(亩)	单产(公斤)	总产(吨)	面积(亩)	单产(公斤)	总产(吨)	
丹徒区	193786	613	118799	291	69	20	70143	103	7249	13000
高桥	15860	586	9293	—	—	—	3049	135	412	1396
江心	194	479	93	—	—	—	3474	212	736	637
辛丰	34328	532	18253	—	—	—	5861	138	811	631
谷阳	23223	547	12703	29	172	5	9281	119	1106	988
上党	39430	552	21755	70	114	8	21250	117	2493	2558
宝堰	25788	623	16077	—	—	—	7189	107	767	3034
荣炳	22351	624	13942	79	139	11	4618	128	592	852
高资	18404	582	10706	10	100	1	8028	100	808	1768
世业	4450	556	2473	93	82	3	1037	86	89	676
新城	9758	511	4985	10	100	2	6356	143	908	330

表 62

2011年丹徒区农村劳动力情况

单位：人

项目	数量
一、农村劳动年龄内人口教	157202
其中：劳动年龄内上学的学生教	6792
劳动年龄内丧失劳动能力的人数	3308
二、超过劳动年龄而实际参加劳动的人教	11890
三、乡村实有从业人员合计	158992
其中：男从业人员	79587
女从业人员	79405
合计中：1、农林牧渔业从业人员	38491
2、工业从业人员	67790
3、建筑业从业人员	15714
4、交通运输和邮政从业人员	6895
5、信息传输、计算机服务和软件业从业人员	705
6、批发与零售从业人员	7935
7、住宿和餐饮业从业人员	3907
8、金融、保险从业人员	735
9、房地产、社会服务从业人员	5871
10、卫生、体育和社会福利从业人员	761
11、教育、文化、艺术和广播电视业从业人员	1137
12、科学研究和综合技术服务业从业人员	215
13、乡经济组织管理从业人员	932
14、其他从业人员	7904

表 63

2011年丹徒区各镇(街道、园区)农村组织户数及人口情况

镇(街道、园区)	村(居)民委员会(个)	村(居)民小组(个)	户数(户)	人口(人)
总计	88	1884	87506	267017
高桥	6	149	7239	19974
江心	3	38	2880	6321
辛丰	15	353	15886	49087
谷阳	11	208	8483	29842
上党	15	268	14609	46679
宝堰	6	228	8017	22582
荣炳	5	186	6288	20299
高资	12	224	15111	42246
世业	5	37	4195	14576
新城	10	193	4798	15411

表 64

2011 年丹徒区农业机械拥有量

项目	单位	数量
一、农业机械总动力	万千瓦	19.26
1. 柴油机动力	万千瓦	11.64
2. 汽油机动力	万千瓦	0.74
3. 电动机动力	万千瓦	6.88
二、拖拉机及配套机械		
1. 大中型	台/千瓦	456/22767
2. 小型	台/千瓦	3899/35818
3. 配套农具	部	7925
三、种植机械		
1. 播种机	台	980
2. 插秧机	台/千瓦	447/2181
3. 排灌动力机械	台/千瓦	7735/51174
4. 农用水泵	台	6635
5. 稻麦联合收割机	台/千瓦	223/7679
6. 玉米联合收获机	台/千瓦	6/248
7. 油菜籽收获机	台/千瓦	107/3869
8. 秸秆粉碎还田机	台	2464
9. 温室	百平方米	2255
四、农产品初加工作业机械		
1. 粮食加工机械	台	567
2. 油料加工机械	台	134
3. 茶叶加工机械	台	397
五、畜牧养殖机械		
饲草料加工机械	台/千瓦	216/3193
六、渔业机械		
1. 增氧机	台/千瓦	260/507
2. 投饵机	台/千瓦	429/58
七、运输机械		
农用运输车	台/千瓦	1167/33358
八、农田基本建设机械	台/千瓦	76/5831

表 65

2011 年丹徒区交通运输情况

	单位	数量
公路总里程	公里	1012.558
其中:高速公路	公里	48.407
一级公路	公里	104.164
二级公路	公里	110.226
三级公路	公里	150.577
四级公路	公里	591.676
等外公路	公里	0
内河航道里程	公里	59.34
客运量	万人	1200
客运周转量	万人公里	62915
货运量	万吨	1902
货运周转量	万吨公里	104598
港口吞吐量	万吨	436

表 66

2011 年丹徒区文化广电体育事业情况

项　　目	单　　位	数　量
一、图书馆	个	1
藏书	万册	8.02
二、文化馆	个	1
乡镇文化站	个	9
三、文管会	个	1
文物藏品	件	55
四、职业剧团	个	1
五、影剧院	个	5
放映场次	场次	1376
观众	人次	360000
放映收入	万元	12
六、广播电台	个	1
乡镇广播站	个	9
七、电视台	座	1
八、体育		
1. 举办县以上运动会	次	6
2. 参加各类体育项目培训人数	人	550
3. 体育传统项目学校	所	4
4. 各项运动中破市记录	人/次	0
5. 各项运动中破县记录	人/次	1
6、各项运动中获金、银、铜牌数	块	10
其中:金牌	块	5
银牌	块	2
铜牌	块	3
7. 达二级运动员标准	人/项	15
达三级运动员标准	人/项	40
8. 电脑体彩销售站点	人	70

注:乡镇文化站与广播站合并,共 9 个。

工作生活指南

责任编校:刘　芳

表 67　　2011 年丹徒区委、区政府重要文件

文件名称	发文号	发文日期
中共镇江市丹徒区委关于制定丹徒区国民经济和社会发展第十二个五年规划的建议	镇徒发〔2011〕3 号	2011. 1. 17
“春晖行动”实施意见	镇徒发〔2011〕15 号	2011. 3. 17
中共镇江市丹徒区委员会关于加强人民政协政治协商制度建设的意见	镇徒发〔2011〕24 号	2011. 3. 17
关于贯彻国家和省、市中长期教育改革和发展规划纲要(2012—2020)年的实施意见	镇徒发〔2011〕115 号	2011. 5. 11
关于创建江苏省科普示范区的实施意见	镇徒发〔2010〕60 号	2011. 6. 9
关于加快水利改革发展推进水利现代化建设的意见	镇徒发〔2011〕1 号	2011. 9. 21
中共丹徒区委关于实施党建创新工程的意见	镇徒发〔2011〕107 号	2011. 10. 17
丹徒区全民科学素质行动计划纲要(2011—2015 年)实施意见	镇徒政发〔2011〕109 号	2011. 11. 7
关于对持《独生子女父母光荣证》的企业退休职工实行一次性奖励的实施意见	镇徒政发〔2011〕101 号	2011. 10. 4
关于进一步支持公交站场建设的意见	镇徒政发〔2011〕89 号	2011. 9. 27
区政府关于印发《镇江市丹徒区人民政府行政复议委员会试点工作实施方案》的通知	镇徒政发〔2011〕87 号	2011. 9. 5
关于新城住宅小区物业管理全覆盖的实施意见	镇徒政发〔2011〕86 号	2011. 9. 21
关于开展《全民消防安全宣传教育纲要(2011—2015)》宣贯工作的意见	镇徒政发〔2011〕81 号	2011. 8. 26
关于成立丹徒区苏南运河四级改三级工程建设指挥部的通知	镇徒政发〔2011〕72 号	2011. 8. 5
关于开展和谐示范社区创建活动的实施意见	镇徒政发〔2011〕71 号	2011. 8. 1
区人民政府关于表彰全区红十字工作先进集体和先进个人的决定	镇徒政发〔2011〕69 号	2011. 7. 25
关于印发《丹徒区“健康丹徒”2011 年度项目实施方案》的通知	镇徒政发〔2011〕68 号	2011. 7. 22
区人民政府区人民武装部关于表彰参加全市民兵应急分队干部骨干“三精”比武竞赛先进单位和先进个人的决定	镇徒政发〔2011〕67 号	2011. 7. 22
关于集中推进全区社会建设和管理工作的实施意见	镇徒政发〔2011〕64 号	2011. 7. 21
关于进一步加快法治政府建设的实施意见	镇徒政发〔2011〕59 号	2011. 7. 9
关于开展创建“土地执法模范区”活动的实施意见	镇徒政发〔2011〕31 号	2011. 4. 15
区人民政府　区人民武装部关于表彰全区武装工作先进单位和个人的决定	镇徒政发〔2011〕12 号	2011. 1. 28
关于表彰 2010 年度丹徒区城乡环境管理工作先进集体和先进个人的决定	镇徒政发〔2011〕9 号	2011. 1. 20
关于表彰 2010 年度全区安全生产先进集体和先进个人的决定	镇徒政发〔2011〕3 号	2011. 1. 14

关于对持《独生子女父母光荣证》的企业退休职工实行一次性奖励的实施意见

一、奖励对象

1996年1月1日以后由区人社部门批准、按企业职工基本养老保险规定办理退休手续，且退休时未享受独生子女奖励待遇的持有《退休证》及《独生子女父母光荣证》(或《独生子女证》)两证的退休职工。终身无子女的退休职工参照执行。

符合以上奖励条件、已死亡的持证退休职工的一次性奖励金，补发给其配偶或子女等法定继承人。

农村居民中已享受国家规定的退休待遇的(包括自由职业者)，参照企业退休职工发放一次性奖励金3000元，不再重复发放农村计生家庭奖励扶助金。

退休时已享受增加5%退休工资的待遇的，不在本奖励范围。

二、奖励标准

一次性奖励金的发放标准为每人3000元。按照《镇江市人口与计划生育实施办法》，已享受一次性奖励2000元的，予以差额补足。

三、资金来源

(一)2009年12月31日前持证退休职工一次性奖励资金来源

1. 非改制企业或兼并、转让、改制后企业的持证退休职工的一次性奖励金，由所在企业支付，参照独生子女补贴免征有关税收，税前列支。

2. 在企业兼并、转让、改制、破产前已办理退休手续的持证退休职工及退休前已与企业解除劳动关系的持证退休职工一次性奖励金，属县(区)属企业的由区财政支付。其余的按职工退休时所在企业的隶属关系分别由相关镇(园区、街道)或主管部门负责落实奖励金发放。

3. 无主管部门或不属镇(园区、街道)且企业无力支付的或关系在人社局就业托管中心的持"两证"的职工，一次性奖励金由区财政支付。

(二)2010年1月1日后持证退休职工一次性奖励资金来源

1. 与2009年12月31日前持证退休职工一次性奖励资金来源一致。

2. 本意见实施后，依法实施改制或破产企业持证退休职工的一次性奖励金，分别在改制成本和破产清算资金中计提。

四、奖励金发放程序

(一)2009年12月31日前持证退休职工一次性奖励金发放程序

1. 申请。持证退休职工向户籍所在地社区(村委会)提出申请，退休后居住在外地的职工向退休前户籍所在地或企业所在地社区(村委会)提出申请，填写《企业职工享受一次性奖励退休待遇申报表》，提交《身份证》、《户口簿》、《独生子女父母光荣证》、《退休证》等相关证明材料的原件及复印件。

持证退休职工已死亡的，由其配偶或子女等法定继承人办理相关申报手续，需提交代理人《身份证》、直系亲属证明及持证退休职工死亡证明。

持证退休职工已填报过申报表的，无需重新申请。

2. 审核。持证退休职工将申报表提交社区(村委会)，由社区(村委会)、镇(园区、街道)两级计生部门对《独生子女父母光荣证》有效性进行审核，出具审核意见，其中2003年以后经企业办理退休手续的持证退休职工还需将申报表提交企业，由企业负责对持证退休职工是否已依据《镇江市人口与计划生育实施办法》规定享受过一次性奖励2000元情况进行审核，并出具审核意见。区人口计生部门将经审核后符合持《独生子女父母光荣证》的企业退休职工的申报表及花名册交社保经办机构，由社保经办机构负责对《退休证》有效性及退休时是否已享受过独生子女奖励待遇情况进行审核，并出具审核意见。

3. 发放。社保经办机构将审核通过的所有持证退休职工按发放渠道分类编制花名册，并上交一次性奖励工作组。由一次性奖励工作组将应由所在企业发放的持证退休职工花名册交发改经信委或行业主管部门组织实施；将应由财政发放的持证退休职工花名册上报财政部门，经财政部门审批后由社保经办机构将一次性奖励金直接划入奖励对象的养老金银行帐户。

(二)2010年1月1日至2011年8月31日期间以及2009年12月31日前补登记的持证退休职工一次性奖励金发放程序按照上述文件精神执行。

(三)2011年9月1日后持证退休职工一次性奖励发放程序

1. 属企业支付的职工，在办理退休手续时，向企业提出申请并填写《企业职工享受一次性奖励退休待遇申报表》，经企业审核确认后，即可由企业按程序提前直接发放。

2. 属主管部门、镇(园区、街道)支付的企业职工，在办理退休手续时，经相关部门审核确认后，即可按程序及时发放，但不得迟于区财政同批同期兑付对象的兑付时间。

3. 属财政支付的职工，在办理退休手续时，向社保经办机构提出申请，并填写《企业职工享受一次性奖励退休待遇申报表》。户籍在本区的，由社区(村委会)、镇(园区、街道)两级人口计生部门对《独生子女父母光荣证》有效性审核确认；对区外户籍的，由区人口计生委审核确认，确认后将申报表提交社保经办机构。经财政部门审核后，将所需资金拨付社保经办机构，由社保经办机构将一次性奖励金直接计入奖励对象的养老金银行帐户。

五、兑付办法

(一)1996年1月1日至2009年12月31日持证退休职工一次性奖励金于2011年年底前兑付结束(经个人申请、部门审核，目前共有3010人属于丹徒区发放范围)。

1. 非改制企业或兼并、转让、改制后企业的持证退休职工的一次性奖励金按名单由所在企业实施兑付。

2. 属区财政支付的一次性奖励金，经财政部门审批后由社保经办机构将一次性奖励金直接划入奖励对象的养老金银行帐户。

3. 属主管部门或镇(园区、街道)支付的一次性奖励金，由主管部

门和相关镇(园区、街道)负责实施兑付;

(二)2010年1月1日后持证退休职工一次性奖励金兑付办法

对于2010年1月1日至2011年8月31日期间持证退休职工的一次性奖励,采用2009年之前退休的相关办法和待遇执行,并于2012年12月31日前兑付结束。2011年9月1日至2012年8月31日持证退休职工的一次性奖励金于2013年12月31日前兑付结束,依此类推。

丹徒区征地补偿和被征地农民基本生活保障实施办法

第一章 总 则

第一条 为进一步加强征地补偿安置工作,维护被征地农民和农村集体经济组织合法权益,保障被征地农民基本生活,根据《江苏省土地管理条例》、《江苏省征地补偿和被征地农民基本生活保障办法》、《镇江市征地补偿和被征地农民基本生活保障办法》等法规、政策规定,结合本区实际,制定本实施办法。

第二条 本实施办法所称被征地补偿和被征地农民基本生活保障,是指国家将农民集体所有土地征收为国有后,依法给予被征地农民和农村集体经济组织补偿,并建立被征地农民基本生活保障制度,保障被征地农民基本生活的行为。

本实施办法所称被征地农民,是指农民集体所有土地被征收为国有后,从拥有该土地的集体经济组织成员中产生的需要安置的人员。

第三条 在本区行政区域内实行征地补偿和被征地农民基本生活保障适用本实施办法。大中型水利、水电工程建设征地的补偿费标准和移民安置办法,国务院、省政府另有规定的,从其规定。

第四条 区人民政府统一负责征地补偿和被征地农民基本生活保障的组织实施,以及历史遗留的被征地农民基本生活问题的解决。区国土资源部门具体负责征地补偿工作和征地补偿安置费用的解缴;区财政部门负责征地补偿安置费用和基本生活保障资金的监督、管理;区人力资源和社会保障部门负责被征地农民基本生活保障资金的发放及个人账户管理;区公安部门负责提供被征地农村集体经济组织农业户口人员的户籍常表,并负责做好相关户籍管理工作;区审计部门依法加强对征地补偿资金和被征地农民基本生活保障资金的审计监督;区农林、民政、监察等部门按照各自职责共同做好相关工作。

镇(园区)人民政府(管委会)应配合做好征地补偿安置和被征地农民基本生活保障工作。

第五条 征地补偿标准和被征地农民基本生活保障待遇标准,依据当地土地价值和经济发展水平适时调整,由区国土资源局、区人力资源和社会保障局会同区财政局等有关部门提出调整方案,报区政府批准后实施。参加被征地农民基本生活保障的人员同时参加其他各类社会保险的,到达享受年龄段时,只能选择享受一种。

第六条 建立农民集体土地数据库和农业人口统计台帐。

农民集体土地面积、类别以国土资源部门上一年度地籍变更调查资料为准,在当地村民小组张榜公示无异议后,由区国土资源部门建立台帐。

农业人口统计台帐由本区域村民小组统计填报、村民委员会汇总张榜公示,经镇人民政府(管委会)会同当地公安派出机构审核确定,实行动态管理,并分别报区级人力资源和社会保障、国土资源和公安部门备案。

(一)下列人员应纳入农村集体经济组织实有在册农业人口统计:

1. 本集体经济组织内出生,且户口在本集体经济组织,在拥有该土地的农村集体经济组织内享有土地承包经营权、承担农业义务的人员;

2. 因合法婚姻、收养关系,户口迁入本集体经济组织享有土地承包经营权,承担农业义务的人员;

3. 根据国家移民政策,户口迁入本集体经济组织享有土地承包经营权,承担农业义务的人员;

4. 其他户口迁入本集体经济组织并实际居住的农业人员,在原居住地未取得承包地,无稳定非农职业,经本集体经济组织成员的村民会议三分之二以上成员同意,接纳为本集体经济组织成员,享有土地承包经营权,且拥有承包地承担农业义务的人员;

5. 原户口在本集体经济组织的高等院校、中等职业技术学校享受国民教育的在校学生;

6. 原户口在本集体经济组织的现役义务兵、符合国家有关规定的士官在服役期间不得享受基保待遇,待退役后凭相关手续继续享受基保待遇;

7. 原户口在集体经济组织的服刑、劳教人员,在服刑、劳教期间不得享受基保待遇,待刑满释放、解除劳教后凭公安部门的证明享受基保待遇;

8. 购买小城镇户口,户口仍属原居地派出所的管辖,在该集体经济组织内仍有承包地并承担农业义务的人员。

(二)下列人员不得计入实有在册农业人口统计:

1. 历次征收土地已进行安置的人员(主要指已安排就业、领取土地补偿费或安置补助费及撤组转非人员);

2. 户口在农村集体经济组织的国家机关或事业单位(包括参照事业单位管理的)在编人员;

3. 户口虽在农村集体经济组织,但征地前已享受城镇企业职工养老保险或机关、事业单位离退休(职)、保养待遇的人员。

第二章 征地补偿安置

第七条 依法征收农村集体经济组织所有的土地,必须按规定的标准足额补偿。征地补偿费包括土地补偿费、安置补助费、地上附着物和青苗补偿费。

第八条 征收土地补偿标准根

据所征收土地的不同类别，按耕地前三年平均年产值的相应倍数确定。丹徒区一般耕地前三年平均年产值为每亩1800元，菜地前三年平均年产值为每亩2600元。

第九条 土地补偿费标准

(一)征收耕地(含菜地，下同)、其他农用地、非农建设用地的，按一般耕地前三年平均年产值的10倍计算；

(二)征收鱼塘、果园、其他经济林地的，按一般耕地前三年平均年产值的12倍计算；

(三)征收未利用地的，按一般耕地前三年平均年产值的5倍计算。

第十条 安置补助费标准

(一)安置补助费按照需要安置的被征地农民人数计算。需要安置的被征地农民人数，按照被征收的农用地数除以征地前被征地单位人均农用地数计算。每一名需要安置的被征地农民安置补助费为13000元/人。

(二)征收未利用地和非农建设用地的，不支付安置补助费。

第十一条 地上附着物补偿费(见附表1)

房屋及其它建筑物、构筑物的补偿办法及标准按区人民政府的规定执行。

第十二条 青苗补偿费标准(见附表2)

(一)青苗补偿费按一季产值计算一次性补偿，能如期收获的不予补偿。苗木、花草以及多年生经济林木等作价收购补偿；对附表3以外的花木、苗圃以及多年生经济林木等协商作价收购补偿(见附表3)，协商不成的，由国土资源部门牵头，参照市场价格确定。

(二)在征地告知书送达后，擅自突击栽种的花草、林木、青苗及建造的地上附着物一律不予补偿；

(三)非农建设用地和无收益的非耕地不予补偿。

第十三条 征收土地经依法批准并公告后，被征收土地的所有权人、使用权人应当在公告规定期限内，持土地权属证书(或相关证明材料)到公告指定的国土资源部门办理征地补偿登记。

第十四条 区国土资源部门应根据依法批准的征收土地方案，会同有关部门拟订征地补偿安置方案，在被征收土地所在地的镇(园区)、村予以公告，听取被征收土地的农村集体经济组织和农民的意见。征地补偿安置方案经依法批准后，由区国土资源部门组织实施。

第十五条 被征收土地的农村集体经济组织或农村居民对征地补偿安置标准有争议的，由区人民政府组织协调；协调不成的，当事人可提请批准征收土地的人民政府裁决。征地补偿标准争议在裁决前不停止征收行为的实施，裁决后按裁决的结果执行。

第三章 被征地农民基本生活保障

第十六条 被征地农民基本生活保障实行即征即保、应保尽保，并本着自愿原则，逐步与城镇企业职工养老保险接轨。

第十七条 征地需安置被征地农民按下列程序产生：

(一)区国土资源部门在征地公告后，按提供备案的被征地村组农业人口统计台帐，计算需要安置人数。

(二)征地需安置人员由被征地农村集体经济组织过半数以上成员同意提出，农村集体经济组织不健全的，由村委会提出名单，并在征地补偿安置方案公告发布后15日内上报安置人员名单。

(三)镇人民政府负责对被征地农村集体经济组织或村民委员会上报安置人员名单进行审核后，报区级人民政府确定。

(四)经确定的安置人员名单，由村委会负责在被征地的农村集体经济组织进行张榜公示，公示时间为5日。经公示有异议的，由区人民政府组织人力资源和社会保障、公安、国土资源部门审定。名单不能确定的，不影响土地的交付。

第十八条 被征地农民的名单确定后，由区人力资源和社会保障部门测算保障安置资金方案，做好被征地农民基本生活保障个人账户记载和资金发放。

村委会应当将被征地安置人员从农业人口统计台帐中分离出来，并报公安户证管理机关备案。分离出原农村集体经济组织的居民不再享有农村土地承包经营权。

第十九条 设立被征地农民基本生活保障资金，纳入财政专户，实行收支两条线管理，专项用于被征地农民的基本生活保障。

第二十条 被征地农民基本生活保障资金专户由被征地农民基本生活保障个人账户和社会统筹账户组成。80%的农用地土地补偿费和全部的安置补助费进入被征地农民基本生活保障个人账户。政府从土地出让金等有偿使用收益中按规定提取的资金进入社会统筹账户。

被征地农民基本生活保障个人账户资金按照银行同期存款利率计息。

区财政部门应当在征地补偿安置方案批准之日起3个月内，根据区国土资源部门提供的新征收土地面积将政府出资部分足额转入社会统筹账户。

第二十一条 征地补偿安置方案经批准后，区国土部门应当在征地补偿安置方案批准之日起3个月内，将被征地农民80%的农用地土地补偿费和全部安置补助费划入同级财政部门在银行设立的被征地农民基本生活保障资金个人账户；将20%的农用地土地补偿费和未利用地、集体非农建设用地全额的土地补偿费支付给被征地农村集体经济组织；将青苗补偿费及地上附着物补偿费支付给青苗和地上附着物所有者。被征地农民基本生活保障资金个人账户资金不足4.5万元的，补贴至4.5万元，补贴部分资金列入征地成本；高于4.5万元的部分，由区人力资源和社会保障部门退还给被征地农民。

第二十二条 支付给被征地农村集体经济组织的土地补偿费，应单独建立农村集体经济组织土地补偿费资金账户，实行组有镇管、封闭运作、专款专用，用于解决历史遗留的被征地农民的生活问题，以及农村集体经济组织发展生产和公益性事业，不得挪作他用，并接受财政、农林、审计部门的监督管理。

第二十三条 不计入农业人口数据库的人员在农村集体经济组织仍有承包地的，其承包地调整前被征收时，享有地上附着物和青苗补偿费，并按该村民小组本项目被征地农民人均农用地面积土地补偿费80%的标准给予一次性补偿(其承包地小于该村民小组本项目征地人均农用地面积的，按其承包地面积的土地补偿费的80%计算)，但不享有安置补助费。

第二十四条 征地补偿安置费用按规定足额支付到位后，区国土部门向被征地农村集体经济组织发出交地通知，被征地农村集体经济组织应当按交地通知书明确的期限交付土地，不得以任何理由拖延或拒绝。拒绝交地的，由区国土资源部门申请人民法院强制执行。

征地补偿安置费没有按规定足额到位的，被征地农村集体经济组织及其成员有权拒绝交地。

第二十五条 被征地农民基本生活保障资金来源：

(一)80%的农用地土地补偿费和全部安置补助费。

(二)政府从土地出让金等土地有偿使用收益中列支的部分。区人民政府按当年新征收土地面积计算，每亩计提1万元(划拨供地的按每亩1万元直接列入征地成本)。

(三)本区城市规划区范围内凡涉及企业退城进区、开发区建设等有偿使用收益享受先征后返扶持政策的(包括存量和增量土地)，在返还前每亩计提1万元，作为政府从土地出让金等有偿使用收益中列支的部分。

(四)被征地农民基本生活保障资金的利息及其增值收入。

(五)其他可用于被征地农民基本生活保障的资金。

基本生活保障资金不足支付的，由区级财政部门负责解决。

第二十六条 经依法批准征收土地后，以土地补偿安置方案批准之日为界限，将被征地农民划分为下列四个年龄段：

(一)第一年龄段为16周岁以下；

(二)第二年龄段为男16周岁以上至50周岁、女16周岁以上至45周岁；

(三)第三年龄段为男50周岁以上至60周岁、女45周岁以上至55周岁；

(四)第四年龄段(养老年龄)为男60周岁以上、女55周岁以上。

以上所称“以上”均包含本数。

第二十七条 第一至第四年龄段被征地农民统一纳入本办法规定的被征地农民基本生活保障体系。

被征地农民可自愿按规定选择参加企业职工基本养老保险。

第四年龄段人员只能参加被征地农民基本生活保障。

第二十八条 第一至第四年龄段被征地农民统一纳入本办法规定的被征地农民基本生活保障体系，并按照不同的年龄段，实行不同的保障标准。保障标准按本办法的附件执行(附表1)，并根据本地区社会经济发展及物价指数的变动适时调整。

(一)第一年龄段人员一次性领取生活补助费8000元，所需资金从其个人账户中列支。到达第四年龄段时，按月领取被征地农民基本生活养老金。原执行镇徒政办发[2004]27号文件的第一年龄段人员已领取生活补助费4000元，在其个人帐户中列支，到达第四年龄段时，按月领取被征地农民基本生活养老金。

(二)第二至第三年龄段人员，从实行基本生活保障的当月起，至到达养老年龄时，按月领取生活补助费；到达养老年龄时，按月领取养老金。

(三)第四年龄段人员，从实行基本生活保障的当月起按月领取养老金。

第二十九条 第二至第三年龄段被征地农民，可自愿选择参加企业职工基本养老保险，到达养老年龄时，按照社会保险政策相关规定享受相应的养老待遇。具体实施办法由区人力资源和社会保障等部门制定。

参加被征地农民基本生活保障的人员同时参加其他各类社会保险的，到达享受年龄段时，只能选择一种社会保险待遇。

第三十条 被征地农民必须参加居民医疗保险，享受相应的居民医疗保险待遇。参加居民医疗保险应交的费用，从被征地农民基本生活保障资金个人账户中列支，具体按照区相关政策规定执行。

第三十一条 参加基本生活保障人员因出国定居、大学录取或者迁居外地及家庭重大变故等特殊情况，本人提出终止基本生活保障关系的，须出具有关证明，经当地被征地农民基本生活保障领导小组办公室核准后，可一次性申领个人账户资金余额，列入征地成本补贴个人账户的资金不支付给本人，统一进入社会统筹账户。参加基本生活保障人员死亡时，其个人帐户本息余额一次性结清给其法定继承人或指定受益人。

第三十二条 被征地农民家庭符合最低生活保障条件的，可向户籍所在地民政部门申请享受当地居民最低生活保障。

第四章 促进就业

第三十三条 参加基本生活保障或企业职工基本养老保险的被征地农民，在法定劳动年龄内有劳动能力和就业要求但未能就业的，视同城镇登记失业人员，发给《就业失业登记证》，享受相应的就业扶持政策；对就业困难的被征地农民，视同城镇失业就业困难群体，在《就业失业登记证》对应类别栏目上加以认定和标注，发给《再就业优惠证》，享受相应的优惠扶持政策。

第三十四条 人力资源和社会保障部门要有计划、有步骤地组织被征地农民进行就业前的职业技能培训，并提供职业介绍、职业指导等就业服务。在法定劳动年龄内参加基本生活保障或企业职工基本养老保险的被征地农民，凭相关证明可免费参加人力资源和社会保障部门组织的下岗失业人员技能培训。

被征地农民参加有关就业扶持和免费就业服务所需资金，由区级人民政府在当地的土地有偿收益中按每人1500元标准一次性安排划出，与促进就业专项资金统一使用。

第三十五条 区经办机构用于被征地农民基本生活保障工作经费由同级财政解决。

第五章 附 则

第三十六条 被征地农民基本生活保障基金、增值部分以及保障人员领取的基本生活保障金、生活补助费，按国家有关规定免征税费。

第三十七条 以伪造有关证件或者其他手段冒领、虚领有关费用的，由经办机构负责追回，构成犯罪的依法追究刑事责任。

第三十八条 国家工作人员在被征地农民基本生活保障工作中玩忽职守、滥用职权、徇私舞弊的，依法给予行政处分；构成犯罪的，依法追究刑事责任。

第三十九条 本实施办法自2011年7月1日起施行，凡过去本区有关规定与本办法不一致的，按本实施办法执行。如上级政府有新的规定时，按新规定执行。区政府办公室关于转发《谷阳镇人民政府征地补偿和被征地农民基本生活保障办法》的通知（镇徒政办发[2004]27号）、区政府关于关于印发《丹徒区被征地农民基本生活保障实施意见》的通知（镇徒政发[2007]106号）同时废止。

第四十条 本实施办法有效期5年。

表68 **地上附着物补偿标准**

<table>
<tr><th>品种归类</th><th colspan="2">规 格</th><th>单 位</th><th colspan="3">标准(元)</th></tr>
<tr><td>喷灌设施</td><td colspan="2"></td><td>亩</td><td colspan="3">3000</td></tr>
<tr><td rowspan="4">大棚</td><td colspan="2">塑料小棚</td><td rowspan="4">亩</td><td colspan="3">800</td></tr>
<tr><td colspan="2">竹杆大棚</td><td colspan="3">1500</td></tr>
<tr><td rowspan="2">钢管大棚</td><td>普通</td><td colspan="3">3000</td></tr>
<tr><td>连栋</td><td colspan="3">6000</td></tr>
<tr><td>塑料地膜</td><td colspan="2"></td><td>亩</td><td colspan="3">200</td></tr>
<tr><td>沼气池</td><td colspan="2"></td><td>立方米</td><td colspan="3">80</td></tr>
<tr><td rowspan="2">水井</td><td colspan="2">砖井</td><td>米</td><td colspan="3">150</td></tr>
<tr><td colspan="2">土井</td><td>口</td><td colspan="3">300</td></tr>
<tr><td>水泥场地</td><td colspan="2"></td><td>平方米</td><td colspan="3">50</td></tr>
<tr><td rowspan="2">迁坟</td><td colspan="2">水泥坟</td><td>穴</td><td>2200</td><td rowspan="2">提供墓穴安葬的</td><td>500</td></tr>
<tr><td colspan="2">土坟</td><td>穴</td><td>2000</td><td>300</td></tr>
<tr><td>粪坑</td><td colspan="2">土、水泥、砖</td><td>口</td><td colspan="3">50—150</td></tr>
<tr><td>粪缸</td><td colspan="2"></td><td>只</td><td colspan="3">80</td></tr>
<tr><td>化粪池</td><td colspan="2"></td><td>座</td><td colspan="3">300</td></tr>
<tr><td rowspan="3">道路</td><td colspan="2">水泥</td><td>平方米</td><td colspan="3">80</td></tr>
<tr><td colspan="2">沥青</td><td>平方米</td><td colspan="3">100</td></tr>
<tr><td colspan="2">沙石</td><td>平方米</td><td colspan="3">20</td></tr>
<tr><td rowspan="3">护坡设施</td><td colspan="2">水泥</td><td>平方米</td><td colspan="3">30</td></tr>
<tr><td colspan="2">水泥板</td><td>平方米</td><td colspan="3">60</td></tr>
<tr><td colspan="2">石驳</td><td>立方米</td><td colspan="3">100</td></tr>
<tr><td rowspan="4">水泥涵管</td><td colspan="2">直径40厘米以下</td><td>米</td><td colspan="3">40</td></tr>
<tr><td colspan="2">直径40—60厘米</td><td>米</td><td colspan="3">60</td></tr>
<tr><td colspan="2">直径60—80厘米</td><td>米</td><td colspan="3">80</td></tr>
<tr><td colspan="2">直径80厘米以上</td><td>米</td><td colspan="3">100</td></tr>
<tr><td rowspan="3">明渠</td><td colspan="2">水泥板</td><td rowspan="3">米</td><td colspan="3" rowspan="3">100</td></tr>
<tr><td colspan="2">砖混结构</td></tr>
<tr><td colspan="2">水泥</td></tr>
<tr><td>垃圾箱</td><td colspan="2">砖彻</td><td>座</td><td colspan="3">3000</td></tr>
<tr><td rowspan="2">围墙</td><td colspan="2">空斗</td><td>平方米</td><td colspan="3">40</td></tr>
<tr><td colspan="2">实砌</td><td>平方米</td><td colspan="3">60</td></tr>
<tr><td>简易房</td><td colspan="2">厕所、猪舍等</td><td>平方米</td><td colspan="3">300</td></tr>
<tr><td>生产用房</td><td colspan="2">配电房、泵房等</td><td>平方米</td><td colspan="3">1000</td></tr>
<tr><td>水泥跳板</td><td colspan="2"></td><td>块</td><td colspan="3">100</td></tr>
</table>

注：迁坟费用由用地单位和坟主按标准直接实施补偿。

表 69

青苗补偿标准

单位:元/亩

品种类别	标 准	
水田	1000	
旱地	800	
蔬菜	1200	
茶叶	4000	
鱼塘(含开挖费)	一般渔塘	3000
	精养渔塘	4000

表 70

树木、花木补偿标准

类别	说 明	规 格	单位	标准(元)
一般树木	树木直径从 1.2 米高处计算	5cm 以下(含 5cm,下同)	棵	5
		5—10cm		10
		10—20cm		30
		20cm 以上		40
花木(苗圃)	庭院观赏地栽花木,参照一般树木提高 50%补偿		亩	2000
果树		110 棵/亩(含本数)以下的,按棵计算	棵	50
		110 棵/亩(不含本数)以上的按亩计算	亩	5500

表 71

被征地农民基本生活保障标准

年龄段	保障标准:元/月	
	生活补助费	养老金
第二年龄段	100	
第三年龄段	170	360
第四年龄段		

新城建设

索 引

责任编校：刘 芳

说 明

一、本索引采用主题分析方法编辑，按标引词第一字汉语拼音字母顺序排列，第一字相同，按第二字排列，依次类推；同音字按笔画顺序排列，相同的按起笔笔形横、直、撇、点、折顺序排列。

二、标引词后的阿拉伯数字表示内容所在页码，数字后的英文字母(a、b、c)表示左栏、中栏、右栏。

三、"大事记"、"组织机构及领导人名录"、彩色画页未作索引。

A

安播体系 181c
安全生产 144c
安全生产监督管理 128a
安全生产检查 205b
安全生产事故应急预案 128c
安全生产宣传教育与培训 128b
安全生产责任制 128a
安全隐患排查治理 128c

B

八大工程 105b
八一军政座谈会 87a
百日行动 72b
百岁老人(表)188
宝堰村(居)民委员会情况(表)205
宝堰骨干企业情况 (表)206
宝堰集镇建设 204c
宝堰科技社会事业 205a
宝堰农业 204b
宝堰人民生活 205a
宝堰实现无窑镇 205b
宝堰镇 204a
宝堰镇工业 204b
宝堰综合经济 204a
保护资源吸引投资 117b
保化监管 136a
保密工作 50a
保密工作程序 50a
保密重点单位责任制 50b
保险 159
保障区域经济发展 102b
报告 1
被征地农民基本生活保障 236a
被征地农民基本生活保障标准(表)240
便民服务网络 40c
标准化工作 133b
部队能力建设 84a
部分区属工业企业情况(表)114

C

财产保险 160c
财政 154
财政队伍 155b
财政管理 155a
财政监管 155a
财政奖补 107a
财政收入 164b
财政预算收入 192b
采用国际标准情况(表)134
餐饮监管 136a
残疾人机动轮椅车燃油补贴 79c
残疾人教育就业 80a
残疾人康复 79c
残疾人康复中心 80a
残疾人联合会 79b
蚕茧收购 152c
蚕茧销售 153a
蚕桑生产 152c
蚕业科研 152c
草莓音乐节 45b 121c
查办案件 40b
产权产籍 148b
产学研合作活动 166a
长山开发 117b
厂会协作 77b
超市平价农产品专营区 130a
超限超载运输车辆 140c
超越自我 78a
成品油市场监管 150a
诚信体系建设 136c
城管窗口 147c
城建投资 146a
城市管理 146c
城市集贸市场收费监管 129c
城乡公交建设 138c
城乡公交开通 139a
城乡环卫保洁 146c
城乡建设 24b 142 144a
城乡社区建设 186c
城镇规划 145c
惩防体系 39a
充分宣传米芾书法公园 117c
出台人大常委会票决办法 51b
出台意见促进现代服务业发展 124a
处理涉台纠纷 64a
创市万亩高效农业园 191c
创新人才引进机制 94c
创新社会管理 205c
创新执法模式 102c
创业型城区建 99a 设
创业型城区宣传 45c
创业载体建设 115c
创优质稻米品牌 210c

春晖行动 37c 42b 110b
春节军政座谈会 86b
春雷集中清查行动 91a
慈善会 80c
促进私个经济发展 124c
村监委 39c
村庄整治 144c

D

打击侵犯知识产权行动 166c
打击制售假冒伪劣商品行动 166c
打麦号子获奖 211b
打四黑除四害专项行动 91c
大事记 14
大学生村官 41a
大运河辛丰段改造 194b
代表建议 26a
丹徒概貌 22
丹徒—赣榆工业园区收入 119c
丹徒经济开发区 119a
丹徒年鉴 48c
丹徒区化肥厂 114
丹徒区基本情况(表)226
丹徒区人民代表大会 51
丹徒区人民政府 54
丹徒区委 36a
丹徒区志 48c
丹徒新城公交线路 139c
丹徒新城广场 147a
丹徒星火技术密集区 120b
党风廉政建设责任制 40a
党风廉政巡查 39c
党建创新工程 38a
党建活动 185c
党史·地方志 48c
党外人士培训班 46c
党委换届 41c
党务公开 39a
党校工作 48a
党员干部培训 48b
党员基本情况(表)42
档案安全保管长效管理机制 65a
档案工作 65a
档案行政权力公开透明 65b
档案资源建设 65a
道路绿化工程 146b
地方财政预算内收入、支出(表)228
地籍管理 102c
地貌特征 22a
地名规划 187a
地情概要 22a
地区生产总值(表)229
地区生产总值完成情况(表)228
地上附着物补偿标准(表)239
地税 157a
地税队伍建设 158c
地税发票管理 158a
地税机构设置改革 157c
地税税源 157c
地震宏观观测点 174b
地震监测预报 174b
第二届放歌艺术节 203c
第二十三届科普宣传周 77b
第二十一次军地议事园活动 87a
第六届运动会(图)182
第十二次代表大会 38a
第四届大爱之星 80a
第四届野菜节(图) 209
第四届野菜节 208c
电信 141a
电子干扰锁车盗窃案件 91c
电子政务平台 40a
调研视察活动 66c
定点医疗机构监管 99c
冬训 45c
督办代表建议 60 件 51b
读书征文 181b
读书征文活动 190a
渎职侵权犯罪 93c
独生子女父母光荣证 235a
对台工作 63a
对台宣传 64a
对外经济贸易 149
对外贸易·商品流通 149a
兑现一次性奖励金 102a

E

儿童项目 75b
二重集团 119c

F

发明专利申请(表)167
发展改革与经济信息化 122a
法官司法能力 94c
法律服务 95c
法律进军营 84b
法律进军营活动(图)96
法院参与社会管理 95a
法院接爱社会监督 95a
法院民二庭 94a
法院民一庭 94a
法院文化建设 95a
法治建设 89a
法治强化社会管理 88c
法治维护社会稳定 88b
法治文化长廊(图)198
法治文化长廊 198c
反价格欺诈专项行动 130a
防空警报系统升级 86a
防灾减灾应急管理能力 186b
防灾救灾知识宣传 86a
防震减灾 174a
防震减灾宣传 174c
防震减灾应急 174c
房地产市场 148a
放心消费活动 125b
放映电影 181b
非公党建 42b
非遗保护 181a
风险抵押责任制 73a
凤凰山庄(图)207
凤凰山庄建成 207c
扶残助残 79c
扶贫贷款项目 81b
扶贫调研 81a
扶贫济困 81b
扶贫救灾 48b
扶贫开发协会 80c
扶贫与老区开发 110a
服务发展 41b
服务经济 54a
服务经济建设 43a
服务企业发展 136a
服务社会事业 43b
服务台企 64a
服务外包企业 150a
服务业 23c
服务重大项目 58b
福彩销售 187b

妇女儿童活动 74a
妇女儿童之家 74a
妇女联合会 74a
妇女议事制度 74b

G

改造菜市场 150a
改造中低产田 108a
岗位管理改革 177b
岗位设置 98a
港澳台胞和侨胞 67a
高起点规划产业布局 119a
高桥毛皮产品出口基地 149c
高桥镇 191a
高桥镇村(居)民委员会情 况(表)192
高桥镇工业 191a
高桥镇骨干企业情况 (表)192
高桥镇集镇建设 191b
高桥镇科技社会事业 191b
高桥镇农业 191a
高桥镇人民生活 191b
高桥镇综合经济 191a
高速公路收费站扩建 203c
高效课堂教学观摩 176c
高新技术产业园 120c
高新技术产业园集成电路项目签约(图)120
高资成为丹徒大项目主战场 207b
高资街道(镇) 206a
高资街道 54c
高资街道工业 206b
高资街道工作委员会 52a
高资街道集镇建设 206b
高资街道科技社会事业 206c
高资街道农业 206a
高资街道人民生活 206c
高资街道西斛村侨务活动室 61a
高资街道综合经济 206a
高资卫生院大楼落成 207c
高资镇村民委员会情况(表)207
高资镇改为高资街道 207a
高资镇骨干企业情况(表)208
工程质量 145a
工地建材盗抢犯罪团伙 92a
工会建设 72a
工农业总产值、人均收入(表)229
工伤认定 100a
工商联 68 划 70c
工商联换届 71a
工商行政管理 123b
工业・民营经济 113
工业 23c 113a
工资集体协商 72b
工资协商代理制 72c
工资协商制度 100a
工作生活指南 234
公安 25b 89a
公安队伍建设 89b
公安服务社会发展 89c
公安推进文明城市创建 89c
公安网上服务工作 92c
公安消防大队 85a
公安执法规范化 89b
公共卫生服务体系 184b
公共物流码头及皮带廊 117a
公交车 K216 开通 121c
公立医院公益化改革 184c
公路安全监管 140a
公路安全条例 140c
公路处新办公大楼 140c
公路管理 139c
公务员能力建设培训 98c
公益中文域名注册管理 43c
供销合作商业 153a
供销合作总社基层单位及负责人(表)153c
供销社办公大楼 153c
供销现代流通服务中心 153c
巩固执法成果 102c
共青团队伍建设 75c
谷阳故意杀人案 91c
谷阳镇 197a
谷阳镇村民委员会情况 (表)198
谷阳镇工业 197b
谷阳镇骨干企业情况 (表)199
谷阳镇科技社会事业 197c
谷阳镇农业 197a
谷阳镇人民生活 197c
谷阳镇镇村建设 197b
谷阳镇综合经济 197a
固定资产投资审计 131a
固定资产投资增长 122c
关心下一代工作 189c
官兵需求 83c
光彩事业活动 71c
广播电视作品获奖情况(表)183
广电 24c
归国华侨联合会 78b
规范保密行为 50a
规范政府决策行为 57c
规划管理 145c
规模工业企业 122c
规模企业培育 122a
规模养殖场沼气工程 112a
郭振邦篆刻(图)21c
国防建设 82
国防教育活动 83a
国家 AAAA 级旅游景区 64c
国家基本药物制度 185a
国家科技型中小企业创新基金计划 164a
国家生态区省级考核 54c
国家新标准高新技术企业 164
国家重点用能单位 137a
国民经济和社会发展 23b
国民经济和社会发展第十二个五年规划 37b
国民经济主要指标(表)227
国庆维稳 188b
国税 155
国税局 156
国土资源管理 102a
国土资源巡回法庭成立(图)94
国有资产监管 114c

H

海沛彦 61b
海外捐赠 79b
好苏嫂 74c
和谐稳定建设 150c
横塘湖特种水产养殖集中连基地(图)106
红歌演唱活动 79b
华通重工搬迁 56b
环保和节能效益 137b
环保科技创业服务中心 163
环保宣传 104a
环境保护 103a
环境基础工作 104c
环境绿化节点 146b
会议中心品牌工程 65c

婚姻登记 187b
婚姻家庭调解案例讲析会 75a
婚姻家庭纠纷人民调解委员会 75a
获奖作品 180c

J

机构编制管理 43a
机构编制监督检查 43c
机关安保 65c
机关党建 47b
机关作风 47c
基层党组织建设 182a
基层党组织建设 47b
基层妇联组织 75b
基层统计站 132a
基层团建 75c
基层灾害信息员 186b
基层组织建设 150c
基础管理 151b 152b
基地安全发展 84c
基地质量效益 85a
基金筹集 80a
吉冈茂美 61b
集中连片水产养殖基地 106b
计量基础工作 135a
计生奖励政策 102a
计算机安全防范 50c
计算机规范管理 50a
纪检·监察 38b
纪委十一届六次全会 38c
纪委十一届六次全会(图) 39
技能培训 99a
加大统筹力度 101a
加大转型升级力度 198a
加快产品研发 118b
加快科技创新 194b 119b 201a
加快企业文化建设 118c
加快污水二厂建设 121b
加快项目建设步伐 209a
加快园区升级步伐 121a
加强辐射环境管理 104c
加强环境监管 103c
加强信息服务 71c
家庭信息化建设 141c
家政服务中心 74c
价格管理 129b
价格争议调解工作室 130b
坚持宣传先行 101b
监测市场运行 150
监察执法 99c
茧丝绸 152b
检察 25c 93b
检调对接工作机制 93c
见义勇为基金会 80b
建党 90 周年安保工作 90a
建党 90 周年活动 13 84b
建党 90 周年书画摄影展 78a
建设工程专项整治 104a
建设缺项补齐 147a
建置沿革 22a
建筑工地 147a
建筑施工图审查工作 145a
江苏晋工机械项目 55a
江苏省先进个人(表)222
江苏省先进集体(表)218
江苏省住房和城乡建设厅考核 145a
江心洲村(居)民委员会情况(表)209
江心洲工业 208a
江心洲骨干企业情况 (表)209
江心洲集镇建设 208b
江心洲科技社会事业 208b
江心洲农业 208a
江心洲人民生活 208b
江心洲生态农业园区 208a
江心洲综合经济 208a
交通·通信 138
交通 24b 138a
交通十二五规划 138c
交通事故人民调解工作室 96a
交通运输发展 138b
交通运输情况(表)233
矫治帮教工作 95c
教育 24b 175b
接送学生车管理 93a
节粮宣传 151b
节能减排工作 145a
节能与循环经济专项资金 137b
节能综合调控 122b
巾帼建功 20 周年 74c
巾帼示范岗 106b
巾帼志愿者队伍 74b
金海宏业公司 120a
金河村 198b
金融 159
金山杯工程 145
进出口海关统计数据(表)149
晋工机械 116b
禁止施工现场搅拌砂浆工作 145b
经济发展环境 40a
经济运行监管 122a
经济责任审计 131a
精功汽车 118a
精功汽车车间(图)118
精品蔬菜推介会 208c
精神文明创建 185c
精神文明建设 26b 131c
纠风 40c
九三学社丹徒支社 70b
九三学社履职 70b
居家养老服务中心 187c
举办政协委员讲堂 67a
捐资助学活动 79a
军粮供应 151b

K

开发区和产业集中区 119
康发烟花爆竹 153c
抗震设防 174c
考察项目 149a
科技·教育 161
科技 24b
科技创新 54b
科技孵化二期工程 191c
科技强警建设 92b
科技载体建设 165b
科普惠农工程 77b
科普示范区 37c 77c
科普宣传 77a
科学技术 161a
科学技术协会 76b
矿用救生舱落户辛丰 194a
困难群众 186a
困难职工帮扶 73b

L

蓝天行动 104a
劳动保障监察 100b
劳动保障监察汇报(图)100

劳动关系和谐企业 73b
劳动和社会保障 98c
劳模管理服务 73c
老兵复退欢送会 87a
老干部 49a
老干部党史教育讲座 49b
老龄工作 187c
老年人保障 187c
老年人社会优待 187c
老区开发促进会 80c
老区宣传 81a
冷遹纪念馆(图)180
冷遹路暨铁路下穿工程 139a
冷遹路暨铁路下穿工程竣工通车(图)138
离退休党员干部牵手大学生村官 49b
离休干部庆生日 49c
离休干部生活待遇 49c
离休干部医疗待遇 49b
离休干部住房补贴 49c
李岚清 56c
李林森 42c
理论调研 48b
理论教育 44b
利用外资成绩 205c
联络委员会 66a
廉政报告制度 39a
廉政建设 48a
廉政文化示范点 40a
廉政文化宣传 39c
粮食 151a
粮食管理 151c
粮食市场监管 151c
粮食作物面积与产量(表)230
临震电磁波 174b
零上访村(社区)60a
领导视察丹徒 36b
领军人才俱乐部 97c
刘捍东 57a
流通领域商品质量监管 125a
路政中队长岗位竞聘 141a
旅游工作 64b
旅游项目建设 64c
绿化养护 147a
绿化造林 200c

M

马迹水库工程 194c
毛伟明 123b
矛盾纠纷调处 95b
茅山老区兴教助学协会 80a
煤炭经营公司 137a
米芾书法公园 117c
免费健康检查 101c
免费体检 99c
免费义诊 79a
面积 22a
民非企业 187b
民革丹徒总支 68a
民革支部活动 68a
民建参政议政 68b
民建丹徒区总支 68b
民建组织建设 68b
民生档案信息 65b
民生工程 25a
民生建设成效显著 209c
民生警务工程 91b
民生投入 154c
民营经济 24a 115a
民营经济主要指标完成情况(表)115
民政 186a
民治沟小流域治理完工 194c
民主党派 68
民主法制建设 25b
民宗领域提案议案 189b
民族・宗教 188a
民族 22b
民族团结和谐小康村 189a
莫宗通 189b

N

内部监督管理 150c
纳税评估 157a
南京军区联勤部镇江副食品生产基地 84c
能源管理 136c
农产品获奖情况 201c
农产品质量安全 105b
农村百户家庭经营监测分析 109c
农村调查网点启用 132a
农村发展散装水泥示范乡(镇)137c
农村工作 46c
农村公路建设情况(表)139
农村公路养护管理 140a
农村合作组织成立 210c
农村交通警务室 93a
农村劳动力情况(表)231
农村能源 112a
农村清洁能源检查 112b
农村清洁能源项目(图)112
农村三资清理 107a
农村社区警务工作 91b
农村土地承包经营权登记试点 107a
农村信息化建设 141a
农村组织户数及人口情况(表)231
农发行非贷款客户 160a
农发行管理 160a
农发行廉洁从业 160b
农发行三查一落实 160b
农发行制度执行年 160b
农工党丹徒区基层委员会 68c
农工党建言献策 69a
农工党支部活动 69b
农机安全监理 110c
农林・水利 105
农贸市场收费监管 129c
农贸市场统计情况(表)128
农田水利建设 111a
农行风险防范 159c
农行基础建设 159b
农行业务发展 159a
农业 23b 105a
农业产业化经营 108a
农业发展银行 159c
农业机械拥有量(表)232
农业开发基地 108b
农业科技项目 165b
农业气象 111b
农业资源监测 109a
农业资源开发 107a
农业资源与经济信息动态监测 109a
农业综合开发项目情况(表)107
农业综合开发业务培(图)108
女性创业就业 74b

P

排水系统 144c
培训班 210c
培训服务餐饮单位(图)136
培育当代革命军人核心价值观活动 82b
配备专职协理员 99a

贫困人口调查 110a
评查行政许可案卷 57c
评议活动 40c
普法示范工程 73a
普法宣传 95c
普高教育 176b

Q

七三〇五七部队 84b
七三八六〇部队 83b
企业审计 131b
企业信息化建设 141c
企业信用建设 125c
企业专业技术资格评价 98a
企业自主创新 122b
气候 23a
钱潮轴承 117a
强化危险废物管理 104b
强化作风建设 103a
侨帮侨捐资助学 60c
侨联结对帮扶 79a
侨务工作 60b
侨乡欢歌谢党恩 60c 79b
桥梁安全监管 140a
勤廉指数 39c
青苗补偿标准(表)240
青年创业就业 76b
青年红色文化节 76a
青少年科技节 77a
青少年科学素质行动 76c
青少年维权工作 76a
区长办公会议 55c
区级党政领导 212a
区教育局关工委 177c
区委、区政府重要文件(表) 234
区委中心组学习 45b
区位 22a
区镇财政审计 131a
区政府常务会议 55b
区政府全体会议 56b
区属工业 114a
全国干线公路迎检活动 140a
全国先进集体(表)218
全委扩大会议报告摘要 1
群团工作 47c
群众文化 45b 180b
群众性精神文明建设 26b

R

人才服务 42a
人才培养实训基地 106c
人才与项目对接 98b
人大常委会决议决定 51a
人大常委会领导视察大项目(图)53
人防工程标识标志安装 85c
人防工程建设 85c
人防工作 85c
人均国民经济主要指标(表)227
人口·国土资源·环境 101
人口 22b
人口和计生 101a
人力资源管理 97c
人力资源和社会保障 97a
人民生活 25a
人民武装 82a
人事代理 98c
人物 212
人员流动调配 98c
任免人员 51b
荣炳村(居)民委员会情况(表) 211
荣炳工业 210a
荣炳骨干企业情况(表) 211
荣炳集镇建设 210b
荣炳科技社会事业 210b
荣炳农业 210a
荣炳人民生活 210b
荣炳卫生院大楼启用 211a
荣炳盐资源区 210a
荣炳综合经济 210a
荣誉栏 218
融资服务 71b
融资平台初具规模 121a

S

三帮三送 61c
三产管理 132b
三岛教育发展论坛 176c
三三一计划 98b
三网一员建设 175a
三新建设 47b
三新建设成绩 194b
散装水泥促进条例 137c
散装水泥管理 137b
桑病虫测报 152c
桑病虫防治 152c
商标品牌战略 124c
商标统计情况(表)125
商品房明码标价专项整治 130b
商品房销售明码标价会议(图)130
商品房销售情况 148b
商业 150b
商业联合会 81c
上党村(居)民委员会情况(表) 201
上党骨干企业情况(表)202
上党集镇建设 200b
上党见义勇为协会 80c
上党科技社会事业 200b
上党农业 200a
上党人民生活 200c
上党社区侨务活动中心 60c
上党万亩茶园(图)201
上党镇 200a
上党镇工业 200a
上党综合经济 200a
少先队活动 76a
佘佳虎 78a
社保补贴 99a
社会保险 99b
社会保障 25a
社会福利中心 187b
社会教育 176g
社会妈妈 75a
社会生活 186
社会事务专项管理 187a
社会事业繁荣进步 198a
社会团体 72
社会治安春季攻势活动 90b
社会治安平稳 89a
社区矫正示范镇 96c
社团 187a
涉案财物管理 92b
涉车盗窃案件 92a
涉车犯罪专项治理 90c
涉军法律援助工作站 96b
涉密管理工作 50b
涉密文件保密 50c
涉农价费政策服务万户行 130c
涉企收费监测 129c

申报市现代农业产业园 209a
审计 130c
审计队伍建设 131c
审计公告 131b
审计信息化建设 131b
审判 25c 94a
生活保障水平 186b
生态建设 24b 54b
生态建设成绩 201a
生育关怀行动 101c
生猪进点屠宰 150b
省、市名牌产品情况(表)133
省创新型企业 164a
省工程技术研究中心建设计划 164b
省级技术服务中心 164b
省级科技创业园 55a
省级认定资源综合利用企业 137a
省级试点县 55a
省级文化产业引导资金补助 181a
省级现代农业示范园区 106a
省科技成果转化专项资金计划 164a
省科技进步三等奖 165a
省科技支撑计划 164a
省正版正货承诺试点单位 167a
省知识产权"贯标"考核验收 166b
省自然科学基金 164c
失地农民保障 99a
师资培训工作 177a
十二届二次会委会 38b
十二五两个规划编制 75a
十四届人大举行会议 7 次 52c
十四届人大四次会议 52a
十四届人大四次会议(图)52
十一五两个规划终期评估 75a
石马中心小学 175a
实施清洁生产审核企业 137b
实现城乡公交对接 194a
食品安全管理 150b
食品药品监管 135b
食品质量安全监管 133a
世界粮食日(图)151
世业工业 203a
世业集镇建设 203b
世业科技社会事业 203b
世业农业 203a
世业人民生活 203b
世业三个文明成果 203b
世业献爱心活动 204a
世业镇 140b 203a
世业镇村(居)民委员会情况(表)204
世业镇骨干企业情况 (表)204
世业洲旅游度假区 121b
世业综合经济 203a
市场价格监测 129c
市场监管 152a 181a
市场秩序 144c
市工业科技支撑项目计划 165c
市国际科技合作计划 165c
市科技进步三等奖 165a
市科技与人才目标管理考核表彰 164c
市跨越发展有功单位 194b
市新兴产业科技专项计划 165c
市新兴产业知识产权战略联盟 166b
市知识产权战略推进计划 166c
市知识产权重点突破计划 166c
市重点项目 116b
事业单位登记管理 43c
事业单位开办资金 43c
事业单位清理规范 43c
视察基督教宣德堂 189b
首家社区商会 71b
蔬菜成本调查点 130a
树木、花木补偿标准(表)240
双拥工作 86a
双拥共建活动 84c
水稻、棉花、油料、水产品产量(表)230
水稻种植与气象 111c
水利·农机 110b
水上消费维权流动投诉站(图)123
水污染治理 103c
水资源管理 110c
税收 154
税收宣传 158b
税收优惠政策 156b
税务稽查 158b
司法服务机制 94b
司法行政 26a 95b
四季春农业示范园开工 204b
四有一责 42a
宋正凤 80a
颂歌献给党歌咏大会(图)13
苏合销售专业合作联社 107b
苏亚迪碳材有限公司 57a
诉调对接 100a
诉调对接机制 96a

T

台湾同胞投资企业协会 63b
淘汰落后产能 123a
特载 1
特种设备 133a
提高耕地保护水平 102b
提升环境信访调处能力 104b
提升履职效能 66b
体彩销售 182c
体育 24c 182a
体育工作 176c
调解仲裁工作效率 100c
调解仲裁管理举措 100b
调整医保支付政策 99c
通过国家级生态镇省级验收 207a
通济河美化工程 205a
通信网络提升 141b
统防统治植保专业合作社 153b
统计 131c
统计服务 132b
统计资料 226
统战部长会议精神 46b
统战工作 46a
统战工作研讨会 46b
统战委员会议 46c
图书馆服务 181b
团区委 75b
推广引智基地结果 97c
退役士兵 187b

W

挖掘土地潜力 205b
外国驻沪总领馆官员 61a
外经 24a
外贸 24a
外事工作 61a
外资 24a
万向汽车底盘项目 120b
王国俊 165c
王寿亭 80c
王在郑 189c
网建提升 152b
网络法治在线栏目 93c

网络舆情 45a
网上免费申报软件 157a
网上签名承诺活动 49b
网上追逃行动 92b
为民办实事 12 181c
为青少年办好事做实事 190c
委员提案 26b
委员提案办理 66b
卫片执法检查 102c
卫生 184a
卫生监督执法 185b
卫生院新建 192a
未成年人思想道德建设 26c
慰烈工程 187b
温、光、水与历年平均值比较情况(表)112
文博事业 181a
文化·广电·体育·卫生 180
文化·广电 180a
文化 24c
文化广电体育事业情况(表)233
文化作品获奖情况(表)182
文联第四次代表大会 77c
文联协会活动 78a
文明城市创建 12 26c
文明创建 44c
文明机关考核 47c
文明礼仪宣教活动 58c
文明志愿者春风行 44
文史工作 66c
文体活动 47c
文学艺术界联合会 77c
文艺创作 45c
五保供养标准 186c
五好文明家庭 74a
五有五好标兵村 190a
物业管理 148b

X

希望工程圆梦行动 76b
希西维精密滑动轴承 116c
希西维一期工程 120b
系列活动 97b
夏季有序用电 65c
夏季侦防攻势活动 91a
先进人物 217c
现代农业 54b 105a
现代农业考察 63c
乡村旅游品牌 64c
乡镇幼儿园 194c
项目督查 116a
项目服务 149b
项目管理机制 116a
项目建设 146a
项目建设成果 194a
项目建设成绩 191c
项目推进 54b 201b
消防基层建设 85b
消防基础建设 85b
消防监督检查 85b
消防站建设 85b
消防知识培训 188b
消防专项整治活动 85b
小型企业三控 156b
效能建设优胜单位 51a
校长论坛 178b
校车价费矛盾 130a
校舍安全 176a
校外辅导站 190b
辛丰村民委员会情况 (表)195
辛丰工业 193b
辛丰骨干企业情况(表)195
辛丰集镇建设 193c
辛丰科技社会事业 193c
辛丰农业 193b
辛丰人民生活 194a
辛丰镇 193a
辛丰中心小学(图)177
辛丰中心幼儿园 175b
辛丰综合经济 193a
辛亥革命 100 周年 68a
辛黄路沥青化改造 194c
新城管理 147b
新城建设(图)240
新立科技指令性计划项目(表)161
新市镇建设启动 205a
新闻外宣 181c
新兴产业项目合作恳谈会 115b
新型农村合作医疗制度 184b
新增高效农业基地 200c
新增科技基础设施建设情况(表) 164
新增农村合作组织 200c
新增省级高新技术产品(表)163
新增医疗参保人员 99b
信访工作 59a
信访举报 40b
信息管税 157a
信息化建设 101c
刑事和解不捕机制 93c
行政村经济状况普查 110b
行政服务工作 58b
行政服务中心各窗口办件情况(表)58
行政负责人出庭应诉 58a
行政复议 58a
行政区划 22b
行政权力网上运行和监督 57b
行政事务管理 65b
行政事业审计 131b
修订工作效能测评办法 51c
许津荣 56c
宣传 48b
宣传报道 181c
宣传工作 44a
学法培训 58a
学科技奔小康 190b
学前教育 176a
学习全会精神 46c
学校安全教育 178a
巡回审判力度 94c

Y

烟草 152a
烟草专卖许可证 152b
严格用地审批 102b
阳光政务工作平台 97b
邀请外国人来华统计情况(表)62
药械市场检查 136b
要素集聚成效显著 198a
业务培训学习 132a
医保目标 99b
医疗服务水平 185b
医疗卫生 25a
依法行政 105b
依法行政建设 131c
依法行政提升形象 103b
依法治税 156c
宜城街道 54c
宜东新村安置小区 146a
移动 141b
移动公司春风行动(图)141

移动用户服务 141b
义务教育 176a
艺术教育 177a
因公出国(境)人员统计情况(表)61
引智招才 97c
应急保供机制 151a
应税销售前 40 家企业情况(表)113
迎春联欢会 46b
营区安全 83c
营区改造 83c
拥政爱民活动 84a
优抚安置政策 86c
优势产业 54a
优秀条目评比 49a
友好城市考察丹徒 36c
有序推进重点项目 121a
舆论宣传 44c
预拌砂浆推广 137c
园区建设 24a
援助就业困难人员 98c

Z

增推便民举措 58c
招聘活动 98c
招商引资 121a
镇(街道、园区)工业 115a
镇(街道、园区)工业情况(表)115
镇·街道·园区 191
镇江宝龙城市广场 55b
镇江船艇学院三下乡活动(图)87
镇江发电公司 120a
镇江市劳动模范(表)225
镇江市先进个人(表)224
镇江市先进集体(表)221
镇江市执法案卷评查一等奖 145b
镇江至世业公交线路开通(图)139
征兵任务 82c
征兵宣传 83a
征兵宣传周活动(图)83
征地补偿 236a
征管基础管理 156c
征缴企业养老保险基金 98c
政法 25b 88
政法机关服务经济社会发展 88a
政法机关活动 88b
政法委 88a
政风评议 40b
政府法制 57a
政府工作报告 6
政府政协领导联席会 67b
政务管理 43c
政协八届四次全委会 67a
政协丹徒区委员会 66
政协召开常委会 4 次 67c
支部建设 48a
支持农村经济发展 125c
支朱和媛 60b
知识产权 166a
知识产权工程师奖励兑现 166b
知识产权工程师培育计划 166a
知识产权局 167a
知识产权宣传周 166b
执法监察 41a
职工技能竞赛 72c
职工文化建设 73c
职业教育 176b
志愿者协会 76a
质监杯 132c
质监杯知识竞赛决赛(图)133
质量技术监督 132c
致公党参政议政 70a
致公党丹徒支部 69c
致公党论文 70a
致公党支部活动 70a
智谷商业中心 117a
智慧旅游工程 64c
中福马人造板项目 117a
中国第十四届国际摄影艺术展览 78a
中国农业银行镇江京江支行 159a
中化镇江焦化公司 120a
中靖水制氧 116c
中小学基本情况(表)179
中小学校校长及直属单位负责人(表)178
中心镇建设全面启动 201a
重大疾病预防控制 185a
重大行政处罚决定备案审查 57c
重点单位项目成效显著 116b
重点领域和关键环节专项整治 129a
重点企业选介 119c
重点项目 210b
重点项目建设 116
重点项目选介 116b
重建中学桥 203c
重要会议 37a 52a 55b 67a
重要活动 56b
重要决策 37a
珠心算教学 77a 176c
逐步完善基础配套 120c
主题教育 189c
住房保障 148a
住房管理 142 147c
助推文化建设 66a
助学 80a
驻军部队拥政爱民活动 87b
专记 12
专利申请 166a
专项整治 125b
专项治理 40c 41a
专项资金审计 131b
专业技术人员继续教育培训 98a
资产经营收入 150b
资料保密 50c
自然资源 22b
宗教二乱 188c
宗教活动场所消防安全 189a
综合管理 122
综合生产能力 105a
综合实力 23b
综合治理建设 131c
总工会 72a
组织工作 41b
组织机构领导人名录 27

丹徒区长山办

米芾書法公園

庚寅春 李嵐清題

2011 年 4 月 21 日，李岚清（中）视察在建中的“中国米芾书法公园”

镇江丹徒是中国宋代著名书法家、鉴赏家、美术理论家米芾长期生活并建树艺术巅峰的地方，史料记载他曾定居丹徒 40 余年。十里长山是米芾“卜老丹徒”辞世后的长眠之地，为纪念这位与千年丹徒、十里长山有着历史渊源的书画宗师，传承民族文化，提升区域竞争软实力，丹徒区委、区政府决定建设中国米芾书法公园。

正在建设的米芾书法公园位于丹徒新城西侧，距离镇江市区 8 公里，坐落在十里长山东南端，规划占地面积 40.5 公顷，宋代园林风格的古建筑布局 16 个景点，并运用米芾书法典故命名，均有山间林道连结组合。永久性建筑约 3 万平方米，总投资 4 亿元。

规划空间布局为“一轴四区”构成，一轴是全长 2.8 公里的生态景观轴，四区为：一是以“米芾艺术馆”为主体的书法体验区；二是以“海岳天地”为基地的文化休闲区；三是以“西山书院”为平台的教研培训区；四是以“瑞墨轩米芾法帖石刻廊”为亮点的书法展示区。碑廊总长 680 米联接 9 所堂馆，陈列重刻宋拓米帖、明拓米南宫帖与新刻丹徒米帖共 1300 余幅，是米芾法帖石刻最大的集展处。“一轴四区”建设形成以高雅的书法文化、厚实的宗教文化、自然的山水文化、特色的旅游文化为延展，集展示、创作、交流、研讨、培训、旅游和休闲等功能于一体的文化产业园。

2011 年 4 月 28 日，镇江市委书记许津荣（左三），市委常委、宣传部部长张洪水（左二）视察在建中的“中国米芾书法公园”

2011 年 3 月 2 日，镇江市市长刘捍东（右二）视察在建中的“中国米芾书法公园”

2011 年 12 月 11 日，故宫博物院院长郑欣淼（左二）视察在建中的“中国米芾书法公园”

2011 年 4 月 8 日，镇江市名城研究会会长钱永波（中）视察在建中的“中国米芾书法公园”

大港码头车辆待渡区

镇江大港汽渡

大港汽渡承担着越江运输车辆和两岸居民出行的渡运任务，南面连接镇江、常州等地，北面通往扬州、江都等广大苏北地区，渡口现有员工 160 余名，24 车渡汽渡渡船 2 艘，14 车渡汽渡渡船 4 艘，日均车流量为 3000 余辆，江南、江北两边码头实施通道式计重收费。过渡车辆随到随渡，24 小时为社会车辆提供便捷周到的渡运服务。

近年来，大港汽渡在区交通运输局的正确领导下，以经济发展为中心，牢固树立科学发展观，秉承安全、优质、快捷、畅通的渡运理念，转变管理模式，破解发展难题，创新工作举措，强抓渡运重点，积极带领广大员工创造性地开展工作，使一个昔日车辆稀少，负债经营，陷入发展困境的渡口走上了快速发展的轨道，实现了渡运经济新的突破。2011 年，大港汽渡渡运收入 4900 万元，比上年增长 29.85%，渡运收入再攀历史新高。大港汽渡为沟通长江南北交通、促进城乡经济发展作出突出贡献。近年来，大港汽渡先后被省、市、区政府和上级主管部门评为文明单位，安全生产先进单位和用户满意服务明星企业。

党支部书记、主任　张导平

办公大楼外貌

航行中的 2401 渡船

车辆检票登渡

过渡车辆计重收费

车辆上下渡船现场

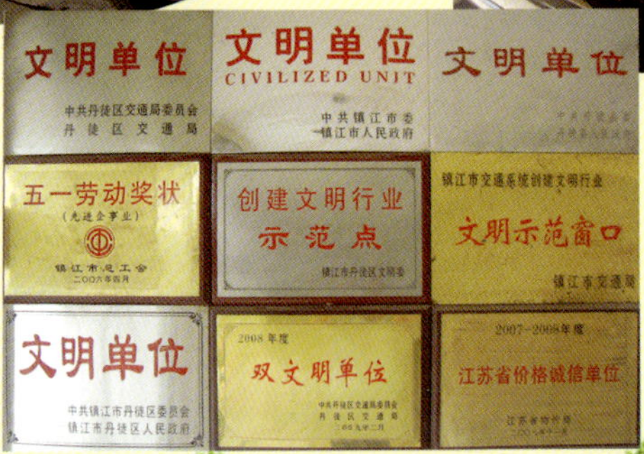

荣誉展示牌

丹徒新区建设发展公司

光明新村安置房鸟瞰图

2011 年，丹徒新区建设发展公司在区委、区政府和新城管委会的领导下，围绕全年重点目标任务，开拓创新，奋发作为，各项工作均取得长足进步。

全年铺设自来水管道 53.21 公里，长山片区供水工程完成全部管道铺设，增压站建设完成，设备正在安装调试中；在项目服务方面，共完成项目用地清表 94.13 公顷，土方平整 107.24 万立方米；完成科创孵化中心南广场绿化和镇荣路、勤政路节点绿化工程；对 120 万平方米的工业园区进行科学有效的管理和养护。总投资 4.3 亿元、规划建筑面积约 16 万平方米的光明新村安置小区于年底开始进行桩基工程的施工。公司连续三年被丹徒新城评为先进集体。

长山增压站

园区管理办公室

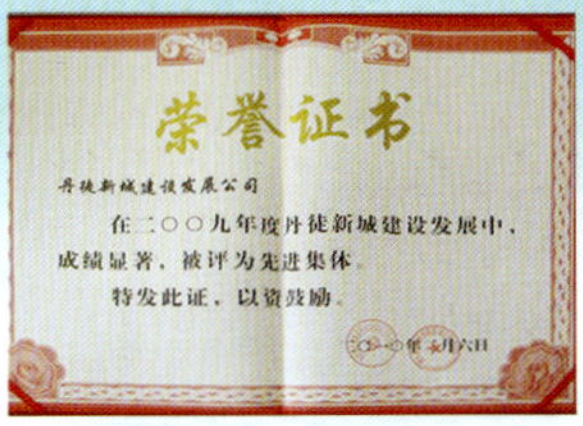

荣誉证书

丹徒新城建设发展公司

在二〇〇九年度丹徒新城建设发展中，成绩显著，被评为先进集体。

特发此证，以资鼓励。

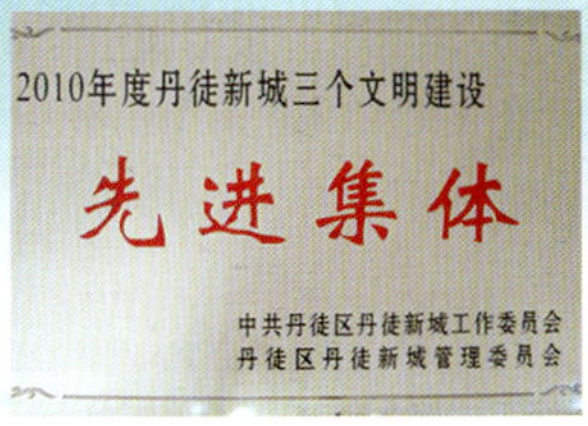

2010年度丹徒新城三个文明建设

先进集体

中共丹徒区丹徒新城工作委员会

丹徒区丹徒新城管理委员会

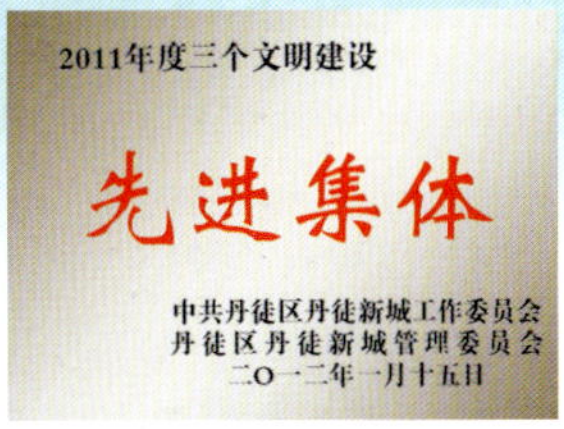

2011年度三个文明建设

先进集体

中共丹徒区丹徒新城工作委员会

丹徒区丹徒新城管理委员会

二〇一二年一月十五日

兴园路

园区绿化景观

园区绿化景观

丹徒新城诈输社区居委会

社区党支部书记 唐小海

社区党支部副书记 徐定根

丹徒新城诈输社区位于镇江南徐新城以南、丹徒新城以北，下辖 6 个自然村，11 个村民小组，570 户，2156 人，耕地 28 公顷;有私营企业 21 家，从业人员 230 人，2009 年实现销售收入 1.8 亿元，上缴税金达 15 万元，人均纯收入达 9200 元。

新建成的社区水泥路

九华山庄小区

在村区域建成的京沪高铁——镇江南站

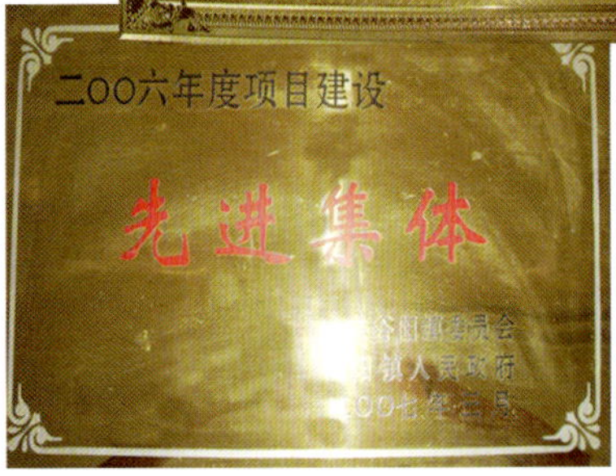

丹徒新城镇南村

“生态镇南”——这块发展的热土，位于镇江南大门镇南立交桥附近。312 国道、338 省道、经十二路、谷阳大道、瑞山路等七条主干道贯穿镇南村。全村占地6.8平方公里，33个村民小组，由原来的曾韩、徐庄、翻身、汤村四个行政村合并而成，全村共有1336户，常住人口4800多人，是目前丹徒区最大的行政村之一

村综合服务中心面积已达1200平方米，具有社会事业工作站、综合办公室、综合活动室、综合服务室、卫生室、警务室、调解室、全村的各项基础设施功能基本完善，为民服务的体系基本形成。从 2007 年以来，村投资了300多万元建成了村与村、组与组、户与户的水泥路，全村12个自然村有8个自然村已建成了文体活动场所，每个活动场所都有十件以上的健身器材和绿化设施。总投入近200多万元，计划在2至3年内发展到每个自然村都有一个活动场所，覆盖率 100%。全村围绕村庄环境整治建设，加大基础设施建设力度，改善农村人居环境，狠抓环境卫生治理，以创造“优美村居，优美家园”为目标，着力整治，从村庄道路、生活垃圾、生活污水、乱堆乱放、露天粪坑、河塘清淤、活动场所、绿化造林八个方面入手，推动村容村貌的改变，使镇南村新农村建设更上新台阶。

村“两委会”干部研究工作

人大代表与群众见面会

户与户道路验收

文体活动场所竣工验收

文体活动场所一角

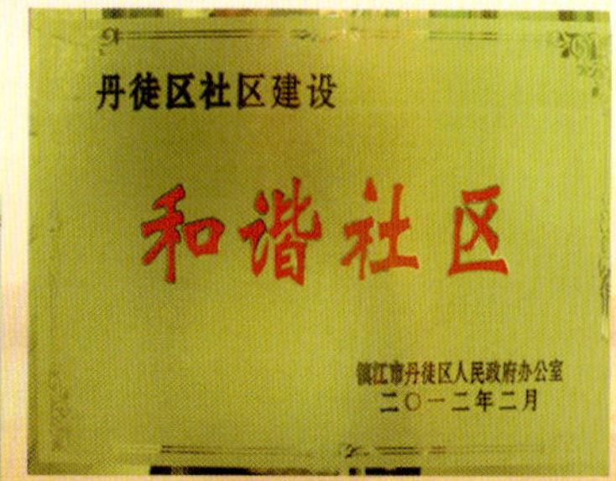

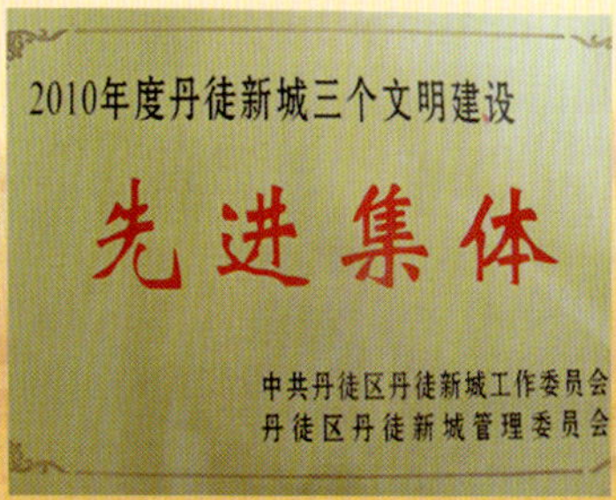

丹徒区谷阳镇槐荫村

村党支部书记　姜斗珠

副省长何权（中）到槐荫村视察工作

市委常委、政法委书记李雪峰（中）到槐荫村视察工作

谷阳镇槐荫村位于镇江市南郊，距丹徒区行政中心3公里。全村有4个自然村，辖17个村民小组，常住人口2100余人。2011年人均收入达11300元。槐荫村具有悠久的历史和深厚的文化底蕴，相传董永与七仙女的神话爱情故事就发生在槐荫村。槐荫村是省级非物质文化遗产保护单位。

长期以来，槐荫村一直将非物质文化遗产保护工作及村庄环境综合整治工作放在首要位置。投入130万元，建起约2000平方米的“七仙女”广场，并完成相门、七仙桥、槐荫庙等多处景观遗址的修复工程，竭力打造具有地域特色的历史文化名村。

在实施农村环境整治工作中共投资180余万元完成村中道路硬化工程，实现水泥路户户通。投入32万元进行河塘整治，投资169万元建造秸秆气化设施并投入使用，促进了当地农民的清洁生产生活及增收节支。投入165万余元，建设生活污水收集管网和处理设施，彻底改善村民的生活居住条件。同时建立组保洁、村收集、镇转运的垃圾处置长效管理机制。如今的槐荫被建设发展为一个环境优美、生机蓬勃，综合效益显著的生态村，获江苏省卫生村、江苏省生态村、江苏省卫生村、江苏省农村环境综合整治先进示范村等称号。

生态旅游之村

丹徒区辛丰镇龙山村

党委副书记　吕梅生

龙山村位于丹徒区辛丰镇东，辖 21 个村民小组，总人口 3350 人。2010 年被镇江市确定为首批“三新”建设新社区示范点，2011 年被省委、省政府评为江苏省百家新农村建设示范村，龙山村以打造生态旅游观光休闲社区为目标，在村内分生态农业区、生态养殖区、生态工业区、生态居住区、旅游观光区五大板块，力争用 10 年左右时间将龙山打造成镇江市最大的新社区。

新农村建设示范村

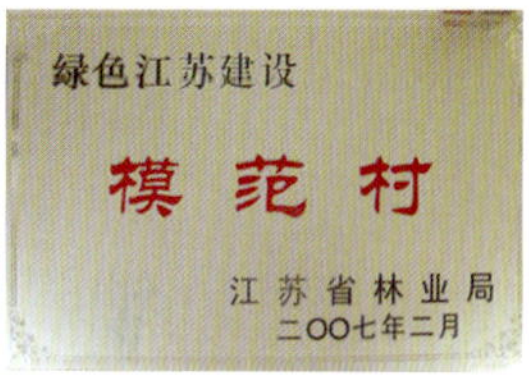

皇家花园

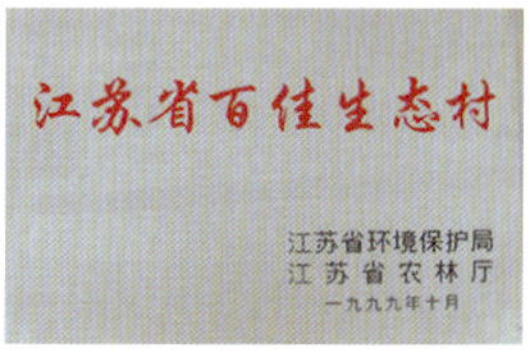

舜天服饰

龙山村

丹徒区上党镇东沛村

村两委会召开社区居民会议

东沛村位于镇江市南郊 17 公里处，区位优势非常优越，北距 312 国道 11 公里；南距沪宁高速 2 公里。全村共有 1399 户，总人口 4530 人，耕田面积 378 公顷，山林面积 160 公顷 。村交通发达，沪宁高速穿村而过，地理位置优越。

近几年来，东沛村社区在党的“十七大”精神指导下，实践科学发展观，以创建和谐社区为目标，紧紧围绕上级党委、政府的工作重点，精心组织，开展工作，开创了社区工作的新局面。社区先后被授予“区关工委先进集体”、“区基层武装工作达标建设先进集体”、“市级劳动力充分转移就业村”、“区级综合治理先进单位”、“市级民主法治村”等荣誉称号。

社区党总支召开党员大会

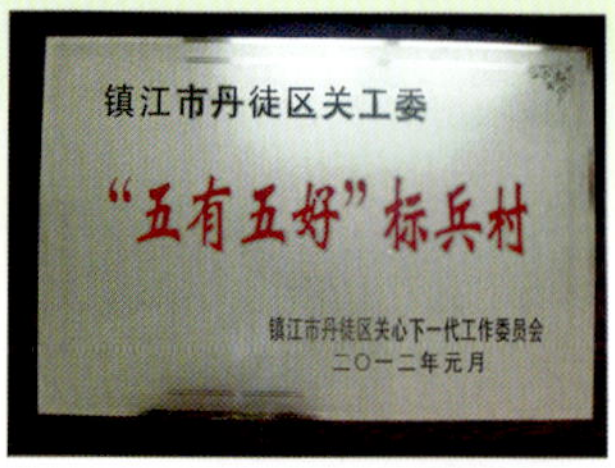

社区办公楼外景

丹徒区上党镇五塘村

村党总支书记　郑根宝

五塘村位于上党镇西边，与句容边城镇交界，地域面积6平方公里，7个自然村，17个村民小组，482户，人口1520人。上青公路穿村而过，交通便利。

村党总支成立于2008年5月，下设3个支部，党员61名，自镇党委、镇政府推进社区建设工作以来，社区党总支凝心聚力，抢抓机遇，大力发展有机“阳光”水稻，蒸汽茶等高效农业，带领群众不断实现跨越发展，先后获得镇江市新农村建设“双百工程”先进村，丹徒区“五好基层党组织”“社区治安综合治理平安村”等称号。2009年被市环保局命名为“镇江市生态村”，被镇江市政府评为2006-2008市级文明村、省级科普惠农兴村先进单位，2011年被评为省级卫生村。

市农业专家赵亚夫（左）与五塘村党支书郑根宝在田头共商“阳光”有机水稻的栽培管理措施

市、区老促会开展送医送科技进村活动

社区健身广场

丹徒区上党镇墅山村

村党支部书记 朱筛宝

为民服务窗口

墅山村位于丹徒区上党镇北侧，环境优美，景色宜人，现有耕地面积325公顷，31个村民小组，总户数911户，人口2720人。近年来，墅山村因地制宜，发挥自身优势，投入520万元农业综合开发(茶业项目)，建成占地333.32公顷的以墅山为主体的“万亩茶园”基地及33.33公顷的墅山高效渔业基地，并成立墅山村墅农、春沁、富农、农发、墅茗、长香、润祥、墅村等茶叶专业合作社，壮大了集体经济，富裕了一方百姓。

丹徒区高资街道勤丰村

高资街道勤丰村位于镇江西郊，北临长江、南靠沪宁铁路、312 国道、沪宁高铁和京沪高铁，沿江高等级公路穿村而过，交通便捷，是“二重”重装基地所在村，是沿江开发的热点区域。全村总面积 7.8 平方公里，19 个村民小组，人口 3200 人，其中党员 108 人。多年来，勤丰村以内强素质、外树形象、强化管理、争创先进位目标，加快新农村建设步伐，早在 1999 年就被省文明委评为“江苏省文明村”，被省司法厅评为“优秀调委会”，是市级“文明单位”“文明村”“卫生村”“生态村”，连续两年被评为“服务发展有功单位”。2011 年村集体经济收入 250 万元，农民人均收入 16310 元。

建设中的“二重”项目

村民安置小区

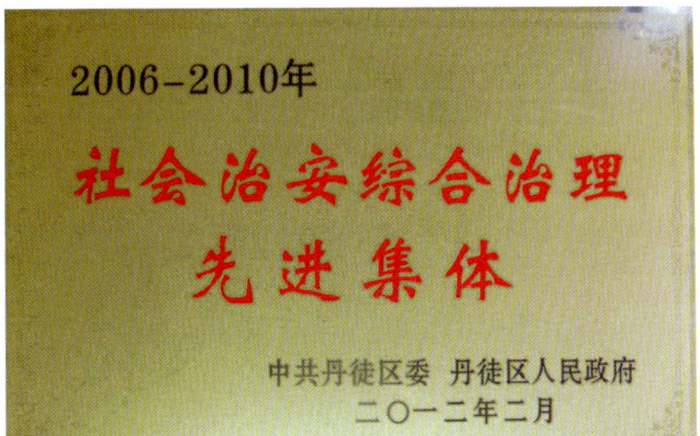

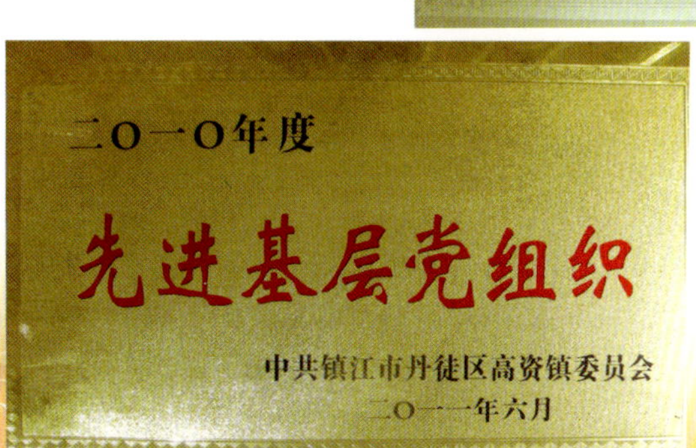

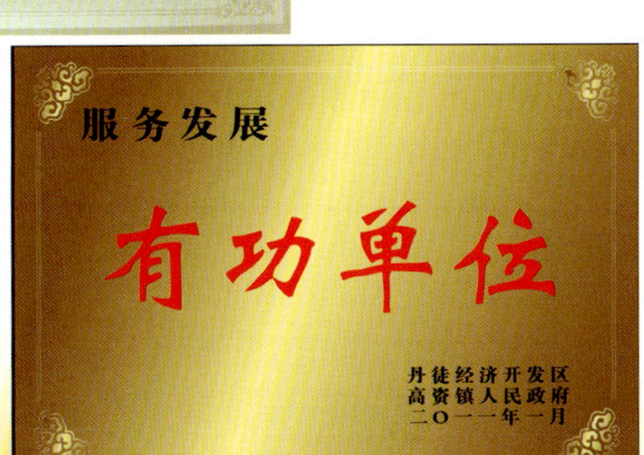

墅茗茶叶合作社

品味人生美好时刻

镇江市丹徒区墅茗茶叶专业合作社（原名曹付茶场），位于镇江丹徒新区上党镇西北，地处丘陵地带，自然条件十分优越，气候适宜，常年多雾，雨量充沛，年降雨量达 1100 毫米，土壤肥沃，茶园面积达 53.3 公顷，是种茶的理想之地。主要品种有：白茶、浙农 117、乌牛早、福鼎大白、龙井长叶等。由于该社注重科学管理，大胆引用日本防霜和喷灌技术，茶叶质量大大提高，产量逐年增加。

茶场主要产品有三山香茗、金山翠芽、墅茗白茶、墅山翠萝、青峰等精制绿茶。年销量达 30 余吨，其中高档茶 5 吨，产品于 1997 年获国家商标注册；2007 年获得江苏省无公害农产品生产资格，同年获得 QS 认证生产许可证。近年来多次获得国家“中茶杯”、省“陆羽杯”一等奖。

生产车间

日本防霜扇技术的防冻害茶园

地址：丹徒区上党镇墅山村　电话：84464225　13004356123　网址：www.zjcfcc.cn

「浓浓香味 香飘千里」

茶底的生命力、茶质的真韵、茶气的灵活

Vitality ◦ True rhyme ◦ Flexible。

丹徒区春沁茶叶专业合作社

理事长　马青松

市、区领导到场视察

区领导到场视察

春沁茶业接待室

春沁茶业车间

春沁茶叶包装车间

春沁茶业陈例室

美国友人来访

春沁茶业防冻茶园区

镇江市丹徒区上
丹徒区醉园春

厂区环境一览

制茶车间

由上党镇向西，沿上青路蜿蜒穿过碧波荡漾的仙人湖，踏上全市闻名的有机生态农业村——五塘村，一座山峰迎面而来，这就是上党境内最高也是保存最完整的山——横山（因走向唯其与长山山脉相左，故曰此名）。上党五塘茶林场和丹徒区醉园春茶叶合作社就坐落在此山西山腰。翠绿葱茏的毛竹挺直高拔，粗大苍劲的松树遮天蔽日，时而出没的野生动物或隐或现，不绝于耳的鸟鸣婉转悠扬，伴随着数百亩茶园飘来的阵阵芳香，让人流连忘返。

五塘茶林场成立于上世纪60年代，经历了半个世纪的风雨洗礼，磕磕绊绊，一路走来。茶场对传统生产工艺、设备、产品包装进行了大胆的改革与创新，开创性地将锅炉蒸汽作为热源应用到绿茶制作的全过程中，使茶叶品质特别是“翠绿”度和“清香”度较之传统工艺有了显著的提高，节能降耗也很明显，同时因杜绝了煤、柴、气等易造成二次污染的燃料进入车间，蒸汽管道“一管到底”，一直困扰制茶企业的清洁化加工问题也迎刃而解。新包装的开发也有了突破，独家采用食品级 PVC 和药品级铝箔封装茶叶，解决了茶叶怕压易碎特别是卷曲型茶叶（如碧螺春）包装太大、取用携带不便的缺点。工艺和包装的独特性先进性，造就了蒸汽茶的高品质，让消费者耳目一新，引起了市场的震动。

截至 2009 年末，该场自主研制的成套蒸汽制茶设备已趋成熟，已获得多项制茶设备实用新型专利和外观设计专利，蒸汽制茶工艺发明专利也正在申报中，这在制茶行业中是绝无仅有的。

随着产品种类和名称定位的进一步确立，以“横峰揽翠”为名称的扁直型茶叶和以“醉园春”为名称的卷曲型茶叶两大系列已经全面推向市场，并赢得了消费者的认可，在省内外享有较高声誉，已成为地区性的代表产品。

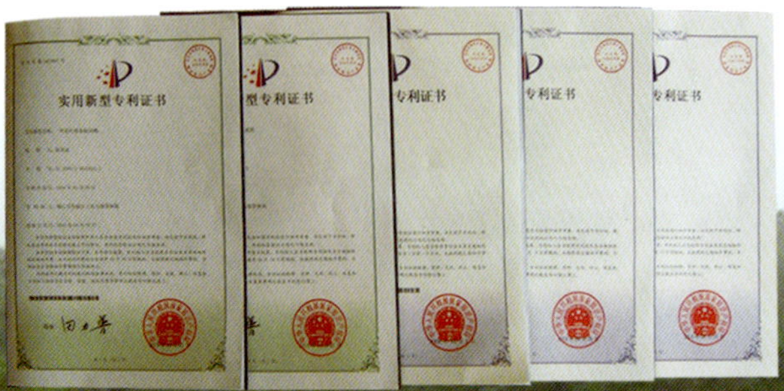

横峰揽翠

醉园春 ZUIYUANCHUN

党五塘茶林场
茶叶合作社

独辟蹊径 独领风骚 蒸汽制茶

厂址：丹徒区上党镇五塘村（上党镇西上青路4.5公里处）
电话：15996805666 13775377987

上党镇建设环保服务所

所长　　徐怀林

所领导班子研究工作

近几年来，上党镇建管所紧紧以全镇建设工作为大局，谋事创优，奋力开创村镇建设工作的新局面。村民建房审批 2100 户，总建筑面积 37.8 万平方米，单位与企业建设审批 30 户，总建筑面积 20 万平方米，接待来信来访 350 起，结案率 95% 以上，查处违规建设行为 100 户，农村通达道路 59.1 公里。川气东输管道工程临时用地 54 公顷。市级新农村建设示范村 1 个，市级生态村 5 个，2008 年修建了新办公楼 1000 平方米。建所以来始终以“规范、创新、廉洁、高效”服务为目标，成绩显著。被区政府评为“人民满意基层站所”，多次被市、区建设局评为“村镇建设管理”先进单位和墙材革新与建筑节能先进集体，“安全生产先进单位”。

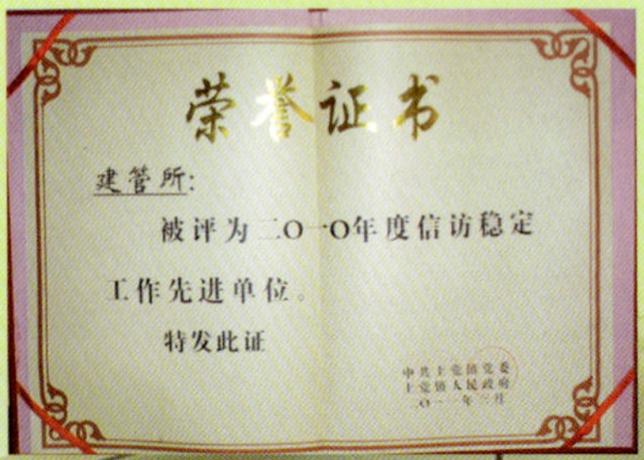

千亩高效培育基地

丹徒区扬子江螃蟹合作社

总经理　许峰

镇扬村扬子江螃蟹养殖专业合作社成立于 2007 年。经过数年的发展，现有员工 126 名，涉及农户 120 户，全村扣蟹和成蟹养殖总面积达 24 公顷。每亩纯收益可达 5000-6000 元，每年可增加农户收入 1.5 万元。

2008 销售蟹苗 25 万斤，产值 750 万，利润 400 万，合作社又新建设 10 公顷标准蟹苗培育基地，并向周边地区推广，形成成片发展规模，然后在全镇范围内形成千亩高效蟹苗培育基地，打响高桥蟹苗的品牌。

镇扬村位于长江之滨，具有独特的区域优势，培育出来的扣蟹较沿海地区的质量好，具体表现为个体大、回捕率高，具有很强的竞争力。经湖北安徽江苏等地的养殖户养殖后，反映良好，回头客多，又不断带动新的客户。这几年扣蟹销量逐年递增，仍供不应求。

千亩高效培育基地建成将带动 500 户养殖户，使每户增收 1.5 万元左右，为安徽、江苏、湖北的成蟹养殖户提供 80 万斤优质苗种，进一步满足市场需求。

镇江市丹徒区正东生态农业发展中心

镇江市丹徒区正东生态农业发展中心创建于 2002 年，是集食用菌科研、生产、加工、营销及菌种供应于一体的现代农业综合开发型企业。中心占地 25.6 公顷，其中水面 3.3 公顷，职工 364 名，其中直接从事产品开发的科研人员 41 人，占职工总数 11%，大多本科以上学历，其中研究生以上学历 4 名，现已建成江苏省最先进的两条金针菇自动化生产线和一条 3000 平方米的杏鲍菇生产线，实现日产金针菇 8 吨、杏鲍菇 1.5 吨，年产各类食用菌 3500 吨，年产值近 3400 万元。公司已申请国家发明专利 11 项，其中授权 2 项，并建立了我国首个金针菇工厂化生产示范基地，成立了江苏省食用菌栽培及深加工工程技术研究中心。公司被评为江苏省农业产业化重点龙头企业、江苏省农业资源开发重点龙头企业、江苏省农业科技型企业、镇江市农业科技示范园。中心始终坚持以生产绿色食品为己任，以中国良好农业规范（GAP）标准为生产标准，严格控制产品质量，确保生产出绿色、健康的食用菌提供给广大消费者。中心于 2009 年通过 GAP（良好农业规范）认证，2010 年 10 月通过了绿色食品的认证。

生育室技术员巡库

地址：镇江市丹徒区高资镇正东村

电话：0511-85585573

邮编：212114

金针菇

杏鲍菇

中国农业银行

镇江京江支行

京江农行 2011 年工作会议

2011 年个人贵宾客户理财讲座

2011 年，中国农业银行股份有限公司镇江京江支行党委按照上级行的总体部署和要求，领导和带领全行员工围绕“三转变四提高”“三大银行”建设目标，从提高干部员工综合素质入手，扎实推进业务经营，不断强化内控管理，较好完成上级行赋予的各项工作目标任务。

员工上门为客户介绍最新理财产品

行长蒋厚宽在 2011 年贵宾客户联谊会上讲话

中国建设银行
China Construction Bank

中国建设银行股份有限公司
丹徒支行

丹徒新区支行旺季动员誓师大会

丹徒新区支行企业客户网银座谈会

光荣榜

营业大厅

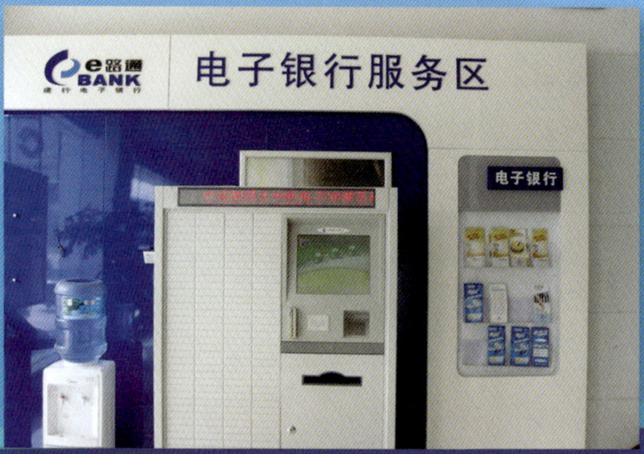

电子银行服务区

丹徒区广泰农村小额贷款有限公司

江苏农贷

镇江市丹徒区广泰农村小额贷款有限公司成立于 2009 年 9 月 16 日，位于丹徒新城谷阳大道 178 号，注册资本 8000 万元。

公司贷款产品的种类有质押贷款、抵押贷款、保证贷款、农户联保、信用贷款。贷款利率以人民银行基准利率为基础，对农、林、牧、副、渔业实施优惠利率，对县域工、商等中小企业实施适度上浮利率。还款方式灵活，提前还款，按日结息。

公司贷款手续简便，办理快捷，从申请到贷款发放正常在 1-3 个工作日内办理完毕。

公司成立近三年来，公司围绕“加快经济发展方式转变”这条主线，在省市区金融办的正确领导和统一安排部署下，在丹徒区委、区政府和各有关部门领导的大力支持下，全公司上下齐心协力，以加快发展为主题，以扩增贷款规模、提高资产质量为核心，以加强信贷管理为重点，以各项信贷制度的落实为基础，紧紧围绕“小贷款、大市场”，“高效率、高收益”，“好质量，响品牌”的工作目标，面向“三农”的小额贷款业务快速成长、公司经营业绩稳步增长。公司现为首届中国小额信贷机构联席会理事单位，并获得 2010 年、2011 年中国小额信贷机构“最具发展潜力奖”。

公司将继续坚持“小额、便捷、支农、惠农”的信贷业务特色，全面实现公司各项业务进一步健康、快速的跨越发展，真正做到“农户得益、政府满意、公司盈利”的三赢局面。

地址：镇江市丹徒新城谷阳大道 178 号（区行政服务中心大楼）
邮编：212028 电话：0511-88919108 88919128 85895708
传真：0511-88919138 邮箱：zjgtnd@163.com

广泰贷款助你周转

广泰农贷值得信赖

丹徒蒙银村镇银行

董事大会

2012 年 4 月 9 日，江苏丹徒蒙银村镇银行股份有限公司（简称丹徒蒙银村镇银行）在丹徒区委和政府的关心支持下，在人民银行和监管部门的关心帮助下，隆重举行了开业庆典。丹徒蒙银村镇银行是由内蒙古银行在江苏省镇江市丹徒区发起设立的社会主义新型农村金融机构。注册资本 10000 万元人民币，其中，内蒙古银行出资 5100 万元，持股比例 51%；当地企业和自然人股东合计出资 4900 万元，持股比例 49%。营业地址位于江苏省镇江市丹徒新区谷阳大道 286 号，法定代表人乙江。

丹徒蒙银村镇银行主要经营范围包括：吸收公众存款；发放短期、中期和长期贷款；办理国内结算；办理票据承兑与贴现；代理发行、代理兑付、承销政府债券；从事同业拆借；从事借记卡业务；代理收付款项；经中国银行监督管理委员会批准的其他业务。

丹徒蒙银村镇银行业务经营面向“三农”、个体工商户和小微企业。秉承“广阔天地、携手耕耘”的理念，与小微企业同发展，与地方经济共繁荣。

中高层学习会议

走进农贸批发市场

回访客户 升隆机械

召开董事会议

召开股东会议

营业厅

镇江市丹徒高级中学

2011年8月，丹徒高级中学谏壁校区和丹徒高级中学上党校区合并为丹徒高级中学，校址在丹徒区上党镇。合并以后的丹徒高级中学校园占地面积7.67 公顷，建筑面积4万平方米。学校有教职员工270余人，专任教师229人，其中硕士研究生14人，教育硕士在读15人，研究生课程班结业16人，教师学历达标率100%，有市、区两级中青年骨干教师近60人。一年来，丹徒高级中学坚持科学的办学理念，施行以人为本的制度管理。贯彻“五严”规定，打造素质教育的高效课堂。抓牢内涵建设，打好艺术教育和心理健康教育两张特色牌。通过努力，教育教学工作取得了优异的成绩，向高等院校输送了大批优秀人才，高质量地服务于丹徒的社会事业。

校长：蔡鹏　　　　校址：丹徒区上党镇

校长：蔡鹏

接受市教育局素质教育督导检查

党员教师接受革命传统教育

暑期教师校本培训

庆祝三八国际妇女节

家长学校成立仪式

开学典礼

1		
2	3	
	4	5
	6	7
	8	9

1. 国旗在我心中
2. 教师阅览室
3. 教工卡拉OK大赛
4. 授课
5. 课堂
6. 教学工作检查
7. 校园爱心义卖
8. 运动会
9. 校刊《芳草》

江苏省丹徒

校长　樊春荣

江苏省丹徒中等专业学校是一所国家级重点中等职业学校、省四星级职业学校；是江苏省“电子技术应用”、“机电技术应用”紧缺人才培养培训基地；是镇江市劳动力转移培训中心；是丹徒区退役士兵培训基地，丹徒区计算机、外语、普通话培训中心。学校现开设有机电技术应用、数控技术应用、机械加工技术、工程机械操作、焊接工艺、模具设计与制造、电子技术应用、汽车运用与维修、现代服装设计与工艺、学前教育等十多个专业，其中机电技术应用、电子技术应用、计算机及应用三个专业是省级示范专业。

学校坐落于镇江南郊丹徒经济开发区内，西临 312 国道，公交 K203 路、K205 路、139 路在校门口设有站点，交通便利。学校主校区占地 10 公顷，建筑面积 65000 余平方米，在校生 1850 余人，教职员工 203 人，拥有中高级职称教师 172 人，持有技师、高级工职业资格证书教师 115 人，市区级骨干教师、职教能手等 60 余人。学校建有实训大楼、金工车间和理实一体化教学大楼；建有 60 多个实验实习室，实验实习设备总价值近 2000 万元。

学校始终坚持走特色办学之路，强化校企合作模式，先后与江苏领先电子有限公司等众多大型企业签订联合办学协议，订单式培养企业所需人才。学校始终不渝的致力于专业课程改革，是江苏省课程改革实验学校。近三年，学校对口高考，成绩斐然，共有 1000 余名同学升入高等院校就读。学校一贯注重加强学生就业素质的培养，积极搭建就业平台，促进学生就业。

创办职业教育 30 年来，学校在党和政府大力发展职业技术教育方针的指引下，在上级教育行政部门的关心、支持下，坚持以邓小平理论和“三个代表”重要思想为指导，贯彻落实科学发展观，以“恒信至能”为校训，秉承“品德至上，学做合一”的办学理念，围绕“成人成才成功，就业创业乐业”的办学目标和“务实创新，后发先至”的办学精神，团结奋进，图强思变，为社会培养了大批技能型、实用型人才，取得了较为显著的办学效果，学校先后获得江苏省职业学校管理先进单位、江苏省中等职业学校德育工作先进集体、江苏省体育先进单位、江苏省现代教育技术应用先进单位、江苏省和谐校园、江苏省绿色学校、江苏省职业教育课程改革实验学校和江苏省职业教育主题教研年先进学校；获得镇江市安全文明校园、镇江市模范学校、镇江市教育管理先进单位、镇江市教育收费规范学校和镇江市绿化达标单位等荣誉称号。

中等专业学校

2011 年 11 月，省教育厅领导到学校视察

2011 年 12 月，学校与区检察院共建签字仪式

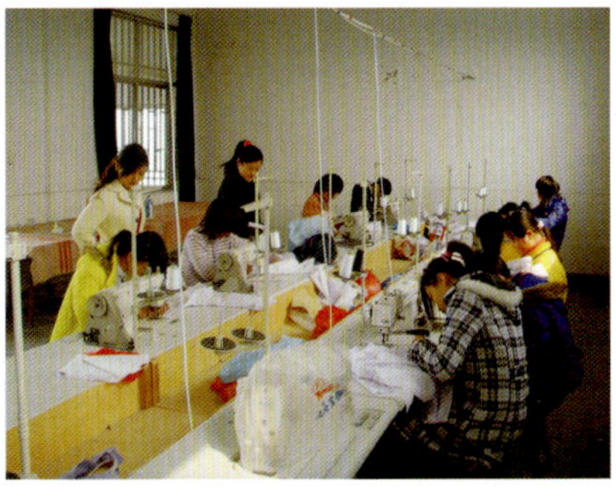
服装专业学生实习

数控专业学生实习

汽修专业学生实习

车工专业学生实习

实训大楼一角

校址：镇江市丹徒区谷阳三山镇恒山路 44 号

电话：0511－84565982（校长室） 0511－85906808（校办）

0511－85906852（招生就业处） 0511－85689600（高资校区）

传真：0511－84561373 网址：http://www.jsdtzz.org

丹徒驸马山庄国际幼儿园

丹徒区驸马山庄国际幼儿园捐赠暨开园揭牌仪式

领导视察

丹徒区驸马山庄国际幼儿园是丹徒区人民政府为民办实事重点工程之一，位于丹徒新城千禧路。幼儿园占地面积11025平方米，建筑面积6200平方米，户外活动场地8000平方米，有16个配套活动室及附属生活用房，总投资约2500万元。在园幼儿490人，教职工51人。

2010年8月开园后，确立“孩子快乐，家长放心，社会满意”的办园宗旨，树立“一日生活皆课程”的理念，让幼儿在“生活、游戏、运动、学习”活动中养成良好生活习惯、获得良好情感体验、引发求知探索欲望，从而促进幼儿全面发展。

幼儿园坚持“以精心孕育精品，用品位打造品牌”的信念，不断提升品质，丰富内涵，强化教师队伍建设，现有市级骨干教师1名、区教学能手1名、市教坛新秀2名，多名教师在市区级教学竞赛中获得好成绩，幼儿园被评为“市优质园”和“市平安校园”。

教师评比活动

教师队伍——阳光活力

课堂教学——师幼互动

早操活动——整齐有序

丹徒区辛丰中心幼儿园

辛丰中心幼儿园是一所具有近三十年历史的乡镇中心幼儿园。多年来，幼儿园一直坚持“以人为本，和谐发展”的办园理念，始终把幼儿的健康、安全放在首位，让全体幼儿在愉悦、宽松的氛围中成长。全体教职员工爱岗敬业，乐于奉献，努力做到“用心呵护每棵幼苗，用爱编织快乐童年”。自 2008 年以来，幼儿园先后获得了“市绿色幼儿园”、“省巾帼示范岗”、“省优质幼儿园”等称号。

为更好地适应学前教育发展的新形势，在各级党委、政府的关心支持下，2011 年 6 月，占地 1.7 公顷、建筑面积 7000 平方米的崭新幼儿园已经落成。新园构造独特，设计新颖，环境优美，设施齐全，是一个融美化、绿化、儿童化、教育化于一体的孩子成长乐园。

站在新的起点，辛幼人将本着“追求卓越”的精神，进一步“强抓管理”、“提升队伍”、“打造特色”，力争使辛丰幼儿园成为孩子睿智强体的摇篮。

丹徒区上党中心幼儿园

教师在句容上展示课

"六一"活动

上党镇位于镇江市南郊，东临丹阳，西与句容比邻，南接沪宁高速公路上党出口，北与丹徒新区接壤，上党中心幼儿园就位于沪宁高速公路上党出口。

上党中心幼儿园开办于1971年，2001年9月易址搬迁，投资300余万元。现在园幼儿350人左右，教职工31人，所有教师均幼师毕业，其中大专毕业5人，本科毕业5人。幼儿园内设施齐全，有多功能活动室，电教室，图书资料室，科学探索室等配套用房。各班配置了空调，消毒柜，投影仪，大量的桌面玩具等配套设施，各班卧室都铺设地板。幼儿园外有假山，玩水池，玩沙池，大型玩具，环保型塑胶跑道。

上党中心幼儿园是江苏省示范性实验幼儿园，镇江市绿色幼儿园，市级巾帼示范岗，市级平安校园，区优秀家长学校。老师们的教科研论文在省市区获奖的有50余篇。教师基本功比赛获奖16人次。有多名幼儿的绘画作品在省里获奖。幼儿园有三个市级课题结题，出论文集4本，与课题有关的论文在省市区获奖的有十几篇，目前正在运作的市级课题1个。

上党镇是省政府授于的民间艺术之乡，继承和弘扬上党民间艺术是幼儿园的办园特色，幼儿园把上党民间艺术纳入活动课程之中。幼儿园本教材，有计划，有记录，有成果展示。我园不仅在环境上给幼儿以民间艺术的熏陶，而且还成立了舞龙、打连枪、荡旱船、挑茶担、唱山歌、采茶、剪纸八个活动小组，人人参与，受到了当地群众的一致好评。

优美的育人环境，严格的常规管理，规范的教育科研，热情的服务态度，鲜明的办园特色，使上党中心幼儿园不仅受到了当地群众的赞许，而且在全区教育行业中享有良好的声誉。

镇江电视台到幼儿园采访

学习观看上党民间艺术

幼儿冬锻跳绳比赛

精功汽车全家福

市人大副主任陈苏视察精功汽车

贺新春年会

精功镇江汽车制造有限公司

精功镇江汽车制造有限公司是以精功集团为投资主体的大型汽车生产企业，现注册资金为 3 亿元人民币，总投资超过 10 亿元人民币。

公司于 2004 年 11 月在丹徒区上党镇动工兴建，2006 年投产。一期工程占地 14.93 公顷，拥有现代化的工业厂房 6.3 万平方米。相继建成卡车、客车总装工艺以及国内一流水准的检测线、高等级的专用试车场。公司专业开发生产重型系列载货汽车、专用车底盘、客车底盘等汽车产品，拥有载货汽车、客车、SUV 等整车生产资质，并申请完成 200 多个汽车公告目录。形成年产各类重型汽车 2 万辆、专用汽车 5000 台(套)、中高档客车 2000 辆的生产能力，并具备承接国内外特殊用户需要的改装车技术能力。二期 16.67 公顷，厂房近 6 万平方米。

企业先后获“江苏省质量诚信五星级企业”、“江苏省工业成长型优秀企业”、“江苏省明星企业”等殊荣，“精功”商标被评定为江苏省著名商标，是国内产品类别最齐全、规模最大的民营汽车生产研发基地之一。2011 年公司产品销量在国内重卡行业前 15 位。

大楼落成

江苏捷诚车载电子

信息工程有限公司

江苏捷诚车载电子信息工程有限公司创建于1965年，一直以来致力于车载通信、车载电子信息系统集成和各类特种专用车辆、特种专用方舱的研制、开发、生产、销售和服务，是中国航天科工集团的控股子公司。

公司 1997 年通过了中国新时代质量认证中心的质量体系认证，获得了 GJB9001A、GB/T19001 质量体系认证证书。2009 年，公司通过了江苏省档案工作三星级达标验收。2012 年通过了环境评价、职业健康与安全体系的认证。企业连续多年被镇江市政府授予市级文明企业称号。多次被江苏省政府授予省级文明单位。2010 年公司获得了省级平安企业（首批）称号，2011 年获得了省级模范职工之家称号，2012 年被授予镇江市创建全国双拥模范城市先进单位称号。2011 年实现销售收入 5.7 亿，2012 年预计实现销售收入 6.3 亿。

企业经 40 多年的发展，现占地面积 22.7 公顷，建有 12.5 万平方米的厂房和 5000 平方米的科技楼，拥有汽车、机械、电子、通信、自动化、计算机、化工等各类专业技术人员。为企业的可持续发展打下了坚实的基础。近年来，公司还积极贯彻“军品为本，民品兴业”的发展理念，积极加强与深圳华为、清华同方等国内知名单位的合作，努力拓展民品领域，努力为市、区经济的发展作出新的贡献。

沃得重工(中国)有限公司

领导关怀

行业展会

沃得重工(中国)有限公司，中国工程机械行业领先品牌。

公司创建于 2007 年，是沃得集团近年来重点投资的战略性产业。项目总投资 100 亿元人民币，占地 100 公顷。拥有行业领先的大型数控镗铣加工中心、数控龙门双面卧式镗铣床、IGM 焊接机械人、数控立式加工中心及数控火焰切割机等先进的进口设备，加工制造能力居于行业前列。

目前主要生产“沃得”牌 30、50、60 系列装载机；1.8T、3.5T、6.5T、8.5T、15T、21.5T、22.5T、24.5T、26T、33T、36T、42.5T、70T 等系列液压挖掘机。依托集团制造业优势条件，产品自制率高达 80% 以上。公司自成立以来受到社会各界领导的高度重视与关怀，产品销售实现高速递增趋势，产品口碑赢得海内外用户普遍认可。

依托 ISO9001 质量体系标准，从产品开发到销售，从原材料采购到售后服务，实行严格控制，追求“更可靠、更实用、更人性化”的设计理念，坚持“服务无止境”的服务宗旨，依靠品质和服务赢得市场。销售服务网络覆盖全国各主要城市（含地级市），有效保证整机销售、配件供应、维修保养等高效快捷的服务。预计到 2018 年，沃得重工将实现年产各类工程机械产品 15 万台套、产值近五百亿元。

产品

高端加工设备

社会责任

江苏名和集团

举办第三届企业文化节

江苏名和集团是专业从事商品混凝土的研发、生产、销售和运输的企业，年生产能力达 700 万立方米。

集团先后投资 3 亿多元，在全省拥有 11 家子公司，其中镇扬区域 7 家，淮安区域 3 家，宿迁区域 1 家，实现由集团统一管理的跨区域连锁企业。集团拥有生产线 24 条，搅拌车 248 台，汽车泵 52 台。现有员工 1200 多名，其中研究生以上学历 16 名、本科学历 137 名、专科学历 116 名、高级职称 5 人、中级职称 30 人。

2011 年产销量稳居江苏省同行前列并荣登中国混凝土企业十强榜。集团秉承“把服务做到极致”的服务理念和“稳健、标准、团队”的企业价值观，得到国家、省市各级政府主管部门以及社会各界的大力支持和认可，先后多次获“中国混凝土行业优秀企业”“江苏省混凝土行业最佳企业”“江苏省模范劳动关系和谐企业”等称号。

企业的优势：

1. 发展模式——短期内快速整合，充分利用连锁企业的优势，实现人力、设备资源统一调配。

2. 管理优势——采用连锁经营的管理模式，充分利用科技化、信息化手段，达到管理最优化。

3. 人才优势——全面有效的培训机制，内部竞聘公正畅通的晋升渠道，高薪的职称学历津贴，有效合理的人才储备，提供给有学识、有能力的人充分施展的舞台。并与校方合作建立“名和班”及产学研基地；制定博士、硕士研究生引进政策，实行技术创新奖励机制并积极鼓励在职员工继续再深造。

4. 技术优势——建立研发中心和科研所，专注于研发工作，开创特种混凝土、绿色再生混凝土研发使用的新局面。

5. 文化优势——优秀的企业文化，凝聚团结奋进的企业精神力量，不断推进企业向前发展。

6. 配套优势——物流公司、大型室内维修保障中心等有效的配套设施，在有效保证生产和管理的时效性的同时也大大降低了成本。

亘生机械 Gensheng Machine

镇江亘生机械有限公司

完善的检测设备

镇江亘生机械有限公司是船用锚链、锚链配件及系泊链的专业生产厂家，公司坐落在一座具有三千多年悠久历史的江南古邑——镇江丹徒新区工业园内。公司成立于2005年，总投资1880万美元，注册资金1000万美元，生产、销售φ16MM-φMM的二、三级船用锚链、系泊链及配件。

公司拥有一支专业研发、管理人才和技术团队，致力于新产品、新技术的开发，工厂规划布局完全按照锚链生产工艺精细设计，科学合理，拥有国际国内最先进的制链机组，锚链专用热处理调制炉及完善的检测设备，采用国内外独创的天然气锚链加热和淬火，绿色环保无污染，产品内外质量大大提高，锚链热处理一次性合格率 100%。公司本着“产品质量为企业生存之根本，科技创新为企业发展之基石”这一宗旨，产品质量及各项性能指标在同行业中处于领先地位，现通过ISO9000质量认证，并获得CCS、ABS、KR等船级社的认可。

生产加工车间之一

生产加工车间之二

生产厂房外景

镇江江大泵业科技有限公司

镇江江大泵业科技有限公司是依托江苏大学创办的高新技术企业。专业从事水泵及控制产品的设计、制造与销售。现有员工 200 余人，工程技术人员 30 多人。其中教授博士生导师 1 人，教授级高工 3 人，副教授及工程师 16 人。具有博士学位 3 人，硕士学位 7 人，精干专业的队伍成为企业蓬勃发展的中坚力量。公司相继取得“全国工业产品生产许可证”“ISO9001 管理体系认证证书”“欧盟 CE 证书”“产品节能认证证书”“BM TRADA 环境管理体系认证证书”“消防泵检验证书”“CCS 船检证书”。公司产品主要包括五大门类：系列标准化工流程泵、系列高效管线输油泵、系列高效节能污水泵、系列特种船用泵、以及各种清水泵系列。公司坚持用独创的技术为社会作贡献的经营理念，以责任、诚意、用户至上为行动准则，用优越的产品质量、最好的价格性能比、良好的售前售中售后服务来满足用户需要。

无负压给水设备

立式多级离心泵

管道泵

出口泵组

镇江奥力聚氨酯机械有限公司

公司内景

车间一角

镇江奥力聚氨酯机械有限公司（原名镇江市第二轻工机械厂）于 1991 年成立，是国内最大的聚氨酯工业设备生产厂家之一。公司具有强大的独立开发设计能力，精湛的制造技术及多年的丰富生产经验，专业生产聚氨酯、酚醛产品制造及加工全过程成套设备，主要产品有彩钢夹芯板连续生产线、外墙保温板连续生产线、双面铝箔夹芯板连续生产线、车库门板连续生产线、装饰保温板连续生产线、水泥复合板连续生产线和各类聚氨酯发泡及切割机械、酚醛发泡机械。

“科技领先，品质卓越”是公司一贯秉承的核心理念。适应市场、与时俱进，引领聚氨酯、酚醛相关产业的发展是公司永恒的宗旨。公司主要产品聚氨酯夹芯板、酚醛夹芯板系列连续生产线在技术含量、产品质量均居国内同行首位，该产品自 2002 年推向市场后，在国内外已成功销售上百条，受到国内外广大用户的一致好评，是国内，也是全球此类产品生产和销售的最大企业。

双面彩钢夹芯板连续生产线

双面铝箔夹芯板生产线

地址：江苏省镇江市丹徒新城工业园盛丹路 19 号
电话：0511-84428940 85580072 传真：0511-84439432

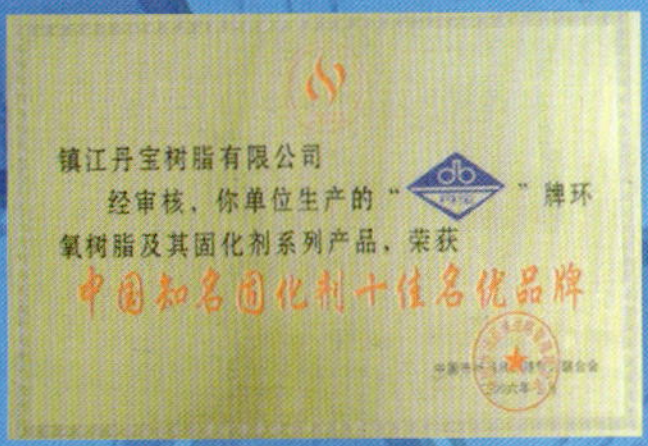

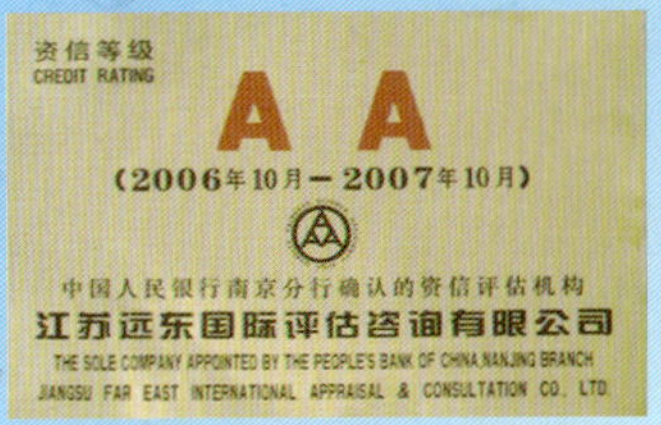

镇江丹宝树脂有限公司

总经理 桓大祥

镇江丹宝树脂有限公司位于江苏省镇江市东郊黄墟马头山，沪宁高速公路旁，交通十分便利。

公司建于20世纪80年代末，靠着对产品质量的追求和一流的服务，企业的综合实力不断提高，公司拥有现代化办公大楼和生产车间，目前拥有固定资产1000万元，职工150余人，其中专业技术人员10人。通过10多年的艰苦努力，公司已具备了环氧树脂及其固化剂生产的较为成熟的生产系统，拥有多套树脂生产装置，年生产力达16000吨。1993年被评为全国环氧树脂行业协作会团体会员单位，并且于2003年通过ISO9001：2000国际质量体系认证。公司主要产品有：双酚A环氧树脂，低分子聚酰胺，改性脂肪胺固化剂，环氧透明固化剂，环氧粘合剂等。广泛应用于涂料、机电、电器、石油化工、材料防腐等工业生产的各个方面。

双酚A型液体环氧树脂

双酚A型液体环氧树脂

T-31环氧树脂固化剂

镇江龙源铝业有限责任公司

铝材

镇江龙源铝业有限责任公司是一家专业从事生产加工各类铝合金板、带、箔材的高新技术企业。企业位于镇江市丹徒区工业园内，紧临沪宁高速入口，北临长江，交通便捷，区位优势独特。公司占地面积 2.67 公顷，现有厂房 2 万平方米，产销收入 2 亿元。现有职工 100 余人，其中各类工程技术人员占 25%。

公司主要产品为铝板、铝带、铝箔、变压器铝箔、铜箔，以及深加工产品汽车外蒙板、桔纹铝板、铝瓦楞板、铝散热器、铝液压模附件，印刷瓶盖料、高精分切铝带等系列铝产品，广泛应用于各类家电、电子、装潢装饰、汽车、医药、包装印刷、化工、电力、建筑等行业。公司主要检测设备由国内外先进企业引进，公司于 2005 年通过 ISO9002 认证，2009 年通过 ISO14001:2004 环境体系认证。

公司本着“诚信服务，精诚合作”的精神，以标准化管理体系，致力为用户提供符合国际、国内标准的产品，满足用户要求，愿与有识之士携手合作，实现双赢目标，共创辉煌未来。

汽车外蒙铝板

卷、带材

公司大门外景

素铝箔

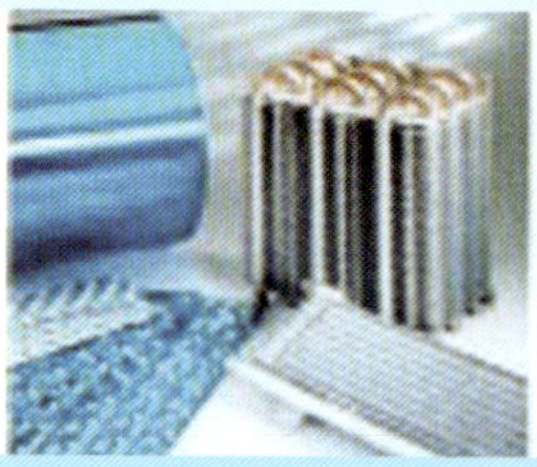

亲水铝箔

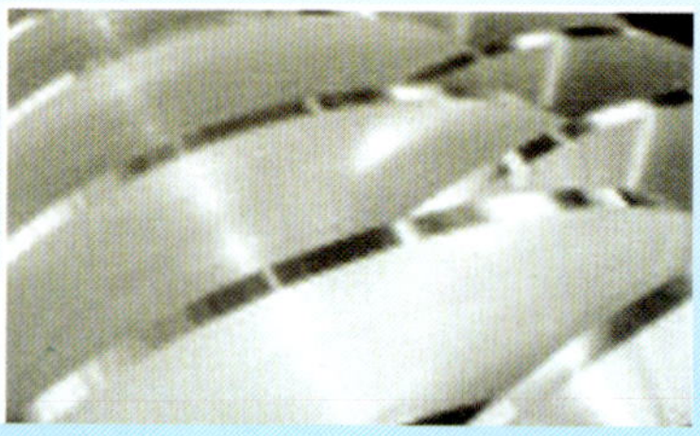

精密分切

印刷瓶盖料

镇江合力汽车紧固件有限公司

月度质量会议

镇江合力汽车紧固件有限公司成立于2002年6月，注册资本500万元，占地面积18000平米，是一家专业生产汽车制动器配件的制造型企业。

公司坚定不移的立足科技创新，潜心产品技术研发，注重产品品质和诚信合作，汇集了一批专业的优秀人才。在不断地产品研发及制造过程中积累了丰富的经验。公司业务主要面向于国内汽车底盘市场和国外配件市场，得到了客户的肯定并多次被客户评为优秀供应商。

公司一直本着“创新造就未来”的经营理念，以合众共济、力求创新，紧严有序，固守诚信为质量方针，坚持做到最高品质。公司的研发楼已落成并将在年底投入使用，公司将不断挑战，积极开发新的产品及开拓更多更好的市场。

公司一角

冷镦车间

冲床车间

公司门景

镇江市蓝天建筑装饰工程有限公司

建行银行大港分行

中国银行丹徒分行外部建筑装饰

镇江市蓝天建筑装饰工程有限公司是镇江工商行政管理局批准成立的民营有限公司，成立于 1995 年 8 月，为国家建设部核准建筑装饰工程专业承包三级资质企业。现任法人代表陈九根，现有职工 80 余人，主要从事建筑装饰工程施工、水电安装、铝合金门窗制作安装。公司内设总经理室、市场部、设计部、材料部、施工部、财务部。

公司自成立以来，一贯重视工程业务的落实和工程项目的施工管理，视质量为生命，视信誉为效益。公司先后在镇江市区、丹徒区、大港新区、扬中市、句容市、丹阳市等市、区承建了多项建筑装饰工程项目。由于领导重视，管理人员认真，工程项目在工程质量、安全施工、工程工期、文明施工等方面，都得到建设单位一致好评。公司自成立以来，从未发生过一次质量安全事故。

中国银行丁卯分行内部建筑装饰

建行丹徒分行营业大厅

中国银行丁卯分行外部建筑装饰

建行丹徒分行

江苏长三角精细化工有限公司

江苏长三角精细化工有限公司是一家由外商独资的新型高科技化工企业，公司注册资金 4200 万美元，占地 80000 多平方米。公司位于江苏省省级化工开发区——丹徒经济开发区循环经济产业园内，南接 312 国道，北临长江，距南京 30 公里，地理区位优势明显，交通十分便捷。

公司现有员工 300 余名，其中中高级专业技术人员占职工总数的 20%，技术力量雄厚。

公司主要产品为 25000 吨 / 年对(邻)氯甲苯及 20000 吨 / 年顺酐。

公司特别注重化工科技研发，与国内多座高校联合开发化工生产工艺及化工新产品，其中 DSC 全自动氯化控制系统属全国首创。

地址：江苏省镇江丹徒经济开发区
电话：0511-88725008　88725012
传真：0511-85688638
网址：www.js-csj.com

镇江建华轴承有限公司

总经理 夏建明

镇江建华轴承有限公司由原镇江市滚针轴承厂改制组建.位于风景秀丽的扬子江畔，公司地处江苏省镇江市东郊——高桥镇，南邻沪宁高速、312 国道.国际开发港口——大港，西邻南京机场。交通通讯便捷畅通。

公司是国内轴承行业开发滚动轴承较早厂家之一，内设圆锥滚子、滚针、圆柱滚子轴承三大产品系列和商品滚针、圆柱滚子并可按客户要求设计制造各类非标准轴承。

公司占地面积 28000 平方米。拥有轴承生产主要设备 150 余台套。产品按国家标准生产，工艺先进，质量稳定可靠，产品长期接受省、市质量部门的检测。并经国家轴承质量监督中心试验鉴定，已通过了 ISo9001：2000 质量管理体系认证。公司生产的产品主要用于汽车、摩托车、矿山、纺织、化工等机械行业。与一汽、二汽、南汽等汽车制造厂家建立了长期稳定的供贷关系。并出口德国等西欧市场。

生产车间

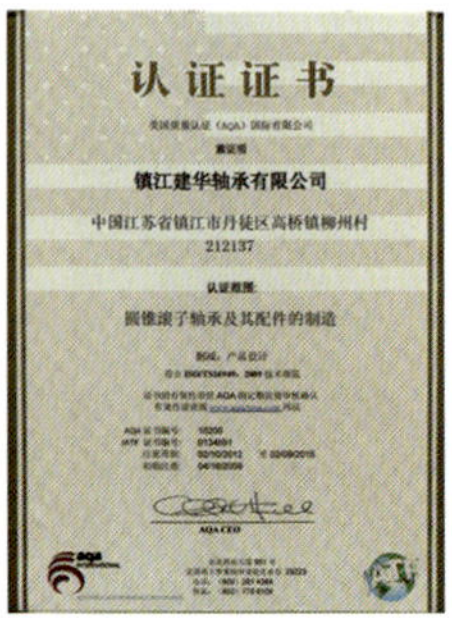

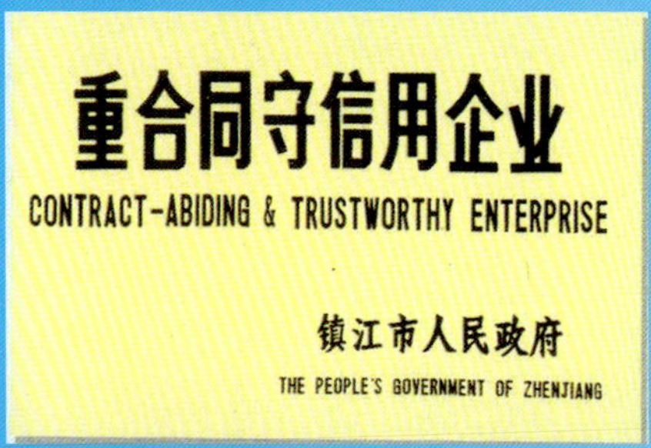

镇江旺达鞋业有限公司

镇江旺达鞋业有限公司坐落在扬子江畔的镇江东郊高桥镇工业园区，与苏州、无锡、常州以及沪宁高速相接壤，我们有便捷的水陆交通优势。

公司成立于 1985 年，作为规模化生产企业，主要生产外贸出口的中档和高档的男鞋和女鞋，其中包括裘皮鞋、牛皮鞋、猪皮鞋、旅游鞋和拖鞋。年产量为 100 万双；其中 80% 用于外贸出口。

多年来，公司的产品开发持续发展，产品系列化。公司的业务发展速度迅猛，外贸出口量持续创新高。用于生产各种鞋子的系列材料都是经过精挑细选的。产品的制作是精致的，鞋子的样式是新颖的。产品出口致欧洲、美洲和东南亚。无论是在国外和国内，深受消费者的信赖和推崇。

总经理 陶贵传

5804

5804

10WD5827

1984

ROXY 5818

ROXY5818

10WD2202

10WD2202

10WD2205

10WD2205B

ORR004

5825

资信等级
CREDIT RATING
AAA
2011年度
中国人民银行南京分行确认的资信评估机构
江苏远东国际评估咨询有限公司
THE SOLE COMPANY APPOINTED BY THE PEOPLE'S BANK OF CHINA NANJING BRANCH
JIANGSU FAR EAST INTERNATIONAL APPRAISAL & CONSULTATION CO., LTD

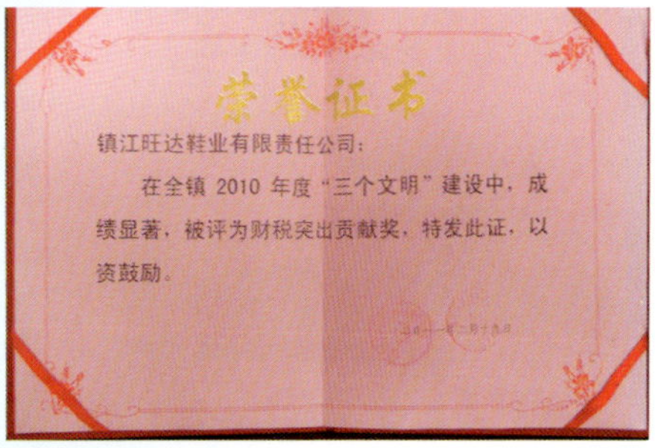

荣誉证书

镇江旺达鞋业有限责任公司：

在全镇 2010 年度“三个文明”建设中，成绩显著，被评为财税突出贡献奖，特发此证，以资鼓励。

镇江新鹏翔皮业有限公司

镇江新鹏翔皮业有限公司南临苏锡常沪宁高速，大港外贸港口为邻，北靠古城扬州为伴，地理位置独特，水陆交通便利。

公司生产设备先进，技术能力雄厚，致力于精湛的技术、执着的品质、认真的配合、准确的货期等良好服务，受欧美客商极高的评价和赞誉。公司主要从事生产高级裘革靴，产品远销欧美各地，是美国几款名牌裘革靴的主要生产商之一，日产量可达2000多对(双)。

产品展示

镇江金德利皮业有限公司

厂　房

生产车间

镇江金德利鞋业有限公司(原镇江维达斯裘革鞋业有限公司)北邻长江与京沪高速，南邻沪宁高速，交通十分便利。

公司成立于 1984 年，注册资金 1200 万美元，公司利用来自于澳大利亚，荷兰等草原的羊绒原材料。专门生产雪地靴和高档室内鞋，产品 80% 畅销国外，销往美国、法国、加拿大、韩国、英国、日本、香港等十多个国家和地区。深受国内外消费者青睐。

工艺精湛，款式新颖，穿着舒适高雅，是防寒保暖馈赠亲朋好友的高档礼品。

样品展示

地址：中国镇江高桥工业园
电话(Tel)：0511-83305881 83301354
传真(Fax)：0511-83303736
Http://WWW.Weidasi.com
E-mail:Vidas@263.net
Wds@weidasi.com

森茂

SEN MAO

森茂(江苏)生物科技食用菌有限公司

森茂(江苏)生物科技食用菌有限公司,地处江苏省镇江市丹徒新区工业园,是一家集食用菌研发、种植、销售于一体的企业,注册资本1130万美元。

2007年4月第一期投资了1000万美元,厂房奠基施工

2008年9月正式产出,采用了台湾引进的生产工艺以及全自动化的生产线,建立了金针菇日产8吨,年销售入为2000万元的自动化流水线。

2009年12月起做第二期厂房扩建

2010年10月起顺利达成日产16吨的产能,年销售收入可增加为5000万元,产品被评定为“镇江市名牌农产品”。

2012年获得“绿色食品”认证并完成液态菌种接种技术升级,进一步提高生产效率,三期工程的扩建也在筹措当中,公司将达年产值7000万元。

丹徒上党长乐电子元件厂

总经理　孔伯俊

长乐电子元件厂是制造电位器的专业生产工厂，已有十多年的生产经营历史，技术力量雄厚，工艺先进，生产规模、品种、规格和产品质量，在国内外享有一定的声誉，特别是 H15RV12 系列电位器的年产量、人均产量、出口外销和创汇额均处于国内同行业领先地位。

生产车间

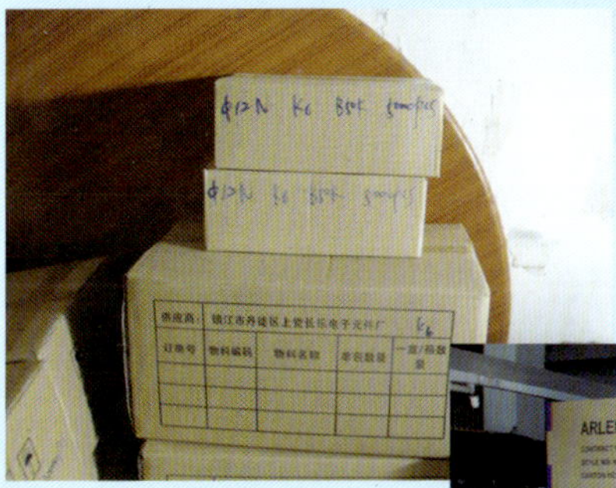

产品包装

电话：0511-85373568
18914576501
13046851933
传真：0511-84462531

011年实景呈现
丹徒年鉴
香榭麗舍
CHAMPS ELYSEES
2008
有一种
宽度
在于心境相通
10米超大面宽阔景别墅◉20席准现房静候品鉴
伴随着人生高度的攀升，出入众多圈层
喧哗谈笑间历尽觥筹交错，于灯火阑珊中，寻求心灵居所
香榭丽舍，10米大面宽阔景别墅，彰显人生至宽境界
全石材外立面打造，精雕细琢间尽展领者风范
全南创新户型，10米阳光下独享静谧空间
就是这样一种宽度，一种广度，传达了你我对于人生的感悟
此时，再无需言明，就共达同一境界
鉴赏热线
0511 88777188 88777088
楼盘地址/镇江市丹徒新城华山路、盛丹路交口（世纪联华超市正对面）
开发商/镇江润丰房地产开发有限公司
接待中心/镇江市黄山南路2号（天和星城东大门）
建筑设计/上海城乡建筑设计院
营销代理/

聚旺地产 JUWANG REAL ESTATE | 聚旺·城市花园

江苏聚旺房地产开发有限公司

江苏聚旺房地产开发有限公司成立于2009年12月3日，注册资金6000万人民币。公司位于美丽富饶的生态新城丹徒新区，是以房地产投资开发为主的最具经营规模和经济实力的企业。

公司开发的“聚旺城市花园”住宅区项目位于镇江市丹徒新区，占地面积8万多方，总建筑面积13.9万方。该项目定位为丹徒新区的高档商、住综合小区，小区内规划了花园洋房、普通多层住宅、小高层以及高层住宅，以适应高、中档的市场需要。

引入风靡国际一线大都会ART-DECO建筑风格，打造独一无二的欧洲装饰艺术主义摩登国际住区。外立面以臻工高档材质铺就，精致的细部装饰渲染出建筑高雅挺拔的质感；内部户型设计吸收了传统生活、服务阳台外，引进了一线城市的入户花园，使两房变三房，提升居住空间；整体设计采用保温、节能一体化理念，力创康居工程。

在丹徒首创酒店式入户大堂，大面宽客厅，精致的入户花园，高舒适度户型设计；沿坡地地势打造多重立体景观，别墅级入口曲径通幽。50米浓荫大道，开阔的中央水景，宽阔的中央花园景观带。无论从建筑风格，户型设计，小区品质都体现了现代新贵对精品生活的追求。

鸟瞰图

效果图

●VIP专线：85586999 85589111

●开发商：江苏聚旺房地产开发有限公司 ● 公司地址：镇江市丹徒新区瑞山路555号

福临广场

镇江铭基置业有限公司

浙江铭基置业有限公司是丹徒撤县建区、招商引资而进驻丹徒新城的第一家浙商企业。为响应政府的号召，集聚新城人气，于2001年3月注册成立浙江铭基置业有限公司丹徒分公司，并率先启动商贸城项目。

铭基商贸城地处丹徒新区312国道和镇荣公路交口处，紧邻沪宁、扬溧高速、距建设中的京沪高铁镇江站仅2公里，是丹徒新区的北大门，地理位置得天独厚。商贸城占地27公顷，经营面积达12万平方米左右，总投入约2亿余元。经营品种涵盖五金、陶瓷、灯具、布艺、板材、石材、家具等建筑装饰材料。现有经营者400余户，从业人员逾千人。

经过几年市场培育引导和经营户的努力，商贸城目前业态丰富、市场红火、经营稳定，特别是石材、木业的经营在业内已经具备一定的影响力和知名度。为进一步提高竞争力，经过市场调研并结合商贸城的优势，公司将石材和木业区作为市场重点发展区域，扩建约2000平方米的板材精品厅及6000平方米的木业批发市场， 2000平方米的石材加工场，同时引进外地的批发大户，促使市场从零售向批发转型，从而做强做大。通过这些举措，使市场的木业和石材销售在镇江市场内辐射力更强，并且在一定程度上也带动其他商品的销售。

随着商贸城稳步的发展，人气的不断提升，公司将充分利用商贸城这个发展平台，在日趋激烈竞争的镇江家装市场中，站稳脚跟；努力将商贸城打造成集交易、展示、休闲、餐饮等为一体的大型批发市场。

根据公司发展的需要，于2005年1月注册镇江铭基置业有限公司，开展房地产开发业务。2010年12月，公司竞得丹徒新城谷阳大道以北、长山路以西14公顷地块国有土地使用权，用于商品房开发建设。

拟建项目由福临广场住宅小区和商业街区组成。商业街区定位为区域性商业中心。地上建筑面积约30万平方米，其中住宅约25万平方米，商业约5万平方米。物业有青少年宫、住宅和商业街组成，青少年宫的建成丰富了丹徒新城青少年的学习和业余生活。住宅小区定位为高品质社区，由11层小高层住宅、18层高层住宅两种物业组成。小区的机动车停车泊位有1280个，更大程度上满足了业主的生活需求。项目于2012年上半年开工建设，项目建成将成为丹徒新城又一新的亮点。

CITY VIEWS〈中国·镇江〉
农房·风景城邦
{百万平米国际风尚山水城邦}

实景图

恢弘巨制
品牌名企铸就百万大盘
CITY VIEWS

风景城邦由中国房地产百强企业——农工商房地产（集团）投资兴建。作为一家诞生在上海的企业，农工商房产在沪上已经陆续献上了多个精品项目。苏堤春晓、星河世纪城、幸福小镇都是家喻户晓的热手楼盘。而在全国房企内能够同时兼获白玉兰奖、鲁班奖和詹天佑奖三项大奖的，在上海也仅有农工商集团。

风景城邦，作为一个超百万平米规模的大项目，不仅是农工商房产多年开发经验的提炼升华，更是一次从产品打造到生活运营的角色转变之作。

4星级酒店

华山路商业街

华超市

实验小学

吃喝玩乐
全能配套筑造生活之城
CITY VIEWS

在这里有一群好邻居、好伙伴！这个百万平米社区是数万人的幸福之家。他们尊享1级绿城物业细致周到的服务、2大景区的新风鲜氧、3重优质教育资源…，这里的人既充实又散漫，他们每天晨练、遛狗、烹饪、养花、琴棋书画、踏青垂钓、登山摄影等等忙的不亦乐乎…10里长山风景区、南山国家森林公园、谷阳湖、马鞍山都留下了他们矫健的身影，他们“饭来张口、衣来伸手”，华山路500米风情商业街、丹徒区最大的世纪联华超市、4星级的高级酒店…吃喝玩乐应有尽有…8条公交线路5分钟畅达全城、与南徐新城、万达广场无缝对接、更有社区免费巴士！

美景现房
触手可及的才是真幸福
CITY VIEWS

经过近6年的耕耘，风景城邦一、二期均已正式交付，在售的三期“英伦.王子郡”及“英格兰.领域”也均是现房实景。正是因为农工商房产敢以实景面市，以服务为先，才会在2012年逆势热销、屡创“日光盘”销售奇迹。目前在售的“浪漫高层”户型以60—128㎡为主，极致两房、精致三房高得房率、大面积赠送，拥有绝高性价比。轻松置业，一步到位。“天伦洋房”户型以约100—131㎡舒适三房为主，尽享天伦。“享乐别墅”户型约180㎡四房三厅三卫，1楼层高达到3.3米，2楼层高3米，尽显大户风范。多样化的选择，全实景的产品形象，让幸福生活不再只是想象。

鸟瞰图

镇江北极房地产

镇江北极房地产开发有限公司是由北极企业创始人徐三顺先生控股投资的股份制企业。公司成立于2003年初，于2003年5月16日正式挂牌。以“人无我有，人有我新，人新我特”的管理理念为指引，以人本主义为主题，立足打造“健康、自然”的美好家园，使企业快速成长。

镇江房产一颗闪亮的新星——镇江北极，记者是这样描述镇江北极房地产开发公司的。公司从“北极 梅苑新”5.9公顷地开发起步，发展到现在的5公顷北极•锦绣圖山”项目，规划建筑面积5.1万平方米，和5.3公顷“北极•金谷家园”，规划建筑面积11.3万平方米，以及谷阳镇政府改造项目、长山农业开发项目等。可谓是小公司，大发展。

坚持品牌战略，倾力打造北极品牌

首个开发的“北极 梅苑新”楼盘，目前已经成功交付。从建设速度和质量等方面，都得到广大消费者的一致好评，这为公司开

六和液
万象六和
大境界 六和液
“和文化”白酒标杆品牌
五粮液股份有限公司扛鼎之作
六和液与五粮液：同工艺、同原料、同配方
垂询热线：0511-85275799 85276906
总经销：镇江峰华饮品有限公司 网址：www.zjfhjsh.com

镇江大浴场位于镇江市润州区檀山路新城花园 B 区，新市政府斜对面；地理位置优越，交通便利。浴场投资 2800 余万元，按高星级标准配备，总营业面积为 3000 余平方米，是集 SPA 沐浴、茶艺简餐、概念休闲、中外 SPA 养生保健、棋牌商务、贵宾客房于一体的综合性高档场所。浴场特邀国内知名策划大师刘广明精心策划管理，将中外养生保健文化的有机合壁，尽情演绎着时间与空间的超凡结合，打造镇江市最佳绿色养生休闲场所。

泰式按摩

SPA

足疗

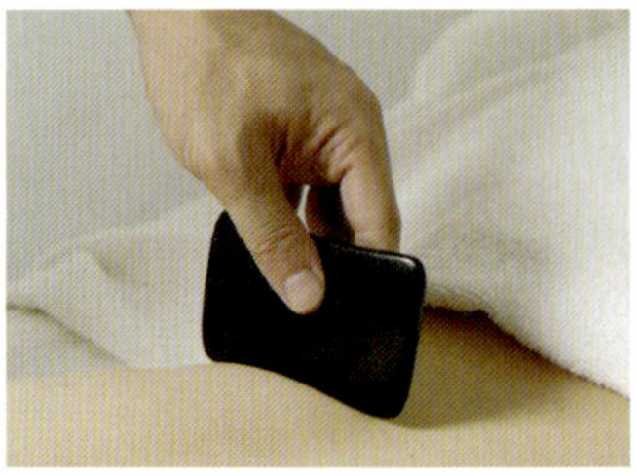

刮痧

镇江大浴场内设休息大厅、VIP 棋牌室、豪华双人套间、豪华单人套间、SPA 套间。全方位满足您休闲、娱乐、休息需求。

丹徒中央
层次商业配套即将瞬时绽放】
4566666
地产开发有限公司
乐达广场
LEDA PLACE
乐达广场